行政处罚法论

基于《中华人民共和国行政处罚法》

胡建淼／著

人民出版社

《行政处罚法》不是放任行政处罚的法，而是规制行政处罚的法！

——胡建淼

本书所涉法律法规使用凡例

【**法律**】所有法规的总称，泛指法律、行政法规、地方性法规和规章等所有的法律形式。当特指由全国人民代表大会及其常务委员会制定的法规时，同时在"法律"后面用括号标注"狭义"二字，即"法律（狭义）"。在"法律和行政法规"或者"法律、法规和规章"的表述中，"法律"就是指"狭义"，不用作特别标注。

【**法规**】是行政法规、地方性法规（含自治条例和单行条例、经济特区法规）的统称。

【**法律年份标注**】具体引用法律时，在法律名称后面用括号标注年份。括号内所标注的"年份"，是指该法律制定的年份；经过修改的，是指最后一次修改的年份，如"《行政复议法》（2023）"。抽象引用法律时，可以不标明法律的年份。

【**法律简称**】凡法律名称上有"中华人民共和国"字样者，一律省略。如："《中华人民共和国行政处罚法》"，就省略为"《行政处罚法》"。但在"规范链接"部分一律用全称。

【**《行政处罚法》**】本书中所使用的《行政处罚法》，是特指 1996 年 3 月 17 日由第八届全国人民代表大会第四次会议通过，经 2021 年 1 月 22 日第十三届全国人民代表大会常务委员会第二十五次会议修订的《中华人民共和国行政处罚法》，不再作年份标注。其他年份制定的《行政处罚法》一律用括号标注年份。

序　言

《中华人民共和国行政处罚法》是我国行政处罚制度中的基本法律和基础性法律。它于 1996 年由第八届全国人民代表大会第四次会议通过，后经 2009 年和 2017 年修正，并于 2021 年由第十三届全国人民代表大会常务委员会第二十五次会议修订。新修订的《行政处罚法》实施三年多来，在执法实践中发生了不少问题，对行政处罚理论无疑是一个很大的冲击。这一切都激发起一个行政法学者的研究热情。我从 2021 年起开始专注对《行政处罚法》的深层次研究并连续发表专题论文。以此为基础，终成本作。

全书共设四篇十九章。第一篇《行政处罚法》基本理论和制度，阐述了《行政处罚法》的基本理论和制度；第二篇《行政处罚法》前沿问题探讨，集中研讨了《行政处罚法》法律地位、"行政处罚"概念重塑、行政处罚手段改革、"一事不二罚"原则、对"一事""二罚"的认定标准、没收违法所得、行政处罚追责期限及计算方法等重点问题；第三篇《行政处罚法》疑难问题解答，汇集了我在微信公众号"法治咖啡屋"中的法律疑难问题解答；第四篇《行政处罚法》名词解释，覆盖了《行政处罚法》及相关的 76 个常用名词；最后是有关附录。在十九章中，每章设置了延伸思考和规范链接。

我曾于 2014 年在法律出版社出版了《行政强制法论——基于〈中华人民共和国行政强制法〉》。十年后的今天，在人民出版社推出《行政处罚法论——基于〈中华人民共和国行政处罚法〉》。它们统一的书名格式和写作风格，或许构成了"姐妹花"。

本书作为汇集我《行政处罚法》各类研究成果的集成，未必完整和成熟，但如果它能对中国的行政处罚执法实践提供一点点指导和启示，对中国行政法理的丰富、深化和成熟进行一定程度上的推进，则知足矣。

胡建淼

2024 年 9 月 10 日

于中央党校（国家行政学院）专家工作室

—— 篇 目 ——

第一篇 《行政处罚法》基本理论和制度 ………………………… 1

第二篇 《行政处罚法》前沿问题探讨 ………………… 323

第三篇 《行政处罚法》疑难问题解答 ……………… 521

第四篇 《行政处罚法》名词解释 ………………………… 651

附 录 ………………………………………………… 667

细 目

第一篇 《行政处罚法》基本理论和制度 1

第1章 行政处罚法律论 2

§1.1 行政处罚立法 2

§1.2 《行政处罚法》的制定 4

§1.3 《行政处罚法》的修改 5

§1.4 《行政处罚法》的修改亮点 7

§1.5 《行政处罚法》的指导思想和立法目的 20

【延伸思考】 22

【规范链接】 22

第2章 行政处罚原则论 23

§2.1 处罚法定原则 23

§2.2 处罚公正原则 26

§2.3 处罚公开原则 27

§2.4 过罚相当原则 29

§2.5 处罚与教育相结合原则 30

§2.6 权利救济原则 31

§2.7 《行政处罚法》的其他原则 33

【延伸思考】 43

【规范链接】 43

第3章 行政处罚行为论 45

§3.1 国外同类概念的考察 45

§3.2 中国"行政处罚"的概念 48

§3.3 行政处罚的法律特征 51

§3.4 行政处罚的外部边界 55

§3.5 几种特殊行为的定性 60

【延伸思考】 81

【规范链接】 82

第4章 行政处罚种类论 84

§4.1 行政处罚的手段 84

§4.2 行政处罚的种类 96

§4.3 其他行政处罚 100

§4.4 几种手段种类间的区别 102

【延伸思考】 106

【规范链接】 106

第5章 行政处罚设定论 108

§5.1 行政处罚设定与规定的关系 108

§5.2 行政处罚的设定 110

§5.3 行政处罚的规定 119

§5.4 对行政罚款的设定与规定 122

§5.5 行政处罚的设定法与规定法原理的应用 123

【延伸思考】 ……………………………………………………… 124

【规范链接】 ……………………………………………………… 124

第6章　行政处罚主体论 ……………………………………… 126

　　§6.1　行政处罚主体制度 …………………………………… 126

　　§6.2　拥有行政处罚权的行政机关 ………………………… 128

　　§6.3　法律、法规授权的组织 ……………………………… 130

　　§6.4　行政机关委托的组织 ………………………………… 132

　　§6.5　相对集中行政处罚权 ………………………………… 134

　　§6.6　行政处罚权的下放 …………………………………… 137

　　§6.7　行政执法人员 ………………………………………… 138

【延伸思考】 ……………………………………………………… 140

【规范链接】 ……………………………………………………… 140

第7章　行政处罚对象论 ……………………………………… 142

　　§7.1　行政处罚对象：被处罚行为 ………………………… 142

　　§7.2　行为对象的类型与形态 ……………………………… 145

　　§7.3　行政处罚对象：被处罚主体 ………………………… 154

　　§7.4　特殊情形中对处罚对象的确定 ……………………… 160

　　§7.5　处罚对象错误及法律后果 …………………………… 166

【延伸思考】 ……………………………………………………… 167

【规范链接】 ……………………………………………………… 167

第8章　行政处罚管辖论 ……………………………………… 169

　　§8.1　行政处罚管辖及其意义 ……………………………… 169

　　§8.2　职能管辖：主管部门管辖原则 ……………………… 171

　　§8.3　地域管辖：违法行为发生地管辖原则 ……………… 173

§8.4 级别管辖：县级以上行政机关管辖原则 175

§8.5 共同管辖：最先立案和上级指定原则 176

§8.6 移送管辖：行政与司法的双向移送 179

§8.7 管辖错误及其法律后果 180

【延伸思考】 181

【规范链接】 181

第9章 行政处罚证据论 182

§9.1 行政处罚证据基本概念 182

§9.2 行政处罚证据种类和要求 186

§9.3 行政处罚举证责任与证明标准 194

§9.4 当事人对主观过错的举证 196

§9.5 证券行政处罚案件的证据 199

§9.6 行政调查与行政检查 201

§9.7 行政处罚证据的先行登记保存 203

§9.8 行政处罚证据的认证规则 209

【延伸思考】 213

【规范链接】 213

第10章 行政处罚依据论 215

§10.1 行政处罚依据及基本要求 215

§10.2 行政处罚依据的范围 217

§10.3 行政处罚依据之间的冲突 229

§10.4 行政处罚依据适用规则 235

§10.5 行政处罚裁量基准 243

【延伸思考】 251

【规范链接】 251

第 11 章　行政处罚适用论 ………………………………………… 254

§11.1　不予处罚制度 ………………………………………… 254

§11.2　从轻或减轻处罚制度 ………………………………… 260

§11.3　从重处罚制度 ………………………………………… 261

§11.4　行政处罚折抵制度 …………………………………… 262

§11.5　正当防卫与紧急避险 ………………………………… 265

【延伸思考】 …………………………………………………… 266

【规范链接】 …………………………………………………… 267

第 12 章　行政处罚程序论 ………………………………………… 268

§12.1　行政处罚程序原则 …………………………………… 268

§12.2　行政处罚基本程序制度 ……………………………… 270

§12.3　行政处罚简易程序 …………………………………… 278

§12.4　行政处罚普通程序 …………………………………… 280

§12.5　行政处罚执行程序 …………………………………… 284

【延伸思考】 …………………………………………………… 294

【规范链接】 …………………………………………………… 294

第 13 章　行政处罚责任论 ………………………………………… 296

§13.1　行政处罚不当 ………………………………………… 296

§13.2　行政处罚违法 ………………………………………… 298

§13.3　行政处罚无效 ………………………………………… 311

§13.4　行政处罚责任 ………………………………………… 318

【延伸思考】 …………………………………………………… 321

【规范链接】 …………………………………………………… 322

第二篇 《行政处罚法》前沿问题探讨 323

第 14 章 《行政处罚法》作为基础性法律的地位 324

　§14.1 《行政处罚法》是一部基础性法律 325

　§14.2 防止和避免理论误区 328

　§14.3 基础性法律的优先适用性 329

　§14.4 基础性法律的"例外"条款 333

　§14.5 《行政处罚法》的优先适用性与"例外"条款 335

　§14.6 《行政处罚法》与专门法律的结合适用 338

　【延伸思考】 342

　【规范链接】 342

第 15 章 "行政处罚"概念的法律定位 343

　§15.1 全球视野下的"行政处罚" 344

　§15.2 "行政处罚"概念的中国追溯 347

　§15.3 《行政处罚法》的新定义 350

　§15.4 梳理行政处罚的法律特征 353

　§15.5 为"行政处罚"重新定位 361

　§15.6 行政处罚的外部边界 362

　【延伸思考】 370

　【规范链接】 370

第 16 章 行政处罚手段及法治逻辑 372

　§16.1 行政处罚手段的全球观察和思考 372

　§16.2 中国《行政处罚法》所设定的处罚手段 381

　§16.3 重塑行政处罚手段和种类的法治逻辑 385

§16.4　"其他行政处罚"的扩张和限制 ……………………… 389

§16.5　"变相行政处罚"的弥漫和规制 ……………………… 391

§16.6　中国行政处罚制度的完善和优化 …………………… 394

【延伸思考】 ……………………………………………………… 399

【规范链接】 ……………………………………………………… 400

第17章　"一事不二罚"原则及对"一事""二罚"的认定 ……… 401

§17.1　行政处罚"一事不二罚"原则渊源及意义 ………… 401

§17.2　何谓"一事不二罚"原则中的"一事" ………… 405

§17.3　何谓"一事不二罚"原则中的"二罚" ………… 424

§17.4　竞合违法对"一事不二罚"原则的适用 ………… 432

§17.5　从"一事不二罚款"到"一事不二处罚" …………… 438

【延伸思考】 ……………………………………………………… 444

【规范链接】 ……………………………………………………… 445

第18章　行政处罚"没收违法所得"的若干问题 ……………… 447

§18.1　"没收违法所得"行为的定性：行政处罚抑或

行政收缴 …………………………………………… 447

§18.2　"违法所得"的范围和计算标准 …………………… 457

§18.3　"违法所得"与"非法财物" …………………… 468

§18.4　"没收违法所得"权力及与其他权力的关系 …… 470

【延伸思考】 ……………………………………………………… 475

【规范链接】 ……………………………………………………… 475

第19章　行政处罚追责期限及计算方法 ……………………… 478

§19.1　对行政处罚追责期限的理论认知 ………………… 479

§19.2　对行政处罚追责期限的制度解读 ………………… 484

§19.3　行政处罚追责期限制度的全球考察 487

§19.4　我国刑法制度的借用 494

§19.5　表达与性质：追诉时效还是追责期限 497

§19.6　计算方法：追责期限的起点与终点 501

§19.7　计算方法：对"违法行为纠正论"的评述 507

§19.8　计算方法：对"不作为违法"的特别考察 514

【延伸思考】 517

【规范链接】 518

第三篇　《行政处罚法》疑难问题解答 521

1. 在实施行政处罚中《行政处罚法》处于什么地位？ 522

2.《行政处罚法》与单行法律冲突时如何适用？ 523

3. 在实施行政处罚时如何坚持《行政处罚法》与单行法律的
　　结合使用？ 523

4. 违法行为时的法律与行政机关处理时的法律不一致，
　　应当适用哪时的法律？ 524

5. 法律、法规、规章都能成为行政处罚的依据吗？ 525

6. 行政规范性文件也能成为行政处罚的依据吗？ 526

7. 如何理解行政处罚"一事不二罚"原则？ 527

8."二次处罚"与"二项处罚"有何区别？为什么应当
　　加以区别？ 528

9. 如何分辨一个违法与多个违法？ 529

10. 哪些处理不属于"二罚"？ 531

11. 如何理解"按照罚款数额高的规定处罚"？ 532

12. 对于违法竞合，如何实施"择一择重"处罚？ 533

13. 如何理解"陈述申辩不加重处罚"原则？ 534

14.如何把握《行政处罚法》中的"重大公共利益"? ………… 538

15.如何分辨行政处罚与其他行政行为? ………… 541

16.如何分辨行政处罚与行政行为强制措施? ………… 543

17.《行政处罚法》未规定"上黑名单","上黑名单"
属于行政处罚吗? ………… 544

18.公安交通部门对驾车者违章"扣分",是否属于行政
处罚? ………… 546

19.对违法行为"曝光"是否属于行政处罚? ………… 548

20.对当事人进行"行政约谈"是否属于行政处罚? ………… 551

21.政府部门向当事人收回国有土地使用权是否属于
行政处罚? ………… 552

22.注销登记或注销许可证是否属于行政处罚?是否
可诉? ………… 554

23.撤销许可证和一定期限内不受理当事人许可申请是否
属于行政处罚? ………… 556

24.城市管理部门对道路停车收费是什么行为?对停车
过时交费者实施罚款是否合法? ………… 558

25.行政机关对当事人加处罚款是否属于行政处罚? ………… 559

26.责令当事人"停业整顿"属于行政处罚吗? ………… 560

27.限制当事人担任企业负责人属于行政处罚吗? ………… 561

28."按日连续罚款"属于行政处罚还是行政执行罚? ………… 562

29.关于行政管理中的"终身罚"如何定性? ………… 566

30.如何区分行政处罚中的资格罚与行为罚? ………… 569

31.当事人的违法是否须以存在主观过错为前提?主观
过错的举证责任归属谁? ………… 571

32.对外国人驱逐出境是行政强制措施还是行政处罚? ……… 572

33. 设区市的地方性法规是否也具有行政处罚的补充
设定权? 573

34. 自治条例、单行条例是否也可设定行政处罚? 573

35. 地方性法规不得设定"吊销营业执照"的行政处罚,
这里是否包括个体户等"营业执照"? 574

36. 谁有权制定行政处罚裁量基准? 575

37. 下位法可以调整上位法规定的行政处罚幅度吗? 577

38. 行政处罚机关自己是否具有对违法行为的认定权? 579

39. 如何理解和把握《行政处罚法》第24条对行政
处罚权的下放? 581

40. 省、自治区、直辖市由什么部门,通过什么方式来
决定下放有关行政处罚权? 582

41. 《行政处罚法》第24条规定可将处罚权下放给基层
政府,这属于授权还是委托? 583

42. 行政机关对行政处罚是否具有普遍的委托权? 586

43. 在行政处罚中,如何确定被处罚人? 588

44. 没收违法所得属于行政处罚吗? 590

45. 单行立法没有规定"没收违法所得",可以直接依据
《行政处罚法》实施"没收"吗? 591

46. "没收违法所得"是否应当扣除成本? 593

47. "没收违法所得"与"没收非法财物"有何区别? 593

48. "违法建筑"是否属于"违法所得",也应当"没收"? 594

49. 对当事人的违法所得,如何理解"依法退赔"及其
与"没收"的关系? 595

50. 当事人实施违法行为所使用的工具和设备是否
应当没收? 597

51. 对"没收违法所得"能否适用"加处罚款"? 599

52. 责令当事人纠正违法属于行政处罚吗？ 600

53. 责令当事人纠正违法是否属于行政强制措施？ 603

54. 《土地管理法》中的"责令限期拆除"属于行政
    处罚吗？ 603

55. 如何理解"责令当事人纠正违法"？ 605

56. 行政处罚须以责令当事人纠正违法为前提吗？ 605

57. 关于责令纠正与行政处罚关系的几个问题。 607

58. 对证据的"先行登记保存"与"查封、扣押"有什么
    区别？ 611

59. 对"证据保存"可以单独起诉还是并入"行政处罚"
    起诉？ 615

60. 对行政处罚通报批评的范围如何掌握？ 616

61. 关于限制从业的行政处罚是否适用个人？ 617

62. 已被立案调查但尚未处罚的公司已注销还可对其实
    施行政处罚吗？ 618

63. 作为行政强制措施的"限制人身自由"与作为行政
    处罚的"行政拘留"有重叠吗？ 618

64. 哪些违法行为不予处罚或可以不予处罚？ 619

65. 对哪些违法当事人可以从轻或减轻处罚？ 622

66. 当事人收到事先告知单后应当在多长期限内提出陈述、
    申辩和听证要求？ 623

67. 对于不予行政处罚的决定，也须履行事先告知的
    义务吗？ 624

68. 当事人放弃陈述、申辩权和听证权的，行政机关可以
    提前作出处罚决定吗？ 625

69. 作为行政处罚的责令停产停业与作为责令纠正违法的
    责令停产停业如何区别？ 626

70. 行政机关负责人应当在何时集体讨论重大的处罚
决定？ 628

71. 对当事人不予行政处罚还须没收其违法所得吗？ 631

72.《行政处罚法》第 54 条规定的"检查"是对行政
机关的普遍授权吗？ 632

73. 行政处罚决定经过法院判决之后应当如何强制执行？ 634

74. 当事人既不缴纳罚款又不缴纳加处的罚款由谁实施
强制执行？ 635

75. 被处罚人申请行政复议或者提起行政诉讼前的复议和
起诉期限内，是否计算加处罚款？ 637

76. 行政机关向法院申请非诉执行后能否减免行政决定
加处的罚款或滞纳金？ 639

77. 行政机关同意当事人延期缴纳罚款情况下如何确定
缴纳罚款日期和计算加处罚款？ 641

78. 治安处罚的追诉时效应当适用《行政处罚法》还是
《治安管理处罚法》？ 642

79. 公安机关对当事人违反治安管理行为立案三年未作
处理，是否超过了处罚时效？ 643

80. 当事人对行政处罚提起确认无效之诉是否不受起诉
期限的限制？ 644

81. 行政处罚责任与刑事责任是否具有排斥性？ 645

82. 对相对不起诉的违法行为进行行政处罚可以适用
二次减轻吗？ 647

83. 在《行政处罚法》中有哪些条文属于"直接授权"
规范？ 649

第四篇 《行政处罚法》名词解释 ……………………………… 651

行政处罚 ……………………………………………… 652

行政处罚法 …………………………………………… 652

处罚法定原则 ………………………………………… 652

过罚相当原则 ………………………………………… 652

申辩不加罚原则 ……………………………………… 652

一事不二罚原则 ……………………………………… 653

处罚手段 ……………………………………………… 653

处罚种类 ……………………………………………… 653

申诫罚 ………………………………………………… 653

财产罚 ………………………………………………… 653

资格罚 ………………………………………………… 654

行为罚 ………………………………………………… 654

人身罚 ………………………………………………… 654

其他罚 ………………………………………………… 654

警告 …………………………………………………… 654

通报批评 ……………………………………………… 654

罚款 …………………………………………………… 654

没收违法所得 ………………………………………… 654

没收非法财物 ………………………………………… 655

暂扣许可证件 ………………………………………… 655

降低资质等级 ………………………………………… 655

吊销许可证件 ………………………………………… 655

限制开展生产经营活动 ……………………………… 656

责令停产停业 ………………………………………… 656

责令关闭 …………………………………………… 656

限制从业 …………………………………………… 656

行政拘留 …………………………………………… 656

行政处罚设定 ……………………………………… 657

行政处罚规定 ……………………………………… 657

行政处罚补充设定 ………………………………… 657

行政处罚裁量基准 ………………………………… 657

行政规范性文件 …………………………………… 658

行政处罚对象 ……………………………………… 658

处罚行为对象 ……………………………………… 658

处罚主体对象 ……………………………………… 658

违反行政管理秩序行为 …………………………… 658

即成违法 …………………………………………… 658

结果违法 …………………………………………… 658

状态违法 …………………………………………… 659

连续违法 …………………………………………… 659

继续违法 …………………………………………… 659

持续违法 …………………………………………… 659

竞合违法 …………………………………………… 659

一个违法 …………………………………………… 659

多个违法 …………………………………………… 659

单一违法 …………………………………………… 660

共同违法 …………………………………………… 660

自然行为 …………………………………………… 660

法律拟制行为 ……………………………………… 660

主观过错 …………………………………………… 660

故意 ………………………………………………… 660

过失 ……………………………………………… 660

不予处罚 ………………………………………… 661

绝对不罚 ………………………………………… 661

相对不罚 ………………………………………… 661

从轻处罚 ………………………………………… 661

减轻处罚 ………………………………………… 661

从重处罚 ………………………………………… 662

加重处罚 ………………………………………… 662

择一择重 ………………………………………… 662

简易程序 ………………………………………… 662

普通程序 ………………………………………… 662

事先告知 ………………………………………… 663

集体讨论 ………………………………………… 663

法制审核 ………………………………………… 663

陈述 ……………………………………………… 663

申辩 ……………………………………………… 663

听证 ……………………………………………… 663

证据先行登记保存 ……………………………… 664

行政处罚决定 …………………………………… 664

责令纠正违法 …………………………………… 664

加处罚款 ………………………………………… 664

行政处罚时效 …………………………………… 665

行政处罚追诉时效 ……………………………… 665

行政处罚裁决时效 ……………………………… 665

行政处罚执行时效 ……………………………… 665

附　录

附录 1：《中华人民共和国行政处罚法》 668

附录 2：国务院关于进一步贯彻实施《中华人民共和国
　　　　行政处罚法》的通知（国发〔2021〕26 号） 686

附录 3：国外"行政处罚法"法规目录 693

附录 4：作者有关"行政处罚法"科研成果目录 694

第 一 篇

《行政处罚法》基本理论和制度

第 1 章　行政处罚法律论

第 2 章　行政处罚原则论

第 3 章　行政处罚行为论

第 4 章　行政处罚种类论

第 5 章　行政处罚设定论

第 6 章　行政处罚主体论

第 7 章　行政处罚对象论

第 8 章　行政处罚管辖论

第 9 章　行政处罚证据论

第 10 章　行政处罚依据论

第 11 章　行政处罚适用论

第 12 章　行政处罚程序论

第 13 章　行政处罚责任论

第1章　行政处罚法律论

"行政处罚法"既可指一国集中规制行政处罚的单一法规，也可泛指有关行政处罚的各种法律规范的总称，它是一国行政法的重要组成部分。

§1.1　行政处罚立法

行政处罚是行政执法的重要手段，是最为常见的行政行为之一。行政处罚的后果会直接导致当事人权利的限制、剥夺或者义务的增加。因而，世界上大多数国家十分重视行政处罚的法制化，通过各种立法方式将行政处罚纳入法治轨道。

世界各国有关行政处罚的立法模式，因法系的不同而不同，因国情的不同而不同，但大体有三种形式。

一是通过单一法规或法典表达行政处罚法。大陆法系国家以单独制定"行政处罚法"或"行政处罚法典"居多。最早单独制定"行政处罚法"的应当首推奥地利，它早在1925年就制定了单一的《行政罚法》①。几经修改后，现行法律由奥地利联邦公报第172号于1950年5

_____

① 该法于1926年1月1日生效，后于1932年以联邦法律公报第246号修正，于同年10月1日生效；1948年连同行政程序法以联邦法律公报第49号修正条文而变更，于同年5月28日生效。

月 23 日颁布。① 德国的行政处罚法律制度源自奥地利又不同于奥地利，它将行政处罚的范围限定于秩序罚，并制定了《违反秩序罚法》②。俄罗斯的行政处罚制度基本继承了苏联的衣钵，形成了世界上最为庞大的体系。③2001 年颁布的《俄罗斯联邦行政违法法典》④ 把自然人和法人各种违反行政管理的行为定性为"行政违法"⑤，并详细规定了对行政违法当事人的处罚方式和程序。这部世界上条文最多、字数最长的行政处罚法典，几乎集实体与程序、决定程序与执行程序、行政程序与司法程序于一身。⑥ 越南学习俄罗斯立法经验，制定了《越南社会主义共和国行政违法处罚法》⑦，体系非常完整。⑧

二是通过行政程序法表达行政处罚法规范。还有不少国家没有制定单一的"行政处罚法"，但它们制定了统一的行政程序法，将行政处罚规范，特别是行政处罚的程序规范，通过行政程序法来表达。最具代表性的是美国。它早在 1946 年就制定了《联邦行政程序

---

① 参见城仲模：《奥国行政罚制度析论》，载《行政法之基础理论》，三民书局 1994 年版。

② 1968 年 5 月 20 日公布，1975 年 1 月 2 日修正。

③ 参见刘春萍：《俄罗斯联邦行政法理论基础的变迁》，法律出版社 2006 年版，第 161—167 页。

④ 国家杜马于 2001 年 12 月 20 日通过，联邦委员会于 2001 年 12 月 26 日赞成，俄罗斯总统普京于 2001 年 12 月 30 日签署联邦法律第 196 号令批准。这部法律与 1984 年颁布的《俄罗斯苏维埃社会主义共和国行政违法法典》相比，在立法原则、法典结构、基本内容等方面均存在较大变化。

⑤ 《俄罗斯联邦行政违法法典》第二条之一（行政违法行为）规定："1. 自然人或法人违反法律的、有过错的并被本法典或俄罗斯联邦主体行政违法法规定了行政责任的行为（不作为），被视为行政违法行为……。"

⑥ 现行《俄罗斯联邦行政违法法典》有 5 篇 32 章和 603 条。当然，它的条文编号非常特殊，把每章编为同一条，各条以"之一""之二""之三"等表示实际条文。

⑦ 1989 年 11 月 30 日，越南社会主义共和国国务委员会主席武志功签署，1990 年 1 月 1 日起生效。

⑧ 参见徐中起主编：《越南法研究》，云南大学出版社 1997 年版，第 63 页。

法》①，里面有一个和"行政处罚"接近的概念，即"制裁"（sanction）。该法第 551 条②第 10 款规定了"制裁"（行政处罚）的近 10 种手段，并将它们纳入"正当程序"的法治轨道。

三是通过判例法表达行政处罚法。法国虽属大陆法系，但它关于"行政处罚"的制度更接近判例法。其行政机关对违法当事人实施行政处罚的依据，没有通过制定统一的处罚法进行规定，只是散见于各种具体法规之中，更多的是通过行政法院诉讼所形成的有关判例。③

中国关于行政处罚的立法总体上属于第一类，即通过单一的"行政处罚法"（《行政处罚法》）集中规制行政处罚行为。和《俄罗斯联邦行政违法法典》不同的是，我国的《行政处罚法》主要属于"行政程序法"，重点是规定行政处罚的统一程序，行政处罚的实体规范主要存在于相关行政实体法规之中。

§1.2 《行政处罚法》的制定

行政处罚法是由国家有权机关制定的用以规范行政处罚行为的各种法律规范的总和。在我国，自中华人民共和国成立时就着手制定行政处罚方面的法律法规，只是当时的立法形式，往往是把行政处罚的罚则作为一个法律或法规中的一个部分（大多为最后一章）来表现，而并未作为一个专门的行政处罚法来制定。1989 年，第七届全国人民代表大会第二次会议通过了《行政诉讼法》。根据该法第 11 条第 1 款第（一）项

---

① 美国《联邦行政程序法》（The Administrative Procedure Act，简称 APA）于 1945 年由美国国会参众两院先后通过，1946 年 6 月 11 日由杜鲁门总统签署公布生效。该法于 1966 年 9 月 6 日编入《美国法典》第五篇。1978 年，美国国会对该法的部分条款作过修订。

② 这是按《美国法典》的统一编号。

③ 参见王名扬：《法国行政法》，中国政法大学出版社 1989 年版，第 168 页。

规定，行政相对人对行政主体的行政处罚行为不服，有权提起行政诉讼。这就要求我们制定统一的行政处罚法，用以规范行政机关的行政处罚行为。

行政处罚法的研究工作先由全国人大常委会法制工作委员会委托行政立法研究小组的专家进行。行政立法研究小组在中央有关部委、地方政府中进行广泛调查研究，并于 1991 年起草完成。与此同时，国务院法制局也于 1990 年 3 月开始研究，计划制定行政法规，便于同年起草了《行政处罚条例》（讨论稿）。1992 年，全国人大常委会认为行政处罚直接涉及公民的基本权利，需要上升为法律的形式来制定，于是将行政处罚法列入立法规划，并要求在 1995 年提请全国人大常委会审议。经过广泛、深入的调查、研究、讨论和论证，全国人大常委会终于在1995 年制定了《行政处罚法（草案）》，并于 10 月将该草案提交第八届全国人大常委会第十六次会议审议。1996 年 2 月，全国人大法律工作委员会向第八届全国人大常委会第十八次会议提出修改建议。1996 年 3月 17 日，第八届全国人大第四次会议通过①了现行的《行政处罚法》。该法共八章 64 条，于 1996 年 10 月 1 日起施行。《行政处罚法》成为中国规范行政行为的第一个基本行政法律。

§1.3 《行政处罚法》的修改

《行政处罚法》于 1996 年由第八届全国人民代表大会第四次会议通过实施后，经过了 2009 年和 2017 年两次小的修正。2009 年 8 月 27 日，第十一届全国人民代表大会常务委员会第十次会议通过了《关于修改部分法律的决定》，第一次修正了《行政处罚法》。2017 年 9 月 1 日，第十二届全国人民代表大会常务委员会第二十九次会议通过了《关于修改

---

① 这次会议应到代表 2973 人，实到 2682 人。投票结果：2411 票赞成；125 票反对；106 票弃权；未按键 51 人。

〈中华人民共和国法官法〉等八部法律的决定》，第二次修正《行政处罚法》。但就内容而言，这两次修改都属于技术性和表述上的修改，没有对内容作实质性修改。因而可以说，《行政处罚法》自1996年制定以来，在内容上没有作过实质性修改。

《行政处罚法》实施20多年来，一方面，对于维护社会法律秩序，推进行政机关依法行政，规范行政机关依法适当实施行政处罚，保护公民、法人或者其他组织的合法权益，起到了很好的作用，积累了许多宝贵经验；另一方面，执法实践中也遇到了一些新困难，提出了一些新问题，亟待研究和解决。特别是党的十八大以来，党中央国务院推进全面依法治国、依法行政，深化行政执法体制改革，建立权责统一、权威高效的行政执法体制，完善行政执法程序，坚持严格规范公正文明执法。随着全面深化改革的推进，亟须将改革的成果吸收到法律中来，有些法律规定经实践证明需要进行调整。为贯彻落实党中央重大改革决策部署，推进国家治理体系和治理能力现代化，加强法治政府建设，完善行政处罚制度，解决执法实践中遇到的突出问题，特别是防止和克服钓鱼执法、养鱼执法、小过重罚、顶格处罚、一事多罚、反复处罚、普遍处罚、终身处罚等现象，有必要修改《行政处罚法》。

2021年1月22日第十三届全国人大常委会第二十五次会议通过了《行政处罚法》修订草案，对《行政处罚法》作了全面的修订。和前两次不同，这次不是技术上的"小修"（改），而是属于内容上的"大修"（改）。

从结构和条文上看，虽然整个法律的结构没有变化，新法旧法都是八章，但是条文从原来的64条增加到86条，新增加22个条文。修改所涉条文，有70条之多，还不包括技术性和字面上的改动。从内容上看，这些修订的内容包括了12个"亮点"。

§1.4 《行政处罚法》的修改亮点

一、突出教育，增加温度，强调公正文明执法

《行政处罚法》并不是加重行政处罚的法，不是为行政处罚"全面加码""层层加码"的法，而是规制行政处罚的法。突出教育，增加温度，强调公正文明执法，乃是《行政处罚法》2021 年修订的亮点之一。

新旧《行政处罚法》开宗第 1 条早已表明，《行政处罚法》的立法目的既保障又要监督行政机关有效实施行政管理，既要维护公共利益和社会秩序，又要保护公民、法人或者其他组织的合法权益。这次修订，是在原有立法目的的基础上，重点和亮点恰恰是突出教育、体现人性，要求处罚既有力度又有温度，强调公正文明执法。这一项修改主要体现在：

1. 继续确立教育和处罚相结合原则。《行政处罚法》第 6 条规定："实施行政处罚，纠正违法行为，应当坚持处罚与教育相结合，教育公民、法人或者其他组织自觉守法。"这一原则排除单纯的处罚主义，不能为了处罚而处罚，确立正确的指导思想，处罚的目的是让公民、法人或者其他组织自觉守法。

2. 严格要求执法人员公正文明执法。《行政处罚法》第 42 条规定："行政处罚应当由具有行政执法资格的执法人员实施。执法人员不得少于两人，法律另有规定的除外。执法人员应当文明执法，尊重和保护当事人合法权益。"这是这次修订新增加的内容，提高了对执法人员的要求，强调文明执法，着力保护公民、法人或者其他组织的合法权益。

3. 确立轻微不罚、初次不罚、无错不罚。轻微不罚，是指依据《行政处罚法》第 33 条第 1 款第一句规定，对于"违法行为轻微并及时纠正，没有造成危害后果的，不予行政处罚。"初次不罚，是指依据《行政处罚法》第 33 条第 1 款第二句规定，"初次违法且危害后果轻微并及时改正的，可以不予行政处罚。"无错不罚，是指依据《行政处罚法》第 33

条第 2 款规定，"当事人有证据足以证明没有主观过错的，不予行政处罚。法律、行政法规另有规定的，从其规定。"这三种"不罚"，有的属于"不予处罚"（如轻微不罚和无错不罚），有的属于"可以不罚"（如初次不罚），但都是为了突出教育功能，能够通过教育实现法治目的的，就尽量不罚或者少罚。

4. 当事人履行处罚决定经济上有困难的，可以变通履行。新修订的《行政处罚法》增加第 66 条第 2 款规定："当事人确有经济困难，需要延期或者分期缴纳罚款的，经当事人申请和行政机关批准，可以暂缓或者分期缴纳。"这体现了人性执法，增加执法中的温度，有利于建设和谐社会。

二、增设"行政处罚"概念，走向实质认定行政处罚行为

世界上不少国家的立法，一定要对法律所调整的主题概念进行界定，因为概念的确定性和准确性有助于决定整个法律的确定性和准确性。在现实中，任何概念都存在一定的不确定性、模糊性，这一现实无法改变。但我们需要做的是，每个法律一定要表明该法律所规制的主题概念是什么。中国从本世纪以来，大多数法律都已开始为主题概念下定义了。

我国在规制行政行为方面有三个基本法，即《行政许可法》《行政处罚法》《行政强制法》。《行政许可法》对"行政许可"下了定义；《行政强制法》不仅对"行政强制"作了解释，而且还对作为它的组成部分的两大基本行为，即"行政强制措施"和"行政强制执行"下了定义。唯独《行政处罚法》没有对"行政处罚"下定义。因为在三个行政行为的基本法中，制定于 1996 年的《行政处罚法》是制定得最早的行政行为基本法，当时人们还不习惯于在法律中下定义。《行政许可法》是 2003 年制定的，《行政强制法》是 2011 年制定的，这时人们已习惯于在立法中下定义了。

正因为 1996 年《行政处罚法》没有对"行政处罚"这一主题概念

下定义，这就造成了人们往往从"名称"形式上去认定行政处罚行为，如"警告""罚款""没收""行政拘留"等就是行政处罚，不用这些名称的，就不被认定为"处罚"。特别是，这就造成有的行政机关对一些特别的行政处罚，冠以非行政处罚名称而逃脱受《行政处罚法》的约束。这样就导致不少新形式的处罚，如"罚岗""参加强制性学习班"等，被冠之于"教育措施"和"体验措施"而不受《行政处罚法》的约束。

2021 年的修订，新法增加了关于"行政处罚"的定义，引导人们从实质上去辨别行政处罚行为。《行政处罚法》第 2 条规定："行政处罚是指行政机关依法对违反行政管理秩序的公民、法人或者其他组织，以减损权益或者增加义务的方式予以惩戒的行为。"这就是说，不管形式和名称是什么，只要为了制裁当事人的违法行为，要求他承受减损权益或者增加义务的不利后果，就属于行政处罚，不论在名称上是否标有"行政处罚"。这就全面准确地把握住了"行政处罚"的内涵与外延，真正把握住了"行政处罚"的法律特征。

三、增加行政处罚手段，完善行政处罚种类

行政处罚的手段和种类，是行政处罚设定的基础。对行政处罚的设定，重点是对行政处罚手段和种类的设定。原《行政处罚法》第 8 条对行政处罚手段和种类的规定暴露了两个问题：一是没有把处罚的基本手段列全；二是把处罚手段与处罚种类混为一谈，更没有把手段和种类有机结合起来。现《行政处罚法》第 9 条规定："行政处罚的种类：（一）警告、通报批评；（二）罚款、没收违法所得、没收非法财物；（三）暂扣许可证件、降低资质等级、吊销许可证件；（四）限制开展生产经营活动、责令停产停业、责令关闭、限制从业；（五）行政拘留；（六）法律、行政法规规定的其他行政处罚。"这一规定较之原先规定，有很大改进。

首先，它增补了不少处罚手段形式，如通报批评、降低资质等级、限制经营、限制从业、责令关闭等。这些非常常见的处罚手段，在原先的条文中没有反映出来，而在现实中已是比较普遍。

其次，把手段和理论上的分类结合起来。理论上把行政处罚分为人身罚、财产罚、行为罚、资格罚、申诫罚（声誉罚），并且人身罚是最高罚，申诫罚是最轻罚。新法第9条所列处罚手段正好和种类相对应：

第一类，警告、通报批评。这属于申诫罚。

第二类，罚款、没收违法所得、没收非法财物。这属于财产罚。

第三类，暂扣许可证件、降低资质等级、吊销许可证件。这属于资格罚。

第四类，限制开展生产经营活动、责令停产停业、责令关闭、限制从业。这属于行为罚。

第五类，行政拘留。这属于人身罚。

第六类，法律、行政法规规定的其他行政处罚。称为其他罚。它根据具体内容，可以被定性为上述五类处罚（申诫罚、财产罚、资格罚、行为罚、人身罚）中的一种处罚。

由此实现了处罚手段和处罚种类的有机结合。

四、扩大行政处罚的设定权限，提高行政处罚的效率

行政处罚必须依法设定，接着才是依法实施。依法设定是依法实施的前提和基础。原《行政处罚法》规定，行政处罚必须由法律、行政法规、地方性法规和规章设定，并对它们之间的设定权限作了划分。具体设定权是这样划分的：

——法律可以设定任何行政处罚。限制人身自由的处罚只能由法律设定；

——行政法规可以设定除限制人身自由处罚以外的行政处罚；

——地方性法规可以设定除限制人身自由、吊销企业营业执照两种处罚以外的行政处罚；

——规章只能设定警告和一定数额的罚款。

这样规定的目的主要是防止和限制法规和规章随意设定行政处罚，

侵犯公民、法人或者其他组织的合法权益。但是《行政处罚法》实施 20 多年来，地方在实施中普遍感觉这样设定对地方性法规的限制过于严格，不利于发挥地方性法规在地方治理中的作用。行政法规也有类似情况。这次修订，对行政法规和地方性法规的设定权作了适度扩大，以增强行政处罚制度的活力。

《行政处罚法》第 11 条第 3 款规定："法律对违法行为未作出行政处罚规定，行政法规为实施法律，可以补充设定行政处罚。拟补充设定行政处罚的，应当通过听证会、论证会等形式广泛听取意见，并向制定机关作出书面说明。行政法规报送备案时，应当说明补充设定行政处罚的情况。"第 12 条第 3 款又规定："法律、行政法规对违法行为未作出行政处罚规定，地方性法规为实施法律、行政法规，可以补充设定行政处罚。拟补充设定行政处罚的，应当通过听证会、论证会等形式广泛听取意见，并向制定机关作出书面说明。地方性法规报送备案时，应当说明补充设定行政处罚的情况。"

显然，这里增加了行政法规对法律、地方性法规对法律和行政法规的补充设定权。同时，为了防止行政法规和地方性法规超越职权滥设行政处罚侵害行政管理相对人的合法权益，新修订的《行政处罚法》还规定：行政法规和地方性法规拟补充设定行政处罚的，应当通过听证会、论证会等形式广泛听取意见，并向制定机关作出书面说明。地方性法规报送备案时，应当说明补充设定行政处罚的情况。这是一种监督措施。

五、推进综合执法和行政处罚权下移，落实行政执法体制改革

防止九龙治水，推进交叉领域的综合执法，这是行政执法体制改革的方向。2018 年中共中央《深化党和国家机构改革方案》要求：深化行政执法体制改革，统筹配置行政处罚职能和执法资源，相对集中行政处罚权，合理配置执法力量。一个部门设有多支执法队伍的，原则上整合为一支队伍。推动整合同一领域或相近领域执法队伍，实行综合设置。

为此，新修订的《行政处罚法》第18条第1款增设规定："国家在城市管理、市场监管、生态环境、文化市场、交通运输、应急管理、农业等领域推行建立综合行政执法制度，相对集中行政处罚权。"

另外，行政处罚实施权向基层延伸，推动了执法重心的下移。原《行政处罚法》第20条规定，行政处罚由县级以上地方人民政府具有行政处罚权的行政机关实施。这把处罚权限制在"县级以上"。据此，乡镇人民政府和街道办事处不享有行政处罚的实施权。之所以将行政处罚的实施权只授予县级以上地方人民政府及主管部门行使，而不授予乡镇人民政府和街道办事处行使，主要是因为县级以上人民政府及主管部门具有专业人员、专门知识和专业技能，也具有较完善的执法设备和技术条件。但在实践中发现，乡人民政府、镇人民政府和街道办事处是最基层的政府机关，往往是最早、最直接发现违法行为的机关。它们一概没有处罚权，会造成"看得见的管不着"和"管得着的看不见"的现状。这次修订，将行政处罚权适度地延伸至乡镇和街道基层人民政府，就解决了这一矛盾。

新修订的《行政处罚法》第24条规定，省、自治区、直辖市根据当地实际情况，可以决定将基层管理迫切需要的县级人民政府部门的行政处罚权交由能够有效承接的乡镇人民政府、街道办事处行使。承接行政处罚权的乡镇人民政府、街道办事处应当加强执法能力建设，按照规定范围、依照法定程序实施行政处罚。

当然，《行政处罚法》并没有直接授权乡镇人民政府、街道办事处行使行政处罚权，而是授权省、自治区、直辖市人民政府可以决定将某些行政处罚权下放到基层。所以，不能认为到2021年7月15日之后，乡镇人民政府和街道办事处就理所当然地具有行政处罚权了。乡镇人民政府和街道办事处最终是否具有行政处罚权，还须依照新修订的《行政处罚法》第24条规定，考虑乡镇人民政府和街道办事处的具体条件，由省、自治区、直辖市人民政府酌情另行决定。

六、引进行政执法"三项制度"，完善行政处罚程序

这次《行政处罚法》的修订，在继续保留原有的四项程序制度（事先告知制度、听证制度、重大处罚集体讨论和权利救济制度）的基础上，还增设了"三项行政执法程序制度"，或者说，是把三大行政执法程序制度引进到《行政处罚法》之中，即执法公示制度、执法全过程记录制度和重大执法决定法制审核制度。

三项制度聚焦行政执法的源头、过程和结果三个关键环节，是提高政府治理效能的重要抓手，对切实保障人民群众合法权益、推进国家治理体系和治理能力现代化具有重要意义。按照党中央、国务院的部署，国务院办公厅发布了《关于印发推行行政执法公示制度执法全过程记录制度重大执法决定法制审核制度试点工作方案的通知》（国办发〔2017〕14号），在全国推开了这三项制度，这次写进了《行政处罚法》。

行政执法公示制度，是要求执法机关依法及时主动向社会公开有关行政执法信息，行政执法人员在执法过程中要主动表明身份，接受社会监督的程序制度。这一制度引入《行政处罚法》并有多处体现。新修订的《行政处罚法》第5条第3款再次重申："对违法行为给予行政处罚的规定必须公布；未经公布的，不得作为行政处罚的依据。"第34条要求"行政处罚裁量基准应当向社会公布"。第39条特别规定："行政处罚的实施机关、立案依据、实施程序和救济渠道等信息应当公示。"第41条第1款要求电子技术监控设备设置地点向社会公布。第48条首次规定，"具有一定社会影响的行政处罚决定应当依法公开"。第42条对执法人员的执法作出了严格规定："行政处罚应当由具有行政执法资格的执法人员实施。执法人员不得少于两人，法律另有规定的除外。执法人员应当文明执法，尊重和保护当事人合法权益。"

执法全过程记录制度，是要求通过文字、音像等记录方式，对行政执法行为进行记录并归档，实现全过程留痕和可回溯管理制度。这是调查取证阶段必须遵循的制度。新修订的《行政处罚法》第47条第一

次规定:"行政机关应当依法以文字、音像等形式,对行政处罚的启动、调查取证、审核、决定、送达、执行等进行全过程记录,归档保存。"这里强调"全过程记录"非常重要。所谓执法全过程记录,特别是指执法机关的执法摄录仪所拍摄录像,应当从执法的"起点",即发现当事人违法或者和当事人接触的第一个时间开始,到执法活动的结束为止,不能只拍摄对自己有利的一个时间段。

重大执法决定法制审核制度,是要求执法机关在作出重大执法决定之前,必须进行法制审核的程序制度。未经法制审核或者审核未通过的,不得作出决定。新修订的《行政处罚法》也将重大执法决定法制审核制度引进了法律。新修订的《行政处罚法》第58条规定:"有下列情形之一,在行政机关负责人作出行政处罚的决定之前,应当由从事行政处罚决定法制审核的人员进行法制审核;未经法制审核或者审核未通过的,不得作出决定:(一)涉及重大公共利益的;(二)直接关系当事人或者第三人重大权益,经过听证程序的;(三)案件情况疑难复杂、涉及多个法律关系的;(四)法律、法规规定应当进行法制审核的其他情形。"这就将重大复杂的,较大范围内的行政处罚案件纳入法制审核之中,为行政处罚决定的合法性设立了最后一道屏障。

除了行政执法的三项制度,这次《行政处罚法》的修订,还对行政处罚的其他程序制度作了许多完善。例如:

——完善处罚听证制度。听证制度是行政处罚程序中的核心制度,早在1996年制定《行政处罚法》时首次镶入行政处罚程序。这次修订再次作了完善:一是扩大行政处罚听证的范围,将没收较大数额违法所得、没收较大价值非法财物,降低资质等级,责令关闭、限制从业和其他较重的行政处罚,都纳入可以申请听证的事项范围;二是延长当事人申请听证的时间,由3天修改为5天,保障了当事人的听证权;三是对听证笔录的效力作出明确规定。执法机关不能"听证归听证,决定归决定"。《行政处罚法》第65条新增规定,听证结束后,行政机关应当根据听证笔录，依法作出处罚或不处罚的决定。这是说，行政机关作出决定，不能无视听证所获得的意见。

——补充了证据规定。原《行政处罚法》对行政处罚的证据基本没有规定，这不能不说是一个较大的缺陷。新修订的《行政处罚法》专门增加第 46 条对行政处罚的证据种类作出规定，明确了证据包括：书证；物证；视听资料；电子数据；证人证言；当事人的陈述；鉴定意见；勘验笔录和现场笔录。证据必须经查证属实，方可作为认定案件事实的根据。特别规定和强调，"以非法手段取得的证据，不得作为认定案件事实的根据"。

——明确行政处罚案件办案期限。旧《行政处罚法》对办案期限未作规定，而惯例是 60 日。新修订的《行政处罚法》第 60 条规定："行政机关应当自行政处罚案件立案之日起九十日内作出行政处罚决定。法律、法规、规章另有规定的，从其规定。"这就一改"60 日"的惯例，新增了 30 天，确定为 90 天，为行政机关调查取证、听证、法制审核留出了必要的时间，体现了实事求是的原则。

——增加当场处罚和当场收缴罚款数额方面的规定。新修订的《行政处罚法》第 51 条规定，修改了适用简易程序的案件标准，可以当场处罚的轻微案件的罚款标准，个人从 50 元提高到 200 元，单位从 1000 元提高到 3000 元。第 68 条规定，把当场收缴罚款的标准从 20 元提高到 100 元，这方便了被处罚人对处罚决定的履行。

七、确认和规范电子技术手段在行政处罚中的应用

当下社会已是一个网络社会、数字社会、信息社会，人们的工作和生活已离不开电子技术手段。新修订的《行政处罚法》第 41 条确认了电子证据，并对电子证据的使用提出要求，规定电子证据必须公开、审核、合法，不得采用电子证据而限制或者变相限制当事人享有的陈述权、申辩权。第 61 条确认了电子邮件等网络形式送达处罚决定书，第 67 条又确认了电子支付缴纳罚款的有效性。确认电子技术手段在行政

处罚中的应用，大大提高了行政处罚实施的效率，既方便行政机关的执法，也方便人民群众对行政处罚程序的参与。

八、修改行政处罚时效制度，遏制严重的违法行为

所谓行政处罚时效制度，就是指行政机关对违反行政管理秩序的公民、法人或者其他组织追究行政责任、给予行政处罚的有效期限。行政机关超过法律规定的期限未发现违法行为的，对当时的违法行为人不再给予行政处罚。行政处罚时效制度的确立，一方面是为了督促执法机关依法及时履行行政处罚职责，防止不作为；另一方面则是为了实现社会秩序的稳定，体现法的安定性，尊重和保护公民、法人或者其他组织的合法权益。

原《行政处罚法》关于行政处罚时效的规定是：违法行为在二年内未被发现的，不再给予行政处罚。法律另有规定的除外。前款规定的期限，从违法行为发生之日起计算；违法行为有连续或者继续状态的，从行为终了之日起计算。这一规定在实施中存在的主要问题是对违法行为不加区分，无论违法行为的性质和危害性如何，都是二年时效，导致对某些严重的违法行为因为时效已过而不能处罚，不利于打击各种违法行为，特别是严重的违法行为。

新修订的《行政处罚法》第36条对行政处罚的时效制度进行了调整和完善，明确规定：违法行为在二年内未被发现的，不再给予行政处罚；涉及公民生命健康安全、金融安全且有危害后果的，上述期限延长至五年。法律另有规定的除外，如《治安处罚法》规定的追诉时效为六个月。[①] 也就是说，根据新修订的《行政处罚法》，行政处罚的时效一般是二年，但如果违法行为涉及公民生命健康、金融安全且有危害后果的，行政处罚的时效可以延长到五年。这样的规定更加科学合理，有利

---

① 《治安管理处罚法》(2012) 第22条规定："违反治安管理行为在六个月内没有被公安机关发现的，不再处罚。前款规定的期限，从违反治安管理行为发生之日起计算；违反治安管理行为有连续或者继续状态的，从行为终了之日起计算。"

于遏制严重的违法行为。

九、细化行刑衔接制度，防止"以行代刑"或"以刑代行"

应当接受行政处罚的违法行为与刑事犯罪行为关联度很大，它们侵害的是同一个社会关系，只是程度上有区别而已。行政处罚是针对尚不构成犯罪的违法行为。有时，一个违法行为是否同时构成犯罪有模糊之处。行刑衔接就是行政执法与刑事司法程序的衔接，通常发生在行政违法与刑事犯罪竞合的场合。

原《行政处罚法》第 22 条只对行刑衔接作了原则性规定：违法行为构成犯罪的，行政机关必须将案件移送司法机关，依法追究刑事责任。这一规定明确了行刑衔接中"刑事优先"的基本原则，即行政执法机关发现当事人的行政违法行为涉嫌构成犯罪的，应当中止行政执法程序，将案件立即移送给司法机关追究刑事责任。但对经过司法机关刑事审判后依法不需要追究刑事责任或者免予刑事处罚的，是否还要交回行政机关给予行政处罚，旧《行政处罚法》没有规定，这给行刑衔接制度的实施带来困难。

针对这一问题，新修订的《行政处罚法》第 27 条增加规定：对依法不需要追究刑事责任或者免予刑事处罚，但应当给予行政处罚的，司法机关应当及时将案件移送有关行政机关。也就是说在刑事程序之后还需要行政处罚的，司法机关要将案件移送有关行政机关。同时，新修订的《行政处罚法》还要求行政处罚实施机关与司法机关之间应当加强协调配合，建立健全案件移送制度，加强证据材料移交、接收衔接，完善案件处理信息通报机制，防止"以行代刑"或"以刑代行"。

十、完善行政处罚无效制度，严格区别违法与无效的界限

《行政处罚法》的目的旨在保证行政处罚的合法性和有效性，阻却违法处罚和无效处罚行为的发生。行政处罚的违法和无效既有联系也有区别：无效是严重的违法；无效的，一定是违法的，但违法的，不一定是无效的。原《行政处罚法》和修订后的《行政处罚法》对无效行政处罚的表述有较大的差异，反映了它们标准上的不同。

原《行政处罚法》第3条第2款规定："没有法定依据或者不遵守法定程序的，行政处罚无效。"这里的"无效"所涉及"面"既"过广"，也同时"过窄"。

"不遵守法定程序"就无效，显然没有区分主要程序和次要程序，这种"一刀切"既不符合法理，也不符合实际。这就是无效范围"过广"。但对于执法主体无处罚权是否无效，未作规定。这就表现为无效范围"过窄"。

修订后的《行政处罚法》第38条规定："行政处罚没有依据或者实施主体不具有行政主体资格的，行政处罚无效。违反法定程序构成重大且明显违法的，行政处罚无效。"

这里有了更全面、更准确的标准，即三种情况下，行政处罚无效：一是实施行政处罚的机关无处罚资格，没有行政处罚权。二是行政处罚没有依据。没有依据，应当是指没有法律规范依据，即该行为并不是法律、法规、规章规定必须处罚的行为。三是违反法定程序构成重大且明显违法。这就是说，并不是所有违反程序行为都无效，必须是构成重大且明显违法，影响实体决定内容的程序违法，才构成无效。

十一、明确法律适用规则，强调对外国组织和外国人的适用力

法律适用是指将法律规范应用于事实的过程。实施行政处罚必须正确适用法律，否则会构成适用法律错误。旧《行政处罚法》对法律适用规则未作规定。新修订的《行政处罚法》增补了这方面的规定。其第37条规定："实施行政处罚，适用违法行为发生时的法律、法规、规章的规定。但是，作出行政处罚决定时，法律、法规、规章已被修改或者废止，且新的规定处罚较轻或者不认为是违法的，适用新的规定。"

这里明确了两项适用规则：一是属地主义。即不论当事人在哪里注册或户籍地、居住地在哪里，只要他的违法行为发生在本地，就适用本地的法律规范。在人地法与行为地法之间，应当选择属地主义，适用当事人行为地法律规范。二是有利于当事人主义。即作出行政处罚决定时，法律、法规、规章已被修改或者废止，且新的规定处罚较轻或者不认为是违法的，适用新的规定。这里同时包含着另一层意思，如果修改后的规定比当事人违法行为发生时的规定对当事人更为不利的，应当适用当事人违法行为发生时的规定。这是前后都按有利于当事人的原则选择。

行政处罚的适用规则，总体上是适用当事人违法行为"地"和违法行为"时"的规定。当事人行为地规定与当事人所在地规定或处理机关所在地规定不一致时，适用当事人行为地规定；当事人行为时规定与对当事人处理时的规定不一致时，则适用有利于当事人的规定。这些适用规则内容，是新修订的《行政处罚法》首次明确的。

另外，新修订的《行政处罚法》第84条规定："外国人、无国籍人、外国组织在中华人民共和国领域内有违法行为，应当给予行政处罚的，适用本法，法律另有规定的除外。"这是首次强调，外国人（含无国籍人）和外国组织在中国不是"法外之地"，他们在我国领域内有违法行为的，同样必须适用中国的法律予以处罚，除非法律另有特别规定。

十二、明确应急状态下的处罚原则，有效衔接《突发事件应对法》

应急状态属于一种"非常态"，它由自然灾害、事故灾难、公共卫生事件和社会安全事件等突发事件，引发全国或一定范围内的混乱和危害，使得国家和政府部门必须紧急应对处置的状态。从广义上说，应急状态包括三种状态：一是应急状态（狭义）；二是紧急状态；三是战争状态。

我国《突发事件应对法》（2024）第73条规定，履行统一领导职责的人民政府可以依法从严惩处囤积居奇、哄抬价格、牟取暴利、制假售假等扰乱市场秩序的行为，维护市场秩序；可以依法从严惩处哄抢财物、干扰破坏应急处置工作等扰乱社会秩序的行为，维护社会治安。这里的"严惩"显然主要是指行政处罚。那么，这种应急状态下的行政处罚是否适用《行政处罚法》，以及如何适用《行政处罚法》呢？旧法未作规定。新修订的《行政处罚法》第49条规定："发生重大传染病疫情等突发事件，为了控制、减轻和消除突发事件引起的社会危害，行政机关对违反突发事件应对措施的行为，依法快速、从重处罚。"

这一规定有效地衔接了《突发事件应对法》，意味着在应急状态中实施行政处罚，依然适用《行政处罚法》，但可以"依法快速、从重处罚"。

§1.5 《行政处罚法》的指导思想和立法目的

"行政处罚法是规范政府行为的一部重要法律。"①《行政处罚法》第1条规定："为了规范行政处罚的设定和实施，保障和监督行政机关有效实施行政管理，维护公共利益和社会秩序，保护公民、法人或者其他组织的合法权益，根据宪法，制定本法。"这表明了我国行政处罚法的指导思想和立法目的。

一、规范行政处罚的设定和实施

在《行政处罚法》制定以前，我国虽有大量的行政处罚方面的规范，但罚则的设定没有规则。例如哪一级的法律法规可以设定罚则，以及设定什么样的罚则，均无规则。此外，行政处罚由谁实施，以及如何实施等，亦无法律依据。因而造成了行政处罚执法中的混乱。制定行政处罚法的目的，就在于规范行政处罚的设定和实施。

二、保障和监督行政机关有效地实施行政管理

行政处罚是国家行政机关实施行政管理的有效手段，但它能否正确

---

① 国务院《关于进一步贯彻实施〈中华人民共和国行政处罚法〉的通知》（国发〔2021〕26号）。

适用与行政处罚立法是否完善直接有关。以前由于行政处罚立法完善程度不够，致使一方面行政处罚力度不够，另一方面行政处罚权的滥用得不到有效控制。《行政处罚法》的制定，既是对国家行政管理的有力保障，也是对国家行政机关是否合法和合理地实施行政管理的监督。

三、维护公共利益和社会秩序

行政处罚是行政主体依法对违反行政管理秩序的行为人的一种行政制裁，其目的就在于维护公共利益和社会秩序。如果没有合法有效的行政处罚制度，那么社会公共利益和秩序将得不到保障。《行政处罚法》的制定，有助于维护公共利益和社会秩序。

四、保护公民、法人或者其他组织的合法权益

《行政处罚法》一方面保障行政主体对违反行政管理秩序的相对人给予有效的处罚，另一方面又保护相对人的合法权利不受违法行政处罚的侵害，如行政处罚法定原则和听证制度的构造等都反映了这一点。因此，《行政处罚法》的制定，有助于保护公民、法人或者其他组织的合法权益不受非法处罚的侵害。

特别要强调的是，不得将行政处罚（尤其是罚款和没收）变相成为政府和单位财政创收的手段和途径，防止和整治运动式执法、"一刀切"执法、简单粗暴执法、野蛮执法、过度执法、机械执法、逐利执法[1]，切实保护行政相对人的合法权益。另外，行政处罚的目的是旨在引导当事人自觉守法，而不是为了增强被处罚人的"痛苦"。[2]

---

[1] 参见国务院办公厅《提升行政执法质量三年行动计划（2023—2025年）》（国办发〔2023〕27号）。

[2] 俄罗斯2001年《联邦行政违法法典》第三条之一（行政处罚的目的）规定："1.行政处罚是国家针对行政违法行为规定的责任措施，其适用的目的是预防违法者本人和其他人实施新的违法行为。2.行政处罚的目的不应当是降低实施行政违法行为的自然人的人格或者造成其肉体上的痛苦，也不应当是给法人的业务声誉造成损害。"这一规定值得借鉴和赞赏。

【延伸思考】

1.什么是"行政处罚法"？它仅仅是指《中华人民共和国行政处罚法》吗？

2.我国"行政处罚法"是什么样的规范体系？《宪法》中是否有行政处罚规范？

3.2021年《行政处罚法》的修订在内容上有哪些变化？这次修订有哪些"亮点"？

4.《行政处罚法》的指导思想与目的是什么？《行政处罚法》是为了加强行政处罚吗？

【规范链接】

▶《中华人民共和国行政处罚法》（2021）第1、2、3、5、6、9、11、12、18、22、24、27、33、34、38、39、41、42、47、48、49、51、58、60、65、66、84条

▶《中华人民共和国治安管理处罚法》（2012）第22条

▶《中华人民共和国突发事件应对法》（2024）第73条

▶ 国务院《关于进一步贯彻实施〈中华人民共和国行政处罚法〉的通知》（国发〔2021〕26号）

▶ 国务院办公厅《提升行政执法质量三年行动计划（2023—2025年)》（国办发〔2023〕27号）

▶ 国务院办公厅《关于印发推行行政执法公示制度执法全过程记录制度重大执法决定法制审核制度试点工作方案的通知》（国办发〔2017〕14号）

第2章　行政处罚原则论

《行政处罚法》的原则，也称行政处罚原则，系指由《行政处罚法》所确立和体现的，用以指导和约束行政处罚设定和实施的法治精神和基本行为规则。这些原则统率着《行政处罚法》的具体条文并由具体条文所体现，直接指导和约束我国行政处罚行为。行政处罚的设定和实施违背行政处罚法基本原则的，都属于违反《行政处罚法》的行为。行政机关实施行政处罚和人民法院审理行政处罚案件，不仅要符合和依据有关行政处罚的具体条文，还必须符合和依据有关行政处罚的基本原则。行政处罚的原则，既包括由《行政处罚法》总则所规定的"基本原则"，也包括由《行政处罚法》其他部分所规定和体现的"其他原则"。

行政处罚原则

行政处罚基本原则 —————— 行政处罚其他原则

《行政处罚法》的基本原则包括：处罚法定原则；处罚公正原则；处罚公开原则；过罚相当原则；处罚与教育相结合原则；权利救济原则。

§2.1　处罚法定原则

处罚法定原则，系指行政处罚必须依法设定和依法实施。它被写进

行政处罚法论
——基于《中华人民共和国行政处罚法》

不少国家和地区的《行政处罚法》①。我国《行政处罚法》第3条规定:"行政处罚的设定和实施,适用本法。"第4条又规定:"公民、法人或者其他组织违反行政管理秩序的行为,应当给予行政处罚的,依照本法由法律、法规、规章规定,并由行政机关依照本法规定的程序实施。"行政处罚的设定,属于立法行为;行政处罚的实施,属于行政行为。处罚法定原则,既约束有关行政处罚的立法行为,又约束实施行政处罚的行政行为。所以,处罚法定原则的效力和基本要求覆盖行政处罚的设定和行政处罚的实施这两大领域,横跨立法行为和行政行为。

处罚法定原则,首先要求行政处罚依法设定。对行政处罚的设定,是一种对行政处罚法律规范的创制行为,具体指有关机关通过法律、法规和规章对行政处罚的有关内容作出规定。这些内容主要包括:(1)实施行政处罚的主体,解决"谁有权实施行政处罚"的问题;(2)可以被行政处罚的行为,解决"对什么行为可以实施行政处罚"的问题;(3)可采取的行政处罚手段和种类,解决"用什么手段给予处罚"的问题;(4)可选择的行政处罚幅度,解决"对什么行为可以罚多重"的问题;(5)必须遵循的行政处罚程序,解决"如何实施行政处罚"的问题。这里"依法设定"中的"依法"是指依什么"法"?即由什么"法"来设定行政处罚?《行政处罚法》第4条本身已回答了这一问题,即"依照本法由法律、法规、规章规定"。可以"设定"行政处罚的"法",首先是本法,即《行政处罚法》,其次是和《行政处罚法》相配套的其他法律、法规和规章。为此,《行政处罚法》第16条进一步明确:"除法律、法规、规章外,其他规范性文件不得设定行政处罚。"

处罚法定原则,其次要求行政处罚依法实施。行政处罚的设定,是行政处罚实施的前提和基础。行政处罚未被设定,行政处罚的实施便失

---

① 如奥地利《行政罚法》(1950)第33条,德国《违反秩序罚法》(1987)第3条,俄罗斯《联邦行政违法法典》(2001)第一条之六,越南《社会主义共和国行政违法处罚法》(1989)第3条,等等。

去法律基础。但不能说，只要行政处罚依法设定了，行政处罚的实施就一定合法。行政处罚不仅必须依法设定，而且必须依法实施。行政处罚必须依法实施，系指有关组织实施行政处罚从主体、行为到程序，都必须符合《行政处罚法》及有关法律、法规和规章的规定。行政处罚的实施必须和行政处罚的设定相对应。具体而言，至少应做到：（1）由有处罚权的行政机关或其他组织实施行政处罚；（2）对依法可以被处罚的违反行政管理秩序的行为进行处罚；（3）采用法定的处罚手段进行处罚；（4）在法定的幅度内进行处罚；（5）通过法定程序进行处罚。有一种观点是不全面的，以为行政处罚的"依法实施"仅仅是要求"由行政机关依照本法规定的程序实施"（第4条），以为行政处罚的"依法实施"只是要求依照处罚程序规定而已。行政处罚的"依法实施"，不仅要依照"程序法"，更要依照"实体法"。

处罚法定原则，乃是职权法定原则的延伸。处罚法定原则，实质上是"行政处罚权"法定原则。行政处罚权是国家行政机关针对公民、法人或者其他组织的行政制裁权，它是行政职权的体现。因此，处罚法定原则无疑是职权法定原则的延伸。职权法定原则，是指公权力的产生、享有和行使必须通过法律所明文规定的方式来进行，没有法律依据且未经法律规定方式所创造、产生和享有的公权力不具有合法性。其根本要义在于所有公权力的产生都来源于人民通过法律所授予，应当为人民谋利益，行使公权力必须于法有据、行为合法，任何机关、组织和个人都不得行使法律法规没有授予的公权力。习近平总书记所说的"法定职责必须为、法无授权不可为"[1]，是一句非常有名的法律谚语，正是对"职权法定原则"的经典表述，具有非常深厚的法理内涵。职权法定原则可以追溯至世界上的法治国家理论、法律保留原则和法律优先原则。这一原则，在中国具有厚实的宪法基础和制度基础。我国《宪法》第2条规

---

[1] 《习近平著作选读》第一卷，人民出版社2023年版，第304页。

定："中华人民共和国的一切权力属于人民。人民行使国家权力的机关是全国人民代表大会和地方各级人民代表大会。人民依照法律规定，通过各种途径和形式，管理国家事务，管理经济和文化事业，管理社会事务。"第5条又规定："中华人民共和国实行依法治国，建设社会主义法治国家。国家维护社会主义法制的统一和尊严。……一切国家机关和武装力量、各政党和各社会团体、各企业事业组织都必须遵守宪法和法律。一切违反宪法和法律的行为，必须予以追究。任何组织或者个人都不得有超越宪法和法律的特权。"《宪法》第三章关于国家机构的规定，便是对"职权法定"原则的具体应用。

职权法定，落实在行政处罚权上，就是行政处罚权的设定和实施都必须由法律、法规、规章规定，坚持"法无明文不处罚"。[①]法律、法规、规章以外的规范性文件不得设定行政处罚权；国家行政机关也不得依据法律、法规、规章以外的规范性文件实施行政处罚。

§2.2　处罚公正原则

《行政处罚法》第5条第1款规定："行政处罚遵循公正……的原则。"这就是确立"处罚公正原则"的法律依据。

"公正"是一个十分复杂的概念。这个肇始于古希腊的传统概念与"法"有着不可割裂的关系。其英文表达方式"justice"，其中的"jus"本身就有"法"的意思。"公正"以"jus"（法）为词根演变而来。从内容上说，公正和法治更是不可分离。公正是法治的灵魂。公正是法治的核心价值。公正是法治的出发点和最终归宿。法治是指公正的法律得到公正的实施。一切法律制度都为了体现和保证社会的公正性。

"公正"是"公平"和"正义"的合称，因而，公平和正义是公正

[①]　奥地利《行政罚法》第33条第3款规定："对于被处罚人不得予以法外之处罚"。德国《违反秩序罚法》第3条第1款规定："法无明文不得处罚"。

的基本内涵。但是，公正也会因时代的不同和人们视角的不同而不同，正如博登海默所言，"正义是一张普罗透斯似的脸，变幻无常，随时可呈现不同形状并具有极不相同的面貌。"①

在我国，公正是中国特色社会主义的内在要求，是社会主义法治的核心价值，是社会主义核心价值观的基本要求。②习近平总书记说："公正是法治的生命线。"③公正在我国社会主义法治体系中具有丰富的内涵，包含着平等性、合理性、可行性、文明性等诸多的内涵。

但仅就《行政处罚法》而言，"处罚公正原则"包含了以下内容和要求：(1)过罚相当；(2)轻微不罚；(3)初次不罚；(4)无错不罚；(5)一事不二罚；(6)加处罚款封顶；等等。

§2.3 处罚公开原则

《行政处罚法》第5条第1款规定："行政处罚遵循……公开的原则。"这就是确立"处罚公开原则"的法律依据。

行政处罚公开原则，是我国行政公开原则在行政处罚领域的落实和体现。我国行政公开原则，系以宪法为依据，由《政府信息公开条例》(2019)所直接确认。这个2007年制定、2019年修订的行政法规，确立了政府信息"以公开为常态、不公开为例外"的原则。根据《政府信息公开条例》有关规定，政府信息是指行政机关在履行行政管理职能过程中制作或者获取的，以一定形式记录、保存的信息。除了国家秘密，法律、行政法规禁止公开的政府信息，公开后可能危及国家安全、公共安全、经济安

---

① [美]博登海默：《法理学：法律哲学与法律方法》，邓正来译，中国政法大学出版社2004年版，第261页。

② 社会主义核心价值观：富强、民主、文明、和谐；自由、平等、公正、法治；爱国、敬业、诚信、友善。

③ 中共中央文献研究室编：《习近平关于全面依法治国论述摘编》，中央文献出版社2015年版，第38页。

全、社会稳定的政府信息，以及涉及商业秘密、个人隐私等公开会对第三方合法权益造成损害的政府信息不得公开外，其他政府信息都必须予以公开。行政处罚公开原则，是行政公开和政府信息公开原则的具体转化结果。它包含着处罚依据公开、处罚决定公开和处罚制度信息的公示。

1. 处罚依据公开。《行政处罚法》第 5 条第 3 款规定："对违法行为给予行政处罚的规定必须公布；未经公布的，不得作为行政处罚的依据。"这是关于处罚依据公开的规定。处罚依据，是指执法机关对作出违法行为的当事人作出行政处罚决定所依据的法律、法规和规章。我国《立法法》（2023）第 6 条规定了"立法公开"的原则和要求。立法公开不仅指立法程序公开，而且包括立法结果的公开。在"立法公开"原则的指导下，《立法法》（2023）具体规定了法律、法规和规章的公布程序。不依法公开并生效的法律规范，对公民、法人、其他组织以及国家机关都不具有约束力。就行政处罚依据公开而言，是指行政执法机关不可拿出一个锁在抽屉里的秘密文件来处罚公民、法人或者其他组织。

2. 处罚决定公开。《行政处罚法》第 48 条规定："具有一定社会影响的行政处罚决定应当依法公开。公开的行政处罚决定被依法变更、撤销、确认违法或者确认无效的，行政机关应当在三日内撤回行政处罚决定信息并公开说明理由。"这是关于处罚决定公开的规定，而且是 2021 年修订中的新规定。关于处罚决定，对当事人当然必须公开。任何处罚决定都必须送达给当事人，这就是对当事人的公开。这一点是没有问题的。问题在于，处罚决定是否应当向社会公开。处罚决定对社会的公开，既是对行政处罚机关是否依法处罚的一种监督，同时也是对被处罚的当事人个人隐私的外泄，更是对当事人违法行为的曝光。这种曝光所带来的不利后果（精神上的压力、声誉上的不利影响），可能远大于其他处罚所带来的后果。不少当事人情愿悄悄地接受几千元的罚款，也不愿意向社会公布他的违法信息。所以，这一问题成为 2021 年修订中的一个争论焦点。修订后的《行政处罚法》第 48 条的规定，已经作了一点折中，表现为有 3 点限制：一是并不是所有处罚决定都必须公开，仅限于具有一定社会影响的行政处罚决定应当公开。二是公开不是怎样公开都可以的，应当"依法"公开。这里的"依法"，主要是指依照《政府信息公开条例》所规定的范围、方式和程序来公开。而根据《政府信息公开条例》(2019) 第 14 条和第 15 条规定，公开后可能危及国家安全、公共安全、经济安全、社会稳定的政府信息，以及涉及商业秘密、个人隐私等公开会对第三方合法权益造成损害的政府信息，不得公开①。三是处罚决定公开后，如果该决定是错误的，被依法变更、撤销、确认违法或者确认无效的，行政机关应当及时纠正信息，即在 3 日内撤回行政处罚决定信息并公开说明理由，以挽回对当事人不利的影响。

3. 处罚制度信息公开。《行政处罚法》第 39 条规定："行政处罚的实施机关、立案依据、实施程序和救济渠道等信息应当公示。"这一规定和上述两项不同，它是要求具有处罚权的行政主体，以一定的方式公示实施机关、立案依据、实施程序和救济渠道等信息，以便让公民、法人或者其他组织知晓：谁有权处罚？什么情况下可以立案？如何实施处罚？当事人不服处罚如何寻找权利救济？这也是一项便民服务措施。公示，是指通过公开的载体展示出来，让公众知晓。公示是公开的一种方式。通常的做法，是在处罚实施机关的官方公开网站上登载上述信息。

§2.4 过罚相当原则

过罚相当原则，既是《行政处罚法》的基本原则 (是"处罚公正原则"

---

① 《政府信息公开条例》(2019) 第 14 条规定："依法确定为国家秘密的政府信息，法律、行政法规禁止公开的政府信息，以及公开后可能危及国家安全、公共安全、经济安全、社会稳定的政府信息，不予公开。"第 15 条又规定："涉及商业秘密、个人隐私等公开会对第三方合法权益造成损害的政府信息，行政机关不得公开。但是，第三方同意公开或者行政机关认为不公开会对公共利益造成重大影响的，予以公开。"

的重要内容），也是处罚的适用原则。它既约束行政处罚的设定，也约束行政处罚的实施。在行政处罚的实施中，也直接约束行政处罚决定的法律适用。

《行政处罚法》第5条第2款规定："设定和实施行政处罚必须以事实为依据，与违法行为的事实、性质、情节以及社会危害程度相当。"这是对过罚相当原则的法律表达。

过罚相当原则，仅从法律适用上讲，包含着以下意思和要求：

1. 当事人的违法行为明显轻微的，不予处罚。

2. 当事人的违法行为应当处罚的，处罚的轻重必须和当事人违法行为的事实、性质、情节以及社会危害程度相当。既不能轻过重罚，也不能重过轻罚。

2021年修订的《行政处罚法》还增加了处罚基准制度。《行政处罚法》第34条规定："行政机关可以依法制定行政处罚裁量基准，规范行使行政处罚裁量权。行政处罚裁量基准应当向社会公布。"制定和公布行政处罚裁量基准，有助于防止行政机关滥用处罚裁量权。

§2.5 处罚与教育相结合原则

教育是影响人的身心发展的社会实践活动。《行政处罚法》始终贯彻处罚和教育相结合原则，而且坚持以教育为重，不是以处罚为重。处罚的最终目的也是教育人民群众自觉守法。

《行政处罚法》第6条规定："实施行政处罚，纠正违法行为，应当坚持处罚与教育相结合，教育公民、法人或者其他组织自觉守法。"这就很好地表达了这一原则。《行政处罚法》对处罚和教育相结合这一原则，既有直接条文上的表述，也有具体制度的体现。

《行政处罚法》第33条规定："违法行为轻微并及时改正，没有造成危害后果的，不予行政处罚。初次违法且危害后果轻微并及时改正的，可以不予行政处罚。当事人有证据足以证明没有主观过错的，不予行政处罚。法律、行政法规另有规定的，从其规定。对当事人的违法行为依法不予行政处罚的，行政机关应当对当事人进行教育。"这里确立和肯定的"轻微不罚"、"初次不罚"和"无错不罚"三项制度，本身就是为了进一步体现"多教育、少处罚"的指导思想。特别是第 33 条第 3 款规定，"对当事人的违法行为依法不予行政处罚的，行政机关应当对当事人进行教育"，就是要求执法人员对于依法不处罚的当事人不要一放了之，应当给予批评教育。

§2.6　权利救济原则

《行政处罚法》第 7 条规定："公民、法人或者其他组织对行政机关所给予的行政处罚，享有陈述权、申辩权；对行政处罚不服的，有权依法申请行政复议或者提起行政诉讼。公民、法人或者其他组织因行政机关违法给了行政处罚受到损害的，有权依法提出赔偿要求。"由此确立了行政处罚中的权利救济原则。

权利救济原则（也称权利保障原则）渊源于世界的法治文明。法谚道：没有救济的权利不是真正的权利。或者说：有权利，就有救济（Ubi jus，ibi remedium）。1215 年的英国《自由大宪章》就确立了每个人都有对自己权利进行防卫的权利，并将它作为"自然公正原则"的一部分。《世界人权宣言》第 8 条规定："任何人当宪法或法律所赋予他的基本权利遭受侵害时，有权由合格的国家法庭对这种侵害行为作有效的补救。"

中国作为一个推进全面依法治国的社会主义法治国家，特别注重对公民权利的尊重和保护。我国《宪法》确立了"人权原则"，规定"国家尊重和保障人权。"《宪法》还确认了公民的基本权利并提供了有效的保护措施，特别规定："中华人民共和国公民对于任何国家机关和国家工作人员，有提出批评和建议的权利；对于任何国家机关和国家工作人员的违法失职行为，有向有关国家机关提出申诉、控告或者检举的权利，但是不得捏造或者歪曲事实进行诬告陷害。对于公民的申诉、控告或者检举，有关国家机关必须查清事实，负责处理。任何人不得压制和打击报复。由于国家机关和国家工作人员侵犯公民权利而受到损失的人，有依照法律规定取得赔偿的权利。"这就是说，我国行政处罚法上的权利救济原则，是有宪法渊源和宪法依据的。

行政处罚法中的权利救济原则，包含但不限于三个方面的内容：

第一，作为当事人的公民、法人或者其他组织，具有行政处罚程序的参与权。即在行政处罚过程中，当事人享有陈述权、申辩权，和一定条件下的听证权，并且行政机关不得因当事人陈述和申辩，而加重对他的处罚。对这些程序权利的保障规定，除了《行政处罚法》第7条，还体现在第41条、第44条、第45条和第62条之中。

第二，作为当事人的公民、法人或者其他组织，对行政处罚决定不服的，有权申请复议或提起诉讼。依照《行政复议法》和《行政诉讼法》规定，行政处罚行为是第一类可诉的行政行为。《行政处罚法》第73条第3款还新增规定："当事人申请行政复议或者提起行政诉讼的，加处罚款的数额在行政复议或者行政诉讼期间不予计算。"消除当事人的后顾之忧。

第三，行政处罚违法甚至无效给当事人造成损害的，有权获得行政赔偿。《国家赔偿法》（2012）第3条和第4条明文将违法的行政处罚行为列入行政赔偿范围之内。①

---

① 《国家赔偿法》（2012）第3条规定："行政机关及其工作人员在行使行政职权时有下列侵犯人身权情形之一的，受害人有取得赔偿的权利：（一）违法拘留或者违法采取限制公民人身自由的行政强制措施的；（二）非法拘禁或者以其他方法非法剥夺公民人身自由的；（三）以殴打、虐待等行为或者唆使、放纵他人以殴打、虐待等行为造成公民身体伤害或者死亡的；（四）违法使用武器、警械造成公民身体伤害或者死亡的；（五）造成公民身体伤害或者死亡的其他违法行为。"第4条又规定："行政机关及其工作人员在行使行政职权时有下列侵犯财产权情形之一的，受害人有取得赔偿的权利：（一）违法实施罚款、吊销许可证和执照、责令停产停业、没收财物等行政处罚的；（二）违法对财产采取查封、扣押、冻结等行政强制措施的；（三）违法征收、征用财产的；（四）造成财产损害的其他违法行为。"

§2.7 《行政处罚法》的其他原则

《行政处罚法》原则，除了由《行政处罚法》总则所规定的"基本原则"外，还存在由《行政处罚法》其他部分所规定和体现的"其他原则"，它们包括但不限于：申辩不加罚原则；一事不二罚原则；处罚与纠正违法相结合原则；处罚与没收违法所得相结合原则。

一、申辩不加罚原则

申辩不加罚原则，系指行政机关不得因当事人陈述、申辩而给予更重的处罚的基本要求。它是当事人"权利救济原则"（权利保障原则）的子原则。

这一原则源自原《行政处罚法》（1996）第32条第2款的规定："行政机关不得因当事人申辩而加重处罚。"2021年新修订的《行政处罚法》第45条第2款则规定："行政机关不得因当事人陈述、申辩而给予更重的处罚。"新法与旧法的规定比较，表述上有很大的改进：一是"原因"从"申辩"扩大到"陈述"。行政机关既不得因当事人的"申辩"而加重处罚，同样也不得因当事人的"陈述"而加重处罚。二是"结果"从"加重处罚"改为"给予更重的处罚"。因为"给予更重的处罚"远比"加重处罚"表达准确、范围更广。"加重处罚"容易被理解为"从轻处罚—减轻处罚—从重处罚—加重处罚"中的一种形态，而"给予更重的处罚"并不仅限于这四种形态中的"加重处罚"一种形态。

行政机关不得因当事人陈述、申辩而给予更重的处罚，同时也是指当事人不得因陈述、申辩而受到更重的处罚，这是对当事人陈述权和申辩权的特别保护。当事人对于行政处罚享有陈述权、申辩权，这是《行政处罚法》赋予给当事人的正当权利。《行政处罚法》第7条规定："公民、法人或者其他组织对行政机关所给予的行政处罚，享有陈述权、申辩权；对行政处罚不服的，有权依法申请行政复议或者提起行政诉讼。公民、法人或者其他组织因行政机关违法给予行政处罚受到损害的，有权依法提出赔偿要求。"

"陈述"是指当事人为澄清事实真相而对自己的行为进行客观描述和说明;"申辩"是指当事人为主张自己行为不该处罚或应当轻罚申述理由和辩解。关于当事人的陈述权、申辩权,《行政处罚法》共有六个条文(第7、41、44、45、62、64条)作出了规定,覆盖了行政处罚程序中的主要环节。鉴于陈述权、申辩权处于行政处罚程序的前端,又是当事人享有其他权利的基础,因而《行政处罚法》第45条第2款特别规定:"行政机关不得因当事人陈述、申辩而给予更重的处罚。"这被简称为"申辩不加罚"原则。

在现实执法中,还存在着因当事人的陈述和申辩而被行政机关给予了更重处罚的现象。当行政机关给予更重处罚时,到底是因为当事人的陈述和申辩,还是因为违法事实和法律适用问题,往往很难证明和判定。因为,行政机关哪怕真是"因为"当事人的陈述和申辩原因而给予更重的处罚,它也不会承认这一点。所以,如何理解和判定行政机关因当事人的陈述和申辩而给予了更重的处罚,就显得非常重要。正确理解"行政机关不得因当事人陈述、申辩而给予更重的处罚",必须掌握以下几点:

一是给予"更重的处罚"是基于两个行为(决定)之间的比较。如果没有发生两个行为,就不可能出现"更重的处罚"。比如,行政机关未经事先告知,未让当事人陈述和申辩,一次性作出了一个很重的处罚,这里不存在"更重的处罚"问题,只存在法律适用上处罚是否过重还是过轻的问题,另外还有程序违法的问题。发生给予"更重的处罚",往往是前一个"拟处罚决定"与最后正式作出的"处罚决定",或者在二次告知中,第一个告知中的处罚结果与第二个告知中的处罚结果之间的比较,只要后一个决定的结果比前一个决定的结果对当事人的处罚更重了,这就是"给予更重的处罚"。根据《行政处罚法》第44条规定,"行政机关在作出行政处罚决定之前,应当告知当事人拟作出的行政处罚内容及事实、理由、依据,并告知当事人依法享有的陈述、申辩、要求听证等权利。"这一阶段行政机关对当事人所告知的是"拟处罚决定书",内容包括拟处罚的结果、所认定的违法事实、处罚的理由和法律依据等。当事人收到事先告知书后,可以进行陈述和申辩。行政机关应当根据《行政处罚法》第45条的规定,对当事人的意见进行复核,最终作出"行政处罚决定"。最终处罚决定中的处罚结果应当比拟处罚决定书中的处罚结果更轻或者一样。原则上,最终处罚决定中的处罚结果不得重于拟处罚决定书中的处罚结果(除非发现了新的违法事实和证据,并经过第二次告知),否则会为"因当事人陈述、申辩而给予更重的处罚"留下空间。在二次告知中,第一次告知的处罚结果与第二次告知的处罚结果之间的关系,也是同理。

二是给予"更重的处罚"并不限于"从重处罚"和"加重处罚",也并不一定就是"从重处罚"或"加重处罚"。"从重处罚"是指在处罚幅度的上限给予顶格处罚或者靠近顶格处罚;"加重处罚"是指在处罚幅度的上限以上给予处罚。所谓给予"更重的处罚",它是指后一决定结果比前一决定结果处罚得更重了,它是一种比较性的结果。具体包括:1.处罚数量更重。如前一决定是罚款50万,后一决定是罚款100万。2.处罚种类更重。如前一决定是警告处罚,后一决定变成了罚款处罚。3.处罚项目增加。如前一决定只有罚款处罚,后一决定除了罚款,另加吊销许可证的处罚。一句话,只要在客观上,后一决定比前一决定对当事人更加不利了,就属于"更重的处罚"。在"从轻处罚—减轻处罚—从重处罚—加重处罚"四种形态中,不能抽象地说,从轻处罚和减轻处罚是"更轻的处罚",从重处罚和加重处罚就是"更重的处罚",因为这里没有体现"比较性"。只有后一决定与前一决定比较,下列变化才属于"更重的处罚":1.从"减轻处罚"变成"从轻处罚"。2.从"从重处罚"变成了"加重处罚"。3.从"减轻处罚"、"从轻处罚"变成了"从重处罚"和"加重处罚"。

三是前后两个决定的比较必须限于当事人"同一违法事实"的比较。

所谓给予当事人"更重的处罚",是指基于对当事人同一违法行为事实认定的基础上的处罚结果的比较。如果因新的证据而认定当事人的违法行为发生了变化,处罚结果当然也可依法变化。比如,原先认定当事人违法所得 100 万,现在由于新的证据的出现,可以认定当事人违法所得 1000 万,新的处罚决定的处罚结果自然应当依法调整,这就出现了比前一个决定更重的处罚。这种情况是允许的。因为此时所比较的违法事实已经不是同一事实。《行政处罚法》第 45 条第 2 款所规定的"行政机关不得因当事人陈述、申辩而给予更重的处罚",是以当事人的同一违法事实作为比较基准的。

四是"不得因当事人陈述、申辩而给予更重的处罚"不受当事人是否放弃陈述、申辩权的影响。在作出正式的行政处罚决定之前,行政机关必须告知并保证当事人享有陈述和申辩的权利,这是行政机关的法定职责。行政机关违反了这一法定职责,属于程序违法,会面临被行政复议机关和人民法院确认违法、撤销,甚至被确认无效的风险。但对当事人来说,陈述和申辩是他的权利而不是义务,他是可以放弃的。那么在当事人放弃陈述权和申辩权的情况下,行政机关是否可以给予"更重的处罚"?回答也是否定的。《行政处罚法》确立事先告知制度,赋予当事人陈述和申辩权利,特别是规定"行政机关不得因当事人陈述、申辩而给予更重的处罚",等等,其立法目的非常明显,旨在要求行政机关把对当事人的最终处罚结果、理由和依据都必须事先告知给当事人,以便让当事人陈述和申辩,从而保证行政处罚的合法性和适当性。当事人可以放弃陈述和申辩的权利,但行政机关不得放弃事先告知的义务。如果行政机关给予当事人更重的处罚,不论当事人是否放弃陈述和申辩权利,都意味着实际上行政机关没有把真正的处罚结果事先告知给当事人,这是严重而明显的程序违法。

五是申辩不加罚原则既适用行政处罚程序,也适用行政复议程序。这是说,行政处罚机关在处罚程序中必须坚持申辩不加罚原则,行政复议机关同样受此原则的约束；不得加重的处罚决定，既可以是行政处罚决定，也可以是行政复议决定。2001 年全国人民代表大会常务委员会法制工作委员会在对原国家环境保护总局"关于行政复议机关能否加重对申请人处罚问题的答复"中指出："行政复议机关在对被申请人作出的行政处罚决定或者其他具体行政行为进行复议时，作出的行政复议决定不得对该行政处罚或者该具体行政行为增加处罚种类或加重对申请人的处罚。"①

确立和贯彻申辩不加罚原则，既是对当事人陈述、申辩权的保护，也是对行政机关滥用处罚权的遏制。

二、一事不二罚原则

一事不二罚原则，系指对当事人的一个违法行为不得给予两次以上处罚的基本要求。它是过罚相当原则的子原则，由《行政处罚法》第 29 条直接确立。该条规定："对当事人的同一个违法行为，不得给予两次以上罚款的行政处罚。同一个违法行为违反多个法律规范应当给予罚款处罚的，按照罚款数额高的规定处罚。"

一事不二罚原则是一项国际上公认的法治原则。联合国于 1966 年通过，并于 1976 年 3 月 23 日生效的《公民权利及政治权利国际公约》第 14 条第 7 款规定："任何人已依一国的法律及刑事程序被最后定罪或宣告无罪者，不得就同一罪名再予审判或惩罚。"美国宪法第五修正案规定：任何人不得因同一罪行为而两次遭受生命或身体的危害 ②。一事不二罚原则原先只适用刑事领域，后来慢慢扩展至行政和民事。所以现在，"一事不二罚"中的"罚"是广义的。一次犯错，不得给予两次以上的罚款，不得给予两次以上的行政处罚，更包括不得给予两次以上的

---

① 全国人民代表大会常务委员会法制工作委员会《关于行政复议机关能否加重对申请人处罚问题的答复意见》（法工委复字〔2001〕21 号，2001 年 9 月 6 日）。

② 英文为：nor shall any person be subject for the same offense to be twice put in jeopardy of life or limb。

刑事追究，也不得承担两次以上的民事责任。所以，一事不二罚原则，实际上是指：一个违法行为，不得追究两次以上的法律责任，不得重复追责。①

　　这一原则应用于行政处罚制度，显然是指：当事人的一个违法行为，不得给予两次以上的行政处罚。但《行政处罚法》第29条的表达，严格地说，不是"一事不二罚"，而是指"一事不二罚款"原则。"对当事人的同一个违法行为，不得给予两次以上罚款的行政处罚。"这一表达原《行政处罚法》与新修订法的《行政处罚法》都是一致的，没有修改。其实这一表达是有问题的，它将"一事不二罚"限缩为"一事不二次罚款"，这不能不说是一个缺陷。实际情况是："一事"当然不得给予两次以上的"罚款"，同样也不得给予两次以上的"没收"，更不能给予两次以上的拘留……。凡是"一事"，都不得给予"两次以上的处罚"。

　　但起草者为何这样写，是考虑到有时对于"一事"的违法，既可罚款，又可没收等。所以，两次罚款是不可以的，但既罚款又拘留，既罚款又没收，或者既罚款又吊销许可证等是可以的，只要有法律依据。但出于这一考虑作这样的表述其实是一个错误。其实，就行政处罚制度而言，对于"一事"是不得给予"二罚"的，两次罚款不行，两次没收、两次拘留都不行。对于任何违法，都不得给予"两次"以上处罚。但是，对于"一事"可以给予"两项"以上的处罚是可以的。如对某种违法行为，给予既罚款又拘留，既罚款又没收，或者既罚款又吊销许可证等是可以的，《治安管理处罚法》等不少法律有此规定。以上的表述，显然是把针对"一事"的"二次"处罚与"二项"处罚混淆了。

　　我们的结论是：一个违法行为，不得给予"两次"以上的行政处罚，但可以给予"两项"以上的行政处罚。所以，正确的表述应当是："对当事人的同一个违法行为，不得给予两次以上的行政处罚。但在法律有

---

① 如果是违法竞合，按照数个处罚中的最高罚处理。

明文规定的情况下，对当事人的同一个违法行为，可以给予两项以上的行政处罚。"

尽管存在表述上的缺陷，但《行政处罚法》第 29 条规定的本意还在于确认"一事不二罚"原则。

为了贯彻"一事不二罚"原则，《行政处罚法》第 29 条第 2 句还对违法竞合的处理作出了规定："同一个违法行为违反多个法律规范应当给予罚款处罚的，按照罚款数额高的规定处罚。"当事人的一个违法行为，只能给予一次处罚；当事人的一个违法行为，同时违反了几个法律关系，这种"违法竞合"，只能按一个法律关系中的最高额处罚，这样做才是合理的、公正的。至于如何认定"罚款数额高的规定"，必须把握以下几条：

一是按法律规定比较，而不是按实际处罚比较。A 法与 B 法都对同一行为作出罚款规定，哪个法律规定罚款数额高的，就适用哪个法律。不能按照实际处罚决定中的罚款数额比较。

二是当法律规定罚款幅度时，按法律规定的罚款幅度中的上限比较，而不能按下限比较。如 A 法规定的罚款是"1—15 万"，而 B 法规定的罚款则是"3—10 万"，那就应当适用 A 法而不是 B 法。如果法律采取分档规定罚款幅度的，那就按照最高档的最高限比较。

三是当一个法律规定固定罚款额，另一法律规定一种罚款计算标准时，按照该案适用两法结果进行比较。假如 A 法规定对该行为罚款30—100 万，B 法规定按违法所得的 5 倍处罚。如果当事人违法所得是 10 万，那么，依据 A 法最高可罚 100 万，依据 B 法最高可罚 50 万，那就应当适用 A 法。

四是认定"罚款数额高的规定"还必须注意法律位阶。《行政处罚法》第 29 条第二句规定的多个法律规范关于罚款数额高的规定，是限于同一法律位阶上的不同法律规范之间的比较，还是可以跨越不同法律位阶的法律规范之间的比较，条文本身并没有表达清楚。比如说，对同一事项罚款的规定，法律规定罚款 50 万，法规规定罚款 100 万。如果可以不顾及法律位阶，按照罚款数额高的规定处罚，那就应当适用"法规"规定；如果必须顾及法律位阶，并按"高法优于低法"规则适用，那么就应当优先适用该"法律"规定了。我们认为，在法律适用规则中，"高法优于低法"是最高适用规则。所以，《行政处罚法》第 29 条所规定的"按照罚款数额高的规定处罚"，应当限于同一法律位阶法律规范之间的比较，而不是不同法律位阶法律规范之间的比较。不同法律位阶的法律规范对同一事项的罚款规定不一致的，属于下位法与上位法相抵触，下位法应当修改。当然，有一种情况值得关注：如果不同法律位阶上的法律规范对罚款数额作出不同规定，但它们属于不同领域的处罚规定，那就可以不考虑法律位阶的问题。

五是如果两个法律所规定的最高罚款数额相同，那就按最近管辖原则选定。这是说，如果同一位阶的多个法律规定罚款数额相同的，就应当适用与处罚机关的职能最为接近的法律规定。

确立和贯彻一事不二罚原则，有利于贯彻和体现过罚相当原则，有利于遏制行政机关滥用处罚权，有利于保护公民、法人或者其他组织的合法权益。

三、处罚与纠正违法相结合原则

《行政处罚法》第 28 条第 1 款规定："行政机关实施行政处罚时，应当责令当事人改正或者限期改正违法行为。"该规定确立了行政处罚与纠正违法相结合的原则。该原则包含了四层意思：

1.有权实施行政处罚的行政机关同时也有权责令违法行为人纠正其违法行为。

2.行政机关在实施行政处罚时应当同时责令违法行为人改正其违法行为。

3.行政处罚和责令纠正是两个并行的行为，相互不能替代，既不能"罚而不管"，也不能"管而不罚"。

4.就违法当事人而言，他既有接受行政处罚的义务也有纠正违法的义务。纠正违法应当包括主动纠正和被责令纠正。

这一原则是鉴于长期以来，在某些行政执法领域，存在着"以罚代管"和"以管代罚"的不正常现象而确立的，它理顺了"罚"与"管"的辩证关系。

责令当事人纠正违法，包括责令当事人停止违法行为、恢复原状。前者针对正在进行的违法行为；后者针对已完成的违法行为。① 从行为性质上讲，责令当事人纠正违法不属于行政处罚，而属于行政命令，是行政处罚的一种配套措施。责令当事人纠正违法一般随行政处罚决定书一并作出，也可另行单独作出。当事人对责令纠正违法这一行政命令不服的，有权单独对责令纠正违法命令依法申请行政复议或提起行政诉讼，也可针对行政处罚决定和责令纠正违法命令一并依法申请行政复议或提起行政诉讼。

确立和贯彻处罚与纠正违法相结合原则，有助于实现行政处罚的正确目的，防止和纠正"以罚代管"的现象。

四、处罚与没收违法所得相结合原则

《行政处罚法》第28条第2款规定："当事人有违法所得，除依法应当退赔的外，应当予以没收。违法所得是指实施违法行为所取得的款项。法律、行政法规、部门规章对违法所得的计算另有规定的，从其规定。"由此确立了行政处罚与没收违法所得相结合原则。

_____

① 有的法律、法规和规章对责令当事人纠正违法规定得非常详细。如《环境行政处罚办法》（2010）第12条规定："根据环境保护法律、行政法规和部门规章，责令改正或者限期改正违法行为的行政命令的具体形式有：（一）责令停止建设；（二）责令停止试生产；（三）责令停止生产或者使用；（四）责令限期建设配套设施；（五）责令重新安装使用；（六）责令限期拆除；（七）责令停止违法行为；（八）责令限期治理；（九）法律、法规或者规章设定的责令改正或者限期改正违法行为的行政命令的其他具体形式。根据最高人民法院关于行政行为种类和规范行政案件案由的规定，行政命令不属行政处罚。行政命令不适用行政处罚程序的规定。"

在实际中，并不是所有被处罚的违法行为都会有所得。但如果有所得，就必须退还或者收缴。这体现了不让违法者获益的处理原则。

违法所得，是指违法当事人因违法行为所取得的财产，包括货币和财物。计算时，原则上不扣除成本，除非法律、行政法规、部门规章对违法所得的计算另有规定。之所以原则上不扣除成本，一是操作上有难度，二是为了体现"不让违法者获益"。①

对于违法所得，有特定受害人的，应当退还给受害人，包括受害的公民、法人或者其他组织，也包括国家机关。无特定受害人的，应当没收后上缴国库。

该原则提醒行政执法机关，对违法当事人不能一罚了事，一定要同步处理其违法所得。

五、便民及时原则

还有学者认为，"便民及时"也是《行政处罚法》所规定和体现的原则之一。作者表示赞同。

《行政处罚法》在制度设计上确实考虑了当事人参与有关程序上的

---

① 全国人大法工委《关于对违法建设进行行政处罚计算违法收入有关问题的函》（法工委发〔2011〕1号）。住房和城乡建设部：你部2010年12月3日《关于违法收入计算问题的请示》（建法函〔2010〕313号）收悉。经研究，原则同意你部的意见，根据城乡规划法第六十四条规定，违法建设工程不能拆除的，应当没收实物或者违法收入。没收的违法收入应当与应依法没收的实物价值相当。2011年1月4日。附：《住房和城乡建设部关于违法收入计算问题的请示》（建法函〔2010〕313号）。全国人大常委会法制工作委员会：《城乡规划法》实施以来，一些地方城乡规划主管部门来函来电，请示对该法第六十四条中"违法收入"计算问题进行解释。第一种意见认为，违法收入就是违法建设工程的销售收入；第二种意见认为，违法收入应以房地产价格评估机构评估的违法建设工程的价格来确定；第三种意见认为，违法收入应为违法建设工程的销售收入与工程成本差。我们认为，追究违法建设行为的法律责任，应当坚持提高违法成本、让违法者无利可图的原则，以达到惩戒违法行为、有效遏制违法建设的目的。为此，我们倾向于第一种意见。为正确理解和执行《城乡规划法》第六十四条，现就违法收入计算问题请示你委，请予答复。二〇一〇年十二月三日。

方便，如对管辖制度和简易程序的设置。

至于及时处罚案件问题，在作出处罚决定期限和追责期限的规定上均有体现。另如《行政处罚法》第54条第2款规定，"符合立案标准的，行政机关应当及时立案。"第76条规定，行政机关对符合立案标准的案件不及时立案的，由上级行政机关或者有关机关责令改正，对直接负责的主管人员和其他直接责任人员依法给予处分。

有的国家将及时原则写进了《行政处罚法》。越南《社会主义共和国行政违法处罚法》第6条第1款规定："所有行政违法行为必须及时发现，依法作出公正、迅速的处理。"

【延伸思考】

1. 行政处罚法的基本原则与指导思想是什么关系？

2. 行政处罚法的基本原则与程序原则和行政处罚法的其他原则是什么关系？

3. 如何全面理解和把握行政处罚法的每一项原则？

4. 在行政执法中，行政处罚法原则可以直接适用吗？

5. 行政处罚法原则与具体条文是什么关系？在行政执法中应当优先适用原则还是优先适用条文？

【规范链接】

▶《中华人民共和国宪法》（2018）第2、5条

▶《中华人民共和国立法法》（2023）第6条

▶《中华人民共和国行政处罚法》（2021）第3—7、16、28—29、32—34、39、41、44—45、48、62、64、73条

▶《中华人民共和国国家赔偿法》（2012）第3条

    ▸▸《中华人民共和国政府信息公开条例》（2019）第 14—15 条

    ▸▸ 全国人民代表大会常务委员会法制工作委员会《关于行政复议机关能否加重对申请人处罚问题的答复意见》(法工委复字〔2001〕21 号)

    ▸▸ 全国人民代表大会常务委员会法制工作委员会《关于对违法建设进行行政处罚计算违法收入有关问题的函》(法工委发〔2011〕1 号)

第 3 章 行政处罚行为论

《行政处罚法》是规制"行政处罚"的法，而"行政处罚"属于一种"行政行为"，这一行为的核心就是"行政处罚决定"。界定什么是"行政处罚行为"，什么不是"行政处罚行为"，乃是正确适用《行政处罚法》的前提。

§3.1 国外同类概念的考察

基于世界上各国行政法制和行政法理论之不同，寻找其和"行政处罚"相对应的概念是一件困难的事。在英美法系国家，由于没有单独的行政处罚立法，很难在行政法理论上找到一个和我国行政法中的"行政处罚"相对应的概念。英国行政法被定位于以司法审查为核心，旨在控制政府权力的法。它的行政法重在研究和阐释司法机关对政府权力进行控制的程序和手段，几乎不研究也无必要研究政府的管理行为。所以，"在英国行政法中找不到行政处罚的概念"①。美国和英国稍有不同，它毕竟有一个《联邦行政程序法》②，里面有一个和"行政处罚"接近的概

---

① 皮纯协主编：《行政程序法比较研究》，中国人民公安大学出版社2000年版，第350页。
② 美国《联邦行政程序法》(The Administrative Procedure Act，简称APA) 于 1945 年由美国国会参众两院先后通过，1946 年 6 月 11 日由杜鲁门总统签署公布生效。该法于 1966 年 9 月 6 日编入《美国法典》第五篇。1978 年，美国国会对该法的部分条款作过修订。

念，即"制裁"（sanction）。但它只列举了"制裁"的近 10 种手段，而无一行政法上的理论定义。其实，在英美法系国家，和我国行政处罚制度接近的是：其均是当事人因违反行政法上的义务，有关国家机关对当事人依法采取法律制裁的措施。法律制裁可由行政机关作出，但大多由司法机关作出。它们把一切对当事人不利的措施都称作"制裁"。因而在我们看来，它们的"行政处罚"显然是行政责任与司法责任不分，行政处罚与行政强制措施不分。这就是英美法系国家行政制裁制度的法律特点。

大陆法系国家则不同，不仅大多数国家以单独立法为基础，而且还在理论上具有一个对应概念——"行政罚"（Verwaltungsstrafe）。奥地利早在 1925 年就制定了《行政罚法》①。由该法所确立的"行政罚"，是指行政官署对违反行政义务行为人（行政犯）所实施的法律制裁。② 德国的行政处罚法律制度和理论源自奥地利又不同于奥地利，它将行政处罚的范围限定于秩序罚，即行政官署对当事人违反管理秩序而给予的制裁，相当于中国的治安管理处罚。德国没有像奥地利那样制定一个完整的《行政罚法》，而是通过《违反秩序罚法》③ 设定了该制度。德国违反秩序罚是一种独特的制度，它既不是刑事法律制度④，也因不适用《行政程序法》⑤ 而不属于行政程序制度。其处罚手段也比较简单，以罚锾为主罚，没入为从罚。

法国虽属大陆法系，但它关于"行政处罚"的制度更接近判例法。其行政机关对违法当事人实施行政处罚的依据，没有统一的处罚法，只

---

① 现行法律由奥地利联邦公报第 172 号于 1950 年 5 月 23 日颁布。

② 参见城仲模：《奥国行政罚制度析论》，载《行政法之基础理论》，三民书局 1994 年版。

③ 现行法 1992 年修订。

④ 德国行政官署的行政处罚权是"非犯罪化"（Decriminalization）和"非刑罚化"（Depenalization）潮流的产物。

⑤ 即德国 1976 年联邦行政程序法（Verwaltungsverfarensgesetz VwVfG）。

是散见于各种具体法规之中。但它理论上同样把"行政处罚"定性为"行政罚"。其行政罚是指对违反行政法上义务的人，由行政机关科以刑罚以外的处罚。这种处罚的特点是它由行政机关决定，不由法院判决，处罚的种类是刑罚以外的制裁。①

日本是一个深受德国、奥地利和美国法影响的国家。它的"行政罚"有广狭两种含义。广义上的"行政罚"是指，因违反行政法上的义务而基于一般统治权，作为制裁所给予的行政刑罚和秩序罚。前者是刑罚制度，适用有关刑事罪名给予制裁；后者是适用各种管理性法规及《非诉案件程序法》②给予处罚。③狭义上的"行政罚"，即"秩序罚"，更接近中国的"行政处罚"。但在日本，无论是行政刑罚还是秩序罚，都由法院科处。④

韩国于 2021 年制定了《行政基本法》。⑤它将行政处罚称作"制裁处分"，并于第 2 条第 5 款将它定义为："因违反或没有履行法令等规定的义务，向当事人赋予义务或限制权益的处分。但第 30 条第 1 款各项规定的行政强制，除外。"此外，还规定了行政处罚的标准、处罚裁量和处罚的追诉时效等，特别是对行政罚款作出了详细的规定。

俄罗斯的行政处罚制度是世界上最为庞大的体系。⑥2001 年颁布的《俄罗斯联邦行政违法法典》把自然人和法人各种违反行政管理的行

① 参见王名扬：《法国行政法》，中国政法大学出版社 1989 年版，第 168 页。

② 1898 年（明治 31 年）6 月 21 日法律第 14 号公布。

③ 参见 [日] 田中二郎：《简明行政法》（新版），弘文堂 1983 年版，第 490 页；[日] 南博方：《日本行政法》，杨建顺、周作彩译，中国人民大学出版社 1988 年版，第 85—88 页；[日] 市桥克哉等：《日本现行行政法》，田林、钱蓓蓓、李龙贤译，法律出版社 2017 年版，第 211 页。

④ 参见杨建顺：《日本行政法通论》，中国法制出版社 1998 年版，第 490—491 页。

⑤ 韩国《行政基本法》系由韩国议会于 2021 年 3 月 23 日制定，当日施行。韩国法律第 17979 号。

⑥ 参见刘春萍：《俄罗斯联邦行政法理论基础的变迁》，法律出版社 2006 年版，第 161—167 页。

为定性为"行政违法",并详细规定了对行政违法当事人的处罚方式和程序。俄罗斯对"行政违法"进行制裁的主体也是最为广泛的,包括司法组织和行政组织,以及各类委员会。参考《俄罗斯联邦行政违法法典》第3条规定,其行政处罚是指国家和地方的治安法官和其他有关组织对行政违法行为人所实施的制裁。[①]

§3.2 中国"行政处罚"的概念

我国自从1983年第一本行政法方面的国家统编教材[②]问世以来,大多数行政法学教材都对"行政处罚"下了定义。学界对"行政处罚"概念的探讨并不热烈,而且大都将它定义为"国家行政机关依法对违反行政管理秩序而尚未构成犯罪的公民、法人或者其他组织所实施的一种惩戒行为"[③]。正如有学者所述,"学者对行政处罚概念的看法基本一致,没有实质区别,只是行文表述上有些差异"[④]。也正因为这样,学者们没有再进一步着力推进"行政处罚"概念的完善,直到2021年修订的《行政处罚法》为"行政处罚"增加了一个定义。

2021年《行政处罚法》修订的"亮点"之一就是在法律中第一次增加了"行政处罚"的定义。《行政处罚法》第2条规定:"行政处罚是指行政机关依法对违反行政管理秩序的公民、法人或者其他组织,以减损权益或者增加义务的方式予以惩戒的行为。"这一定义反映了新《行政处罚法》对"行政处罚"这一行政行为的定性、定位,它会影响我国行政处罚的制度、理论和实践,于是引起广泛关注和研讨。

---

① 参见刘春萍:《俄罗斯联邦行政法理论基础的变迁》,法律出版社2006年版,第161—167页。
② 王珉灿主编:《行政法概要》,法律出版社1983年版。
③ 应松年主编:《当代中国行政法》,中国方正出版社2005年版,第840页。江必新、梁凤云:《行政诉讼法理论与实务》(上卷),北京大学出版社2016年版,第213页。
④ 余凌云:《行政法讲义》,清华大学出版社2019年版,第330页。

2021 年修订的《行政处罚法》增设了"行政处罚"的定义,从而使我国的"行政处罚"有了一个法律概念,由此告别了 25 年来忽视和回避行政处罚法律定义的行政处罚立法史,实现了在立法模式上和《行政许可法》《行政强制法》相看齐。"行政处罚"法律概念"从无到有"的出现,有助于中国的行政执法走向以实质而不是形式标准甄别行政处罚行为,不再仅仅将警告、罚款、拘留等符合处罚形式的行为看成是行政处罚,不再使大量随意"创设发明"的带有惩罚意义的各种措施,诸如"罚岗""限制子女上学""强制参加学习班""上黑名单"等,游离于《行政处罚法》之外而不受行政处罚基本法的约束。"行政处罚"定义的增设,不只是增加一个条文而已,它给立法、执法和理论研究带来的积极意义不能低估。

另就《行政处罚法》新增加的"行政处罚"概念本身构造而言,这一法律概念是一个基本科学合理,同时也是一个略可改进的理论范畴。"行政处罚"法律概念设置了四个内容元素:处罚主体、处罚对象、被处罚行为和处罚内容。处罚主体是国家行政机关,还包括得到法律法规授权的其他组织。从理论上说是行政主体。行政处罚就是由具有行政处罚权的行政主体实施的行政行为。处罚对象是违反行政管理秩序的公民、法人或者其他组织,即从事违法行为的当事人。被处罚行为是指行政处罚所针对的违法行为,即违反行政管理秩序的行为。处罚内容是对当事人的"惩戒",即减损当事人的权益或者增加当事人的义务。这四大概念元素,内容完整、结构科学。特别是"以减损权益或者增加义务的方式予以惩戒"这一"制裁"特性的表述,为中国数十年来的理论成果、数百本行政法学教科书所没有。这些都是值得肯定的地方。但是与此同时,这一法律概念还存在可商榷的地方。

我们认为,所谓行政处罚,系指行政机关在行政法律关系中,对违反行政法律规范而尚不需追究刑事责任的公民、法人或者其他组织,作出惩罚性的不利决定。理解这一定义,需要关注以下几个要点:

一是行政处罚是一个基础决定。严格地说,把"行政处罚"称为"行政处罚行为"过于笼统，它更是一种"决定"，是行政机关针对当事人作出的一个"行政处罚决定"。而且这种决定属于"基础决定"（基础行为），即对事件最早作出处理的一个决定，也有人将它称为"第一次行政行为"，它与事后对这一决定的纠正、修复、救济和执行等不同。这样，行政处罚作为一种基础性的决意行为，就和行政强制措施和行政强制执行等行为区别开来了。

二是行政处罚是一个不利的基础决定。行政处罚决定对当事人来说，是一种不利行为，它强制当事人并由当事人承受一种不利后果，包括剥夺、限制、减少当事人的权益，或科以、增加当事人的义务，还包括对当事人声誉等不利的影响。本定义之所以不用《行政处罚法》中的"减损权益或者增加义务"的表达方式，是因为让当事人承担"不利后果"远比"减损权益或者增加义务"广泛。"减损权益或者增加义务"仅仅是让当事人承担"不利后果"的一种方式而已。这一特点，可以将作为不利行为的行政处罚与中性行为、授益行为区别开来。

三是行政处罚是一个惩罚性的不利决定。不利决定具有一定的广泛性，它包括各种行政强制措施决定、行政强制执行决定、行政征收征用决定、责令当事人纠正违法的决定等，但只有具有"惩罚性"的不利决定才属于行政处罚。

四是行政处罚是针对违反行政法律规范而尚不需追究刑事责任的行为。这里将当事人作出的"可处罚的行为"表述为"违反行政法律规范的行为"，而不是"违反行政管理秩序的行为"或"违反行政法义务的行为"，一是考虑它比"违反行政管理秩序的行为"更凸显"法"性。"行政管理秩序"并非一定是"合法秩序"，从而"违反行政管理秩序的行为"不一定是"违法行为"；二是考虑"违反行政法义务"行为的表述无法涵盖所有可处罚的行为。关于行政处罚作为一种行政责任与刑事责任的关系，这里的表述一反传统"尚未构成犯罪"的表述，而代之以"尚不需追究刑事责任行为"，这样表述更为完整，因为可受到行政处罚的行为不仅包括尚未构成犯罪的违法行为，还包括构成犯罪但不需追究刑事责任或免于追究刑事责任的行为。

五是行政处罚发生在行政法律关系之中。行政处罚当然是行政机关对当事人的一种法律制裁，但这种制裁必须发生于"行政法律关系"之中。如果发生在民事法律关系中，行政机关作为一个民事主体，对违反合同的另一方当事人追究合同责任，那就不属于行政处罚。这一点可以将行政处罚与民事合同责任区别开来。

§3.3 行政处罚的法律特征

行政处罚的概念必须反映它的主要法律特征。但是，概念毕竟是概念，它由于篇幅的限制而无法表达更多的法律特征。为此，我们试图在行政处罚行为原有构成要素基础上，紧密结合行政处罚的定义，从抽象到具体、从宏观到微观、从外部到内部，对行政处罚的法律特征作一次全方位的展开。

第一，行政性。实施行政处罚是行政主体适用《行政处罚法》等行政法律规范依法作出的行政行为，它不是国家的立法行为、司法行为，也不是民事行为。对当事人实施行政处罚，属于对当事人追究行政责任，而不是刑事责任、民事责任或纪律责任。所以，司法机关对违反行政法义务的当事人追究刑事责任就不属于行政处罚。

第二，具体性。按传统的说法，行政处罚是一种具体行政行为，不是抽象行政行为。作为一种具体行政行为，又可派生出另外两个特点：1.对象上的特定性。它是针对特定的公民、法人或者其他组织作出的，而不是针对普遍的不特定的对象作出的行为。2.效力适用上的一次性。一个处罚决定只能适用一次，不能反复适用于同一人、同一事。这显然与可以反复适用的处罚规则不同。因此，具有制裁性的抽象规则不属于行政处罚。

第三，外部性。行政处罚是行政主体代表国家对社会上的公民、法人或者其他组织所作出的行政制裁行为，是一种外部行政行为，不是内部行政行为。它体现的是国家对社会的监督和管理关系，而不是国家自身、政府自身或单位自身的内部管理或劳动关系。因此，上级行政机关对下级行政机关、行政机关对其工作人员的通报批评及其他制裁性的处理，都不属于《行政处罚法》意义上的行政处罚。

第四，主动性。行政行为可分为依职权行为与依申请行为。行政处罚系由行政主体依法针对公民、法人或者其他组织违反行政法律规范行为依职权主动作出的行政行为。它既不是"不告不理"的司法裁判行为，也不是依申请的行政行为（如行政复议）。

第五，单方性。依行为的成立是否须以双方（或多方）的意思一致为标准，行政行为有单方行为与双方行为之分。行政处罚属于单方行政行为，由处罚机关的单方意志所决定，它不以违法当事人的同意为前提。所以，行政协议行为以及追究合同责任不属于行政处罚。

第六，决意性。行政行为还有意思行为与物理行为之分。① 行政处罚是一个基础性的行政决定，是一种意思的表达。对生效行政处罚决定的强制执行属于物理行为，不能作为行政处罚而只能作为行政强制执行对待。为此需要强调两点：一是不能把对生效行政处罚决定的强制执行视作为行政处罚 ②；二是不能将一个行政处罚决定与对处罚决定的强制执行笼统地合称为行政处罚行为 ③。行政处罚决定与对行政处罚决定的

---

① 以前行政法学术界由于受民法学的影响，把意思行为称作法律行为，把物理行为称作事实行为。当下的行政法学理论已经淡化这一划分，都把它称为行政行为。

② 如《行政处罚法》第72条第1款第一项规定，行政机关可以对当事人"到期不缴纳罚款的，每日按罚款数额的百分之三加处罚款"。在这里，前一个"罚款"属于行政处罚行为，后一个"罚款"就属于行政强制执行（执行罚）行为。

③ 如《治安管理处罚法》（2012）第10条第2款规定："对违反治安管理的外国人，可以附加适用限期出境或者驱逐出境。"现公安机关对违反治安管理的外国人"驱逐出境"，但我们不能笼统地说这是行政处罚或是行政强制执行。其实作出对违反治安管理的外国人"驱逐出境"的决定，属于"行政处罚决定"，而有关机关对到期不离境的外国人实施强制"驱逐出境"，这就不属于行政处罚，而属于行政强制执行了。

强制执行属于两个不同的行政行为而分别受《行政处罚法》和《行政强制法》的调整。

第七，封闭性。行政行为是一个过程，其会经历程序启动（立案等）、有关措施、调查取证、研究讨论，到最终形成一个处理决定的部分或全部过程。为此在行政法学上形成了过程行为与结果行为这一理论范畴。过程行为也称中间行为，它仅构成对某一事项处理过程中的一个环节，并未对该事项作出最终处理，不具有封闭性。它是为结果行为服务的一种临时性的行为，如查封、扣押便是一例。结果行为系指对某事项的最终处理完毕，有了最终的处理结论，程序上达到了封闭。所以，结果行为也可称为最终行为或封闭行为。行政处罚是一种结果行为，具有封闭性。这正是行政处罚与行政强制措施的区别之一。①

第八，基础性。从行政强制执行法角度考察，行政行为有基础行为（基础决定）与执行行为（执行决定）之分。前者是行政主体作出的直接处分相对人权利与义务的原始行为，后者是指前者生效之后，当事人拒不履行基础决定，由行政机关或者由行政机关申请人民法院强制执行。行政处罚决定属于基础行为，并且具有可执行性。

第九，不利性。行政行为还有不利行为与有利行为之分。前者也称侵益行为，系指该行政行为的后果是让当事人权利减损；后者称授益行

---

① 假如：执法机关在道路上执法，一辆载货大车徐徐开来，形迹可疑，执法人员上前一拦，要求停车，这时出现了第一个行为，即"行政命令"；车停下后，执法人员上车检查货物，这时出现第二个行为，即"行政检查"；检查后发现货物有走私嫌疑，便扣留车辆和货物，要求当事人等候调查处理，这时出现了第三个行为，即"行政扣留"（属于行政强制措施）；经过两个月的调查，最终认定当事人走私，便作出决定，没收货物、罚款5万元，这就出现了第四个行为，即"行政处罚"。只有等第四个行为作出，才意味着这件事处理完毕了，整个行政程序实现了封闭。在这里，前面的行政命令、行政检查、行政扣留都属于过程行为，是行政程序中的一个环节，而最后作出的"没收货物、罚款5万元"的决定才是结果行为，它具有封闭性，意味着整个处理程序的完毕。当然，并不是所有的结果行为都是行政处罚，但行政处罚一定属于结果行为；中间行为就不可能是处罚行为。

为，系指该行政行为的后果是让当事人获得或增加权益。行政处罚在本质上是强制当事人承担一种不利的后果，作为其因违法行为而不得不付出的"代价"。不利性可以表现为对当事人某种合法权益的剥夺（如罚款）或限制（如扣证 6 个月），也可表现为对其科以或增加义务，还包括让当事人承担声誉上的不利后果（如警告和公开违法事实等）。行政处罚肯定是强制当事人承受一种不利后果。当然，并不是所有的不利行为都属于行政处罚，所以还需要结合下一个特征来界定。

第十，制裁性。行政处罚是行政主体针对违反行政管理秩序的行为人所实施的法律制裁，具有很强的惩罚性和制裁性。制裁性是行政处罚所有法律特征中最为核心和关键的特征，是行政处罚之所以称之为行政处罚的核心要义。行政处罚的制裁性具体表现在：

一是它以当事人违法为前提。行政处罚是一种行政制裁，而制裁是针对当事人的违法行为作出的。制裁的起因和目的都是针对当事人的违法行为。所以，如果不是因当事人违法并以制裁当事人的违法为目的就不是行政处罚。比如，当事人殴打他人，违反治安管理，公安机关对他拘留 14 天，限制他 14 天的人身自由，这是行政处罚；但是，如果当事人有携带传染病毒嫌疑，政府防疫部门对他强制隔离 14 天，这 14 天他的人身自由同样在一定程度上受到限制，但这不是行政处罚，而是行政防疫措施。因为强制隔离的目的不是为了惩罚他，而是为了预防传染病的传播。

二是它强制当事人承受一种不利后果。制裁的内容是强制当事人承受一种不利后果。由于处罚的种类包括人身罚、财产罚、行为罚、资格罚和申诫罚，其不利的后果所涉载体具有广泛性，包括权利与义务，有形的与无形的。

三是不利后果与当事人违法之间是"对价"而不是"等价"。当事人承受不利后果是为其违法行为付出的一种"代价"；违法行为越严重，承受的不利后果也就越大。这就是说，不利后果与当事人的违法行为是一种"对价"关系。而且，行政处罚作为一种制裁，必须让当事人承担"额外"的付出。如果是违法行为的"等价"付出，仅仅是一种利益上的"垫平"，那就谈不上制裁。这就是为什么纠正违法不属于处罚的道理。假如，当事人毁坏一株树苗，政府责令他补种一株树苗，这不是行政处罚，这是"等价"的修复，不具有惩罚性；但现在政府责令他补种十倍甚至百倍的树苗，这就具有惩罚性，当事人承受了"额外"的付出。① 又如，当事人开车违章撞坏了公路隔离栏，如果仅仅责令当事人修复被他撞坏了的公路隔离栏，属于"等价赔偿"，不属于处罚。如果除了修复，还要对他罚款1000元，这就是处罚了。因为修复公路隔离栏，是等价赔偿的一种方式，而不是一种额外的付出。在修复之外，还要罚款，这就是额外的付出了。

§3.4 行政处罚的外部边界

行政处罚的外部边界，旨在划清作为行政处罚的行为与不作为行政处罚的行为之间的界限。划定和明确这一界限十分重要，有助于我们划定和明确《行政处罚法》的适用范围。

一、作为行政处罚的警告与作为政纪处分的警告

警告，这是由《行政处罚法》第9条第（一）项所设定的一种行政

---

① 如我国《森林法》（2019）第74条规定："违反本法规定，进行开垦、采石、采砂、采土或者其他活动，造成林木毁坏的，由县级以上人民政府林业主管部门责令停止违法行为，限期在原地或者异地补种毁坏株数一倍以上三倍以下的树木，可以处毁坏林木价值五倍以下的罚款；造成林地毁坏的，由县级以上人民政府林业主管部门责令停止违法行为，限期恢复植被和林业生产条件，可以处恢复植被和林业生产条件所需费用三倍以下的罚款。违反本法规定，在幼林地砍柴、毁苗、放牧造成林木毁坏的，由县级以上人民政府林业主管部门责令停止违法行为，限期在原地或者异地补种毁坏株数一倍以上三倍以下的树木。向林地排放重金属或者其他有毒有害物质含量超标的污水、污泥，以及可能造成林地污染的清淤底泥、尾矿、矿渣等的，依照《中华人民共和国土壤污染防治法》的有关规定处罚。"

处罚手段，是指行政主体对违法当事人实施的一种书面形式的谴责，指出其违法行为，告诫其吸取教训，以防再犯。这是一种既有教育性又有惩罚性的处罚手段，属于精神上的申诫罚。

但是，警告并不是行政处罚的专有手段，它同时也可成为其他行为中的一种手段，特别是作为公务员政纪处分中的一种手段。《公务员法》(2018) 第 62 条规定："处分分为：警告、记过、记大过、降级、撤职、开除。"《公职人员政务处分法》(2020) 第 7 条规定："政务处分的种类为：(一) 警告；(二) 记过；(三) 记大过；(四) 降级；(五) 撤职；(六) 开除。"这类警告不属于行政处罚，而是属于针对公职人员的政务处分；不属于建立在行政主体与行政相对人，体现政府对社会管理的行政关系上的行政行为，而是作为公务员管理制度，体现国家自我管理的特别权力关系中的政务行为。后者不适用《行政处罚法》。

二、作为行政处罚的扣证与作为行政强制措施的扣证

在 1996 年首部《行政处罚法》和 2011 年《行政强制法》制定之前，当时的行政法学将行政处罚与行政强制措施划分得非常清楚：行政处罚是形成行政决定的意思行为，行政强制措施是不形成行政决定的物理行为；行政处罚是对当事人权利的剥夺，而行政强制措施只是对当事人权利的临时限制。就"扣证"行为而言，吊销许可证和执照属于行政处罚，暂扣许可证和执照则属于行政强制措施，前者须作出一个行政决定（行政处罚决定），而后者无须作出行政决定。《行政处罚法》和《行政强制法》出台后，前者将"暂扣证"列入了"行政处罚"，后者又规定行政强制措施也须作出一个"行政决定"。先前的理论被彻底打乱，既有的界限再次回归到模糊。现在最难区分的是作为行政处罚的扣证与作为行政强制措施的扣证，如公安交警部门对当事人暂扣驾照的行为是否属于行政处罚？我们得寻找新的标准。

根据《行政强制法》第 2 条第 2 款规定，行政强制措施是指行政机关在行政管理过程中，为制止违法行为、防止证据损毁、避免危害发

生、控制危险扩大等情形，依法对公民的人身自由实施暂时性限制，或者对公民、法人或者其他组织的财物实施暂时性控制的行为。行政强制措施的手段主要有查封、扣押、冻结和限制公民人身自由等。这类行为和行政处罚一样，是强制当事人承受一种不利后果，故很容易造成混淆。特别是有些行政强制措施手段和行政处罚手段在形式上相同，如暂扣驾驶证。

尽管有时行政处罚与行政强制措施较难区分，但对比它们之间的法律特征，划清它们之间界限并非难事。行政处罚与行政强制措施的主要区别在于：（1）前提不同。行政处罚是以当事人违法为前提，行政强制措施不一定以当事人违法为前提。（2）目的不同。行政处罚的直接目的是制裁当事人，而行政强制措施不以制裁为目的，而是以保证行政程序的继续，或者预防和制止社会危害事件的发生和继续为目的。（3）行为性质不同。行政处罚是结果行为，具有封闭性，而行政强制措施是过程行为，具有中间性和临时性。

就以公安交警部门对当事人扣证（驾照）的行为是否属于行政处罚，就有两种可能：一种情况，扣证是保障措施，那就不是处罚。如交警依据《道路交通安全法》（2021）第 110 条第 1 款规定，认为应当对道路交通违法行为人给予暂扣或者吊销机动车驾驶证处罚的，可以先予扣留机动车驾驶证，并在 24 小时内将案件移交公安机关交通管理部门处理。这里的"先予扣留机动车驾驶证"，不属于行政处罚，而属于行政强制措施。因为它是过程行为而不是结果行为，并且直接目的不是为了制裁，而是为了保证事后处罚程序的畅通。另一种情况，扣证是处罚手段，那就属于处罚。如当事人饮酒后驾驶机动车的，公安机关交通管理部门依据《道路交通安全法》（2021）第 91 条第 1 款规定，对当事人作出"暂扣六个月机动车驾驶证"的决定。这一决定属于行政处罚，因为它具有封闭性和制裁性。

三、作为行政处罚的罚款与作为执行罚的加处罚款

罚款，这是由《行政处罚法》第9条第（二）项所设定的一种行政处罚手段，是指行政主体强制违法当事人用自己的合法财产缴纳一定数量货币的处罚。它是实践中相对比较常用的一种处罚手段，属于典型的财产罚。

按理说，行政主体作出"罚款决定"之后，当事人必须在规定期限内（自收到行政处罚决定书之日起15日内）履行罚款决定。当事人逾期不缴纳罚款的，作出行政处罚决定的行政机关可以每日按罚款数额的百分之三加处罚款。这一"加处罚款"的手段来自《行政处罚法》第72条第1款第（一）项① 和《行政强制法》（2011）第45条的规定②。

这样一来，前面的"罚款"与后面的"加处罚款"就不易区别。它们形式上都是一种"罚款"，似乎都属于"行政处罚"。其实不然。

前面的"罚款"是一个基础行为，是由《行政处罚法》第9条第（二）项所设定的一种行政处罚手段，而后面的"加处罚款"是一个执行行为，是由《行政强制法》（2011）第12条③ 所设定的一种执行方式，目的在于迫使当事人自觉履行行政决定所确定的义务。从下面的行政强制执行结构图看出，第一个"罚款决定"离后面的"加处罚款决定"存在多大的距离。

---

① 《行政处罚法》（2021）第72条第1款第（一）项规定："当事人逾期不履行行政处罚决定的，作出行政处罚决定的行政机关可以采取下列措施：（一）到期不缴纳罚款的，每日按罚款数额的百分之三加处罚款，加处罚款的数额不得超出罚款的数额……。"

② 《行政强制法》（2011）第45条规定："行政机关依法作出金钱给付义务的行政决定，当事人逾期不履行的，行政机关可以依法加处罚款或者滞纳金。加处罚款或者滞纳金的标准应当告知当事人。加处罚款或者滞纳金的数额不得超出金钱给付义务的数额。"

③ 《行政强制法》（2011）第12条规定："行政强制执行的方式：（一）加处罚款或者滞纳金；（二）划拨存款、汇款；（三）拍卖或者依法处理查封、扣押的场所、设施或者财物；（四）排除妨碍、恢复原状；（五）代履行；（六）其他强制执行方式。"

```
                    行政决定
                       │
                       ▼
              ┌─────────────────┐
              │  如果当事人      │
              │  逾期不履行      │
              │  行政决定        │
              └─────────────────┘
                       │
                       ▼
                  行政强制执行
                       │
      直接执行 ────────┴──────── 间接执行
                    代履行 ───┴─── 执行罚
                        执行行政罚 ─── 执行刑事罚
                  执行金钱罚 ─── 执行人身罚
              加处罚款 ─── 加收滞纳金
```

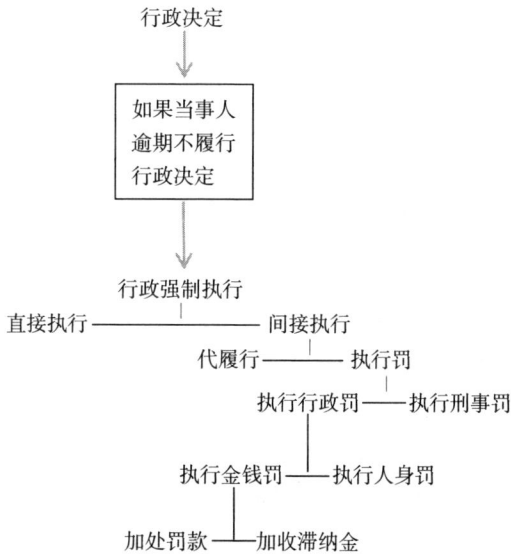

　　"罚款决定"属于一个基础性的"行政决定",它处于上表中的第一个环节(起点)。如果当事人履行行政决定,就不会发生强制执行问题;如果当事人逾期不履行行政决定(罚款决定),那就进入行政强制执行程序。而"加处罚款"属于间接强制执行中的"执行罚",属于一种间接强制执行手段。可见,第一个"罚款决定"是"行政处罚决定",属于"行政处罚行为",受《行政处罚法》规制;而后续的"加处罚款决定"是一个"强制执行决定",属于"行政强制行为",受《行政强制法》规制。

　　四、行政处罚决定与对行政处罚决定的执行

　　行政强制执行是指对行政决定的强制执行。而行政决定并不只限于行政处罚决定,此外还包括行政命令、行政裁决、行政征收决定、行政征用决定、行政征缴决定和行政协议等。任何行政决定,只要当事人不自我履行,并且该决定具有可执行内容的,都可以发动行政强制执行。但是,行政强制执行行为与它所执行的基础决定是两种不同的行为,对丁任何行政决定的执行行为都是行政强制执行行为,但是,被执行的行为其性质不会因发生执行而改变。例如,对行政命令进行强制执行,那么，前者（被执行决定）就是行政命令，后者（执行行为）就是行政强制执行行为；对行政裁决进行强制执行，前者就是行政裁决行为，后者就是行政强制执行行为；对行政征收决定、行政征用决定、行政征缴决定等实施强制执行，都是同理。就行政处罚而言，如果对行政处罚决定实施强制执行，那么，前者就是行政处罚行为，后者就是行政强制执行行为。所以，应当将行政处罚决定与对行政处罚决定的执行区别开来，前者是行政处罚行为，后者是行政强制执行行为。前者不会因发生了后者而变成了行政强制执行行为；后者也不会因执行行政处罚决定而使自身转变成行政处罚行为。

§3.5　几种特殊行为的定性

一、公开曝光当事人的违法行为

近几年来，社会上出现和存在着对"违法行为"通过媒体和数字平台进行公开"曝光"等做法。这种做法虽不能说具有普遍性，但确实已不是个别现象。如某省交警部门对不走斑马线的行人，通过人脸识别自动获取违法人信息，在路口竖立的显示屏上进行循环播放人脸，进行实名曝光；某省人社厅发布《重大劳动保障违法行为社会公布办法》，有关部门据此可对具有7种重大劳动保障违法行为的企业进行曝光；某市制定《价格违法行为工作规定》，对价格违法行为及违法企业进行不定期曝光……凡此种种，举不胜举。对于这种管理措施，反对者有之，赞成者更多。

反对者认为，对"违法行为"应当依法处罚，而不是公开曝光，否则会侵害行为人的隐私权。而赞成者认为，违法者不怕处罚（法律规定的处罚力度不足），但怕曝光。对违法行为及行为人进行曝光，不存在侵犯隐私权问题。其中一篇代表性文章就是《保护隐私不是曝光违法的挡箭牌》，该文章发表在一份公开的报刊上。

对违法行为及行为人进行曝光，这一管理措施之所以被有关执法部门追捧。可能有两个原因：一是"管用"。这一方法确实可以预防某种违法行为，在一定程度上也维护了社会秩序和公民、法人或者其他组织的合法权益。如对不走斑马线的行人在公开的显示屏上进行循环播放人脸和实名曝光，确实通过对当事人声誉的压力而减少了行人违法；对拖欠职工工资的企业老板，进行曝光，不仅影响其声誉，而且影响其招工和经营，有助于职工的追薪；对价格违法行为及行为人进行曝光，有利于打击价格违法行为。社会上确有一些违法者，不怕"罚"，但怕"晒"。二是"方便"。对违法者进行行政处罚或采取强制措施，受到《行政处罚法》和《行政强制法》约束，处罚或强制都必须依法设定并依法实施，但"对违法行为进行曝光"，似乎无须有法律依据，各机关都可自行规定和自行实施。

对于上述两个催生"对违法行为进行曝光"的原因，第一个原因反映了执法机关认识上的片面性，只看到此做法"利"的一面，忽视了"弊"的一面；只看到"积极"的一面，忽视了"消极"的一面。第二个原因是执法机关的错觉和误解。"对违法行为进行曝光"并非全不是处罚，并非不受法律规制，可以任意实施。

以法治思维考量一种社会治理手段，必须学会"两分法"，不能陷于"单一思维"。我们不能只以是否"管用"作为唯一标准。除了"管用"，还应当考虑目的与手段、目标与成本、权利与义务之间的平衡。如果我们可以任意放大"对违法行为曝光"的手段，势必会造成对隐私权的侵害和社会怨气的增加，这显然背离了在法治轨道上推进国家治理现代化的要求。

至于"对违法行为进行曝光"是否属于行政处罚以及是否合法问题，不能一概而论，需要具体情况具体分析。一般而言，"对违法行为进行曝光"有下列几种情形和性质。

一是行政处罚行为。如果当事人违法，执法机关以公开曝光其违法行为及个人信息，以影响其声誉的方法，达到制裁的目的。这种性质的行为，实质上就是行政处罚。①《行政处罚法》第2条规定："行政处罚是指行政机关依法对违反行政管理秩序的公民、法人或者其他组织，以减损权益或者增加义务的方式予以惩戒的行为。"这就是说，不论行为被冠之予什么名称，只要行政执法机关针对当事人的违法行为，以减损权益或者增加义务的方式予以惩戒，就是行政处罚。换句话说，只要强制当事人承受一种不利后果，作为其为违法行为所付出的代价，就是行政处罚。同时对照《行政处罚法》第9条规定，"对违法行为进行曝光"不属于（一）至（五）类常规处罚，而属于第（六）类"法律、行政法规规定的其他行政处罚"。这就是说，将"对违法行为进行曝光"列为"行政处罚"的一种手段是可以的，但必须由法律和行政法规直接设定。说得通俗点，执法机关要实施"对违法行为进行曝光"这类处罚手段，必须有法律和行政法规的依据。

二是政府信息公开行为。如果行政机关依据《政府信息公开条例》公开一种政府信息，里面包括了当事人违法的信息，这不属于行政处罚，而属于政府信息公开行为。《行政处罚法》第48条第1款规定："具有一定社会影响的行政处罚决定应当依法公开。"行政执法机关据此公开了"行政处罚决定"，这一决定又必然包含了当事人的违法信息，这属于政府信息公开行为。对于这类信息，如何公开，应当遵循《政府信息公开条例》的有关规定。根据《政府信息公开条例》规定，对于依法

---

① 在日本"行政罚"制度中，公布违反义务行为系作为一种处罚手段对待。参见［日］田中二郎：《简明行政法》（新版），弘文堂1983年版，第490页；［日］南博方：《日本行政法》，杨建顺、周作彩译，中国人民大学出版社1988年版，第85—88页；［日］市桥克哉等：《日本现行行政法》，田林、钱蓓蓓、李龙贤译，法律出版社2017年版，第211页。韩国行政法未将公布违法事实列入行政处罚，而是作为义务履行的强制手段。他们认为，"所谓违法事实的公布，是指对于违反、不履行行政法义务，行政厅向大众公布其事实，并根据由此的社会批评这一间接的、心理的强制，来确保履行义务的制度。"［韩］金东熙：《行政法 I》，赵峰译，中国人民大学出版社2008年版，第336页。

确定为国家秘密的政府信息，法律、行政法规禁止公开的政府信息，以及公开后可能危及国家安全、公共安全、经济安全、社会稳定的政府信息，不予公开；对于涉及商业秘密、个人隐私等公开会对第三方合法权益造成损害的政府信息，不得公开。但是，第三方同意公开或者行政机关认为不公开会对公共利益造成重大影响的，予以公开。

三是政府对社会危害事件的预警。《突发事件应对法》（2024）第64条规定："可以预警的自然灾害、事故灾难或者公共卫生事件即将发生或者发生的可能性增大时，县级以上地方人民政府应当根据有关法律、行政法规和国务院规定的权限和程序，发布相应级别的警报，决定并宣布有关地区进入预警期，同时向上一级人民政府报告，必要时可以越级上报；具备条件的，应当进行网络直报或者自动速报；同时向当地驻军和可能受到危害的毗邻或者相关地区的人民政府通报。"《政府信息公开条例》（2019）第15条规定，行政机关对于虽然涉及商业秘密、个人隐私等公开会对第三方合法权益造成损害，但不公开会对公共利益造成重大影响的政府信息，应当予以公开。这里都规定了政府机关对社会危害事件发布预警的权力和责任。当自然灾害、事故灾难或者公共卫生事件即将发生或者发生的可能性增大时，政府必须依法及时向社会发出预警。假如一地突然发生多起食物中毒事件，初步查明是某企业生产的食品所致，但它销售范围较广，为防止危害的扩大，政府紧急公布这一信息（包含了当事企业的违法信息），这就是发布预警的行为，而不属于对当事人违法行为进行曝光的处罚。至于政府如何发布预警，其必须严格遵循《突发事件应对法》及其他有关法律的规定。

二、责令当事人纠正违法

行政机关责令当事人纠正违法，是行政机关要求当事人在一定期限内停止违法行为或者修复违法行为的意思表示。责令当事人纠正违法，既可责令当事人立即纠正，也可责令当事人限期纠正；既可针对当事人的"作为"违法，也可针对当事人的"不作为"违法，前者如责令限期拆除违法建筑，后者如责令停止违法行为。

《行政处罚法》第28条第1款规定："行政机关实施行政处罚时，应当责令当事人改正或者限期改正违法行为。"除了《行政处罚法》，其他有不少法律、法规也规定这种手段，如责令改正[①]、责令限期治理[②]、责令该学校招收[③]、责令消除安全隐患[④]、责令行为人排除妨碍[⑤]、责令停止违法行为[⑥]、责令停止开采[⑦]、责令停止生产、销售[⑧]、责令停止使用[⑨]、责令停止发布广告[⑩]、责令停业整顿[⑪]、责令停止招生[⑫]、责令停止接受新业务[⑬]和责令限期拆除[⑭]，等等。

行政机关责令当事人纠正违法，是否属于行政处罚，曾经存在争议。我们认为，虽然责令当事人纠正违法行为，非常复杂、形式多样，行为定性不能一概而论，但仅就《行政处罚法》意义上的"责令改正违法"而言，它绝对不是行政处罚，而是行政命令，因为"命除去违法状态或停止违法行为之不利处分不具有裁罚性。"[⑮]

这种定性符合《行政处罚法》的立法本意。《行政处罚法》第6条规定：

---

① 如《兵役法》（2021）第57条、第58条；《农民专业合作社法》（2017）第70条等。

② 如《防沙治沙法》（2018）第39条。

③ 如《残疾人保障法》（2018）第25条。

④ 如《道路交通安全法》（2021）第102条。

⑤ 如《道路交通安全法》（2021）第106条。

⑥ 如《反不正当竞争法》（2019）第21条。

⑦ 如《矿产资源法》（2009）第39条。

⑧ 如《产品质量法》（2018）第49条。

⑨ 如《港口法》（2017）第47条、《保守国家秘密法》（2010）第44条。

⑩ 如《广告法》（2021）第55条、第57条。

⑪ 如《保险法》（2015）第160条。

⑫ 如《民办教育促进法》（2018）第62条。

⑬ 如《保险法》（2015）第161条。

⑭ 如《公路法》（2017）第79条、第81条。

⑮ 廖义男主编：《行政罚法》，元照出版公司2020年版，第30页。

"实施行政处罚，纠正违法行为，应当坚持处罚与教育相结合，教育公民、法人或者其他组织自觉守法。"第 28 条第 1 款规定："行政机关实施行政处罚时，应当责令当事人改正或者限期改正违法行为。"这里都已直接表明，"纠正违法行为"是"行政处罚"之外的且和行政处罚相配套的一个行政行为；行政机关对违法当事人作出"行政处罚"和"责令纠正违法"是其两项行政职权（同时也是行政职责）。但在行为属性上，"责令纠正违法"属于"行政命令"行为，作出"行政处罚"决定属于"行政处罚"行为。

行政处罚与纠正违法，这两种行为确实不易区别，因为它们都以当事人违法为前提，并且都是不利行为和结果行为。而且，以前有一种观点是把"责令拆除违法建筑"等责令纠错行为视为行政处罚①，这更增添了这条"界限"的模糊性。最高人民法院《关于行政案件案由的暂行规定》（法发〔2020〕44 号）将"责令限期拆除"列入行政处罚的案由是不妥当的。但它发生在《行政处罚法》2021 年修订之前，这就可以理解。其实，"责令拆除违法建筑"仅仅是责令当事人纠正违法的一种情形而已。②

① 最高人民法院曾有法官主张"责令改正行为属于行政处罚"。（参见刘德权主编：《最高人民法院司法观点集成（4）：行政、国家赔偿卷》，人民法院出版社 2014 年版，第 52 页）这次《行政处罚法》的修订过程中，曾经有一稿将"责令拆除违法建筑"列入"行政处罚种类"之中。后因受到大量批评而最终取消。

② 原国务院法制办公室《关于"责令限期拆除"是否属于行政处罚行为的答复》（国法秘函〔2000〕134 号）指出：根据《行政处罚法》第二十三条关于"行政机关实施行政处罚时，应当责令改正或者限期改正违法行为"的规定，《城市规划法》第四十条规定的"责令限期拆除"，不应当理解为行政处罚行为。原国务院法制办公室《关于"责令限期拆除"是否属于行政处罚行为的请示的复函》（国法秘研函〔2012〕665 号）也指出：根据《中华人民共和国行政处罚法》第二十三条关于"行政机关实施行政处罚时，应当责令改正或限期改正违法行为"的规定，责令改正或限期改正违法行为与行政处罚是不同的行政行为。因此，《中华人民共和国城乡规划法》第六十四条规定的"限期拆除"、第六十八条规定的"责令限期拆除"不应当理解为行政处罚行为。

　　行政处罚和纠正违法，都是针对当事人的违法行为而发动，但这两者是有区别的：一是行政处罚属于"处分"行为，它是对当事人权利和利益的一种处分（包括取消和限制），而责令当事人纠正违法是一种"命令"行为，表现为行政机关要求当事人进行一定的作为或不作为。二是如前所述，行政处罚是让当事人承受一种"额外"的付出，而纠正违法仅仅是恢复原状，让违法状态恢复到原始的合法状态。① 它只是一种"垫平"式的纠正，而不是一种"额外付出"的惩罚。② 责令改正违法是一种修复行为，具有对价性。它的本质是恢复原状（从违法状态恢复到原始的合法状态），行政处罚则不同。当事人破坏 1 棵树，责令

① 例如：当事人申报并获得了国家科技进步奖，事后被发现获奖者剽窃、侵占他人的发现、发明或者其他科学技术成果，以其他不正当手段骗取国家科学技术奖。政府主管部门就依据《国家科学技术奖励条例》（2024）第 30 条规定，撤销奖励，追回奖章、证书和奖金，同时依据第 33 条规定，将当事人记入科研诚信严重失信行为数据库，并共享至全国信用信息共享平台，按照国家有关规定实施联合惩戒。在这里，"撤销奖励，追回奖章、证书和奖金"不是处罚，而是纠正违法；将当事人"记入科研诚信严重失信行为数据库，并共享至全国信用信息共享平台，按照国家有关规定实施联合惩戒"，这属于处罚，准确地说，是"其他罚"。又如：当事人以欺诈、贿赂等不正当手段取得律师执业证书的，司法行政部门依据《律师法》（2017）第 9 条规定"撤销准予执业的决定，并注销被准予执业人员的律师执业证书"。如果当事人取得律师执业证书是正当的，但事后在办案中去贿赂法官，司法行政部门依据《律师法》（2017）第 49 条规定，"吊销其律师执业证书"。在这里，"撤销准予执业的决定，并注销被准予执业人员的律师执业证书"，属于纠正违法，而"吊销其律师执业证书"，属于行政处罚。

② 当然，也有国家把责令纠正违法视作为行政处罚的。《越南社会主义共和国行政违法处罚法》所规定的处罚的方式非常广泛，包括：1.警告；2.罚款；3.剥夺许可证使用权；4.没收用于行政违法的赃物、工具；5.强制其将行政违法造成的变更恢复到原来的状况或强制其拆除违法建筑工程；6.强制行政违法的公民、组织采取措施克服因行政违法行为引起的生活环境污染及疾病传播造成的后果；7.强制赔偿因行政违法行为造成的损失；8.销毁危害人体健康的物品和文化毒品。此外还有：1.在乡、坊、镇进行教育；2.送入教养学校；3.送入教育机构；4.送入医疗机构；5.行政管制。参见徐中起主编：《越南法研究》，云南大学出版社 1997 年版，第 66—67 页。

其补种 1 棵树，此乃改正违法（相当于对损坏东西的修复）；如果当事人破坏 1 棵树，责令他补种 100 棵树，那显然是一种具有制裁性而不是修复性的行政处罚。

所以，行政处罚与纠正违法是两种不可相互替代的行为。根据《行政处罚法》的规定，就当事人而言，违法当事人不仅要接受行政处罚，同时还必须纠正违法；就行政机关而言，在对当事人实施行政处罚的同时，一定要责令当事人纠正违法，不得以处罚代替纠正违法。为此，《行政处罚法》（2021）第 28 条第 1 款规定："行政机关实施行政处罚时，应当责令当事人改正或者限期改正违法行为。"

既然责令当事人纠正违法不属于行政处罚，而属于行政命令，是行政处罚的一种配套措施，那么在技术操作上，责令当事人纠正违法一般随行政处罚决定书一并作出，也可另行单独作出。当事人对责令纠正违法这一行政命令不服的，有权单独对责令纠正违法命令依法申请行政复议或提起行政诉讼，也可针对行政处罚决定和责令纠正违法命令一并依法申请行政复议或提起行政诉讼。

三、给当事人上"黑名单"

将"失信当事人"列入"黑名单"，这是近几年社会使用较多的管理方式。这里的"失信当事人"之前是指"不文明行为人"，后来称"失信当事人"，有的领域限定为"严重失信当事人"。但其实，列入"黑名单"的行为人范围非常广泛，幅度很大，从违反道德的"不文明行为人"、一般的"违法者"，直到"犯罪行为人"。这里的"黑名单"，现在主要是指"信用系统"。有权机关将公民、法人或者其他组织记入"黑名单"，是否属于"行政处罚"，《行政处罚法》对此未作规定，理论界争议颇大，肯定者有之，否定者也有之。在此背景下，国务院办公厅发布了《关于进一步完善失信约束制度，构建诚信建设长效机制的指导意见》（国办发〔2020〕49 号），它对于规范"黑名单"制度起了一定的积极作用。尽管如此，争论依然继续着。

　　肯定者主张上"黑名单"就是"处罚",而且是比较严厉的处罚。他们认为,上"黑名单"都以当事人有违法行为(大量被标注"不文明"或"失信"的行为,实际上也是"违法"行为)为前提,上了"黑名单",当事人的一系列权利会被连锁剥夺或限制。这种后果实为对当事人的一种惩罚。上"黑名单"不仅是行政处罚,而且是比一般行政处罚更为严厉的行政处罚。试想一下:你愿意被罚款 2000 元,还是愿意被列入"黑名单"?

　　否定者认为,上"黑名单"不属于行政处罚。理由主要有两条:一是行政处罚是针对违法行为作出的,而上"黑名单"是针对"不文明"行为或者"失信"行为作出的;二是在《行政处罚法》中没有上"黑名单"这种处罚形式。所以,"黑名单"制度不是"行政处罚"制度,上"黑名单"不应当受《行政处罚法》约束。

　　2021 年《行政处罚法》修订时,在行政处罚种类(第 9 条)中没有规定上"黑名单"这种处罚手段,因而它是否属于行政处罚,这一问题再次被提起。①

　　我们认为,在现实中上"黑名单"这种情况很复杂,性质也各不相同,需要作具体分析而确定。最常见的有下列三种:

　　第一种,是人民法院将执行"老赖"列入失信"黑名单",然后限制其高消费。其法律依据是《民事诉讼法》(2021)第 262 条。该条规定:"被执行人不履行法律文书确定的义务的,人民法院可以对其采取或者通知有关单位协助采取限制出境,在征信系统记录、通过媒体公布不履行义务信息以及法律规定的其他措施。"这种行为不是行政行为,而属

---

① 有人认为,是否属于行政处罚,不能只根据该行为是否被列入《行政处罚法》所列种类和手段而定。没有列入本条的,未必不是行政处罚。如"不得申请行政许可""列入黑名单"等虽没有列入本条,但根据《行政处罚法》第二条,仍可以判断其构成行政处罚。参见袁雪石:《中华人民共和国行政处罚法释义》,中国法制出版社 2021 年版,第 60 页。

于司法执法措施。①

第二种，是企业将某些交易人列入失信"黑名单"，从而调整和限制自己与其合作和交易的做法。例如银行将某些失信的企业和个人列入"黑名单"，然后控制对其的贷款。这也不是行政行为，而是一种民事商业的管理行为。②

第三种，是政府部门或者具有公共管理职能的其他组织（如行业协会、公立学校、航空公司、铁路公司、电力公司、燃气公司等），将违法犯罪和失信行为人列入"黑名单"，还连锁地限制其一系列权利。这实质上属于一种行政处罚。

第三种情况既然存在，为何《行政处罚法》未作规定？我们的看法是：2021年《行政处罚法》修订没有对上"黑名单"作出规定，既不意味着肯定上"黑名单"属于行政处罚，也不意味着否定上"黑名单"属于行政处罚。主要是考虑到上"黑名单"的情况很复杂，不能一概而论。

我们认为，对行政处罚行为的认定，要以实质认定为主，形式认定为辅。《行政处罚法》第9条规定："行政处罚的种类：（一）警告、通报批评；（二）罚款、没收违法所得、没收非法财物；（三）暂扣许可证件、降低资质等级、吊销许可证件；（四）限制开展生产经营活动、责令停产停业、责令关闭、限制从业；（五）行政拘留；（六）法律、行政法规规定的其他行政处罚。"这里虽然没有把上"黑名单"列入行政处罚的种类之中，但《行政处罚法》第2条首次表明了行政处罚的定义：

---

① 当事人不服的，适用《民事诉讼法》（2021）第232条和《最高人民法院关于公布失信被执行人名单信息的若干规定》（法释〔2017〕7号）第12条规定，可以依法提出异议和复议。

② 被列入"黑名单"的企业或个人，如果认为制作"黑名单"一方的当事人的行为属于侵权或者违约的，适用民事诉讼程序解决。

"行政处罚是指行政机关依法对违反行政管理秩序的公民、法人或者其他组织，以减损权益或者增加义务的方式予以惩戒的行为。"这就为实质认定"行政处罚"提供了标准。不管名称上是否冠之以"行政处罚"，只要以当事人作出违法（违反行政管理秩序）行为为前提，针对该违法行为而作出一种对应性的制裁，通过减损权益或者增加义务强制当事人承受一种不利后果，就是行政处罚。而且，具有行政处罚性质的"黑名单"，对当事人的不利程度远远高于通常性的警告、罚款、没收、责令停产停业、暂扣或者吊销证照、行政拘留等6种处罚手段，因为这些处罚都是"单项性"的，而列入"黑名单"是一种"综合性""连锁性"的处罚，当事人的几十项权益由此会被或将被限制或剥夺。再则，依照《行政处罚法》第9条第（六）项规定，将当事人列入"黑名单"的行政处罚属于"其他行政处罚"，它必须由法律和行政法规设定。

四、收回国有土地使用权

政府向当事人收回国有土地使用权是否属于行政处罚，这也是一个很纠结的问题。

我国土地有国家所有和集体所有两种所有制形式，不存在私有。《宪法》（2018）第10条第1—2款规定："城市的土地属于国家所有。农村和城市郊区的土地，除由法律规定属于国家所有的以外，属于集体所有；宅基地和自留地、自留山，也属于集体所有。"尽管土地一律属于国有或集体所有，不存在也不允许私有，但是国家土地的使用权是可以"依照法律的规定转让"。并且，公民、法人或者其他组织可以通过法定的出让或者转让程序获得国有土地使用权。

当事人依法获得土地使用权之后，如果政府部门又依法收回当事人的国有土地使用权，这是否属于行政处罚呢？这要具体分析。主要有五种情况：

第一种情况，原给予当事人土地使用权行为不合法而撤回原决定的。因当事人骗取批准或者行政机关违反法律规定出让国有土地使用权，原出让机关依法"收回土地使用权"，它属于行政行为的"撤回"范畴，系属于行政机关自我纠错，不属于行政处罚，但它属于一个新的可诉的行政行为，是一个新的不利决定。

第二种情况，原给予当事人土地使用权合法，现为了公共利益的需要而提前收回，并依法给予补偿。如《土地管理法》（2019）第58条第（一）项规定："有下列情形之一的，由有关人民政府自然资源主管部门报经原批准用地的人民政府或者有批准权的人民政府批准，可以收回国有土地使用权……（一）为实施城市规划进行旧城区改建以及其他公共利益需要，确需使用土地的……"。这类"收回土地使用权"其实是"行政征收"行为，也不属于行政处罚行为。

第三种情况，因履行行政协议而收回土地使用权的，这也不是行政处罚，而是行政协议的履行行为。根据《土地管理法》（2019）第58条第（二）项规定，土地出让等有偿使用合同约定的使用期限届满，土地使用者未申请续期或者申请续期未获批准的，有关人民政府自然资源主管部门报经原批准用地的人民政府或者有批准权的人民政府批准，可以收回国有土地使用权。

第四种情况，对已经停止使用的国有土地使用权的处置。根据《土地管理法》（2019）第58条第（三）、（四）项规定，有下列情形之一的，由有关人民政府自然资源主管部门报经原批准用地的人民政府或者有批准权的人民政府批准，可以收回国有土地使用权：1.因单位撤销、迁移等原因，停止使用原划拨的国有土地的；2.公路、铁路、机场、矿场等经核准报废的。这是一种有关国有土地使用权处置方面的行政决定，也不属于行政处罚行为。

只有第五种情况，才属于行政处罚。根据《土地管理法》（2019）

第 38 条①、《城市房地产管理法》(2019) 第 26 条② 和《城镇国有土地使用权出让和转让暂行条例》(2020) 第 17 条规定，当事人受让国有土地使用权后，"未经原批准机关同意，连续二年未使用的"，土地管理部门有权收回国有土地使用权。这种收回国有土地使用权的行为（决定）之所以属于行政处罚，理由是：

1. 它以当事人的行为违法为前提。当事人未按法律规定或合同规定的期限和条件开发、利用土地，未经原批准机关同意，连续 2 年未使用的，这本身就是违法行为。政府机关"收回土地使用权"是对当事人违法行为的一种惩罚，具有制裁性。

2. 它是对当事人不利的结果行为，具有封闭性。"收回土地使用权"不是一种临时措施，而是对相关违法事件的最终处理，具有程序上的封闭性。

3. 有关法规和有关部门已经解释了这种行为的性质。《城镇国有土地使用权出让和转让暂行条例》(2020) 第 17 条和 1994 年国家土地管理局《对辽宁省土地管理局关于对执行〈土地管理法〉第十九条规定的

---

① 《土地管理法》(2019) 第 38 条规定："禁止任何单位和个人闲置、荒芜耕地。已经办理审批手续的非农业建设占用耕地，一年内不用而又可以耕种并收获的，应当由原耕种该幅耕地的集体或者个人恢复耕种，也可以由用地单位组织耕种；一年以上未动工建设的，应当按照省、自治区、直辖市的规定缴纳闲置费；连续二年未使用的，经原批准机关批准，由县级以上人民政府无偿收回用地单位的土地使用权；该幅土地原为农民集体所有的，应当交由原农村集体经济组织恢复耕种。在城市规划区范围内，以出让方式取得土地使用权进行房地产开发的闲置土地，依照《中华人民共和国城市房地产管理法》的有关规定办理。"

② 《城市房地产管理法》(2019) 第 26 条规定："以出让方式取得土地使用权进行房地产开发的，必须按照土地使用权出让合同约定的土地用途、动工开发期限开发土地。超过出让合同约定的动工开发日期满一年未动工开发的，可以征收相当于土地使用权出让金百分之二十以下的土地闲置费；满二年未动工开发的，可以无偿收回土地使用权；但是，因不可抗力或者政府、政府有关部门的行为或者动工开发必需的前期工作造成动工开发迟延的除外。"

请示的批复》（国土批〔1994〕73 号）① 都已经表明：这种情况下的"收回土地使用权"属于行政处罚。

五、公安交通部门对驾车者违章的"扣分"

根据《道路交通安全法》（2021）和《道路交通安全法实施条例》（2017）的有关规定，机动车驾驶人违反道路交通安全法律、法规关于道路通行规定的，会受到警告、罚款、暂扣或者吊销机动车驾驶证、拘留等行政处罚。同时，《道路交通安全法》（2021）第 24 条②、《道路交通安全法实施条例》（2017）第 23 条③ 都确立了"道路交通安全违法行为累积记分制度"。公安部发布的《机动车驾驶证申领和使用规定》（2021）对"记分"制度作出了细化并确立了分值。依据道路交通安全

---

① 原国家土地管理局《对辽宁省土地管理局关于对执行〈土地管理法〉第十九条规定的请示的批复》（1994 年 11 月 10 日，国土批〔1994〕73 号）第一部分指出："《土地管理法》第十九条第二项关于'未经原批准机关同意，连续二年未使用的'由土地管理部门收回用地单位土地使用权，这一规定中的'未使用'是指用地单位未按批准机关或土地管理部门的要求，对建设项目主体进行实际投入；属于大中型建设项目的，是指对土地的开发没有达到项目建设的必需条件。土地管理部门对未经原批准机关同意，连续二年未使用的土地使用权的收回，属于行政处罚，其地上建筑物、附着物以及对土地的其他投入，均不予补偿。"

② 《道路交通安全法》（2021）第 24 条规定："公安机关交通管理部门对机动车驾驶人违反道路交通安全法律、法规的行为，除依法给予行政处罚外，实行累积记分制度。公安机关交通管理部门对累积记分达到规定分值的机动车驾驶人，扣留机动车驾驶证，对其进行道路交通安全法律、法规教育，重新考试；考试合格的，发还其机动车驾驶证。对遵守道路交通安全法律、法规，在一年内无累积记分的机动车驾驶人，可以延长机动车驾驶证的审验期。具体办法由国务院公安部门规定。"

③ 《交通安全法实施条例》（2017）第 23 条规定："公安机关交通管理部门对机动车驾驶人的道路交通安全违法行为除给予行政处罚外，实行道路交通安全违法行为累积记分（以下简称记分）制度，记分周期为 12 个月。对在一个记分周期内记分达到 12 分的，由公安机关交通管理部门扣留其机动车驾驶证，该机动车驾驶人应当按照规定参加道路交通安全法律、法规的学习并接受考试。考试合格的，记分予以清除，发还机动车驾驶证；考试不合格的，继续参加学习和考试。应当给予记分的道路交通安全违法行为及其分值，由国务院公安部门根据道路交通安全违法行为的危害程度规定。公安机关交通管理部门应当提供记分查询方式供机动车驾驶人查询。"

违法行为的严重程度，将一次记分的分值分为 12 分、6 分、3 分、2 分、1 分五种，并明确了适用规则，如规定对于"饮酒后驾驶机动车的"一次记 12 分；对于"驾驶机动车违反道路交通信号灯通行的"一次记 6 分；对于"驾驶机动车在高速公路上行驶低于规定最低时速的"一次记 3 分，等等。公安机关交通管理部门对累积记分达到规定分值的机动车驾驶人，扣留机动车驾驶证，对其进行道路交通安全法律、法规教育，重新考试；考试合格的，发还其机动车驾驶证。在实践中，这一记分制度往往被称作"扣分"制度。

我们在这里需要讨论的是，公安交通部门对机动车驾驶人实施"扣分"是否属于行政处罚？这一问题也引起了部分学者的兴趣，有学者主张是"行政处罚"，有学者主张是"证据行为"。笔者均不认同。

第一，"扣分"本身不是行政处罚，而是行政确认。因为，每次"扣分"（2 分、3 分或者 6 分）时，本身没有直接处分相对人的权利，只是确认了相对人违章分值，不具有直接的制裁性。即便"扣分"达到了 12 分，也不是通过"扣分"直接停止了相对人驾车的资格，而是公安交通部门依据"扣分"已达 12 分这一情况而另行作出一个"扣留机动车驾驶证"的处理决定。"扣分"是为公安交通部门最终作出处理决定服务的，是后者的事实依据。从这一点上说，"扣分"这一行政确认行为确实具有证据意义。

第二，公安交通部门依据"扣分"已达 12 分这一情况所作出的"扣留机动车驾驶证"的处理决定属于行政处罚。因为这一处理决定的效果是剥夺和暂停了机动车驾驶人的驾驶资格，属于《行政处罚法》（2021）第 9 条第（三）项"暂扣许可证件""吊销许可证件"之处罚种类。

第三，公安交通部门作出的"扣分"和最终的处理决定都是可诉的。[1] 当事人对"扣分"不服，可以直接以不服行政确认行为为由而申

---

[1] 当然，在司法实践中存在着个别法院不受理对交通扣分提起行政诉讼的现象。

请行政复议或者提起行政诉讼；对于记分达 12 分时公安交通部门最终作出的"扣留机动车驾驶证"处理决定不服，更可以直接以不服行政处罚行为为由而申请行政复议或者提起行政诉讼。如果当事人未对"扣分"单独起诉，只等行政处罚决定作出以后对行政处罚决定起诉时，作为行政确认行为的"扣分"已被事后的行政处罚行为所吸收，当事人就无须提起两个并列诉讼，只对行政处罚决定起诉便可，"扣分"可作为处罚决定的证据进行审查。

六、政府主管部门对当事人进行"行政约谈"

近十几年来，政府机关对社会和市场进行监管，采取"约谈"的方式越来越多。政府机关对当事人进行"约谈"是否属于行政处罚，这一问题值得探讨。

"约谈"是指监督组织对有关被监督组织或者个人，通过信息交流，进行了解情况、提示违法违纪风险以及批评教育，达到预防和干预违法违纪的监督方式。它存在于政纪检查监督，国家、政府和社会自身管理以及政府对社会的行政管理之中。其中，政府机关基于行政管理关系，对公民、法人或者其他组织进行约谈的行为，就是"行政约谈"。

完整地说，行政约谈是指国家行政机关基于行政管理关系，对具有违法嫌疑或违法风险，或者虽有违法行为但不予处罚的公民、法人或者其他组织，进行了解情况、核对事实、提示风险或批评教育等信息沟通行为。这是一种特殊的监管方式。

行政约谈是一种面对社会的迅速发展，在传统的命令、处罚、强制等对抗性执法手段已显单一、机械的背景下，应运而生的一种软性执法方式。它作为一种新型的监管方式，涉足十分广泛，包括食品安全、环境保护、产品安全、税务、证券、信访等领域，相关法律、法规、规章已有几百部。如《食品安全法》（2021）第 114 条规定："食品生产经营过程中存在食品安全隐患，未及时采取措施消除的，县级以上人民政府食品安全监督管理部门可以对食品生产经营者的法定代表人或者主要负责人进行责任约谈。食品生产经营者应当立即采取措施，进行整改，消除隐患。责任约谈情况和整改情况应当纳入食品生产经营者食品安全信用档案。"《数据安全法》（2021）第44条规定："有关主管部门在履行数据安全监管职责中，发现数据处理活动存在较大安全风险的，可以按照规定的权限和程序对有关组织、个人进行约谈，并要求有关组织、个人采取措施进行整改，消除隐患。"

行政约谈具有下列法律特征：

一是，行政约谈的主体是具有行政监管权的行政主体，主要是国家行政机关，也包括法律法规授权的组织。党务部门进行政务上的约谈就不属于行政约谈。

二是，行政约谈的对象是公民、法人或者其他组织。当事人为法人或者其他组织的，就约谈法定代表人或负责人，也可包括直接的责任人。如果被约谈人是政府部门及其负责人，那也不属于所述的行政约谈。

三是，行政约谈的方式是信息交流。目的有三种：1.核实和了解有关情况；2.提示违法风险；3.对已出现的违法现象进行批评教育等。主要是为了预防和干预违法行为的发生。

四是，行政约谈的法律效果，仅仅是引起当事人的警示，并不直接影响当事人的权利和义务。

所以，行政约谈是一种非处分性、非惩罚性、非强制性的行政事实行为和行政指导行为。它是一种行政活动，但不属于行政行为，更不是行政处罚。

行政约谈是不可诉的，因为它不会对当事人的权利与义务发生影响。但是，如果行政机关以行政约谈的形式强制当事人履行某种义务，或剥夺和限制当事人的某种权利，如以"行政约谈"名义限制当事人的人身自由，以"行政约谈"方式宣布行政处罚决定等，那么就应以该行为的实际性质确定。这种情况下的"行政约谈"，是名为"行政约谈"实为其他"行政行为"。对它是否可诉，应当按照该行为的实质性质确定。

七、注销登记或注销许可证

关于行政处罚的手段，《行政处罚法》第 9 条只设定了"吊销许可证件"。但在现实中出现了"注销登记"或"注销许可证"等行为，这些行为是否属于行政处罚？

"注销许可证"（"注销登记"）与"吊销许可证件"，无论在字面表达上还是行为属性上确实都是不同的。"吊销许可证件"肯定是行政处罚，但"注销许可证"不一定是行政处罚。

在我国的法律制度和法律语境中，"注销登记"或"注销许可证"之类的行为属于"簿记行为"。我国对不动产权属和许可资格等实现法定登记制度。这样，国家机关对有关权属（如不动产）和许可资格的决定必须同时登记在法定的"簿本"中。国家机关在"簿本"中的登记行为就是"簿记行为"，包括设立登记、变更登记、注销登记。"注销许可证"就属于"簿记行为"中的"注销登记"。

"簿记行为"不是一个独立的行为，它是某个"行政决定"（一般是行政确认决定或行政许可决定）的配套行为和从属行为。公民购买了一套商品房，申请不动产登记。行政登记机关审查后认为买卖关系合法有效，申请人已获得产权，向其颁发了《产权证》，这实际上作出了一个"确权决定"；接着在"簿本"上进行记录，就是落实和体现前一个"确权决定"的"簿记行为"。这个"簿记行为"不能独立存在，它是依附于"确权决定"而存在。行政许可也是如此，行政机关作出一个行政许可决定之后，才会在"簿本"上登记并发给许可证。许可证被撤销，许可证登记也应当随之注销。

"簿记行为"是一个事实行为，不是法律行为。"簿记"是以国家公信力宣示权利和证明权利的一种方式。它本身并不直接处理当事人的权利与义务。直接处分当事人权利义务的不是"簿记行为"，而是它所从属和配合的"行政决定"。如行政机关作出吊销当事人许可证的"处罚决定",依据这一决定,登记机关才在"簿本"上作出注销登记。剥夺当事人许可资格的是"处罚决定",而不是"注销登记"。

只有当作为一个"主行为"的行政决定属于"行政处罚决定"时,为落实和体现这个处罚决定而作出的"簿记行为"(注销登记),才可被看成是行政处罚行为的一部分(因为它被行政处罚行为所吸收);如果作为一个"主行为"的行政决定不属于"行政处罚",而属于一个其他行政决定时,那么,这个"注销登记"和行政处罚无涉。

如《行政许可法》(2019)第 70 条规定:"有下列情形之一的,行政机关应当依法办理有关行政许可的注销手续:(一)行政许可有效期届满未延续的;(二)赋予公民特定资格的行政许可,该公民死亡或者丧失行为能力的;(三)法人或者其他组织依法终止的;(四)行政许可依法被撤销、撤回,或者行政许可证件依法被吊销的;(五)因不可抗力导致行政许可事项无法实施的;(六)法律、法规规定的应当注销行政许可的其他情形。"在这里的"注销许可证",其所依附的"主行为"起码有这几种情况:

一是行政处罚。如第(四)项中规定的撤销、吊销许可证;

二是纠正违法。如第(四)项所包含的许可证发错,或当事人骗取许可证的,发证机关依法撤回许可证;

三是许可证废止。如第(一)、(二)、(三)、(五)项所规定原因。

至于当事人对"簿记行为"不服是否可诉的问题,应当区分几种情况:

一是,当"簿记行为"与它所从属的"行政决定"完全一致时,可以将它作为"行政决定"的一部分来对待,没有必要作为一个独立的行为来适用权利救济。当行政机关对当事人作出一个"吊销许可证"的行政处罚决定,然后注销了当事人的许可证。当事人不服,只要对"吊销许可证"这一处罚决定起诉便可,无须另行单独起诉"注销许可证"的行为。因为,如果"吊销许可证"的行政处罚决定被依法撤销,当事人的许可证登记自然会得到恢复。

二是，如果"簿记行为"与它所从属的"行政决定"内容不一致时，当事人认为"簿记行为"侵犯了其合法权益的，可以单独针对"簿记行为"提出诉讼。

三是，如果行政机关没有作出一个前置性的行政决定，而是直接以"簿记行为"代替"行政决定"时，那就可以将"簿记行为"作为它所代表的"行政决定"来起诉。

当"簿记行为"单独被提起行政诉讼时，其行为种类可归入"其他行政行为"对待。

八、撤销许可证和一定期限内不受理当事人许可申请

由中华人民共和国工业和信息化部制定发布的《民用爆炸物品安全生产许可实施办法》（2015）第 23 条规定："以欺骗、贿赂等不正当手段取得《民用爆炸物品安全生产许可证》的，省级民爆行业主管部门撤销其《民用爆炸物品安全生产许可证》，3 年内不再受理其该项许可申请。"这里的"撤销其《民用爆炸物品安全生产许可证》"和"3 年内不再受理其该项许可申请"是否都属于行政处罚？

"吊销许可证"属于行政处罚中的一种资格罚。不少情形下，由于用语不规范，常常将"撤销许可证"与"吊销许可证"滥用。这时的"撤销许可证"，其实就是"吊销许可证"，属于行政处罚。但《民用爆炸物品安全生产许可实施办法》中规定的"撤销其《民用爆炸物品安全生产许可证》"行为不属于行政处罚，而属于行政机关的纠错行为。因为这里原先发放给当事人的《民用爆炸物品安全生产许可证》，是当事人"以欺骗、贿赂等不正当手段取得"的，行政机关属于"上当受骗"。这种情况本身就表明当事人是不具备取得许可证的条件。行政机关发给当事人许可证，本身就是违法的（当然，这是由当事人的违法行为造成的），这种违法状态必须纠正。行政机关"撤销"该许可证，性质上属于"收回"许可证，是对违法状态的修复。因而不是处罚，而是纠错。

任何违法状态必须纠正，这是法治原则的要求。纠错是通过当事人的行为或处理机关的行为将一种违法状态回归到原始的合法状态，本质上属于"恢复原状"。纠正违法有两种方式：一是责令当事人自我纠正违法，如责令当事人自行拆除违法建筑；二是处理机关直接纠正当事人的违法状态，表现为行政机关直接将违法状态恢复至原先的合法状态，如直接拆除当事人的违法建筑，或者收回、改变已作出的行政决定（包括许可决定）。但无论是行政机关责令当事人纠正违法，或者行政机关直接纠正当事人的违法状态，都属于一种具体行政行为。

行政机关"3年内不再受理其该项许可申请"的行为，尽管这种表达方式有点特殊，但实质上是剥夺当事人在一定期限内申请许可的资格，这属于行政处罚，而且属于"资格罚"。但由于《行政处罚法》第9条第（三）项"暂扣许可证件、降低资质等级、吊销许可证件"所规定的"资格罚"并没有直接包括这一行为，因而可以将这一行为推定为《行政处罚法》第9条第（六）项所规定的"其他行政处罚"（法律、行政法规规定的其他行政处罚）。

但是，"其他行政处罚"必须由法律和行政法规予以设定，而规章只能设定警告、通报批评或者一定数额罚款。所以，作为部门规章的《民用爆炸物品安全生产许可实施办法》要对"3年内不再受理其（当事人）该项许可申请"这种资格罚作出规定，应当查阅一下是否具有作为上位法的法律和行政法规的依据。

九、对外国人驱逐出境

外国人（包括具有外国国籍与无国籍的人）在中国违法或者犯罪的，我们可以依法对他们驱逐出境。这一驱逐出境行为好像是一种刑罚，也像是一种行政强制措施或者行政处罚。

根据我国的法律规定，对外国人驱逐出境，可以成为刑事责任的形式，也可以成为行政责任的形式。

外国人在中国犯罪的，应当承担刑事责任。我国《刑法》（2020）

第 35 条规定："对于犯罪的外国人，可以独立适用或者附加适用驱逐出境。"对于构成犯罪的外国人，司法机关通过司法程序判决对他驱逐出境的，属于一种独立的刑罚或者附加刑，这显然既不是行政强制措施，也不是行政处罚。

如果外国人违反治安管理的，应当承担接受行政处罚的责任。我国《治安管理处罚法》（2012）第 10 条规定："治安管理处罚的种类分为：（一）警告；（二）罚款；（三）行政拘留；（四）吊销公安机关发放的许可证。对违反治安管理的外国人，可以附加适用限期出境或者驱逐出境。"对于违反治安管理的外国人，公安机关要对他限期出境或者驱逐出境的，应当先依法作出一个"限期出境或者驱逐出境"的"行政决定"；当事人到期不出境的，公安机关采取强制措施实施这一行政决定，即强制押送当事人登上出境飞机，或押送到边界把当事人逐出国门，这属于对"驱逐出境处罚决定"的强制执行。这里就出现了两种行为：对外国人作出一个"限期出境或者驱逐出境"的"行政决定"，该决定其实是"行政处罚决定"，属于行政处罚行为；外国人如果不自我履行该"行政处罚决定"，公安机关采取强制措施实施这一行政决定，这属于行政强制执行行为。简单说，前者是行政处罚行为，后者是行政强制执行行为。行政处罚适用《行政处罚法》，行政强制执行适用《行政强制法》。

【延伸思考】

1.《行政处罚法》第 2 条关于"行政处罚"的定义有什么不足？有什么可以改进的地方？

2. 分辨行政处罚行为与非行政处罚行为的关键要素是什么？

3. 责令当事人纠正违法属于行政处罚行为吗？

4. 没收当事人的违法所得或非法财物应当属于行政处罚吗？

5."上黑名单"属于行政处罚吗？

【规范链接】

▸▸《中华人民共和国宪法》（2018）第 10 条

▸▸《中华人民共和国行政处罚法》（2021）第 2、6、9、28、48、72 条

▸▸《中华人民共和国公务员法》（2018）第 62 条

▸▸《中华人民共和国民事诉讼法》（2021）第 262 条

▸▸《中华人民共和国行政许可法》（2019）第 70 条

▸▸《中华人民共和国行政强制法》第 2、12、45 条

▸▸《中华人民共和国突发事件应对法》（2024）第 64 条

▸▸《中华人民共和国城市房地产管理法》（2019）第 26 条

▸▸《中华人民共和国土地管理法》（2019）第 38、58 条

▸▸《中华人民共和国治安管理处罚法》（2012）第 10 条

▸▸《中华人民共和国森林法》（2019）第 74 条

▸▸《中华人民共和国道路交通安全法》（2021）第 23—24、91、110 条

▸▸《中华人民共和国食品安全法》（2021）第 114 条

▸▸《中华人民共和国数据安全法》（2021）第 44 条

▸▸《中华人民共和国政府信息公开条例》（2019）第 15 条

▸▸《中华人民共和国城镇国有土地使用权出让和转让暂行条例》（2020）第 17 条

▸ 最高人民法院《关于行政案件案由的暂行规定》（法发〔2020〕44 号）

▸ 最高人民法院《关于公布失信被执行人名单信息的若干规定》（法释〔2017〕7 号）

▸ 原国务院法制办公室《关于"责令限期拆除"是否属于行政处罚行为的答复》（国法秘函〔2000〕134 号）

▸ 国务院办公厅《关于进一步完善失信约束制度，构建诚信建设

长效机制的指导意见》（国办发〔2020〕49 号）

    ▸▸ 公安部《机动车驾驶证申领和使用规定》（2021）

    ▸▸ 原国家土地管理局《对辽宁省土地管理局关于对执行〈土地管理法〉第十九条规定的请示的批复》（国土批〔1994〕73 号）

    ▸▸ 工业和信息化部《民用爆炸物品安全生产许可实施办法》（2015）第 23 条

第4章　行政处罚种类论

行政处罚的具体措施就是行政处罚的手段。① 这些手段按一定标准或从一定视角出发进行排列或分类便形成行政处罚的种类。② 本章研讨行政处罚的手段与种类以及它们之间的对应关系。处罚法定原则要求一国的处罚手段和种类都必须依法设定，不得由处罚机关及执法人员自我规定。

§4.1　行政处罚的手段

一、处罚手段：全球考察

世界各国（地区）行政处罚制度关于行政处罚手段的设定并不统一，有多有少。

在美国，其行政处罚（"制裁"）的手段由1946年的《联邦行政程序法》直接设定。该法第551条③第（十）项规定："'制裁'包括下列行政机关行为的全部或一部分：1.禁止、强制、限制或者其他影响个人自由的措施；2.不予救济；3.给予处罚或罚金；4.销毁、禁用、没收或者

---

① 我国原《行政处罚法》（1996）第8条和新《行政处罚法》（2021）第9条，与其说是对行政处罚"种类"的规定，不如说是对行政处罚"手段"的规定。

② 当然，行政处罚的种类并不只限于对处罚手段的划分。

③ 这是按美国法典的统一编号。

扣押财产；5.确定应给付的损害赔偿、归还、恢复原状、补偿、成本费、收费或酬金的数额；6.许可证的吊销、停止或附加条件；7.采取其他强制性或限制性措施。"①

奥地利《行政罚法》清晰地设立了五种处罚手段，即警告、自由罚、没入、罚锾、易科罚。② 德国的《违反秩序罚法》规定的处罚手段比较简单，以罚锾为主罚，没入为从罚。法国关于行政处罚的手段由行政法院的判例和分散的制定法作出规定，大体包括申诫、罚款、扣留、没收、停止营业、停止发行、取消职业证件、取消开车执照、丧失某种利益、取消某种资格等。③ 日本"行政罚"中的制裁手段包括：1.罚款；2.停止或撤销授益行为；3.赋课加算税、征收金；4.公布违反义务行为等。④

俄罗斯对行政处罚手段的规定集中在《俄罗斯联邦行政违法法典》之中，它覆盖了广泛的处罚措施，包括（1）训诫；（2）行政罚款；（3）有偿收缴实施行政违法行为的工具或行政违法对象；（4）没收实施行政违法行为的工具或行政违法对象；（5）剥夺赋予自然人的专门权利；（6）行政拘留；（7）将外国公民或无国籍人行政驱逐出俄罗斯联邦国境；（8）取消资格。⑤ 越南学习俄罗斯模板，制定了《越南社会主义共和国行政

---

① 原文是："sanction" includes the whole or a part of an agency--- （A）prohibition, require-ment, limitation or other condition affecting the freedom of a person ；（B）withholding of relief ；（C）imposition of penalty or fine ；（D）destruction, taking, seizure, or withholding of property ；（E）assessment of damages, reimbursement, restitution, compensation, costs, charges, or fees ；（F）requirement, revocation, or suspension of a license ；or（G）taking other compulsory or restrictive action".

② 参见城仲模：《奥国行政罚制度析论》，载《行政法之基础理论》，三民书局 1994 年版。

③ 参见王名扬：《法国行政法》，中国政法大学出版社 1989 年版，第 168 页。

④ 参见 [日] 田中二郎：《简明行政法》（新版），弘文堂 1983 年版，第 490 页；[日] 南博方：《日本行政法》，杨建顺、周作彩译，中国人民大学出版社 1988 年版，第 85—88 页；[日] 市桥克哉等：《日本现行行政法》，田林、钱蓓蓓、李龙贤译，法律出版社 2017 年版，第 211 页。

⑤ 参见《俄罗斯联邦行政违法法典》第三条之二。

违法处罚法》。它将处罚设定为主罚和补充罚两种：主罚包括警告和罚款；补充罚也只有两项：(1) 没收许可证；(2) 没收赃物、违法工具。①

二、我国处罚手段：从"6+1"到"13+1"

我国关于行政处罚的手段，在1996年的《行政处罚法》中集中在第8条。②该条规定了"6+1"的处罚手段，即 (1) 警告；(2) 罚款；(3) 没收(没收违法所得、没收非法财物)；(4) 责令停产停业；(5) 吊扣证照(暂扣或者吊销许可证、暂扣或者吊销执照)；(6) 行政拘留；(7) 其他处罚。

在1996年以来的20多年中，现行法律、法规、规章将行政处罚种类增加到23类，具体手段增加至150多种，主要增长在名誉罚、资格罚和行为罚方面。③

2021年修订的《行政处罚法》对处罚手段的规定集中在第9条。④该条在原有基础上增加了五种处罚手段，即通报批评、降低资质等级、限制经营、限制从业、责令关闭等，处罚手段从原先的"6+1"变成了"13+1"。

三、现行行政处罚手段

我国现行《行政处罚法》所规定的行政处罚手段有下列13种：

1. 警告

警告是指行政主体对违法当事人实施的一种书面形式的谴责，指出

---

① 徐中起主编：《越南法研究》，云南大学出版社1997年版，第66—67页。
② 1996年《行政处罚法》第8条规定："行政处罚的种类：(一) 警告；(二) 罚款；(三) 没收违法所得、没收非法财物；(四) 责令停产停业；(五) 暂扣或者吊销许可证、暂扣或者吊销执照；(六) 行政拘留；(七) 法律、行政法规规定的其他行政处罚。"
③ 参见黄海华：《行政处罚行为的重新定义与分类配置》，《华东政法大学学报》2020年第4期。
④ 《行政处罚法》(2021) 第9条规定："行政处罚的种类：(一) 警告、通报批评；(二) 罚款、没收违法所得、没收非法财物；(三) 暂扣许可证件、降低资质等级、吊销许可证件；(四) 限制开展生产经营活动、责令停产停业、责令关闭、限制从业；(五) 行政拘留；(六) 法律、行政法规规定的其他行政处罚。"

其违法行为，告诫其吸取教训，以防再犯。这是一种既有教育性又有惩罚性的处罚手段，属于精神上的申诫罚。

警告在大多数国家和地区都作为一种行政处罚手段，如奥地利 ①、越南 ② 等。在俄罗斯，警告以"训诫"的形式存在。③ 但在德国行政处罚中不存在警告处罚。日本由于受到德国的影响较深，也不设置警告这一处罚手段。英国、美国、法国由于受判例法的影响，也不设置"警告"。

2. 通报批评

通报批评是指行政主体在一定范围内，通过一定的形式，对违法当事人公布其违法行为，教育其本人和他人引以为戒的一种处罚手段。它和警告一样属于申诫罚。所不同的是，警告是"一对一"的关系，只有处罚机关和被处罚人知道，而通报批评是"一对多"的关系，当事人一人违法，但可能整个单位，甚至整个社会都知晓。至于通报批评如何把握，在法律、法规和规章无具体规定情况下，由各部门的行政处罚裁量基准予以解决。

这是中国独有的一种制度，在其他国家使用得较少。

3. 罚款

罚款是指行政主体强制违法当事人用自己的合法财产缴纳一定数量货币给国家的行政处罚手段。"罚款是较为常见的行政执法行为"④，属

---

① 奥地利《行政罚法》第 21 条规定："官署认为行政逾越者之行政责任轻微，而其行政逾越行为之结果未具意义，且依案件情节即使处以最轻之自由罚或罚锾仍嫌过重者，得免除其自由罚或罚锾，而改予警告。"

② 越南《社会主义共和国行政违法处罚法》第 13 条规定："（警告）对轻微违法，初次违法且情节较轻的个人，由有权限的国家机关通过书面形式或有关行政违法处罚规定的法律文件中规定的其他方式作出处罚决定。"

③ 俄罗斯《联邦行政违法法典》第三条之四规定："训诫是一种行政处罚措施，其表现是正式谴责自然人或法人。训诫应当以书面形式作出。"

④ 参见国务院《关于进一步规范和监督罚款设定与实施的指导意见》（国发〔2024〕5 号）。

于典型的财产罚。我国罚款的具体标准不是由《行政处罚法》，而是由对应的单行法作出规定；计算方式主要有三种：概括式、区间数值式和区间倍率式。

世界上，罚款①乃是行政处罚的主要手段。没有一个国家和地区的行政处罚制度不将罚款纳入其中。不少国家还将罚款标准和计算方法直接规定在"行政处罚法"中，如德国《违反秩序罚法》第17条②、俄罗斯《联邦行政违法法典》第三条之五③、越南《社会主义共和国行政违

---

① 德国的"罚款"（Verwaltungsstrafe）常常被翻译成"罚锾"。

② 德国《违反秩序罚法》第17条（罚锾之最高限度）规定："（1）除法律另有规定外，罚锾最低为五马克，最高为一千马克。（2）法律对于故意或过失行为均有罚锾之规定，而对最高金额无区别者，过失行为之处罚，仅得所规定罚锾最高金额之一半。（3）罚锾之处罚应以违反秩序之种类及行为人所应受非难程度为衡量之基础。行为人之经济关系亦应予斟酌，但轻微之违反秩序，对此不必加以考虑。（4）罚锾得超过行为人因违反秩序罚所获之经济利益。如法定最高金额仍不足以符合上述规定时，科处得超过法定最高金额之罚锾。"

③ 俄罗斯《联邦行政违法法典》第三条之五（行政罚款）规定："1.行政罚款是货币形式的罚款，罚款的数量以下述的倍数表现：（1）行政违法行为终止时或行政违法行为被制止时联邦法律规定的最低劳动报酬额（不考虑区的系数）的倍数（以下称最低劳动报酬额）；（2）行政违法行为终止时或行政违法行为被制止时的行政违法对象价值的倍数；（3）行政违法行为终止时或行政违法行为被制止时应当缴纳但尚未缴纳的税收、交费额的倍数，或者非法外汇交易额的倍数。2.行政罚款额不得少于最低劳动报酬额的1/10。3.对公民科处的，以最低劳动报酬额计算的行政罚款额，不得超过最低劳动报酬额的25倍；对公职人员科处的行政罚款额，不得超过最低劳动报酬额的50倍；对法人科处的行政罚款额，不得超过最低劳动报酬额的1000倍。因违反俄罗斯联邦内海、领海、大陆架立法，违反俄罗斯联邦专属经济区立法，违反俄罗斯联邦反垄断立法、海关立法以及违反俄罗斯联邦自然垄断立法，广告立法，自然环境保护立法，酒精、含酒精制品和酒精饮料制品生产和流通的国家调整立法，对公职人员和法人科处的行政罚款，可以规定比本款第一段更高数额的罚款。但是，对公职人员科处的行政罚款额，不得超过最低劳动报酬额的200倍；对法人科处的行政罚款额，不得超过最低劳动报酬额的5000倍。4.以行政违法对象的价值计算的行政罚款额，以及以未缴纳的税收、交费额计算的行政罚款额，不得超过相应对象价值的3倍或未缴纳税收、交费额的3倍。5.行政罚款额应当依照俄罗斯联邦立法的规定全部上缴预算账户。"

法处罚法》第 14 条 ①，等等。

4. 没收违法所得

没收违法所得是指行政主体把违法当事人因违法行为而获得收益予以收缴、上交国库的处罚手段。它也是财产罚的一种形式。关于违法所得的计算，依据《行政处罚法》第 28 条第 2 款规定，不扣除成本。但是法律、行政法规、部门规章对违法所得的计算另有规定的，从其规定。另，根据全国人大法工委《关于对违法建设进行行政处罚计算违法收入有关问题的函》（法工委发〔2011〕1 号），对于违法建设工程不能拆除的，应当没收实物或者违法收入。没收的违法收入应当与应依法没收的实物价值相当。

5. 没收非法财物

没收非法财物，是指行政主体把违法当事人从事违法行为过程中的违禁物品、违法财物和违法工具强制收缴处置（销毁或无偿收归国有）的处罚手段。它也属于财产罚的一种形式。虽然没收非法财物与没收违法所得都属于"没收"的范畴，但《行政处罚法》第 9 条第（二）项还是将没收非法财物与没收违法所得作为两种不同的处罚手段加以分别规定。原因在于，《行政处罚法》对没收违法所得作了普遍而直接的法律授权 ②，任何行政处罚机关在实施行政处罚时都同时有权没收违法当事

---

① 越南《社会主义共和国行政违法处罚法》第 14 条（罚款）规定："1. 个人组织的违法行为，其情节简单，未造成财产损失或损失不大的，罚款 1000 越盾到 2 万越盾；如果多次违法或重犯，则罚款 2 万越盾到 5 万越盾。2. 对不属本系第一款、第三款规定的违法行为，罚款 2 万越盾到 5 万越盾。3. 在国家安宁、生产、商品流通、货币、税务、物价、自然资源及生活环境的保护、文化、通信领域中的违法行为，加重情节较多的，可处以 50 万越盾以上罚款。对经济领域中的行政违法行为，罚款数额可以是违法商品价值的 1 到 3 倍，或非法所得的 1 到 3 倍。4. 各类违法行为的具体罚款数额由规定违法处罚的法律规定。5. 外汇罚款由部长会议规定。"

② 《行政处罚法》第 28 条第 2 款规定："当事人有违法所得，除依法应当退赔的外，应当予以没收。违法所得是指实施违法行为所取得的款项。法律、行政法规、部门规章对违法所得的计算另有规定的，从其规定。"

人的违法所得，但未对没收非法财物作直接而普遍的法律授权，行政处罚机关在实施行政处罚中是否可以没收当事人的非法财物，这须视法律法规的具体规定而定。

世界上不少国家和地区并不区分没收违法所得与没收非法财物，特别是大陆法系往往将它们统称为"没入"（德语为 Einziehung），并作为一种行政处罚的配套措施（收缴措施）定性，有时也被称为"从罚"。奥地利和德国不仅将"没入"作为一种"从罚"对待，而且对其作出明确的限制，如奥地利《行政罚法》规定，没收的财物原则上以从事违法的当事人所有。① 俄罗斯《联邦行政违法法典》对没收工具等物品有严格限制，并要求由法官作出裁定。② 越南《社会主义共和国行政违法处罚法》还规定没收财物必须考虑和保证违法者或其家庭的基本生活。③

6. 暂扣许可证件

暂扣许可证件是指行政主体对违法当事人通过暂扣其许可证件，以

---

① 奥地利《行政罚法》第 17 条（没收物的限制）规定："(1) 宣告没入之物，以属于行为人或共犯或有处分权人所交付者为限。如行政法规另有规定时，从其规定。(2) 如无特定之人可为所追或处罚，而其他条件具备时，没入处得单独宣告之。"第 18 条又规定："没入之物，如无其他行政法规定时，或依其状态无销毁之必要时，得善为利用，详细办法以行政命令规定之。"

② 俄罗斯《联邦行政违法法典》第三条之七规定："没收作为行政违法行为工具或行政违法直接对象的物品。1. 没收作为行政违法行为工具或行政违法直接对象的物品，是指强制性地、无偿地将未停止流通的物品转变为联邦财产或俄罗斯联邦主体的财产。没收的决定由法官作出。2. 没收狩猎用的武器、弹药和其他允许使用的狩猎或捕鱼工具，不得适用于狩猎或捕鱼是其主要的、合法的生活资料来源的人。3. 从实施行政违法行为的人那里扣押其非法占有的或作为行政违法行为工具或行政违法直接对象的物品，不是没收。应当依照联邦法律的规定，将上述工具或对象归还给合法的所有者。应当根据其他原因和以此为根据，将停止流通的或被实施行政违法行为的人非法占有的作为上述工具或对象的物品收归国家所有或销毁。"

③ 越南《社会主义共和国行政违法处罚法》第 16 条规定："(没收违法物品、工具、钱物) 没收的违法物品、工具、钱物及其他同违法行为直接有关的物品全部充公。没收时保证违法者或其家庭的基本生活条件。被违法者非法使用或侵占的社会主义公有或其他合作所有制的工具、物品、钱物不在没收之列。"

实现在一定期限内暂时剥夺当事人从事某项资格性活动之目的的处罚手段。它是资格罚的一种形式。这里的许可证件是广义的，包括许可证、执照以及具有许可意义的各类证件和文件。

国际上很少将暂扣许可证件作为行政处罚手段，大多只将"吊销"或"收缴"许可证件作为一种处罚手段。但也有国家将"收缴许可证"分为"有期限或无期限"两类。有期限的，其实就是暂扣许可证件行为。①

7.吊销许可证件

吊销许可证件是指行政主体对违法当事人通过吊销其许可证件，使其永远失去从事某项资格性活动资格和权利的处罚手段。它是资格罚的一种形式。这里的许可证件，与上相同，也是指广义的。另外，所吊销的许可证件，应当是指某类行为的许可，而不是指某一行为的许可。②

在国际上，有的国家认为，吊销许可证件其实就是"剥夺当事人的专门权利"，这必须由法官作出裁决，不得由行政机关径自作出。③

---

① 如越南《社会主义共和国行政违法处罚法》第15条规定："收缴许可证是指有期限或无期限收回由有权限的国家机关发给组织、个人，并被其非法使用的许可证。"

② 如原国务院法制办公室《对〈中华人民共和国道路交通安全法〉有关条款适用问题的意见》（国法秘函〔2012〕244号）指出："对请示中涉及的如何依照《中华人民共和国道路交通安全法》第九十一条第二款、第一百零一条第一款吊销机动车驾驶证的问题，我们进行了研究，并征求了全国人大常委会法制工作委员会和公安部的意见，现答复如下：一、《中华人民共和国道路交通安全法》规定的吊销机动车驾驶证是一种剥夺持证人驾驶任何机动车上道路行驶的资格的处罚，不是只剥夺某一准驾车型资格的处罚。二、持有驾驶证驾驶与准驾车型不符的机动车发生重大交通事故构成犯罪的，应当吊销其持有的机动车驾驶证。"

③ 如俄罗斯《联邦行政违法法典》第三条之八规定："（剥夺专门权利）1.剥夺实施行政违法行为的自然人以前被赋予的专门权利，适用于本法典分则条款规定的情况下，严重违反或经常违反该权利使用规则的行为。剥夺专门权利的决定，由法官作出。2.剥夺专门权利的期限，不得少于1个月，也不得超过2年。3.对因残废而使用交通工具的人，不得适用剥夺以交通工具驾驶权为形式的专门权利。但是，在酒醉状态下驾驶交通工具、逃避按照规定程序进行醉酒状态体格检查以及本人是公路交通事故的当事人、又继续违反公路交通事故所在地法定规则的情况除外。4.对狩猎是其主要的、合法的生活资料来源的人，不得适用剥夺以狩猎权为形式的专门权利。"

8.降低资质等级

降低资质等级是指行政主体对违法当事人通过降低其资质等级而限制其生产、经营和其他活动的处罚手段。资质是指企业事业单位，特别是建设单位、设计单位、施工单位、工程监理单位等，从事某种工作或活动所具备的条件、资格、能力等综合评价。资质被分为一定的等级。从事某种工作或活动往往会有一定的资质等级要求。降低资质等级无疑是对企业事业单位从事经营和其他活动的一种限制。

在美国，这一手段为"许可证的吊销、停止或附加条件"所包含。[①]

9.限制开展生产经营活动

限制开展生产经营活动是指行政主体对违法生产经营当事人限制其生产经营权的处罚手段。限制开展生产经营活动的方法很多，上面所列的暂扣和吊销生产经营许可证、降低生产经营方面的资质等，都属于限制其开展生产经营活动。但是，有的生产经营者不存在许可证和资质问题，所以需要设置这一兜底式的处罚形式。[②]

10.责令停产停业

责令停产停业是指行政主体对违法生产经营当事人责令其在一定期限内停止全部或部分生产经营活动的处罚手段。责令停产停业与限制开展生产经营活动不同，责令停产停业是剥夺当事人的生产经营权，而限制开展生产经营活动仅仅是限制当事人的生产经营权。

11.责令关闭

责令关闭是指行政主体对违法设立的组织，或者对合法的组织因进行违法的活动，责令其停止活动的处罚手段。它包括对非法组织的取

---

① 参见美国《联邦行政程序法》第551条第（十）项"制裁"之6，"许可证的吊销、停止或附加条件"。

② 如依据《证券法》（2019）202条第2款规定，证券公司违反证券法的，可以"禁止其在一定期限内从事证券融资融券业务"，便属于这类处罚。

缔，或者对依法设立的组织责令其停止非法活动。① 关闭对象包括企业、场所、职业中介机构、图书馆、建设项目、网站等。

12. 限制从业

限制从业是指行政主体对违法从业的当事人通过限制其从业以示惩罚的处罚手段。限制从业包括限制从业范围、限制从业时间、限制从业地域等。②

以上第9—12项处罚手段，乃是我国《行政处罚法》为了回应我国现行行政处罚制度而对处罚手段所作的精细化划分，在有的国家只将它笼统归入对权利的限制性措施之内。③

13. 行政拘留

我国自由罚方面的处罚手段只有一种，即行政拘留。行政拘留系指特定行政机关在一定期限内剥夺违法当事人人身自由的行政处罚。它是一种最为严厉的行政处罚。因此，《行政处罚法》第10条第2款规定："限

---

① 如国务院《社会团体登记管理条例》（2016）第32条规定，筹备期间开展筹备以外的活动，或者未经登记，擅自以社会团体名义进行活动，以及被撤销登记的社会团体继续以社会团体名义进行活动的，由登记管理机关予以"取缔"。这一"取缔"就属于这类处罚。

② 如《证券法》（2019）第221条规定："违反法律、行政法规或者国务院证券监督管理机构的有关规定，情节严重的，国务院证券监督管理机构可以对有关责任人员采取证券市场禁入的措施。前款所称证券市场禁入，是指在一定期限内直至终身不得从事证券业务、证券服务业务，不得担任证券发行人的董事、监事、高级管理人员，或者一定期限内不得在证券交易所、国务院批准的其他全国性证券交易场所交易证券的制度。"《保险法》（2015）第164条："违反本法规定，有下列行为之一的，由保险监督管理机构责令改正，处五万元以上三十万元以下的罚款；情节严重的，可以限制其业务范围、责令停止接受新业务或者吊销业务许可证：（一）未按照规定提存保证金或者违反规定动用保证金的；（二）未按照规定提取或者结转各项责任准备金的；（三）未按照规定缴纳保险保障基金或者提取公积金的；（四）未按照规定办理再保险的；（五）未按照规定运用保险公司资金的；（六）未经批准设立分支机构的；（七）未按照规定申请批准保险条款、保险费率的。"

③ 参见美国《联邦行政程序法》第551条第（十）项"制裁"之7，"采取其他强制性或限制性措施"。

制人身自由的行政处罚,只能由法律设定。"第 18 条第 3 款又规定:"限制人身自由的行政处罚权只能由公安机关和法律规定的其他机关行使。"在中国现行的行政处罚制度中,依据《治安管理处罚法》(2012)、《国家安全法》(2015)①、《反间谍法》(2023)② 以及《海警法》(2021)③ 的规定,行政拘留可以并只能由公安机关、国家安全机关和人民武装警察部队海警部队(海警机构)实施。

公安部《关于公安机关适用行政处罚若干问题的指导意见》(公通字〔2024〕5 号)对此还作出了补充解释:实施行政拘留"法律规定的其他机关",是指国家安全机关和海警机构。对消防法、环境保护法、食品安全法、农产品质量安全法、中医药法、土壤污染防治法、疫苗管理法、药品管理法、固体废物污染环境防治法等法律规定的行政拘留处罚,消防救援机构和其他行政主管部门将案件移送公安机关后,由县级以上公安机关依法作出行政拘留处罚决定。这就是说,就目前的法律制度而言,有权作出行政拘留决定的仅限于公安机关、国家安全机关和人民武装警察部队海警部队(海警机构),其他机关只有移送权,没有作出行政拘留的决定权。

关于行政拘留的期限同样须由法律直接规定。在治安处罚中,治安

---

① 《国家安全法》(2015)第 42 条规定:"国家安全机关、公安机关依法搜集涉及国家安全的情报信息,在国家安全工作中依法行使侦查、拘留、预审和执行逮捕以及法律规定的其他职权。有关军事机关在国家安全工作中依法行使相关职权。"

② 《反间谍法》(2023)54 条第 1 款:"个人实施间谍行为,尚不构成犯罪的,由国家安全机关予以警告或者处十五日以下行政拘留,单处或者并处五万元以下罚款,违法所得在五万元以上的,单处或者并处违法所得一倍以上五倍以下罚款,并可以由有关部门依法予以处分。"

③ 《海警法》(2021)第 31 条规定:"海上行政案件有下列情形之一,不适用快速办理:(一)依法应当适用听证程序的;(二)可能作出十日以上行政拘留处罚的;(三)有重大社会影响的;(四)可能涉嫌犯罪的;(五)其他不宜快速办理的。"第 60 条规定:"海警机构对依法决定行政拘留的违法行为人和拘留审查的外国人,以及决定刑事拘留、执行逮捕的犯罪嫌疑人,分别送海警机构所在地拘留所或者看守所执行。"

拘留的期限分为三档：1 日至 5 日以下；5 日以上 10 日以下；10 日以上 15 日以下。行政拘留合并执行的，最长不超过 20 日。

在美国，作为行政制裁的自由罚包括"禁止、强制、限制或者其他影响个人自由"的一切行政措施。[①] 俄罗斯的行政处罚也保留了"行政拘留"，但拘留必须由法官决定。拘留的期限一般不超过 15 日，但如果出于反恐或紧急状态的处置，可以放宽至 30 日。[②] 在奥地利，自由罚并不只限于拘留，此外还包括住宅禁足（将当事人限制在住宅内不得出门）。自由罚的期限可以是几小时（但不得少于 6 小时），也可以是几天或几个月。[③] 但是值得注意的是，德国、法国、日本都没有将限制人身自由的拘留作为行政处罚的手段。在越南，行政拘留也是作为一种行政处罚的配套措施而不作为行政处罚本身的手段对待。或许在他们看来，人身自由权是公民的最高权利，在民主国家无不将它视为宪法权利。公民没有人身自由，其他所有权利就无从谈起。行政处罚只是针对犯罪以下的违法行为，应当行政处罚的违法行为其对社会的危害性远小于犯罪行为，因而不宜将专属于刑罚的自由罚应用于行政处罚领域。

四、最后的说明

最后必须说明的是，以上各种处罚手段要从实质上，而不是形式或

① 参见美国《联邦行政程序法》第 551 条第（十）项"制裁"之 1，"禁止、强制、限制或者其他影响个人自由的措施"。

② 俄罗斯《联邦行政违法法典》第三条之九（行政拘留）规定："1. 行政拘留是将违法者羁押在与社会隔离的看守所里，羁押期限为 15 日以下。而对违反紧急状态制度或实施反恐怖行动地区制度要求的行为，可以适用期限为 30 昼夜的行政拘留。行政拘留的决定由法官作出。2. 只有在特殊情况下才对某些种类的行政违法行为设定和适用行政拘留。但是，对孕妇、有 14 岁以下子女的妇女、未满 18 岁的人、一等或二等残疾人，不得适用行政拘留。3. 行政羁押的期限，应当计入行政拘留的期限。"

③ 奥地利《行政罚法》第 11 条规定："（1）本条所称之自由罚为拘留与住宅禁足。（2）自由罚不得少于六小时。（3）自由罚每日以二十四小时，每周以七日计算，月之计算，从日历之规定。"第 13 条又规定："被判处住宅禁足者，应宣誓保证勿离其住宅，违反誓言时应就其禁足期间执行拘留。"

95

者名称上去认定。比如说"收缴许可证件""注销许可证件"在《行政处罚法》第9条中没有列举，但它其实依然属于"吊销许可证件"的处罚。

严格固定和明确行政处罚手段的意义在于：一是在"处罚法定"原则的支配下，未经"依法设定"的行政处罚手段是不应当出现和存在的。出现和存在了的，也应当是无效的。二是凡是没有列入上述13种处罚手段范围的，都应当属于"其他行政处罚"的手段，而"其他行政处罚"必须由法律和行政法规设定①，由地方性法规、规章或其他文件设定的"其他行政处罚"一概无效。

§4.2 行政处罚的种类

一、处罚种类：全球考察

英美国家没有像大陆法系那样非常注重行政处罚种类的划分。法国的行政法主要是判例法，所以同样不够关注行政处罚种类的理论划分。德国和奥地利虽然是大陆法系的代表，但由于所设定的处罚手段不多，一般也不作种类划分，但它们都将行政处罚划分为主罚与从罚（或称附加罚）。一般将警告和罚款作为主罚，其他作为从罚。

行政处罚主罚与从罚的分类还涉及俄罗斯和越南。俄罗斯《联邦行政违法法典》规定训诫、行政罚款、剥夺专门权利、行政拘留和取消资格等为主罚，其他如收缴、没收、驱逐出境等为附加罚。② 越南

---

① 《行政处罚法》（2021）第9条规定："行政处罚的种类：……（六）法律、行政法规规定的其他行政处罚。"

② 俄罗斯《联邦行政违法法典》第三条之三（主罚与附加罚）规定："1.训诫、行政罚款、剥夺赋予自然人的专门权利、行政拘留和取消资格，仅可以作为主要的行政处罚设定和适用。2.有偿收缴实施行政违法行为的工具或行政违法对象、没收实施行政违法行为的工具或行政违法对象以及将外国公民或无国籍人行政驱逐出俄罗斯联邦国境，既可以作为主要的行政处罚，也可以作为附加的行政处罚设定和适用。3.对一个行政违法行为，可以给予本法典分则或俄罗斯联邦主体行政违法法分则被适用条款制裁部分所规定处中的一种主要的行政处罚，或一种主要的行政处罚和一种附加的行政处罚。"

的行政处罚制度将警告和罚款作为主罚形式，将吊销证照和没收作为从罚。①

二、从"4+1"到"5+1"

行政处罚种类是对行政处罚手段按功能划分的结果。我国1996年的《行政处罚法》第8条直接设定了8种处罚手段，当时在理论上就已经将它们分成四个种类：申诫罚、财产罚、行为罚和人身罚，②另加一个"其他罚"（"其他行政处罚"）。这就是"4+1"模式（申诫罚、财产罚、行为罚、人身罚＋其他罚）。

2021年《行政处罚法》修订时，新法第9条其实已按五个种类设计，即申诫罚、财产罚、资格罚、行为罚和人身罚，另外还保留一个"其他罚"（"其他行政处罚"）。这就是"5+1"模式（申诫罚、财产罚、资格罚、行为罚、人身罚＋其他罚）。

第一类是申诫罚。亦称声誉罚、名誉罚和精神罚，系指行政机关向违法当事人发出警戒，申明其有违法行为，通过对其名誉、荣誉、信誉等施加影响，引起其精神上的警惕，使其不再违法的处罚手段。警告和通报批评都是申诫罚的主要形式。

第二类是财产罚。系指行政机关剥夺违法当事人的财产或通过违法所获得的经济利益的经济制裁。罚款和没收违法所得、没收非法财物等

---

① 越南《社会主义共和国行政违法处罚法》第11条（行政违法行为的处罚方式）规定："1.行政违法的组织、个人必须接受下列主要处罚方式之一：（1）警告；（2）罚款。2.除主要处罚方式之外，行政违法组织、个人必须接受下列可能的补充处罚方式之一：（1）没收许可证（即：没有交通运输工具执照，经营许可证或其他各类证书）；（2）没收赃物、违法工具。"

② 曹志于1996年3月12日在第八届全国人民代表大会第四次会议上作《关于〈中华人民共和国行政处罚法〉（草案）的说明》时就指出："行政处罚的种类较多，按其性质划分，大体可分为四类：一是，行政拘留等涉及人身权利的人身自由罚；二是，吊销许可证或执照、责令停产停业等行为罚；三是，罚款、没收非法财产等财产罚；四是，警告等申诫罚。这些行政处罚，对当事人权益的影响程度是不同的。"

便属于财产罚。

第三类是资格罚。是指行政机关剥夺或限制违法当事人某些特定行为能力和资格的处罚。暂扣许可证照、吊销许可证照、降低资质等便属于这类处罚。

第四类是行为罚。系指行政机关直接要求当事人进行一定的作为或不作为，由此承受不利后果的处罚。限制开展生产经营活动、责令停产停业、责令关闭、限制从业等就属于此类。

第五类是人身罚。亦称自由罚，系指行政机关在一定期限内剥夺违法当事人人身自由的行政处罚。行政拘留是一种最典型的人身罚。

第六类是其他罚。它是指以上五类处罚类型中的 13 种处罚手段以外的处罚手段。属于"其他罚"的处罚手段，并不会超出以上的五种处罚类型（它肯定也属于申诫罚、财产罚、资格罚、行为罚、人身罚类型中的一种），《行政处罚法》之所以将它们列入"其他罚"乃是因为这是既定 13 种处罚手段以外的外加处罚手段，必须严格控制，单独归类。这类行政处罚必须由法律和行政法规设定。

三、行政处罚种类的排序

上述五类处罚①，即申诫罚、财产罚、资格罚、行为罚和人身罚，到底哪类属于重型罚，哪类属于轻型罚，应当作个排序。这个排序很重要，它关乎两个方面：一是和法律设定有关。从法理逻辑上说，对于重型罚，应当由法律位阶高的法律来设定，对于轻型罚，可以由法律位阶低的法律来设定，不能轻重颠倒；二是和程序设计有关，应当为重型罚设置严格的程序规则，可为轻型罚设置轻便的程序规则，绝对不能轻重颠倒。

考虑五类处罚手段所针对的当事人权利及其法律后果，处罚种类从轻到重，应当这样排列：申诫罚—财产罚—行为罚—资格罚—人

---

① "其他罚"将在后面单独讨论。

身罚。

人身罚是最高罚，申诫罚是最轻罚，这两端的定位是没有问题的。因为，人身罚是自由罚，当一个人的人身自由被剥夺或限制时，其一切行为也随之被剥夺或限制，一切资格、财产都会失去意义。申诫罚并没有剥夺和限制当事人有形的东西，没有直接影响当事人的人身权、财产权和行为权，所以属于最轻微的处罚。关键是中间的三类如何排列，可能会有分歧。

中间三类的排列，从重到轻为"资格罚—行为罚—财产罚"也是没有问题的，因为限制"资格"必然同时限制了对应的"行为"，但限制"行为"未必就限制了资格。另外，财产是经营等行为的结果。

其实《行政处罚法》在规定"对行政处罚的设定"时，已暗示或确认了这一排列，从轻到重为：申诫罚—财产罚—行为罚—资格罚—人身罚。例如规定人身罚只能由法律设定：行政法规不得设定限制人身自由的处罚；地方性法规不得设定限制人身自由、吊销营业执照的处罚；规章可以设定警告、通报批评和一定数额的罚款。至于"其他行政处罚"的手段，它肯定同时属于前五种类型中的一种。

当然，上述排列仅仅是一种理论上的排序，不具有绝对性。拘留一天与罚款20个亿，孰轻孰重，固然不好说。罚款1000元与通报批评的选择，可能也因人而异。尽管如此，上述的排序基本还是正确的、必要的。

四、行政处罚手段和种类的对应关系

2021年修订的《行政处罚法》把所列举的各种行政处罚手段进行分类表达，形成了不同的种类，实现了处罚手段和处罚种类的有机结合。2021年《行政处罚法》第9条所列举的五类处罚手段，正好归类如下：

行政处罚手段归类

处罚种类	处罚手段	《行政处罚法》依据
申诫罚	1. 警告； 2. 通报批评。	第9条第（一）项
财产罚	3. 罚款； 4. 没收违法所得； 5. 没收非法财物。	第9条第（二）项
行为罚	6. 限制开展生产经营活动； 7. 责令停产停业； 8. 责令关闭； 9. 限制从业。	第9条第（四）项
资格罚	10. 暂扣许可证件； 11. 降低资质等级； 12. 吊销许可证件。	第9条第（三）项
人身罚	13. 行政拘留。	第9条第（五）项

§4.3　其他行政处罚

1996年制定的《行政处罚法》第8条第（七）项和2021年修订的《行政处罚法》第9条第（六）项都在设定行政处罚的基本种类之后，保留了"法律、行政法规规定的其他行政处罚"，即"其他行政处罚"（简称"其他罚"）种类。

从行政处罚种类而言，其他罚是一种和申诫罚、财产罚、资格罚、行为罚、人身罚相并列的第六种处罚种类，它所包含的处罚手段应当是未被《行政处罚法》第9条第（一）至（五）项所规定的手段所包含的；但从具体行政处罚手段而言，任何一种处罚手段都不可能是申诫罚、财产罚、资格罚、行为罚、人身罚之外的处罚手段，因为行政处罚的五种类别已经穷尽了所有的处罚种类。

"其他罚"的处罚手段，是指《行政处罚法》第9条第（一）至（五）项所列举的13种处罚手段以外的其他处罚手段。这些手段在现实中形式很多，如：禁闭，取消资格或除名，停止或取消抚恤和优待，规定期限内不得申领有关执照和证书，暂停其原产地证签发权，几年内不得申请许可，几年内不得再次参加资格考试，终身不予注册，不得从事药品生产、经营活动，取消批准文件，撤销学位、取消学籍，撤销登记，关闭营业场所，停止招生或办园，责令搬迁，责令补种盗伐株数10倍的树木，收回土地使用权，收回海域使用权，征收滞报金、罚息，停止出售、销毁、撤销出版社登记，加收费用、停止供电，禁止或限制进入市场，对外国人的限期出境（离境）、驱逐出境、遣送出境，[①] 六个月以内不受理其出境、入境申请，缩短其停留期限等。

大量的法律和行政法规规定了大量的"其他罚"。[②] 同时地方性法规、规章，甚至规章以下的其他规范性文件，都在设定行政处罚。"其他罚"的数量自然远大于"本行政处罚"的"存量"。"其他罚"手段的不当扩大，势必侵害公民、法人或者其他组织的合法权益，影响社会正常秩序和营商环境。

为此，正确认定"其他罚"必须严格把握两条：一是只要是《行政处罚法》第9条所列的13项处罚手段以外的处罚手段，都属于"其他罚"；二是"其他罚"必须由法律和行政法规设定，地方性法规、政府规章和其他规范性文件设定的"其他罚"一概无效。

---

① 我国有六个法律规定了对外国人的限期出境或者驱逐出境：《治安管理处罚法》（2012）第10条；《防震减灾法》（2008）第86条；《出境入境管理法》（2012）第81条；《反间谍法》（2023）第66条；《测绘法》（2017）第51条；《境外非政府组织境内活动管理法》（2017）第50条。

② 我国在1996年制定《行政处罚法》时，就有人士作过统计，认为现行法律和行政法规规定的行政处罚手段就有120种之多（参见全国人大常委会法制工作委员会国家法、行政法室编著：《〈中华人民共和国行政处罚法〉讲话》，法律出版社1996年版，第33页）。从1996年《行政处罚法》的制定和实施，到2021年《行政处罚法》的修订，属于"其他罚"的处罚手段，只会增加而不会减少。

§4.4　几种手段种类间的区别

在对 13 种处罚手段和 6 类处罚类型的阐述过程中，有几种处罚手段和处罚类型之间的界限有一定的模糊性，在此作点补充性说明。

一、暂扣许可证与吊销许可证

根据《行政处罚法》（2021）第 9 条第（三）项规定，暂扣许可证和吊销许可证是作为资格罚的两种行政处罚手段。暂扣许可证既可作为行政处罚的手段，也可成为行政强制措施的手段，但吊销许可证是行政处罚的专用手段，它不可能同时成为其他行为性质的手段。

就行政处罚范围而言，暂扣许可证是指行政主体对违法当事人通过暂扣其许可证件，以实现在一定期限内暂时剥夺当事人从事某项资格性活动之目的的处罚手段，吊销许可证是指行政主体对违法当事人通过吊销其许可证件，使其永远失去从事某项资格性活动资格和权利的处罚手段。它们都属于资格罚的一种形式，但是区别也是明显的：

一是对资格的处分不同。暂扣许可证是对违法当事人许可资格和许可权利的短期内、临时性剥夺。这一期限一般是一年之内。超过规定的期限，当事人原有的资格和权利自然恢复。① 而吊销许可证是对违法当事人许可资格和许可权利的永远剥夺，一切归零。②

二是处罚的轻重不同。这两种处罚手段的比较，暂扣许可证属于较轻的行政处罚，吊销许可证则属于较重的处罚。

---

① 如公安机关交通管理部门依据《道路交通安全法》（2021）第 91 条第 1 款规定，对当事人作出扣证（驾驶证）六个月的处罚，当事人在这六个月内无资格驾车了，但六个月后，驾车资格和权利自然恢复。

② 如同样根据《道路交通安全法》（2021）第 91 条第 1 款规定，对当事人作出吊销驾驶证的处罚，那当事人驾车的资格和权利就永远被剥夺了，除非当事人重新申领获得驾照。

二、没收违法所得与没收非法财物

没收违法所得与没收非法财物都属于财产罚，并且同属于"没收"的范畴，再加之表述上也非常接近，所以非常容易混淆。但《行政处罚法》将它们作出分别设定，特别是在第 28 条第 2 款将"没收违法所得"作出直接授权，而未对"没收非法财物"作出直接授权。这就使得区别"违法所得"与"非法财物"显得十分重要。它直接关系到《行政处罚法》的正确适用。"没收违法所得"与"没收非法财物"的区别应当从"前提—载体—时间"切入和展开。

1. 前提："违法"与"非法"

《行政处罚法》第 9 条第（二）项所设定的两种"没收"手段，即"没收违法所得"与"没收非法财物"，两种"没收"的标的性质是不同的，即"违法"的"所得"与"非法"的财物。"所得"的前提是"违法"，"财物"的前提是"非法"。由此，人们很自然会得出结论："违法所得"与"非法财物"的区别正在于前提不同，前者是"违法"，后者是"非法"。

按理说，"违法"与"非法"是有区别的。依《全国人大常委会法制工作委员会立法技术规范》①的解释，"非法"与"违法"都是指行为不合法。"非法"强调行为缺乏法律依据；"违法"在法律中使用更为广泛，表示行为违反法律的强制性规范。按笔者理解，"违法"主要指违反禁止性法律规范的行为；"非法"主要是指应当有法律规范依据而无依据的行为。"违法"的"违法性"自然比"非法"的"违法性"要严重得多。但在行政处罚的理论、制度和执行实践中，"非法"通常也是指"违法"，它们两者常常互为通用。所以，以"违法"还是"非法"区别"违法所得"与"非法财物"并无实际意义。

---

① 全国人大常委会法制工作委员会办公室：《全国人大常委会法制工作委员会立法技术规范》，中国民主法制出版社 2024 年版，第 86 页。

2. 载体："钱"与"物"

从《行政处罚法》第 9 条第（二）项规定的文字表达看，"没收违法所得"与"没收非法财物"的区别还在于"载体"不同。"违法所得"是指金钱收入，载体是"钱"；而"非法财物"是指当事人从事违法行为过程中的违禁物品、违法财物和违法工具等。[①] 有的认为还应当包括涉案原材料、制品等。[②] 总之是一种"物"。这样，不少人以为，"没收违法所得"与"没收非法财物"的区别主要在于：前者没收的是"钱"，后者没收的是"物"。

这样的认知是不周全的。如上所述，"没收违法所得"中的"所得"主要是指"金钱收入"，但不只限于"钱"，还包括非金钱形式，如股权、股票和有关物品等；"没收非法财物"中的"财物"也不只是限于"物"，"钱"（如赌资）也可成为"非法财物"的载体。所以，"钱"与"物"这两类载体不能作为区别"没收违法所得"与"没收非法财物"的绝对标准。

3. 时间："违法之后"与"违法之中"

"违法所得"是因从事违法行为而获得收益，"非法财物"是从事违法行为过程中的违禁物品、违法财物和违法工具等。因此，"违法所得"发生于违法行为"之后"，非法财物发生于违法行为"之中"。这几乎成为一种共识。

这种"共识"界限清晰明了、便于掌握。但仔细斟酌就不难发现，以行为发生时间上的"之后"与"之中"区别"违法所得"与"非法财物"过于机械，不具有高度的盖然性。因为，虽然"违法所得"一般发生于

---

① 参见许安标主编：《中华人民共和国行政处罚法释义》，中国民主法制出版社 2021 年版，第 50 页；江必新主编：《行政处罚法条文精释与实例精解》，人民法院出版社 2021 年版，第 50 页；李洪雷主编：《中华人民共和国行政处罚法评注》，中国法制出版社 2021 年版，第 79 页。

② 参见袁雪石：《中华人民共和国行政处罚法释义》，中国法制出版社 2021 年版，第 73 页。

违法行为"之后"，但"非法财物"可以发生于违法行为"之前""之中"和"之后"。如，作为"非法财物"的"违法建筑"，它是一种违法行为的结果体，但发生于违法行为之后。其实，"违法所得"与"非法财物"的真正区别不是时间上的"先后"，而是行为与结果的"因果关系"：因违法而获得财产上的收益属于"违法所得"，用之于违法或由违法所造成的结果，乃是"非法财物"。

我们最后的结论是："没收违法所得"不同于"没收非法财物"，区别就是于"违法所得"不同于"非法财物"。"违法所得"与"非法财物"的区别主要不在于前提（"违法"与"非法"）上，也不在于载体（"钱"与"物"）上，更不在于行为的时间（违法行为"之后"与"之中"）上，而在于逻辑上，因违法而获得财产上的收益属于"违法所得"，用之于违法或由违法所造成的结果，乃是"非法财物"。

三、行为罚与资格罚

在以上五类（申诫罚、财产罚、行为罚、资格罚、人身罚）处罚手段中，最难区别的就是"资格罚"与"行为罚"。因为"行为"与"资格"是不可分的。行为以资格为前提，任何资格的剥夺或限制均意味着其基于资格所从事的行为被禁止。吊销你的经营许可证，你就不得经营；收回你的土地使用权证，就禁止了你使用该土地的行为；吊销驾照，你就不能从事驾车行为；吊销律师证，就意味着禁止了你的律师从业；取消了教师资格证，你就无法做教师……正因为如此，有的国家的行政处罚立法和理论不对"资格罚"与"行为罚"加以区分，而是把"资格罚"与"行为罚"合称为"行为罚"。①

然而，把"资格罚"与"行为罚"区分开来，是一种精细化的操作，并且其在理论上是可以区分并且应该区分的。公民、法人或者其他组织取得某种资格才能从事对应的行为，这就是行政许可制度。中国的《行

① 我国1996年的《行政处罚法》就是这么规定的。

政许可法》并没有对公民、法人或者其他组织的所有行为实施许可证制度。这样，当事人的行为就分为两类：一类是基于行政许可所从事的行为，当事人没有取得许可证就不得从事该行为；另一类是不实施行政许可的行为，当事人无须取得许可证就可实施该行为。行政处罚要禁止前一类行为的，就适用"资格罚"；行政处罚要禁止后一类行为，或者对前一类行为只禁止或限制一段时间，而不是永恒和全部，那就适用"行为罚"。换句话说，直接禁止或限制当事人行为的，适用行为罚；通过取消或限制其许可证件来达到禁止或限制当事人行为的目的的，适用资格罚。

【延伸思考】

1.《行政处罚法》设定了哪13种处罚手段？在这13种以外还可设定处罚手段吗？

2.怎么理解行政处罚的种类是"5+1"？这里的"1"是什么？

3."其他行政处罚"应当如何把握？为什么只能限于法律和行政法规设定？

4.行为罚与资格罚有什么区别？

5.行政处罚的五个种类（申诫罚、财产罚、资格罚、行为罚、人身罚）按轻重应当如何排列？其他罚应当排在什么位置？

【规范链接】

↣《中华人民共和国行政处罚法》（2021）第8—9、28条

↣《中华人民共和国国家安全法》（2015）第42条

↣《中华人民共和国反间谍法》（2023）第66条

↣《中华人民共和国海警法》（2021）第31、60条

↣《中华人民共和国证券法》（2019）第221条

▸《中华人民共和国保险法》（2015）第 164 条

▸《中华人民共和国道路交通安全法》（2021）第 91 条

▸《社会团体登记管理条例》（2016）第 32 条

▸ 全国人大常委会法制工作委员会《关于对违法建设进行行政处罚计算违法收入有关问题的函》（法工委发〔2011〕1 号）

▸ 原国务院法制办公室《对〈中华人民共和国道路交通安全法〉有关条款适用问题的意见》（国法秘函〔2012〕244 号）

▸ 公安部《关于公安机关适用行政处罚若干问题的指导意见》（公通字〔2024〕5 号）

第5章　行政处罚设定论

行政处罚必须依法设定，也必须依法实施，这是处罚法定原则的要求和体现。行政处罚必须先依法设定，此后才是依法实施。依法设定是依法实施的前提和基础。

§5.1　行政处罚设定与规定的关系

《行政处罚法》第二章标题上的"设定"，是"广义上的设定"概念。"广义上的设定"包括狭义上的设定和规定。

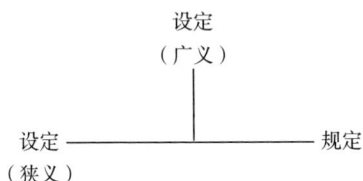

```
              设定
            （广义）
              │
    设定───────┴───────规定
  （狭义）
```

对行政处罚的"设定"，系指上位法首次对行政处罚权（包括处罚主体、可被处罚的行为、处罚种类和处罚幅度等）作出的规定。如《治安管理处罚法》率先规定公安机关在什么条件下可以对当事人实施治安拘留，这便属"设定"。

对行政处罚的"规定"，系指在上位法已对行政处罚作出设定的条件下，在上位法所设定的处罚行为、种类和幅度范围内再作具体细化的规定。如全国人大常委会制定的《道路交通安全法》对违反道路交通安全行为的处罚作出规定，国务院制定的《道路交通安全法实施条例》对这种处罚作了进一步细化规定。《道路交通安全法》对处罚的规定为"设定"，《道路交通安全法实施条例》对处罚的规定为"规定"。

与"设定"和"规定"相适应，作出"设定"的"法"叫"设定法"，作出"规定"的"法"叫"规定法"。"设定法"对行政处罚作出设定的权限称作"设定权"；同理，"规定法"对行政处罚作出规定的权限称作为"规定权"。

《行政处罚法》第二章对于行政处罚的"设定"，既包括"设定"，也包括"规定"，而且"设定权"与"规定权"、"设定规则"与"规定规则"是完全不同的。所以，严格区分"设定"与"规定"极为重要。"设定"与"规定"的区别，表现为三个关系：

1. 从无到有与从粗到细。如果法律对处罚的规定是"从无到有"，那就是对处罚的"设定"。如以前在公共场所抽烟是不禁止、不处罚的，现在某个法律首次规定对在公共场所抽烟的当事人要给予处罚，这就是"从无到有"，属于对处罚的"设定"。如果法律对处罚的规定是"从粗到细"，即上位法已对公共场所抽烟的处罚作出了规定，现在下位法又对这种处罚作更详细的规定，如确定在不同情形中的不同罚款数额，这就属于对处罚的"规定"了。可以说，"设定"是"从无到有"的表达方式，"规定"是"从粗到细"的表达方式。

2. 第一次与第二次。一般而言，"设定"是对处罚的第一次规定，"规定"是对处罚的第二次及以后的规定。因为，只有第一次规定才会是"从无到有"，第二次及以后的规定，都是一个细化过程，属于"从粗到细"。

3. 上位法与下位法。如果几个法都对处罚作出了规定，那么，应当把上位法的规定称作"设定"，下位法的规定称作"规定"。某种意义上可以这样说：上位法的规定叫"设定"，下位法的"设定"叫规定。

必须补充说明的是，上述对"设定"与"规定"区别的三项规则有时会发生碰撞。比如说，某个地方性法规率先规定对公共场所抽烟的处罚，若干年后，国家层面的法律也规定了对公共场所抽烟的处罚。这两个规定，即地方性法规的规定与国家法律的规定，到底谁是"设定"谁是"规定"呢？这里两个规则，即第一次与第二次和上位法与下位法之间，发生了碰撞。依据前一规则，应当认定地方性法规的规定为"设定"，认定国家法律的规定为"规定"；而依据后一规则，国家法律是上位法，它的规定应当是"设定"，地方性法规是下位法，它的规定应当是"规定"。

当上述几个规则冲突时，应当以"上位法"优先。上位法哪怕是事后制定的，也属于"设定"。不管是什么状态下，上位法制定以后，下位法都必须服从上位法，不一致的、抵触的，都必须修改。所以在上述例子中，只要国家法律规定了对公共场所抽烟的处罚，哪怕是事后，原先属于"设定法"的地方性法规，也要让位变成"规定法"了。

§5.2 行政处罚的设定

一、行政处罚的设定权

行政处罚必须"依法设定"和"由法设定"，但并不是任何"法"都可以设定任何"处罚"，这就涉及"法"的设定权限。

1.法律对行政处罚的设定权

这里的"法律"是指全国人民代表大会及其常务委员会根据宪法或依职权制定的规范性法律文件，一般以国家主席令形式公布。它是我国法律的基本形式和基本渊源。

宪法是国家的根本法，不可能对行政处罚作出设定或者规定。所以，设定行政处罚最高位阶的"法"就是"法律"。法律可以设定任何行政处罚，包括申诫罚、财产罚、行为罚、资格罚、人身罚，还有其他罚。因为法律是由全国人民代表大会及其常委会制定的，而全国人民代表大会是我国的最高国家权力机关，全国人大常委会是全国人民代表大会的常设机关。

《行政处罚法》第 10 条规定："法律可以设定各种行政处罚。限制人身自由的行政处罚，只能由法律设定。"在中国现行行政处罚制度中，限制人身自由的行政处罚只有一种手段，就是行政拘留。行政拘留只能由法律设定，行政法规、地方性法规和规章无权设定。如果在行政拘留之外，还要增加其他限制人身自由的行政处罚，如有的国家有"罚役"（以强制无偿劳动作为惩罚），那就一定要由法律设定，其他法规等设定无效。

2. 行政法规对行政处罚的设定权

行政法规是指国务院为领导和管理国家各项行政工作，根据宪法法律，或者依据全国人大及其常委会的授权，或者依职权所制定的有关政治、经济、教育、科技、文化、外事等各类法规的总称。行政法规由国务院制定并以国务院令发布，这是行政法规区别于其他法规或者规章的形式标志。

《行政处罚法》第 11 条第 1 款规定："行政法规可以设定除限制人身自由以外的行政处罚。"

法律可以设定任何行政处罚，但行政法规的法律位阶要低于法律，它的设定权就不可能和法律一样。由于《行政处罚法》（2021）第 10 条第 2 款明文规定，"限制人身自由的行政处罚，只能由法律设定"，所以行政法规只能设定限制人身自由以外的行政处罚。这就是说，对于行政法规，除了限制人身自由的行政处罚不能设定，其他行政处罚都可以设定。

3. 地方性法规对行政处罚的设定权

地方性法规是指享有地方性法规制定权的地方国家权力机关依照法定的权限，在不同宪法、法律和行政法规相抵触的前提下，制定的在本行政区域内实施的规范性文件。制定地方性法规的主体包括：（1）省、自治区、直辖市人民代表大会及其常务委员会；（2）设区的市人民代表大会及其常务委员会；（3）自治州人民代表大会及其常务委员会；（4）

四个不设区的市人民代表大会及其常务委员会，即广东省的东莞市和中山市、甘肃省的嘉峪关市、海南省的三沙市。①

《行政处罚法》第12条第1款规定："地方性法规可以设定除限制人身自由、吊销营业执照以外的行政处罚。"第9条还规定，其他行政处罚应当由法律和行政法规设定。

地方性法规的法律位阶低于法律和行政法规，高于规章，所以，它对行政处罚的设定权要低于法律和行政法规，但高于规章。根据《行政处罚法》的上述规定，地方性法规可以设定除了以下三项外的任何行政处罚：（1）限制人身自由的行政处罚；（2）吊销营业执照的处罚；（3）必须由法律和行政法规设定的其他行政处罚。

4. 规章对行政处罚的设定权

规章也称政府规章，是指有关国家行政机关依据法律、法规，在本职权范围内制定的具有普遍约束力的规范性文件。规章可以分为国务院部门规章和地方人民政府规章。部门规章由国务院各部、委员会、中国人民银行、审计署和具有行政管理职能的直属机构以及法律规定的机构，根据法律和国务院的行政法规、决定、命令，在本部门的权限范围内，制定的规范性文件。地方人民政府规章是指由下列行政机关制定的规范性文件：（1）省、自治区、直辖市人民政府；（2）经济特区所在地的市人民政府；（3）设区的市人民政府；4. 自治州人民政府。

规章可以分为国务院的部门规章和地方政府规章。规章的法律位阶是最低的，所以，它原则上只有"规定权"，"设定权"较弱。

《行政处罚法》第13条第2款规定："尚未制定法律、行政法规的，国务院部门规章对违反行政管理秩序的行为，可以设定警告、通报批评或者一定数额罚款的行政处罚。罚款的限额由国务院规定。"这一规定

---

① 《全国人民代表大会关于修改〈中华人民共和国立法法〉的决定》（2015）规定："广东省东莞市和中山市、甘肃省嘉峪关市、海南省三沙市，比照适用本决定有关赋予设区的市地方立法权的规定。"

反映出两点：

第一，部门规章对行政处罚具有一定的设定权，但只限于警告、通报批评或者一定数额罚款这三种处罚，其他处罚无权设定。罚款的限额由国务院规定。①

第二，部门规章对行政处罚的设定必须有一个前提，即"尚未制定法律、行政法规"，即法律、行政法规未对这类行为作出规定。如果法律、行政法规对这类行为已作出规定，那么无论是可罚还是可不罚，一切都必须依照法律、行政法规的规定，部门规章无权作自主设定。

关于地方政府规章的设定权，《行政处罚法》第14条第2款作了类似规定："尚未制定法律、法规的，地方政府规章对违反行政管理秩序的行为，可以设定警告、通报批评或者一定数额罚款的行政处罚。罚款的限额由省、自治区、直辖市人民代表大会常务委员会规定。"这里的规定和部门规章的设定权相类似：

一是地方政府规章对行政处罚具有一定的设定权，但只限于警告、通报批评或者一定数额罚款这三种处罚，其他处罚无权设定。罚款的限额由省、自治区、直辖市人民代表大会常务委员会规定，全国尚不完全统一。

二是地方政府规章对行政处罚的设定必须有一个前提，即"尚未制定法律、法规"，即法律、法规未对这类行为作出规定。如果法律、法规对这类行为已作出规定，那么无论是可罚还是可不罚，一切都必须依照法律、法规的规定，地方政府规章无权作自主设定。

---

① 国务院《关于进一步贯彻实施〈中华人民共和国行政处罚法〉的通知》（国发〔2021〕26号）规定："尚未制定法律、行政法规，因行政管理迫切需要依法先以部门规章设定罚款的，设定的罚款数额最高不得超过10万元，且不得超过法律、行政法规对相似违法行为的罚款数额，涉及公民生命健康安全、金融安全且有危害后果的，设定的罚款数额最高不得超过20万元；超过上述限额的，要报国务院批准。"

5.其他规范性文件对行政处罚的设定权问题

除法律、法规、规章外，其他规范性文件不得设定行政处罚。

这里还有一个问题是，自治条例和单行条例是否也可设定行政处罚？对于这一问题，《行政处罚法》本身没有回答。有关部门的回答是：其和地方性法规的制定权相一致。省级人大及其常委会、设区的市人大及其常委会制定自治条例和单行条例时，可以设定行政处罚；县级人大及其常委会制定单行条例时不得设定行政处罚。[①]

二、行政处罚的设定内容

行政处罚的设定内容，系指"设定法"在设定行政处罚时，必须包括和覆盖的内容要素，目的在于增进"设定法"表达行政处罚规范的完整性。

"设定法"在设定行政处罚时，到底应当表达行政处罚中的哪些内容？关于这一行政处罚设定内容的问题，人们还存在着两种误解：

一是由于《行政处罚法》第二章的名称是"行政处罚的种类和设定"，给人的感觉是"法律"对行政处罚的"设定"仅仅是指对行政处罚"种类"的设定。这是一种误解。法律对"行政处罚"的设定，其实是指对包括行政处罚"种类"在内的"行政处罚权"的设定，不只是对行政处罚"种类"的设定。

二是由于《行政处罚法》第 11 条第 2 款、第 12 条第 2 款、第 13 条第 1 款和第 14 条第 1 款规定中只提到三项内容：(1) 给予行政处罚的行为；(2) 行政处罚的种类；(3) 行政处罚的幅度。由此，人们误以为行政处罚的设定内容就只有这三项，其他不属于行政处罚的设定内容。

《行政处罚法》并没有表达行政处罚设定内容的范围。上述《行政

---

① 参见国务院法制办公室编：《中华人民共和国行政处罚法注解与配套》，中国法制出版社 2017 年版，第 8 页；许安标主编：《中华人民共和国行政处罚法释义》，中国民主法制出版社 2021 年版，第 63 页。

处罚法》第 11 条第 2 款、第 12 条第 2 款、第 13 条第 1 款和第 14 条第 1 款所规定的三项内容（给予行政处罚的行为，行政处罚的种类，行政处罚的幅度）也不是对行政处罚设定内容的表述，仅仅是对"规定法"不得超越"设定法"内容的要求。

如上所述，法律对"行政处罚"的设定其实是指法律对"行政处罚权"的设定。从理论上说，行政处罚权应当包括几个要素：

（1）处罚主体。确定行政处罚的实施机关，解决"谁有权实施处罚"问题。

（2）处罚对象。确定违法当事人和被处罚人，解决"谁应当被处罚"问题。

（3）被处罚行为。确定违反行政管理秩序的行为①，解决"什么行为应当被处罚"问题。

（4）处罚内容。确定行政处罚的种类和幅度，解决"给予什么处罚"问题。

它们同时构成了行政处罚设定的内容。

三、对行政处罚的补充设定

《行政处罚法》2021 年修订的亮点之一在于增加了行政法规和地方性法规对行政处罚的补充设定权。所谓对行政处罚的补充设定权，系指下位法在上位法只设定义务规范（包括命令规范和禁止规范）而未设定处罚规范的情况下，依法补充设定处罚规范的行为和权力。对行政处罚的补充设定只存在于两种情况：一是行政法规对法律的补充设定；二是地方性法规对法律、行政法规的补充设定。

1.行政法规对法律的补充设定

《行政处罚法》第 11 条第 3 款规定："法律对违法行为未作出行政处罚规定，行政法规为实施法律，可以补充设定行政处罚。"这就是说，

---

① 《行政处罚法》将它表述为"给予行政处罚的行为"，如第 11 条第 2 款。

行政法规可以对法律的设定作出补充设定。行政法规行使对法律设定的补充权，是 2021 年修订新增加的内容。行使这一补充设定权，必须掌握几个要义：

第一，前提。行使对法律设定的补充权，必须有一个前提：法律已对违法行为作出规定，但未设定处罚。处罚规定属于责任规范，而责任规范须以义务规范，即命令规范（要求作为）和禁止规范（要求不作为）为前提，当事人只有在违反义务规范时才有可能被处罚。现在法律设定了义务规范，但未对该违法行为对应地设定处罚规范，在这种前提下，行政法规才可为法律补充设定处罚规范。①

第二，目的。行政法规要对法律补充设定处罚，必须是"为实施法律"。这一目的不是抽象的，而是具体的。因为在抽象意义上可以说，任何法规的制定和执法活动都是为了实施法律。这里是指，某个行政法规系为实施某一法律而制定，那么它才可以对前一个法律未设定的处罚作补充性设定。②

第三，内容。行政法规对法律的补充设定，到底可以补充什么？不是对"违法行为"的补充，而是对"行政处罚"的补充。换句话说，行政法规不是为法律补充命令规范和禁止规范，而是补充对应的处罚规范。

第四，保留。行政法规对法律的补充设定，不得违反"法律保留原则"，不得突破《行政处罚法》第 10 条第 2 款的禁止性规定，即"限制人身自由的行政处罚，只能由法律设定"。也就是说，行政法规对限制

---

① 如《大气污染防治法》（2018）第 51 条第 1 款规定，机动车污染物排放超过规定排放标准的，不得上路行驶。但该法的"法律责任"一章未对违法上路的驾驶人规定行政处罚。

② 比如说，全国人大常委会制定了《土地管理法》，国务院为实施这一法律而制定了《土地管理法实施条例》，那么，《土地管理法实施条例》可以对《土地管理法》未设定的处罚作补充设定。

人身自由的行政处罚不得作补充设定。

第五，性质。行政法规对法律的补充设定权，是一项"可以行使"的权力，而不是"必须行使"的权力。《行政处罚法》2021年的修订，一方面赋予行政法规对法律设定的补充权，另一方面对此持非常谨慎的态度。行政法规是否对法律作补充设定，要根据具体的立法和执法状况而定，不能"一刀切"，更不能"一起哄"地推广这一权力。

第六，程序。正因为《行政处罚法》2021年修订时，对行政法规的补充设定制度持谨慎的态度，所以规定了严格的程序。《行政处罚法》第11条第3款特别规定，"……拟补充设定行政处罚的，应当通过听证会、论证会等形式广泛听取意见，并向制定机关作出书面说明。行政法规报送备案时，应当说明补充设定行政处罚的情况"。

2.地方性法规对法律、行政法规的补充设定

《行政处罚法》第12条第3款规定："法律、行政法规对违法行为未作出行政处罚规定，地方性法规为实施法律、行政法规，可以补充设定行政处罚。拟补充设定行政处罚的，应当通过听证会、论证会等形式广泛听取意见，并向制定机关作出书面说明。地方性法规报送备案时，应当说明补充设定行政处罚的情况。"

地方性法规对法律和行政法规的补充设定，其权力要素上，即前提、目的、内容、保留、性质和程序等，和行政法规对法律补充设定权的要素基本相同，故不重复。

需要补充说明的是，地方性法规对法律、行政法规的补充设定权，应当包括省级人大及其常委会制定的地方性法规，和设区的市人大及其常委会制定的地方性法规。省级地方性法规的补充设定是对法律和行政法规的补充设定，而市级地方性法规的补充设定乃是对法律、行政法规和省级地方性法规的补充设定。

四、行政处罚设定权的归纳

至此，我们可以对行政处罚设定权归结如下：

行政处罚设定权归纳总结

编号	设定文件	设定处罚种类	《行政处罚法》依据
1	法律	1.警告；2.通报批评；3.罚款；4.没收违法所得；5.没收非法财物；6.暂扣许可证件；7.降低资质等级；8.吊销许可证件；9.限制开展生产经营活动；10.责令停产停业；11.责令关闭；12.限制从业；13.行政拘留；14.其他行政处罚。	第9条、第10条
2	行政法规	（本职设定）1.警告；2.通报批评；3.罚款；4.没收违法所得；5.没收非法财物；6.暂扣许可证件；7.降低资质等级；8.吊销许可证件；9.限制开展生产经营活动；10.责令停产停业；11.责令关闭；12.限制从业；13.除限制人身自由以外的其他行政处罚。 （补充设定）法律对违法行为未作出行政处罚规定，行政法规为实施法律，可以补充设定行政处罚。	第11条
3	地方性法规（自治条例和单行条例）	（本职设定）1.警告；2.通报批评；3.罚款；4.没收违法所得；5.没收非法财物；6.暂扣许可证件；7.降低资质等级；8.吊销许可证件（吊销企业营业执照除外）；9.限制开展生产经营活动；10.责令停产停业；11.责令关闭；12.限制从业。 （补充设定）法律、行政法规对违法行为未作出行政处罚规定，地方性法规为实施法律、行政法规，可以补充设定行政处罚。	第12条
4	国务院部门规章	在无法律、行政法规规定的前提下：1.警告；2.通报批评；3.罚款（限额由国务院规定）。	第13条
5	地方政府规章	在无法律、法规规定的前提下：1.警告；2.通报批评；3.罚款（限额由省、自治区、直辖市人民代表大会常务委员会规定）。	第14条

§5.3 行政处罚的规定

一、行政处罚的规定权

在行政处罚法律制度中，上位法如果对行政处罚权作出"设定"，那么下位法就可以在上位法的范围内对行政处罚作出"规定"。所谓对行政处罚的"规定"，系指下位法在上位法的范围内对行政处罚作细化规定。行政处罚法在"设定"之外确立"规定"制度是十分必要的，它在法治轨道内促进了法的细化，有利于法的适用和实施。

《行政处罚法》有四个条款专门规定了行政处罚的"规定权"：

——第11条第2款规定："法律对违法行为已经作出行政处罚规定，行政法规需要作出具体规定的，必须在法律规定的给予行政处罚的行为、种类和幅度的范围内规定。"

——第12条第2款规定："法律、行政法规对违法行为已经作出行政处罚规定，地方性法规需要作出具体规定的，必须在法律、行政法规规定的给予行政处罚的行为、种类和幅度的范围内规定。"

——第13条第1款规定："国务院部门规章可以在法律、行政法规规定的给予行政处罚的行为、种类和幅度的范围内作出具体规定。"

——第14条第1款规定："地方政府规章可以在法律、法规规定的给予行政处罚的行为、种类和幅度的范围内作出具体规定。"

根据上述规定，行政法规、地方性法规和规章都具有对行政处罚的"规定权"，并且这些"规定权"存在于特定的"设定法—规定法"之间的对应关系之中：行政法规可以对法律所设定的处罚进行细化规定；地方性法规可以对法律和行政法规所设定的处罚进行细化规定①；国务院部门规章可以对法律和行政法规所设定的处罚进行细化规定；地方政府规章可以对法律、行政法规和地方性法规所设定的处罚进行细化规定。

规定法与设定法的对应关系

规定法	设定法
行政法规	法律
地方性法规	法律、行政法规
国务院部门规章	法律、行政法规
地方政府规章	法律、行政法规、地方性法规

二、行政处罚规定权的限制

《行政处罚法》的上述规定，不仅赋予行政法规、地方性法规和规章对行政处罚的"规定权"，同时也对这一"规定权"进行了限制。那就是，行政法规、地方性法规和规章在对行政处罚作细化规定时，不得超越作为上位法作为设定法所规定的给予行政处罚的行为、种类和幅度的范围。具体而言，就是指不得超越以下三个事项进行规定：

---

① 全国人民代表大会常务委员会法制工作委员会《关于地方性法规对法律中没有规定的行政处罚行为可否作出补充规定问题的答复》（1996 年 4 月 26 日）中指出："行政处罚法第十一条规定：'地方性法规可以设定除限制人身自由、吊销企业营业执照以外的行政处罚。''法律、行政法规对违法行为已经作出行政处罚规定，地方性法规需要作出具体规定的，必须在法律、行政法规规定的给予行政处罚的行为、种类和幅度的范围内规定。'第一，国家已经有法律、行政法规的，地方性法规可以结合本地具体情况予以具体化，但是必须在法律、行政法规规定给予行政处罚的行为、种类和幅度的范围内规定。第二，在国家尚未制定法律、行政法规的情况下，地方性法规可以设定除限制人身自由、吊销企业营业执照以外的行政处罚。对于违反食品卫生法，生产经营不符合卫生标准的食品，造成食物中毒事故或者其他食源性疾患的行为，食品卫生法已经明确作出了行政处罚的规定。制定有关的实施办法，在规定行政处罚时，必须在食品卫生法规定的给予行政处罚的行为、种类和幅度的范围内规定。《北京市关于禁止燃放烟花爆竹的规定》是在没有法律、行政法规的情况下制定的地方性法规，可以设定除限制人身自由、吊销企业营业执照以外的行政处罚。"这一答复至今依然有效。

1.给予行政处罚的行为。这是指当事人作出的违反行政管理秩序的行为，即可处罚行为。如《治安管理处罚法》（2012）第三章规定了四类违反治安管理的行为，即扰乱公共秩序的行为、妨害公共安全的行为、侵犯人身权利和财产权利的行为、妨害社会管理的行为。不得超越"给予行政处罚的行为"，是指规定法不得超越设定法所规定的可处罚行为的范围。《治安管理处罚法》（2012）第三章设定了四类违反治安管理的行为，下位法不得扩展为五类可处罚行为。

2.行政处罚的种类。这就是指《行政处罚法》第9条所规定的处罚手段和种类。如果设定法只规定对某种违法行为可以进行警告和罚款，那么规定法就不得增加吊销许可证的处罚。[1]

3.行政处罚的幅度。这是指：（1）几种罚种之间的选择幅度[2]；（2）一个罚种内的处罚幅度[3]。规定法对行政处罚的规定，不得超越设定法所规定的处罚幅度。

《行政处罚法》规定在三个方面（给予行政处罚的行为、种类和幅度），规定法不得和设定法相抵触，并不意味着在其他方面（如处罚主体和处罚程序等）就不作要求。由于规定法是下位法，设定法是上位法，按照法律适用规则，下位法不得和上位法任何内容相抵触。所以，应当说，作为下位法的规定法其任何内容都不得和作为上位法的设定

---

[1] 这方面的事例并不少见。最高人民法院对《关于秦大树不服重庆市涪陵区林业局行政处罚争议再审一案如何适用法律的请示的答复》（2001 行他字第 7 号）指出："《重庆市林业行政处罚条例》（地方性法规）第 22 条第 1 款第（1）项关于没收无林产品运输证的林产品的规定，超出了《中华人民共和国森林法》规定没收的范围。人民法院审理有关行政案件时，应当适用上位法的规定。"参见刘德权主编：《最高人民法院司法观点集成（行政及国家赔偿卷）》，中国法制出版社 2017 年版，第 665 页。

[2] 如《治安管理处罚法》（2012）第 23 条规定："有下列行为之一的，处警告或者二百元以下罚款；情节较重的，处五日以上十日以下拘留，可以并处五百元以下罚款……"这表明"警告—罚款—拘留"三个罚种之间存在着选择。

[3] 如 1—15 天的行政拘留，20—30000 元的罚款。

法相抵触，并不只限于上述的三个事项。《行政处罚法》之所以在上述三个事项上不得相抵触，乃是鉴于行政处罚的特殊领域所作的特别强调。

§5.4　对行政罚款的设定与规定

行政罚款是指由行政法所规定并属于行政责任中的罚款[①]，它是指行政执法机关强制违法当事人用自己的合法财产缴纳一定数量货币给国家作为一种惩罚的惩戒手段。它是财产罚的一种形态。

行政罚款是所有行政处罚中最常用、最普遍的一种行政执法手段，《行政处罚法》就罚款的设定和规定作出了系统的规定。法律、行政法规、地方性法规和规章都可设定罚款。但是规章对罚款的设定受到严格的数额和程序限制。国务院部门规章，在尚未制定法律、行政法规的前提下，可以设定一定数额的罚款。该罚的限额由国务院规定。地方政府规章，在尚未制定法律、法规的前提下，可以设定一定数额的罚款。该罚款的限额由省、自治区、直辖市人民代表大会常务委员会规定。另外，下位法可以并只能在上位法规定的给予罚款的行为、种类和幅度的范围内作出具体规定。

由于罚款处罚的结果是被处罚人财产的减损和包括行政执法机关在内的政府机关财产利益的增加。所以，要特别防止个别行政执法机关及执法人员滥用职权、逐利执法。为防止小错大罚、轻错重罚，国家有关部门加强了对行政罚款设定（及规定）的规范管理。

全国人大常委会法工委通过法规备案审查，指出和纠正了不少下位法在设定（及规定）罚款时与上位法相抵触的现象。[②] 特别是2024年，国务院专门制定和发布了《关于进一步规范和监督罚款设定与实施的指

---

① 因为"罚款"不限于"行政罚款"，还存在"司法罚款"等其他领域的"罚款"。

② 2023年12月26日，全国人大常委会法工委主任沈春耀向十四届全国人大常委会第七次会议报告2023年备案审查工作情况。参见《法治日报》2023年12月27日。

导意见》（国发〔2024〕5 号），明确要求"严守罚款设定权限"。法律、法规对违法行为已经作出行政处罚规定但未设定罚款的，规章不得增设罚款。法律、法规已经设定罚款但未规定罚款数额的，或者尚未制定法律、法规，因行政管理迫切需要依法先以规章设定罚款的，规章要在规定的罚款限额内作出具体规定。规章设定的罚款数额不得超过法律、法规对相似违法行为规定的罚款数额，并要根据经济社会发展情况适时调整。《指导意见》还要求"合理确定罚款数额"。设定罚款要符合行政处罚法和相关法律规范的立法目的，一般要明确罚款数额，科学采用数额罚、倍数（比例）罚等方法。规定处以一定幅度的罚款时，除涉及公民生命健康安全、金融安全等情形外，罚款的最低数额与最高数额之间一般不超过 10 倍。

这些对罚款的特别要求，一定要结合《行政处罚法》的精神和规定，统筹协调落实和实施。行政执法机关及执法人员，必须严格遵循上述规定。

§5.5 行政处罚的设定法与规定法原理的应用

对行政处罚进行"设定"的法可称"设定法"，对行政处罚进行"规定"的法可称"规定法"。区别并把握"设定法"与"规定法"，对于法规的合法性审查非常有用。

在我国的法规备案审查中，有的法规的问题正发生在对行政处罚的"设定权"与"规定权"的超越上。当我们拿到一个法律，要审查其对行政处罚的规定是否存在问题，从技术上说要分两步走：

第一步，要确认本法是"设定法"还是"规定法"。确认的方法是找到它对应的上位法，看上位法对这一处罚是否已有规定。上位法对这一处罚没有规定的，本法属于"设定法"；上位法对这一处罚已有规定的，本法则属于"规定法"，上位法才属于"设定法"。

第二步，对"设定法"和"规定法"采取不同的审查方法。

——对于"设定法",主要审查其是否超越"设定权限",如行政法规不得设定限制人身自由的行政处罚;地方性法规不得设定限制人身自由和吊销营业执照的行政处罚;规章只能设定警告、通报批评和一定数额的罚款;等等。

——对于"规定法",主要是审查其规定是否超越上位法所设定的行政处罚的三个范围:1.可处罚的违法行为范围;2.行政处罚的种类;3.行政处罚的幅度。

【延伸思考】

1.什么是行政处罚的设定?《行政处罚法》对行政处罚的设定权是如何分配的?

2.什么是行政处罚的规定?《行政处罚法》对行政处罚的规定权是如何要求的?

3.规章可以设定什么行政处罚?行政规定可以设定行政处罚吗?

4."其他行政处罚"应当由谁来设定?

【规范链接】

↦《中华人民共和国行政处罚法》(2021)第9—14条

↦《中华人民共和国治安管理处罚法》(2012)第23条

↦《中华人民共和国大气污染防治法》(2018)第51条

↦《全国人民代表大会关于修改〈中华人民共和国立法法〉的决定》(2015)

↦ 全国人民代表大会常务委员会法制工作委员会《关于地方性法规对法律中没有规定的行政处罚行为可否作出补充规定问题的答复》(1996年4月26日)

▸ 国务院《关于进一步贯彻实施〈中华人民共和国行政处罚法〉的通知》（国发〔2021〕26号）

▸ 国务院《关于进一步规范和监督罚款设定与实施的指导意见》（国发〔2024〕5号）

第6章 行政处罚主体论

行政处罚主体，系指行政处罚的实施机关，也称实施行政处罚权的组织。一个行政处罚行为是否合法，首先在于实施行政处罚的主体是否合格，是否具有处罚权限。行政处罚主体乃是行政处罚合法要件和有效要件的第一构成要素。

§6.1 行政处罚主体制度

行政处罚主体系指实施行政处罚权的组织。世界各国关于行政处罚主体的设置并不统一。在英美法系国家，行使行政制裁权的主体主要是法院，往往由行政机关对违法当事人向法院提起指控，由法院决定是否给予行政处罚以及作何种行政处罚。在德国①、奥地利、意大利等大陆法系国家，实施行政处罚的主体由行政机关(行政官署)承担。在日本，由于其受英美法系的影响，行政机关（行政厅）与法院都可行使一定范

---

① 德国《违反秩序罚法》第35条（行政官署之追诉与处罚）规定："违反秩序之追诉行为，属于行政官署，但依本法规定属于检察处或由法官代理其地位从事个别之追诉行为者不在此限。(2)除依本法规定属于法院管辖者外，违反秩序之处罚，亦属于行政官署之权限。"

围内的行政处罚权。① 在俄罗斯，行政处罚权可以由治安法官、未成年人事务和保护未成年人权利委员会以及由联邦法律所规定的国家机构行使。② 越南的行政处罚主体更加广泛，除了政府与法院，还包括警察机关、边防部队、海关、森林管理机关、税务机关、市场管理部门、经济仲裁机关及国家专职监察机关等。③

在我国的行政处罚制度和理论中，行政处罚主体有狭义与广义之分。就狭义而言，行政处罚主体是指，依法拥有行政处罚职权，能以自己的名义实施行政处罚行为，并对行为后果承担责任的行政主体。它包括职权主体与授权主体。具有行政处罚权的行政机关就是职权主体；得到法律法规授权的社会组织就是授权主体。就广义而言，行政处罚主体除了上述的职权主体、授权主体外，还包括委托主体。但是，受委托实施行政处罚的主体只是行为主体而不是行政主体。它不能像职权主体、授权主体那样以自己的名义实施行政处罚，相反，只能以委托一方的名

① 参见江必新主编：《行政处罚法条文精释与实例精解》，人民法院出版社 2021 年版，第 93 页。

② 俄罗斯《联邦行政违法法典》第二十二条之一（被授权审理行政违法案件的法官和机关）规定："1.本法典规定的行政违法案件，由下述法官和机关按照本法典第二十三章规定的职权范围审理：(1) 法官（治安法官）；(2) 未成年人事务和保护未成年人权利委员会；(3) 根据联邦法律或俄罗斯联邦总统、俄罗斯联邦政府的规范性法律文件赋予其的任务和职能，有权审理行政违法案件的联邦执行权力机关及其机构、结构分支、区域性机关以及其他的国家机关。2.俄罗斯联邦主体法律规定的行政违法案件，由下述法官和机关在俄罗斯联邦主体法律规定的权限范围内审理：(1) 治安法官；(2) 未成年人事务和保护未成年人权利委员会；(3) 俄罗斯联邦主体执行权力机关被授权的机关和机构；(4) 按照俄罗斯联邦主体法律规定设立的行政委员会、其他的合议制机关。"

③ 越南《社会主义共和国行政违法处罚法》第 17 条（具有处罚权限的国家机关和个人）规定："1.具有行政违法处罚权的国家机关包括：(1) 各级人民政府；(2) 警察机关、边防部队、海关、森林管理机关、税务机关、市场管理部门、经济仲裁机关及国家专职监察机关；(3) 各级人民法院。2.有处罚权限的国家机关的代表是本条第一款规定的各机关首长及副职。人民警察、边防部队干部、战士，海关、森林管理、税务人员，正行使国家专职警察职能的监察人员有依法处罚权。"

义，并且行为后果归属于委托方。

我国《行政处罚法》设专章（第三章）对行政处罚主体作出了规定。根据《行政处罚法》第三章的规定，我国实施行政处罚的主体共有三类，即：1.拥有行政处罚权的行政机关；2.法律、法规所授权的组织；3.行政机关所委托的组织。它们分别属于职权主体、授权主体和委托主体。

职权主体、授权主体属于行政主体，它们以自己的名义行使行政处罚权，行为后果由自己承担，而委托主体（因受委托而行使行政处罚权的主体）不是行政主体，只是行为主体，所以它不得以自己的名义实施行政处罚权，必须以委托一方的名义实施行政处罚行为，行为后果则由委托一方承担。

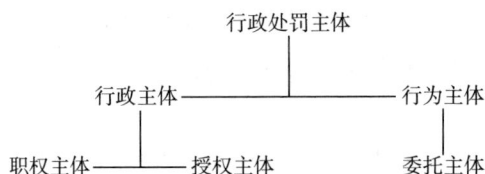

```
                  行政处罚主体
                       |
    行政主体————————————————————行为主体
        |                            |
职权主体————授权主体              委托主体
```

§6.2 拥有行政处罚权的行政机关

《行政处罚法》第 17 条规定："行政处罚由具有行政处罚权的行政机关在法定职权范围内实施。"这是对职权主体的规定。

所谓职权主体，是指基于其本身的职权而自然拥有行政执法资格的组织。它的行政执法权是"天生"的，伴随着该组织的成立、变更、消灭而相应变化。换句话说，它的职权是从组织设立的那天起就已拥有，而不是事后通过法律、法规的"授权"或行政机关的"委托"而取得的。行政处罚权属于行政职权的一部分，而行使行政职权的机关是国家行政机关，这是由宪法所设定的国家治理架构。我国宪法规定，各级人民政府是国家行政机关，它是国家权力机关的执行机关，是国家法律的实施机关，它依法拥有和行使行政管理职权。所以，国家行政机关才是行政处罚中的职权主体。

《行政处罚法》第 17 条为实施行政处罚的职权主体确立了三个条件：

第一，必须是行政机关。行政处罚权是行政职权的一项重要内容，而按照我国宪法对国家机关职权的分工规则，国家行政职权由国家行政机关行使。因此，实施行政处罚的主体必须是国家行政机关，确切地说，必须由具有行政主体资格的行政组织来实施行政处罚权。①

第二，必须是拥有行政处罚权的行政机关。行政处罚权在行政职权中是一种特别职权，而不是一般职权，并不是所有的行政机关"先天"拥有该职权。必须在法律和行政法规作特别设定的条件下，行政机关方拥有行政处罚权，并可实施行政处罚。②

第三，必须是在法定职权范围内实施行政处罚。这就是说，没有行政处罚权的行政机关不得实施行政处罚，具有行政处罚权的行政机关也必须在法定职权范围内实施行政处罚，否则该行政处罚不具有法律效力。

并不是任何行政机关都拥有任何行政处罚权。哪些行政机关拥有哪些行政处罚权，并不是由《行政处罚法》本身直接作出规定，而是由具

① 基于职权法定原则，行政处罚权原则上由具有行政处罚权的行政机关在法定职权范围内实施，非行政机关，包括政府直属的事业单位，非经授权和委托，不得行使行政处罚权。原国务院法制办公室《对政府赋予行政管理职能的直属事业单位能否作为法定行政执法主体问题的复函》(国法秘函〔1999〕3 号,1999 年 1 月 13 日)指出："依照《中华人民共和国行政处罚法》的有关规定，行政处罚原则上具有行政处罚权的行政机关在法定职权范围内实施；行政机关以外的其他组织（包括城市人民政府直属事业单位），未经法律、法规授权，或者未经具有行政处罚权的行政机关依照法律、法规、规章的规定在其法定权限范围内委托，不得实施行政处罚。"
② 全国人民代表大会常务委员会法制工作委员会《关于如何理解"有行政处罚权的行政机关"问题的答复》(1997 年 1 月 3 日)指出：行政处罚法第 15 条（现行行政处罚法第 17 条）规定的"有行政处罚权"的行政机关，应当依照法律、行政法规的规定执行。

体的实体法作出具体的规定。① 准确地说，《行政处罚法》主要是有关行政处罚的"程序法"，而不是"实体法"。

必须注意的是，有的行政处罚权属于专有职权，它只归特定机关行使。关于实施限制人身自由行政处罚的主体，《行政处罚法》本身作出了直接的规定。该法第18条第3款规定："限制人身自由的行政处罚权只能由公安机关和法律规定的其他机关行使。"至于公安机关以外的法律规定的"其他机关"，根据《国家安全法》（2015）第42条，《反间谍法》（2023）第54条，以及《海警法》（2021）第31、60条和第四章"海上行政执法"的规定，国家安全机关和人民武装警察部队海警部队（海警机构）有权对违法当事人实施行政拘留。

§6.3　法律、法规授权的组织

一般说来，行政处罚权只能由国家行政机关行使，非国家行政机关不得行使行政处罚权。但在一定的条件下，非国家行政机关也能行使行政处罚权。经法律、法规授权才具有实施行政处罚资格的主体可称为授权主体。授权主体是指，本不具有行政处罚权，但通过法律、法规授权，使得原本无处罚权的组织拥有了处罚权。或者说，通过授权获得处罚权的组织才是授权主体。

《行政处罚法》第19条规定："法律、法规授权的具有管理公共事务职能的组织可以在法定授权范围内实施行政处罚。"这就为非国家行政机关行使行政处罚权提供了可能，同时也为其设定了限制条件。这些

---

① 例如，《治安管理处罚法》把治安管理处罚权设定给公安机关；《出境入境管理法》把对违反出入境管理的行为人的处罚权设定给县级以上地方人民政府公安机关和出入境边防检查机关；《土地管理法》把对违反土地管理行为人的处罚权设定给县级以上人民政府自然资源主管部门和农业农村主管部门；《森林法》把违反森林管理行为人的处罚权设定给县级以上人民政府林业主管部门；《食品安全法》把对违反食品安全行为人的处罚权设定给县级以上人民政府食品安全监督管理部门；《证券法》把对违反证券管理行为人的处罚权设定给国务院证券监督管理机构；等等。

条件就是：

第一，它必须是具有管理公共事务职能的组织。不具有管理公共事务职能的组织，不得成为经法律、法规授权的行政处罚主体。这些组织是指行政机关以外的社会组织，包括中国证券监督管理委员会、中国气象局、中国残疾人联合会、行业协会（如律师协会）、学校等。

第二，它必须经法律、法规的授权。这里的"法律、法规"包括：1.全国人民代表大会及其常务委员会制定的法律；2.国务院制定的行政法规；3.省、自治区、直辖市人民代表大会及其常务委员会，设区的市人民代表大会和常务委员会制定的地方性法规。规章及以下的规范性文件不得实施行政处罚的授权。

第三，这些组织必须在法定授权范围内实施行政处罚。否则便会构成行政越权，导致行政处罚的无效。

经法律、法规授权的组织实施行政处罚，可以也应该以自己的名义进行，其行为效果归属于自己；在行政诉讼中，以该组织为被告。

需要特别补充说明的是，人民军队得到法律法规授权行使行政权的话，也作为授权主体对待。如《海警法》（2021）授权人民武装警察部队海警部队即海警机构，统一履行海上维权执法职责，具有海上行政执法权，由此，海警机构也就成了授权行政主体。①

最后必须指出，《行政处罚法》第19条是一个间接授权，而不是直接授权条款。这就意味着，它只是表明，如果法律、法规授权具有管理公共事务职能的组织可以实施行政处罚，那么，这些管理公共事务职能的组织就能成为实施行政处罚的机关，与行政机关处于同等法律地位。但是，该条并未直接对具有管理公共事务职能组织进行直接授权。这就意味着，具有管理公共事务职能的组织是否拥有行政处罚权，是否可以

---

① 《海警法》（2021）第2条规定："人民武装警察部队海警部队即海警机构，统一履行海上维权执法职责。海警机构包括中国海警局及其海区分局和直属局、省级海警局、市级海警局、海警工作站。"

成为实施行政处罚的主体，还须有其他法律、法规的具体规定。

最后还有一个问题必须交待清楚。《行政诉讼法》（2017）第2条第2款规定："前款所称行政行为，包括法律、法规、规章授权的组织作出的行政行为。"而《行政处罚法》第19条规定的是："法律、法规授权的具有管理公共事务职能的组织可以在法定授权范围内实施行政处罚。"经比较不难发现，《行政诉讼法》与《行政处罚法》对"授权法"范围的规定不相一致，《行政诉讼法》承认"规章授权"，而《行政处罚法》不承认"规章授权"。这是否属于法律之间规定的不一致？不是的。《行政诉讼法》（2017）第2条第2款只是对授权主体法律地位及其诉讼被告认定规则的规定，而不是对行政处罚授权规则的规定。就"授权法"范围而言，总体上我国的法律、法规和规章都可以设定授权制度，但并不意味着所有"法律、法规、规章"对所有行政职权都可授权。其实是，有的行政职权只能由法律授权，有的行政职权只能由法律和行政法规授权，有的行政职权才可由地方性法规或规章授权。而《行政处罚法》第19条则表明，鉴于行政处罚权的特殊性①，对行政处罚的授权只能是"法律、法规"，"规章"不得对行政处罚进行授权。

§6.4 行政机关委托的组织

根据我国《行政处罚法》的规定，除了拥有行政处罚权的行政机关和法律、法规授权的组织可以实施行政处罚外，行政机关委托的组织亦可实施行政处罚。行政机关委托的组织作为实施行政处罚的主体，必须以行政处罚行政委托关系的合法成立为前提。基于委托关系而拥有实施行政处罚资格的组织可简称为委托主体。委托主体，其实是指被委托的主体，是指经行政机关的委托，代理行政机关实施处罚的组织。一般而言，行政处罚应当由行政机关自己依法行使。但有时，行政机关自己行

---

① 因为行政处罚会限制和剥夺当事人的人身自由权、财产权等。

使处罚权在条件上受到限制，于是可以依法委托具有管理公共事务职能的组织行使行政处罚权。

《行政处罚法》第 20 条规定："行政机关依照法律、法规、规章的规定，可以在其法定权限内书面委托符合本法第二十一条规定条件的组织实施行政处罚。行政机关不得委托其他组织或者个人实施行政处罚。委托书应当载明委托的具体事项、权限、期限等内容。委托行政机关和受委托组织应当将委托书向社会公布。委托行政机关对受委托组织实施行政处罚的行为应当负责监督，并对该行为的后果承担法律责任。受委托组织在委托范围内，以委托行政机关名义实施行政处罚；不得再委托其他组织或者个人实施行政处罚。"这一规定为行政处罚中的行政委托关系的成立设定了条件。具体要求如下：

1. 行政处罚中的委托方必须是国家行政机关，即上述实施行政处罚的第一种主体。经法律、法规授权的非国家行政机关不能成为行政处罚委托关系中的委托方。

2. 行政处罚中的受委托方必须是符合《行政处罚法》第 21 条要求的组织。这种组织必须符合三个条件：（1）依法成立并具有管理公共事务职能；（2）具有熟悉有关法律、法规、规章和业务并取得行政执法资格的工作人员；（3）需要进行技术检查或技术鉴定的，应当有条件组织进行相应的技术检查或者技术鉴定。行政机关不得委托其他组织或者个人实施行政处罚。

3. 行政处罚的委托必须有法律、法规的明文依据。无此明文依据，行政机关不得对行政处罚实施委托。

4. 行政机关实施委托必须出具委托书并向社会公布。委托书应当载明委托的具体事项、权限、期限等内容。

5. 行政处罚的委托不得再委托。《行政处罚法》特别强调，行政处罚不许进行二次委托，即接受委托的组织不得再行将该处罚事项委托给其他组织。这样禁止的目的，是防止受托组织对处罚委托事项不负责任，影响国家行政处罚管理秩序。

行政处罚委托关系成立之后，受委托组织在委托范围内，以委托行政机关名义实施行政处罚，并由委托行政机关承担行为的后果。

§6.5　相对集中行政处罚权

相对集中行政处罚权，是我国有关行政处罚实施主体制度中的一项特殊制度。它是指国务院或者省、自治区、直辖市人民政府，将法律、法规和规章设定给有关行政机关的行政处罚权的部分或者全部，从原行政机关的管理职能中分离出来，集中到一个行政机关统一行使；行政处罚权相对集中后，被集中的行政机关不得再行使已被相对集中了的行政处罚权。相对集中行政处罚权，是由 1996 年《行政处罚法》所创设的一项行政执法制度。2021 年修订的《行政处罚法》保留和完善了这一制度。

相对集中行政处罚权制度的形成，经历了一个较长的演变过程。在我国改革开放初期，为了解决计划经济条件下形成的行政管理权高度集中的问题，开展了包括将一级政府集中控制的各种管理权交给所属各职能部门的行政改革，逐步形成了行政管理职能的分工以"条条"为主，法律、法规对行政处罚的授权具体到县级以上政府相应职能部门的分散型行政处罚体制。这种分散型行政处罚体制是历史的产物，在当时对于推进依法行政发挥了积极作用。随着社会经济发展，行政执法承担的任务越来越多，分工越来越细，其弊端日益显现，如行政执法机构林立，不仅各部门各自成立行政执法机构，有些部门内部成立了多个行政执法机构，不符合精简原则；执法力量的分散，行政执法人员数量庞大，但分配到各级各类政府部门后，执法力量薄弱成为普遍现象，授权、委托大量出现，行政执法辅助人员越来越多，成为依法行政的"短板"；职责交叉重复，对一项违法行为，多个部门从不同环节和不同角度均有处罚权，容易出现有利争着罚，无利都不管，造成多头执法、重复执法、选择性执法、执法不作为，同时法条竞合情形非常普遍，给行政处罚带来技术难题；执法"真空"现象时有发生，分工过细、分部门实施造成诸多行政管理"交界处"违法没人管，老百姓求助无门。为此，行政执法体制的改革被提上日程。为了解决分散型行政处罚体制的弊端，我国从上而下推行行政处罚权集中改革。改革可分为三个阶段：第一阶段（1996—2002 年）相对集中行政处罚权改革。1996 年《行政处罚法》颁布后，国务院第一时间部署相对集中行政处罚权改革，开先后 3 次专门发文予以推动。此项改革成果主要为成立了城市管理部门，集中行使其他部门有关城市管理方面的部分行政处罚权。第二阶段（2002—2010 年）同步推进相对集中行政处罚权改革与综合行政执法改革，并明确相对集中行政处罚权工作与综合行政执法试点工作要统一起来，已经进行相对集中行政处罚权试点的地方，要注意总结经验，条件成熟时，要按照清理行政执法队伍、实行综合行政执法的原则和要求进行安排和部署。已经确定实行综合行政执法试点的地方，不再单独进行相对集中行政处罚工作。第三阶段（2010年至今）深入推进综合行政执法改革。党的十八大以来，党中央、国务院全面推进综合行政执法体制改革，综合行政执法改革进入"快车道"。党的十八届三中、四中全会决定，党的十九届三中、四中全会决定都明确提出"推进综合执法，继续探索实行跨领域跨部门综合执法"。在此期间，国务院为了规范和推行好这一制度，国务院办公厅于 2000年发布了《关于继续做好相对集中行政处罚权试点工作的通知》，2002年国务院又发布了《关于进一步推进相对集中行政处罚权工作的决定》，从批准程序、机构设置、实施范围、争议处理等方面，对相对集中行政处罚权制度作了具体规定。

面对分散型行政处罚体制的弊端，以及相对集中行政处罚权改革的经验，理论界对我国实行什么样的行政处罚体制进行了探讨。有一种意见认为应当对行政机关独揽处罚权的基本格局予以适当的变革，在着力从现行的行政体制内部寻求出路的同时，要推进行政处罚的司法化进程，赋予法院享有部分行政处罚权，推动行政处罚体制由"一元制"向"二元制"转变。2021 年《行政处罚法》的修订明确综合行政执法，指明了我国行政处罚体制自我完善、自我发展的方向，实行完全不同于西方国家以法院制裁、以轻罪论处为主的行政处罚体制理论，对于构建具有中国特色的行政处罚体制理论具有重要意义。

《行政处罚法》（2021）第 18 条规定，国家在城市管理、市场监管、生态环境、文化市场、交通运输、应急管理、农业等领域推行建立综合行政执法制度，相对集中行政处罚权。国务院或者省、自治区、直辖市人民政府可以决定一个行政机关行使有关行政机关的行政处罚权。[①] 行政处罚权相对集中后，被集中的行政机关不得再行使已被相对集中了的行政处罚权。

相对集中行政处罚权，不适用限制人身自由的行政处罚权。行政拘留等限制人身自由的行政处罚权只能由公安机关和法律规定的其他机关行使。

实施相对集中行政处罚权的组织，属于特殊的授权主体。它具有行政主体的地位，应当以自己的名义实施行政处罚权并对行为后果承担责任。

---

① 未经国务院或者省、自治区、直辖市人民政府决定，其他任何组织都不得擅自集中行政处罚权。原国务院法制办公室对西宁市人民政府法制办公室《关于将城市园林、市容卫生、城市建设等行政主管部门的处罚权委托依法成立的城市广场管理事业组织问题的请示的答复》（2002 年 3 月 25 日，国法秘函〔2002〕50 号）指出："《行政处罚法》第十六条规定：'国务院或者经国务院授权的省、自治区、直辖市人民政府可以决定一个行政机关行使有关行政机关的行政处罚权，但限制人身自由的行政处罚权只能由公安机关行使。'根据上述规定，一个行政机关集中行使其他有关行政机关的行政处罚权，必须经国务院或者国务院授权的省、自治区、直辖市人民政府决定。"这一答复的内容今天依然有效。

§6.6　行政处罚权的下放

2021 年修订的《行政处罚法》关于行政处罚实施主体的制度设计中，还有一项新内容，那就是行政处罚实施权向基层延伸，推动了执法重心的下移。

1996 年《行政处罚法》第 20 条规定，行政处罚由县级以上地方人民政府具有行政处罚权的行政机关实施。据此，乡镇人民政府和街道办事处一般不享有行政处罚的实施权。之所以将行政处罚的实施权只授予县级以上地方人民政府及主管部门，而不授予乡镇人民政府和街道办事处，主要是因为县级以上人民政府及主管部门具有专业人员、专门知识和专业技能，也具有较完善的执法设备和技术条件。但在实践中发现，乡、镇人民政府、街道办事处是最基层的政府机关，往往是最早、最直接发现当事人违法行为的机关，它们一概没有处罚权，会造成"看得见但管不着"和"管得着但看不见"的情况。2021 年的修订，将行政处罚权适度地延伸至乡镇基层人民政府和街道办事处，就解决了这一矛盾。

2021 年修订的《行政处罚法》第 24 条规定："省、自治区、直辖市根据当地实际情况，可以决定将基层管理迫切需要的县级人民政府部门的行政处罚权交由能够有效承接的乡镇人民政府、街道办事处行使，并定期组织评估。决定应当公布。承接行政处罚权的乡镇人民政府、街道办事处应当加强执法能力建设，按照规定范围、依照法定程序实施行政处罚。有关地方人民政府及其部门应当加强组织协调、业务指导、执法监督，建立健全行政处罚协调配合机制，完善评议、考核制度。"把行政处罚权从县一级下放到基层必须十分慎重，根据《行政处罚法》（2021）第 24 条规定，必须把握这一制度的诸多要点。

第一，下放之权限于县级人民政府部门的行政处罚权。县人民政府的处罚权，县级以上各行政机关的处罚权，不在下放之列。

第二，下放之权必须是基层管理迫切需要的，并且基层政府能够承接得住的。并不是基层管理迫切需要的，或者虽然需要，但是基层政府承接不住的，一律不放。

第三，处罚权从县级人民政府部门下放至乡镇人民政府和街道办事处不是一个自然过程，它必须由省、自治区、直辖市根据当地实际情况具体决定，全国不搞"一刀切"。

省、自治区、直辖市依据《行政处罚法》（2021）第 24 条决定把处罚权下放的，既包括省、自治区、直辖市人大及其常委会通过地方性法规决定，也包括省、自治区、直辖市人民政府通过政府规章决定；既可通过授权方式下放，也可通过委托方式下放，还可通过相对集中行政处罚权方式下放。① 通过授权方式的，乡镇人民政府和街道办事处可以自己的名义实施行政处罚；通过委托方式的，乡镇人民政府和街道办事处应当以委托方行政机关的名义实施行政处罚；通过相对集中行政处罚权方式的，由集中行使处罚权的组织以自己的名义实施行政处罚。

§6.7 行政执法人员

行政主体（职权主体和授权主体）或行为主体（委托主体）实施行政处罚，都是通过其执法人员来落实的。实施行政处罚的主体作为一种组织是一个抽象体，它的行为是通过执法人员的行为来体现的。对执法机关的要求和对执法人员的要求是不可分离的，特别是执法人员执法能力的高低决定和反映了执法机关执法水平的高低。为此，《行政处罚法》在对执法主体作出种种要求的同时，对执法人员也作出了特别的要求。

一是执法人员执法必须具有执法资格。《行政处罚法》第 42 条第一句规定："行政处罚应当由具有行政执法资格的执法人员实施。"关于执

---

① 参见国务院《关于进一步贯彻实施〈中华人民共和国行政处罚法〉的通知》（国发〔2021〕26 号）。

法资格，在内容上要求通过一定的考试审核程序取得，在形式上表现为取得和持有"执法证"。

二是执法人员执法时不得少于两人。《行政处罚法》第42条第二句规定："执法人员不得少于两人，法律另有规定的除外。"执法必须有两人以上，第一是执法的需要，完成任务的需要，大多执法工作需要有两人以上的配合；第二是便于执法人员相互监督，防止个别执法人员犯错；第三是为了保护执法人员，防止执法人员受到攻击和诬陷。《行政处罚法》同时为这一制度和要求保留了一个"口子"，即"法律另有规定的除外"。当然，这一"口子"开得很小，只限于"法律"可以作"例外"规定，行政法规、地方性法规和规章都无权作出"例外规定"。但是，是否所有的执法工作，特别是执法工作中的某些事务性工作，是否都必须有两位执法人员以上，确实是可以研究的。①

三是执法人员应当文明执法，尊重和保护当事人合法权益。《行政处罚法》第42条第2款明确提出了这一要求。我国是人民当家作主的社会主义法治国家，执法工作要坚持以人民为中心，坚持服务至上、教育为重。处罚的目的是教育和引导人民群众自觉遵守法律。

四是执法人员应当遵守执法程序和纪律。根据《行政处罚法》的有关规定，执法人员在执法中应当向当事人出示执法证件（第52条），必

---

① 公安部《关于公安机关适用行政处罚若干问题的指导意见》（公通字〔2024〕5号）对此作出了进一步细化的规定。其第七部分规定：公安机关行政处罚应当由取得基本级执法资格的人民警察实施，严禁警务辅助人员违规参与，除法律另有规定的外，公安机关进行询问、辨认、检查、勘验，实施行政强制措施等调查取证工作时，应当严格落实人民警察不得少于两人的要求，对接报案、接受证据、信息采集、送达文书等对当事人影响较小的办案辅助工作，可以按照《公安机关办理行政案件程序规定》的有关规定，由一名人民警察带领警务辅助人员进行，但应当全程录音录像。适用简易程序实施行政处罚的，除法律另有规定的外，现场执法的人民警察不得少于两人。经商当地人民法院、行政复议机关同意，可以通过视频或者使用对讲机通报、确认案情等方式落实人民警察不得少于两人的要求，但应当全程录音录像。

须遵守回避制度（第43条），不得自行收缴罚款（第67条），当场收缴罚款的，必须向当事人出具国务院财政部门或者省、自治区、直辖市人民政府财政部门统一制发的专用票据（第70条），不得利用职务上的便利，索取或者收受他人财物、将收缴罚款据为己有（第79条），等等。

【延伸思考】

1.什么是行政处罚主体？实施行政处罚可以授权、委托吗？

2.什么是行政处罚权的相对集中？处罚权相对集中后，原行政机关还可同时行使处罚权吗？

3.什么是行政处罚权的下放？下放行政处罚权要把握什么条件和程序？

4.《行政处罚法》对行政处罚执法人员有什么实体和程序上的要求？

【规范链接】

▶▶《中华人民共和国行政处罚法》（2021）第17—21、24、42条

▶▶《中华人民共和国行政诉讼法》（2017）第2条

▶▶《中华人民共和国国家安全法》（2015）第42条

▶▶《中华人民共和国反间谍法》（2023）第29—32条

▶▶《中华人民共和国海警法》（2021）第2、31、60条

▶▶ 全国人民代表大会常务委员会法制工作委员会《关于如何理解"有行政处罚权的行政机关"问题的答复》（1997年1月3日）

▶▶ 国务院《关于进一步贯彻实施〈中华人民共和国行政处罚法〉的通知》（国发〔2021〕26号）

▶▶ 国务院办公厅《关于继续做好相对集中行政处罚权试点工作的

通知》（国办发〔2000〕63号）

▸ 国务院《关于进一步推进相对集中行政处罚权工作的决定》（国发〔2002〕17号）

▸ 原国务院法制办公室对西宁市人民政府法制办公室《关于将城市园林、市容卫生、城市建设等行政主管部门的处罚权委托依法成立的城市广场管理事业组织问题的请示的答复》（国法秘函〔2002〕50号）

▸ 公安部《关于公安机关适用行政处罚若干问题的指导意见》（公通字〔2024〕5号）

第7章　行政处罚对象论

行政处罚应当由合格的处罚主体针对合格的处罚对象作出。行政处罚的对象包括应当适用行政处罚的行为对象与主体对象。前者是解决哪些行为应当受到行政处罚的问题；后者则是解决哪些主体应当接受行政处罚的问题。

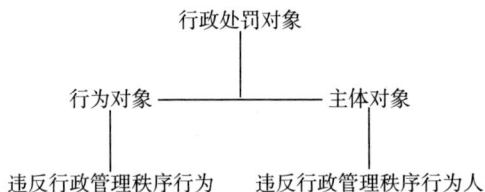

§7.1　行政处罚对象：被处罚行为

一、被处罚行为及法律特征

从"行为"视角出发，行政处罚对象系指由行政相对人作出的，行政处罚主体可以或应当给予行政处罚的行为。这一行为，《行政处罚法》将它表述为"违反行政管理秩序的行为"（如第2条）。"违反行政管理秩序的行为"源自1957年《治安管理处罚条例》"违反治安管理行为"①

---

① 这一表述在随后的《治安管理处罚条例》（1986）、《治安管理处罚条例》（1994）、《治安管理处罚法》（2005）和《治安管理处罚法》（2012）中均无改变。

的表述。①

尽管这一概念立足于"管理本位"而不是"权利本位",不是一个理想和现代的法律概念。但在《行政处罚法》未作下一次修改之前,这里应当从"是然"角度,立足于该法第2条关于"行政处罚"的定义,作一理论上的阐述。

作为行政处罚行为对象的"违反行政管理秩序的行为",系指公民、法人或者其他组织违反法律、法规和规章所规定的社会秩序,适用行政处罚的各种违法行为。这一行为具有下列法律特征。

第一,违反行政管理秩序的行为是行政相对人作出的行为,而不是行政主体的行为。如果是行政机关及其工作人员在执法中的公务行为违法,不是通过行政处罚,而是通过有关组织对其的追责以及承担赔偿责任等方式解决。

第二,违反行政管理秩序的行为是指违反法律、法规和规章所规定的社会秩序的行为。违反行政管理秩序行为涉及领域非常广泛,包括经济、教育、科学、文化、卫生、体育事业、城乡建设事业和财政、民政、公安、民族事务、司法行政、优生优育等行政工作。这不是由《行政处罚法》而是由其他单行法律作出规定。② 法律、法规和规章都可确立可被行政处罚的行为。规章以下的规范性文件不得设定可被行政处罚的违反行政管理秩序行为,因为行政处罚的设定权只限于法律、法规和规章。

第三,违反行政管理秩序的行为是指适用行政处罚而不是刑事处罚

---

① 在世界上,无论是普通法系还是大陆法系,大多把"可行政处罚行为"表述为"违反行政法上义务的行为"。参见胡建淼:《论"行政处罚"概念的法律定位——兼评《行政处罚法》关于"行政处罚"的定义》,《中外法学》2021年第4期。

② 如:违反治安管理行为主要由《治安管理处罚法》规定;违反交通管理的行为主要由《道路交通安全法》规定;违反食品安全管理的行为主要由《食品安全法》规定;违反广告管理的行为主要由《广告法》规定;等等。

的行为。法律规定不得处罚的相对人行为，就不属于违反行政管理秩序行为。此外，如果该行为构成犯罪并适用刑事责任，那么，该行为也就不属于作为行政处罚对象的违反行政管理秩序行为。行政违法与刑事犯罪在本质上都是一种违法行为，只是违法行为的社会危害性程度不同，行政处罚与刑事处罚分别是对行政违法与刑事犯罪作出的否定性评价，因此二者之间天然具有衔接性，《行政处罚法》第 27 条就是行政处罚与刑事处罚衔接的法律桥梁。① 这种"法律桥梁"就是，行政机关查处违反行政管理秩序行为，认为它涉嫌犯罪的，就应当移送给司法机关；相反，司法机关对依法不需要追究刑事责任或者免予刑事处罚，但应当给予行政处罚的，应当及时将案件移送有关行政机关。

二、行政处罚责任构成要件

我们有时会将"违法行为要件"与"违法责任要件"混为一谈。其实，前者是解决该行为是否属于违法问题，而后者则解决对该行为人是否应当处罚的问题；前者是解决违法行为的范围问题，后者是解决违法行为的责任问题。被处罚行为的构成与处罚责任的构成属于同样的关系。

上述违反行政管理秩序行为的法律特征同时也是被处罚行为的构成要件，但它不是处罚责任的构成要件。违法行为构成要件是处罚责任构成要件之前提和基础。行政处罚责任构成要件应当是指：

第一，当事人做出了违反行政管理秩序的行为。这种行为违反了法定的"作为义务"或"不作为义务"。违反行政管理秩序的行为可以是"作为违法"，也可以是"不作为违法"。

第二，这一行为具有一定的社会危害性，危害性已达到应当给予行政处罚的程度。《行政处罚法》第 5 条第 2 款规定："设定和实施行

---

① 参见江必新主编：《行政处罚法条文精释与实例精解》，人民法院出版社 2021 年版，第 209 页。

政处罚必须以事实为依据，与违法行为的事实、性质、情节以及社会危害程度相当。"第 33 条第 1 款第一句又规定："违法行为轻微并及时改正，没有造成危害后果的，不予行政处罚。"由此体现了"过罚相当"原则。

第三，当事人作出这一行为具有主观上的过错，即包括故意和过失。《行政处罚法》第 33 条第 2 款规定："当事人有证据足以证明没有主观过错的，不予行政处罚。法律、行政法规另有规定的，从其规定。"

第四，当事人具有承担行政处罚的责任能力，包括达到了责任年龄和具有辨认或者控制自己行为能力。根据《行政处罚法》第 30 条规定，承担行政处罚责任的年龄是 14 周岁以上。另根据该法第 31 条规定，精神病人、智力残疾人在不能辨认或者不能控制自己行为时有违法行为的，不予行政处罚。

§7.2 行为对象的类型与形态

行政处罚行为对象存在各种类型和状态，它们乃是《行政处罚法》的理论基础。

一、作为违法与不作为违法

当事人违反行政管理秩序行为（简称"违法行为"），首先有"作为违法"与"不作为违法"之分。

法律行为具有"作为"与"不作为"之分，作为行政处罚对象的违法行为同样具有"作为违法"与"不作为违法"之分。"作为违法"系指公民、法人或者其他组织违反法律规定作出某种行为，如殴打他人等。"不作为违法"系指公民、法人或者其他组织未履行法定"作为义务"的行为，如酒店办理旅客住宿未依《旅馆业治安管理办法》规定登记旅客身份信息，企业违反《社会保险法》不为职工交纳社会保险费，证券发行人及其他信息披露义务人违反《证券法》规定未披露有关信息，等等。这里的"不作为违法"是指纯粹的"不作为"，是违法行为本身的不作为，不是指"前置条件"的不作为。如驾车须以有驾照为前提条件，当事人未申领驾照而驾车，这属于无证驾驶。无证驾驶属于"作为"的违法，不是"不作为"违法。再如全国人大法工委《对关于违反规划许可、工程建设强制性标准建设、设计违法行为追诉时效有关问题的意见》（法工办发〔2012〕20号）中所指的"违反规划许可、工程建设强制性标准建设、设计违法行为"，也是属于"作为违法"，而不是"不作为违法"。

"不作为违法"与"作为违法"的"共性"是在于，作为处罚对象的违法行为，它们在本质上都以违反法定义务为主要特征。只是法定义务有作为义务与不作为义务之分。违反作为义务中的违法是"作为违法"，而违反"不作为义务"中的违法则是"不作为违法"，主要表现为不履行法定职责。后一点才算得上两者相互区别的"个性"。

将违反行政管理秩序行为区分为"作为违法"与"不作为违法"具有行政法上的理论意义和实践意义。

第一，有助于克服对违反行政管理秩序行为认识上的片面性。以前，我们对违反行政管理秩序行为的认识往往停留在"作为"方式上，忽视了"不作为"违法的存在。以"作为违法"与"不作为违法"去全面审视作为行政处罚对象的违反行政管理秩序行为，才能全面完整把握行政处罚的行为对象。

第二，有助于全面把握对违法行为追责期限的计算方法。因为"不作为违法"的"发生"和"终了"的确定方法与"作为违法"的"发生"和"终了"略有不同。[①]

二、单一违法与共同违法

单一违法是指一个违法主体实施了一个违法行为。一个公民、法人

---

① 参见本书"行政处罚追责期限及计算方法"部分。

或者其他组织，只要实施了一个违法，就属于单一违法。这里的单一违法既包括违法主体的单一性，也包括违法行为的单一性。一个违法主体实施一个连续行为或继续行为，也属于一个单一行为。

共同违法是指两个以上的违法主体出于共同的故意实施同一个违法行为，如三个公民殴打一个被害人。这里的"共同性"不是表现在多个违法行为上，而是表现为多个违法主体上。多个违法主体实施一个连续行为或继续行为，也属于共同违法。①

在行政处罚适用中，对于单一违法行为，就对单一违法主体进行单一处罚便可，但对于共同违法，则需对每一主体根据其在共同违法中的地位和作用，分别处罚。在技术操作上，对于共同违法中的当事人，可以使用一个"行政处罚决定书"，也可按照违法主体人数，分别作出《行政处罚决定书》。无论采取哪一种方式，都必须分别送达。

三、单位违法与个人违法

从理论上说，单位违法与个人违法泾渭分明，单位违法就是指法人或其他组织实施的违法行为，个人违法则是自然人所实施的违法行为。但问题在于，当单位里的个人实施违法行为时，到底属于单位违法还是个人违法，此乃是棘手的难题。

我国的司法实践通过裁判不断摸索和创制规则。在吴某君诉甘肃外汇分局、国家外汇管理局行政处罚及行政复议案中，单位违法与个人违法如何分界便是焦点。外汇管理部门认定吴某君非法买卖外汇并进行处罚。法院查明：吴某君是某某公司的唯一董事和实际控制人。2018 年至2020 年期间，吴某君将某某公司香港汇丰银行账户中的美元通过地下钱庄控制的境内个人账户转账至其个人名下的中国建设银行账户，上述

---

① 有学者指出，"所谓共同实施违反行政法上义务行为，乃二人以上于主观上基于共同实施违反行政法上义务行为之意思，同时于客观上并有共同实施违反行政法上义务之行为方成立。"参见廖义男主编：《行政罚法》，元照出版公司 2020 年版，第139 页。

行为均由吴某君自行联系并实施，且将所有转账汇入其个人名下的银行账户，故应视为吴某君的个人行为而非公司行为。[①]

根据司法判决和行政法理，区分单位违法与个人违法可以参考和遵循下列规则：

第一，单位以外的个人实施违法行为一律属于个人违法。

第二，以单位名义，包括受单位指派的人员，所实施的违法行为，属于单位违法。

第三，个人以单位名义实施违法，在单位知情情况下，属于单位违法。

第四，对于虽经依法登记注册的公司，但实际为特定一人出资、一人从事经营管理活动，利益归属该特定个人的，按个人违法论处。

第五，单位内部成员未经单位有关负责人批准、同意或认可而实施的违法行为，应认定为个人违法。

第六，个人为进行违法犯罪活动而设立的公司、企业、事业单位实施犯罪的，或者公司、企业、事业单位设立后，以实施犯罪为主要活动的，以个人违法论。

第七，只有在为本单位谋利益的情况下，且违法所得通常归单位所有，以单位违法论。

在行政处罚适用上，对于单位违法应当处罚单位，对于个人违法只能处罚个人；对于单位违法，在有法律明文依据的前提下，可以同时处罚法定代表人或直接责任人。

四、即成违法、结果违法、连续违法和继续违法

作为行政处罚行为对象的违法行为，还存在即成违法、结果违法、连续违法和继续违法等形态。借鉴刑法犯罪行为理论，作为行政处罚对

---

① 参见北京市海淀区人民法院（2021）京 0108 行初 524 号行政判决（2021 年 10 月 22 日）、北京金融法院（2022）京 74 行终 145 号行政判决（2022 年 11 月 9 日）。

象的违法行为结构图谱如下：

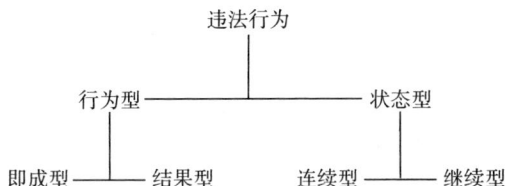

作为行政处罚对象的违法行为首先可以分为行为型与状态型。行为型的特点是违法行为一发生便完成，如驾车闯红灯。但从违法构成要件上说，它又可分为即成型与结果型。前者是行为一发生便具备违法构成要件，便完成了该违法行为，前面所述的驾车闯红灯便是；后者是指违法行为发生后还需等待结果的出现，如殴打他人致轻微伤。

作为状态型的违法行为，系指违法行为的发生是以连续或继续（持续）的方式存在。连续违法，系指当事人基于同一个违法故意，前后实施数个同一种违法行为，如当事人驾车连闯了五个红灯。[1] 继续违法，也称持续违法，系指当事人在一段时间内持续、不间断地实施同一个违法行为，其违法行为与不法状态在一定时间内同时持续存在，如当事人违法建造别墅花了 8 年时间，这 8 年时间内的违法就是继续违法。

认识和理解行政处罚行为对象的上述类型，无论对于贯彻"一事不二罚"原则，还是确定行政处罚追责期限的计算方法，都颇有理论意义和实务操作意义。

五、一个违法与多个违法

分辨一个违法还是多个违法，乃是贯彻"一事不二罚"原则的基础。

但是，区别一个违法还是多个违法不是自然行为层面之事，而是人

---

[1] 原国务院法制办公室《对湖北省人民政府法制办公室〈关于如何确认违法行为连续或继续状态的请示〉的复函》（国法函〔2005〕442 号）指出："违法行为的连续状态，是指当事人基于同一个违法故意，连续实施数个独立的行政违法行为，并触犯同一个行政处罚规定的情形。"

们基于法律评价，为了正确、公正适用法律，而对自然行为进行法律拟制的结果。确定一个违法还是多个违法，不是一个自然行为的概念，而是一个法律拟制概念；它其实是一个立法问题，而不是执法问题；它不是一个"是不是"的问题，而是一个"应当是或不是"的问题。

"自然行为"系指在社会中自然存在的行为过程和状态。社会每时每刻都在发生无数行为，也每时每刻都在结束无数行为。就自然行为而言，只要特定的主体在特定的时间和空间内作出某一动作，就是一个行为。"法律拟制行为"是指人们出于法律适用需要而对自然行为所进行的评价，并进行法律上的切割或组合，拟制成一个或多个与法律规范相对应的行为。确定一个违法还是多个违法，由法律、法规和规章，或者通过有关执法部门的行政处罚裁量基准，予以解决。但是，通过行政处罚裁量基准确立认定一个违法与多个违法的标准，必须遵循和体现以下原则：一是教育与处罚相结合原则；二是过罚相当原则；三是有利于当事人纠正违法原则；四是不让当事人因违法而获益原则。否则，在行政复议的附带审查和行政诉讼的附带审查中，这些裁量基准会有被否定的风险。

根据"一事不二罚"原则，一个违法行为只能处罚一次，多个违法行为才可依法处罚多次。但是，对于一个违法行为，在法律、法规和规章有明文规定的前提下，可能进行多项处罚，如既罚款又拘留，既罚款又吊销执照等。一个违法行为只能作"一次"处罚，但可以依法作"多项"处罚。

六、违法竞合及处罚

违法竞合是介于一个违法与多个违法之间的特殊状态，它是指一个违法行为同时涉及多个法律关系，违反多种法律规范。竞合违法是一个行为违反了两个以上的法律规范，而不是指两个以上行为违反多个法律规范，或者是两个以上违法违反了同一个法律规范。自然行为不会出现"竞合"，只有当它适用法律时才会出现"竞合"。竞合违法不是行为发生时的一种特殊情形，而是法律适用上的一种特殊情形。竞合违法与其说取决于当事人如何行为，不如说取决于立法者如何立法。

竞合行为并不是一次行为、连续行为和继续行为以外的一种特别行为，也不是指组合性行为，而是指一个行为与多个法律规范的关系。竞合行为并不是多个自然行为的竞合，而是一个自然行为所涉法律关系的竞合。一次行为、连续行为和继续行为都有可能构成竞合违法，这并不取决于"行为"如何进行，而是"法律"如何规定。所以，竞合违法不是"行为"的范畴，而是"法律适用"的范畴。正因为违法竞合不是行为竞合而是法律适用上的竞合，所以，对它不存在像连续行为与继续行为一样如何分割的问题，只是讨论不同的法律对同一个行为如何适用的问题。

竞合违法，或者说违法竞合，是指当事人的一个违法行为同时违反了多个法律规范。它所面对的不是多个违法行为，而是一个违法行为的多种法律关系。所以，不得将竞合违法行为视作为多个违法行为。原环境保护部《规范环境行政处罚自由裁量权若干意见》（环发〔2009〕24 号）、原国家环境保护总局《关于污泥排入城市下水道法律适用问题的复函》（环函〔2005〕259 号）都表明：竞合行为属于"一个行为"。[1]

一个完整的行为，应当包括主体与客体、内容与形式、目的与手段、实体与程序、过程与结果等。竞合违法是指一种行为的实体违反了一种法律，程序违反了另一种法律；手段违反了一种法律，结果违反了另一种法律；内容违反了一种法律，形式违反了另一种法律……但是这些行为要素和环节之间具有高度关联性，不可分割。

---

[1]　参见许安标主编：《中华人民共和国行政处罚法释义》，中国民主法制出版社 2021 年版，第 103 页。

如网吧经营者未禁止未成年人进入网吧，这种违法同时违反了《未成年人保护法》①和《互联网上网服务营业场所管理条例》②。又如，当事人将产生的污泥直接用水冲稀释排入城市下水道的行为，这同一个行为同时违反了《水污染防治法》和《固体废物污染环境防治法》。③ 还有，当事人在耕地上非法采砂并毁坏种植条件行为，既存在擅自在耕地上挖砂并毁坏种植条件行为，也存在未取得采矿许可证擅自采矿行为，同时触犯了《土地管理法》《矿产资源法》两个法律规范。④

可见，一个竞合行为就是"一事"，属于"一个违法行为"而不是

---

① 《未成年人保护法》（2024）第58条规定："学校、幼儿园周边不得设置营业性娱乐场所、酒吧、互联网上网服务营业场所等不适宜未成年人活动的场所。营业性歌舞娱乐场所、酒吧、互联网上网服务营业场所等不适宜未成年人活动场所的经营者，不得允许未成年人进入；游艺娱乐场所设置的电子游戏设备，除国家法定节假日外，不得向未成年人提供。经营者应当在显著位置设置未成年人禁入、限入标志；对难以判明是否未成年人的，应当要求其出示身份证件。"第123条又规定："相关经营者违反本法第五十八条、第五十九条第一款、第六十条规定的，由文化和旅游、市场监督管理、烟草专卖、公安等部门按照职责分工责令限期改正，给予警告，没收违法所得，可以并处五万元以下罚款；拒不改正或者情节严重的，责令停业整顿或者吊销营业执照、吊销相关许可证，可以并处五万元以上五十万元以下罚款。"

② 《互联网上网服务营业场所管理条例》（2024）第21条规定："互联网上网服务营业场所经营单位不得接纳未成年人进入营业场所。互联网上网服务营业场所经营单位应当在营业场所入口处的显著位置悬挂未成年人禁入标志。"第31条又规定："互联网上网服务营业场所经营单位违反本条例的规定，有下列行为之一的，由文化行政部门给予警告，可以并处15000元以下的罚款；情节严重的，责令停业整顿，直至吊销《网络文化经营许可证》：（一）在规定的营业时间以外营业的；（二）接纳未成年人进入营业场所的；（三）经营非网络游戏的；（四）擅自停止实施经营管理技术措施的；（五）未悬挂《网络文化经营许可证》或者未成年人禁入标志的。"

③ 参见原国家环境保护总局《关于污泥排入城市下水道法律适用问题的复函》（环函〔2005〕259号）。

④ 参见许光辉：《"一事不再罚"中的"一事"如何认定?》，《中国自然资源报》2019年8月14日。

"多个违法行为"。但它由于违反了多种法律关系，所以在法律适用上应当不同于单一性违法行为。

对于竞合违法如何适用处罚的问题，《行政处罚法》确立了"择一择重"原则。该法第 29 条规定："……同一个违法行为违反多个法律规范应当给予罚款处罚的，按照罚款数额高的规定处罚。"理解"择一择重"原则必须把握以下几点。

第一，同一行为。"择一择重"原则的适用对象仅仅是针对同一个违法行为，不适用多个违法行为。竞合行为从本质上讲是一个行为而不是多个行为。

第二，多个法律。"择一择重"原则的适用条件是该行为同时违反了多个法律规范。如果一个违法行为只违反一个法律规范，那也就不适用"择一择重"原则。

第三，择一罚款。对于同一个违法行为同时违反多个法律规范时，只得作一次罚款，不得作二次以上的罚款。这里的选择范围只限于"罚款"，不涉及罚款以外的处罚种类。

第四，择重罚款。当两个以上的法律规范同时规定罚款时，只能选择罚款数额高的规定处罚。而所谓"罚款数额高的规定"，不是指行政机关实际处予罚款数额的高低[1]，而是指法律、行政法规、规章规定可处予罚款数额的高低。[2]

第五，择高择重。如果"择一择重"原则与法律适用规则（高法优

---

[1] 有学者持这一观点，认为将"罚款数额高"理解为行政机关"实际罚款数额高"更符合立法目的。参见袁雪石：《中华人民共和国行政处罚法释义》，中国法制出版社 2021 年版，第 201 页。

[2] 有关部门解释道：所谓罚款数额高的规定是指法律规定的罚款数额，而非行政机关实际处予的罚款数额。对于固定数额的罚款，直接适用罚款数额高的规定给予罚款处罚。对于按照罚款数额下限、上限模式设定的罚款处罚，适用罚款数额上限高的规定给予罚款处罚。参见许安标主编：《中华人民共和国行政处罚法释义》，中国民主法制出版社 2021 年版，第 104 页。

于低法、后法优于前法、特别法优于一般法等）相冲突，那么，应当优先适用法律适用规则。[1]"择一择重"原则的适用以法律规范之间并无冲突为前提。如果法律规范之间发生冲突，首先应当适用规范冲突选择规则解决。所以，有关部门将"择一择重"原则调整为"择高择重"原则是有一定道理的。

§7.3 行政处罚对象：被处罚主体

行政处罚的对象，除了指行为对象，即相对人违反行政管理秩序的行为，更多的是指被行政处罚的当事人。它是行政法律关系中行政相对人的一种形态。

一、行政处罚对象的基本概念

作为行政处罚的主体对象，就是被行政处罚的当事人，有时也称违法行为人，系指违反行政管理秩序而应当受到行政处罚的公民、法人或者其他组织。[2] 这一定义反映了几个特点：

第一，行政处罚的对象是违反行政管理秩序的当事人。《行政处罚法》第2条规定："行政处罚是指行政机关依法对违反行政管理秩序的公民、法人或者其他组织，以减损权益或者增加义务的方式予以惩戒的行为。"这是说，行政处罚是行政执法机关针对违反行政管理秩序行为人的处罚，不是对其他当事人的处罚。行政处罚的对象应当是违反行政管理秩序的行为人。

第二，行政处罚的对象是指依法应当受到行政处罚的当事人。具

---

[1]　有学者指出，如果遇到"特别法优于一般法""高法优于低法"时，优先适用法律适用规则，不适用"择一择重"原则。参见袁雪石：《中华人民共和国行政处罚法释义》，中国法制出版社2021年版，第204—205页。

[2]　有学者指出："实施违反行政法义务之行为人，包括自然人、法人、设有代表人或管理人之非法人团体、中央或地方机关或其他组织，皆得为处罚之对象。"参见廖义男主编：《行政罚法》，元照出版公司2020年版，第12页。

体包括：1.依法必须处罚的当事人；2.依法可以从轻或减轻处罚的当事人，如已满 14 周岁不满 18 周岁的未成年人①，或者尚未完全丧失辨认或者控制自己行为能力的精神病人、智力残疾人②。但是，无行为能力和责任能力的当事人不能成为行政处罚的对象，如不满十四周岁的未成年人③、不能辨认或者不能控制自己行为时的精神病人、智力残疾人④。

第三，行政处罚的对象是行政相对人而不是行政主体。行政处罚关系也是一种行政关系。作为行政法调整对象的行政关系，是由行政主体与行政相对人构成的管理与服务、权利与义务的关系。行政处罚是行政主体代表国家对违反行政管理秩序的相对人所实施的处罚。所以，行政处罚的对象是属于行政相对人，被处罚人是行政相对人的一种具体形式。

第四，行政处罚的对象可以是个人，也可以是单位。既然行政处罚的对象是违反行政管理秩序的相对人，而行政相对人载体又包括公民、法人或者其他组织，那么，行政处罚的对象当然包括公民、法人或者其他组织，也可以说是个人或者单位。

二、行政处罚对象的基本分类

1.公民、法人和其他组织

行政相对人的载体是公民、法人或者其他组织。所以，行政处罚的

---

① 《行政处罚法》第 30 条第二句规定："已满十四周岁不满十八周岁的未成年人有违法行为的，应当从轻或者减轻行政处罚。"

② 《行政处罚法》第 31 条规定第三句规定："尚未完全丧失辨认或者控制自己行为能力的精神病人、智力残疾人有违法行为的，可以从轻或者减轻行政处罚。"

③ 《行政处罚法》第 30 条第一句规定："不满十四周岁的未成年人有违法行为的，不予行政处罚，责令监护人加以管教"。

④ 《行政处罚法》第 31 条第一句规定："精神病人、智力残疾人在不能辨认或者不能控制自己行为时有违法行为的，不予行政处罚，但应当责令其监护人严加看管和治疗。"

对象首先可以划分为公民、法人和其他组织。

公民，是指具有一国国籍，并享受该国法律所规定的权利，同时履行该国法律所规定的义务的自然人。我国各种法律中所规定的公民，特指我国公民，具有中华人民共和国国籍的自然人。《宪法》（2018）第 33 条规定："凡具有中华人民共和国国籍的人都是中华人民共和国公民。中华人民共和国公民在法律面前一律平等。国家尊重和保障人权。任何公民享有宪法和法律规定的权利，同时必须履行宪法和法律规定的义务。"这是说，公民的认定标准是由宪法直接规定的；公民的法律地位是由宪法和有关法律直接规定的。如果公民实施了违反行政管理秩序的行为，他就应当依法接受行政处罚。所以，公民是行政处罚的普遍对象，除非他是不具有行为能力和责任能力的自然人。

法人，是指依法成立的，具有民事权利能力和民事行为能力，能以自己的名义独立享有民事权利和承担民事义务的组织。依照《民法典》的规定，法人首先可以分为一般法人与特别法人。一般法人包括营利法人与非营利法人。营利法人是指，以取得利润并分配给其股东等出资人为目的成立的法人，主要包括有限责任公司、股份有限公司和其他企业法人等；非营利法人是指，以公益目的或者其他非营利目的成立，不向其出资人、设立人或者会员分配所取得利润的法人，主要包括事业单位、社会团体、基金会、社会服务机构等。特别法人系指，在设立、变更、终止等方面具有特殊性，难以归并入营利法人与非营利法人之内的其他法人。它们包括机关法人、农村集体经济组织法人、城镇农村的合作经济组织法人、基层群众性自治组织法人（村民委员会、居民委员会）。法人既是基本的民事主体，同时也是行政法律关系中的行政相对人，所以它也必须遵守行政管理秩序，如果违法，也应当接受行政处罚。①

其他组织，是指不具有法人资格但可以自己的名义从事法律活动的组织。因而也称非法人组织。行政法上的"其他组织"与民法上的"非法人组织"在范围上相同。《民法典》（2020）第 102 条指出："非法人组织是不具有法人资格，但是能够依法以自己的名义从事民事活动的组织。非法人组织包括个人独资企业、合伙企业、不具有法人资格的专业服务机构等。"与法人不同的是，非法人组织是指不具有法人资格但可以以自己的名义进行民事活动的组织，亦称非法人团体。"其他组织"也好，"非法人组织"也罢，都具有以下几个法律特点：（1）虽不具有法人资格，但能够以自己的名义从事民事活动；（2）依法成立；（3）有一定的组织机构；（4）有一定的财产或经费；（5）不具有独立承担民事责任的能力。其民事责任和行政责任由其出资人或者设立人承担连带责任。这类组织包括：（1）个人独资企业；（2）合伙企业；（3）不具有法

---

① 俄罗斯《联邦行政违法法典》第二条之十对"法人的行政责任"有非常详细的规定："1.在本法典第二编条款或俄罗斯联邦主体行政违法法规定的情况下，法人应当为其实施的行政违法行为承担行政责任。2.在本法典第一编、第三编、第四编、第五编条款未指明其规定的规范仅适用于自然人或仅适用于法人的情况下，上述规范不论对自然人还是对法人，同等适用。但是，上述规范按其含义仅与自然人有关，只能适用于自然人的情况例外。3.对几个法人合并时实施的行政违法行为，应当追究新成立法人的行政责任。4.对把一个法人并入其他法人时实施的行政违法行为，应当追究合并后法人的行政责任。5.对法人分立时或者从一个法人中分出一个或几个法人时实施的行政违法行为，应当追究下述法人的行政责任：按照分立的资产负债表的规定，已签署合同或已将财产方面的权利义务转让给该法人，而恰恰因为上述合同或财产实施了行政违法行为的法人。6.对把一种法人改组为另一种法人时实施的行政违法行为，应当追究新成立法人的行政责任。7.在本条第三款至第六款规定的情况下，不论被追究行政责任的法人在改组完成前是否了解行政违法事实，均应当因行政违法行为的实施承担行政责任。8.依照本法典第三条之二第一款第二项至第四项的规定，对法人改组完成前实施的行政违法行为作出行政处罚时，应当考虑到本条第三款至第六款规定的情况。"

人资格的专业服务机构①。这些组织，虽然不具有法人资格，但也有可能成为行政相对人，可以以当事人身份在行政法律关系中享受行政法权利和承担行政法义务，因而也能成为行政处罚的对象。

2.个人、单位和单位负责人

作为行政处罚的对象，"公民、法人和其他组织"的划分可能比不上"个人与单位"的划分来得重要。当以单位作为处罚对象时，常常可以同时处罚单位负责人。这样就出现了"个人、单位和单位负责人"的划分。

"个人"大多情况下等同于公民（当然还包括外国人）。"单位"是指法人和其他组织。"个人"以外的组织都可称为"单位"。在行政处罚中，"个人与单位"的划分比较普遍。《无障碍环境建设法》（2023）第28条第1款规定："任何单位和个人不得擅自改变无障碍设施的用途或者非法占用、损坏无障碍设施。"《城市建筑垃圾管理规定》（2005）第26条规定："任何单位和个人随意倾倒、抛撒或者堆放建筑垃圾的，由城市人民政府市容环境卫生主管部门责令限期改正，给予警告，并对单位处5000元以上5万元以下罚款，对个人处200元以下罚款。"区别个人与单位的意义在于，有的行政处罚只能适用个人，如行政拘留，但有的行政处罚则只能针对单位，如责令停产停业。

当单位违法时，可能会出现"双重处罚"，即既处罚违法的单位，又处罚单位的负责人。② 单位的负责人一般是指法定代表人，也可指其

---

① 这些机构主要是指律师事务所、会计事务所、资产评估机构等。它们一般采用合伙制，不具有法人资格，所从事的活动为提供法律和财会专业服务。

② 奥地利《行政罚法》规定单位负责人对单位违法行为承担连带责任。该法第9条规定："公司或社团，违反作为或不作为义务之行为时，应比照罚责规定，处罚其对外有代表权之人员（法定代理人）；但行政法规另有规定者，从其规定。前揭人员，在其社团中有推定若干人，为其全部或一部分业务，或在一定区域遵守行政法规之责任之权利与义务。前揭负责人推定后，始得适用罚责之规定。对于前揭人员或代理人之处罚，公司或社团须负连带责任。"

他直接负责的主管人员。处罚违法的单位时，同时处罚单位负责人的，必须有法律、法规的依据。如《安全生产法》（2021）第 97—99 条、第 101—104 条都规定了"双重处罚"。无法律、法规依据，不得同时处罚单位负责人。

3.中国公民、组织与外国公民、无国籍人、外国组织

以上所述公民、法人、其他组织，或者个人与单位（及单位负责人），都是指中国公民和中国的组织。但行政处罚的对象除了中国的公民和中国的组织，还应当包括外国人、无国籍人和外国组织。

外国人系指具有外国国籍的人。无国籍人是指不具有任何国籍的人。外国组织系指在国外设立登记的法人组织和非法人组织。我国《宪法》（2018）第 32 条第 1 款规定："中华人民共和国保护在中国境内的外国人的合法权利和利益，在中国境内的外国人必须遵守中华人民共和国的法律。"外国人、无国籍人、外国组织在中国境内活动，必须遵守中华人民共和国法律，同时按照对等原则，受到中华人民共和国法律的保护。我国《行政处罚法》第 84 条规定："外国人、无国籍人、外国组织在中华人民共和国领域内有违法行为，应当给予行政处罚的，适用本法，法律另有规定的除外。"这就是说，和各种法律、法规一样，《行政处罚法》同样适用外国人、无国籍人、外国组织，除非法律另有特别规定。这是我国主权的体现。

外国人、无国籍人和外国组织在我国的法律地位，决定了当他们违反我国的行政法律规范时，同样可以成为我国行政处罚的对象。

三、行政处罚对象的认定规则

从总体上说，谁是违反行政管理秩序的行为人，谁就是行政处罚的对象。这似乎非常简单，但这仅仅适用单纯的"行为—责任"关系之中。在现实中，各类行政处罚案件发生在各类法律关系之中，如租用关系、借用关系、承包关系、委托关系等，这时如何确定真正的行为人及处罚对象恰恰不是一件易事。在各种复杂的法律关系中，确定行政处罚对象

所必须遵循的标准和方法，就是行政处罚对象的认定规则。

1. 义务设定原则

处罚对象，即被处罚人，显然是指违反了行政管理秩序的当事人。而所谓违反行政管理秩序，本质上乃是指其违反了行政法上的义务。行政法上的义务，是指由法律、法规和规章所设定的公民、法人或者其他组织在行政管理中必须履行（作为义务）或遵守（不作为义务）的义务。

"处罚法定"乃是《行政处罚法》的基本原则，它不仅要求行政机关的处罚权是法定的，也要求当事人所违反的义务及接受处罚的义务是法定的。法律将行政法上的义务设定给谁，这位当事人违反了该义务，他就是被处罚人。简单地说，法律、法规和规章将义务设定给谁，谁就是处罚对象。这是确定被处罚人的基本规则。

2. 责任自负原则

责任自负原则，就当事人的视角，是指凡是实施了违法行为的人，应当自己对自己的违法行为承担负责；对国家机关而言，只能追究实施违法行为的当事人的法律责任，不得追究其他人的法律责任，除非法律有特别规定。

责任自负原则，是现代法的一般原则，是对封建王朝下的株连和不当联结的否定，体现了现代法的进步。这一原则作为行政处罚对象的认定规则，就是要求当某一当事人违反行政管理秩序而必须依法处罚时，不得波及，特别是不得和其单位、家庭成员相捆绑。行政处罚只能处罚实施违法行为的当事人本人，不得处罚当事人以外的其他人员和组织，除非法律设置了连带责任和转移责任。

§7.4　特殊情形中对处罚对象的确定

在单一的法律关系中，对行政处罚对象的确定并非难事，可在多重法律关系中，如何确定行政处罚的对象，并非易事。具体情况应当具体分析。

一、在借用关系中以谁为处罚对象

如果当事人借用别人的工具（如车辆等）从事或发生了违法行为。按照责任自负原则，借用人是实际违法行为人，当然必须依法处罚作为行为人的借用人。借用人违反什么法律，就按什么法律处罚。出借人原则上不为借用人的违法行为承担责任。但在下列情况下，出借人也应当承担责任：1.明知借用人借用工具从事违法行为的，按共同违法处理；2.违反法律规定出借工具的，如出借枪支、不合格的车辆等，不是按使用人的违法行为处罚，而是按违反出借方面的法定义务处罚；3.如果法律有特别规定出租人应当承担连带责任的。

二、在租赁关系中以谁为处罚对象

承租人承租了出租人的场所、工具或设备进行生活或生产的，只要租赁关系是合法成立的，原则上由承租人对自己的行为承担责任。除非出租人明知承租人从事违法活动。另外，还应当具体看待法律是将义务设定给所有权人还是使用权人。谁的义务谁违反了，就应当处罚谁。

有这么一个案例：承租人租房后未经出租人同意并在出租人不知情的情况下私自违法加建了房屋。执法机关以出租人为处罚对象进行了处罚，理由是：出租人作为合法建筑所有人有履行监管自己房屋合法使用的义务。这里将违建行为与监管行为混为一谈了。违法建设的当事人，可以是合法建筑的所有人、使用人，也可以是与建筑没有关系的第三人。只要是违法建筑的建设者（决定人和实施人），就是违法建设的当事人，就应当对他进行处罚。所以，在本案中，实施违法建设的承租人才是违法建设的当事人，执法机关应当对其依法处罚并责令其纠正违法。就出租人而言，如果他知情而不阻拦，可作为共同违法建设人对待；他如果确实不知情，对他不可作为违法建设当事人处罚。但他作为房屋所有权人，他具有对自己房屋被合法使用的监管义务。出租人发现承租人在出租房上实施违法建设之后，应当及时进行纠正（拆除），纠正费用向承租人追偿。如果不予纠正的，有关执法机关可以对出租人的怠于监管的行为依法进行处罚。

三、在承包关系中以谁为处罚对象

发包人将土地、建设工程等发包给承包人，如果这一承包关系是合法成立的，在承包期间承包人实施了承包关系内或关系外的违法行为，原则上都由承保人自行承担；如果这一承包关系是违法而不成立的，那么，在承保期间承包人实施了承包关系内或关系外的违法行为，发包人与"承包人"都应当承担责任。

四、在雇佣关系中以谁为处罚对象

在运输和其他有关领域，存在一些雇佣关系。根据民法对雇佣关系当事人之间的责任认定原则，在具有雇佣关系的当事人之间，被雇佣人按照雇主的要求所实施的行为，一般应认定为雇主的行为，所产生的行政法律责任应当由雇主承担；如果违法行为由雇员个人所致，且法律将法定义务设定给行为人的，那才由雇员承担责任。

五、在委托关系中以谁为处罚对象

在委托关系中，被委托人从事委托事务而违法的，原则上由委托方承担责任，如果被委托人是明知该行为违法的，那就共同承担责任。如果被委托人超越委托权限和范围从事违法行为的，由被委托人承担责任。

六、在公司与股东关系中以谁为处罚对象

股东发起设立和投资公司，该公司的行为由自己决定和负责，公司的违法行为由公司自己负责，不连及股东。但如果公司的违法行为由股东所决定，那就由公司和股东一并作为处罚对象。

七、名义人与实际控制人不一致时以谁为处罚对象

在公司治理中，常有这种情况：某人被登记为法定代表人，但不是真正的法定代表人；某组织被登记为股东，但它不是真正的股东……当法律将法定义务设定给名义行为人时，由名义行为人作为被处罚人；当法律为实际控制人设定义务时，实际控制人也可作为被处罚人；当法律为名义

行为人与实际控制人共同设定义务时，它们可以共同成为被处罚人。

八、在行为人与直接主管人员之间以谁为处罚对象

有的法律不仅为行为人，而且同时为直接主管人员设定了义务，这时，除了行为人本人，直接主管人员也应当承担责任。如运输单位的车辆有超载或违规载货，经处罚不改的，可以对直接负责的主管人员进行处罚。

九、在单位成员、单位机构和单位关系中如何确定处罚对象

单位是指依法登记成立的法人组织或非法人组织；单位内部的组织就是单位的内部机构，如某科某室；单位的工作人员就是单位成员。法律设定义务一般是直接设定给个人或单位，而不设定给单位内设机构，因为它不具有法律上的主体资格。如果一个培训学校（单位）里的培训部（机构）的一位老师（成员）将培训楼里的消防安全门锁上了，可以该老师和单位为被处罚人，但不能以培训部为被处罚人，但将培训部领导确定为直接主管人员是可以的。①

十、行为人无法确定时以谁为处罚对象

当行为人无法确定，而法律明文规定由所有权人或管理人承担责任时，可由所有权人或管理人作为被处罚人。如公安机关交通管理部门根据交通技术监管记录资料无法确定驾驶人的，可以对违法的机动车所有人或者管理人依法予以处罚。

无论上述哪种情况，无论对谁进行处罚，都必须有法律、法规和规章的明文依据。这是处罚法定原则的要求。

十一、违法建筑的建设者与使用者不一致时以谁为处罚对象

海南省高级人民法院关于张向平与三亚市吉阳区综合行政执法局行政处罚《再审行政判决书》（〔2020〕琼行再1号）的“裁判要旨”指出：未取得建设工程规划许可证或者未按照建设工程规划许可证的规定进行

---

① 俄罗斯《联邦行政违法法典》第二条之一第3款规定：“对法人作出行政处罚，不得导致免除在该行政违法行为中有过错的自然人的行政责任。”

建设的违法建筑的处罚对象是违法建筑的建设者。违法建筑经转让后被查处的，无论该违法建筑转让几次，仍应以违法建筑的建设者为被处罚人，受让人非适格的被处罚人。我们赞同这一"裁判要旨"。

十二、公务人员在履行职务过程中违法应以谁为处罚对象

这里旨在讨论一个问题，当公务人员在履行职务过程中，违反行政管理秩序，是否可以对其行政处罚？在现实中常有这样的事例：城管执法人员在执法过程中殴打当事人，公安机关对其行政拘留。

我们认为，公务人员的执法行为或在执法中殴打他人的，都属于执法行为违法，不能适用《行政处罚法》《治安管理处罚法》对其行政处罚，而应当由有关监督部门追究其纪律责任，公民、法人或者其他组织可以对该公务人员所代表的机关申请行政复议、提起行政诉讼，要求有权机关确认其行为违法并要求赔偿。但如果公务员从事与职务无关行为违反行政管理秩序，就应当作为行政相对人适用行政处罚，如某公务员在家与邻居争议而殴打邻居者。原国务院法制办公室《对〈关于对国家行政机关工作人员执行职务过程中的违法行为能否给予治安处罚的请示〉的复函》（国法秘函〔2005〕256 号）[1] 已表明了这一态度。不少地方法院的行政裁判也支持了这一观点。[2]

俄罗斯《联邦行政违法法典》规定公务员在一定条件下也可成为处

---

[1] 原国务院法制办公室《对〈关于对国家行政机关工作人员执行职务过程中的违法行为能否给予治安处罚的请示〉的复函》（国法秘函〔2005〕256 号）：安徽省人民政府法制办公室，你办《关于对国家行政机关工作人员执行职务过程中的违法行为能否给予治安处罚的请示》（皖府法〔2005〕44 号）收悉。经研究，并征求全国人大常委会法工委的意见，现复函如下：根据有关法律规定，行政机关工作人员在执行职务时在故意或者重大过失侵犯公民合法权益造成损害的，一是承担民事责任，即承担部分或者全部的赔偿费用；二是承担行政责任，即由有关行政机关依法给予行政处分。同时，依照刑法规定，构成犯罪的，还应当承担刑事责任。行政机关工作人员执行职务时的侵权行为，不属于治安管理处罚条例规定的违反治安管理的行为，不应当给予治安管理处罚。二〇〇五年七月八日。

[2] 如福建省高级人民法院《行政裁定书》（〔2018〕闽行申 295 号）。

罚对象。其第二条之四（公职人员的行政责任）规定："公职人员因不履行自己的职责或没有认真履行自己的职责而实施了行政违法行为的，应当承担行政责任。"

十三、物业管理中的业主委员会是否可以作为处罚对象

物业管理中的业主委员会系由一定住宅区域内的业主通过选举而产生，是业主行使共同管理权的一种民间自治组织。它依据《物业管理条例》履行自己的职责。业主委员会不同于物业公司，不具有法人资格，因此关于它是否可以成为行政处罚的对象，在理论上和实践中存在一定的分歧。我们认为，如果业主委员会做出了应当处罚的违法行为（违反行政管理秩序行为），那么它就是行政处罚对象。具体理由如下：

1. 根据《行政处罚法》第 2 条规定，行政处罚的主体对象是"违反行政管理秩序的公民、法人或者其他组织"。《物业管理条例》（2018）第 16 条第 1 款又规定："业主委员会应当自选举产生之日起 30 日内，向物业所在地的区、县人民政府房地产行政主管部门和街道办事处、乡镇人民政府备案。"业主委员会作为由业主自由选举产生的民间自治组织，它既不是行政机关，也不是法律、法规授权的行政主体，它既不是"公民"，也不是"法人"，但它属于行政相对人中的"其他组织"，因而可以成为行政处罚对象。

2. 业主委员会具有行政管理相对人的地位，这就决定了它可以成为行政罚的对象。《物业管理条例》（2018）第 19 条规定："业主大会、业主委员会应当依法履行职责，不得作出与物业管理无关的决定，不得从事与物业管理无关的活动。业主大会、业主委员会作出的决定违反法律、法规的，物业所在地的区、县人民政府房地产行政主管部门或者街道办事处、乡镇人民政府，应当责令限期改正或者撤销其决定，并通告全体业主。"这说明，就它与政府部门而言，它是行政管理的相对人一方，而不是行政主体。业主委员会与业主之间的关系也不是行政关系，而是一种民事关系。

3.业主委员会具有行政复议申请人和行政诉讼原告的资格，这就意味着它本身就可以成为行政处罚对象。业主委员会如果认为行政机关或法律法规授权组织作出的行政行为侵害其合法权益的，同样有权申请行政复议或提起行政诉讼。《最高人民法院关于适用〈中华人民共和国行政诉讼法〉的解释》（法释〔2018〕1号）第18条第1款明确："业主委员会对于行政机关作出的涉及业主共有利益的行政行为，可以自己的名义提起诉讼。"

4.业主委员会有能力和条件接受和履行行政处罚所规定的义务。对于业主委员会的行政处罚，除了有些处罚手段无法适用外（如行政拘留），大量的处罚手段（包括罚款等）都是可以适用的。就以罚款处罚而言，业主委员会也是能够履行缴纳罚款义务的。业主委员会自己有财产的由自己承担，自己无财产的，则由全体业主承担。《民法典》（2020）第104条规定："非法人组织的财产不足以清偿债务的，其出资人或者设立人承担无限责任。法律另有规定的，依照其规定。"

§7.5 处罚对象错误及法律后果

一个合法有效的行政处罚行为，不仅要求处罚主体够格（具有行政主体资格并具有行政处罚权），而且同时要求处罚对象正确。行政处罚对象错误会导致行政处罚违法并影响行政处罚的效力。处罚对象错误，无论是行为对象还是主体对象，都属于事实认定错误，是一种应当撤销的行政违法行为。

处罚对象错误，系指行政处罚机关认定处罚对象错误，主要发生于主体对象上，即张冠李戴。至于张三虽有违法行为，但对依法不予处罚者作出处罚，这不属于处罚对象错误，而属于适用法律错误。

处罚对象错误发生后，行政机关有义务自我纠正。行政机关不自我纠正的，被处罚人可适用《行政复议法》和《行政诉讼法》申请行政复议和提起行政诉讼。当事人针对处罚对象错误，可作为"事实认定错误"

提起"确认违法之诉"、"撤销之诉"和"确认无效之诉"。

行政复议机关在行政复议程序中，可以依据《行政复议法》（2023）第64条规定，依法对行政机关作出"撤销""责令重作"等复议决定。同样，人民法院在行政诉讼程序中，可以依据《行政诉讼法》（2017）第70、75条，依法对行政机关作出"撤销判决"和"确认无效判决"，同时也可责令重新作出行为。

如果行政机关因处罚对象错误而导致当事人合法权益侵害的，还必须依据《国家赔偿法》承担行政赔偿责任。

【延伸思考】

1.行政处罚对象如何界定？行政处罚对象错误会有什么法律后果？

2.行政处罚行为对象如何界定？它有哪些类型和形态？

3.行政处罚主体对象如何界定？单位与个人的双重主体如何确定？

4.公安机关对于城管执法人员执法中的打人行为可否适用治安处罚？

【规范链接】

▶▶《中华人民共和国宪法》（2018）第32—33条

▶▶《中华人民共和国民法典》（2020）第104条

▶▶《中华人民共和国行政处罚法》（2021）第2、5、30—31、84条

▶▶《中华人民共和国行政复议法》（2023）第64条

▶▶《中华人民共和国行政诉讼法》（2017）第70、75条

▶▶《中华人民共和国未成年人保护法》（2024）第58条

▶▶《中华人民共和国无障碍环境建设法》（2023）第28条

▶ 国务院《物业管理条例》（2018）第16、19条

▸《全国人大法工委对关于违反规划许可、工程建设强制性标准建设、设计违法行为追诉时效有关问题的意见》（法工办发〔2012〕20号）

▸《最高人民法院关于适用〈中华人民共和国行政诉讼法〉的解释》（法释〔2018〕1号）第18条

▸原国务院法制办公室《对〈关于对国家行政机关工作人员执行职务过程中的违法行为能否给予治安处罚的请示〉的复函》（国法秘函〔2005〕256号）

▸原国务院法制办公室《对湖北省人民政府法制办公室〈关于如何确认违法行为连续或继续状态的请示〉的复函》（国法函〔2005〕442号）

▸原建设部《城市建筑垃圾管理规定》（建设部令2005年第139号）第26条

▸原环境保护部《规范环境行政处罚自由裁量权若干意见》（环发〔2009〕24号）

▸原国家环境保护总局《关于污泥排入城市下水道法律适用问题的复函》（环函〔2005〕259号）

▸《环境行政处罚办法》（环境保护部令2010年第8号）第9条

第8章　行政处罚管辖论

行政处罚的管辖是确定某个行政处罚案件由哪一个行政机关受理和实施处罚的法律制度。《行政处罚法》分别规定了行政处罚案件的地域管辖、级别管辖、共同管辖和移送管辖等管辖制度。

§8.1　行政处罚管辖及其意义

一、行政管辖及意义

管辖（Jurisdiction）最早形成于诉讼法领域，是指法院审理和裁判案件的权限。[①] 它是法院受理案件的基础，对于保护当事人诉权和实体权利具有重要作用。行政机关实施行政行为同样存在管辖问题，这就是行政管辖（administrative jurisdiction）。

行政管辖是指行政机关对某一行政事项依法所拥有的专有管理范围，旨在解决行政机关之间的权力分工，决定某一行政事项由哪一地和哪一级的行政机关处理。它具有四个法律特性。

一是内部性。行政管辖具有分工上的内部性。管辖划分的是行政机

---

① 参见 L.B.科尔森、L.B.Curzon：《郎文法律词典》，法律出版社 2003 年英文版，p.235；Bryan A.Garner：《牛津现代法律用语词典》，法律出版社 2003 年英文版，p.488；BLACK'S LAW DICTIONARY, Henry Campbell Black, M.A., ST.PAUL MINN, West Publishing Co.1979, p.766.

关系统内部相互之间的分工和权限，而不是划分行政机关与其他国家机关之间以及国家机关之间处理行政争议的分工和权限。因此，行政的管辖不同于行政主管，只限于处理行政机关与行政机关之间的关系，而不是行政机关与其他国家机关之间的关系。行政管辖内部性还表现在，行政管辖权的法律效力范围限于行政主体系统之内，不涉及行政相对人的实体权利。

二是法定性。行政管辖是由法律设定的法律制度，并不是由行政机关之间，或者行政机关与其他国家机关之间自行协商的结果，同样也不是行政主体与行政相对人自行协商的结果。行政主体和行政相对人，或者行政相对人之间，都不能通过协议变更行政管辖权。行政管辖的法定性是"职权法定"原则的体现、延伸和要求。

三是排他性。行政管辖的排他性，也称行政管辖的独占性，是指任何一项行政事务只能由一个行政主体行使管辖权，从而确保行政主体行使行政职权的有效性。行政管辖权的排他性表现在：1.行政主体对某一行政事务行使管辖权后，就排除了其他任何机关对该行政事务同时行使管辖权；2.如果行政主体受理了不属于自己管辖的行政事务，它就应当移送至有管辖权的机关，不得退回行政相对人；3.行政主体不得对同一行政事务行使两次以上的管辖权。

四是程序性。行政管辖属于行政程序制度，而不是行政实体制度。在已制定"行政程序法"的国家里，行政管辖都由"行政程序法"作出规定。行政管辖直接决定行政主体之间的权限划分，并不直接决定相对人权利与义务的处分。行政主体违反行政管辖制度不属于实体上的越权行为，而属于程序违法。

行政管辖作为一种行政法律制度，它包括职能管辖、地域管辖、级别管辖、共同管辖和移送管辖等制度。

确立行政管辖，便于提高行政管理的效率，防止出现管理重复和管理真空，有效阻却推诿扯皮、重复处罚、多头处罚、滥用职权，从而节省行政执法资源，保证行政执法活动高效有序进行。行政管辖的法理基础是防止多个行政主体对同一行政事务作出互相矛盾的行政决定，从而丧失了行政决定的可执行性。行政管辖作为行政程序法上一个重要的法律制度，是确保行政权有效行使的重要前提。

二、行政处罚管辖及意义

行政管辖包括行政处罚管辖。行政处罚管辖乃是行政处罚领域中的行政管辖制度，它是指针对某类行政处罚案件确定由哪一个行政处罚机关受理和实施处罚的法律制度，旨在解决行政处罚机关之间的行政处罚权力分工，决定某一行政处罚案件由哪一地和哪一级的行政机关处理。

《行政处罚法》第 22—27 条规定了我国的行政处罚管辖制度，覆盖了行政处罚的地域管辖、级别管辖、共同管辖和移送管辖。从行政法理上说，它还包括职能管辖。我国行政处罚管辖制度充分考虑和体现了便利当事人原则、有利于维护公共利益和社会秩序原则，以及原则性与灵活性相结合的原则。

行政处罚管辖的意义既在于防止重复处罚，又在于防止出现处罚真空。正确划定行政处罚的管辖范围，最终有利于防止和阻却行政执法主体滥用职权和逐利执法，从而提高行政效率，全面保护公民、法人或者其他组织的合法权益。

§8.2 职能管辖：主管部门管辖原则

职能管辖，其实是指不同类别行政机关之间对事项权限的划分，它由各类行政机关的行政职能定位所决定。

根据《宪法》（2018）第 30 条和第 85 条规定，我国从中央到地方的各级人民政府，包括国务院（中央人民政府）、省级人民政府（省、自治区、直辖市人民政府）、县市（自治州、自治县）人民政府和乡镇（民族乡）人民政府。它们是各级权力机关的执行机关。

而县级以上各级人民政府又由各所属工作部门所组成。如国务院各部、委员会、中国人民银行、审计署和具有行政管理职能的直属机构以及法律规定的机构，它们属于国务院的工作部门；省人民政府的有关厅局办等工作机构，也是省人民政府的工作部门。

我国法律法规对行政职权的设定，有的设定给了各级人民政府，因为各级人民政府属于综合性的行政机关，而有的直接设定给了人民政府的所属工作部门。各级人民政府与其工作部门之间，以及同一人民政府各工作部门之间关于事项权的划分，就是职能管辖。

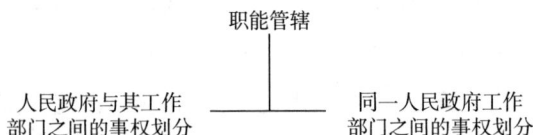

职能管辖

人民政府与其工作 部门之间的事权划分		同一人民政府工作 部门之间的事权划分

职能管辖旨在解决各级人民政府与其所属工作部门之间，以及同一人民政府所属工作部门之间关于行政事项权的划分。① 上下级人民政府之间的事项权划分不属于职能管辖划分，而属于行政级别管辖；上下级同类工作部门之间（如国务院工商行政管理部门与省工商行政管理部门之间）关于事权的划分同样属于级别管辖。

行政处罚中的职能管辖，就是指法律法规规定某类行政处罚案件应当由人民政府还是工作部门，或者由哪一类工作部门处理的法律制度。它是行政权限划分制度的一部分。

---

① 在德国，职能管辖被称为"物的管辖权"。其《违反秩序罚法》第36条（行政官署物之管辖权）规定："（1）物之管辖为：①依法律所定之行政官署。②法律无规定者。a.有事务管辖权之最高邦官署。b.由联邦官署执行之法律者，有事务管辖权之联邦部长。（2）邦政府得将第一项第二款（a）之管辖权，依法规命令，将其授权其他官署或其他机构。（3）依第一项第二款（b），有管辖权之主管联邦部长得依不须经联邦参议院同意之法规命令，将其管辖权授权其他官署或其他机构。"越南《社会主义共和国行政违法处罚法》第18条也是属于对职能管辖的规定。该条规定："（处罚权限的划分原则）1.本法第十七条第1款、第2款所指有处罚权的各级人民政府、国家机关和个人之间的行政违法处罚权限划分原则，由根据违法行为种类、性质确定相应处罚权的文件规定。2.如果违法行为同属多个国家机关规定处罚权限，则由首先受理的机关处罚。"

我国不少法律法规的规定，如《道路交通安全法》（2021）第 5 条[①]，《食品安全法》（2021）第 5[②]、6 条[③]等，就属于对行政职能管辖的法律表达方式。

§8.3　地域管辖：违法行为发生地管辖原则

一、地域管辖的基本规定

行政处罚地域管辖，是指不同行政区域的同类行政机关处理行政处罚案件的分工制度。通俗地说，地域管辖是解决行政处罚案件发生之后，应当由"哪一地"的行政机关来处理的问题。

《行政处罚法》第 22 条规定："行政处罚由违法行为发生地的行政机关管辖。法律、行政法规、部门规章另有规定的，从其规定。"这是《行政处罚法》对行政处罚地域管辖原则的基本规定。理解这一基本规定，应当掌握以下两点。

---

① 《道路交通安全法》（2021）第 5 条规定："国务院公安部门负责全国道路交通安全管理工作。县级以上地方各级人民政府公安机关交通管理部门负责本行政区域内的道路交通安全管理工作。县级以上各级人民政府交通、建设管理部门依据各自职责，负责有关的道路交通工作。"

② 《食品安全法》（2021）第 5 条规定："国务院设立食品安全委员会，其职责由国务院规定。国务院食品安全监督管理部门依照本法和国务院规定的职责，对食品生产经营活动实施监督管理。国务院卫生行政部门依照本法和国务院规定的职责，组织开展食品安全风险监测和风险评估，会同国务院食品安全监督管理部门制定并公布食品安全国家标准。国务院其他有关部门依照本法和国务院规定的职责，承担有关食品安全工作。"

③ 《食品安全法》（2021）第 6 条规定："县级以上地方人民政府对本行政区域的食品安全监督管理工作负责，统一领导、组织、协调本行政区域的食品安全监督管理工作以及食品安全突发事件应对工作，建立健全食品安全全程监督管理工作机制和信息共享机制。县级以上地方人民政府依照本法和国务院的规定，确定本级食品安全监督管理、卫生行政部门和其他有关部门的职责。有关部门在各自职责范围内负责本行政区域的食品安全监督管理工作。县级人民政府食品安全监督管理部门可以在乡镇或者特定区域设立派出机构。"

一是行政处罚由违法行为发生地的行政机关管辖。当事人在哪一地方实施违法行为，就由当地的行政机关进行处罚。实行"属地管辖原则"，方便调查取证，有利于提高执法效率，降低执法成本，同时方便当事人。世界上大多数国家的行政处罚制度都采取"属地管辖"。[①]

二是法律、行政法规、部门规章另有规定的，从其规定。这就是说，这里的"属地管辖"不是绝对的，如果法律、行政法规、部门规章规定了另外的管辖规则，从其规定。[②] 这主要是考虑到行政处罚案件的多样性和复杂性。

二、"违法行为发生地"的界定

"违法行为发生地"，可简称"违法行为地"。德国《违反秩序罚法》规定，违法行为地包括作为行为地与不作为行为地、单一违法行为地与共同违法行为地，包括当事人的意愿发生地与实际发生地、行为发生地与行为结果地等。[③]

---

① 如奥地利《行政罚法》第 27 条第 1 款规定："(1) 违反行政义务之行为由行为地之行政官署管辖，如属于构成要件之结果，在其他区域内发生时亦同。"德国《违反秩序罚法》第 37 条规定："(行政官署地之管辖权) (1) 行政官署地之管辖为：①违反秩序系要其管辖之区域内所为者或在此区域发现者。②在处罚罚锾程序开始时，关系人之住所在其管辖区域内者。(2) 处罚罚锾程序开始后，关系人之住所变更者，新住所在其区域内之行政官署，亦有地之管辖权。(3) 关系人在本法有效之地域内无住所者，以其居所地定其管辖权。(4) 违反秩序系在本法有效实行地域外之合法插有联邦旗帜之船只上所为者，船籍港或行为后该船只最先到达本法有效实行地域之港口之行政官署，有地之管辖权。前段规定对于合法拥有德意志联邦共和国国徽之航空器准用之。"
② 如：《海关行政处罚实施条例》(2022) 第 3—4 条；《道路交通安全违法行为处理程序规定》(2020) 第 4—5 条；《安全生产违法行为行政处罚办法》(2015) 第 6、10、11 条；等等。
③ 德国《违反秩序罚法》第 7 条规定："(行为地) (1) 行为人着手实行行为之地，或在不作为之情形，以行为人应开始实行而不实行之地，或属于构成事实之结果发生之地或依行为人之原意，应发生之地，皆为行为地。(2) 共犯之行为地系法律规定之构成事实之地且法律允许处罚罚锾者，或依共犯之原意，将实行之地，亦为行为地。"

我国《行政处罚法》第 22 条所规定的"违法行为发生地",是指当事人作出违法行为的地点。它包括违法行为的准备地、实施地、经过地和结果发生地,即包括违法行为各个阶段所处和所经历的空间。

三、"违法行为发生地"的例外规定

《行政处罚法》第 22 条规定:"行政处罚由违法行为发生地的行政机关管辖。法律、行政法规、部门规章另有规定的,从其规定。"这就意味着,违法行为发生地管辖原则并不是一项绝对的原则,它可以存在例外,但可以作出例外规定的只限于法律、行政法规和国务院的部门规章,地方性法规和地方政府规章无权作出违法行为发生地管辖原则的例外规定。

§8.4 级别管辖:县级以上行政机关管辖原则

一、级别管辖的基本规定

级别管辖,是解决行政处罚案件发生之后,应当由哪一级的行政机关来处理的问题。

《行政处罚法》第 23 条规定:"行政处罚由县级以上地方人民政府具有行政处罚权的行政机关管辖。法律、行政法规另有规定的,从其规定。"这是对县级以上行政机关管辖原则的确认。对于级别管辖的规定,同样包含了两个意思:

一是行政处罚由县级以上地方人民政府具有行政处罚权的行政机关管辖。这里有三个要点:1."县级"包括县级市和县级区(直辖市的区)等;2."县级以上"包括县级本身,所以县人民政府就可以依法行使处罚权;3."行政机关"包括县级人民政府和县级人民政府具有执法权的职能部门。

二是法律、行政法规另有规定的,从其规定。这里的"例外法"范围比地域管辖中的"例外法"范围要小,只限于法律和行政法规,不包括部门规章。《行政处罚法》第 24 条本身就是一个"除外"规定。

二、级别管辖的例外规定

《行政处罚法》第 24 条第 1 款规定："省、自治区、直辖市根据当地实际情况，可以决定将基层管理迫切需要的县级人民政府部门的行政处罚权交由能够有效承接的乡镇人民政府、街道办事处行使，并定期组织评估。决定应当公布。"这一规定，既属于对实施行政处罚主体的间接授权，又属于行政处罚管辖权的下放。

另如《治安管理处罚法》（2012）第 91 条规定："治安管理处罚由县级以上人民政府公安机关决定；其中警告、五百元以下的罚款可以由公安派出所决定。"这也是一种级别管辖的规定。

§8.5　共同管辖：最先立案和上级指定原则

一、共同管辖的基本规定

《行政处罚法》第 25 条规定："两个以上行政机关都有管辖权的，由最先立案的行政机关管辖。对管辖发生争议的，应当协商解决，协商不成的，报请共同的上一级行政机关指定管辖；也可以直接由共同的上一级行政机关指定管辖。"这是对共同管辖状态下如何确定一个行政机关进行管辖的规定。

二、共同管辖的基本情形

发生和出现以下等情形时，属于共同管辖状态：

1.违法行为的准备地、实施地、经过地和结果发生地不在同一地方，上述不同地方的行政机关都对该案具有管辖权。

2.违法行为的实施地与发现地不在同一地方的，行为实施地与行为发现地的行政机关都对该案具有管辖权。[1]

3.两个以上当事人的共同违法，共同违法行为发生在不同地方，不

---

[1]　如《海关行政处罚实施条例》（2022）第 3 条第 1 款规定："海关行政处罚由发现违法行为的海关管辖，也可以由违法行为发生地海关管辖。"

同地方的行政机关都对该案具有管辖权。

当两个以上行政机关对同一个行政处罚案件都有管辖权时，就会出现共同管辖的状态。在共同管辖的状态下还是需要确定一个行政机关进行管辖。对此有两个处理规则：最先立案管辖原则和指定管辖原则。

三、最先立案管辖原则

最先立案管辖，是指当两个以上行政机关都有管辖权时，由最先立案的行政机关管辖。如果两个以上行政机关在不知情的情况下已同时立案，应当对比立案时间的早晚，由立案较晚的行政机关撤案。

世界上大多行政处罚制度都确立了这一规则。如奥地利《行政罚法》第 27 条第 2 款规定："属于多数官署管辖之案件，或其行为地点无从查明时，由首先着手侦查之行政官署（第三十二条第二项）管辖之。"越南《社会主义共和国行政违法处罚法》第 18 条第 2 款规定："如果违法行为同属多个国家机关规定处罚权限，则由首先受理的机关处罚。"

我国《行政处罚法》第 25 条第 1 款规定："两个以上行政机关都有管辖权的，由最先立案的行政机关管辖。"这已成为我国行政处罚共同管辖中选定管辖的普遍规则，我国不少法规和规章已落实了这一制度。如《海关行政处罚实施条例》（2022）第 3 条第 2 款规定："2 个以上海关都有管辖权的案件，由最先发现违法行为的海关管辖。"生态环境部《生态环境行政处罚办法》（2023）第 14 条第 1 款规定："两个以上生态环境主管部门都有管辖权的，由最先立案的生态环境主管部门管辖。"

必须注意的是，《行政处罚法》确立的是"最先立案"规则，而不是"最先发现"规则。这就是说，如果一个机关最先发现违法行为但没有立案，另一机关后发现但立案了，那就应当由后一机关管辖。但由于最先管辖规则属于地域管辖的范畴，根据《行政处罚法》第 22 条规定，如果法律、行政法规、部门规章另有规定的，就应当从其规定。

四、指定管辖原则

指定管辖，是指当管辖权发生争议时，由特定的行政机关确定管辖权的法律制度。指定管辖的机关，是管辖权争议机关的共同上级行政机关；指定管辖的条件，是争议机关协商不成而报请指定，也可由共同上级行政机关依职权直接指定。

如果说最先立案管辖是共同管辖权的行政机关之间自我处理的规则，那么指定管辖是指在具有共同管辖权的行政机关之外由第三方确定管辖的规则。它也是世界上的通用规则。德国《违反秩序罚法》第39条第3款规定，如果出现管辖权的竞合，先由共同管辖的行政机关自行协商，协商不成时，报请"共同直接上级行政官署"决定。

我国《行政处罚法》第25条第2款规定："对管辖发生争议的，应当协商解决，协商不成的，报请共同的上一级行政机关指定管辖；也可以直接由共同的上一级行政机关指定管辖。"不少法规和规章也已落实了这一规则。《海关行政处罚实施条例》（2022）第3条第3—4款规定："管辖不明确的案件，由有关海关协商确定管辖，协商不成的，报请共同的上级海关指定管辖。重大、复杂的案件，可以由海关总署指定管辖。"工业和信息化部《工业和信息化行政处罚程序规定》（2023）第8条第2款规定："两个以上工业和信息化管理部门对管辖发生争议的，应当在发生争议之日起7日内协商解决，协商不成的，应当在7日内报请共同的上一级工业和信息化管理部门指定管辖；也可以直接由共同的上一级工业和信息化管理部门指定管辖。"

围绕《行政处罚法》及相关法律、法规和规章的这一规定，关于行政处罚中的指定管辖必须把握以下几点。

第一，指定管辖是对最先管辖规则的补充。能够确定管辖时间先后的，应当由最先立案的行政机关管理。只能当都具有管辖权的行政机关之间对谁最先立案的时间认定出现分歧时，才适用报请共同上级机关指定管辖。

第二，行政机关协商管辖不是无条件的。《行政处罚法》第25条第2款第一句规定："对管辖发生争议的，应当协商解决，协商不成的，报请共同的上一级行政机关指定管辖"。这里不仅意味着协商管辖不成是报请指定管辖的前提，而且意味着在共同管辖中可以由都具有管辖权的行政机关协商确定管辖。问题在于，这里的协商是否可以违背最先立案管辖规则，即只要双方或多方同意，可以将案件移送给不是最先立案的机关管辖？这一点，立法本身是不明确的。如果认为协商的结果可以对抗"最先立案"规则，那么，《行政处罚法》第 25 条第 1 款关于"最先立案"管辖的规定就可能在很大程度上被架空；如果协商的结果不可以对抗"最先立案"规则，那么，《行政处罚法》第 25 条第 2 款关于"协商管辖"的规定就失去意义。笔者认为，这里的协商管辖只是为了认同和解决谁最先立案的时间问题，而不是指可以自由地协商由谁管辖的问题。就是说，协商管辖不得违反《行政处罚法》第 25 条第 1 款关于"最先立案"的规则，法律、行政法规、部门规章另有规定的除外。①

第三，上级行政机关指定管辖也不是无条件的。根据《行政处罚法》第 25 条第 2 款规定，指定管辖分两种情况：一是报请指定管辖。即因下级行政机关协商管辖不成，它们报请共同的上一级行政机关指定管辖；二是直接指定管辖。即下级行政机关并没有报请共同的上一级行政机关指定管辖，但共同的上一级行政机关自己发现下级机关之间的管辖争议后，就依职权直接指定管辖。但无论是哪一种指定管辖，都必须受到《行政处罚法》第 25 条第 1 款（最先立案管辖规则）的约束，除非法律、行政法规、部门规章另有规定。

§8.6 移送管辖：行政与司法的双向移送

行政处罚中的移送管辖，特指行政机关与司法机关之间的案件移送制度。《行政处罚法》第 27 条第 1 款规定："违法行为涉嫌犯罪的，行

---

① 《行政处罚法》第 22 条规定："行政处罚由违法行为发生地的行政机关管辖。法律、行政法规、部门规章另有规定的，从其规定。"

政机关应当及时将案件移送司法机关，依法追究刑事责任。对依法不需要追究刑事责任或者免予刑事处罚，但应当给予行政处罚的，司法机关应当及时将案件移送有关行政机关。"这是一种双向移送制度。

对行政机关而言，当发现所立的行政处罚案件涉嫌刑事犯罪时，应当及时将案件移送司法机关，由司法机关依法追究刑事责任。不得以行政处罚代替刑事处罚。为此，《行政处罚法》第 8 条第 2 款规定："违法行为构成犯罪，应当依法追究刑事责任的，不得以行政处罚代替刑事处罚。"第 57 条第 1 款又规定："调查终结，行政机关负责人应当对调查结果进行审查，根据不同情况，分别作出如下决定……（四）违法行为涉嫌犯罪的，移送司法机关。"国务院《行政执法机关移送涉嫌犯罪案件的规定》（2020）第 12 条作出了更详细的程序性规定："行政执法机关对公安机关决定立案的案件，应当自接到立案通知书之日起 3 日内将涉案物品以及与案件有关的其他材料移交公安机关，并办结交接手续；法律、行政法规另有规定的，依照其规定。"

对司法机关而言，如果发现刑事案件依法不需要追究刑事责任或者免予刑事处罚，但应当给予行政处罚，应当及时将案件移送有关行政机关。

行政机关与司法机关之间案件双向移送制度的存在，系以行政处罚责任与刑事处罚责任不得重复追究原则为基础。

§8.7　管辖错误及其法律后果

行政机关对行政处罚案件的管辖，凡违反上述管辖规定的，属于管辖错误。管辖错误显然包括违反职能管辖、违反地域管辖、违反级别管辖，还有应当向司法机关移送而不作移送的。

被行政处罚的当事人或者有利害关系的第三人对行政管辖有异议的，可以向行政处理机关或其上级监督机关提出意见，也可作为申请行政复议或提起行政诉讼的理由。

行政处罚机关管辖错误的属于行政违法。在行政违法的归类上，超越职能管辖，或者当事人已构成犯罪应当移送司法而不移送的，属于超越职权；其他违反管辖的行为，则按程序违法对待。

管辖错误作为一种行政违法是否一律无效，这要视具体情况综合确定。对于违反职能管辖中的重大而明显的越权行为可以考虑作无效行为处理，如工商行政管理部门行使治安处罚权，或者公安机关吊销当事人由工商机关发放的营业执照。

【延伸思考】

1. 行政处罚管辖与行政复议管辖、行政诉讼管辖有何异同？

2. 行政处罚中的地域管辖与级别管辖如何协调？

3. 行政处罚可以指定管辖吗？如何指定管辖？

4. 对于行政处罚中的"跨洋捕捞"之逐利处罚如何制止？

5. 行政处罚管辖错误会导致什么法律后果？

【规范链接】

➥《中华人民共和国行政处罚法》(2021) 第 22—27 条

➥《中华人民共和国治安管理处罚法》(2012) 第 91 条

➥《中华人民共和国道路交通安全法》(2021) 第 5 条

➥《中华人民共和国食品安全法》(2021) 第 5、6 条

➥《中华人民共和国海关行政处罚实施条例》(2022) 第 3—4 条

➥ 国务院《行政执法机关移送涉嫌犯罪案件的规定》(2020) 第 12 条

➥ 公安部《道路交通安全违法行为处理程序规定》(2020) 第 4—5 条

➥ 原国家安全生产监督管理总局《安全生产违法行为行政处罚办法》(2015) 第 6、10、11 条

第9章 行政处罚证据论

《行政处罚法》的任务在于保障行政主体所作行政处罚决定的合法性。任何行政主体要作出一个合法有效的行政处罚决定，必须具备行政处罚决定赖以作出的事实依据与法律依据。这一"事实依据"就是本章讨论的行政处罚证据问题；而"法律依据"正是下一章要讨论的行政处罚依据问题。

《行政处罚法》第40条规定："公民、法人或者其他组织违反行政管理秩序的行为，依法应当给予行政处罚的，行政机关必须查明事实；违法事实不清、证据不足的，不得给予行政处罚。"由此体现行政处罚"无证据不罚"之原则。

§9.1 行政处罚证据基本概念

一、证据、行政证据、行政处罚证据

关于"证据"的定义，除了刑事诉讼法，我国民事诉讼法和行政诉讼法都未作规定。关于"行政证据"的定义，在行政法律规范乃至所有法律规范中，至今尚不存在。

行政证据无疑是证据的一种。在理论上，关于什么是行政证据，因其范围上的区别而存在两种不同观点。一种观点认为，行政证据是指行政主体作出行政决定的证据，而不是人民法院审理行政案件的证据。也

就是说，行政证据是行政程序中的证据，而不是行政诉讼中的证据；[①]另一种看法是，行政证据是行政程序证据与行政诉讼证据之总和，是指行政法上的证据。[②]

我们认为，行政证据应当是指在行政程序而不是行政诉讼中所使用的证据。完整地说，行政证据是指在行政程序中，由行政主体所收集或相对人所提供的，用以证明行政法事实的一切材料。这说明：1. 行政证据是能够证明行政法事实的一切材料，如用以证明当事人违法的证人证言，或用以证明当事人收入情况的材料；2. 它发生在行政程序中，不是发生在行政诉讼程序中（后者是行政诉讼证据），如行政处罚、行政给付、行政许可中所收集和提供的证据；3. 行政证据包括行政主体收集和使用的证据，也包括当事人收集和提供的证据。

行政处罚证据乃是行政证据的一种，特指行政执法机关为处理行政处罚案件而主动收集或者由当事人提供的，用以证明当事人违法或不违法以及违法情形和后果的证明材料。

二、行政处罚证据的法律特征

行政处罚证据，在法律特征上，是共性与个性的结合体。

一是行政处罚证据的共性。

行政处罚证据，作为一种证据，自然具有证据的共性，即客观性、关联性和合法性。这一证据的三大属性同时构成证据的三大法律特征。《最高人民法院关于适用〈中华人民共和国行政诉讼法〉的解释》（法释〔2018〕1号）第42条规定："能够反映案件真实情况、与待证事实相关联、来源和形式符合法律规定的证据，应当作为认定案件事实的根据。"

[①]　参见姬亚平：《论行政证据与行政诉讼证据关系之重构》，《行政法学研究》2009年第4期。

[②]　如徐继敏在《行政证据通论》中认为："行政证据包括行政程序中的证据与行政诉讼中的证据，它是行政机关认定案件事实和人民法院审理行政案件的依据。"参见徐继敏：《行政证据通论》，法律出版社2004年版，第20页。

这是对证据三大属性的承认。

第一，客观性。客观性也称真实性，指证据是能够反映案件真实情况，能用以证明案件事实的各种材料。它可以是一个文件、一个记录或者一个物品……但它们必须是客观存在的，不是主观臆想或者创作的东西。不是客观存在的东西，不能作为证据。

第二，关联性。世界上的材料千千万万，不是任何材料都能成为证据。只有能够证明事实的材料才可作为证据。这就要求，作为证据的材料必须与待证事实具有关联性。"关联性是证据的自然属性，是证据与案件事实之间的客观存在的联系。"[①]关联性是指证据材料与待证事实之间的客观联系，是有权机关审查判断证据能力的基本标准。缺乏关联性的证据没有证据能力，不属于法律所规定的证据，不能作为认定事实的根据。

第三，合法性。证据材料必须由当事人、证人合法形成并提交，或者由有权机关依法收集。通过违法程序取得的证据不能作为证据使用。根据《最高人民法院关于行政诉讼证据若干问题的规定》（法释〔2002〕21号）第55条规定，人民法院对证据的合法性审查，应当根据案件的具体情况，审查以下几个问题：1.证据是否符合法定形式；2.证据的取得是否符合法律、法规、司法解释和规章的要求；3.是否有影响证据效力的其他违法情形。尤其是非法证据不能作为定案的依据。被处罚当事人收集和提供证据也必须符合法律规定。

二是行政处罚证据的个性。

行政处罚证据，在具有客观性、关联性和合法性共性之外，还保留着它的特殊性。作为"行政处罚证据"，它又具有自己的个性。行政处罚证据必须发生于行政处罚程序之中，它是在行政处罚程序中，按法律及程序要求，由当事人、证人提供或者由行政机关调取收集的，由行政

[①]　何家弘：《论证据的基本范畴》，《法学杂志》2007年第8期。

处罚机关审查取舍，便于作出有关行政处罚决定的客观材料。行政处罚证据受"行政程序法""行政处罚法"而不是"行政诉讼法"规制，并且是为行政主体作出行政处罚决定服务的，这是它不同于其他证据的最大"个性"。这一"个性"决定和影响了制度上的特殊性。

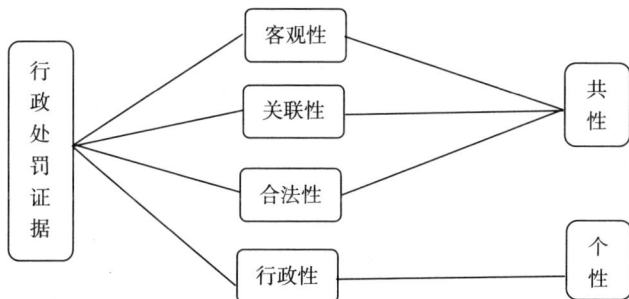

三、行政处罚证据与行政诉讼证据

如果站在广义的行政法学视角，证据就有两类：一是在行政执法阶段所使用的证据，也可称为行政程序证据。如：行政机关对当事人张三进行处罚，行政机关收集并使用了证明张三违法的证据。公民向政府申请低保待遇，他向政府提交用以证明他经济状况的证据。二是在行政诉讼阶段所使用的证据。如案件受理之后，被告行政机关向法院提交的用以证明被诉行政行为合法的证据，或者由原告向法院提交的用以证明自己行为合法、被告行为违法的证据。为论述方便，这里就把前一类证据称作为"行政证据"，把后一类证据称作为"行政诉讼证据"。

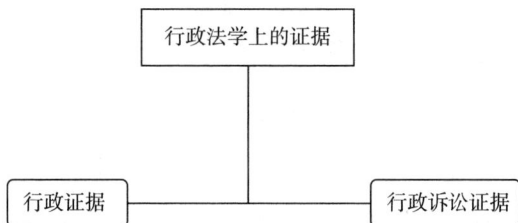

行政处罚证据作为行政证据的一种，它与行政诉讼证据之间的关系就是行政证据与行政诉讼证据之间的关系，表现为同一性、区别性与关

联性。

首先，行政证据与行政诉讼证据都是证据，因而无疑具有作为证据的共性，无论对于前者还是后者，都有客观性、相关性与合法性的要求，这就是它们的"同一性"。

其次，行政证据与行政诉讼证据虽然都是证据，但毕竟还是有区别的。这一"区别性"表现在：1.行政证据是直接为行政主体作出行政决定服务的，而行政诉讼证据则直接为人民法院作出行政裁判服务的；2.行政证据由行政主体依职权收集或由行政相对人提供，而行政诉讼证据则由诉讼当事人提供（大多由行政主体提供，作为被告的行政主体对被诉行政行为的合法性负举证责任）或由人民法院依职权收集；3.行政证据更多的是现实的反映，行政诉讼证据如同其他司法证据一样，更多是对过去事实的反映；4.在行政诉讼中，当事人提供证据受严格的举证期限的限制，而在行政程序中，当事人提供证据的期限不那么严格。

最后，行政证据与行政诉讼证据虽然有区别，是两种不同法律程序，行政程序与行政诉讼程序中的证据制度，但它们之间有关联。由于行政程序一般与行政诉讼相衔接，不少行政行为经过行政程序后会进入行政诉讼，所以，行政诉讼中的证据要求会反致影响对行政程序中的证据要求。

在我国目前尚无"行政程序法"或"行政证据法"的情况下，行政证据的有关规则可以参照适用"行政诉讼法"的有关规定。

§9.2 行政处罚证据种类和要求

行政处罚证据的分类符合一般证据的分类方法，固然有原始证据与传来证据、直接证据与间接证据、物证与书证、本证与反证等，这无须展开。这里需要提一下的是，行政处罚证据可以分为行政处罚机关收集的证据与被处罚当事人提供的证据，这一分类与行政主体、相对人的举证责任分配有关。一般说来，依职权行政行为，行政主体负有举证责任，而依申请行政行为，行政相对人负有举证责任。

从证据的载体上分类，我国三大诉讼法所规定的证据是非常接近的。① 由于行政处罚证据不是诉讼证据，更多的要借助行政实体法的规定。《行政处罚法》第46条第1款规定："证据包括：（一）书证；（二）物证；（三）视听资料；（四）电子数据；（五）证人证言；（六）当事人的陈述；（七）鉴定意见；（八）勘验笔录、现场笔录。"

一、书证

书证是指以文字、符号、图形等形式记载，能够表达人的思想和行为，用以证明案件事实的证据材料。它应当作狭义理解，主要指文书形式，如许可证书、房产证等。

书证是各类证据中使用最多的证据之一。它用书面形式所记载的内容来证明事实，具有表达明确、内容形式稳定等特点，因而可以作为直接证据。

书证的提交，世界上一般采用"原始文书规则"，除有特别理由，当事人必须提供原始文本。我国对书证的提交也有特别而具体的要求。参照《最高人民法院关于行政诉讼证据若干问题的规定》（法释〔2002〕21号）第10条规定，除非法律、法规、司法解释和规章对书证的制作形式另有规定的，书证的提交必须符合以下要求：

1.书证必须提供原件。原本、正本和副本均属于书证的原件。提供原件确有困难的，可以提供与原件核对无误的复印件、照片、节录本。

----

① 《刑事诉讼法》（2018）第50条第2款规定："证据包括：（一）物证；（二）书证；（三）证人证言；（四）被害人陈述；（五）犯罪嫌疑人、被告人供述和辩解；（六）鉴定意见；（七）勘验、检查、辨认、侦查实验等笔录；（八）视听资料、电子数据。"《民事诉讼法》（2023）第66条第1款规定："证据包括：（一）当事人的陈述；（二）书证；（三）物证；（四）视听资料；（五）电子数据；（六）证人证言；（七）鉴定意见；（八）勘验笔录。"《行政诉讼法》（2017）第33条第1款规定："证据包括：（一）书证；（二）物证；（三）视听资料；（四）电子数据；（五）证人证言；（六）当事人的陈述；（七）鉴定意见；（八）勘验笔录、现场笔录。"

原件使用完毕后，必须交还给当事人。

2. 提供由有关部门保管的书证原件的复制件、影印件或者抄录件的，应当注明出处，经该部门核对无异后加盖其印章。

3. 提供报表、图纸、会计帐册、专业技术资料、科技文献等书证的，应当附有说明材料。

4. 行政主体提供的行政行为所依据的询问、陈述、谈话类笔录，应当有行政执法人员、被询问人、陈述人、谈话人签名或者盖章。

5. 法律、法规、司法解释和规章对书证的制作形式另有规定的，从其规定。

二、物证

物证是指以外部特征、物质属性和存在场所证明事实的物品和痕迹。基于物质的表现形式，物证可分为实体物证、痕迹物证和微量物证。

物证具有三个特点：1. 它以实体物作为载体，是一种物质的存在，因而具有客观性。2. 它可排斥人为的主观性，因而具有可靠性。正如美国著名物证技术专家赫伯特·麦克唐奈所说："物证不会说谎。"[1] 它比证人证言等更为可靠。3. 物证也被称为"哑巴证据"。它本身不会说话，需依赖人们的解读，因而常常作为间接证据使用。

提交物证的，必须提供原物。提供原物确有困难的，可以提供与原物核对无误的复制件或者证明该物证的照片、录像等其他证据。原物为数量较多的种类物的，可以提供其中的一部分。

三、视听资料

视听资料是指以录音、录像、电子计算机及其他电磁方式记录储存的音像信息证明案件事实的证据。主要表现为录音带、录像带、胶卷、VCD、DVD 等。

---

[1] 转引自何家弘、刘品新：《证据法学》，法律出版社 2004 年版，第 154 页。

随着科技的发展，视听资料作为证据早被世界各国立法所确认并在司法实践中广泛应用。只是英美国家将它纳入"文书证据"范畴，适用书证规则。刑事、民事和行政诉讼法早已承认它的独立证据地位，《行政处罚法》也确立了它的证据地位。

视听资料作为证据的特点是，它具有物质上的依赖性，方便使用，生动形象性，但容易被伪造。关于这类证据的提交，《最高人民法院关于行政诉讼证据若干问题的规定》（法释〔2002〕21号）第12条规定：

1. 必须提供有关资料的原始载体。提供原始载体确有困难的，可以提供复制件。

2. 同时注明制作方法、制作时间、制作人和证明对象等。

3. 声音资料应当附有该声音内容的文字记录。

四、电子数据

电子数据是指能够证明案件事实的电子文件，包括电子邮件、电子数据交换、电子资金划拨、网络 IP 地址和电子公告牌记录等。

电子数据作为一种新型证据形式，是伴随现代电子技术发展而出现并为立法所承认。世界上一些国际组织、国家和地区的证据立法，已经确认其作为证据的法定形式。在我国，2012 年修改的民事诉讼法率先将电子数据作为一种独立的证据类型，2014 年修改的行政诉讼法和2021 年修改的《行政处罚法》也新增了这一证据种类。

电子数据具有技术和系统依赖性，载体多样性，复制、删改和伪造的相对简单、隐蔽等方面的特点。关于这类证据的提供，《最高人民法院关于行政诉讼证据若干问题的规定》（法释〔2002〕21号）将计算机数据一并纳入。事后，最高人民法院的一个纪要，即《关于审理证券行政处罚案件证据若干问题的座谈会经要》（法〔2011〕225 号），则在审理证券行政处罚案件领域对电子数据证据作出了如下要求：

1. 提交电子数据，必须提供电子数据原始载体。无法提取电子数据原始载体或者提取确有困难的，可以提供电子数据复制件，但必须附有不能或者难以提取原始载体的原因、复制过程以及原始载体存放地点或者电子数据网络地址的说明，并由复制件制作人和原始电子数据持有人签名或者盖章，或者以公证等其他有效形式证明电子数据与原始载体的一致性和完整性。

2.收集电子数据应当依法制作笔录，详细记载取证的参与人员、技术方法、步骤和过程，记录收集对象的事项名称、内容、规格、类别以及时间、地点等，或者将收集电子数据的过程拍照或录像。

3.收集的电子数据应当使用光盘或者其他数字存储介质备份。监管机构为取证人时，应当妥善保存至少一份封存状态的电子数据备份件，并随案移送，以备法庭质证和认证使用。

4.提供通过技术手段恢复或者破解的与案件有关的光盘或者其他数字存储介质、电子设备中被删除的数据、隐藏或者加密的电子数据，必须附有恢复或破解对象、过程、方法和结果的专业说明。对方当事人对该专业说明持异议，并且有证据表明上述方式获取的电子数据存在篡改、剪裁、删除和添加等不真实情况的，可以向人民法院申请鉴定，人民法院应予准许。

这些规定，可以作为提交电子数据的普遍要求。《行政处罚法》第41条还特别规定，行政机关依照法律、行政法规规定利用电子技术监控设备收集、固定违法事实的，应当经过法制和技术审核，确保电子技术监控设备符合标准、设置合理、标志明显，设置地点应当向社会公布。电子技术监控设备记录违法事实应当真实、清晰、完整、准确。行政机关应当审核记录内容是否符合要求；未经审核或者经审核不符合要求的，不得作为行政处罚的证据。

五、证人证言

证人证言是指证人就自己所知道的案件事实情况向司法机关所作的陈述。证人是指案件当事人以外的知道案情的自然人。它可分为关系证人与无关证人。前者是指与案件本身有利害关系的人，包括对案件的处理与他有利害关系等，后者是指与案件无利害关系的人。这种分类对于司法机关审查和采信证据是有影响和作用的。

由于证人的证言具有很强的主观性和分歧性，所以必须对证人资格作出要求。证人必须是了解案件事实的人，并且必须有辨别能力，能够正确表达意思，这是证人资格的基本要求。

证人证言在英美法系比在大陆法系更受重视，因为前者的庭审方式是当事人辩论主义，故有"无证人便无诉讼"之说，[1] 而后者以职权审理主义和书面审查为原则。

根据《最高人民法院关于行政诉讼证据若干问题的规定》（法释〔2002〕21号）第13条规定，当事人向人民法院提供证人证言的，应当符合下列要求：

1.写明证人的姓名、年龄、性别、职业、住址等基本情况；

2.有证人的签名，不能签名的，应当以盖章等方式证明；

3.注明出具日期；

4.附有居民身份证复印件等证明证人身份的文件。

六、当事人的陈述

当事人的陈述是指参加行政程序的相对人和利害关系人，就自己所知道的案件事实情况，向行政机关或司法机关等其他机关所作的叙述、承认和陈词。

当事人对案件事实比其他人更加清楚，其陈述具有很强的证明力。但是另一方面，当事人又是本案的直接利害关系人，他所作陈述又会因他的利益和立场而取舍，甚至于故意作虚假陈述，或者拒绝陈述。因此，行政机关对当事人的陈述，应当结合其他证据审查。当事人拒绝陈述的，不影响行政机关依法认定事实。

当事人的陈述，是一种独立的证据形式。虽然当事人的陈述，可以

---

[1] 江伟主编：《证据法学》，法律出版社1999年版，第365页。

采取口头形式（在法庭当场陈述），也可以通过书面形式。即便口头陈述，也必须用书面形式记载保存下来，以作为证据。当事人书面的陈述，依然属于"当事人的陈述"证据形式，而不能归至于"书证"的证据范畴。

从某种意义上说，当事人以自己的陈述来证明案件事实时，他其实是起了证人的作用。那么当事人是否也是证人呢？就美国定义而言，证人是指"经过宣誓对案件有关事实作证的人"①，因而当事人也是证人的一种。但是在中国，三大诉讼法（刑事诉讼法、民事诉讼法和行政诉讼法）都把证人视作为当事人以外的个人，因而当事人的陈述就不属于证人证言。

当事人的陈述不仅起证明作用，还起自认作用。《最高人民法院关于行政诉讼证据若干问题的规定》（法释〔2002〕21号）第65条规定："在庭审中一方当事人或者其代理人在代理权限范围内对另一方当事人陈述的案件事实明确表示认可的，人民法院可以对该事实予以认定。但有相反证据足以推翻的除外。"当事人的陈述可以包括对案件事实的自认；当事人对案件事实的自认，属于当事人的陈述，可作为证据使用和采纳。

七、鉴定意见

鉴定意见是指经有权机关指派或者当事人聘请，有鉴定资格的专业人员运用自己的专门知识和技能，借助一定的仪器和方法，根据案件的事实材料，对需要鉴定的专门问题进行分析、鉴别和判断后得出的意见。

由于鉴定意见是法定的证据形式之一，必须按照法律规定办理鉴定的委托或聘请手续。

《最高人民法院关于行政诉讼证据若干问题的规定》（法释〔2002〕21号）第14条规定，被告向人民法院提供的在行政程序中采用的鉴定

---

① 白绿铉：《美国民事诉讼法》，经济日报出版社1996年版，第145页。

结论，应当载明委托人和委托鉴定的事项、向鉴定部门提交的相关材料、鉴定的依据和使用的科学技术手段、鉴定部门和鉴定人鉴定资格的说明，并应有鉴定人的签名和鉴定部门的盖章。通过分析获得的鉴定结论，应当说明分析过程。

需要提到的是，修改前的民事诉讼法和行政诉讼法都把这种证据表述为"鉴定结论"，2012年民事诉讼法的修改和2014年行政诉讼法的修改都相应地将它们改为"鉴定意见"，《行政处罚法》2021年修改也表述为"鉴定意见"，目的就是准确反映这种证据的地位。鉴定是为司法证明服务的一种特殊的科学认知活动。鉴定的任务是解答案件中的专门问题。鉴定意见属于"意见证据"，而不是"物质证据"。整个案件事实的认定，不是只按"鉴定意见"定论。"鉴定意见"只是诸多证据中的一种证据而已，行政机关要结合案件的全部证据作出判定。所以，"意见"比"结论"更加名符其实。

八、勘验笔录、现场笔录

勘验笔录是指执法人员或者司法人员对案发现场和有关涉案物品进行勘察、测量、检验后所作的记录。现场笔录指执法人员在执法程序中对执法现场和过程所作的记录。

两者都是行政处罚证据的形式，而且都属于纪录证据。但两者也有区别：勘验笔录是对一些涉案的特定场所和物品作勘测结果的记录，重点是记录客体，而且一般是事后作出；现场笔录是对执法现场当时的情况所作的记录，重点是记录执法过程，而且往往是即时制作的。

根据《最高人民法院关于行政诉讼证据若干问题的规定》（法释〔2002〕21号）第15条规定，有关机关提供现场笔录，应当载明时间、地点和事件等内容，并由执法人员和当事人签名。当事人拒绝签名或者不能签名的，应当注明原因。有其他人在现场的，可由其他人签名。法律、法规和规章对现场笔录的制作形式另有规定的，从其规定。这一要求同样适用于勘验笔录。

§9.3 行政处罚举证责任与证明标准

一、行政处罚证据的举证责任

举证责任系指当事人根据法律规定对特定的事实提供相关的证据加以证明的义务，举证义务人若不能按要求提供证据，他将在法律程序中承担不利后果的法律制度。

根据《行政诉讼法》(2017)第五章、《最高人民法院关于适用〈中华人民共和国行政诉讼法〉的解释》(法释〔2018〕1号)第四章和《最高人民法院关于行政诉讼证据若干问题的规定》(法释〔2002〕21号)的有关规定，行政诉讼中的举证责任分配如下：由被告对被诉行政行为的合法性负举证责任，但行政不作为与行政赔偿案件中原告应负相关的举证责任。由于行政诉讼任务与行政程序任务不同，行政诉讼中的举证责任分配不能套用于行政程序之中。

行政程序中的举证责任，应当区别依申请行政行为与依职权行政行为。在依申请行政行为中，应当由提出申请的当事人，即行政相对人，负举证责任。如《行政许可法》(2019)第31条第1款规定："申请人申请行政许可，应当如实向行政机关提交有关材料和反映真实情况，并对其申请材料实质内容的真实性负责。"在依职权行政行为中，应当由行政主体方负举证责任。

行政处罚属于依职权行为，所以，行政处罚证据原则上应当由行政处罚机关收集和提供有关行政处罚的证据，包括对被处罚当事人不利的证据和有利的证据。为此，《行政处罚法》第40条规定："公民、法人或者其他组织违反行政管理秩序的行为，依法应当给予行政处罚的，行政机关必须查明事实；违法事实不清、证据不足的，不得给予行政处罚。"但是，关于被处罚当事人实施违法行为是否存在主观过错问题，则由当事人负举证责任，因为《行政处罚法》第33条第2款确立了"推定过错"原则。

另外，根据"放管服"改革的精神，在行政证据举证问题上，还应当注意和确立以下几点：

一是要将"增加相对人提供证据的权利，减少其举证责任"作为举证责任分配的要求。

二是即便应当由相对人提供的证据，如果行政机关已经掌握，或者能够在政府平台中找到有关信息，尽量政府部门自行解决，减免当事人提供证据的责任。

三是行政机关不得要求当事人提供法律法规要求以外的证据，不得要求提供无法证明的证据。

四是不得要求重复提供证据。在前置性行政行为中已提供了证据的，不得在后置性行为中再次要求提供证据。

二、行政处罚证据的证明标准

关于行政处罚证据的证明标准，系指在行政处罚程序中，利用证据对有关事实加以证明所要达到的程度。这一证明程度，会直接决定当事人举证的深度与有权机关利用证据认定事实的密度。① 在刑事诉讼中，我们采取了"排除合理怀疑"的证明标准；在民事诉讼中，我们采用了"优势证据"的证明标准；在行政诉讼中，人民法院采用了"主要证据""确凿"标准。②

我们认为，行政处罚程序中的证明标准可以比司法程序中的证明标

---

① 正如西方学者对客观真实的描述："我们没有照相机般的功能，不能准确无误地观察、固定，以及复制我们眼前所发生的一切。我们所观察、叙述的事物受到了自身认识能力、周围环境状况、个人成见、预期倾向性以及律师对有关事物做出技术描述的极大影响。"See David A.Binder, Paul Bergman, Fact investigation from Hypothesi to Proof, West Publishing Co, 1984, p.6.

② 因为《行政诉讼法》（2017）第 69 条规定："行政行为证据确凿……，人民法院判决驳回原告的诉讼请求。"第 70 条规定："行政行为有下列情形之一的，人民法院判决撤销或者部分撤销，并可以判决被告重新作出行政行为：（一）主要证据不足的……。"

准略低。但鉴于目前行政诉讼中的证明标准并不太高，它没有要求"充分证明"，只要求"主要证据""确凿"，所以这一标准可以同时作为行政处罚程序中的证据证明标准。

此外，证券行政处罚案件中的证据，其证明标准有其特殊性。[①]

§9.4 当事人对主观过错的举证

一、"主观过错论"的确立

《行政处罚法》第33条第2款规定："当事人有证据足以证明没有主观过错的，不予行政处罚。法律、行政法规另有规定的，从其规定。"这是《行政处罚法》2021年修订所增加的新内容。[②] 这一规定为行政处罚设立了过错责任原则和举证上的推定过错原则，同时也确立了"无过错不处罚"规则。

原《行政处罚法》未对行政处罚是否须以当事人具有主观过错为前提作出规定，在理论上和实践中两种观点和两种做法一直并存：一种是"否定说"。认为当事人有违法行为，不论他主观上是否存在过错，都可以处罚。只要当事人的行为，在客观上违反了法律规定，不用考虑他是否有过错，都可以处罚，这其实是奉行了"违法原则"。另一种是"肯定说"。认为不考虑当事人主观上是否有过错，就认定其违法并予处罚，这是极不公正的。如果当事人因被劫持而被迫超速，事后还要处罚被劫持的当事人，那是不能接受的。况且世界上不少国家和地区都主张行政处罚要以当事人存在主观过错为前提。

德国《违反秩序罚法》第10条（故意与过失）规定："违反秩序罚之处罚，原则只以故意行为为限；过失行为之处罚，以法律有明文规定科处罚锾者，始得为之。"这说明，德国的行政罚不仅坚持"主观过错

---

① 参见本章§09.08证券行政处罚案件证据。

② 1996年、2009年和2017年《行政处罚法》均无此内容。

主义"，而且还以"故意"为原则，"过失"为例外。俄罗斯行政处罚制度以当事人主观过错为前提。其《联邦行政违法法典》第一条之五第1款规定："只有实施了行政违法行为，并在该行政违法行为中确定了其过错的人，才应当承担行政责任。"

新修订的《行政处罚法》采纳了"肯定说"，明文规定当事人无主观过错的不予处罚，但法律、行政法规另有规定的除外。这里的"除外规定"只限于法律和行政法规，地方性法规、规章和其他规范性文件无权作"除外规定"。还有，"除外"的规定，不仅可以推翻当事人主观过错作为行政处罚的构成要件，而且可以将举证责任上的推定过错调整为绝对过错。

二、对主观过错的理解

主观过错是指行为人对待其行为的主观心理态度，包括故意和过失。故意，是指行为人明知自己的行为必然或者可能发生危害社会的结果，并且希望危害结果的发生或者明知必然发生危害结果而放任结果发生的心理态度。① 过失，是指行为人明知自己的行为可能发生危害社会的结果，并且对危害结果的发生所持的放任结果发生的心理态度。② 一句话，只要当事人希望或者放任违法结果的发生，都构成主观上的过错。但有些情形不属于当事人具有过错，如：

1.由于客观条件的原因使行为人无法知悉其行为违法。如当事人驾

---

① 俄罗斯《联邦行政违法法典》第二条之二第1款对"故意"的解释是："如果实施行政违法行为的人意识到自己行为（不作为）的违法性，预见到其危害的后果并希望这种后果发生，或者有意识地放任这种后果发生或对这种后果采取麻木不仁的态度，这样的行政违法行为被视为故意实施的行政违法行为。"

② 俄罗斯《联邦行政违法法典》第二条之二第2款对"过失"的解释是："如果实施行政违法行为的人预见到自己的行为（不作为）可能发生危害后果，但没有足够理由地轻信可以防止这种后果的发生，或者本来应该预见到和可以预见到自己的行为（不作为）可能发生危害后果却未预见到这种后果，这样的行政违法行为被视为因过失实施的行政违法行为。"

车因太阳光照射而无法判断交通信号灯，当事人驾车超速系因车辆显速器失灵而致。

2.行为人本身的违法系因他人违法所致。如当事人使用假币，但这假币来自当事人与第三人的商品交易，并且当事人无法辨别。

但是，当事人不知法律，不能推定为无过错。如当事人以为销售凉菜无需许可证。对于这种情况只可在量罚时作为一种情节考虑。

三、推定过错与举证责任

《行政处罚法》第33条第2款所确立的主观过错属于"推定过错"而不是"绝对过错"。绝对过错，是指只有在行政执法机关证明当事人具有主观过错的前提下才能对其处罚，行政机关负有绝对的举证责任。而推定过错则相反，只要违法行为一发生，就可推定行为人具有主观过错，除非行为人能够证明自己不存在主观过错。在推定过错原则下，行政机关负主要举证责任的规则受到调整，改由行为人负举证责任。如果行为人不能证明自己没有过错的，他依然有可能受到行政处罚。①

《行政处罚法》之所以确立"推定过错"而不是"绝对过错"原则，乃是基于考虑当事人是否存在主观上的过错由处罚机关来举证，那是十分困难的。处罚机关无法直接知道当事人的主观想法；另外，行政处罚涉及面极为广泛，案情千差万别，由行政机关对每一行政处罚案件都查找其主观过错的证据，会大大影响行政处罚的工作效率。

---

① 但世界上也有国家将当事人有无过错的举证责任分配给行政机关，俄罗斯《联邦行政违法法典》第一条之五规定："1.只有实施了行政违法行为，并在该行政违法行为中确定了其过错的人，才应当承担行政责任。2.被提起行政违法诉讼的人，在其过错未经本法典规定的程序所证实，并未被审理案件的法官、机关、公职人员的已发生法律效力的决议所确认之前，均被视为无过错的人。3.被追究行政责任的人，没有证明自己过错的义务。4.无法排除的有过错的怀疑，应当作出有利于被追究行政责任者的解释。"

四、当事人"无过错"的证明标准

既然当事人的违法行为是否出于当事人的主观过错由当事人而不是行政机关负举证责任，那么，当事人所提供证据应当达到什么证明标准，这一点就显得非常重要。

根据《行政处罚法》第 33 条第 2 款的规定，这类证明标准应当是"足以证明"。所谓"足以证明"，就不在于证据的多少，而在于是否足以证明行为人主观上无过错。能够证明这一目标了，证据就算"足矣"。

§9.5 证券行政处罚案件的证据

在行政处罚案件中，原则上由行政处罚机关对当事人违法行为及违法性、行政处罚决定的合法性负举证责任，并达到事实上的证明标准，这与在行政诉讼中被告负主要举证责任相契合。唯对当事人实施违法行为在主观上是否存在过错，由于《行政处罚法》第 33 条第 2 款确立的是"推定过错"原则，因而出现了举证责任的倒置，由被处罚人为自己行为不存在过错提供证据。还有，在行政处罚证据的举证责任与证明标准上，证券行政处罚案件证据有其特殊性。

鉴于证券领域违法行为具有较强的隐蔽性，造成证券监管与取证的困难，2011 年最高人民法院印发了《关于审理证券行政处罚案件证据若干问题的座谈会纪要》（法〔2011〕225 号，以下简称《纪要》）。《纪要》指出：监管机构根据行政诉讼法第三十二条、最高人民法院《关于行政诉讼证据若干问题的规定》第一条的规定，对作出的被诉行政处罚决定承担举证责任。人民法院在审理证券行政处罚案件时，也应当考虑到部分类型的证券违法行为的特殊性，由监管机构承担主要违法事实的证明责任，通过推定的方式适当向原告、第三人转移部分特定事实的证明责任。

监管机构向原告、第三人转移部分特定事实的证明责任主要表现在关于内幕交易行为的认定问题上。《纪要》指出：监管机构提供的证据能够证明以下情形之一，且被处罚人不能作出合理说明或者提供证据排除其存在利用内幕信息从事相关证券交易活动的，人民法院可以确认被诉处罚决定认定的内幕交易行为成立：1.证券法第七十四条规定的证券交易内幕信息知情人，进行了与该内幕信息有关的证券交易活动；2.证券法第七十四条规定的内幕信息知情人的配偶、父母、子女以及其他有密切关系的人，其证券交易活动与该内幕信息基本吻合；3.因履行工作职责知悉上述内幕信息并进行了与该信息有关的证券交易活动；4.非法获取内幕信息，并进行了与该内幕信息有关的证券交易活动；5.内幕信息公开前与内幕信息知情人或知晓该内幕信息的人联络、接触，其证券交易活动与内幕信息高度吻合。

根据《纪要》规定，在证券行政处罚案件中，对行政处罚事实认定的证据证明标准，可以不完全等同于一般的行政处罚领域的证明标准。只要证券监管机构提供的证据能够证明违法行为成立的法定基础事实，而被处罚人又不能作出合理说明或者提供证据予以排除的，可以据此认定该违法事实存在。事后，法院的一些判决也充分体现了这一点。其中2021年余某林诉中国证券监督管理委员会行政处罚案[①] 最为典型。

上述证据规则不仅是行政诉讼的证据规则，同时也是延伸至行政复议和行政处罚中的证据规则。

但是必须强调的是，行政处罚证据的举证责任的适度倒置和证明标准的适度降低，并不适用证券行政处罚中的所有证据，它仅仅适用关于"内幕交易行为"的认定问题。

---

① 参见北京市第一中级人民法院（2019）京01行初795号《行政判决》（2019年10月23日）、北京市高级人民法院（2019）京行终10183号《行政判决》（2020年10月29日）和最高人民法院（2021）最高法行申2616号《行政裁定》（2021年9月14日）。

§9.6 行政调查与行政检查

行政调查与行政检查是行政执法机关在行政执法中获取证据的常用手段。它同样适用对行政处罚证据的收集。

一、行政调查

行政调查，是指行政执法机关及其执法人员，获取特定相对人有关信息的行政行为，也是获取行政证据的重要手段。它有广义与狭义之分。广义的行政调查包括行政了解与行政检查（如《行政处罚法》第57条）。

```
            行政调查
               |
   行政了解 ———————— 行政检查
```

狭义的行政调查与行政检查相并列，特指通过向当事人本人或其他人打听、询问等方式获取当事人的有关信息（如《行政处罚法》第55条）。调查一般不具有强制性，当法律、法规为被调查人设定配合义务时，才具有强制性。

二、行政检查

行政检查，是指行政执法机关通过执法人员，针对特定的公民、法人或者其他组织，基于行政主体的检查职权和相对人的配合义务，针对当事人的人体、财物、场所，通过查看、勘察、检验、搜查等手段，强制获取相对人有关信息的行政行为。

由于获取相对人的有关信息，是行政机关执法的前提，因而从行政法理上说，行政机关具有执法权的，自然也就具有调查权（含检查权）。可以说，行政调查权是行政处罚权和行政强制权等执法权的隐含权。

但是，行政调查中的行政检查具有强制性，往往表现为执法行为与特定相对人（当事人）的人体、财物、空间（办公室和住宅等）发生直接的接触和碰撞，会导致对相对人人身权、财产权、住宅权等基本权利的限制和侵害，因而需要法律的特别授权。所以，行政执法机关要对当事人进行行政检查的，必须有法律、法规的依据。如果涉及公民基本权利的，还必须限于法律依据。

三、对《行政处罚法》第 54 条第 1 款解读

《行政处罚法》第 54 条第 1 款规定："除本法第五十一条规定的可以当场作出的行政处罚外，行政机关发现公民、法人或者其他组织有依法应当给予行政处罚的行为的，必须全面、客观、公正地调查，收集有关证据；必要时，依照法律、法规的规定，可以进行检查。"

这里关于"检查"规定，虽是对行政执法机关的普遍授权，但不是直接授权。"依照法律、法规的规定"就表明了这一授权的"间接性"。它意味着：《行政处罚法》并没有直接赋予（授权）行政执法机关具有行政检查权；其是否具有行政检查权以及如何行使行政检查权，还必须依据其他法律和法规的具体规定。如《治安管理处罚法》（2012）第 87 条第 1 款规定："公安机关对与违反治安管理行为有关的场所、物品、人身可以进行检查。"第 87 条第 2 款又规定："检查妇女的身体，应当由女性工作人员进行。"根据《海关法》（2021）第 6 条第（四）项规定，海关有权"检查走私嫌疑人的身体"。又如《噪声污染防治法》（2021）第 29 条规定："生态环境主管部门和其他负有噪声污染防治监督管理职责的部门，有权对排放噪声的单位或者场所进行现场检查。被检查者应当如实反映情况，提供必要的资料，不得拒绝或者阻挠。"这些规定都属于直接授权以及对如何行使检查权的具体规定，执法机关必须严格遵循。

四、行政调查与检查的程序要求

我国尚未制定《行政程序法》，法律对于调查和检查程序尚未作出统一规定，但《行政处罚法》第 54 条和第 55 条对行政调查与检查提出了程序性要求。

1.行政调查必须必须全面、客观、公正地进行。

2.行政检查必须依照法律、法规的规定进行。这就意味着，实施行

政检查必须有法律和法规的直接依据并且必须依法定程序进行。

3.执法人员在调查或者检查时，应当主动向当事人或者有关人员出示执法证件。当事人或者有关人员有权要求执法人员出示执法证件。执法人员不出示执法证件的，当事人或者有关人员有权拒绝接受调查或者检查。

4.执法人员依法调查和检查时，当事人或者有关人员应当如实回答询问，并协助调查或者检查，不得拒绝或者阻挠。

5.在调查或检查中的询问或者检查应当制作笔录，由两人以上的执法人员和当事人或者有关人员签字。

§9.7 行政处罚证据的先行登记保存

一、证据先行登记保存

《行政处罚法》第 56 条规定："行政机关在收集证据时，可以采取抽样取证的方法；在证据可能灭失或者以后难以取得的情况下，经行政机关负责人批准，可以先行登记保存，并应当在七日内及时作出处理决定，在此期间，当事人或者有关人员不得销毁或者转移证据。"

证据先行登记保存，是指行政执法机关在证据可能灭失或者以后难以取得的情况下，经机关负责人批准，对需要保全的证据当场登记造册，暂时先予封存固定，责令当事人妥善保管，不得动用、转移、损毁或者隐匿，等待行政执法机关进一步的调查和作出处理决定的法律制度。① 证据先行登记保存是行政执法机关在收集和保存行政处罚证据过程中的一个特殊手段，是一种行政证据保全措施。理解这一行为和制度，必须把握以下几点。

1.授权。在证据可能灭失或者以后难以取得的情况下，行政执法机

---

① 参见许安标主编：《中华人民共和国行政处罚法释义》，中国民主法制出版社 2021 年版，第 153—154 页。

关可以对证据采取先行登记保存。《行政处罚法》第56条对行政执法机关的证据保全权力是一项普遍而直接的授权。也就是说，任何行政执法机关，只要它具有对行政处罚案件的立案、调查和处理职权的，它就当然地同时具有证据保全权力，无须依赖其他法律、法规的具体规定。

2. 条件。行政执法机关实施证据先行登记保存不是无条件的。它必须在"在证据可能灭失或者以后难以取得的情况下"才可行使该权力。"证据可能灭失"，是指证据腐化等可能永远消失的情况；"证据以后难以取得的"是指可能会被当事人带出国外等而以后难以获得之情形。没有达到这一条件，或者可以采取其他方法获得证据（如摄像、拍照、现场笔录等）时，不得采取"证据先行登记保存"措施。否则，就属于滥用权力。

3. 程序。为了保障证据保全措施的合法性和合理性，实施证据先行登记保存必须经行政执法机关负责人批准。不经机关负责人批准的，不得实施证据先行登记保存。这里的"行政机关负责人"是指具有行政主体资格、具有行政处罚权的行政机关，如一级人民政府及其他的工作部门。不具有行政主体资格、不具有行政处罚职权的内设机构负责人不存在这方面的批准权。

4. 方式。实施证据先行登记保存，可采取对证据当场登记造册，暂时先予封存固定，责令当事人妥善保管，不得动用、转移、损毁或者隐匿等。还必须制作清单，同时交付当事人核对和保存。证据先行登记保存，一般采取在违法现场登记封存。

5. 期限。为防止证据保全对当事人正常生产和生活造成过度影响，《行政处罚法》对证据先行登记保存作出7日期限限制。"采取证据登记保存措施后，行政机关必须在7日内及时作出处理决定。否则，到期证据保存措施自行解除。"①7日的期限应当从证据登记保存的第二天起算，

----

① 许安标主编：《中华人民共和国行政处罚法释义》，中国民主法制出版社2021年版，第154页。

并指工作日，不含法定节假日。①

　　二、特殊的行政强制措施

　　证据先行登记保存，是行政执法机关在收集和保存行政处罚证据过程中的一个特殊手段和行政证据保全措施。这一点大家没有异议。但是，它是否属于行政行为以及属于哪种行政行为还是广有争议。有人认为，证据先行登记保存是一项程序性的过程性行为，它并不直接影响当事人的权利与义务，因而不应当作为行政行为对待。

　　我们认为，证据先行登记保存是由行政主体作出的直接影响当事人权利与义务的行政行为，而且属于行政强制措施。《行政强制法》（2011）第2条第2款规定："行政强制措施，是指行政机关在行政管理过程中，为制止违法行为、防止证据损毁、避免危害发生、控制危险扩大等情形，依法对公民的人身自由实施暂时性限制，或者对公民、法人或者其他组织的财物实施暂时性控制的行为。"它与行政强制措施的法律特征完全吻合。有专家明确指出："证据登记保存措施是一种带有强制性的行政措施。"②

　　根据《行政强制法》（2011）第9条③规定，行政强制措施共有五类：1.限制公民人身自由；2.查封场所、设施或者财物；3.扣押财物；4.冻结存款、汇款；5.其他行政强制措施。而证据先行登记保存正是属于"其他行政强制措施"④，因而它是一种特殊的行政强制措施。

---

① 《行政处罚法》第85条规定："本法中'二日''三日''五日''七日'的规定是指工作日，不含法定节假日。"

② 参见许安标主编：《中华人民共和国行政处罚法释义》，中国民主法制出版社2021年版，第154页。

③ 《行政强制法》（2011）第9条规定："行政强制措施的种类：（一）限制公民人身自由；（二）查封场所、设施或者财物；（三）扣押财物；（四）冻结存款、汇款；（五）其他行政强制措施。"

④ 有关部门专家对"其他行政强制措施"作出专门解释，并将《行政处罚法》中的"证据登记保存"作为一例。参见乔晓阳主编：《中华人民共和国行政强制法解读》，中国法制出版社2011年版，第34页。

三、与"查封""扣押"的关系

在行政执法中常常发现，违法当事人从事违法行为的设备和工具，如电脑、车辆等，往往同时也是"证据"。这样，执法机关就可以依据《行政处罚法》第56条规定，实施"证据先行登记保存"。具体的登记保存方法有两种：一是当事人的场所进行登记封存，责令当事人妥为保管，不得动用、转移、损毁或者隐匿；二是将证据拉回到行政机关，由行政机关监管保存或者委托第三方监管保存。而这两种方法，从《行政强制法》的规定看，前者就是"查封"措施，后者就是"扣押"措施。那么，"证据先行登记保存"是否就属于《行政强制法》规定的"查封""扣押"吗？

"查封"和"扣押"是《行政强制法》所设置的两种行政强制手段。"查封"是指行政机关为了预防和制止违法，保证行政决定的有效作出和执行，通过"就地封存"的方法，在短时间内禁止对场所使用和限制对财物的使用、毁损、转移和处分的行政强制措施。"扣押"是指行政机关为了预防和制止违法，保证行政决定的有效作出和执行，将涉嫌违法的财物移动至有关地点进行直接控制，在短时间内禁止当事人对扣押财物的使用、毁损、转移和处分的行政强制措施。"查封"与"扣押"在主体、对象、标的物和法律效果上都是相同的。它们的主要区别就在于"地点"上：现场控制物品就是"查封"，异地控制物品就是"扣押"。当然，对不动产只能"查封"而无法"扣押"。

对照《行政强制法》（2011）第2条第2款关于"行政强制措施"的定义不难发现，对证据的"先行登记保存"，本身就是一种行政强制措施，而且与《行政强制法》所规定的"查封"或"扣押"，从行为方式上看并无二致，特别是当证据表现为设备、工具等物证时。比如，将当事人从事违法行为的电脑作为证据，扣留在现场，不让当事人动用的，就是"查封"；将电脑搬运到行政机关或委托第三方监管，这就是"扣押"。"查封"是当场的"扣押"；"扣押"是异地的"查封"。从理论上说，"查封"和"扣押"可以出于其他目的，也可以出于保全证据的目的。这样，"证据先行登记保存"应当是"特殊的"的查封、扣押措施，是查封、扣押措施中的一种特别类型。这就导致有的行政机关将"证据先行登记保存"与"查封""扣押"等同起来。

但是我们必须澄清的是，从《行政强制法》《行政处罚法》的立法原意和立法背景来看，行政执法机关的"证据先行登记保存"是"查封""扣押"以外的"其他行政强制措施"，而不属于"查封""扣押"的一种类型和方式。《行政强制法》（2011）第 9 条规定："行政强制措施的种类：（一）限制公民人身自由；（二）查封场所、设施或者财物；（三）扣押财物；（四）冻结存款、汇款；（五）其他行政强制措施。"行政机关的"证据先行登记保存"属于本条中的第（五）项，而不是第（二）、（三）项。

这是因为，尽管"证据先行登记保存"与"查封、扣押"都属于"行政强制措施"，两者在行为特征上具有许多共同点，但它们应当也可以加以区别的。对它们不加区别，会导致法律适用上的错误。它们两者的区别在于：

第一，目的和条件不同。"证据先行登记保存"的目的就是在当证据"可能灭失或者以后难以取得的情况下"保全证据，不能出于其他目的。而"查封、扣押"的目的是多方面的，如为了制止违法，避免危害发生、控制危险扩大，或为了后续的"收缴"等。这里的"查封、扣押"手段并不为"保全证据"所设置。

第二，地点不同。"证据先行登记保存"只能在当事人的场所实施，不得将证据拿回到行政机关保存，否则就变成了扣押。而"扣押"是指将当事人的物品转移到当事人不能控制的场所由行政机关或者委托第三方监管，不发生在当事人的场所。"查封"虽然发生在当事人的场所，但目的是保全证据，而不是其他。

第三，期限不同。"证据先行登记保存"的期限，根据《行政处罚法》

第 56 条，被严格限制在"7 日内"；而"查封、扣押"的期限，根据《行政强制法》（2011）第 25 条规定，要宽得多，原则上不超过 30 日，特殊情况可延长 30 日，即最长可达 60 日。

第四，授权不同。行政机关的"证据先行登记保存"权是由《行政处罚法》第 56 条授予的，行政机关的"查封权""扣押权"是由《行政强制法》（2011）第 22 条① 规定的。但是，《行政处罚法》第 56 条属于直接授权，任何行政执法机关都据此拥有"证据先行登记保存"的权力，无须等待其他法律的专门规定；而《行政强制法》（2011）第 22 条属于间接授权条款，行政执法机关并不直接依据该条就获得了查封权和扣押权。哪些行政执法机关具有查封权和扣押权，还须另有法律、法规的具体规定。

第五，法律适用不同。"证据先行登记保存"作为一种《行政强制法》（2011）第 9 条所规定的"其他行政强制措施"，当然应当适用《行政强制法》；同时，它作为由《行政处罚法》所设定的一项行政职权和强制措施，又必须适用《行政处罚法》。而且，在关于对"证据先行登记保存"的规定上，《行政处罚法》对它的规定属于特别法，《行政强制法》对它的规定属于一般法。按照特别法优于一般法的适用规则，应当优先适用《行政处罚法》第 56 条规定，此外，同时适用《行政强制法》的有关规定。

四、问题与改进

现行制度和理论将"证据先行登记保存"定性为一种"查封""扣押"以外的"特殊行政强制措施"造成了许多困难。

一是"证据先行登记保存"明明就是"查封""扣押"中的一种形式，却偏偏要将它解释为"查封""扣押"以外的"特殊行政强制措施"，这就陷入了"白马非马"的逻辑困境。

---

① 《行政强制法》（2011）第 22 条规定："查封、扣押应当由法律、法规规定的行政机关实施，其他任何行政机关或者组织不得实施。"

二是将"证据先行登记保存"限定为"违法现场"登记保存，这恰恰是做不到的。因为并非所有证据都在"违法现场"，在第三方的证据并不鲜见。因而必须作空间上的突破，并与"查封""扣押"空间相一致。

三是"证据先行登记保存"的 7 日期限完全不够。于是出现了现实中的变通做法：前 7 天为"证据先行登记保存"，7 日以后一律改名为"查封""扣押"。这样躲躲闪闪，浪费精力，没有必要。

将来立法修改的方向应当是将"证据先行登记保存"与"查封""扣押"并轨，将"证据先行登记保存"视作为一种特殊的"查封""扣押"，只是建议将这种特殊的"查封""扣押"期限调整为 15 日为宜。

§9.8　行政处罚证据的认证规则

行政处罚证据的认证规则，系指行政处罚机关审查、采信、使用证据的基本规则。它对行政处罚机关和被处罚当事人都有约束力。行政处罚证据的认证规则，主要包括证据决定主义、证据案卷主义、非法证据排除、最佳证据和自认证据等规则。

一、证据决定主义规则

"以事实为根据，以法律为准绳"，这是我国行政程序与司法程序中的基本要求。行政处罚决定必须根据事实来作出，而事实必须根据证据来证明。无证据证明的事实不能作为行政决定所依据的事实。

德国学者卡尔·拉伦兹（Karl.Larenz）在其《法学方法论》[①] 一书中指出，案件的事实可分为"客观事实"与"法律事实"。"客观事实"已经过去，不可复原。通过证据对原始事实的复原便形成"法律事实"。

无论是行政判决或行政处罚决定都是依据"法律事实"作出，而"法

---

① 参见 [德] 卡尔·拉伦兹（Karl.Larenz）：《法学方法论》，陈爱娥译，商务印书馆 2003 年版。

律事实"又是依据"行政证据"加以证明的。行政处罚决定必须依据由行政证据证明的"法律事实"作出，此乃是证据决定主义的核心要义。

《最高人民法院关于行政诉讼证据若干问题的规定》（法释〔2002〕21号）第53条规定："人民法院裁判行政案件，应当以证据证明的案件事实为依据。"这一规则同样适用于行政机关作出行政决定。

二、证据案卷主义规则

证据案卷主义，也称案卷排他性原则，原是法院诉讼中的一项原则。它要求法院在作司法审查时，只限于依据案卷内的证据进行审查，不得另行收集证据并依据案卷外的证据进行审查和裁判。美国1946年《联邦行政程序法》将这一原则移植于行政程序，要求行政机关在行政程序中作出行政行为，也必须限于据案卷内的证据作出裁决。美国1946年《联邦行政程序法》第556条规定："证言、物证，连同诉讼文书和诉讼程序中提出的申请书构成作为裁决依据的唯一案卷。"行政机关只能依据案卷内的证据作出裁决。美国行政法专家伯纳德·施瓦茨（Bernard Schwartz）指出："案卷的排他性是受公正审讯权的核心。"[1]他还形象地说："如果没有这一原则，审讯就会成为骗局。行政机关可以走形式，接纳堆积如山的证言和书证；但是，如果行政机关可以依据未在审讯中出示的材料作出裁决，那么厚厚的案卷就成了掩盖真相的假面具。秘密证据或几分钟的秘密会议可以推翻长时间的审判。"[2]

证据案卷主义不仅在中国的诉讼法，还在中国的行政程序法理论中，已始受到人们的关注和重视。它要求行政主体作出行政决定，必须收集完整的证据并入案卷，行政决定必须依据案卷内的证据作出。行政

---

① ［美］伯纳德·施瓦茨（Bernard Schwartz）：《行政法》，徐炳译，群众出版社1986年版，第329页。

② ［美］伯纳德·施瓦茨（Bernard Schwartz）：《行政法》，徐炳译，群众出版社1986年版，第329页。

机关依据案卷外的证据作出行政决定，视作该决定没有事实依据。对行政处罚证据的认证，必须遵循证据案卷主义规则。

三、非法证据排除规则

非法证据指以违反法律禁止性规定或者侵犯他人合法权益的方法取得的证据。非法证据排除系指非法证据不得作为裁决的依据。

非法证据排除规则，在我国诉讼法中均有体现。《刑事诉讼法》(2018) 第52条规定："审判人员、检察人员、侦查人员必须依照法定程序，收集能够证实犯罪嫌疑人、被告人有罪或者无罪、犯罪情节轻重的各种证据。严禁刑讯逼供和以威胁、引诱、欺骗以及其他非法方法收集证据，不得强迫任何人证实自己有罪。必须保证一切与案件有关或者了解案情的公民，有客观地充分地提供证据的条件，除特殊情况外，可以吸收他们协助调查。"第60条又规定："对于经过法庭审理，确认或者不能排除存在本法第五十六条规定的以非法方法收集证据情形的，对有关证据应当予以排除。"《行政诉讼法》(2017) 第43条第3款规定："以非法手段取得的证据，不得作为认定案件事实的根据。"《最高人民法院关于行政诉讼证据若干问题的规定》(法释〔2002〕21号) 第58条也规定："以违反法律禁止性规定或者侵犯他人合法权益的方法取得的证据，不能作为认定案件事实的依据。"

这一认证规则同样适用于行政处罚程序。行政处罚机关作出行政处罚决定，必须依据合法的证据作出。违法取得的证据不得作为行政决定的依据。《行政处罚法》第46条第3款规定："以非法手段取得的证据，不得作为认定案件事实的根据。"

至于非法证据的范围，根据《最高人民法院关于行政诉讼证据若干问题的规定》(法释〔2002〕21号) 第57条规定，主要包括：1.严重违反法定程序收集的证据材料；2.以偷拍、偷录、窃听等手段获取侵害他人合法权益的证据材料；3.以利诱、欺诈、胁迫、暴力等不正当手段获取的证据材料。

四、最佳证据规则

最佳证据规则是指当多个证据都具有证明力时，只能采用可能得到的最令人信服和最有说明力的证据予以证明的制度。在英美法系国家，最佳证据规则仅适用于书证，对书证内容真实性的最佳证据方式是出示原件，副本、抄件、复印件都是第二手或第二手以下的材料。

最佳证据规则在我国行政诉讼中也存在。根据《最高人民法院关于行政诉讼证据若干问题的规定》（法释〔2002〕21号）第63条规定，证明同一事实有数个证据时，其证明效力一般可以按照下列规则分别认定：1.国家机关以及其他职能部门依职权制作的公文文书优于其他书证；2.鉴定结论、现场笔录、勘验笔录、档案材料以及经过公证或者登记的书证优于其他书证、视听资料和证人证言；3.原件、原物优于复制件、复制品；4.法定鉴定部门的鉴定结论优于其他鉴定部门的鉴定结论；5.法庭主持勘验所制作的勘验笔录优于其他部门主持勘验所制作的勘验笔录；6.原始证据优于传来证据；7.其他证人证言优于与当事人有亲属关系或者其他密切关系的证人提供的对该当事人有利的证言；8.出庭作证的证人证言优于未出庭作证的证人证言；9.数个种类不同、内容一致的证据优于一个孤立的证据。

上述最佳证据规则，同样适用于行政执法机关在行政处罚程序中作出行政处罚决定，尤其是当多个证据相互之间矛盾时。

五、自认证据规则

自认仅指一方当事人对对方当事人所主张的不利于己的案件事实承认其真实的意思表示。自认是对事实的承认，而不包括对对方当事人法律主张和请求的认诺。

自认证据规则已引入我国行政诉讼领域。根据《最高人民法院关于行政诉讼证据若干问题的规定》（法释〔2002〕21号）第65条规定，在庭审中一方当事人或者其代理人在代理权限范围内对另一方当事人陈述的案件事实明确表示认可的，人民法院可以对该事实予以认定。第

67 条还规定，在不受外力影响的情况下，一方当事人提供的证据，对方当事人明确表示认可的，可以认定该证据的证明效力。

但是，自认证据存在几点例外：1.虽然当事人作了自认，但有相反证据证明相反事实的除外；2.调解时当事人为达成调解协议而对案件事实的认可，不得在其后的诉讼中作为对其不利的证据。

上述自认证据规则，同样适用于行政执法机关在行政处罚程序中作出行政处罚决定。

【延伸思考】

1.行政处罚案件证据有什么特殊性？与其他行政证据或诉讼证据有什么区别？

2.行为人实施违法行为的主观过错由谁举证？什么是"推定过错"原则？

3.证券行政处罚案件证据的举证责任和证明标准有什么特殊性？

4.行政调查与行政检查属于行政强制措施吗？当事人对其不服是否可以申请行政复议或提起行政诉讼？

5.证据先行登记保存属于行政强制措施吗？它与查封和扣押有什么区别？

【规范链接】

▸《中华人民共和国行政处罚法》（2021）第 14、30、33、40、46、54—57 条

▸《中华人民共和国行政强制法》（2011）第 2、9、22、25、56 条

▸《中华人民共和国行政诉讼法》（2017）第五章

▸《中华人民共和国刑事诉讼法》（2018）第 52、60 条

▸▸《中华人民共和国治安管理处罚法》（2012）第 87 条

▸▸《中华人民共和国噪声污染防治法》（2021）第 29 条

▸▸《中华人民共和国海关法》（2021）第 6 条

▸▸《最高人民法院关于审理证券行政处罚案件证据若干问题的座谈会纪要》（法〔2011〕225 号）

▸▸《最高人民法院关于行政诉讼证据若干问题的规定》（法释〔2002〕21 号）第 1、53、58、57、63、65 条

▸▸《最高人民法院关于适用〈中华人民共和国行政诉讼法〉的解释》（法释〔2018〕1 号）第四章

第 10 章　行政处罚依据论

行政处罚的依据，系指行政执法机关实施行政处罚、作出行政处罚决定所适用的规范。它是衡量和评定行政处罚是否合法适当的标准。

§10.1　行政处罚依据及基本要求

一、行政处罚依据的含义

行政处罚的依据，是由国家机关通过立法确立的用以规制行政处罚行为的行为规则。它既是对行政处罚的约束，也是对行政处罚的保障。行政处罚的依据旨在解决几个问题。

1.谁有权实施行政处罚？这是行政处罚的主体依据。

2.哪些行为应当给予行政处罚？这是对违反行政管理秩序行为的认定依据。

3.对于这些行为应当给予什么样的处罚？这是行政处罚手段与种类的依据。

4.应当处罚什么当事人？这是行政处罚对象的依据。

5.应当通过什么程序处罚当事人？这是行政处罚的程序依据。

行政处罚依据旨在解决处罚主体、被罚行为、处罚内容、处罚对象及处罚程序等问题。这才是行政处罚依据的完整含义。

二、主要依据与补充依据

根据《行政处罚法》第二章规定，行政处罚由法律、法规和规章设定，规章以下规范性文件不得设定行政处罚。该法第4条还特别规定："公民、法人或者其他组织违反行政管理秩序的行为，应当给予行政处罚的，依照本法由法律、法规、规章规定，并由行政机关依照本法规定的程序实施。"这里的法律、法规和规章属于行政处罚的主要依据。

规章以下的规范性文件，特别是行政处罚的裁量基准，在不违反法律、法规和规章的前提下，也可作为行政处罚的依据。这种依据并不能改变处罚主体、被罚行为、处罚内容、处罚对象及处罚程序等主要问题，但它可以在裁量幅度内解决具体量罚的问题，还可对法定程序作些具体补充，因而被称为补充依据。

根据《行政复议法》（2023）第13条① 和《行政诉讼法》（2017）第53条② 规定，规章以下的规范性文件在行政复议和行政诉讼中都可以被提起附带审查。结合这一特征，可以对两种依据归结如下：

——行政处罚的主要依据，是旨在解决处罚主体、被罚行为、处罚内容、处罚对象及处罚程序等主要问题的规范，包括法律、法规和规章，它不适用行政复议和行政诉讼中的附带审查。

——行政处罚的补充依据，是指在主要依据的基础上对具体量罚和

---

① 《行政复议法》（2023）第13条规定："公民、法人或者其他组织认为行政机关的行政行为所依据的下列规范性文件不合法，在对行政行为申请行政复议时，可以一并向行政复议机关提出对该规范性文件的附带审查申请：（一）国务院部门的规范性文件；（二）县级以上地方各级人民政府及其工作部门的规范性文件；（三）乡、镇人民政府的规范性文件；（四）法律、法规、规章授权的组织的规范性文件。前款所列规范性文件不含规章。规章的审查依照法律、行政法规办理。"

② 《行政诉讼法》（2017）第53条规定："公民、法人或者其他组织认为行政行为所依据的国务院部门和地方人民政府及其部门制定的规范性文件不合法，在对行政行为提起诉讼时，可以一并请求对该规范性文件进行审查。前款规定的规范性文件不含规章。"

程序进行补充的规范，包括规章以下的各类规范性文件，它可适用行政复议和行政诉讼中的附带审查。

三、行政处罚依据的基本要求

从行政法理上说，作为行政处罚依据必须符合三项基本要求，否则不能成为合法有效的依据。

一是，行政处罚依据的范围限于法律、法规、规章和行政处罚裁量基准的规范性文件。领导人的讲话、上级机关的指示及其他文件不得作为行政处罚的依据。

二是，行政处罚依据不得与上位法相抵触。法规不得与法律相抵触，规章不得与法律、法规相抵触，规范性文件不得与法律、法规和规章相抵触。否则不能成为有效的依据。

三是，行政处罚依据必须公开。《行政处罚法》第 5 条第 3 款规定："对违法行为给予行政处罚的规定必须公布；未经公布的，不得作为行政处罚的依据。"第 34 条还规定："行政机关可以依法制定行政处罚裁量基准，规范行使行政处罚裁量权。行政处罚裁量基准应当向社会公布。"行政机关不得依据"锁在抽屉里的文件"实施行政处罚。

§10.2　行政处罚依据的范围

如上所述，行政处罚依据包括法律、法规、规章和规章以下的规范性文件，但具体展开阐述，应当是指法律、行政法规、地方性法规、经济特区法规、自治条例和单行条例、规章和规章以下的规范性文件。

一、法律

法律是全国人民代表大会及其常务委员会根据宪法或依职权制定的规范性法律文件。它是我国法律的基本形式和基本渊源。

根据制定机关的区别，它可分为基本法律和其他法律。相对于"基本法律"，其他法律也可称"一般法律"。基本法律是指有关国家刑事、民事、国家机构等方面的基本规定；其他方面的基本规定属于其他法律。原则上，前者由全国人民代表大会制定，后者则由全国人民代表大会常务委员会制定。法律一般以国家主席令形式公布，但是有些由全国人大常委会制定，不以国家主席令公布的决定，也属于法律的范畴。

根据《立法法》（2023）第10—11条规定，全国人民代表大会和全国人民代表大会常务委员会行使国家立法权。全国人民代表大会制定和修改刑事、民事、国家机构的和其他的基本法律。全国人民代表大会常务委员会制定和修改除应当由全国人民代表大会制定的法律以外的其他法律；在全国人民代表大会闭会期间，对全国人民代表大会制定的法律进行部分补充和修改，但是不得同该法律的基本原则相抵触。但是，下列事项只能制定法律：1.国家主权的事项；2.各级人民代表大会、人民政府、监察委员会、人民法院和人民检察院的产生、组织和职权；3.民族区域自治制度、特别行政区制度、基层群众自治制度；4.犯罪和刑罚；5.对公民政治权利的剥夺、限制人身自由的强制措施和处罚；6.税种的设立、税率的确定和税收征收管理等税收基本制度；7.对非国有财产的征收、征用；8.民事基本制度；9.基本经济制度以及财政、海关、金融和外贸的基本制度；10.诉讼制度和仲裁基本制度；11.必须由全国人民代表大会及其常务委员会制定法律的其他事项。关于法律的名称，《立法法》没有作出规定，一般都称"中华人民共和国……法"。

法律是行政处罚最基本和最高的行政处罚依据。[①]

二、行政法规

行政法规是指国务院为领导和管理国家各项行政工作，根据宪法法律，或者依据全国人大及其常委会的授权，或者依职权所制定的有关政治、经济、教育、科技、文化、外事等各类法规的总称。

行政法规就立法事项而言，可分为职权立法与授权立法。职权立法是指国务院根据宪法和法律，基于它的职权而制定的行政法规。根据

---

① 因为宪法是国家的根本法，不会直接对行政处罚作出规定。

《立法法》（2023）第 72 条第 2 款规定，属于职权立法性质的行政法规可以就下列事项作出规定：1. 为执行法律的规定需要制定行政法规的事项；2.《宪法》第 89 条规定的国务院行政管理职权的事项。

授权立法是指，对于本来属于应当由法律规定的事项，经全国人民代表大会及其常务委员会的授权，以国务院行政法规形式作出规定。①根据《立法法》（2023）第 12 条规定，属于《立法法》第 11 条所规定的"法律保留事项"尚未制定法律的，全国人民代表大会及其常务委员会有权作出决定，授权国务院可以根据实际需要，对其中的部分事项先制定行政法规，但是有关犯罪和刑罚、对公民政治权利的剥夺和限制人身自由的强制措施和处罚、司法制度等事项除外。《立法法》（2023）第 72 条第 3 款还规定："应当由全国人民代表大会及其常务委员会制定法律的事项，国务院根据全国人民代表大会及其常务委员会的授权决定先制定的行政法规，经过实践检验，制定法律的条件成熟时，国务院应当及时提请全国人民代表大会及其常务委员会制定法律。"

行政法规由国务院制定并以国务院令发布，这是行政法规区别于其他法规或者规章的形式标志。根据《行政法规制定程序条例》（2017）第 5 条规定，行政法规的名称一般称"条例"，也可以称"规定""办法"等。国务院根据全国人民代表大会及其常务委员会的授权决定制定的行政法规，称"暂行条例"或者"暂行规定"。国务院各部门和地方人民

---

① 如《全国人民代表大会常务委员会关于授权国务院对职工退休退职办法进行部分修改和补充的决定》（1983 年 9 月 2 日发布）、《全国人大常委会关于授权国务院改革工商税制和发布试行有关税收条例（草案）的决定》（1984 年 9 月 18 日发布）、《全国人民代表大会关于授权国务院在经济体制改革和对外开放方面可以制定暂行的规定或者条例的决定》（1985 年 4 月 10 日发布）、《全国人大常委会关于授权国务院在中国（上海）自由贸易试验区暂时调整有关法律规定的行政审批的决定》（2013 年 8 月 30 日发布）、《全国人大常委会关于授权国务院在北京市大兴区等 232 个试点县（市、区）、天津市蓟县等 59 个试点县（市、区）行政区域分别暂时调整实施有关法律规定的决定》（2015 年 12 月 27 日发布），等等。

政府制定的规章不得称"条例"。

国务院是国家最高行政机关，是全国行政管理的最高指挥机关。制定行政法规是国务院领导全国行政工作的一种有效手段。行政法规是我国法律的重要形式和渊源，是国家治理和社会治理的重要依据，是实施行政处罚的主要依据。

三、地方性法规

地方性法规是指享有地方性法规制定权的地方国家权力机关依照法定的权限，在不同宪法、法律和行政法规相抵触的前提下，制定的在本行政区域内实施的规范性文件。从主体视角考察，地方性法规包括以下几类：

1. 省、自治区、直辖市人民代表大会及其常务委员会制定的地方性法规。根据《宪法》(2018) 第 100 条第 1 款 ①、《地方各级人民代表大会和地方各级人民政府组织法》(2022) 第 10 条第 1 款 ② 和《立法法》(2023) 第 80 条 ③ 规定，省、自治区、直辖市人民代表大会及其常务委员会，在不同宪法、法律、行政法规相抵触的前提下，可以在自己的职权范围内制定地方性法规，报全国人民代表大会常务委员会备案。

2. 设区的市人民代表大会及其常务委员会制定的地方性法规。根

---

① 《宪法》(2018) 第 100 条第 1 款规定："省、直辖市的人民代表大会和它们的常务委员会，在不同宪法、法律、行政法规相抵触的前提下，可以制定地方性法规，报全国人民代表大会常务委员会备案。"

② 《地方各级人民代表大会和地方各级人民政府组织法》(2022) 第 10 条第 1 款规定："省、自治区、直辖市的人民代表大会根据本行政区域的具体情况和实际需要，在不同宪法、法律、行政法规相抵触的前提下，可以制定和颁布地方性法规，报全国人民代表大会常务委员会和国务院备案。"

③ 《立法法》(2023) 第 80 条规定："省、自治区、直辖市的人民代表大会及其常务委员会根据本行政区域的具体情况和实际需要，在不同宪法、法律、行政法规相抵触的前提下，可以制定地方性法规。"

据《宪法》（2018）第 100 条第 2 款 ①、《地方各级人民代表大会和地方各级人民政府组织法》（2022）第 10 条第 2 款 ② 和《立法法》（2023）第 81 条 ③ 规定，设区的市的人民代表大会及其常务委员会可以根据本市的具体情况和实际需要，在不同宪法、法律、行政法规和本省、自治区的地方性法规相抵触的前提下，可以对城乡建设与管理、生态文明建设、历史文化保护、基层治理等方面的事项制定地方性法规。这类法规报省、自治区的人民代表大会常务委员会批准后施行。设区的市人民代表大会及其常务委员会制定的地方性法规，具体包括以下几类：

（1）省、自治区所在地的市人民代表大会及其常务委员会制定的地方性法规。目前这类市有 27 个，被称为"省会市"。

（2）经国务院批准的较大市人民代表大会及其常务委员会制定的地方性法规。这种较大的市共有 18 个。它们是：1984 年国务院批准的唐

---

① 《宪法》（2018）第 100 条第 2 款规定："设区的市的人民代表大会和它们的常务委员会，在不同宪法、法律、行政法规和本省、自治区的地方性法规相抵触的前提下，可以依照法律规定制定地方性法规，报本省、自治区人民代表大会常务委员会批准后施行。"

② 《地方各级人民代表大会和地方各级人民政府组织法》（2022）第 10 条第 2 款规定："设区的市、自治州的人民代表大会根据本行政区域的具体情况和实际需要，在不同宪法、法律、行政法规和本省、自治区的地方性法规相抵触的前提下，可以依照法律规定的权限制定地方性法规，报省、自治区的人民代表大会常务委员会批准后施行，并由省、自治区的人民代表大会常务委员会报全国人民代表大会常务委员会和国务院备案。"

③ 《立法法》（2023）第 81 条第 1 款规定："设区的市的人民代表大会及其常务委员会根据本市的具体情况和实际需要，在不同宪法、法律、行政法规和本省、自治区的地方性法规相抵触的前提下，可以对城乡建设与管理、生态文明建设、历史文化保护、基层治理等方面的事项制定地方性法规，法律对设区的市制定地方性法规的事项另有规定的，从其规定。设区的市的地方性法规须报省、自治区的人民代表大会常务委员会批准后施行。省、自治区的人民代表大会常务委员会对报请批准的地方性法规，应当对其合法性进行审查，认为同宪法、法律、行政法规和本省、自治区的地方性法规不抵触的，应当在四个月内予以批准。"

山市、大同市、包头市、大连市、鞍山市、抚顺市、吉林市、齐齐哈尔市、无锡市、淮南市、青岛市、洛阳市（同时批准的重庆市目前已升为直辖市）；1988年批准的宁波市；1992年批准的淄博市、邯郸市和本溪市；1993年批准的徐州市、苏州市。

（3）经济特区所在地的市人民代表大会及其常务委员会制定的地方性法规。我国设立经济特区，始于1980年，至今已有七个经济特区，即深圳经济特区、珠海经济特区、厦门经济特区、汕头经济特区、海南经济特区、喀什经济特区、霍尔果斯经济特区。经济特区市的人大及其常委会也有权制定地方性法规。

（4）其他设区的市人民代表大会及其常务委员会制定的地方性法规。

以上三类市，即1）省、自治区所在地的市；2）经国务院批准的较大市；3）经济特区所在地的市，都属于"设区的市"，但"设区的市"远多于前三种市。2015年的《立法法》已将地方性法规的制定权从上述三种市扩大到所有"设区的市"。与上述三种市不同的是，根据《立法法》（2023）第81条第3款规定，其他设区的市人民代表大会及其常务委员会制定的地方性法规的具体步骤和时间，须由省、自治区的人民代表大会常务委员会综合考虑本地因素确定，并报全国人民代表大会常务委员会和国务院备案。①

3. 自治州人民代表大会及其常务委员会制定的地方性法规。根据《立法法》（2023）81条第4款规定，自治州的人民代表大会及其常务委员会可以依照《立法法》规定行使设区的市制定地方性法规的职权。

---

① 《立法法》（2023）第81条第3款规定："除省、自治区的人民政府所在地的市，经济特区所在地的市和国务院已经批准的较大的市以外，其他设区的市开始制定地方性法规的具体步骤和时间，由省、自治区的人民代表大会常务委员会综合考虑本省、自治区所辖的设区的市的人口数量、地域面积、经济社会发展情况以及立法需求、立法能力等因素确定，并报全国人民代表大会常务委员会和国务院备案。"

自治州开始制定地方性法规的具体步骤和时间，须由省、自治区的人民代表大会常务委员会综合考虑本地因素确定，并报全国人民代表大会常务委员会和国务院备案。

4.四个不设区的市人民代表大会及其常务委员会制定的地方性法规。根据《全国人民代表大会关于修改〈中华人民共和国立法法〉的决定》（2015）的授权，有四个不设区的地级市也拥有地方性法规的制定权。它们是：广东省的东莞市和中山市，甘肃省的嘉峪关市，海南省的二沙市。①

根据《立法法》（2023）第82条规定，地方性法规可以就下列事项作出规定：（1）为执行法律、行政法规的规定，需要根据本行政区域的实际情况作具体规定的事项；（2）属于地方性事务需要制定地方性法规的事项；（3）除《立法法》第11条规定的事项外，其他国家尚未制定法律或者行政法规的事项。其中，设区的市、自治州制定地方性法规，限于对城乡建设与管理、生态文明建设、历史文化保护、基层治理等方面的事项。并且，法律对设区的市制定地方性法规的事项另有规定的，从其规定。

关于地方性法规的名称，目前尚无法律作出专门规定。在现实中，一般使用"条例"、"规定"和"办法"等。

地方性法规是我们实施地方治理的法律依据之一，也是我国法律的渊源和形式。在地方性法规中，大量的规范涉及行政处罚。

四、经济特区法规

《立法法》（2023）第84条规定："经济特区所在地的省、市的人民代表大会及其常务委员会根据全国人民代表大会的授权决定，制定法规，在经济特区范围内实施。"

---

① 《全国人民代表大会关于修改〈中华人民共和国立法法〉的决定》（2015）规定："广东省东莞市和中山市、甘肃省嘉峪关市、海南省三沙市，比照适用本决定有关赋予设区的市地方立法权的规定。"

经济特区的人民代表大会及其常务委员会，既可制定地方性法规，也可制定经济特区法规。经济特区法规是我国地方立法的一种特殊形式。我国的经济特区和经济特区立法是改革开放的产物。经济特区法规与地方性法规的区别在于：经济特区法规可以根据授权变通法律、法规，但只限于经济特区范围内实施。

1980 年 8 月 2 日，国务院向全国人大常委会提出了在广东省的深圳、珠海、汕头和福建省的厦门设立经济特区，并同时将《广东省经济特区条例（草案）》提请审议。同年 8 月 26 日，五届全国人大常委会第十五次会议批准了国务院提出的《广东省经济特区条例》。此后，全国人大及常委会作出了一系列关于经济特区立法的授权决定：《全国人民代表大会常务委员会关于授权广东省、福建省人民代表大会及其常务委员会制定所属经济特区的各项单行经济法规的决议》（1981 年）；《全国人民代表大会关于建立海南经济特区的决议》（1988 年）；《全国人大常委会关于授权深圳市人民代表大会及其常务委员会和深圳市人民政府分别制定法规和规章在深圳经济特区实施的决定》（1992 年）；《全国人民代表大会关于授权厦门市人民代表大会及其常务委员会和厦门市人民政府分别制定法规和规章在厦门经济特区实施的决定》（1994 年）；《全国人民代表大会全国人大关于授权汕头市和珠海市人民代表大会及其常务委员会、人民政府分别制定法规和规章在各自的经济特区实施的决定》（1996 年）。

我国现有七个经济特区：深圳经济特区、珠海经济特区、厦门经济特区、汕头经济特区、海南经济特区、喀什经济特区、霍尔果斯经济特区。

经济特区法规的名称和程序等适用地方性法规的名称和程序。但经济特区法规属于授权立法而不是职权立法，所以，它的报备程序是法规公布后的 30 日内向授权决定规定的机关备案，并且应当说明对法律、行政法规、地方性法规作出变通的情况。

五、自治条例和单行条例

根据《宪法》(2018) 第 116 条 ①、《立法法》(2023) 第 85 条 ② 和《民族区域自治法》(2001) 第 19 条 ③ 规定,民族自治地方的人民代表大会有权制定自治条例和单行条例。④

具体而言,自治条例是指民族自治地方的人民代表大会,即自治区、自治州、自治县的人民代表大会,依照当地民族的政治、经济和文化的特点,经法律程序制定的,用以全面调整本自治地方事务的综合性规范性文件。单行条例是指民族自治地方的人民代表大会,即自治区、自治州、自治县的人民代表大会,依照当地民族的政治、经济和文化的特点,经法律程序制定的,用以全面调整本自治地方某个方面事务的单项规范性文件。自治区的自治条例和单行条例,报全国人民代表大会常务委员会批准后生效。自治州、自治县的自治条例和单行条例,报省或

---

① 《宪法》(2004) 第 116 条规定:"民族自治地方的人民代表大会有权依照当地民族的政治、经济和文化的特点,制定自治条例和单行条例。自治区的自治条例和单行条例,报全国人民代表大会常务委员会批准后生效。自治州、自治县的自治条例和单行条例,报省或者自治区的人民代表大会常务委员会批准后生效,并报全国人民代表大会常务委员会备案。"

② 《立法法》(2023) 第 85 条规定:"民族自治地方的人民代表大会有权依照当地民族的政治、经济和文化的特点,制定自治条例和单行条例。自治区的自治条例和单行条例,报全国人民代表大会常务委员会批准后生效。自治州、自治县的自治条例和单行条例,报省、自治区、直辖市的人民代表大会常务委员会批准后生效。自治条例和单行条例可以依照当地民族的特点,对法律和行政法规的规定作出变通规定,但不得违背法律或者行政法规的基本原则,不得对宪法和民族区域自治法的规定以及其他有关法律、行政法规专门就民族自治地方所作的规定作出变通规定。"

③ 《民族区域自治法》(2001) 第 19 条规定:"民族自治地方的人民代表大会有权依照当地民族的政治、经济和文化的特点,制定自治条例和单行条例。自治区的自治条例和单行条例,报全国人民代表大会常务委员会批准后生效。自治州、自治县的自治条例和单行条例报省、自治区、直辖市的人民代表大会常务委员会批准后生效,并报全国人民代表大会常务委员会和国务院备案。"

④ 自治条例与单行条例只限于民族自治地方的人民代表大会制定,其人大常委会无权制定自治条例与单行条例。这与地方性法规不同。

者自治区的人民代表大会常务委员会批准后生效，并报全国人民代表大会常务委员会备案。

自治条例和单行条例可以依照当地民族的特点，对法律和行政法规的规定作出变通规定，但不得违背法律或行政法规的基本原则，不得对宪法和民族区域自治法的规定以及其他有关法律、行政法规专门就民族自治地方所作的规定作出变通规定。

自治条例和单行条例是我国的法律渊源之一，它直接为我国地方民族自治提供了法律依据，它们同样可以成为行政处罚的依据。

六、规章

规章，也称政府规章或行政规章，是有关国家行政机关依据法律、法规，在本职权范围内制定的具有普遍约束力的规范性文件。它同样属于行政处罚的依据。规章可以分为国务院部门规章和地方人民政府规章。

1. 国务院部门规章

根据《宪法》（2018）第 90 条第 2 款①、《立法法》（2023）第 91 条第 1 款②规定，国务院各部、委员会、中国人民银行、审计署和具有行政管理职能的直属机构以及法律规定的机构，可以根据法律和国务院的行政法规、决定、命令，在本部门的权限范围内，制定规章。部门规章规定的事项应当属于执行法律或者国务院的行政法规、决定、命令的事项。没有法律或者国务院的行政法规、决定、命令的依据，部门规章不得设定减损公民、法人和其他组织权利或者增加其义务的规范，不得增加本部门的权力或者减少本部门的法定职责。涉及两个以上国务院部门

---

① 《宪法》（2018）第 90 条第 2 款规定："各部、各委员会根据法律和国务院的行政法规、决定、命令，在本部门的权限内，发布命令、指示和规章。"
② 《立法法》（2023）第 91 条第 1 款规定："国务院各部、委员会、中国人民银行、审计署和具有行政管理职能的直属机构以及法律规定的机构，可以根据法律和国务院的行政法规、决定、命令，在本部门的权限范围内，制定规章。"

职权范围的事项，应当提请国务院制定行政法规或者由国务院有关部门联合制定规章。部门规章应当经部务会议或者委员会会议决定，并由部门首长签署命令予以公布。

2. 地方人民政府规章

根据《立法法》（2023）第 93 条第 1 款 ①，《地方各级人民代表大会和地方各级人民政府组织法》（2022）第 74 条 ②，以及全国人民代表大会常务委员会《关于授权深圳市人民代表大会及其常务委员会和深圳市人民政府分别制定法规和规章在深圳经济特区实施的决定》（1992 年），全国人民代表大会《关于授权厦门市人民代表大会及其常务委员会和厦门市人民政府分别制定法规和规章在厦门经济特区实施的决定》（1994年），全国人民代表大会《关于授权汕头市和珠海市人民代表大会及其常务委员会、人民政府分别制定法规和规章在各自的经济特区实施的决定》（1996 年）等规定，有关地方人民政府可以制定地方政府规章。地方人民政府规章包括：（1）省、自治区、直辖市人民政府制定的规章；（2）经济特区所在地的市人民政府制定的规章；（3）设区的市人民政府制定的规章；（4）自治州人民政府制定的规章。

根据《立法法》（2023）的有关规定，地方政府规章可以就下列事项作出规定：（1）为执行法律、行政法规、地方性法规的规定需要制定

---

① 《立法法》（2023）第 93 条第 1 款规定："省、自治区、直辖市和设区的市、自治州的人民政府，可以根据法律、行政法规和本省、自治区、直辖市的地方性法规，制定规章。"

② 《地方各级人民代表大会和地方各级人民政府组织法》（2022）第 74 条规定："省、自治区、直辖市的人民政府可以根据法律、行政法规和本省、自治区、直辖市的地方性法规，制定规章，报国务院和本级人民代表大会常务委员会备案。设区的市、自治州的人民政府可以根据法律、行政法规和本省、自治区的地方性法规，依照法律规定的权限制定规章，报国务院和省、自治区的人民代表大会常务委员会、人民政府以及本级人民代表大会常务委员会备案。依照前款规定制定规章，须经各该级政府常务会议或者全体会议讨论决定。"

规章的事项；（2）属于本行政区域的具体行政管理事项。其中，设区的市、自治州的人民政府制定规章，必须限于城乡建设与管理、生态文明建设、历史文化保护、基层治理等方面的事项。应当制定地方性法规但条件尚不成熟的，因行政管理迫切需要，可以先制定地方政府规章。规章实施满两年需要继续实施规章所规定的行政措施的，应当提请本级人民代表大会或者其常务委员会制定地方性法规。

与部门规章类似，没有法律、行政法规、地方性法规的依据，地方政府规章不得设定减损公民、法人和其他组织权利或者增加其义务的规范。地方政府规章应当经政府常务会议或者全体会议决定，由省长、自治区主席、市长或者自治州州长签署命令予以公布。

3.规章制定程序和名称

根据国务院《规章制定程序条例》（2017）规定，规章的制定，要经过"立项—起草—决定—公布—备案"等程序。规章公布后，应当自公布之日起30日内，依照下列规定报送备案：部门规章由国务院部门报国务院备案，两个或者两个以上部门联合制定的规章，由主办的部门报国务院备案；省、自治区、直辖市人民政府规章由省、自治区、直辖市人民政府报国务院备案；较大的市的人民政府规章由较大的市的人民政府报国务院备案，同时报省、自治区人民政府备案。国务院部门法制机构，省、自治区、直辖市人民政府和较大的市的人民政府法制机构，具体负责本部门、本地方的规章备案工作。《规章制定程序条例》（2017）第7条规定，规章的名称一般称"规定""办法"，但不得称"条例"。行政规章从内容上看，主要针对的是行政活动，但它也是我国法律的渊源，在国家治理和社会治理中发挥着重要的作用。

七、行政规范性文件（行政规定）

除了上述法律、法规和规章，规章以下的规范性文件也可作为行政处罚的补充性依据。规章以下的规范性文件目前也被称为"行政规范性文件"，在行政法理上也称"行政规定"，与"行政决定"相对应。

根据国务院办公厅《关于加强行政规范性文件制定和监督管理工作的通知》（国办发〔2018〕37号）和《关于全面推行行政规范性文件合法性审核机制的指导意见》（国办发〔2018〕115号）的规定和解释，"行政规范性文件是除国务院的行政法规、决定、命令以及部门规章和地方政府规章外，由行政机关或者经法律、法规授权的具有管理公共事务职能的组织依照法定权限、程序制定并公开发布，涉及公民、法人和其他组织权利义务，具有普遍约束力，在一定期限内反复适用的公文。"

行政规范性文件不属于"法"的范畴，不属于法的渊源和形式，不能成为人民法院审理行政案件的法律依据。[1] 但"制发行政规范性文件是行政机关依法履行职能的重要方式，直接关系群众切身利益，事关政府形象"[2]。行政规范性文件在一定条件下可以成为下级行政机关实施行政行为的依据。

§10.3　行政处罚依据之间的冲突

由于各种复杂的原因，行政处罚依据之间发生冲突在所难免。"抵触"与"不一致"，乃是行政处罚依据冲突的两种基本类型。

一、行政处罚依据的统一与冲突

中国的法律体系要求法律规范之间协调一致。《宪法》（2018）第5条第2款规定："国家维护社会主义法制的统一和尊严。"《立法法》（2023）第5条规定："立法应当符合宪法的规定、原则和精神，依照法定的权限和程序，从国家整体利益出发，维护社会主义法制的统一、尊严、权威。"法与法之间的协调统一，既是中国特色社会主义法律体系的基本

---

[1]　它在行政诉讼中一般是作为行政证据而不是作为法律依据出现。

[2]　引自国务院办公厅《关于加强行政规范性文件制定和监督管理工作的通知》（国办发〔2018〕37号）。

特征，也是坚持和完善中国特色社会主义法治体系的基本要求。法律规范之间如此，行政处罚依据自然也当如此。

但是，由于不同的依据规范由不同的部门制定，加之法律规范的表达技术还做不到完美无缺①，如何保证依据规范之间的科学衔接和协调统一是一项非常复杂的工作，这就使得依据规范之间出现抵触或不一致的现象客观存在，依据规范冲突无法完全避免。德国法学家基尔希曼（Julius Hermannvon Kirchmann）曾指出，即使像罗马法这种形式化程度很高的法律体系也始终贯串着矛盾和冲突。他甚至断言：任何实在法的立法，哪怕准备一千年，也难逃导致漏洞、矛盾、晦涩、歧义的厄运。②

"抵触"和"不一致"是"依据冲突"的两种情形。"依据冲突"是依据规范之间"抵触"与"不一致"的合称。如何认知和判断依据规范之间的"抵触"或"不一致"，在法律适用的理论和实践中都是一个并未彻底解决了的关键课题，这使我们适用依据面临困难。

从语义上说，"抵触"或"不一致"，都是指两个规范在内容上的"非同一性"；而且它们有程度上的差别，可以说"抵触"是极端的"不一致"，"不一致"是轻微的"抵触"。但是，《立法法》将"纵向"法与法之间的法律冲突称为"抵触"，把"横向"法与法之间的冲突称为"不一致"。这样，在《立法法》的意义上，"抵触"与"不一致"不是一种法律冲突程度上的区别，而是一种法律冲突情景上和性质上的区别：下位依据与上位依据冲突称"抵触"，同位法之间的冲突称为"不一致"。

---

① 正如一位德国学者所言："规范之间有可能发生冲突是法律规范自身的一大局限性。"参见 [德] 阿列克西：《法律论证理论》，舒国滢译，中国法制出版社 2002 年版，第 2—3 页。

② 参见 [德] J.H. 冯·基尔希曼：《作为科学的法学的无价值性——在柏林法学会的演讲》，赵阳译，《比较法学研究》2004 年第 1 期。

```
          ┌──────────┐
          │ 依据冲突 │
          └────┬─────┘
       ┌───────┴───────┐
  ┌────┴────┐     ┌────┴────┐
  │  抵触   │     │ 不一致  │
  └────┬────┘     └────┬────┘
       │               │
┌──────┴──────┐ ┌──────┴──────┐
│ 纵向依据之间 │ │ 横向依据之间 │
└─────────────┘ └─────────────┘
```

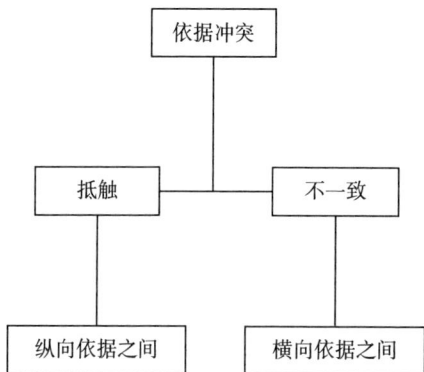

二、行政处罚依据之间的"抵触"

"抵触",其英文表达是"Contravene"或"Opposition",源自拉丁文"contrvenre",有"反对""对抗""相反"之意。[1] 但法律规范的抵触问题并不是单凭"抵触"的词义就能解决的。我国有许多专家学者不乏有理论上的探讨。周旺生认为,法与法之间的抵触就是指下位法与上位法相冲突、相违背。抵触有两类,一是与宪法、法律、行政法规的具体条文的内容相冲突、相违背,此为直接抵触;二是与宪法、法律、行政法规的精神实质、基本原则相冲突、相违背,此为间接抵触。[2] 孔祥俊认为,法律规范相抵触是指调整同一对象的法律规范之间的"有你无我、有我无你"式的不相容性。[3] 董书萍认为"抵触"即冲突,含有违背、违反、反对、相反、矛盾之意,是两个事物之间的一种"有你无我、有我无你"式的不相容状态。[4] 杨临萍同样认为,法律规范之间的抵触就

---

[1] The American Heritage Dictionary of the English Language(fourth edition)一书中对 contravene 的解释是:(1)to act or be counter to;to violate;(2)to oppose in argument;to contradict。转引自顾建亚:《行政法律规范冲突的适用规则研究》,浙江大学出版社 2010 年版,第 33 页。

[2] 参见周旺生:《立法学》,法律出版社 2009 年版,第 284 页。

[3] 参见孔祥俊:《法律规范冲突的选择适用与漏洞填补》,人民法院出版社 2004 年版,第 218 页。

[4] 参见董书萍:《法律适用规则研究》,中国人民公安大学出版社 2012 年版,第 95 页。

是指内容上的相互矛盾、冲突和违背的意思。① 顾建亚从"非抵触"的视角阐述了认定"抵触"标准需把握的要件。②

我们认为，所谓"纵向"的依据规范之间的冲突，是指处于不同法律位阶的依据之间，下位依据与上位依据就同一事项所规定的内容"不一致"。这就是"抵触"。可以这么说，横向依据规范之间的"不一致"就是"不一致"，而纵向依据规范之间的"不一致"就称为"抵触"。因为我国的法制体系是不允许下位法与上位法不一致的，除非法律法规另有特别规定。

至于下位法与上位法抵触的具体情形，最高人民法院早在 2004 年在《关于审理行政案件适用法律规范问题的座谈会纪要》（法〔2004〕96 号）中就指出，从审判实践看，下位法不符合上位法的常见情形有：下位法缩小上位法规定的权利主体范围，或者违反上位法立法目的扩大上位法规定的权利主体范围；下位法限制或者剥夺上位法规定的权利，或者违反上位法立法目的扩大上位法规定的权利范围；下位法扩大行政主体或其职权范围；下位法延长上位法规定的履行法定职责期限；下位法以参照、准用等方式扩大或者限缩上位法规定的义务或者义务主体的范围、性质或者条件；下位法增设或者限缩违反上位法规定的适用条件；下位法扩大或者限缩上位法规定的给予行政处罚的行为、种类和幅度的范围；下位法改变上位法已规定的违法行为的性质；下位法超出上位法规定的强制措施的适用范围、种类和方式，以及增设或者限缩其适用条件；法规、规章或者其他规范文件设定不符合行政许可法规定的行政许可，或者增设违反上位法的行政许可条件；其他相抵触的情形。

《立法法》经 2015 年和 2023 年修改以后，有关部门指出，以下几

---

① "不相抵触就是不矛盾，不相冲突，不相违背的意思。"参见杨临萍：《中国司法审查若干前沿问题》，人民法院出版社 2006 年版，第 91 页。

② 参见顾建亚：《行政法律规范冲突的适用规则研究》，浙江大学出版社 2010 年版，第 42—47 页。

种情况应当属于与上位依据相抵触：1.上位依据有明确的规定，与上位依据的规定相反的；2.虽然不是与上位依据的规定相反，但旨在抵消上位依据的规定的，即搞"上有政策下有对策"的；3.上位依据没有明确规定，与上位依据的立法目的和立法精神相反的；4.违反了本法关于立法权限的规定，越权立法的；5.下位依据超出上位依据规定的行政处罚种类和幅度的，下位依据超越权限设定行政许可的，下位依据超越权限设定行政强制措施种类的。① 此外，我国还有许多学者，在揭示和归纳下位法与上位法抵触方面，做出了种种努力。②

参考上述规定和观点并结合实际情况，我们认为下位依据与上位依据相抵触的，大致有这些情形：

1.下位依据扩大或缩小了上位依据规定的主体范围，包括权利主体

---

① 参见全国人大常委会法制工作委员会国家法室编著：《中华人民共和国立法法释义》，法律出版社 2015 年版，第 303 页。

② 如董书萍在其《法律适用规则研究》（中国人民公安大学出版社 2012 年版，第 101—102 页）一书中将下位法与上位法的抵触情形概括为 17 项之多：（1）上位法允许的行为，下位法予以禁止的；（2）上位法禁止的行为，下位法予以允许的；（3）上位法规定必须的行为，下位法作出了任意的规定；（4）下位法扩张（增加）上位法授予权利的条件，限制了权利主体取得权利的范围或者增加了取得的难度的；（5）下位法扩大上位法授予权利的范围，且违反授权性质或者上位法授权意图的；（6）下位法减少上位法授予权利条件，致使扩大权利主体获得权利的范围有悖于上位法限制权利范围的意图的；（7）下位法对上位法赋予的权利进行了剥夺或者限制；（8）下位法增加设定义务的条件，并违背上位法设定义务的意图的，构成抵触；（9）下位法扩展义务主体的范围而与上位法相抵触；（10）下位法扩大、缩小或变更上位法规定的执法主体、执法主体的执法权限或执法程序；（11）下位法减少上位法规定的违法行为构成要件而产生抵触的；（12）下位法扩大或者缩小违法行为的范围；（13）下位法扩大或缩小上位法准予其设定的处罚行为、种类和幅度的范围；（14）下位法扩大或缩小上位法准予其设定处罚的权限范围，变更或者增加处罚条件或者手段、幅度等；（15）下位法在追究法律责任的时效上与上位法相抵触；（16）扩大或缩小特定术语的内涵、外延，以致引起不同的法律后果；（17）没有法律依据，即对于《立法法》第 64 条所授予的地方先行立法权而言，如果超出了地方自主权的范围，行使了中央专属的立法权，即构成抵触。

和义务主体。

2.下位依据扩大或缩小上位依据所规定的权利（职权）内容范围，包括权利的种类、数量和幅度等。

3.下位依据扩大或缩小上位依据所规定的义务（职责）内容范围，包括义务的种类、数量和幅度等。

4.下位依据扩大或缩小上位依据所规定的责任内容范围，包括责任的种类、数量和幅度等。

5.下位依据增加或缩减取得权利、履行义务或承担责任的条件，包括条件的提高或降低，条件的增多或减少。

6.下位依据改变了上位依据所规定的取得权利、履行义务或承担责任的期限。

7.下位依据改变了上位依据的法律规范性质。下位依据对上位依据任何规范属性的改变，都属于与上位依据抵触。

8.下位依据改变了上位依据规定的"度量衡"等技术标准。

9.其他抵触情景。

三、行政处罚依据之间的"不一致"

"不一致"的英文是 inconsistent。仅从词义上分析，它包含三层意思：1.有差异的；2.缺乏一贯性；3.不和谐。"不一致"就其内涵而言是指法律规范对同一调整对象作出了不同的规定，它是一种客观上的不相同和实质意义上的不兼容。另外，"不一致"也是指同位法之间具有可协调性的冲突，即同一位阶的法律规范在客观上仍然是冲突的，但这种冲突一般是立法者有意安排的，本质上是可以调和的。而且与"抵触"相比，"不一致"往往用在同位法之间。① 可见，行政依据规范之间的"不一致"，是指处于同一法律位阶的依据规范之间，其规定的内容出现"不

---

① 参见顾建亚：《行政法律规范冲突的适用规则研究》，浙江大学出版社 2010 年版，第63 页；孔祥俊：《法律规范冲突的选择适用与漏洞填补》，人民法院出版社 2004 年版，第 157—158 页。

同一"。

所谓处于"同一法律位阶"的依据规范之间，是指法律之间、行政法规之间、地方性法规之间、规章之间，以及行政规范性文件之间的关系。此外，《立法法》还规定，全国人民代表大会常务委员会的法律解释与法律具有同等效力；部门规章之间、部门规章与地方政府规章之间具有同等效力。

具有相同效力等级的依据规范之间，所规定的内容相互出现"不一致"的情景，其实和上述"纵向"依据规范之间的"抵触"情景是一样的。上述"抵触"情景只要"横过来"看就是"不一致"的情景，具体包括：1.规定的主体范围不一致；2.规定的权利范围不一致；3.规定的义务范围不一致；4.规定的责任范围不一致；5.规定的取得权利、履行义务或承担责任的条件不一致；6.规定的取得权利、履行义务或承担责任的期限不一致；7.规定的法律规范性质不一致；8.对"度量衡"等技术标准规定的不一致；9.其他不一致的情景。

"不一致"与"抵触"不同。"抵触"是绝对不允许的，而"不一致"在一定范围内、一定程度上是允许的，它是一种可协调的"冲突"，大多允许并存，可以通过法律适用原则得到解决。例如，同样是法律，但特别法与一般法之间是可以不一致的。它们之间的不一致可以通过"特别法优于一般法"规则解决。再如不同地方的地方性法规可以有规定上的差异性，它们适用各自的地方，不会发生冲突。但有的规定出现不一致是应当避免的，否则，当它们同一主体处理同一事项时就发生法律冲突。

§10.4　行政处罚依据适用规则

行政处罚依据之间发生冲突，最终须通过法规裁决、法规备案审查以及改废程序予以解决，但在解决之前并且法律适用无法停止时，可依据法律适用规则处理。

一、高法优于低法

高位法优于低位法，起源于罗马法的古典时期的"上位法优于下位法"。① 这规则的本义是：法律位阶高的规范比法律位阶低的规范优先适用。我国《立法法》（2023）有三个条文体现了高法优于低法的法律适用规则。其第 98 条规定："宪法具有最高的法律效力，一切法律、行政法规、地方性法规、自治条例和单行条例、规章都不得同宪法相抵触。"第 99 条又规定："法律的效力高于行政法规、地方性法规、规章。行政法规的效力高于地方性法规、规章。"还有第 100 条规定："地方性法规的效力高于本级和下级地方政府规章。省、自治区的人民政府制定的规章的效力高于本行政区域内的设区的市、自治州的人民政府制定的规章。"

高法优于低法的法律适用规则同样适用于行政处罚依据之间的适用规则。作为行政处罚依据的规范之间应当按照法律效力等级进行排序，下位法与上位法抵触时，优先适用高位法。具体要求是：

1. 宪法具有最高的法律效力，一切法律、行政法规、地方性法规、自治条例和单行条例、规章都不得同宪法相抵触。否则无效，不能适用。

2. 法律的效力高于行政法规、地方性法规、规章。行政法规、地方性法规、规章与法律冲突的，应当适用法律。②

3. 行政法规的效力高于地方性法规、规章。地方性法规、规章（包括国务院部门规章与地方政府规章）与行政法规冲突的，应当适用行政

---

① 其拉丁文是：lex superior derogat legi inferior；英文可译为：the laws of a superior hierarchy prevail over the laws of a inferior hierarchy；德文一般译为：die höhere norm vedrängt die rangniedriger。

② 《最高人民法院关于对人民法院审理公路交通行政案件如何适用法律问题的答复》（〔1999〕行他字第 29 号）和《最高人民法院行政审判庭对关于养路费征稽部门能否扣押车辆的答复》（〔2002〕行他字第 7 号）都表明，地方性法规与法律规定不一致时，人民法院应当适用法律。这体现了高位法优于低位法的适用原则。

法规。

4.地方性法规的效力高于本级和下级地方政府规章。地方政府规章与同级或上级地方性法规冲突的，应当适用地方性法规。

5.省、自治区的人民政府制定的规章的效力高于本行政区域内的设区的市、自治州的人民政府制定的规章。前者与后者冲突时，应当适用前者。

6.行政规范性文件（行政规定）不得和宪法、法律、法规、规章相抵触。和前者规定不一致时，优先适用前者。在行政规范性文件中，由于制定机关的不同，它们也还会有高低之分。原则上，上级行政机关制定的规范性文件高于下级机关制定的规范性文件。

二、新法优于旧法

"新法优于旧法"，又称"后法优于前法"，源于《十二铜表法》后五表补充的第十二表第 5 条的规定："前后制定的法律有冲突时，后法取消前法。"① 我国《立法法》（2023）第 103 条规定："同一机关制定的法律、行政法规、地方性法规、自治条例和单行条例、规章……新的规定与旧的规定不一致的，适用新的规定。"这就是对法律适用中的新法优于旧法（后法优于前法）规则的表达。

这一法律适用规则同样适用于行政处罚中的法律适用。它意味着：同一机关制定的不同依据规定之间，前后规定不一致的，应当优先适用新的规定。因为从道理上讲，越是后面作出的规定，越接近于实际情况，所以更应优先适用。

关于对"新法"与"旧法"的认定，应当把握两点：一是，"新法"与"旧法"应当以法律文本的实施（生效）时间为准，而不是以法律文本的制定和发布时间为准。不管法律文本何时制定、何时发布，只要这

---

① 何勤华：《〈十二表法〉：古罗马第一部成文法》，《检察风云》2014 年第 6 期；周枏：《罗马〈十二表法〉》，《安徽大学学报》1983 年第 3 期。

一法律文本正式实施（生效）时间越近的，就是"新法"，相反越远的，就是"旧法"；二是，"新法"与"旧法"应当以整个法律文本为单位进行比较，不得以单个的法律条文进行比较。如果一个法律经过修改（包括修正与修订），有两个条文得到修改，其他条文都没有变化，我们不能说这两个修改过的条文是"新法"，其他条文都是"旧法"，应当将整个修改后的法律文本视为"新法"。①

还必须强调的是：新法优于旧法这一规则只适用"同一机关"制定的依据规范之间，不适用不同机关制定的依据规范之间。如果是不同机关制定的依据之间，那么它必须适用高法优于低法的规则。譬如说，2000年全国人大常委会制定的法律与2015年国务院制定的行政法规之间，应当优先适用哪个？按高法优于低法规则，应当优先适用2000年的法律；但按后法优于前法规则，便应当优先适用2015年的行政法规。前面我们已作交代，后法优于前法规则只适用于同一机关制定的行政依据。所以，在此例中，应当优先适用2000年的法律。

所谓"同一机关"，系指在法律关系中具有独立的名义，具有独立的职权与职责，具有独立的机构代码。如不同的行政法规都由国务院制定，国务院是制定所有行政法规的"同一机关"。但是，"同一机关"不是指"同一级别机关"。上海市人民政府与浙江省人民政府是同一级别的机关，都是省级人民政府，但不是"同一机关"。还有，一级人民政府与它的工作部门之间，尽管工作部门只是所属一级人民政府的组成部分，但如果工作部门依法可以自己名义行使职权的，它可以作为独立的行政主体对待，它与所属政府不是"同一机关"。②

---

① 参见王锴、司楠楠：《新的一般法与旧的特别法的冲突及其解决——以〈突发事件应对法〉与〈传染病防治法〉为例》，《首都师范大学学报（社会科学版）》2020年第3期（总254期）。

② 这是中国的特有现象。世界上大多数国家，一级政府的工作部门是不作为独立的主体对待的。

三、特别法优于一般法

"特别法优于一般法"，或称"特别法优于普通法"，① 最早可以追溯到罗马法学家伯比尼安（Papinianus）的理论概念。② 在罗马法中，"对某个一般规范加以变通的个别规范，即由于特殊原因而作为一般规范的例外的个别规范，为个别法（特别法）；与此相对应，在狭窄的例外范围之外适用的一般原则（规则），为共同法（一般法）"，并认为"个别法"（ius singulare）优于"共同法"（ius commune）。③

今天，特别法优于一般法，作为一项法律适用原则，系指同一事项上存在两个或以上的法律规范，当一般法律规范与特别法律规范不一致时，优先适用特别法律规范。④ 我国《立法法》（2023）第103 条规定："同一机关制定的法律、行政法规、地方性法规、自治条例和单行条例、规章，特别规定与一般规定不一致的，适用特别规定……。"⑤《最高人民法院关于审理行政案件适用法律规范问题的座谈会纪要》（法〔2004〕96 号）同样规定："同一法律、行政法规、地方

---

① 拉丁文是：lex specialis derogate legi generali；英文可翻译为：a special law prevails over the general；德文一般译为：das spezielle gesetz geht dem allgemeinen gesetzen vor。

② Tamás Nótári：Summum ius summa iniuria -remarks on a legal maxim of interpretation，Tartalomjegyék，2005/2.szám. 引自顾建亚：《行政法律规范冲突的适用规则研究》，浙江大学出版社 2010 年版，第 57 页。

③ 参见孔祥俊：《法律解释与适用方法》，中国法制出版社 2017 年版，第 587 页。

④ 我国司法机关在行政审判中遵循这一原则。最高人民法院行政审判庭《关于对违法收取电费的行为，应由物价行政管理部门监督管理的答复》（行他字〔1999〕第 6 号）便是一例。《答复》指出：山西省高级人民法院：你院〔1999〕晋法行字第 9 号"关于对乡镇企业管理局是否有权对电力局非法收取农村分类综合电价外的费用的行为进行处罚的请示"收悉。经研究，答复如下：原则同意你院倾向性意见。即遵循特别法规定优于普通法规定的原则，对违法收取电费的行为，根据《电力法》第 66 条的规定，应由物价行政管理部门监督管理。此复。

⑤ 我国其他法律中也有这一规则的体现。如《中华人民共和国民法典》（2020）第 11 条规定："其他法律对民事关系有特别规定的，依照其规定。"

性法规、自治条例和单行条例、规章内的不同条文对相同事项有一般规定和特别规定的，优先适用特别规定。"这一规则的适用，应当把握以下几点。

1.这里的"特别法"与"一般法"既适用两个及以上法规之间的关系，也适用同一个法规中的"特别规定"与"一般规定"之间的关系。它既适用"法"与"法"之间，也适用"规定"与"规定"之间。大量的"一般规定"与"特别规定"恰恰存在于同一个法律之中。

2.和"新法优于旧法"规则一样，它只有在同一机关制定的法律之间才适用这一规则，不同机关制定的法律之间如何优先适用，请按有关规则处理。

四、基础性法律优于非基础性法律

"基础性法律"是我国近几年，特别是《民法典》制定之后所形成的一个基本概念。它是指由全国人大及其常委会制定的用于综合调整某一类社会关系或规制某一类行为的综合性法律。在民事法律领域，《民法典》就是基础性法律，其他属于单行法律；在行政处罚领域，《行政处罚法》就是基础性法律，其他法律对行政处罚的法律规定，属于专门法律规定。《行政处罚法》作为基础性法律，具有法律性、全面性、综合性、基础性之特性。

基础性法律具有"法律性"。这是说，"基础性法律"只在"法律"层面存在，在其他层面不存在。《行政处罚法》于1996年由第八届全国人民代表大会第四次会议通过，于2021年经第十三届全国人民代表大会常务委员会第二十五次会议修订，它属于法律，而且是基础性法律。

基础性法律具有"全面性"。它适用某一类社会关系或者某一类行为的全部，而不是部分，除非法律保留了"例外规定"。基础性法律的"全面性"主要表现为两个方面：适用对象的全面性与适用事项的全面性。《行政处罚法》从调整范围来看，显然具有"全面性"，它全面约束和覆盖了包括经济、文化、体育、交通等在内的所有管理领域中的行政处罚行为，所以属于基础性法律。

基础性法律具有"综合性"。如果说"全面性"是指"面"，那么，"综合性"是指多功能的"交叉性"。基础性法律往往既有实体性规范，也有程序性规范。所以说，它既是实体法，更是程序法。在《行政处罚法》中，行政处罚的种类与设定主要是对实体关系的规制，而行政处罚的实施主要是对程序关系的规制。它们都是实体法与程序法的结合。此外，"综合性"还表现在：基础性法律不仅约束"执法"行为，而且同时也约束"立法"行为。

基础性法律具有"基础性"。基础性法律，是指在整个法律规范体系中起"基石"作用。基础性法律是相对于非基础性法律而言的，它们是"本"与"末"的关系，基础性法律是"本"，非基础性法律是"末"。因此，非基础性的法律规范必须依据、渊源于基础性的法律规范，不得与基础性的法律规范相冲突。《行政处罚法》属于行政处罚领域的基础性法律，《行政处罚法》以外单行法律中有关行政处罚的规定，都必须以《行政处罚法》为依据，不得和《行政处罚法》相冲突，除非法律另有"例外"规定。

行政机关在执法中针对任何一类违法，都要同时适用作为基础性法律的《行政处罚法》，也要适用对应的专门法律。对于相对人的交通违法行为，既要适用《行政处罚法》，又要适用《道路交通安全法》；对于相对人的违反食品安全行为，既要适用《行政处罚法》，又要适用《食品安全法》；对于相对人的违反广告管理的行为，既要适用《行政处罚法》，又要适用《广告法》；等等。

一般而言，作为基础性法律的《行政处罚法》与其他专门法律之间不会冲突，因为两者的立法任务和重点不同；《行政处罚法》重点是确立行政处罚的目的、指导思想和基本原则，行政处罚的种类与设定，行政处罚的基本程序，还有行政处罚法律适用规则等；具体违法行为及其处罚标准则是由其他专门法律规定的。但如果两者发生冲突，那就应当优先适用基础性法律，除非基础性法律本身保留了"例外"规定。就基础性法律与其他法律而言，不适用特别法优于一般法、新法优于旧法原则，否则，作为基础性法律的《行政处罚法》就会被架空。

五、从旧兼从新

《行政处罚法》第37条规定："实施行政处罚，适用违法行为发生时的法律、法规、规章的规定。但是，作出行政处罚决定时，法律、法规、规章已被修改或者废止，且新的规定处罚较轻或者不认为是违法的，适用新的规定。"这是《行政处罚法》法律适用上从旧兼从新原则的表达。

从旧兼从新原则，系指相对人实施违法行为时的法律与行政机关实施行政处罚时的法律规定不一致，原则上适用相对人实施违法行为时的法律，但如果行政机关实施行政处罚时的法律对当事人更有利时，就适用新的法律。

关于这一原则，境外也不乏其例。奥地利《行政罚法》其第一条规定："1.违反行政义务行为之处罚，以行为前已有处罚规定者为限。2.行政罚依行为时有效之法律决定之，但第一审裁决时，有利于行政被告之规定者，从其规定。"俄罗斯《联邦行政违法法典》第一条之七（行政违法立法的时间效力和空间效力）规定：1.实施行政违法行为的人应当依照行政违法行为实施时和实施地施行的法律承担责任。2.减轻、撤销行政违法行为的行政责任，或者以其他方式改善行政违法行为人状况的法律，有溯及既往的效力，即适用于在该法生效之前实施行政违法行为的人。规定或加重行政违法行为的行政责任，或者以其他方式恶化行政违法行为人状况的法律，没有溯及既往的效力。3.行政违法案件的诉讼程序，依照案件审理时生效的法律进行。"

从旧兼从新原则，乃是"实体从旧、程序从新"与"有利于当事人"原则结合的结果。它是行政处罚法律适用中的一项重要原则。

§10.5 行政处罚裁量基准

《行政处罚法》第 34 条第一句规定："行政机关可以依法制定行政处罚裁量基准，规范行使行政处罚裁量权。"行政处罚裁量基准同样属于行政处罚的依据之一。

一、行政处罚裁量基准的概念和特征

行政裁量基准，也称行政裁量权基准，是行政机关结合本地区本部门行政管理实际，按照裁量涉及的不同事实和情节，对法律、法规、规章中的原则性规定或者具有一定弹性的执法权限、裁量幅度等内容进行细化量化，以特定形式向社会公布并施行的具体执法尺度和标准。

行政处罚裁量基准，系指行政机关制定的用以细化行政处罚权的行为规范。行政处罚裁量基准是行政裁量基准的主要类型。行政裁量基准主要是行政处罚裁量基准。行政处罚裁量基准作为一种特殊的行政依据，具有下列特性。

第一，性质上的抽象性。行政处罚裁量基准是一种抽象的行为标准，而不是具体的行政决定。它是只针对行为不针对人，或者说，它只针对不特定而不是特定的人，并可反复适用的抽象规则，不是具体的、一次性的行政决定。

第二，内容上的特定性。行政处罚裁量基准并不适用所有行政行为，它只适用行政处罚中的裁量行为，是为了防止裁量权的滥用而设计。它的内容和适用范围都具有特定性，都针对和围绕行政处罚裁量权。我们没有必要为羁束行为设定裁量基准。

第三，形式上的多样性。行政处罚裁量基准并不是一种独立的法源，也未必是一种行政行为。它是一种行政处罚裁量行为的依据和标准，一般以规章以下规范性文件形式出现，也可以规章形式出现。

第四，实施上的约束性。行政处罚裁量基准依法制定公布之后，对行政主体的行政处罚行为具有约束力。行政执法机关及其执法人员实施

行政处罚必须严格遵循行政处罚裁量基准。违反行政裁量基准的行政处罚行为，同样属于行政违法或行政不当。

二、行政处罚裁量基准的法律属性

全面准确地把握行政处罚裁量基准的法律属性，乃是正确制定和适用行政处罚裁量基准的前提和基础。行政处罚裁量基准及其制定的法律属性，可以通过以下几个方面进行反映：

第一，行政处罚裁量基准属于抽象行政行为而不是具体行政行为。根据国务院办公厅《关于进一步规范行政裁量权基准制定和管理工作的意见》（国办发〔2022〕27号），行政处罚裁量基准是有关行政机关以规章和行政规范性文件形式制定的行政行为的实施标准。它是"对事不对人"并可"反复适用"的行为规则，所以它属于抽象行政行为而不是具体行政行为，是行政规定①而不是行政决定。

第二，行政处罚裁量基准属于行政依据而不全属于司法依据。行政依据是指行政机关作出行政行为的法律依据，它包括法律、法规、规章、行政规范性文件和上级行政机关的决定和命令。行政依据的范围要大于人民法院在行政审判中的审判依据。根据《行政诉讼法》的有关规定，人民法院审理行政案件，"适用"法律、法规，"参照"规章，其他规范性文件只能作为"证据"而不能作为"依据"使用。行政机关制定的行政处罚裁权基准，虽然不属于法律、法规，但它对行政机关的行政处罚行为具有直接的约束力，属于行政机关必须遵循的行政依据。

第三，行政处罚裁量基准是有关行政裁量权而不是羁束权的实施标准。行政执法，是国家行政机关基于行政职权，执行和实施法律、法规和规章的行政行为。行政职权存在两大基本类型：行政羁束权与行政裁量权。行政机关实施行政羁束权的行为称行政羁束行为；行政机关实施行政裁量权的行为称行政裁量行为。在羁束行为中，由于法律对行为适

---

① 行政规章除外。

用条件有明确而详细规定，行政机关必须严格依照法律规定作出行政行为，无法参与主观意志，没有裁量的余地。而在裁量行为中，由于法律只对行政行为作出原则性规定，或者规定了行为的幅度，行政机关作出行为时有一定的裁量余地。行政法的主要任务是旨在控制行政机关滥用行政职权。而滥用行政职权主要发生在"裁量行为"之中。羁束行为，要么合法，要么违法，泾渭分明；而在裁量行为中，法律为执法者留下了较大的选择余地，滥用职权时常发生。防止和控制行政机关滥用职权，本质上就是防止和控制行政机关滥用裁量权。而防止和控制行政机关滥用裁量权的最好方法是为行政裁量权设定行政裁量基准，从源头上加以防范。行政裁量权基准正是行政机关为规范实施行政裁量权而制定的详细标准。它以行政裁量权的存在为基础，并以行政裁量权为规制对象，更以防止和控制行政裁量权的滥用为目的。如果不存在行政裁量权，那就无须制定行政裁量权基准。

第四，行政处罚裁量基准属于制定机关必须公开的政府信息。行政处罚裁量基准作为一种行政依据，是行政机关的执法标准，直接关系到作为执法对象的公民、法人或者其他组织的合法权益，它必须向社会公开。不仅《行政处罚法》本身有规定，《政府信息公开条例》更有规定。《行政处罚法》第 34 条第二句明文规定："行政处罚裁量基准应当向社会公布。"依据《政府信息公开条例》（2019）第 13 条、第 20 条，行政裁量权基准属于制定机关必须主动公开的政府信息。《政府信息公开条例》（2019）第 13 条规定，除了国家秘密，法律、行政法规禁止公开的政府信息，以及公开后可能危及国家安全、公共安全、经济安全、社会稳定的政府信息，以及涉及商业秘密、个人隐私等公开会对第三方合法权益造成损害的政府信息外，政府所有信息必须公开。第 19 条明文规定："对涉及公众利益调整、需要公众广泛知晓或者需要公众参与决策的政府信息，行政机关应当主动公开。"第 20 条又规定，行政机关必须主动公开"行政法规、规章和规范性文件"。

第五，制定行政处罚裁量基准属于"规定权"而不是"设定权"。行政机关实施行政行为本质上是实施"行政职权"的行为，而"行政职权"属于"公权力"的范畴。我国的"职权法定原则"要求"公权力法无授权不可为"。而法律对行政职权的授权方式以前比较单一，由法律直接规定便可。自从1996年制定第一部《行政处罚法》（现行《行政处罚法》继续保留）开始，法律创设了"设定"（权）与"规定"（权）这两个概念后，授权就出现了两种方式：一是对职权的"设定"；二是对职权的"规定"。上位法第一次规定"行政职权"，使行政主体"从无到有"获得了某项行政职权，这称"设定"；下位法在上位法已经设定行政职权的前提下，在上位法规定的范围内，再对行政职权的行使作细化规定，这称"规定"。"设定"是"从无到有"，"规定"是"从粗到细"。制定行政处罚裁量基准实际上属于下位法对上位法"设定"内容的"细化"，因而属于"规定权"而不是"设定权"的范畴。正因为制定行政处罚裁量基准属于"规定权"，那么，制定行政处罚裁量基准就不得超过上位法所设定的"行为、种类和幅度"之范围。

第六，制定行政处罚裁量基准既是行政机关的"职权"，也是行政机关的"职责"。任何法律关系本质上就是权利与义务关系。行政机关的职权与职责是法律关系上的权利与义务在行政机关身上的转化形式。制定行政裁量权基准首先是行政机关的"职权"，就有权制定行政裁量权基准的行政机关（如国务院部门和省级人民政府等）而言，它们拥有制定行政裁量权基准的职权，其他行政机关则不拥有该职权。无职权的行政机关不得制定行政裁量权基准。同时，制定行政裁量权基准又是行政机关的"职责"，当有权制定，也应当制定行政裁量权基准而不予制定时，就意味着该行政机关没有依法履行"职责"。

三、行政处罚裁量基准的制定

正确制定行政处罚裁量基准是正确适用行政处罚裁量权的前提。制定行政处罚裁量基准要坚持和体现法制统一原则、程序公正原则、公平

合理原则和高效便民原则，并从四大元素和环节全面保障行政处罚裁量
基准的合法性和合理性。

一是主体，旨在解决谁有权制定行政裁量权基准的问题。根据国务
院办公厅《关于进一步规范行政裁量权基准制定和管理工作的意见》（国
办发〔2022〕27号），行政裁量权基准应当由有制定权的行政机关制定。
具体而言，国务院有关部门可以依照法律、行政法规等制定本部门本系
统的行政裁量权基准；省、自治区、直辖市和设区的市、自治州人民政
府及其部门可以依照法律、法规、规章以及上级行政机关制定的行政裁
量权基准，制定本行政区域内的行政裁量权基准；县级人民政府及其部
门对上级行政机关制定的行政裁量权基准适用的标准、条件、种类、幅
度、方式、时限，可以在法定范围内予以合理细化量化。这就是说，行
政裁量权基准制定和管理的主体责任主要是省一级的政府有关部门、设
区的市和自治州的政府及其部门；实行垂直管理部门的制定和管理责任
主要在国务院有关部门。

二是内容，旨在解决行政裁量权基准本身的合法性和合理性。制定
行政处罚裁量基准，目的是防止和制止行政处罚裁量权的滥用，压缩行
政裁量权的空间，规范行政裁量权的行使，解决行政执法领域存在的畸
轻畸重、类案不同罚、执法"一刀切"等突出问题，更好地保护市场主
体和人民群众的合法权益。因此，所制定的行政裁量权基准，必须符合
合法性和合理性标准。

行政裁量权基准，不得和"上位法"相抵触；不得超越"设定法"
所设定的"行为、种类和幅度"范围。无法律、法规、规章依据，不得
增加行政相对人的义务或者减损行政相对人的权益。对同一行政执法事
项，上级行政机关已经制定行政裁量权基准的，下级行政机关原则上应
直接适用；如果下级行政机关不能直接适用，可以结合本地区经济社会
发展状况，在法律、法规、规章规定的行政裁量权范围内进行合理细化
量化，但不能超出上级行政机关划定的阶次或者幅度。下级行政机关制

定的行政裁量权基准不得与上级行政机关制定的行政裁量权基准相冲突。发生冲突的，要适用上级行政机关制定的行政裁量权基准。

三是形式，旨在解决行政裁量权基准的表达方式。行政裁量权基准形式，系指用以表达行政裁量权基准的方式。行政裁量权基准只适用书面形式，不得采取口头形式，并且必须公开。

行政机关制定的行政裁量权基准，主要通过规章和行政规范性文件来表达。国务院有关部门在本部门本系统内制定行政裁量权基准主要通过部门规章进行；省、自治区、直辖市和设区的市、自治州人民政府在本地区制定行政裁量权基准，主要通过地方政府规章进行；其他有权制定行政裁量权基准的行政机关制定行政裁量权基准，主要通过行政规范性文件进行。

当然，如果国家权力机关和国务院直接制定行政裁量权基准，那就应当通过相应的法律、行政法规和地方性法规形式进行。

四是程序，旨在保证制定行政裁量权基准符合法定程序和正当程序。行政程序是行政行为存在的时间与空间方式，它表现为行政行为的步骤、顺序、时限和形式等。行政机关制定行政裁量权基准，必须符合法定程序和正当程序。行政机关以规章形式制定行政裁量权基准的，要按照《规章制定程序条例》（2017）规定，认真执行立项、起草、审查、决定、公布等程序。行政机关为实施法律、法规、规章需要对裁量的幅度、阶次、程序等作出具体规定的，可以在法定权限内以行政规范性文件的形式作出规定。以行政规范性文件形式制定行政裁量权基准的，要按照国务院办公厅《关于加强行政规范性文件制定和监督管理工作的通知》（国办发〔2018〕37号）要求，严格执行评估论证、公开征求意见、合法性审核、集体审议决定、公开发布等程序。

四、行政处罚裁量基准的适用

行政处罚裁量基准的适用，是指有关机关将已经制定的行政处罚裁量权基准应用于客观事实的法律过程。

一是行政处罚裁量基准的法律约束力。行政机关制定的行政处罚裁量基准，并不是行政机关内部使用的参考标准，不是为把握精准执行而制定的内部工作指南。行政裁量基准，作为一种依法制定的行政依据，它对外对内都具有法律约束力。它的法律约束力，无论是正面的还是反面的，都会辐射到行政相对人、行政机关和人民法院。

对于行政相对人，即公民、法人或者其他组织来说，它有权利知晓行政决定所依据的行政裁量权基准。行政裁量权基准，依据《政府信息公开条例》（2019）第13条、第20条规定，属于制定机关必须主动公开的政府信息。就当事人而言，行政机关在事先告知时，必须告知作出决定所依据的行政裁量权基准；作出行政决定时，决定同样必须载明所依据的行政裁量权基准。

对行政机关来说，行政裁量权基准一经向社会公布，其所有执法行为必须受此约束。行政机关的执法行为不符合行政裁量权基准，属于行政违法。

人民法院在审理行政案件中，行政机关制定的行政裁量权基准，只要不与法律法规相抵触，就可以作为审查行政行为是否合法适当的标准。行政决定违反行政裁量权基准的，人民法院可以依法确认违法和撤销。

二是违反行政处罚裁量基准的法律后果。由于行政处罚裁量基准作为行政依据和一定程度上司法依据具有法律约束力，行政机关的执法行为必须受其约束，因而，如果行政机关的行政行为违反行政裁量权基准的，会构成行政违法或行政不当。

行政机关作出行政决定如果超越行政裁量权幅度，如法律规定处罚的幅度是罚款1—10万，结果行政机关作出20万的罚款决定，这属于适用法律错误，不属于本处讨论的范围。

如果在行政裁量幅度内，行政机关作出的行政决定超越裁量阶次，这属于行政行为明显不当。明显不当属于滥用职权的一种情形。根据

《行政诉讼法》（2017）第 70 条和第 77 条规定，人民法院可以判决撤销或直接变更。

如果行政机关作出的行政决定在裁量阶次范围内，这只会发生是否适当，不会发生是否违法的问题。根据《行政诉讼法》（2017）第 6 条规定的"合法性审查"原则，人民法院可以不作裁判干预（但可以提出司法建议）。

三是行政相对人对行政处罚裁量基准的诉权。在现代民主法治国家里，行政裁量权和行政裁量基准不能游离于司法监督之外。"如果没有司法监督，纯粹个人的权力，不论它在现代行政官手里，还是在《天方夜谭》中的哈里发手里，都会因此权力自身性质而变成专断的权力。……谁愿意把他的案件交给一个非圣人掌握的无限自由裁量权处置呢？"①

在我国，如果公民、法人或者其他组织认为行政裁量权基准违法，要直接对它提起行政诉讼，那是不可以的。根据《行政诉讼法》（2017）第 13 条第（二）项的规定，它不属于行政诉讼的受案范围。但下列几种情况，当事人可以直接或间接地对行政裁量权基准提起行政诉讼：

第一，制定机关不公开行政裁量权基准的，公民、法人或者其他组织可以提起政府信息公开诉讼。根据《政府信息公开条例》（2019）第 13 条、第 20 条规定，行政裁量权基准属于制定机关必须主动公开的政府信息。行政机关拒不公开的，行政相对人可以依据《政府信息公开条例》（2019）第 51 条规定，依法提起行政诉讼。

第二，行政机关对当事人作出行政决定时，不事先告知行政决定所依据的行政裁量权基准，或者在行政决定中不说明所依据的行政裁量权基准的，当事人可以行政机关行政行为违反法定程序和正当程序为由，提起行政诉讼。

---

① ［美］伯纳德·施瓦茨：《行政法》，徐炳译，群众出版社 1986 年版，第 568 页。

第三，行政机关对当事人作出行政决定时，不依据行政裁量权基准的，当事人可以行政机关滥用职权或明显不当为由，提起行政诉讼。

第四，如果行政机关依据行政裁量权基准对当事人作出行政决定，当事人认为行政裁量权基准本身违法的，并且，行政裁量权基准是以规章以下的行政规范性文件表达的，当事人可依据《行政诉讼法》（2017）第53条规定，在对行政决定提起诉讼时，可以一并请求对该行政裁量权基准进行审查。

申请行政复议与行政诉讼同理。

【延伸思考】

1.行政处罚依据作为一种行政依据，是否与司法依据完全重合？

2.对于行政处罚依据中的"依据"效力如何把握？"依据"的涵盖面到底有多大？

3.为什么行政处罚依据限于法律、法规和规章？宪法能成为行政处罚依据吗？规章以下的规范性文件能成为行政处罚依据吗？

4.行政处罚裁量基准为什么只针对裁量行为不针对羁束行为？法律、法规也能成为裁量基准吗？

【规范链接】

▸《中华人民共和国宪法》（2018）第5、90、100、116条

▸《中华人民共和国立法法》（2023）第5、10—12、72、80—82、84—85、91、93、98—100、103条

▸《中华人民共和国地方各级人民代表大会和地方各级人民政府组织法》（2022）第10、74条

▸《中华人民共和国民族区域自治法》（2001）第19条

➤《中华人民共和国行政处罚法》（2021）第 5、34、37 条

➤《中华人民共和国行政复议法》（2023）第 13 条

➤《中华人民共和国行政诉讼法》（2017）第 6、53、70、77 条

➤《中华人民共和国政府信息公开条例》（2019）第 13、19—20、51 条

➤《行政法规制定程序条例》（2017）

➤《全国人民代表大会关于修改〈中华人民共和国立法法〉的决定》（2015）

➤《全国人民代表大会关于授权汕头市和珠海市人民代表大会及其常务委员会、人民政府分别制定法规和规章在各自的经济特区实施的决定》（1996）

➤《全国人民代表大会关于授权厦门市人民代表大会及其常务委员会和厦门市人民政府分别制定法规和规章在厦门经济特区实施的决定》（1994）

➤《全国人民代表大会关于建立海南经济特区的决议》（1988）

➤《全国人民代表大会关于授权国务院在经济体制改革和对外开放方面可以制定暂行的规定或者条例的决定》（1985 年 4 月 10 日）

➤《全国人大常委会关于授权深圳市人民代表大会及其常务委员会和深圳市人民政府分别制定法规和规章在深圳经济特区实施的决定》（1992）

➤《全国人民代表大会常务委员会关于授权广东省、福建省人民代表大会及其常务委员会制定所属经济特区的各项单行经济法规的决议》（1981）

➤ 最高人民法院《关于审理行政案件适用法律规范问题的座谈会纪要》（法〔2004〕96 号）

➤ 国务院办公厅《关于进一步规范行政裁量权基准制定和管理工作的意见》（国办发〔2022〕27 号）

▸　国务院办公厅《关于全面推行行政规范性文件合法性审核机制的指导意见》（国办发〔2018〕115号）

▸　国务院办公厅《关于加强行政规范性文件制定和监督管理工作的通知》（国办发〔2018〕37号）

第11章 行政处罚适用论

行政处罚的适用，系指行政机关实施行政处罚将法律规范应用于客观事实的执法过程，重点是解决如何实施行政处罚的问题。行政处罚适用制度主要体现在处罚与教育相结合原则、过罚相当原则、处罚与纠正违法相结合原则、处罚与没收违法所得相结合原则和一事不二罚原则，以及不罚制度、轻罚制度、折抵制度等。①

§11.1 不予处罚制度

一、绝对不罚与相对不罚

不予处罚，是指行政执法机关对于违反行政管理秩序的当事人，因法定事由，依法不予追究行政处罚责任的法律制度。不予处罚包括绝对不罚与相对不罚制度。绝对不罚，是指在法定情形下，行政执法机关对于违法当事人，无条件地不予处罚的制度。相对不罚，是指行政执法机关对于违法当事人，可以不予处罚的制度。相对不罚，仅仅是指"可以不罚"。这就同时意味着也可以处罚。执法机关对此具有一定的裁量权。

---

① 由于前述几项原则已由本书第02章行政处罚原则论阐述，本章重点阐述后面几项制度。

```
                            不予处罚
                               │
           ┌───────────────────┴───────────────────┐
        绝对不罚                              相对不罚
       （不得处罚）                          （可以不罚）
```

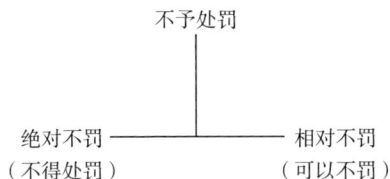

根据《行政处罚法》有关规定，绝对不罚包括轻微不罚、无错不罚、无责任能力人不罚，还有超过追责期限不罚。相对不罚只有一种，即初违不罚。以下分述之。

绝对不罚	相对不罚
1.轻微不罚； 2.无错不罚； 3.无责任能力人不罚； 4.超过追责期限不罚。	初违不罚

二、轻微不罚

《行政处罚法》第 33 条第 1 款第一句规定："违法行为轻微并及时改正，没有造成危害后果的，不予行政处罚。"

轻微不罚，是指违法轻微、对社会危害不大的，不予处罚。具体而言，轻微不罚必须同时符合三个条件：1.违法行为轻微。2.当事人及时纠正了违法。这应当包括自我纠正和执法人员指出后的纠正。3.没有造成危害后果。这种情况之所以不予行政处罚，是因为这种违法行为对社会并没有危害性。①

公安部《关于公安机关适用行政处罚若干问题的指导意见》（公通字〔2024〕5 号）指出，在公安机关适用行政处罚的领域，具有下列情形之一的，一般可以认定为"违法行为轻微"：1.法定处罚为对个人处

---

① 例如，某个"情人节"，一名女大学生在大学城里卖玫瑰花，赚取零花钱。结果被城管人员处罚，说她是无照经营。这其实没有必要处罚。因为，女大学生在"情人节"卖几枝玫瑰花，第一她不是天天在卖，一年只有一天；第二她卖的是玫瑰花，又不是卖罂粟花。这对社会没有明显的危害性，因此不应当处罚。

警告或者 50 元以下罚款的违反道路交通安全管理行为；2. 法定处罚为对个人处警告或者 500 元以下罚款的违反出境入境管理行为；3. 法定处罚为对个人处警告或者 200 元以下罚款的其他公安行政违法行为；4. 法定处罚为对法人或者非法人组织处警告或者 3000 元以下罚款的公安行政违法行为；5. 主观过错较小的；6. 涉案金额较小，或者违法所得金额较小、没有违法所得的；7. 其他违法行为轻微的情形。

俄罗斯《联邦行政违法法典》也确立了"轻微不罚"制度。其第二条之九规定："在发生轻微行政违法行为时可以免除行政责任。在实施的行政违法行为轻微时，被授权审理行政违法案件的法官、机关、公职人员可以免除行政违法行为人的行政责任，只给予口头训诫。"

三、无错不罚

《行政处罚法》第 33 条第 2 款规定："当事人有证据足以证明没有主观过错的，不予行政处罚。法律、行政法规另有规定的，从其规定。"

这就是说，对当事人的违法行为进行处罚，要考虑当事人的主观过错。对当事人违法行为的处罚还是须以当事人的主观过错为前提。主观过错是指行为人对待其行为的主观心理态度，包括故意和过失。

根据《行政处罚法》规定，当事人只要能够证明自己对违法行为不存在主观过错的，行政机关就不得对行为人实施行政处罚。正如黑格尔所说："行为只有作为意志的过错才能归责于我。"①

四、无责任能力者不罚

行政处罚中的无责任能力者包括两类人：一是不满十四周岁的未成年人；二是不能辨认或者不能控制自己行为的人。

1. 不满十四周岁的未成年人

《行政处罚法》第 30 条第一句规定："不满十四周岁的未成年人有

---

① [德] 黑格尔：《法哲学原理》，范扬、张企泰译，商务印书馆 1961 年版，第 119—220 页。

违法行为的，不予行政处罚，责令监护人加以管教"。这是对无责任年龄人不罚制度的规定。

关于如何计算不满 14 周岁年龄的问题要把握几点：（1）以公历而不是以农历为标准。（2）以足龄（周岁）而不是虚龄为标准。（3）以日为计算单位。只有过了十四周岁生日，从第二天算起，才算是达到了十四周岁。（4）以行为人实施违法行为时的时间为时点，不是以行政机关处理时的时间为时点。

《行政处罚法》之所以规定不满十四周岁的未成年人实施违法行为不予处罚，乃是因为根据人的成长规律，十四周岁以下的未成年人其心智往往尚不成熟。

世界上关于行政处罚的责任年龄并不完全统一。俄罗斯规定 16 岁。《俄罗斯联邦行政违法法典》第二条之三（开始承担行政责任的年龄）规定："1.在实施行政违法行为前年满 16 岁的人，应当承担行政责任。2.考虑到案件的具体情节和 16 岁以上 18 岁以下的行政违法行为人的身份，未成年人事务和保护未成年人权利委员会可以免除其行政责任，但应当对其适用俄罗斯联邦保护未成年人权利立法规定的感化措施。"越南分绝对年龄和相对年龄，14 岁以下是绝对无责任年龄，但 14—18 岁之间分段对待。《越南社会主义共和国行政违法处罚法》第二十九条（对未成年人的行政违法处罚）规定："1.凡年满 16 周岁，未满 18 周岁者必须对其行政违法行为承担行政责任。2.年满 14 周岁未满 16 周岁者只处罚其故意实施的行政违法行为；处罚方式和数额是警告及 1 万越盾以下罚款。对 14 周岁以下者不予处罚，只进行教育。"

2.不能辨认或者不能控制自己行为的人

《行政处罚法》第 31 条第一句规定："精神病人、智力残疾人在不能辨认或者不能控制自己行为时有违法行为的，不予行政处罚，但应当责令其监护人严加看管和治疗。"这是对无行为能力者不罚制度的规定。

之所以对精神病人、智力残疾人在不能辨认或者不能控制自己行为时有违法行为不予处罚，这类人对于自己做出的行为没有意识，谈不上主观过错。

根据法律规定，虽然对于上述两类人不予行政处罚，但是行政机关应当责令其监护人严加看管和治疗。

对于不能辨认或者不能控制自己行为的人所作违法不予行政处罚，也是世界上的通例。《俄罗斯联邦行政违法法典》第二条之八（无责任能力）就规定："在实施违法行为（不作为）时处于无责任能力状态，即由于患慢性病、暂时性精神失常、痴呆症或其他心理病态，不能意识到自己行为（不作为）的实际性质和违法性，或者不能控制自己行为的自然人，不承担行政责任。"

五、过时不罚

《行政处罚法》第 36 条第 1 款规定："违法行为在二年内未被发现的，不再给予行政处罚；涉及公民生命健康安全、金融安全且有危害后果的，上述期限延长至五年。法律另有规定的除外。"这是对行政处罚追责期限的规定，超过这一追责期限的，不再给予行政处罚。

所谓行政处罚追责期限[①]，就是指行政机关对违反行政管理秩序的公民、法人或者其他组织追究行政责任、给予行政处罚的有效期限。行政机关在法律规定的期限内未发现违法行为的，对当时的违法行为人不再给予行政处罚。

这里的"法定期限"原则上是二年；涉及公民生命健康安全、金融安全且有危害后果的，上述期限延长至五年。但是，法律另有规定的除外，如《治安管理处罚法》（2012）第 22 条规定："违反治安管理行为在六个月内没有被公安机关发现的，不再处罚。前款规定的期限，从违反治安管理行为发生之日起计算；违反治安管理行为有连续或者继续状态的，从行为终了之日起计算。"《税收征收管理法》（2015）第 86 条规

---

① 以前也称"追诉时效"。

定："违反税收法律、行政法规应当给予行政处罚的行为，在五年内未被发现的，不再给予行政处罚。"

关于"未被发现"如何理解，全国人大常委会法工委有一解释：有权处理的机关启动调查、取证和立案程序，均可视为"发现"；群众举报后被认定属实的，发现时效以举报时间为准。[①] 至于追诉时效的"起算点"，按照《行政处罚法》第 36 条第 2 款的规定，从违法行为发生之日起计算；违法行为有连续或者继续状态的，从行为终了之日起计算。

行政处罚追责期限（追诉时效）制度的确立，一方面是为了督促执法机关依法及时履行行政处罚职责，防止不作为；另一方面则是为了实现社会秩序的稳定，体现法的安定性，尊重和保护公民、法人或者其他组织的合法权益。

六、初违不罚

《行政处罚法》第 33 条第 1 款第二句规定："初次违法且危害后果轻微并及时改正的，可以不予行政处罚。"这就是"初次不罚"的制度。

"初次不罚"的适用条件是：1. 是初次违法而不是二次以后的违法。从理论上讲，"初次违法"是指"在一定期限内同一领域或者同一领域中的同一种类违法行为范围内，当事人第一次有该违法行为"[②]。但具体标准和认定方法应由有关部门和地方根据实际情况，合理确定。2. 危害后果轻微，是指对社会危害性不大的违法。3. 及时改正。这三条缺一不可。

公安部《关于公安机关适用行政处罚若干问题的指导意见》（公通字〔2024〕5 号）指出："初次违法"，是指行为人第一次实施公安行政违法行为。对行为人虽不是第一次实施公安行政违法行为，但具有下列

---

① 参见全国人大常委会法工委《关于提请明确对行政处罚追诉时效"二年未被发现"认定问题的函的研究意见》（法工委复字〔2004〕27 号）。

② 许安标主编：《中华人民共和国行政处罚法释义》，中国民主法制出版社 2021 年版，第 110 页。

情形之一的，视为"初次违法"：1.此前行为已过法定追究时效的；2.本次行为距此前行为被依法处理之日已超过 2 年的；3.本次行为与此前行为不属于同一种类违法行为的。同一种类违法行为，是指同为违反治安管理行为、同为违反道路交通安全管理行为等。行为人有两种以上行为的，分别在不同法律规制的范围确定初次违法。

必须说明的是，"初次不罚"不是"绝对不罚"，而是指"可以不罚"。所以，即使上述三个条件同时具备，也不等于一定不罚。

§11.2　从轻或减轻处罚制度

从轻处罚，是指在处罚幅度中，靠近低线给予处罚的制度；减轻处罚，是指在处罚幅度中的低线以下给予处罚的制度。从轻或减轻处罚，可以分为"应当"和"可以"两类情形。"应当"从轻或减轻处罚的，系属行政执法机关的法定义务，没有选择余地，必须这样做。"可以"从轻或减轻处罚的，表明行政执法机关在处罚时有一定的裁量余地。

根据《行政处罚法》第30条和第32条规定，有下列情形之一的，"应当"从轻或减轻处罚：

1.已满14周岁不满18周岁的未成年人有违法行为的；

2.当事人主动消除或者减轻违法行为危害后果的；

3.当事人受他人胁迫或者诱骗实施违法行为的；

4.当事人主动供述行政机关尚未掌握的违法行为的；

5.当事人配合行政机关查处违法行为有立功表现的；

6.法律、法规、规章规定其他应当从轻或者减轻行政处罚的情形。

根据《行政处罚法》第31条规定，尚未完全丧失辨认或者控制自己行为能力的精神病人、智力残疾人有违法行为的，"可以"从轻或减轻处罚。

世界上也有不少"行政处罚法"也对行政处罚的从轻或者减轻情形作出了明确规定。根据《俄罗斯联邦行政违法法典》第四条之二（减轻行政责任的情节）规定，下列情节属于减轻处罚的情形：1.实施行政违法行为的人真诚悔过；2.实施行政违法行为的人防止行政违法危害后果的发生，自愿赔偿造成的损失或者能主动消除所造成的危害后果；3.在强烈的感情冲动状态（感情倒错）下，以及在个人或家庭发生了严重不幸的情况下，实施行政违法行为；4.未成年人实施行政违法行为；5.孕妇或者有幼儿的妇女实施行政违法行为。《越南社会主义共和国行政违法处罚法》第七条（减轻情节）规定："下列情节被视为减轻情节：1.行政违法行为实施者已阻止、减轻违法损失或自愿修理、赔偿损失；2.在因为他人的非法行为引起精神激动情况下的违法行为；3.违法者属于认识能力或行为能力受限制的老、弱、病、残者及孕妇；4.因环境特别困难而不由自主作出的违法行为；5.因落后产生的违法行为。"

§11.3 从重处罚制度

从重处罚，是指在处罚幅度中，靠近高线给予处罚的制度。

《行政处罚法》第49条规定："发生重大传染病疫情等突发事件，为了控制、减轻和消除突发事件引起的社会危害，行政机关对违反突发事件应对措施的行为，依法快速、从重处罚。"这是对从重处罚制度的规定。

在行政处罚制度中，从重处罚只适用一种情况，即当发生自然灾害、事故灾难、公共卫生事件和社会安全事件等突发事件时，行政机关对于违反突发事件应对措施的行为，如拒绝隔离、囤积居奇、哄抬物价、制假售假等违法行为，应当从重处罚。这和《突发事件应对法》实现了有效对接。①

---

① 《突发事件应对法》（2024）第73条规定，履行统一领导职责的人民政府可以依法从严惩处囤积居奇、哄抬价格、牟取暴利、制假售假等扰乱市场秩序的行为，维护市场秩序；可以依法从严惩处哄抢财物、干扰破坏应急处置工作等扰乱社会秩序的行为，维护社会治安。

必须提醒的是，行政处罚有"从重"处罚，但没有"加重"处罚制度。加重处罚和从重处罚不同，它是超越处罚幅度，在处罚的高线以上给予处罚，这是违背"处罚法定"原则的。但是，《俄罗斯联邦行政违法法典》①和《越南社会主义共和国行政违法处罚法》②设定了许多加重处罚的情形。

§11.4　行政处罚折抵制度

一、行政处罚折抵制度的依据和意义

《行政处罚法》第35条规定："违法行为构成犯罪，人民法院判处拘役或者有期徒刑时，行政机关已经给予当事人行政拘留的，应当依法折抵相应刑期。违法行为构成犯罪，人民法院判处罚金时，行政机关已经给予当事人罚款的，应当折抵相应罚金；行政机关尚未给予当事人罚款的，不再给予罚款。"由此确立了行政处罚折抵刑期的制度。

一般来说，行政处罚的折抵不会发生。当事人违反行政管理秩序的行为，作为违法行为与犯罪行为侵犯的是同一个法益，只是程度不同而

---

① 《俄罗斯联邦行政违法法典》第四条之三（加重行政责任的情节）第1款规定："加重行政责任的情节如下：（1）无视被授权人提出的停止违法行为的要求，继续实施违法行为；（2）如果一个人因实施行政违法行为已经受到了行政处罚，而在本法典第四条之六所规定期限未满的情况下，又重复实施了同一种行政违法行为；（3）引诱未成年人实施行政违法行为；（4）团伙实施行政违法行为；（5）在发生自然灾害或在其他非常情况下，实施行政违法行为；（6）在酒醉状态下实施行政违法行为。科处行政处罚的法官、机关、公职人员，根据所实施行政违法行为的性质，可以不认定该情节是加重情节。"

② 《越南社会主义共和国行政违法处罚法》第八条（加重情节）规定："只有下列情节才被视为加重情节：1.有组织的违法；2.多次违法或重犯；3.造成巨大财产损失的违法；4.煽动、引诱未成年人违法；5.因酗酒或其他刺激物而违法；6.利用职务、权限或天灾、传染病、灾祸违法；7.在执行行政处罚决定之前或期间违法；8.违法后逃避、掩盖其违法行为。"

言。① 当事人的行为不构成犯罪或者不作刑事处罚的才作行政处罚；当事人行为已构成犯罪的，应当进行刑事处罚，行政机关已立案的也应当依法移送。②"一事不二罚"原则要求对同一行为已作刑事处罚的，就不得再作行政处罚。2001 年 12 月 7 日，最高人民法院行政审判庭《对〈王大峥不服海关行政处罚决定上诉一案适用法律问题的请示〉的答复》（〔2001〕行他字第 11 号）就指出："在走私行为构成犯罪的情况下，海关对走私行为人作出没收走私货物的行政处罚，缺乏法律依据。"③ 所以，对于当事人的同一个违法行为，行政机关已作行政拘留的，司法机关不可能再判刑期，行政机关已作行政罚款的，司法机关也不可能再判罚金。因为对于当事人的同一行为不可能既受行政处罚又受刑事处罚，除非法律有特别规定。但是，这种情况依然可能存在：行政机关已对当事人进行了行政处罚（包括行政拘留或罚款），并且已经执行，但是司法机关认定当事人这一行为构成犯罪，依法立案并进行了司法判决。根据司法优先原则，当行政机关与司法机关对当事人的同一行为是否构成犯罪有不同认识的，以司法裁判为准。所以，就有可能出现当司法判决当事人刑期时，当事人已被行政机关执行了行政拘留；当司法机关判决当事人罚金时，当事人已被行政机关执行了行政罚款。

确立行政处罚折抵制度具有多方面的意义。其中一个方面的意义在于深度贯彻一事不二罚原则。一事不二罚原则乃是刑罚和行政处罚必须

---

① 有专家指出："行政违法与刑事犯罪在本质上都是一种违法行为，只是违法行为的社会危害性程度不同，行政处罚与刑事处罚分别是对行政违法与刑事犯罪作出的否定性评价，因此二者之间天然具有衔接性，《行政处罚法》第 35 条就是行政处罚与刑事处罚衔接的法律桥梁。"江必新主编：《行政处罚法条文精释与实例精解》，人民法院出版社 2021 年版，第 209 页。

② 国务院《行政执法机关移送涉嫌犯罪案件的规定》（2020）对行政处罚与刑罚之间的关系已作了详细的规定。

③ 梁凤云：《最高人民法院行政诉讼批复答复释解与应用》（法律适用卷），中国法制出版社 2011 年版，第 439 页。

遵循的法治原则，它不仅要求对于同一犯罪行为不得给予二次及以上刑罚，对于同一违法行为也不得给予二次及以上处罚，同时也意味着，已给予刑罚的就不得再予行政处罚，除非属于行政管理上的衔接措施。确立行政处罚折抵制度，正是从裁决和执行的范围内真正让当事人无论在人身自由上还是财产权上只承受一次处罚。

二、行政拘留折抵刑期

《刑法》（2023）第 33 条规定："主刑的种类如下：（一）管制；（二）拘役；（三）有期徒刑；（四）无期徒刑；（五）死刑。"行政拘留应当折抵的刑期，是指折抵拘役和有期徒刑的刑期，不适用管制、无期徒刑和死刑。因为行政拘留对当事人人身自由权的剥夺和限制与刑罚中的拘役、有期徒刑特征非常接近，但与管制远不相同，对于无期徒刑和死刑在适用上没有意义。

关于行政拘留如何折抵刑期的标准问题，可以依据《刑法》（2023）第 44 条[①]和第 47 条[②]规定，将行政拘留视作"先行羁押"看待，按"1：1"折抵，即行政拘留 1 日折抵 1 日拘役或 1 日有期徒刑。

三、行政罚款折抵罚金

《刑法》（2023）第 34 条规定："附加刑的种类如下：（一）罚金；（二）剥夺政治权利；（三）没收财产。附加刑也可以独立适用。"罚金属于刑罚中的附加刑之一。刑罚中的罚金与行政处罚中的罚款其对财产权的处分特性是相同的，因而，行政处罚中的罚款可以折抵刑罚中的罚金。

至于折抵的标准，目前尚无法律规定。但在实践中的做法依然是采取"1：1"的方法，即 1 元罚款就折抵 1 元罚金。

关于罚款与罚金的折抵关系，《行政处罚法》第 35 条特别规定，

---

① 《刑法》（2023）第 44 条规定："拘役的刑期，从判决执行之日起计算；判决执行以前先行羁押的，羁押一日折抵刑期一日。"

② 《刑法》（2023）第 47 条规定："有期徒刑的刑期，从判决执行之日起计算；判决执行以前先行羁押的，羁押一日折抵刑期一日。"

如果当事人行为构成犯罪人民法院判处罚金后，"行政机关尚未给予当事人罚款的，不再给予罚款。"这并不是变相地承认对同一当事人的同一行为，既可决定罚款，也可判处罚金，只是不得重复执行而已。《行政处罚法》的本条规定，既是对罚款与罚金重复执行的排除，也是对罚款与罚金重复决定（处罚决定与司法判决）的排除。还有，这双重排除不仅适用罚款与罚金的关系，也适用行政拘留与拘役、有期徒刑的关系。

§11.5　正当防卫与紧急避险

正当防卫，是指本人、他人的人身权利、财产权利遭受不法侵害时，行为人所采取的一种防卫措施。正当防卫具有正当性、合法性，表明行为人主观上没有过错。正当防卫是法律赋予当事人自卫的权利，是属于受法律鼓励的行为，目的是保护当事人本人、他人不受侵犯。

紧急避险，是指为了社会公共利益、自身或者他人的合法利益免受更大的损害，在不得已情况下采取的造成他人少量损失的紧急措施。紧急避险是一种合法行为，是在两种合法利益不可能同时得到保护的情况下，不得已而牺牲其中较轻的利益，保全较重大的利益的行为。

世界上大多数国家和地区明文规定，因当事人实施正当防卫与紧急避险的，不承担或减轻承担行政处罚责任。如德国《违反秩序罚法》第十五条①和第十六条②规定，正当防卫和紧急避险不属于违法，不得给

---

① 德国《违反秩序罚法》第十五条（正当防卫）规定："(1) 因正当防卫所必要之行为，不违法。(2) 正当防卫系为了防止对于自己或他人现时违法侵害所必要者。(3) 行为人出于迷惑、恐惧或惊骇而防卫过当者，不处罚。"

② 德国《违反秩序罚法》第十六条（紧急避难）规定："任何人为避免自己或他人之生命、身体、自由、名誉、财产或其他法律上利益现在之危险所必要之行为，如衡量互相冲突之利益，尤其有关之法益与其所受紧急之程度，所保卫之利益显比所受损害之法益重要者，其行为并非违法。但以其行为系避难相当之手段者为限，始有上述规定之适用。"

予行政处罚。俄罗斯《联邦行政违法法典》明文规定紧急避险不属行政违法。[①] 越南《社会主义共和国行政违法处罚法》明文规定，对于紧急避险、正当防卫者不罚。[②]

我国《刑法》和《民法典》都将正当防卫和紧急避险列为免责事由，唯独《行政处罚法》对正当防卫和紧急避险不作反应，这不能不说是我们立法上的缺陷。我们建议在下一次《行政处罚法》修订时，能够解决这一问题。在过渡时期，建议行政处罚参照《刑法》和《民法典》规定处理。

【延伸思考】

1.《行政处罚法》确立了哪些"不罚制度"？相对不罚与绝对不罚有什么区别？

2.从轻处罚与减轻处罚有何区别？《行政处罚法》确立了哪些从轻与减轻的情节？

3.《行政处罚法》规定了从重处罚情形，但没有规定加重处罚情形。这是否属于立法疏忽？

4.对于正当防卫与紧急避险是否应当处罚？《行政处罚法》为何不作规定？你主张如何规定为好？

[①] 俄罗斯《联邦行政违法法典》第二条之七（紧急避险）规定："在紧急避险的情况下，即为了排除直接威胁本人或他人人身和权利的危险，一个人对受法律保护的利益以及受法律保护的社会或国家的利益造成了损害，如果该危险不可能用其他手段消除，而且对上述利益造成的损害又小于所避免的损害，则不是行政违法行为。"

[②] 越南《社会主义共和国行政违法处罚法》第六条第4款规定："在情况紧急，正当防卫，突发事件的情况下，或在患精神病，其他丧失其行为能力、认识能力疾病的情况下的行政违法行为不受处罚。"

【规范链接】

‣‣《中华人民共和国行政处罚法》（2021）第 30—33、35—36、49 条

‣‣《中华人民共和国治安管理处罚法》（2012）第 22 条

‣‣《中华人民共和国税收征收管理法》（2015）第 86 条

‣‣《中华人民共和国刑法》（2023）第 33、44、47 条

‣‣《中华人民共和国突发事件应对法》（2024）第 73 条

‣‣ 国务院《行政执法机关移送涉嫌犯罪案件的规定》（2020）

‣‣ 全国人大常委会法工委《关于提请明确对行政处罚追诉时效"二年未被发现"认定问题的函的研究意见》（法工委复字〔2004〕27 号）

‣‣ 公安部《关于公安机关适用行政处罚若干问题的指导意见》（公通字〔2024〕5 号）

第12章　行政处罚程序论

行政处罚程序，系指行政执法机关对当事人违反行政管理秩序行为实施处罚的过程。从狭义上说，它只包括从立案到作出处罚决定；从广义上说，它还应当包括对行政处罚决定的执行。

§12.1　行政处罚程序原则

行政处罚程序的原则，是指实施行政处罚在程序上必须遵循的规则。它和行政处罚的适用原则一样，属于行政处罚法基本原则的下位原则。

行政处罚程序的原则主要集中在《行政处罚法》第五章第一节"一般规定"之中。这一节规定了许多程序要求，如行政执法机关、程序制度的信息公示①，对执法人员的资格要求和执法中的回避制度②，强调不

---

① 《行政处罚法》第39条规定："行政处罚的实施机关、立案依据、实施程序和救济渠道等信息应当公示。"

② 《行政处罚法》第42条规定："行政处罚应当由具有行政执法资格的执法人员实施。执法人员不得少于两人，法律另有规定的除外。执法人员应当文明执法，尊重和保护当事人合法权益。"第43条规定："执法人员与案件有直接利害关系或者有其他关系可能影响公正执法的，应当回避。当事人认为执法人员与案件有直接利害关系或者有其他关系可能影响公正执法的，有权申请回避。当事人提出回避申请的，行政机关应当依法审查，由行政机关负责人决定。决定作出之前，不停止调查。"

得因数字化执法而剥夺或限制当事人的程序权利①，等等。特别是以下几项原则比较凸显。

一、查明事实原则

查明事实原则的基本要求是：处罚必须以事实清楚、证据合法充分为前提。《行政处罚法》第40条规定："公民、法人或者其他组织违反行政管理秩序的行为，依法应当给予行政处罚的，行政机关必须查明事实；违法事实不清、证据不足的，不得给予行政处罚。"

如果以电子技术监控设备记录为证据，那么，电子技术监控设备记录的违法事实应当真实、清晰、完整、准确。行政机关应当审核记录内容是否符合要求；未经审核或者经审核不符合要求的，不得作为行政处罚的证据。

特别是《行政处罚法》第46条第2—3款首次新增规定：证据必须经查证属实，方可作为认定案件事实的根据；以非法手段取得的证据，不得作为认定案件事实的根据。

二、事先告知原则

事先告知原则的基本要求是：在正式作出行政处罚决定之前，处罚机关必须向当事人告知拟作出的行政处罚决定的有关信息。

《行政处罚法》第44条规定："行政机关在作出行政处罚决定之前，应当告知当事人拟作出的行政处罚内容及事实、理由、依据，并告知当事人依法享有的陈述、申辩、要求听证等权利。"这是对事先告知原则的基本规定。理解这一原则，必须把握几个要求：

1. 告知内容。行政机关应当向当事人告知的内容包括：（1）拟作出的行政处罚内容，如罚款5万等；（2）认定违法行为的事实；（3）处罚的理由；（4）所适用的规范依据，指明什么法第几条；（5）当事人依法

---

① 《行政处罚法》第41条第3款规定："行政机关应当及时告知当事人违法事实，并采取信息化手段或者其他措施，为当事人查询、陈述和申辩提供便利。不得限制或者变相限制当事人享有的陈述权、申辩权。"

享有的陈述、申辩、听证等权利。

2.告知时间。将上述内容告知当事人，必须是在作出行政处罚决定之前，而不是之后。如果是之后告知，就无法让行政机关在作出处罚决定前听到当事人的意见，事先告知就会失去意义。

3.告知形式。事先告知是一项严肃的工作，事关当事人的权利和行政处罚的合法性，所以应当采取书面形式（一般为《事先告知单》），并且必须有效送达。

行政机关不得以事后告知当事人的诉权（申请行政复议或提起行政诉讼）代替事先告知义务。行政机关作出处罚决定之后，要告知当事人有权申请行政复议或提起行政诉讼，这称为告知诉权。告知诉权和事先告知在内容和时间上均不同，它告知的仅仅是诉权，并且是在作出处罚决定之后（一般是同时附在《行政处罚决定书》之中）告知。

三、尊重隐私权原则

《行政处罚法》第50条规定："行政机关及其工作人员对实施行政处罚过程中知悉的国家秘密、商业秘密或者个人隐私，应当依法予以保密。"这是2021年《行政处罚法》修订新增加的内容，体现了对隐私权的尊重。

§12.2 行政处罚基本程序制度

1996年的《行政处罚法》已为行政处罚设置了三项基本程序制度：事先告知制度、听证制度和集体决定制度。2021年《行政处罚法》修订时，又增加了三项新的程序制度：执法公示制度、执法全过程记录制度和重大执法决定法制审核制度。六大程序制度构成了中国行政处罚制度的特色。

一、事先告知制度

事先告知既是实施行政处罚的一项程序原则，也是行政处罚的一项程序制度。这项制度要求实施行政处罚的机关，在正式作出行政处罚决定之前，必须向当事人告知拟作出的行政处罚决定的有关内容和程序权利。

这一制度由 1996 年的《行政处罚法》首次确立，2021 年《行政处罚法》修订时保留了这一制度。①

二、听证制度

听证是行政处罚中的一项重要程序制度，听证权是被处罚的当事人在行政处罚中的一项程序权利。听证制度由 1996 年的《行政处罚法》首次引入法律，2021 年的《行政处罚法》作了保留和完善。为了凸显听证制度的重要性，《行政处罚法》在第五章中单设一节进行规定。

听证，也称听证会，系指行政处罚主体在作出行政处罚决定之前，在非本案调查人员的主持下，举行由该案的调查人员和拟被行政处罚的当事人参加的，供当事人陈述、申辩以及与调查人员辩论的听证会。严格地说，听证程序不是与简易程序、普通程序相并列的第三种程序，而是普通程序中的一个程序环节。

我国在行政处罚中设置听证程序，有利于更充分地听取当事人的意见，体现了保障当事人陈述、申辩权的原则，但它同时增加了国家行政管理的成本。因此，《行政处罚法》为听证的适用设置了两个方面的条件，即实体方面的条件和程序方面的条件，只有符合这两个方面的条件方可适用听证。

第一方面的条件：实体条件。根据《行政处罚法》第 63 条规定，听证只适用以下案件：

1. 较大数额罚款。对于适用听证的"较大数额罚款"标准，《行政处罚法》本身未作规定，目前实践中由有关法律、法规和规章来规定。一般的规则是，实行中央垂直领导的行政管理部门作出的没收处罚决定，应参照国务院部委有关较大数额罚款标准的规定认定；其他行政管

---

① 详见上一题中的"事先告知原则"。

理部门作出没收处罚决定，应参照省、自治区、直辖市人民政府的相关规定认定。①

2. 没收较大数额违法所得、没收较大价值非法财物。这里的"较大数额"也应当由有关法律、法规和规章来规定，无规定的，参照上述标准。

3. 降低资质等级、吊销许可证件。这里不包括暂扣许可证件。

4. 责令停产停业、责令关闭、限制从业。这涉及生产经营权，需要列入听证范围。

5. 其他较重的行政处罚。这是对上述第1—4项规定的兜底条款，具体也须由有关法律、法规和规章来确定。

6. 法律、法规、规章规定的其他情形。这是对上述第1—5项规定的兜底条款，它表明：哪怕不是"较重的处罚"，只要法律、法规、规章规定需要听证的，就应当听证。这体现了"能听证即听证"的原则。

公安部《关于公安机关适用行政处罚若干问题的指导意见》（公通字〔2024〕5号）对于公安处罚中适用听证的情形，作出了详细的规定。②

---

① 如《治安管理处罚法》（2012）第98条规定："公安机关作出吊销许可证以及处二千元以上罚款的治安管理处罚决定前，应当告知违反治安管理行为人有权要求举行听证；违反治安管理行为人要求听证的，公安机关应当及时依法举行听证。"又如《海关行政处罚听证办法》（2014）第3条规定："海关作出暂停从事有关业务、撤销海关注册登记、对公民处1万元以上罚款、对法人或者其他组织处10万元以上罚款、没收有关货物、物品、走私运输工具等行政处罚决定之前，应当告知当事人有要求举行听证的权利；当事人要求听证的，海关应当组织听证。"

② 公安部《关于公安机关适用行政处罚若干问题的指导意见》（公通字〔2024〕5号）指出：公安机关实施行政处罚，应当依法充分保障当事人要求举行听证的权利。"较大数额""较大价值"，是指对个人罚款或者没收违法所得、非法财物的数额、价值在2000元以上，对单位罚款或者没收违法所得、非法财物的数额、价值在10000元以上，对违反出境入境管理法律法规的个人罚款或者没收违法所得、非法财物的数额、价值在6000元以上。"其他较重的行政处罚"，主要是指《计算机信息网络国际联网安全保护管理办法》第20条、第21条规定的停止联网、停机整顿。

第二方面的条件：程序条件。根据《行政处罚法》第63—64条规定，听证须以当事人申请为条件。只有在当事人要求听证的情况下，行政机关才可以提供听证。但是，行政处罚主体在作出行政处罚决定之前，应当告知当事人有要求听证的权利。① 当事人收到可以要求听证的权利告知后，如果要求听证，必须按时提出。

听证的具体步骤如下：

1.告知听证权。行政机关在作出行政处罚决定之前，向当事人送达《事先告知单》，告知当事人有要求听证的权利。

2.提出听证要求。当事人要求听证的，应当在接到行政机关告知单后的5日内提出。

3.通知听证。行政机关应当在听证的7日前，通知当事人及有关人员举行听证的时间、地点。

4.举行听证会。听证会由行政机关指定的非本案调查人员主持；当事人认为主持人与本案有直接利害关系的，有权申请回避。当事人可以亲自参加听证，也可以委托一至二人代理。当事人及其代理人无正当理由拒不出席听证或者未经许可中途退出听证的，视为放弃听证权利，行政机关终止听证。除涉及国家秘密、商业秘密或者个人隐私依法予以保密外，听证公开举行。举行听证时，调查人员提出当事人违法的事实、证据和行政处罚建议，当事人进行申辩和质证。

5.形成听证笔录。听证会结束时，必须形成听证会笔录。笔录应当交当事人或者其代理人核对无误后签字或者盖章。当事人或者其代理人拒绝签字或者盖章的，由听证主持人在笔录中注明。

6.处罚决定的参考。听证结束后，行政机关方可作出正式的行政处罚决定。行政机关不得先决定后听证。决定时，应当根据听证笔录，依照《行政处罚法》第57条规定，作出决定。行政机关作出决定必须参

---

① 在《事先告知单》中应当包括对听证权的告知。

考听证笔录，不得"听证归听证，决定归决定"。"参考"不是"无视"，但也不是"照办"。

三、集体讨论决定制度

集体决定制度，是指行政机关对于情节复杂或者重大违法行为给予行政处罚，必须经过行政机关负责人的集体讨论的程序制度。

《行政处罚法》第57条第2款规定："对情节复杂或者重大违法行为给予行政处罚，行政机关负责人应当集体讨论决定。"这一制度由1996年《行政处罚法》首次确立，2021年《行政处罚法》继续保留。

至于适用集体讨论决定的"情节复杂"或者"重大违法"的标准认定，《行政处罚法》本身没有规定，须由有关法律、法规、规章和有关行政处罚裁量基准作出规定。

公安部《关于公安机关适用行政处罚若干问题的指导意见》（公通字〔2024〕5号）对其听证范围作出了特有的规定，作为最高罚的行政拘留尚未一律被纳入集体讨论的范围。[①]

关于集体讨论决定的时间，根据《行政处罚法》第57条[②]规定，

---

① 公安部《关于公安机关适用行政处罚若干问题的指导意见》（公通字〔2024〕5号）指出：认定"情节复杂或者重大违法行为"，应当综合考量案件情况是否疑难复杂，是否涉及重大公共利益等因素，不能简单将"是否作出行政拘留决定""是否需要听证"作为认定是否需要集体讨论决定的标准。案件具有下列情形之一的，一般应当由公安机关负责人集体讨论决定行政处罚，并形成书面记录：（一）对事实、证据、定性存在重大分歧，认定困难的；（二）涉及重大公共利益的；（三）社会影响较大，引发或者可能引发较大舆情的；（四）法制审核部门或者公安机关负责人认为应当集体讨论决定的其他情形。

② 《行政处罚法》第57条规定："调查终结，行政机关负责人应当对调查结果进行审查，根据不同情况，分别作出如下决定：（一）确有应受行政处罚的违法行为的，根据情节轻重及具体情况，作出行政处罚决定；（二）违法行为轻微，依法可以不予行政处罚的，不予行政处罚；（三）违法事实不能成立的，不予行政处罚；（四）违法行为涉嫌犯罪的，移送司法机关。对情节复杂或者重大违法行为给予行政处罚，行政机关负责人应当集体讨论决定。"

集体讨论必须在调查终结之后，但应在作出正式决定之前。至于在这期间，集体讨论是否可以多次，这只是一个技术问题。①

集体决定制度，既是一项内部管理程序，也是一项外部程序制度。所以，如果行政机关对于应当集体讨论决定的案件不经过集体讨论而作出处罚决定，属于违反法定程序。

四、执法公示制度

行政执法公示制度，是要求执法机关依法及时主动向社会公开有关行政执法信息，行政执法人员在执法过程中要主动表明身份，接受社会监督的程序制度。

2021年《行政处罚法》修订，将这一制度引入法律，并在多处体现。《行政处罚法》第5条第3款重申："对违法行为给予行政处罚的规定必须公布；未经公布的，不得作为行政处罚的依据。"第34条要求"行政处罚裁量基准应当向社会公布"。第39条特别规定："行政处罚的实施机关、立案依据、实施程序和救济渠道等信息应当公示。"第41条第1款要求电子技术监控设备设置地点向社会公布。第48条第1款首次规定，"具有一定社会影响的行政处罚决定应当依法公开"。

行政执法的公示，不仅表现为向社会公布实施行政处罚的主体、依据、程序和救济渠道等信息，还应当包括具体执法人员在执法中的身份公示，那就是执法人员应当向当事人和有关人员出示执法证件，让相对人知道"你是谁""谁在向当事人执法？"《行政处罚法》第52条第1款②

---

① 在实践中，有的单位集体讨论安排两次，一次是调查终结之后，作出拟处罚决定之前，另一次是听证之后，作出正式处罚决定之前。

② 《行政处罚法》第52条第1款规定："执法人员当场作出行政处罚决定的，应当向当事人出示执法证件，填写预定格式、编有号码的行政处罚决定书，并当场交付当事人。当事人拒绝签收的，应当在行政处罚决定书上注明。"

和第 55 条第 1 款 ① 规定表达了这一点。

关于执法人员在执法中出示执法证件问题，还必须把握两点：一是，"行政执法证件是取得行政执法资格的合法凭证，是依法从事行政执法工作的身份证明。"② 所以，不宜将行政执法证件与工作证简单地等同起来，以出示工作证代替出示行政执法证件。二是，出示行政执法证件的目的是让相对人知晓"谁在向他执法"，便于配合与监督。所以，执法人员向当事人出示执法证件应当近距离地让当事人能够看清执法证件上的信息，而不是远距离地"晃一下"执法证件，就算完成执法程序要求。③

五、执法全过程记录制度

执法全过程记录制度，是要求通过文字、音像等记录方式，对行政执法行为进行记录并归档，实现全过程留痕和可回溯管理的制度。这是调查取证阶段必须遵循的制度。

《行政处罚法》第 47 条规定："行政机关应当依法以文字、音像等形式，对行政处罚的启动、调查取证、审核、决定、送达、执行等进行全过程记录，归档保存。"

这里强调"全过程记录"非常重要。所谓执法全过程记录，特别是指执法机关的执法摄录仪所拍摄录像，应当从执法的"起点"，即发现当事人违法或者和当事人接触的第一个时间开始，到执法活动的结束为止，不能只拍摄对自己有利的一个时间段。

---

① 《行政处罚法》第 55 条第 1 款规定："执法人员在调查或者进行检查时，应当主动向当事人或者有关人员出示执法证件。当事人或者有关人员有权要求执法人员出示执法证件。执法人员不出示执法证件的，当事人或者有关人员有权拒绝接受调查或者检查。"

② 许安标主编：《中华人民共和国行政处罚法释义》，中国民主法制出版社 2021 年版，第 146 页。

③ 参见微信公众号"法治咖啡屋—胡建淼法治微咨询"第 109 期《如何理解"出示执法证件"？》

六、重大执法决定法制审核制度

重大执法决定法制审核制度，是要求执法机关在作出重大执法决定之前，必须进行法制审核的程序制度。未经法制审核或者审核未通过的，不得作出决定。

2021 年修订的《行政处罚法》将重大执法决定法制审核制度引进了法律。《行政处罚法》第 58 条第 1 款规定："有下列情形之一，在行政机关负责人作出行政处罚的决定之前，应当由从事行政处罚决定法制审核的人员进行法制审核；未经法制审核或者审核未通过的，不得作出决定：（一）涉及重大公共利益的；（二）直接关系当事人或者第三人重大权益，经过听证程序的；（三）案件情况疑难复杂、涉及多个法律关系的；（四）法律、法规规定应当进行法制审核的其他情形。"国务院办公厅《关于全面推行行政执法公示制度执法全过程记录制度重大执法决定法制审核制度的指导意见》（国办发〔2018〕118 号）第（十二）项规定："凡涉及重大公共利益，可能造成重大社会影响或引发社会风险，直接关系行政相对人或第三人重大权益，经过听证程序作出行政执法决定，以及案件情况疑难复杂、涉及多个法律关系的，都要进行法制审核。"这就将重大复杂的、较大范围内的行政处罚案件纳入法制审核之中，为行政处罚决定的合法性设立了最后一道屏障。

在以上必须进行法制审核的有关情形中，"涉及重大公共利益"中的"重大公共利益"这一范围较难把握。

从行政法理上说，"公共利益"与个人利益相对应，是国家利益、社会公共利益和不特定的社会成员所享有的利益的总称。公共利益首先应当包括国家利益和社会公共利益。国家利益最重要的是国家的核心利益，即"国家主权，国家安全，领土完整，国家统一，中国宪法确立的国家政治制度和社会大局稳定，经济社会可持续发展的基本保障"。社会公共利益应当是指受益面较大的不特定的社会成员受益的公共设施和事业政策等，它具有公众性和抽象性。公众性是指，它肯定是为大多数人服务而不是为少数人、个别人服务的；抽象性是指，它是让不特定的公众受益，而不是只让特定的少数人群受益。譬如，建造某个医院，如果这个医院只限于为单位内部职工看病，就不属于公共利益；相反，如果它为社会公众服务，那就是公共利益。综合上述法律规定及法理，公共利益应当包括：第一类，有关国家主权与安全的事业，如国防、外交、军事等；第二类，有关国家重点建设的项目及公共设施建设，如三峡工程；第三类，有关抢险、救灾等工作；第四类，使社会公众受益的事业，如教育、卫生、医疗、社会保障等。以上第一至第三类一概属于"重大公共利益"，至于第四类，要根据所涉项目数量、质量、范围和程度等具体判断确定。

§12.3 行政处罚简易程序

行政处罚程序可以分为简易程序与普通程序。《行政处罚法》第五章设专节规定了行政处罚的简易程序。

简易程序属于特别程序，普通程序属于一般程序。不适用简易程序的，都属于普通程序。那么，什么是简易程序呢？

《行政处罚法》第51条第1款规定："违法事实确凿并有法定依据，对公民处以二百元以下、对法人或者其他组织处以三千元以下罚款或者警告的行政处罚的，可以当场作出行政处罚决定。法律另有规定的，从其规定。"根据这一规定，简易程序应当是指对于违法事实清楚、依据明确、处罚轻微的案件当场进行处罚的程序。具体需要把握以下几点：

一是简易程序是指当场处罚程序。它是指违法行为当场发生和发现，执法人员当着当事人的面，当即作出处罚决定，并将决定交给当事人。简易程序相对于普通程序而言，显得比较简单，无须经过普通程序所必须经历的立案、调查取证、拟处罚决定、事先告知、听证、作出决定、送达等复杂的程序环节。

二是简易程序不是无条件的程序。适用简易程序的案件，必须符合几项严格的条件：1.违法事实确凿。指违法事实清楚简单，如违法停车，一见便知，一般双方对事实都无争议。2.有明确的处罚依据。即法律、法规、规章明文规定这种行为是必须处罚的。3.处罚轻微。轻微的处罚案是指低额的罚款和警告。罚款限于对公民处以 200 元以下、对组织处于 3000 元以下。[①] 但这里不包括通报批评，因为通报批评这种处罚无法当场进行。

三是简易程序不是没有程序。简易程序相对于普通程序而言，比较简单。但简易程序也是有程序的。《行政处罚法》第 52 条对简易程序作出了明确要求：执法人员当场作出行政处罚决定的，应当向当事人出示执法证件，填写预定格式、编有号码的行政处罚决定书，并当场交付当事人。当事人拒绝签收的，应当在行政处罚决定书上注明；行政处罚决定书应当载明当事人的违法行为，行政处罚的种类和依据、罚款数额、时间、地点，申请行政复议、提起行政诉讼的途径和期限以及行政机关名称，并由执法人员签名或者盖章；执法人员当场作出的行政处罚决定，应当报所属行政机关备案。

四是简易程序不是绝对程序。是否只要符合上述的三个条件的案件就必须一律采用简易程序？不是的。《行政处罚法》第 51 条第二句设置了一个"例外"条款，规定"法律另有规定的，从其规定。"这就是说，哪怕是违法事实确凿、处罚依据明确和处罚轻微的案件，只要法律另有规定，那就不适用简易程序，而是适用法律另行规定的程序。

五是简易程序不是放弃诉权程序。以前在实务中的操作方法是，执法机关对于当事人对处罚没有异议的案件才适用简易程序。简易程序以当事人声明对处罚无异议，并由此放弃诉讼权利为前提。当事人接受简

---

① 《行政处罚法》（1996）第 33 条把轻微的罚款限定为，对公民处以 50 元以下、对法人或者其他组织处以 1000 元以下。《行政处罚法》（2021）第 51 条调整了罚款的标准。新的标准是：对公民处以 200 元以下罚款，对法人或者其他组织处于 3000 元以下罚款。

易程序以后，就不得再行申请复议或提起诉讼了。这样，简易程序就等同于当事人放弃诉权的程序。《行政处罚法》第52条表明，适用简易程序不影响当事人申请复议或提起诉讼的权利。

§12.4　行政处罚普通程序

简易程序以外的程序是普通程序。普通程序属于一般程序，它遵循常规性的程序步骤。普通程序的基本环节是：立案—调查取证—拟制决定—事先告知—听取陈述申辩—听证—作出决定—送达决定。

一、立案

立案是指行政执法机关发现当事人有违法行为或违法嫌疑时，决定启动调查核实并视情况决定是否处罚的程序。立案是整个行政处罚程序的起点。尽管立案前，有时也会有事先的调查取证过程，但那只是一个"预程序"。正式的处罚程序应当从"立案"开始。

根据《行政处罚法》第54条规定，发现当事人有违法事实或有违法嫌疑，符合立案标准的，行政执法机关应当及时立案。对于立案标准，《行政处罚法》未作集中规定，但根据《行政处罚法》的有关规定，可以归纳为以下几条：1.当事人有违法行为或有违法嫌疑的；2.该违法行为是依法必须处罚的；3.违法行为未超过处罚追诉时效的；4.属于本行政机关管辖的。

二、调查取证

立案之后，必须进一步调查取证。证据包括：1.书证；2.物证；3.视听资料；4.电子数据；5.证人证言；6.当事人的陈述；7.鉴定意见；8.勘验笔录、现场笔录。证据必须经查证属实，方可作为认定案件事实的根据。以非法手段取得的证据，不得作为认定案件事实的根据。《行政处罚法》第40条还规定，违法事实不清、证据不足的，不得给予行政处罚。

三、拟制决定

根据《行政处罚法》第 57 条规定，调查终结以后，行政机关负责人应当对调查结果进行审查，根据不同情况，分别作出如下决定：

1.确有应受行政处罚的违法行为的，根据情节轻重及具体情况，作出行政处罚决定；

2.违法行为轻微，依法可以不予行政处罚的，不予行政处罚；

3.违法事实不能成立的，不予行政处罚；

4.违法行为涉嫌犯罪的，移送司法机关。

这一阶段，对于应当处罚的违法行为作出的处罚决定，属于拟制决定而不是正式决定。因为这一决定还须听取当事人的申辩，有的还须经过听证。

四、事先告知

拟制处罚决定作出以后，正式处罚决定作出之前，必须事先告知当事人。根据《行政处罚法》第 44 条规定，告知的内容应当包括两个方面：一是处罚决定的有关信息，如处罚决定的内容、事实、理由、依据等；二是当事人的程序权利，即告知其具有的陈述、申辩和要求听证的权利。

事先告知是所有普通处罚程序的必经环节，目的是保障当事人的陈述、申辩和听证的权利。事先告知的方式，是行政机关向当事人送达《事先告知单》。

五、听取陈述申辩

事先告知之后，应当在一定期限内听取当事人的陈述和申辩。一般而言，陈述是当事人针对事实和证据发表的意见；申辩是当事人针对依据和理由所发表的意见。陈述和申辩意见供行政机关作出正式决定时参考。至于当事人必须在多长期限内作出陈述和申辩，《行政处罚法》本身没有规定，那就适用其他法律、法规和规章的规定。在实践中，一般掌握在 7 天或 7 天以上。①

六、听证

听证并不是普遍的程序环节，它只适用于《行政处罚法》第 63 条所规定的案件。适用听证的案件，行政机关必须在送达《事先告知单》时一并告知听证权；当事人要求听证的，必须在收到《事先告知单》之日起 5 日内提出；行政机关必须在举行听证会 7 日前，通知当事人及有关人员听证的时间、地点。

七、作出决定

完成调查取证、事先告知和听取意见以及听证之后，行政机关应当依法作出正式的决定。决定包括给予处罚的决定和不给予处罚的决定等。

根据《行政处罚法》第 59 条规定，行政处罚决定书应当载明下列事项：1.当事人的姓名或者名称、地址；2.违反法律、法规、规章的事实和证据；3.行政处罚的种类和依据；4.行政处罚的履行方式和期限；5.申请行政复议、提起行政诉讼的途径和期限；6.作出行政处罚决定的行政机关名称和作出决定的日期。行政处罚决定书必须盖有作出行政处

---

① 如原国家环境保护总局《关于实施行政处罚时听取陈述申辩时限问题的复函》（环函〔2006〕262 号）指出：《中华人民共和国行政处罚法》第三十一条规定："行政机关在作出行政处罚决定之前，应当告知当事人作出行政处罚决定的事实、理由及依据，并告知当事人依法享有的权利。"该法第三十二条规定："行政机关必须充分听取当事人的意见，对当事人提出的事实、理由和证据，应当进行复核；当事人提出的事实、理由或者证据成立的，行政机关应当采纳。"该法第四十一条还规定："行政机关及其执法人员在作出行政处罚决定之前，不依照本法第三十一条、第三十二条的规定向当事人告知给予行政处罚的事实、理由和依据，或者拒绝听取当事人的陈述和申辩，行政处罚决定不能成立。"但《中华人民共和国行政处罚法》并未规定统一的陈述和申辩时限。为了规范环保部门的行政处罚行为，保障行政处罚相对人的合法权利和环保部门的行政效率，我局制定了《环境保护行政处罚常用法律文书格式》，将当事人陈述和申辩的时限规定为自接到事先告知书之日起七日。在法律、法规和部门规章没有明确规定当事人陈述和申辩时限的情况下，可按此规定执行。

罚决定的行政机关的印章。①

在作出行政处罚决定过程中，如果属于《行政处罚法》第 57 条第 2 款和第 58 条规定的案件，必须经过负责人的集体讨论和法制审核。

行政处罚决定，根据《行政处罚法》第 60 条② 规定，应当自行政处罚案件立案之日起 90 日内作出，法律、法规、规章另有规定的除外。③

行政机关作出行政处罚决定的时间限制，在有的国家定性为裁决时效，那就意味着，超过这一时效，行政机关不得再作行政处罚决定。但在我国，《行政处罚法》规定的 90 日时限属于作出行政处罚决定的期限而不是时效，所以，如果行政机关超过这一期限对当事人进行处罚，处罚决定并不会因此被撤销或确认无效，从而导致不少"挂案"。这是以后行政处罚制度改革必须讨论的一个问题。例如潘龙泉

① 我国澳门特别行政区的法规对行政处罚决定书的要求非常严格，规定不按要求载明有关事项者无效。其《行政上之违法行为之一般制度及程序》第 14 条规定：处罚决定应载有下列内容，否则无效：a）违法者之身份资料；b）叙述被归责之不法事实；c）指出规定及处罚被归责之不法事实之规范；d）提出证据方法；e）指出所科处之处罚及履行期限，该期限不得少于十日但不得多于三十日；f）指出对决定提出申诉之可能性、提出申诉之期间及向哪一法院提出申诉；g）指出不对决定提出申诉时该决定可即时执行。

② 《行政处罚法》第 60 条规定："行政机关应当自行政处罚案件立案之日起九十日内作出行政处罚决定。法律、法规、规章另有规定的，从其规定。"

③ 如《治安管理处罚法》（2012）第 99 条规定："公安机关办理治安案件的期限，自受理之日起不得超过三十日；案情重大、复杂的，经上一级公安机关批准，可以延长三十日。为了查明案情进行鉴定的期间，不计入办理治安案件的期限。"《市场监督管理行政处罚程序暂行规定》（2021）第 64 条规定："适用普通程序办理的案件应当自立案之日起九十日内作出处理决定。因案情复杂或者其他原因，不能在规定期限内作出处理决定的，经市场监督管理部门负责人批准，可以延长三十日。案情特别复杂或者有其他特殊情况，经延期仍不能作出处理决定的，应当由市场监督管理部门负责人集体讨论决定是否继续延期，决定继续延期的，应当同时确定延长的合理期限。案件处理过程中，中止、听证、公告和检测、检验、检疫、鉴定、权利人辨认或者鉴别、责令退还多收价款等时间不计入前款所指的案件办理期限。"

诉新沂市公安局治安行政处罚案就折射出这一问题。该案中潘龙泉等人于1997年8月26日实施赌博行为，并于当日被立案调查，但新沂市公安局却于2007年1月31日才对潘龙泉给予处罚。一个简单的行政违法案件，行政机关竟然历时近十年的时间才作出行政处罚决定，这显然是不合理的超期处罚行为，对违法行为人的合法权益造成严重损害，然而，在我国现行法律体系下违法行为人并没有有效救济途径。司法实践表明，绝大多数法院对待超期处罚的违法行政案件，都认为行政机关逾期处罚并不影响该违法行为在实体上的可罚性与应罚性。①

八、送达决定

行政处罚决定书应当在宣告后当场交付当事人；当事人不在场的，行政机关应当在7日内依照《民事诉讼法》的有关规定，将行政处罚决定书送达当事人。

当事人同意并签订确认书的，行政机关可以采用传真、电子邮件等方式，将行政处罚决定书等送达当事人。

行政处罚决定书一经送达，便发生法律效力。

§12.5 行政处罚执行程序

从广义上说，对行政处罚决定的执行程序也是行政处罚程序的一部分。但它不是一种绝对程序，因为它只有在当事人不自我履行生效的行政处罚决定时才会发生。

一、行政处罚执行的原则

《行政处罚法》第35条、第66—74条确立了行政处罚执行的几项原则，体现了中国行政处罚制度的特色。

---

① 参见中华人民共和国最高人民法院行政审判庭编：《中国行政审判案例（第4卷）》，中国法制出版社2012年版，第125—130页。

1. 当事人自觉履行原则

《行政处罚法》第 66 条第 1 款规定："行政处罚决定依法作出后，当事人应当在行政处罚决定书载明的期限内，予以履行。"这表明行政处罚决定依法作出并送达后，即刻产生法律效力，当事人具有自我履行的义务，行政机关具有强制执行的权力；尽管如此，我们应当尽量期待当事人自我履行，避免强制执行，这样有利于社会和谐。

2. 收缴分离原则

《行政处罚法》第 67 条第 1 款规定："作出罚款决定的行政机关应当与收缴罚款的机构分离。"这是对决定罚款与收缴罚款相分离原则的直接规定。这一原则的确立，有利于防制行政机关在"利益驱动"下的"滥罚"，有利于维护行政相对人的合法权益。

根据《行政处罚法》第 67 条第 2—3 款规定，作出行政处罚决定的行政机关及其执法人员不得自行收缴罚款。① 当事人应当自收到行政处罚决定书之日起 15 日内，到指定的银行或者通过电子支付系统缴纳罚款。银行应当收受罚款，并将罚款直接上缴国库。

3. 照顾和方便当事人原则

这一原则体现在多个方面：（1）当事人确有经济困难，需要延期或者分期缴纳罚款的，经当事人申请和行政机关批准，可以暂缓或者分期缴纳。② （2）在边远、水上、交通不便地区，当事人到指定的银行或者通过电子支付系统缴纳罚款确有困难，经当事人提出，行政机关及其执

---

① 但有下列情形之一的，执法人员可以当场收缴罚款：1. 依法给予 100 元以下罚款的；2. 不当场收缴事后难以执行的。

② 奥地利和德国也有类似规定。奥地利《行政罚法》第十四条规定："（1）罚锾之强制执行，以不影响受裁决人最低限度之生活，法律上赡养义务之履行，及对被害人损害之赔偿为限。（2）受裁决人死亡时免除罚锾之执行。"德国《违反秩序罚法》第十八条规定："依行为人之经济关系不能期待其立即缴纳罚锾者，得依职权允许在一定期限内缓期缴纳或分期缴纳。上述情形，如行为人不依照法定期限缴纳其中一期之付款者，将因而失去分期付款之利益。"

法人员可以当场收缴罚款。(3) 当事人对限制人身自由的行政处罚决定不服，申请行政复议或者提起行政诉讼的，可以向作出决定的机关提出暂缓执行申请。符合法律规定情形的，应当暂缓执行。(4) 当事人申请行政复议或者提起行政诉讼的，加处罚款的数额在行政复议或者行政诉讼期间不予计算。

4. 加罚封顶原则

《行政处罚法》(1996) 在第六章"行政处罚的执行"中规定，当事人到期不缴纳罚款的，行政机关可以对当事人每日按罚款数额的 3% 加处罚款，并没有"封顶"规定。但我国《行政强制法》(2011) 恰恰是有"封顶"规定的①。2021 年《行政处罚法》修订补充了"封顶"规定，第 72 条第 1 款第（一）项规定："到期不缴纳罚款的，每日按罚款数额的百分之三加处罚款，加处罚款的数额不得超出罚款的数额"。这不仅使得行政处罚法与行政强制法相衔接，而且更加凸显行政处罚制度的公正性。

5. 执行款项与考核脱钩原则

《行政处罚法》第 74 条第 3 款增加规定："罚款、没收的违法所得或者没收非法财物拍卖的款项，不得同作出行政处罚决定的行政机关及其工作人员的考核、考评直接或者变相挂钩。"这是为了防止处罚与执法者利益挂钩而作出的特别规定。

6. 行政处罚折抵刑罚原则

行政处罚折抵刑罚原则，系指违法行为构成犯罪的，人民法院在执行当事人的刑罚时，对于他已经执行的行政处罚应予折抵。行政处罚折抵刑罚制度，与其说是一种责任代替制度，不如说是一种责任的执行制度。

---

① 《行政强制法》(2011) 第 45 条第 2 款规定："加处罚款或者滞纳金的数额不得超出金钱给付义务的数额。"

《行政处罚法》第35条规定："违法行为构成犯罪，人民法院判处拘役或者有期徒刑时，行政机关已经给予当事人行政拘留的，应当依法折抵相应刑期。违法行为构成犯罪，人民法院判处罚金时，行政机关已经给予当事人罚款的，应当折抵相应罚金；行政机关尚未给予当事人罚款的，不再给予罚款。"这就是对于行政处罚折抵刑罚原则的规定。①

二、行政处罚执行的措施

行政处罚决定作出以后，当事人应当自觉履行。当事人逾期不履行行政处罚决定的，作出行政处罚决定的行政机关可依据《行政处罚法》第72条第1款规定采取下列措施：

1.到期不缴纳罚款的，每日按罚款数额的3%加处罚款，加处罚款的数额不得超出罚款的数额；

2.根据法律规定，将查封、扣押的财物拍卖、依法处理或者将冻结的存款、汇款划拨抵缴罚款；

3.根据法律规定，采取其他行政强制执行方式；

4.依照《行政强制法》的规定申请人民法院强制执行。②

在以上四项行政处罚执行措施中，第1、2项属于《行政处罚法》的直接授权。这就意味着：

一是，任何行政处罚机关对于逾期不缴纳罚款的当事人，都可直接

---

① 这一原则的适用，必须注意四个问题：1.行政主体给予行政处罚的和人民法院判处刑罚的，是行政相对人的同一个行为，而不是两个不同的行为。2.不是任何行政处罚都可以折抵任何刑罚，只限于已经执行的行政拘留可以折抵已经判处的拘役或者有期徒刑，已经执行的罚款可以折抵已经判处的罚金。行政拘留、罚款以外的行政处罚（如警告、没收、责令停产停业、吊扣证照等），不能折抵拘役、有期徒刑、罚金以外的刑罚（如管制、无期徒刑、死刑、剥夺政治权利、没收财产、驱逐出境等）。3.行政处罚折抵刑罚以后，原行政处罚和现判处刑罚依然有效。可见，行政处罚折抵刑罚是惩罚决定"执行"上的折抵，而不是惩罚"决定"本身的折抵。4.实行等价折抵，即1元钱的罚款折抵1元钱的罚金；1天拘留折抵1天的拘役或有期徒刑。
② 行政机关批准延期、分期缴纳罚款的，申请人民法院强制执行的期限，自暂缓或者分期缴纳罚款期限结束之日起计算。

依据《行政处罚法》第 72 条第 1 款第（一）项规定每日加处 3% 的罚款，无须以是否具有其他法律的具体规定为条件。

二是，任何行政处罚机关，无论它是否具有强制执行权，只要它已根据法律规定，对当事人的财物进行查封、扣押的，如果当事人逾期不缴纳罚款的，就可直接依据《行政处罚法》第 72 条第 1 款第（二）项规定将该财物拍卖、依法处理或者将冻结的存款、汇款划拨抵缴罚款，无须以是否具有其他法律的具体规定为条件。这里"抵缴"的"罚款"，既抵缴"基础罚款"，也抵缴"加处的罚款"。

上述两种情况中"逾期不缴纳罚款"的"逾期"，系指《行政处罚法》所规定的期限或行政处罚决定书所载明的缴纳期限。《行政处罚法》第 67 条第 3 款规定："当事人应当自收到行政处罚决定书之日起十五日内，到指定的银行或者通过电子支付系统缴纳罚款。"同时根据第 59 条和第 66 条规定，行政机关作出行政处罚决定时，必须载明"行政处罚的履行方式和期限"；"行政处罚决定依法作出后，当事人应当在行政处罚决定书载明的期限内，予以履行。"第 85 条还规定，本法中"二日""三日""五日""七日"的规定是指工作日，不含法定节假日。综合以上规定，关于当事人缴纳罚款的期限，应当把握以下几点。

（1）当事人应当自收到行政处罚决定书之日起 15 日内，到指定的银行或者通过电子支付系统缴纳罚款。行政机关作出行政处罚决定时必须载明前述内容。

（2）如果行政机关作出的行政处罚决定书所载明的缴纳罚款期限不是 15 日的，长于 15 日的按行政处罚决定书所载明的缴纳罚款期限履行，短于 15 日的按 15 日履行。①

---

① 有专家明确指出，"如果（行政处罚决定书）载明的期限少于 15 日，属于违反法律规定，应当按照 15 日计算；如果超过 15 日，则基于信赖保护原则，应当按照载明的期限计算。"江必新主编：《行政处罚法条文精释与实例精解》，人民法院出版社 2021 年版，第 370—371 页。

（3）这里的 15 日或 15 日以上的期限，是指自然日，所以含法定节假日。

三、加处罚款的计算和执行

根据《行政处罚法》第 72 条第 1 款第（一）项规定，当事人到期不缴纳罚款的，每日按罚款数额的 3% 加处罚款。这里尚有三个问题需要进一步研讨明确：1.加处的罚款如何计算？ 2.加处罚款是否还须作一个罚款决定？ 3.对加处罚款本身又是如何强制执行？

1.关于加处罚款的计算

加处的罚款按每日 3% 累计。累计总额不得超过原罚款的数额。计算时间是从当事人缴纳罚款期限的最后一日的第二日起算。

另根据《行政处罚法》第 73 条第 3 款规定，加处罚款的数额在行政复议或者行政诉讼期间不予计算。2007 年 4 月 27 日，最高人民法院在征求全国人大常委会法制工作委员会和国务院法制办公室的意见后，作出《关于行政处罚的加处罚款在诉讼期间应否计算问题的答复》（〔2005〕行他字第 29 号），明确指出："对于不履行行政处罚决定所加处罚款属于执行罚，在诉讼期间不应计算。"后该答复精神被 2021 年新修订的行政处罚法所吸收，该法第 73 条第三款规定："当事人申请行政复议或者提起行政诉讼的，加处罚款的数额在行政复议或者行政诉讼期间不予计算。"这里的"行政诉讼期间"不是指起诉期限的期间，而是指当事人起诉至法院，法院立案受理、审理、裁判结案的期间。行政复议同理。

2.关于加处罚款的决定

加处罚款系对原罚款决定（基础决定）的强制执行行为，那么，实施加处罚款时，是否本身还需作一个罚款决定？如果是，那么这一决定的性质又是什么呢？

（1）基础决定与执行决定

我们首先应当掌握一对概念范畴：基础决定与执行决定。行政行为有基础行为与执行行为之分，作为行政行为核心的行政决定自然也就有基础决定与执行决定之分。行政行为无非是行政决定的形态和外在形式。基础决定系指由行政主体作出的直接关乎相对人（公民、法人或者其他组织）权利与义务的意思表示，包括罚款决定在内的行政处罚决定就是一个典型的"基础决定"。行政机关对于拒不履行基础决定义务的当事人实施行政强制执行，就必须再作一个"执行决定"。《行政强制法》（2011）第 37 条第 1 款规定："经催告，当事人逾期仍不履行行政决定，且无正当理由的，行政机关可以作出强制执行决定。"这里就出现了两个"决定"：前一个"行政决定"就是指"基础决定"，后一个"强制执行决定"就是指"执行决定"。行政机关作出"基础决定"的行为属于基础行为，以各专门法律法规为依据并受其规制；行政机关作出"执行决定"的行为属于执行行为，必须以《行政强制法》为依据并受其规制。《行政强制法》（2011）第 45 条第 1 款规定："行政机关依法作出金钱给付义务的行政决定，当事人逾期不履行的，行政机关可以依法加处罚款……"行政机关如果作出一个加处罚款的决定，那肯定不是一个基础决定，而是一个执行决定，因为加处罚款不是一种行政处罚，而是一种行政执行罚，属于行政强制执行行为。

（2）罚款与加处罚款

《行政处罚法》第 72 条第 1 款第（一）项规定："当事人逾期不履行行政处罚决定的，作出行政处罚决定的行政机关可以采取下列措施：（一）到期不缴纳罚款的，每日按罚款数额的百分之三加处罚款，加处罚款的数额不得超出罚款的数额……"这里就出现两个罚款决定，原始的第一个"罚款"决定就是"基础决定"，并且是行政处罚决定，受《行政处罚法》规制，但后一个"加处罚款"的决定，其实是"执行决定"，它属于行政执行行为而不是行政处罚行为的范畴，因而受《行政强制法》规制。

（3）行政机关自己执行与申请法院执行

原始的"罚款"是"处罚决定"，属于"基础行为"；"加处罚款"是"执行决定"，属于"执行行为"，这一点已构成人们的共识。现在的问题在于：如果要对当事人加处罚款的，是否还须在基础罚款决定之外另作一个行政决定？

"加处罚款"的决定不是一个作为基础行为的"处罚决定"，而是一个"执行决定"，即《行政强制法》所规定的"强制执行决定"。这样，问题就转换成：行政机关在强制执行中是否须作"强制执行决定"？这一点，《行政强制法》已经作出了明确规定，其第四章与第五章区分了两种情况：如果由行政机关自己实施强制执行的，根据第四章规定，行政机关应当在执行前作出"强制执行决定"；如果由行政机关申请法院执行的，第五章对于行政机关是否须作"强制执行决定"没有规定。这就意味着：对于非诉执行，行政机关可以事先作出一个"强制执行决定"，也可以不作该决定。《行政强制法》之所以作这样的制度安排，乃是考虑：如果行政机关自己实施强制执行，在"基础决定"之外另作一个"执行决定"，内容包括基础罚款和加处罚款的执行事项，就解决了一个"执行名义"问题；如果行政机关申请人民法院强制执行，那就并不要求必须另作一个包含加处罚款内容的执行决定，因为执行的内容将由行政机关提交给法院的"强制执行申请书"予以表达了。

（4）强制执行决定之内容

根据《行政强制法》（2011）第37条规定，"强制执行决定"必须书面作出并包括以下内容：1）当事人的姓名或者名称、地址；2）强制执行的理由和依据；3）强制执行的方式和时间；4）申请行政复议或者提起行政诉讼的途径和期限；5）行政机关的名称、印章和日期。行政机关作出的强制执行决定，本身就具有可诉性。当事人对其不服的，可以申请行政复议或提起行政诉讼。"强制执行决定"可以针对"基础罚款"和"加处罚款"分别作出，也可（并常常）合并作出。从操作方便考虑，建议合并作出。

（5）结论

笔者最后的结论是：1）加处罚款的决定属于行政强制执行决定而不是作为基础行为的行政处罚决定。2）实施加处罚款是否必须另作一个行政决定，要视行政机关自己实施强制执行还是申请人民法院强制执行而定。前者必须作一个执行决定，后者可以作执行决定，也可不作执行决定。3）执行决定可以针对基础决定内容与加处罚款内容分别作出，也可合并一起作出。笔者建议合并为宜。

3.对加处罚款本身的强制执行问题

《行政处罚法》第72条第1款直接授权行政处罚机关对于拒不缴纳罚款的当事人有每日按罚款数额的3%加处罚款的权力。但问题在于，如果当事人既不执行原罚款决定，也不执行加处罚款决定的———一般往往如此——如何实施强制执行呢？

对此，《行政强制法》（2011）第46条第1款和第3款规定："行政机关依照本法第四十五条规定实施加处罚款或者滞纳金超过三十日，经催告当事人仍不履行的，具有行政强制执行权的行政机关可以强制执行。……没有行政强制执行权的行政机关应当申请人民法院强制执行。但是，当事人在法定期限内不申请行政复议或者提起行政诉讼，经催告仍不履行的，在实施行政管理过程中已经采取查封、扣押措施的行政机关，可以将查封、扣押的财物依法拍卖抵缴罚款。"根据上述规定，可以明确以下几点：

（1）由谁来实施强制执行

我国行政强制执行的主体有两类：一是行政机关；二是人民法院。根据《行政强制法》（2011）第13条和第53条规定，法律授权行政机关具有强制执行权的，由行政机关实施强制执行，法律没有授权行政机关具有强制执行权的，由行政机关申请人民法院强制执行。对加处罚款的执行权取决于对基础罚款决定的执行权。如果对于基础罚款的执行权属于行政机关的，那么，对于加处罚款的执行权同样属于行政机关；如果对于基础罚款的执行权属于人民法院的，那么，对于加处罚款的执行权同样属于人民法院，行政机关就应当申请人民法院强制执行了。但是，对于应当申请人民法院强制执行的案件，当事人在法定期限内不申请行政复议或者提起行政诉讼，经催告仍不履行的，在实施行政管理过程中行政机关已经采取查封、扣押措施的，行政机关就可以将查封、扣押的财物依法拍卖抵缴罚款。

（2）基础罚款决定与加处罚款决定应当分别执行还是一并执行

如果当事人对基础罚款决定和加处罚款决定都没有履行的，无论行政机关实施强制执行，还是由人民法院实施强制执行，基础罚款决定和加处罚款决定都应当一并执行，而不是分别执行。如果当事人只履行了其中的一个决定（基础罚款决定或加处罚款决定），那么，只对未履行的行政决定实施强制执行。

（3）对加处罚款的强制执行须遵循什么程序

如果由行政机关实施强制执行的，行政机关应当在作出加处罚款决定超过 30 日，并经催告后当事人仍不履行的，便可实施强制执行。如果由行政机关申请人民法院强制执行的，那就应当遵循《行政强制法》（2011）第 53 条、第 54 条规定的程序，即：当事人在法定期限内不申请行政复议或者提起行政诉讼，又不履行行政决定，行政机关可以在自期限届满之日起 3 个月内，并在催告后的 10 日后，申请人民法院强制执行。对于行政机关没有强制执行权，但行政机关在实施行政管理过程中已经采取查封、扣押措施的，行政机关就可以将查封、扣押的财物依法拍卖抵缴罚款。这类强制执行的程序，要求以当事人在法定期限内不申请行政复议或者提起行政诉讼，经催告仍不履行为条件。

（4）强制执行手段有哪些

行政机关实施强制执行的手段，依据《行政强制法》（2011）第 46 条第 3 款、47 条、第 48 条规定，可以依法书面通知金融机构划拨当事人的存款、汇款，或者依法拍卖已经查封、扣押的财物抵缴罚款。

至于人民法院实施强制执行的手段，完全适用《民事诉讼法》的有关规定。

【延伸思考】

1. 行政处罚程序在行政程序中具有什么特殊性？以后制定《行政程序法》应当如何考虑？

2. 我国有哪些行政处罚程序原则和基本制度？行政程序原则与行政处罚法的基本原则有何区别？

3. 行政执法人员必须两人执法，这两人都必须具有行政执法资格吗？是不是在任何环节都必须两人执法？公正与效率如何平衡？

4. 执法人员应当如何出示执法证件？工作证可以代替执法证件吗？为什么出示执法证件不能是远距离地"晃一下"？

5. 如何理解行政处罚中的简易程序？当事人接受简易程序是否意味着当事人放弃了诉权？

【规范链接】

▶《中华人民共和国行政处罚法》（2021）第5、33—34、39—42、44、46—47、50—52、57—60、63—64、66—67条

▶《中华人民共和国行政强制法》（2011）第13、37、45—48、53—54条

▶《中华人民共和国治安管理处罚法》（2012）第98—99条

▶《海关行政处罚听证办法》（2014）第3条

▶ 原国家环境保护总局《关于实施行政处罚时听取陈述申辩时限问题的复函》（环函〔2006〕262号）

▸ 最高人民法院行政审判庭《关于行政处罚的加处罚款在诉讼期间应否计算问题的答复》（〔2005〕行他字第29号）

▸ 公安部《关于公安机关适用行政处罚若干问题的指导意见》（公通字〔2024〕5号）

第13章 行政处罚责任论

法律是规制各类行为的规范，而规制行为的结果最终将落实到责任。本章研讨的行政处罚责任不是指行政相对人接受行政处罚的责任，而是指行政主体及执法人员在实施行政处罚中的责任。行政处罚不当、行政处罚违法和行政处罚无效乃是行政处罚责任的前提。

§13.1 行政处罚不当

行政机关实施行政处罚必须合法并适当，严格遵循合法性原则与合理性原则。行政处罚违反合法性原则的，属于行政处罚违法；行政处罚违反合理性原则的，属于行政处罚不当；行政处罚违法中的一种极端性违法，就是行政处罚中的无效行为。从广义视角察之，行政处罚违法从轻到重可以这样排列：行政处罚不当—行政处罚违法—行政处罚无效。

行政处罚不当，也称不当行政处罚，系指行政处罚内容、程序和方式的不适当。如行政罚款数额虽在法定幅度之内，但没有考虑当事人的贫困家境。

行政处罚不当只适用行政裁量行为，不适用行政羁束行为之中，并且没有超越行政裁量幅度。如果超越了行政裁量幅度，那就不再是行政处罚不当，而属于行政处罚违法了。

违反法律、法规、规章明文规定的行政处罚行为，都属于处罚违法而不是处罚不当。在法律调整面日益扩大、法律规定愈加精细的背景下，行政处罚不当的空间日益被压缩。

行政处罚不当与行政处罚明显不当其情形应当完全相通并重合，只是程度不同而已。根据《行政诉讼法》（2017）第 70 条和第 77 条规定，行政行为明显不当乃是行政违法的情形之一，而行政处罚明显不当又是行政行为明显不当的具体情形。

行政处罚不当乃是尚未达到"明显"程度的不当处罚。而"明显"与否的标准，乃是按大多数人的正常认知标准予以判断。所以，法律无法列出具体标准。目前只能依赖行政处罚的裁量基准逐步予以解决。

2023 年修订的《行政复议法》第 63 条提出了行政行为"内容不适当"，但是"内容不适当"的具体情形还有赖于其他规范细化。

对于行政处罚不当，属于合理性而不是合法性问题，应当适用行政复议审查。《行政复议法》（2023）第 1 条规定："为了防止和纠正违法的或者不当的行政行为，保护公民、法人和其他组织的合法权益，监督和保障行政机关依法行使职权，发挥行政复议化解行政争议的主渠道作用，推进法治政府建设，根据宪法，制定本法。"这说明，行政复议的任务和目的不仅是为了防止和纠正违法行政行为，而且也是为了防止和纠正不当的行政行为。

而行政诉讼则不同，它遵循的是合法性审查原则。《行政诉讼法》（2017）第 6 条规定："人民法院审理行政案件，对行政行为是否合法进行审查。"所以，对于不当行政处罚，行政诉讼不能直接受理和审查。但如果行政处罚达到"明显不当"之程度，那就不属于合理性而是合法性问题了，行政诉讼可以直接审查。还有，如果行政复议决定只针对行政行为的合理性作出评价，当事人不服复议决定而提起行政诉讼的，人民法院可以对复议决定和行政行为的合理性问题进行审查。

对于不当行政处罚，行政复议和行政诉讼一般是作出变更决定或变更判决。

§13.2 行政处罚违法

行政处罚违法，也称违法行政处罚，系指违反法律、法规、规章规定的行政处罚行为。对照《行政复议法》（2023）第 63—64 条、《行政诉讼法》（2017）第 70 条和第 72 条并结合《行政处罚法》的有关要求，可将行政处罚违法情形归结如下。

一、行政处罚认定事实不清、证据不足

《行政处罚法》第 5 条第 2 款规定："设定和实施行政处罚必须以事实为依据……"第 46 条第 2 款规定："证据必须经查证属实，方可作为认定案件事实的根据。"这就是《行政处罚法》对行政处罚所基于的事实与证据的基本要求。

行政处罚必须基于一定的事实所作出，这一事实就是当事人具有违反行政管理秩序之行为，而当事人的违法行为又必须由证据加以证明。于是，事实与证据就成为行政处罚成立的基本要素。这一要素不具备，行政处罚就不合法。行政处罚认定事实不清、证据不足可简称事实错误。事实错误的具体情形有。

1.据以作出行政处罚决定的事实不存在。如，行政机关认定公民违法建设，于是作出行政处罚，但事实是该公民所建建筑是经过合法审批的，违法建设的事实根本就不存在。

2.行政处罚决定所认定的事实不清。事实不清与事实不存在不同，事实不存在是指事实上的虚无，而事实不清是指，可能事实是存在的，但事实的逻辑关系没有理清。如在共同违法中，对各个当事人在违法中的地位没有查清楚。

3.没有充分的证据来证明行政处罚据以作出的事实依据的存在。行政处罚的事实要件要求，行政处罚据以作出的事实不仅应当是存在的，而且应当是可以证明的。所以，没有证据或者证据不充分，同样构成认定事实错误。

行政处罚事实错误违法发生后，行政违法主体有义务自我纠正。行政违法主体不自我纠正的，行政相对人可适用《行政复议法》和《行政诉讼法》申请行政复议和提起行政诉讼。行政相对人针对行政处罚中的事实错误，可以提起"确认违法之诉""撤销之诉""确认无效之诉"。

行政复议机关在行政复议途径中，可以依据《行政复议法》（2023）第63条、第64条规定，依法对行政违法主体作出"撤销""责令重作""变更"等复议决定。同样，人民法院在行政诉讼途径中，可以依据《行政诉讼法》（2017）第70条，依法对行政违法主体作出"撤销（包括部分撤销）判决"和"确认无效判决"，同时也可责令重新作出行为。如果行政处罚事实错误同时构成对行政相对人合法权益侵害的，还必须依据《国家赔偿法》承担行政赔偿责任。

二、行政处罚无法律依据或适用法律错误

"以事实为依据，以法律为准绳"乃是追究法律责任的基本要求。"以事实为依据"乃是解决事实要素问题，"以法律为准绳"则是解决依据要素问题。合法有效的行政处罚必须既有事实依据，也有法律依据。没有事实依据的简称"事实错误"，那么，没有法律依据就不妨称为"依据错误"。"依据错误"并不是指"依据"本身的错误，而是指行政处罚适用依据时发生错误。

行政处罚"依据错误"包括无法律依据或适用法律错误。但是这里的"法律"基于广义，包括法律、法规和规章。行政处罚"依据错误"包括下列情形。

1. 对当事人的某一行为实施处罚没有法律依据。《行政处罚法》确立了"处罚法定"原则，没有法律依据，不得对当事人实施行政处罚。比如，对于在公共场所抽烟进行罚款具有法律依据，但对家庭室内抽烟进行罚款便无法律依据。

2. 行政处罚所适用的依据不合法。它包括：（1）行政处罚依据是越权制定的；（2）行政处罚依据与上位法相抵触；（3）行政处罚依据未经公开的；① (4) 适用失效、废止或者未生效的依据。

3. 对当事人违法行为的定性错误。如将当事人的"骗取批准"定性为"未经批准"。

4. 对当事人处罚对象错误。正确的行政处罚决定必须正确地针对特定的行政相对人作出，如果发生对象错误，该行政处罚决定也属于适用依据错误，比如应当处罚所属法人的但处罚了法人内部的成员，应当处罚本公司的但处罚了公司的投资股东，应当处罚总公司的却处罚了分公司等，这些都属于对象错误。②

5. 行政处罚决定的内容违反依据规定。如法律规定对某一违法行为罚款 20 万至 100 万，但处罚决定罚款 150 万。只要一个行政处罚决定违反了依据规定的条件、标准、范围等内容，都属于内容违反依据规定。

6. 援引依据错误。这种现象是指行政处罚决定与所依据的法律在对应性上出现偏差。具体包括但不限于：

(1) 适用的法律与处理事件性质明显不符，应当适用这类法律规范的却适用了另一个法律规范。如行政行为适用民事法律规范，行政行为适用刑事法律规范，行政许可行为适用行政处罚行政法律规范等。

(2) 适用的法条与处理事件性质明显不符，应当适用这个法条的却适用了另一个法条。《土地管理法》(2019) 第 77 条规定了对"骗取批准"的处理，而第 79 条规定了对"越权批准"的处理，而行政机关对于"骗取批准"行为适用第 79 条作出处理。

(3) 违反法不溯及既往原则，用现行法律适用法律生效前的事项，并据此作出行政决定。法不溯及既往是一项普遍原则，不仅是法律，任

---

① 《行政处罚法》第 5 条第 3 款规定："对违法行为给予行政处罚的规定必须公布；未经公布的，不得作为行政处罚的依据。"

② 参见秦卫民、李德福：《行政机关错列行政相对人的司法审查》，载最高人民法院行政审判庭：《行政执行与行政审判》(总第 72 集)，中国法制出版社 2018 年版，第 109—115 页。

何行政依据都必须遵循，否则都构成适用依据错误。

（4）违反法律选择规则，没有优先适用有关依据。高法优于低法、后法优于前法、特别法优于一般法、变通法优于未变通法、国际法优于国内法，特别是基础性法律优于其他法律，等等，这些都属于法与法之间矛盾时的选择适用规则，行政依据的适用也必须遵守，否则构成适用依据错误。

行政处罚依据错误事件发生后，行政违法主体有义务自我纠正。行政违法主体不自我纠正的，行政相对人可适用《行政复议法》和《行政诉讼法》申请行政复议和提起行政诉讼。行政相对人针对适用依据错误，可以提起"确认违法之诉""撤销之诉""确认无效之诉"。

行政处罚依据错误在行政违法中，其违法性程度有重有轻，对于内容上的依据错误，这是一种实质性的违法，应当没有法律效力，对于形式上的依据错误（如引用依据错误），是一种次要的违法，可以通过自我纠正治愈方法转换它的合法性和有效性。

行政复议机关在行政复议途径中，可以依据《行政复议法》（2023）第64条规定，依法对行政违法主体作出"撤销"复议决定。同样，人民法院在行政诉讼途径中，可以依据《行政诉讼法》第70、74、75条规定，依法对行政违法主体作出"确认违法"、"撤销（包括部分撤销）"和"确认无效"判决，行政决定被撤销的，应当同时责令重新作出行政决定。如果行政主体的适用依据错误的行为同时构成对行政相对人合法权益侵害的，还必须依据《国家赔偿法》承担行政赔偿责任。

三、行政处罚违反法定程序

行政处罚作为一种行政行为必须符合行政程序，否则构成程序违法。一位德国学者指出："违反程序规定作出的行政行为，总是违法的。"[1]

---

[1] ［德］弗里德赫尔穆·胡芬：《行政诉讼法》，莫光华译，法律出版社2003年版，第411页。

行政处罚法论
——基于《中华人民共和国行政处罚法》

　　行政程序是行政行为在时间与空间上的存在方式，是由法律所设定行政主体在实施行政行为时必须遵循的途径、方式、步骤和时限等义务的总称。由法律所设定并被要求遵循的程序乃是法定程序。《行政处罚法》为实施行政处罚所设定的程序环节和程序要求乃是行政处罚的法定程序。行政处罚违反该程序就是违反行政处罚的法定程序。行政处罚违反法定程序有多种情形。

　　1. 法定步骤省略。这是指行政处罚并未遵循或者未全部遵循法定程序环节，如在行政处罚之前，未按《行政处罚法》第44条① 规定，事先告知当事人"作出行政处罚决定的事实、理由及依据，并告知当事人依法享有的权利"；② 或者对于符合听证条件的当事人不提供听证机会。③ 又如在"泰国贤成两合公司、深圳贤成大厦有限公司诉深圳市工商局、深圳市招商局注销登记上诉案"中，法院认为，工商局未经清算和申请即注销企业登记违反法定程序。④ 这就是对法定步骤的省略。⑤

---

① 《行政处罚法》第44条规定："行政机关在作出行政处罚决定之前，应当告知当事人拟作出的行政处罚内容及事实、理由、依据，并告知当事人依法享有的陈述、申辩、要求听证等权利。"

② 在"平山县劳动就业局不服税务行政处理决定案"（判决时间：1997年3月12日；一审法院：河北省平山县人民法院）中，法院判决要旨认为：处罚前未履行告知义务的属于违反法定程序。参见《最高人民法院公报》1997年2期。

③ 最高人民法院《关于没收财产是否应当进行听证及没收经营药品行为等有关法律问题的答复》（2004年9月4日〔2004〕行他字第1号）："行政机关作出没收较大数额财产的行政处罚决定前，未告知当事人有权要求举行听证或者未按规定举行听证的，应当根据《行政处罚法》的有关规定，确认该行政处罚决定违反法定程序。"

④ 参见最高人民法院〔1997〕行终字第18号，判决时间：1998年7月21日。载刘德权主编：《最高人民法院司法观点集成（4）：行政、国家赔偿卷》，人民法院出版社2010年版，第431页。

⑤ 最高人民法院行政审判庭公布的有关程序省略的行政审判案例不少。在第15号案例"毛为将诉山东省东营市公安局交通警察支队道路行政处罚案"中，裁判要旨认为：行政机关在告知听证的申请期限未满且相对人未放弃听证权利的情况下，直接作出处罚决定，属于违反法定程序。参见最高人民法院行政审判庭编：《中国行政审判指导案例》（第1卷），中国法制出版社2010年版。

302

2.法定步骤颠倒。指行政处罚虽然经过了所有的法定程序环节，但颠倒了程序上的顺序。如根据《行政处罚法》的有关规定，行政处罚主体应当在作出行政处罚决定"之前"，而不是"之后"举行听证，但行政处罚主体在作出行政处罚决定后再举行听证。这便是一例。在文白安诉商城县人民政府征收补偿决定案①中，人民法院认为，被告确定房屋评估在先，发布房屋征收决定在后，程序步骤先后颠倒，违反了《国有土地上房屋征收与补偿条例》的有关规定。②

3.无根据增加程序义务。行政处罚程序不仅仅是行政主体行政行为的程序，同时也是相对人参与行政程序的过程。相对人在参与行政程序过程中，既有程序权利也有程序义务。行政主体可以在法律之外为相对人增加程序权利，但不得在法律以外为其增加程序义务。没有法律依据为相对人增加程序义务的，如要求所有的被处罚当事人交纳履行处罚决定保证金，就属于无根据增加步骤，这也属于违反法定程序。

4.不遵守时限。指行政主体没有在法定期限内完成行政行为。如行政处罚机关没有依据《行政处罚法》第60条③规定，在法定的90日内作出行政处罚决定。

5.不遵循法定形式。这是指法律规定必须采用书面等特定形式而未采用该形式的情形，或虽采用书面形式，如处罚决定不以书面形式作

---

① 参见最高人民法院《发布人民法院征收拆迁十大案例》，《最高人民法院公报》2016年2期。

② 《国有土地上房屋征收与补偿条例》（2011）第20条第1款规定："房地产价格评估机构由被征收人协商选定；协商不成的，通过多数决定、随机选定等方式确定，具体办法由省、自治区、直辖市制定。"

③ 《行政处罚法》第60条规定："行政机关应当自行政处罚案件立案之日起九十日内作出行政处罚决定。法律、法规、规章另有规定的，从其规定。"

出，违反了《行政处罚法》第51条^①、第59条^②的规定要求。

6.行政处罚决定所载内容不全。如没有按照《行政处罚法》第59条的要求在《行政处罚决定书》内载明：（1）当事人的姓名或者名称、地址；（2）违反法律、法规或者规章的事实和证据；（3）行政处罚的种类和依据；（4）行政处罚的履行方式和期限；（5）不服行政处罚决定，申请行政复议或者提起行政诉讼的途径和期限；（6）作出行政处罚决定的行政机关名称和作出决定的日期等事项。

行政程序既是行政行为的基本要素，也是行政行为的合法要件之一。行政处罚违反法定程序的，构成程序违法。违反行政程序事件发生后，行政违法主体有义务自我纠正。行政违法主体不自我纠正的，行政相对人可适用《行政复议法》和《行政诉讼法》申请行政复议和提起行政诉讼。行政相对人针对违反行政程序，可以提起"确认违法之诉""撤销之诉""确认无效之诉"。行政复议机关在行政复议途径中，可以依据《行政复议法》（2023）第64条规定，依法对行政违法主体作出"撤销"复议决定。同样，人民法院在行政诉讼途径中，可以依据《行政诉讼法》（2017）第70、74、75条依法对行政违法主体作出"确认违法""撤销（包括部分撤销）""确认无效"判决，行政决定被撤销的，应当同时责令重新作出行政决定。如果行政主体的程序违法同时构成对行政相对人合法权益侵害的并造成损失的，还必须依据《国家赔偿法》承担行政赔偿责任。

---

① 《行政处罚法》第51条规定："违法事实确凿并有法定依据，对公民处以二百元以下、对法人或者其他组织处以三千元以下罚款或者警告的行政处罚的，可以当场作出行政处罚决定。法律另有规定的，从其规定。"

② 《行政处罚法》第59条规定："行政机关依照本法第五十七条的规定给予行政处罚，应当制作行政处罚决定书。行政处罚决定书应当载明下列事项：（一）当事人的姓名或者名称、地址；（二）违反法律、法规、规章的事实和证据；（三）行政处罚的种类和依据；（四）行政处罚的履行方式和期限；（五）申请行政复议、提起行政诉讼的途径和期限；（六）作出行政处罚决定的行政机关名称和作出决定的日期。行政处罚决定书必须盖有作出行政处罚决定的行政机关的印章。"

四、超越行政处罚权限

行政主体实施行政处罚不得超越行政处罚的权限，否则构成行政违法。职权法定乃是公法的基本原则。一切公共权力都来自法律的授权。公权力"法无授权不可为"，行政处罚权更是如此。行政处罚的权限，系由法律、法规和规章依据《行政处罚法》要求（第10—16条）予以设定。当法律、法规和规章设定给予行政处罚的行为、种类和幅度时，其实同步设定了行政处罚的权限。行政主体实施行政处罚不得超越该权限。超越行政处罚权限主要表现如下。

1. 一个行政主体实施了另一行政主体的行政处罚权，如公安机关吊销由工商部门颁发的营业执照，工商管理部门作出金融行政处罚决定，等等。

2. 一个行政主体超越了其本身的处罚裁量幅度。如法律规定罚款的幅度是20—100万，但它作出罚款150万的处罚决定。

3. 在委托关系中，受委托的组织超越委托权限实施行政处罚，或者它违反"不得二次委托"原则进行转委托，由二任受委托组织实施行政处罚。

4. 一个行政主体的内设机关或派出组织超越法定或内定权限对外以自己的名义作出行政处罚。①

5. 一个行政主体超越管辖权实施行政处罚的，包括超越地域管辖、级别管辖和专属管辖。如果说上述1—4项属于超越行政决定权，那么本项属于超越行政管辖权。

除了行政专属职权（如商标专利确认权、行政拘留权等），上级行政机关行使下级行政机关的行政处罚权不作为越权对待。

如果一个民事主体行使行政处罚权，乃属于假象行政行为，不作为行政行为对待，就谈不上行政越权之说了。如物业公司误以为自己具有

① 如果一个行政主体的内设机关或派出组织超越法定或内定权限以所属行政主体的名义对外作出行政处罚的，应当视作行政主体的行为进行合法性审查。

行政处罚权，对业主进行行政罚款，这种行为属于无效的民事侵权。

正如英国思想家约翰·洛克（John Locke）所说，"超越权限的范围，对于大小官员都不是一种权利，对于国王和警察都一样无可宽恕。"[①]行政处罚越权事件发生后，行政违法主体有义务自我纠正。行政违法主体不自我纠正的，行政相对人可适用《行政复议法》和《行政诉讼法》申请行政复议和提起行政诉讼。行政相对人针对行政越权行为，可以提起"确认违法之诉""撤销之诉""确认无效之诉"。

行政复议机关在行政复议途径中，除确认违法外，应依法对行政违法主体作出"撤销"等复议决定。《行政复议法》（2023）第64条第1款规定："行政行为有下列情形之一的，行政复议机关决定撤销或者部分撤销该行政行为，并可以责令被申请人在一定期限内重新作出行政行为……（四）超越职权……"同样，人民法院在行政诉讼途径中，应依法对行政违法主体作出"撤销（包括部分撤销）判决"。《行政诉讼法》（2017）第70条规定："行政行为有下列情形之一的，人民法院判决撤销或者部分撤销，并可以判决被告重新作出行政行为：……（四）超越职权的……"如果行政主体的行政处罚越权行为同时构成对行政相对人合法权益侵害的，还必须依据《国家赔偿法》承担行政赔偿责任。

五、滥用行政处罚权

滥用行政处罚权乃是行政滥用职权中的一种形态。行政滥用职权，即滥用行政自由裁量权，系指行政主体在自由裁量权限范围内不正当行使行政权力而达到一定程度的违法行为。把握这种行政违法必须关注到：行政滥用职权发生在自由裁量权限范围之内，超越这一权限，便构成其他违法；行政滥用职权表现为不正当地行使裁量权力（如不正当的迟延），是指任性使用裁量权；行政滥用职权是一种行政违法行为，而不是行政不当行为。它与行政不当有联系，即它是违反合理性、正当性

---

① 刘松山：《运行中的宪法》，中国民主法制出版社2008年版，第551页。

已达一定程度的行政不当行为，如此严重的不当程度，以至于世界各国的通例做法都把行政滥用职权视作"行政违法"，而不是"行政不当"；对行政滥用职权的救济案由是"作为类案件"，而不是"不作为类案件"。结合行政滥用职权，滥用行政处罚权主要表现为以下情形。

1.因受不正当动机和目的支配致使处罚背离法定目的和利益，如在逐利执法、钓鱼执法背景下的乱罚、重罚行为。

2.因不合法考虑致使处罚结果失去正当性，如作出处罚决定未考虑当事人的经济状况和年龄状况。

3.任意无常，违反同一性和平等性。如不遵循前例，同类事件作不同处理，昨天对这类事只罚 50 元，今天就罚 5000 元，同样违法，对张三罚 50 元，对李四就罚 5000 元。

4.强人所难，违背客观性。如交通信号灯转换时间设置不合理，致使老年人或残疾人没有足够时间在斑马线上过马路，这种状态下对当事人的处罚就属于此例。

5.违反比例原则，背离过罚相当。如对违法轻微者不应处罚而处罚，应当轻罚而重罚。

滥用行政处罚权事件发生后，行政违法主体有义务自我纠正。行政违法主体不自我纠正的，行政相对人可适用《行政复议法》和《行政诉讼法》申请行政复议和提起行政诉讼。行政相对人针对行政滥用职权，可以提起"确认违法之诉""变更之诉""撤销之诉""确认无效之诉"。滥用处罚权的某些情形属于重大且明显违法的，就会导致该行政处罚的无效。行政复议机关在行政复议途径中，应依法对行政违法主体作出"撤销""变更""责令重作"等复议决定。《行政复议法》（2023）第 64 条第 1 款规定："行政行为有下列情形之一的，行政复议机关决定撤销或者部分撤销该行政行为，并可以责令被申请人在一定期限内重新作出行政行为……（四）……滥用职权……"同样，人民法院在行政诉讼途径中，应依法对行政违法主体作出"撤销（包括部分撤销）判决"和"重作判决"。《行政诉讼法》（2017）第70条规定："行政行为有下列情形之一的，人民法院判决撤销或者部分撤销，并可以判决被告重新作出行政行为：……（五）滥用职权的……"根据行政越权违法的特征，行政复议机关和人民法院除确认其违法外，可以决定撤销、变更和无效。如果撤销的，可以同时判令重作行政行为。如果行政主体的行政滥用职权行为同时构成对行政相对人合法权益侵害的，还必须依据《国家赔偿法》承担行政赔偿责任。

六、行政处罚明显不当

行政行为明显不当是由《行政诉讼法》（2017）第70条①所确立并与滥用职权相并列的一种行政违法。《行政复议法》（2023）未作同一表述。行政处罚明显不当乃是行政行为明显不当中的一种类型。

行政法的使命在于保障行政行为的合法性与合理性（正当性）。行政主体实施行政行为既要符合合法性要求，也要符合合理性要求，否则，分别形成了行政违法与行政不当。在行政不当的行为中，如果出现了"明显不当"，就作为"违法行为"对待。"明显不当"是最严重的"行政不当"行为。

"明显不当"，作为一种行政违法情形，从而成为行政复议和行政诉讼予以确认违法、撤销或变更的适用条件，源于1989年的行政诉讼法中的"显失公正"这一概念。②1989年《行政诉讼法》第54条第（四）项规定，对于"显失公正"的行政处罚，可以判决变更。这里的"显失公正"，当时被解释为"畸重畸轻"的行政行为，并被严格地限制在"行

---

① 《行政诉讼法》（2017）第70条规定："行政行为有下列情形之一的，人民法院判决撤销或者部分撤销，并可以判决被告重新作出行政行为：（一）主要证据不足的；（二）适用法律、法规错误的；（三）违反法定程序的；（四）超越职权的；（五）滥用职权的；（六）明显不当的。"

② 有专家指出：行政复议法规定的"明显不当"实际上与"显失公正"的含义基本相当。参见江必新主编：《新行政诉讼法专题讲座》，中国法制出版社2015年版，第264页。

政处罚"行为之内，不适用其他行政行为。1999 年制定的《行政复议法》首次创设了"明显不当"。其第 28 条第 1 款规定，行政复议机关对于"具体行政行为明显不当的"，可以作出撤销、变更或者确认该具体行政行为违法的复议决定。这里不仅用"明显不当"代替了"显失公正"，而且将"明显不当"的范围突破了"行政处罚"的限制，适用到所有"具体行政行为"领域。这是法治上的巨大进步。①2014 年行政诉讼法的修改，一是为了"对于行政机关行使自由裁量权过程中极端不合理的情形纳入合法性范围"②，二是为了突破对行政处罚范围的限制，三是为了和《行政复议法》使用名称相一致，就取消了"显失公正"，改用"明显不当"。新《行政诉讼法》（2017）第 70 条规定："行政行为有下列情形之一的，人民法院判决撤销或者部分撤销，并可以判决被告重新作出行政行为：……（六）明显不当的。"第 77 条第 1 款又规定："行政处罚明显不当，或者其他行政行为涉及对款额的确定、认定确有错误的，人民法院可以判决变更。"从此，"明显不当"成为一种覆盖所有行政行为，《行政复议法》和《行政诉讼法》相贯通的行政法理概念。

行政行为"明显不当"，系指由行政主体作出的明显不合理、不适当的行政违法行为，③它具有裁量性、不当性、明显性和违法性之特征。

---

① 但是 2023 年《行政复议法》的修订不再使用"明显不当"一词，主要是基于考虑"明显不当"属于"滥用职权"中的一种情形。

② 全国人大常委会法制工作委员会行政法室编著：《中华人民共和国行政诉讼法解读》，中国法制出版社 2014 年版，第 197 页。

③ 有学者认为："明显不当"是明显的不合理、不公正，是具有通常法律意识和道德水准的人均可发现和认定的不合理、不公正。参见姜明安：《行政诉讼法》，北京大学出版社 2016 年版，第 297 页。还有学者认为："明显不当，其主要特征是行政机关及其工作人员实施的行政行为虽然没有违反法律的禁止性规定，但却明显不合情理或不符合公正要求"。参见马怀德主编：《新编〈中华人民共和国行政诉讼法〉释义》，中国法制出版社 2014 年版，第 331 页。有法官认为，明显不当是"被诉行政行为结果的畸轻畸重"。参见薛政编著：《行政诉讼法注释书》，中国民主法制出版社 2020 年版，第 513 页。

单就行政处罚明显不当而言，它具有下列情形。

1.违反过罚相当原则，轻事重罚或重事轻罚。如一个城市大妈，在公交车上谩骂一位村民为"乡下人，来城要饭的"，但并未造成其他后果。这本属批评教育范畴，结果行政拘留七天。

2.处罚不考虑当事人的承受能力，使得被处罚者无能力履行被处罚义务。如对民工作高额罚款。

3.违反平等性，对某类当事人作歧视性处罚。或者同案不同裁，即同样情况，不同对待；不同情况，同样对待。

行政处罚"明显不当"与行政处罚滥用职权在具体情形上具有很大的重合性，所以，有不少学者认为"明显不当"只是"滥用职权"中的一种情形，或者说是"滥用职权"的客观结果。

行政处罚"明显不当"无论属于一种单独的行政违法抑或是"滥用职权"的一种情形，当事人对其不服都有权申请行政复议或者提起行政诉讼。只是行政复议适用《行政复议法》（2023）第64条针对滥用职权，可以决定撤销并责令重新作出行政处罚。在行政诉讼中，人民法院可以直接适用《行政诉讼法》（2017）判决撤销并可以判决被告重新作出行政处罚。如果行政处罚明显不当同时构成对行政相对人合法权益侵害的，还必须依据《国家赔偿法》承担行政赔偿责任。

七、不履行行政处罚职责

如果说上述（一）至（六）都属于"作为"形式违法，那么，不履行行政处罚职责就属于"不作为"形式违法。

就行政处罚领域而言，不履行行政处罚职责，就是指行政处罚机关对于应当处罚的当事人不立案、不处的行为。它有三大法律特征。

一是，它是"不作为违法"而不是"作为违法"。它违反的是"作为"义务，而不是"不作为"义务，表现为应当作出某种行为而不作为。

二是，它是实体违法而不是程序违法。其程序上的不提供听证等，不作为不履行处罚职责对待，而归属于程序违法。

三是，它表现为不履行保护职责行为。不履行法定职责是一个广泛的概念，它包括不履行赋权职责和保护职责等。而就行政处罚而言，不履行行政处罚职责只表现为不履行保护职责，而不存在赋权职责。

不履行行政处罚职责的情形只发生在三方关系中，即行为人的违法行为侵害了被害人合法权益，被害人向行政处罚机关举报，要求处罚行为人，但行政处罚机关不立案、不处罚。

被害人对行政处罚机关不履行行政处罚职责不服的，可以依法申请行政复议或提起行政诉讼。行政复议机关应当依据《行政复议法》（2023）第 66 条①规定，决定复议被申请人在一定期限内履行。人民法院在行政诉讼中应当依据《行政诉讼法》（2017）第 72 条②规定，判决被告在一定期限内履行。如果行政处罚机关不履行行政处罚职责同时构成对行政相对人合法权益侵害的，还必须依据《国家赔偿法》承担行政赔偿责任。

§13.3 行政处罚无效

一、行政处罚无效的概念

这里的"行政处罚无效"，也称无效行政处罚，是指行政处罚机关实施行政处罚重大且明显违法，自始就没有法律效力的行政行为。理解这一概念，要把握几个要点。

1. 无效行政处罚是一种行政行为。"无效行政行为因其脱离了一般理性人的判断，达到'匪夷所思'的地步，其根本不具有任何效力，任

---

① 《行政复议法》（2023）第 66 条规定："被申请人不履行法定职责的，行政复议机关决定被申请人在一定期限内履行。"
② 《行政诉讼法》（2017）第 72 条规定："人民法院经过审理，查明被告不履行法定职责的，判决被告在一定期限内履行。"

何机关和个人都可以无视它的存在。"①尽管从服从义务上说，行政相对人可无视无效行政行为的存在，不具有服从的义务。但从形式上说，它还是存在的，并且它是一种完整的行政行为。否则相对人对它提起确认无效之诉就不符合理论逻辑。

2. 无效行政处罚是一种行政违法。行政行为有合法与违法之分，无效行政行为显然属于法律要否定和控制的违法行为。在德国，行政违法行为被称为有瑕疵的行为。尤其在"一元论"国家，无效行政行为完全和可撤销行政行为合为一体，被违法行政行为统一吸收。

3. 无效行政处罚是一种极端的行政违法。违法行政行为的"违法性"有重有轻，有明显和不明显。只有"重大且明显"的违法才是无效行政行为。在德国，把具有一般瑕疵的行为称为一般违法；把具有重大而明显瑕疵的行为界定为无效行政行为。可见，无效行政行为是一种极端的"反法治"行为，行政法设置了比一般违法行为更加严厉的监控和救济手段。无效行政处罚就属于这种极端的行政违法。

4. 无效行政处罚是一种适用确认无效之诉的行为。一种违法行政行为发生之后，行政相对人对它提起诉讼主要是"确认违法之诉""撤销之诉""确认无效"之诉等。但对于无效行政行为，依照"诉判对应"理论，相对人应当提起"确认无效"之诉。当然在实际操作中，相对人出于避免风险的考虑，往往在撤销程序中提出"确认无效"请求，这是可以理解的。②

二、行政处罚无效的具体情形

关于行政处罚无效的情形，《行政处罚法》《行政复议法》《行政诉讼法》已有直接或间接的规定。《行政处罚法》第38条规定："行政处

① 最高人民法院行政审判庭编著：《最高人民法院行政诉讼法司法解释理解与适用》，人民法院出版社2018年版，第437页。
② 正如李广宇所说：当事人选择提起确认无效之诉，既有"优惠"，也有风险。参见李广宇：《新行政诉讼法逐条注释》，法律出版社2015年版，第651页。

罚没有依据或者实施主体不具有行政主体资格的，行政处罚无效。违反法定程序构成重大且明显违法的，行政处罚无效。"《行政复议法》(2023)第67条规定："行政行为有实施主体不具有行政主体资格或者没有依据等重大且明显违法情形，申请人申请确认行政行为无效的，行政复议机关确认该行政行为无效。"《行政诉讼法》(2017)第75条规定："行政行为有实施主体不具有行政主体资格或者没有依据等重大且明显违法情形，原告申请确认行政行为无效的，人民法院判决确认无效。"根据上述规定，行政处罚无效的情形主要包括这些情形。

1. 实施行政处罚的主体不具有行政主体资格。行政行为由行政主体所为，行政主体乃是行政行为的前提和基础。不具有行政主体资格的组织作出行政行为是无效的，行政处罚同理，物业公司对业主作出罚款决定便是一例。①

2. 行政处罚没有法律依据的。就广义而言，"依据"包括事实依据与法律依据(规范依据)，而《行政处罚法》第38条、《行政复议法》(2023)第67条和《行政诉讼法》(2017)第75条所规定的"依据"都是指规范依据，不包括事实依据；这里的"法律"包括法律、法规和规章。之所以将没有法律依据确定为行政处罚无效的一种情形，乃是"处罚法定"原则的要求和体现。

3. 行政处罚违反主要程序的。《行政复议法》《行政诉讼法》并没有将行政行为无效覆盖至程序违法，但《行政处罚法》作了延伸，规定"违反法定程序构成重大且明显违法的"行政处罚无效。需要把握的是，并

---

① 但是严格说来，无行政主体资格与行政主体无权限是两个概念。无行政主体资格的组织（如民事主体）作出行政行为本质上不属于行政行为，而是假象行政行为，它必须按行为的实际性质认定。行政主体作出行政行为超越权限（包括无权行为与越权行为）则属于行政行为，而且是违法的行政行为。无效的行政行为是指一种"行政行为"的无效，而不是指"非行政行为"的无效。所以，将"不具有行政主体资格作出行政行为"列为行政行为无效的一种情形是值得商榷的。

非所有程序违法都会导致行政处罚无效。只有重大且明显的程序违法才构成无效。"重大"系指违反这一程序必须导致当事人实体权益的损害；"明显"系指这一程序违法的"违法性"是显而易见的。①

当然，上述三种行政处罚无效情形可能并没有穷尽所有情形，这方面还存在着较大的研究空间。笔者认为还有两种情形是可以研究的。

一是，受处罚的违法行为根本不存在。行政处罚是对当事人违反行政管理秩序行为的处罚，如果是事实不清、证据不足，乃属于一般违法，但如果"基本事实"不存在就应当认定无效。《行政处罚法》第5条第2款规定："设定和实施行政处罚必须以事实为依据，与违法行为的事实、性质、情节以及社会危害程度相当。"可见，事实要素是行政处罚合法有效的基本要件。

二是，实施行政处罚超越专有行政职权的。所谓专有行政职权，系指由法律所设定并作法律保留的由某一行政机关所特定拥有的行政职权，如专利商标确认权、行政拘留权等。这一职权的特点是上下左右主体的职权都无法覆盖、无法代替。行政机关超越职权属于行政违法，其中超越专有行政职权的，应当作为无效行为对待。

三、无效行政处罚的效力

无效行政处罚的效力在法律上具有"否定性"，而且是绝对的否定

---

① 在"李广同诉吉林省公主岭工商行政管理局行政处罚抗诉案"（最高人民法院〔2007〕行抗字第3号，判决时间：2008年8月13日）中，法院判决要旨指出："……作出行政处罚的时间与告知听证的时间相同不符合《行政处罚法》规定，但未影响相对人在行政程序中依法享有各项权利的，该程序瑕疵不足以否定行政行为的合法性。"这是对次要程序违法如何处理的案例。参见刘德权主编：《最高人民法院司法观点集成（4）：行政、国家赔偿卷》，人民法院出版社2010年版，第439页。在第156号行政审判案例"李玉巧诉南阳市卧龙区民政局婚姻登记案"中，法院认为，以虚假身份证明办理结婚登记的，属于程序严重违法，结婚登记无效，应当依法撤销之。参见最高人民法院行政审判庭编：《中国行政审判案例》（第4卷），中国法制出版社2012年版。

性。①它和一般行政违法的效力不同，不是相对无效，而是绝对无效。②绝对无效表现为当然无效、自始无效和永远无效。

1. 当然无效

当然无效，也可表述为自然无效、固然无效和确定无效。它是效力对行为性质的固化，指无效的行政处罚当属无效，不具有拘束力、确定力、公定力和执行力。无效行政处罚"不仅没有公定力和不可争力，而且也不发生任何法律效果"③。无效行政处罚的"当然无效性"是由其本性所决定，而不是由救济程序所决定。"重大且明显的违法性"，这是包括无效行政处罚在内的无效行政行为最本质属性，它天生就不具有法律效力，包括人民法院在内的有权机关依法确认其无效仅仅是对该行为本身事实的宣告而已。换言之，不论行政相对人是否提出主张，是否知道无效的情况，也不论是否经过法院或行政机关的确认，该行政处罚都是无效的，确认只是对一个已经存在的事实加以确认而已。正如葡萄牙1996年《行政程序法典》第135条第1款所规定的，"无效行为不产生任何法律效果，不需取决于宣告无效。"无效行政行为所蕴含的意思表示内容绝对不被法律所承认，"一旦法院宣布某一行政行为在法律上无效，那就如同什么事也没有发生一样"④。

---

① 法国的行政法理论还将行政行为无效划分为绝对无效与相对无效。绝对无效，是指针对一切自始无效；相对无效，是指可以针对一部分人并且从该行政发生之后的某一时间开始无效。但是，这种理论容易与行政行为撤销理论相冲突，因而在强调区分行政行为"无效"与"撤销"的国家，一般不做这种分类。（参考金伟峰：《无效行政行为研究》，法律出版社2005年版，第98页）

② 有的专家指出：无效行政行为的效力是自始无效、当然无效、绝对无效（参见最高人民法院行政审判庭编著：《最高人民法院行政诉讼法司法解释理解与适用》，人民法院出版社2018年版，第436页）；还有的表述为：自始无效、当然无效和确定无效。而我认为，"绝对无效"是"种概念"，其他是"属概念"，它们之间是一种包含而不是并列关系。

③ 杨建顺：《日本行政法通论》，中国法制出版社1998年版，第393页。

④ [英]威廉·韦德：《行政法》，徐炳等译，中国大百科全书出版社1997年版，第45页。

2. 自始无效

自始无效，是解决无效行政处罚"无效性"往前的溯及力问题。自始无效是效力对行为时间上向前的溯及力，指无效的行政处罚应当自该处罚的成立之时起就不具有法律效力。行政处罚被确认无效以后，不论该行政处罚已经存在多久，不论该行政处罚已形成了多少种法律关系，都必须恢复到作出该行政处罚之前的原始状态。世界上有不少行政程序法明文规定了这一点。如德国 1996 年《联邦行政程序法》第 43 条第（3）项规定："无效行政行为始终不产生效力。"韩国《行政基本法》（2021）第 15 条（处分的效力）规定："因有权机关取消或撤回或期间届满等事由被消灭前，处分视为是有效的。但无效处分自始不发生其效力。"但在法国，关于行政行为被确认无效后是否一律自始无效，有一定的松动。[①] 但这无法动摇"行政行为无效便是自始无效"的大局。有学者认为：无效行政行为自始当然不生效力，这一点无须有法律的明文规定，它是"法释义学上根深蒂固的一项法律原则"[②]。

3. 永远无效

如果说自始无效，是解决无效行政处罚"无效性"往前的溯及力问题，那么，永远无效则是解决无效行政处罚"无效性"往后的溯及力问题。无效行政处罚不仅自始无效，而且永远无效。永远无效是对行为补正的限定，指无效的行政处罚不可以通过补正等方式使该行为转化为有效行为。在大陆法系的行政法理论中，将行政违法按它的违法程度依次划分为：无效行政行为—可撤销行政行为—可追认、纠正

---

① 如果行政行为自始无效，有时可能破坏社会生活的安定，2004 年法国出台法案，给予法官变造或改造无效宣告的权利。法院在宣布行政行为无效时，可以不宣布自始无效，而是可以根据时间和情形，决定从其中一个时间点无效，如在 1980 年作出的行政行为，法官可以宣布 1984 年至 1990 年这一阶段无效。判断标准是，如果自始无效，是否会出现显著的权利损害或者显著的经济损失，这吸收了主观诉讼中情况判决的特点。

② 翁岳生编：《行政法》（上册），中国法制出版社 2009 年版，第 683 页。

及转换的行政行为。① 而无效行为是绝对不允许通过"追认、纠正及转换"等方法使它转换成有效行为。无效行政行为"不因追认或时间经过而变为有效"②。无效行政行为如同"死产之儿，虽有如何名医，亦不能使之复生"。③ 总之，永远无效意味着，此后的任何事实也都不可能使之有效。

到此，我们可以将无效行政行为的"绝对无效性"勾勒出以下结构图。

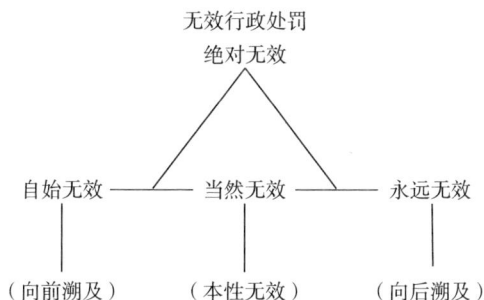

四、对无效行政处罚的救济

当事人认为行政处罚无效的，可以依法申请行政复议或者提起行政诉讼。行政复议机关可以依据《行政复议法》（2023）第 67 条，作出"确认无效"的复议决定；在行政诉讼中，人民法院可以依据《行政诉讼法》（2017）第 75 条，作出"确认无效"的行政判决。如果行政处罚机关的无效行政处罚同时构成对行政相对人合法权益侵害的，还必须依据《国家赔偿法》承担行政赔偿责任。

这里需要明确的是，在民事诉讼中，对于民事行为和民事关系"确认无效"之诉的提起，是不受诉讼时效限制的。④ 那么，在行政诉讼中，

---

① 参见我国澳门特别行政区《行政程序法典》（1999 年法令第 57/99/M 号，于公布日之后满三十日后开始生效）第四部分第二章第三节"行政行为之非有效"。

② 林明锵：《行政法讲义》，新学林出版股份有限公司 2014 年版，第 204 页。

③ 林纪东：《行政法》，三民书局 1984 年版，第 343 页。

④ 参见《民法典》（2020）第一编第九章。

公民、法人或者其他组织对于行政处罚的"确认无效"之诉，是否同样不受起诉期限的限制呢？这一点，《行政诉讼法》本身并无明确规定，但根据《最高人民法院关于适用〈中华人民共和国行政诉讼法〉的解释》（法释〔2018〕1 号）第 94 条 [①] 和第 162 条 [②]，以及最高人民法院《对行政行为提起确认无效之诉是否要受到起诉期限限制答复——对十三届全国人大一次会议第 2452 号建议的答复》（2018 年 9 月 10 日）[③]，相对人对包括行政处罚在内的行政行为提起"确认无效"之诉的，同样不受起诉期限的限制。行政复议也应当同理。

§13.4　行政处罚责任

这里行政处罚责任，不是指当事人因违反行政管理秩序而必须承担的行政处罚责任，而是指实施行政处罚的行政机关及其执法人员的责任，即指《行政处罚法》第七章所规定的法律责任。这一责任包括四类：自我纠错责任；行政赔偿责任；行政处分责任；刑事责任。

一、行政机关的自我纠错责任

根据《行政处罚法》第 76 条、第 78 条、第 82 条规定，行政机关

---

① 《最高人民法院关于适用〈中华人民共和国行政诉讼法〉的解释》（法释〔2018〕1 号）第 94 条规定："公民、法人或者其他组织起诉请求撤销行政行为，人民法院经审查认为行政行为无效的，应当作出确认无效的判决。公民、法人或者其他组织起诉请求确认行政行为无效，人民法院审查认为行政行为不属于无效情形，经释明，原告请求撤销行政行为的，应当继续审理并依法作出相应判决；原告请求撤销行政行为但超过法定起诉期限的，裁定驳回起诉；原告拒绝变更诉讼请求的，判决驳回其诉讼请求。"

② 《最高人民法院关于适用〈中华人民共和国行政诉讼法〉的解释》（法释〔2018〕1 号）第 162 条规定："公民、法人或者其他组织对 2015 年 5 月 1 日之前作出的行政行为提起诉讼，请求确认行政行为无效的，人民法院不予立案。"

③ 最高人民法院《对行政行为提起确认无效之诉是否要受到起诉期限限制答复——对十三届全国人大一次会议第 2452 号建议的答复》（2018 年 9 月 10 日）指出："……提起确认行政行为无效之诉不受起诉期限的限制，行政相对人可以在任何时候请求有权国家机关确认该行为无效。"

具有下列行为之一的，由上级行政机关或者有关机关责令改正，被责令机关具有自我纠正的义务。

1. 实施行政处罚没有法定的行政处罚依据的；

2. 实施行政处罚擅自改变行政处罚种类、幅度的；

3. 实施行政处罚违反法定的行政处罚程序的；

4. 违反《行政处罚法》第 20 条 [①] 关于委托处罚的规定而擅自实施处罚委托的；

5. 行政执法人员未取得执法证件的；

6. 行政机关对符合立案标准的案件不及时立案的；

7. 行政机关违反《行政处罚法》第 67 条 [②] 规定自行收缴罚款的；

8. 财政部门违反《行政处罚法》第 74 条 [③] 规定向行政机关返还罚款、没收的违法所得或者拍卖款项的。

[①] 《行政处罚法》（2021）第 20 条规定："行政机关依照法律、法规、规章的规定，可以在其法定权限内书面委托符合本法第二十一条规定条件的组织实施行政处罚。行政机关不得委托其他组织或者个人实施行政处罚。委托书应当载明委托的具体事项、权限、期限等内容。委托行政机关和受委托组织应当将委托书向社会公布。委托行政机关对受委托组织实施行政处罚的行为应当负责监督，并对该行为的后果承担法律责任。受委托组织在委托范围内，以委托行政机关名义实施行政处罚；不得再委托其他组织或者个人实施行政处罚。"

[②] 《行政处罚法》（2021）第 67 条规定："作出罚款决定的行政机关应当与收缴罚款的机构分离。除依照本法第六十八条、第六十九条的规定当场收缴的罚款外，作出行政处罚决定的行政机关及其执法人员不得自行收缴罚款。当事人应当自收到行政处罚决定书之日起十五日内，到指定的银行或者通过电子支付系统缴纳罚款。银行应当收受罚款，并将罚款直接上缴国库。"

[③] 《行政处罚法》（2021）第 74 条规定："除依法应当予以销毁的物品外，依法没收的非法财物必须按照国家规定公开拍卖或者按照国家有关规定处理。罚款、没收的违法所得或者没收非法财物拍卖的款项，必须全部上缴国库，任何行政机关或者个人不得以任何形式截留、私分或者变相私分。罚款、没收的违法所得或者没收非法财物拍卖的款项，不得同作出行政处罚决定的行政机关及其工作人员的考核、考评直接或者变相挂钩。除依法应当退还、退赔的外，财政部门不得以任何形式向作出行政处罚决定的行政机关返还罚款、没收的违法所得或者没收非法财物拍卖的款项。"

二、行政机关的行政赔偿责任

行政赔偿责任，是指行政主体及其行政执法人员违法行使行政职权，侵犯行政相对人的合法权益造成损害，而依法必须承担的经济责任。至于行政处罚中的行政赔偿责任，系指行政处罚机关及其行政执法人员因违法实施行政处罚对相对人的合法权益造成损害，而依法必须承担的经济责任。根据《行政处罚法》第80、81条规定，有下列情形之一的，行政机关应当予以赔偿。

1.行政机关使用或者损毁查封、扣押的财物，对当事人造成损失的；

2.行政机关违法实施检查措施或者执行措施，给公民人身或者财产造成损害、给法人或者其他组织造成损失的。

三、有关人员的处分责任

行政机关的行为是通过具体的工作人员进行的，所以，当发生行政机关违法时，在追究行政机关责任的同时，应当同步追究有关人员的责任。这里的有关人员，包括直接负责的主管人员和其他直接责任人员。根据《行政处罚法》第76—83条规定，对于行政机关在实施行政处罚中的所有违法行为，都应当同步追究直接负责的主管人员和其他直接责任人员的处分责任。

这里的处分责任是指政务处分责任。根据《公职人员政务处分法》(2020)第2条规定，政务处分适用《监察法》(2018)第15条规定的人员，即包括：(1) 中国共产党机关、人民代表大会及其常务委员会机关、人民政府、监察委员会、人民法院、人民检察院、中国人民政治协商会议各级委员会机关、民主党派机关和工商业联合会机关的公务员，以及参照《中华人民共和国公务员法》管理的人员；(2) 法律、法规授权或者受国家机关依法委托管理公共事务的组织中从事公务的人员；(3) 国有企业管理人员；(4) 公办的教育、科研、文化、医疗卫生、体育等单位中从事管理的人员；(5) 基层群众性自治组织中从事管理的人员；(6) 其他依法履行公职的人员。根据第 7 条规定，政务处分包括：(1) 警告；(2) 记过；(3) 记大过；(4) 降级；(5) 撤职；(6) 开除。

四、有关人员的刑事责任

刑事责任是指根据相关刑事法律的规定，犯罪分子因其所犯罪行而应受刑罚追究的法律责任。它是我国法律责任中最重、最严厉的法律责任，包括主刑和附加刑。主刑的种类包括管制、拘役、有期徒刑、无期徒刑和死刑。附加刑种类包括罚金、剥夺政治权利、没收财产。

《行政处罚法》第七章法律责任中，有 4 个条款规定了刑事责任。根据该法第 79 条、第 81—83 条规定，有下列情形之一并构成犯罪的，可以依照《刑法》的相关规定，对直接负责的主管人员和其他直接责任人员，情节严重构成犯罪的，依法追究刑事责任。

1. 行政机关截留、私分或者变相私分罚款、没收的违法所得或者财物的；

2. 执法人员利用职务上的便利，索取或者收受他人财物、将收缴罚款据为己有的；

3. 行政机关违法实施检查措施或者执行措施，给公民人身或者财产造成损害、给法人或者其他组织造成损失的；

4. 行政机关对应当依法移交司法机关追究刑事责任的案件不移交，以行政处罚代替刑事处罚的；

5. 行政机关对应当予以制止和处罚的违法行为不予制止、处罚，致使公民、法人或者其他组织的合法权益、公共利益和社会秩序遭受损害的。

【延伸思考】

1. 行政处罚不当、行政处罚违法和行政处罚无效之间是什么关系？

2. 不履行法定职责与不履行保护职责、不履行法定职责与不依法履行法定职责是什么关系？

3.行政处罚的无效有哪几种情形？"确认无效"之诉是否不受起诉期限的限制？

4.行政处罚中的违法会引起哪些法律责任？

【规范链接】

▸《中华人民共和国行政处罚法》（2021）第5、10—16、20、38、44、46、51、59—60、67、74、76—83条

▸《中华人民共和国行政复议法》（2023）第1、63—64、66—67条

▸《中华人民共和国行政诉讼法》（2017）第6、70、72、75、77条

▸《中华人民共和国监察法》（2018）第15条

▸《中华人民共和国公职人员政务处分法》（2020）第2、7条

▸《中华人民共和国土地管理法》（2019）第77、79条

▸《中华人民共和国国有土地上房屋征收与补偿条例》（2011）第20条

▸ 最高人民法院《关于适用〈中华人民共和国行政诉讼法〉的解释》（法释〔2018〕1号）第94、162条

▸ 最高人民法院《关于没收财产是否应当进行听证及没收经营药品行为等有关法律问题的答复》（2004年9月4日）

▸ 最高人民法院《对行政行为提起确认无效之诉是否要受到起诉期限限制答复——对十三届全国人大一次会议第2452号建议的答复》（2018年9月10日）

第 二 篇

《行政处罚法》前沿问题探讨

第 14 章 《行政处罚法》作为基础性法律的地位

第 15 章 "行政处罚"概念的法律定位

第 16 章 行政处罚手段及法治逻辑

第 17 章 "一事不二罚"原则及对"一事""二罚"的认定

第 18 章 行政处罚"没收违法所得"的若干问题

第 19 章 行政处罚追责期限及计算方法

第14章 《行政处罚法》作为基础性法律的地位

　　行政执法机关在实施行政处罚时，既要适用《行政处罚法》，又要适用对应性专门法律，如针对违反交通管理行为的处罚，既要适用《行政处罚法》，又要适用《道路交通安全法》；针对违反广告管理行为，既要适用《行政处罚法》，又要适用《广告法》；针对违反食品安全行为，既要适用《行政处罚法》，又要适用《食品安全法》，等等。那么，在实施行政处罚中，《行政处罚法》与其他专门法律到底是一个什么关系？特别是当它们之间规定不一致时，应当优先适用哪一法律？这是法律适用理论上与行政处罚实施中都无法回避的问题。

　　我国2015年以来已发生多起被称作为"小过重罚"事件。其中这三起成舆论焦点：2016年杭州方林富炒货店广告处罚案，当事人方林富夫妇在自家店门口在旧纸牌上手写了"中国最好吃最香甜方林富栗子上市了。每斤26元"，被市场管理部门罚款20万元。如此轻微的违法按照《行政处罚法》有关规定本不该罚或者可以不罚，结果执法部门处罚20万，舆情一片哗然。可执法部门申辩说，只要出现"最香"等字，就属于违反《广告法》的行为，无论2015年还是2021年的《广告法》都规定可罚款20—100万。我们罚款20万已属底线处罚。若错也是立法的错，而不是我们执法的错。此外，还有2022年合肥市"售卖凉拌黄瓜案"和同年榆林市"芹菜案"。其实，这些事件都反映了同一个问题，即《行政处罚法》与《广告法》《食品安全法》等专门法律之间是什么关系？换句话说，在行政处罚领域，《行政处罚法》具有什么样的法律地位？

§14.1 《行政处罚法》是一部基础性法律

一、《行政处罚法》的法律定位

《行政处罚法》是一部基础性法律，是我国行政处罚领域的一部基础性法律，这是对《行政处罚法》的法律定位。

《行政处罚法》的法律定位，实为《行政处罚法》的性质和地位。简单地说，讨论《行政处罚法》的法律定位，就是讨论《行政处罚法》"到底是一种什么法?"《行政处罚法》的法律定位，事关《行政处罚法》与其他法之间的协调问题，事关《行政处罚法》的正确适用。

关于《行政处罚法》的法律定位，学者和专家们有多种评论，有的称之为"我国行政执法领域第一部综合性法律和第一部行政程序法"[1]；有的认为它是"行政处罚领域的通用规范"[2]，属于"行政处罚的一般法"[3]；有的认为它"既是程序法，也是实体法"，是所有行政处罚规范中的"总则"[4]；有的甚至说，"行政处罚法在行政处罚领域"具有"宪法性地位"[5]。

---

[1] 江必新主编：《行政处罚法条文精释与实例精解》，人民法院出版社 2021 年版，第 1 页。

[2] 袁雪石：《中华人民共和国行政处罚法释义》，中国法制出版社 2021 年版，第 10 页。

[3] 袁雪石：《中华人民共和国行政处罚法释义》，中国法制出版社 2021 年版，第 25 页。

[4] 章志远：《作为行政处罚总则的〈行政处罚法〉》，《国家检察官学院学报》2020 年第 5 期。

[5] 黄学贤：《确立〈行政处罚法〉总则地位的几个问题》，《苏州大学学报（哲学社会科学版）》2020 年第 5 期。

我们在法理学上尚未出现"基础性法律"这一概念①，更无"基础性法律"与"非基础性法律"之分类，但在全国人大、国务院、最高人民法院和中国法学会等官方正式文件上已从近几年开始出现"基础性法律"的提法。②《行政处罚法》于2021年修订后，不少专家和学者也称它是一部行政处罚领域的"基础性法律"。

那么，什么是基础性法律？③我们认为，基础性法律是由全国人大

① 参见《法理学》编写组：《法理学》（马克思主义理论研究和建设工程重点教材），人民出版社、高等教育出版社2021年版；张文显主编：《法理学》，高等教育出版社、北京大学出版社2018年版；朱景文主编：《法理学》，中国人民大学出版社2021年版；刘艺工等编著：《法理学新论》，知识产权出版社2015年版，等等。

② 例如：《全国人民代表大会外事委员会关于第十三届全国人民代表大会第四次会议主席团交付审议的代表提出的议案审议结果的报告》（2021.10.19）指出："《海洋基本法》是综合体现我国海洋战略、明确我国海洋基本制度和原则的基础性法律……"《全国人民代表大会教育科学文化卫生委员会关于〈中华人民共和国基本医疗卫生与健康促进法（草案）〉的说明》（2017年12月22日第十二届全国人民代表大会常务委员会第三十一次会议）指出："《基本医疗卫生与健康促进法》是卫生与健康领域第一部基础性、综合性的法律……"《国务院关于金融工作情况的报告》（2022年10月28日第十三届全国人民代表大会常务委员会第三十七次会议）指出："抓紧推进金融稳定法出台，加快修订人民银行法、商业银行法、保险法、信托法、票据法、反洗钱法等重要基础性法律。"最高人民法院《关于认真学习贯彻〈中华人民共和国民法典〉的通知》（法〔2020〕158号）指出："民法典在中国特色社会主义法律体系中具有重要地位，是一部固根本、稳预期、利长远的基础性法律……"中国法学会《中国法治建设年度报告（2016）》（2017年6月）指出："网络安全法是网络安全领域的基础性法律。"特别是习近平总书记于2020年5月29日在中共十九届中央政治局第二十次集体学习时的讲话中指出："民法典在中国特色社会主义法律体系中具有重要地位，是一部固根本、稳预期、利长远的基础性法律"，明确将民法典定性为一部"基础性法律"（《习近平著作选读》第二卷，人民出版社2023年版，第313页）。

③ 我国民法学界以《民法典》为背景率先提出了一个普遍性的概念。"基础性法律，是指规范公民的基本权利义务，涉及国家政治、经济以及社会生活的基本问题，调整基本社会关系的法律。基本社会关系即具有全局性、长远性、普遍性的社会关系。"（《民法学》编写组：《民法学》（马克思主义主义理论研究和建设工程重点教材），高等教育出版社2022年版，第49页）虽然这一定义是否完整、准确还有较大的研讨空间，但它无疑是中国法学首次跨越部门法在普遍意义上定义"基础性法律"的一次可贵尝试。

及其常委会制定的用于综合调整某一类社会关系或规制某一类行为的综合性法律。它具有法律性、全面性、综合性、基础性之特性。

二、基础性法律具有"法律性"

这是说，"基础性法律"只在"法律"层面存在，在其他层面不存在。在法律层面可区分"基础性法律"与"非基础性法律"（或"一般性法律"），但不存在"基础性宪法"，也不存在"基础性法规"和"基础性规章"。因为，我国作为单一制的社会主义民主国家，宪法作为国家的根本法本身就只有一个，不存在"基础性宪法"与"非基础性宪法"之分；法规和规章大多为执行法律和法规而制定，其法律定性取决于所依据和执行的法律、法规之定性。《行政处罚法》于1996年由第八届全国人民代表大会第四次会议通过，于2021年经第十三届全国人民代表大会常务委员会第二十五次会议修订，它属于法律，而且是基础性法律。

三、基础性法律具有"全面性"

基础性法律适用某一类社会关系或者某一类行为的全部，而不是部分，除非法律保留了"例外规定"。基础性法律的"全面性"主要表现为两个方面：适用对象的全面性与适用事项的全面性。适用对象的全面性，是指该法适用一切组织，适用公民、法人或者其他组织，它适用中国组织与个人，也适用外国组织与个人；它适用于全国而不是国家的某一区域。事项范围的全面性，是指该法适用某一类社会关系或某一类行为的全部，而不是部分。它具有整体上的覆盖性。如《民法典》适用所有民事关系（平等主体的人身关系与财产关系）。只约束局部关系或局部行为的法律不是基础性法律。《行政处罚法》从调整范围来看，显然具有"全面性"，它全面约束和覆盖了包括经济、文化、体育、交通等在内的所有管理领域中的行政处罚行为。

四、基础性法律具有"综合性"

如果说"全面性"是指"面"，那么，"综合性"是指多功能的"交叉性"。基础性法律往往既有实体性规范，也有程序性规范。所以说，它既是实体法，更是程序法。在《民法典》中既有民事权利与义务的形成规则（实体问题），也有民事权利与义务的形成与实现程序（程序问题）。在《行政处罚法》中，行政处罚的种类与设定主要是对实体关系的规制，而行政处罚的实施主要是对程序关系的规制。它们都是实体法与程序法的结合。此外，"综合性"还表现在：基础性法律不仅约束"执法"行为，而且同时也约束"立法"行为。如《行政处罚法》第3条规定："行政处罚的设定和实施，适用本法。"这里，"行政处罚的设定"其实是"立法活动"，"行政处罚的实施"才是"执法活动"。完整地说，一个基础性法律，它必须是约束这一类关系或这一类行为的立法行为、执法行为、司法行为和守法行为。没有这一"综合性"就称不上基础性法律了。

五、基础性法律具有"基础性"

基础性法律，是指在整个法律规范体系中起"基石"作用。如同一幢建筑，撤掉"基石"，整幢大楼就会倒塌；但仅仅只有它，整幢大楼也不完整。它是"没它全不行，有它不全行"的东西。基础性法律是相对于非基础性法律而言的，前者相当于经济基础，后者相当于上层建筑。或者说，它们是"本"与"末"的关系，基础性法律是"本"，非基础性法律是"末"。因此，非基础性的法律规范必须依据、渊源于基础性的法律规范，不得与基础性的法律规范相冲突。《行政处罚法》属于行政处罚领域的基础性法律，《行政处罚法》以外单行法律中有关行政处罚的规定，都必须以《行政处罚法》为依据，不得和《行政处罚法》相冲突，除非法律另有"例外"规定。

§14.2　防止和避免理论误区

要正确认知基础性法律，还应当防止和避免几个理论误区。

一、基础性法律一般是基本法律，但不限于基本法律

根据《立法法》（2023）第10条规定，由全国人民代表大会大制定和修改的有关刑事、民事、国家机构及其他比较全面地规定和调整国家

及社会生活某一方面的基本社会关系的基本法律，如《刑法》《刑事诉讼法》《民法典》《民事诉讼法》《行政诉讼法》《全国人民代表大会组织法》等。基本法律以外的称普通法律（或其他法律），这是指由全国人民代表大会常务委员会制定和修改的基本法律以外的法律。基础性法律大多属于基本法律，但是有的普通法律也可以成为基础性法律。所以，不宜以是否属于基本法律作为区别是否属于基础性法律的标准。《行政处罚法》既是基本法律，又是基础性法律。

二、法典一定是基础性法律，但基础性法律不一定都是法典

法典是指同一门类的各种法律规范经过整理、编订而形成的系统性法律，它是立法的一种高级形式。一般而言，法典一般是基础性法律，但基础性法律并不只限于法典。我国的《民法典》既是基础性法律，也是我国的第一部法典。《行政处罚法》是基础性法律，但它不是法典。世界上制定"行政处罚法典"者甚少。目前，俄罗斯制定了"行政处罚法典"，即《俄罗斯联邦行政违法法典》。

三、基础性法律与非基础性法律之间的关系，不完全等同于总则与分则的关系

在某些法律体系中，存在着总则与分则的关系。这种关系可以发生在两个法规之间，但更多的是发生在一个法规之中的总则与分则的结构之中。它们的关系是：总则统率分则，但分则优先适用于总则。分则与总则的关系，适用特别法优于一般法的规则。但基础性法律与非基础性法律之间的关系，只发生于两个法规之间，不存在于一个法规之内，所以不是总则与分则的关系，而是基础与上层的关系，它并不一概适用特别法优于一般法、新法优于旧法的规则。

§14.3　基础性法律的优先适用性

一、法律适用上的优先性

基础性法律除了法律性、全面性、综合性、基础性之外，还有一个

法律特性，即法律适用上的优先性：当基础性法律与非基础性法律规定上不一致时，应当优先适用基础性法律，除非法律另有特别规定。作为"马克思主义理论研究和建设工程重点教材"之一的《民法学》提出了"基础性法律优于一般性法律"的适用规则，并指出："单行法的规定与民法典的规定有冲突时，不能适用单行法，而应当适用民法典，以体现民法典的基础性法律地位。"① 另一本民法学教材更进一步解释道："由于《民法典》是基础性法律，因此，如果单行法和《民法典》之间存在明显的冲突，此种冲突既包括规则内容方面的冲突，也包括价值发生冲突，此时，应当援引《民法典》，而不是援引单行法的规定。另外，单行法虽然有规定，但该规定不清晰，仍然应当适用《民法典》的规定。"② 我们表示赞成，并且认为"基础性法律优于一般性法律"的适用规则，并不仅仅限于民事关系，它应当适用于所有的法律关系和法律规范。

但是，基础性法律是否具有优先适用性，这一问题除了民法学领域，至今尚未引起普遍的兴趣，更未达到共识。解决这一问题的关键，主要是基础性法律与三个法律适用规则——上位法优先下位法、特别法优于一般法和新法优于旧法——之间关系的协调问题。

二、与"上位法优于下位法"关系

上位法优于下位法（高法优于低法），系指处于不同法律位阶上的法律规范规定不一致的，应当适用上位法的法律规定。在法律适用规则中，"高法优于低法"是最高适用规则，由《立法法》（2023）第98—100条直接明文确立。它意味着，在不同的法律位阶的法律规定之间，下位法一律服从上位法，而不适用特别法优于一般法、新法优于旧法之适用规则。

基础性法律是一种"法律"，它除了必须服从宪法，而其他行政法

---

① 《民法学》编写组：《民法学》（马克思主义主义理论研究和建设工程重点教材），高等教育出版社 2022 年版，第 49—50 页。

② 王利明等：《民法学》，法律出版社 2020 年版，第 32 页。

规、地方性法规和规章，由于其法律位阶低于基础性法律而必须服从基础性法律。这就是说，如果基础性法律与法规、规章规定不一致的，必须按照"上位法优于下位法"规则优先适用基础性法律。可见，基础性法律在不同法律位阶的法规之间具有优先适用性本身就渊源于"上位法优于下位法"的适用规则。基础性法律在适用上的优先性与"上位法优于下位法"规则具有高度的一致性。

三、与"特别法优于一般法"关系

特别法优于一般法，系指同一机关制定的特别规定与一般规定不一致的，应当适用特别规定。这一法律适用规则由《立法法》（2023）第103条直接明文确立。该条第一句规定："同一机关制定的法律、行政法规、地方性法规、自治条例和单行条例、规章，特别规定与一般规定不一致的，适用特别规定"。特别与一般是相对而言的，特别规定是指相对于一般规定在时间、空间、对象和内容等属性上更具有具体、特别属性的法律规定；一般规定是相对于特别规定在时间、空间、对象和内容等属性上更具有抽象性、普遍性的法律规定。

特别法优于一般法规则只适用同一机关制定的法律规定之间，并不适用不同机关，更不适用不同法律位阶的法律规定之间。特别法优于一般法，可以适用于同一法规中的特别规定与一般规定（一般以此为多），也可适用同一机关制定的不同法规之间的特别规定与一般规定。但是，它并不适用基础性法律与非基础性法律之间。因为在基础性法律与非基础性法律之间，基础性法律因具有统率性和通用性而在属性上相对抽象，非基础性法律往往是针对某一领域的单一性立法，在属性上更具有特殊性。可以说，相对于基础性法律，非基础性法律就成了特别规定；反之亦然。

如果按照特别法优于一般法的适用规则，基础性法律全会被非基础性法律架空而失去作为基础性法律的功能和地位。所以，除非法律另有优先适用规定和除外规定，基础性法律与非基础性法律规定不一致的，应当优先适用基础性法律，而不适用特别法优于一般法之规则。

四、与"新法优于旧法"关系

新法优于旧法，系指同一机关制定的新的规定与旧的规定不一致的，应当适用新的规定。这一法律适用规则由《立法法》（2023）第103条直接明文确立。该条规定："同一机关制定的法律、行政法规、地方性法规、自治条例和单行条例、规章……新的规定与旧的规定不一致的，适用新的规定。"

新法与旧法也是相对而言的，两个法规之间，制定和实施时间比较晚的就是新法，相反就是旧法。新法优于旧法同样适用于同一机关制定的法规之间，不同法律位阶之间的法规和同一法律位阶不同机关制定的法规之间，不适用新法优于旧法的规则。

同样，基础性法律与非基础性法律之间，不适用新法优于旧法的规则，除非新法废止了旧法。但是，同一机关制定的两个基础性法律，或者两个非基础性法律之间，依然适用新法优于旧法规则。

五、优先适用性的具体把握

可见，无论是不同法律位阶之间的法规，还是同一法律位阶中的不同法规；无论是同一机关制定的法规之间，还是不同机关制定的法规之间，基础性法律都具有优先适用性，除了与宪法之间的关系，或者法律另有特别适用的规定。有学者指出，如果在《行政处罚法》与其他法律的关系中，依然适用"特别法优于一般法""新法优于旧法"的处理原则，则无法凸显《行政处罚法》其基础性、总则性和优先性的特点。虽然司法实践中特别法和一般法往往结合适用，但是行政处罚的设定和行政处罚种类的辨明必须根据行政处罚法。[1]

还必须指出的是：以上三个适用规则——上位法优先下位法、特别

①　参见杨伟东主编：《中华人民共和国行政处罚法理解与适用》，中国法制出版社2021年版，第10—11页。

法优于一般法和新法优于旧法——都发生于两个法规或两个法律规范之间规定不一致的状态之中。如果对于某一事项，基础性法律未作规定，而非基础性法律作出规定，这不属于两个法规之间规定的不一致。现实的常态是：并不是大量的非基础性法律与基础性法律规定不一致，而只是基础性法律只作抽象规定，非基础性法律进行了具体规定，或者基础性法律未作规定，而非基础性法律作出了同向性的补充规定，这种情况下的同时适用或者适用非基础性法律的规定，就不能视作为对基础性法律优先适用性的否定。基础性法律的优先适用性，是一种"有与有"（两个法规都有规定）的比较，而不是"有与无"（一个法规有规定，另一法规无规定）的比较。①

《行政处罚法》作为一个基础性法律，固然具有法律适用上的优先性。这种优先性表现在：1.行政法规、地方性法规、规章的规定与《行政处罚法》规定相抵触的，必须服从《行政处罚法》的规定；2.《行政处罚法》与其他单行法律对行政处罚的规定不一致的，优先适用《行政处罚法》；3.《行政处罚法》本身或者其他法律明文规定优先适用其他法律、法规的，才优先适用其他法律、法规。

§14.4 基础性法律的"例外"条款

一、优先适用性绝对性与相对性

当其他法律、法规与基础性法律规定不一致时，应当优先适用基础性法律，这一法律适用上的优先性，本身就是基础性法律独特法律地位的反映，与其法律性、全面性、综合性、基础性一起共同构成了基础性法律的法律特性。

---

① 在"有与无"之间，优先适用"有"，这是一种自然的适用规则。对于同一事项，一个法规作出规定，另一法规未作规定，应当以"有规定补充无规定"，不存在选择和优先的问题。因为，在"一个法规作出规定，另一法规未作规定"的情况下，两个法规之间不会发生是否抵触或不一致，只会发生某一立法是否越权问题。

但是，这一优先适用性不是绝对的，如果法律设定了基础性法律的"例外"条款，这一法律适用上的优先性就会受到抑制。基础性法律的"例外"条款，大多来自自身的规定①，也可来自其他法律的规定②。基础性法律的"例外"条款，应当由处于同一法律位阶的"法律"来设定，下位阶的法规和规章不得为上位阶的法律设定"例外"条款。

可见，所谓基础性法律的"例外"条款，系指由法律明文规定在法律适用范围上和具体特定事项上不适用基础性法律的规定。具体而言，它包括法律调整范围上的"排除"和具体特定事项上法律适用上的"排除"。

二、法律调整范围上的"排除"

法律调整范围上的"排除"，是表明对基础性法律调整范围内的某一范围的"排除"，是对基础性法律调整范围的限制。如《行政强制法》(2011)第3条第1款规定："行政强制的设定和实施，适用本法。"这就意味着，在法律调整范围上，《行政强制法》覆盖了所有行政强制行为的设定和实施。但该条第2款规定："发生或者即将发生自然灾害、事故灾难、公共卫生事件或者社会安全事件等突发事件，行政机关采取应急措施或者临时措施，依照有关法律、行政法规的规定执行。"第3款规定："行政机关采取金融业审慎监管措施、进出境货物强制性技术监控措施，依照有关法律、行政法规的规定执行。"这就意味着，行政机关为应对突发事件所采取的应急措施不适用《行政强制法》③，还有行政机关在金融和海关中的监管、监控措施也不适用《行政强制法》，这都是法律适用范围上的"排除"。

---

① 如《民法典》(2020)第11条规定："其他法律对民事关系有特别规定的，依照其规定。"

② 如《治安管理处罚法》(2012)第3条规定："治安管理处罚的程序，适用本法的规定；本法没有规定的，适用《中华人民共和国行政处罚法》的有关规定。"

③ 应当适用《突发事件应对法》和《传染病防治法》等其他对应法律法规。

三、法律规定事项上的"排除"

具体特定事项上法律适用的"排除",是指法律并未从调整范围上"排除"某类事项,只是对调整范围内的某一特定事项作出"例外"规定。例如,《行政许可法》(2019)第52条规定:"国务院实施行政许可的程序,适用有关法律、行政法规的规定。"这意味着,《行政许可法》在调整范围上虽然覆盖国务院实施的行政许可,但国务院实施行政许可的"程序"(仅仅是"程序",不包括对许可的"设定")应当适用其他有关法律、行政法规,而不是《行政许可法》所规定的程序。又如《行政许可法》(2019)第58条规定:"行政机关实施行政许可和对行政许可事项进行监督检查,不得收取任何费用。但是,法律、行政法规另有规定的,依照其规定。"这是对"行政许可不得收费"原则的"例外"规定。

四、范围变通与规则变通

法律调整范围上的"排除"与具体特定事项上法律适用的"排除",虽然两者都属于基础性法律的"例外"规定,但前者是范围变通,后者是规则变通;前者是无条件的"排除",后者是有条件的"排除"[①]。调整范围的排除必然导致法律适用上的排除,但法律适用上的排除,并不排除和缩小法律调整范围。

§14.5 《行政处罚法》的优先适用性与"例外"条款

一、《行政处罚法》的优先适用与例外保留

《行政处罚法》是一部由国家最高权力机关制定的基本法律,也是一部行政处罚领域的基础性法律,其他法律、法规和规章规定与其不一致或抵触的,应当优先适用作为基础性法律的《行政处罚法》。"单行法设定和实施行政处罚,要遵循《行政处罚法》。除非《行政处罚法》有

---

① 后者以"其他法律、法规有不同规定"为前提。如果不存在"其他法律、法规",或者"其他法律、法规未作不同规定的",依然适用原基础性法律。

授权规定，否则单行法不能作出与其原则、规定相抵触、不一致的规定。"① 这就是贯彻"基础性法律优于一般法律"规则的自然结果，是在《行政处罚法》适用过程中必须坚持的前提和原则。

但是，《行政处罚法》同样存在"例外"条款。当存在"例外"条款时，应当优先适用其他规定。如上所述，基础性法律的"例外"条款，可以来自基础性法律本身的规定，也可来自其他"法律"（狭义）的规定。

目前，《行政处罚法》以外的其他法律明文规定优先适用其他法律的，只有一个法律即《治安管理处罚法》。现行《治安管理处罚法》（2012）第 3 条规定："治安管理处罚的程序，适用本法的规定；本法没有规定的，适用《中华人民共和国行政处罚法》的有关规定。"这就是说，治安管理处罚的程序应当优先适用《治安管理处罚法》，而不是《行政处罚法》，但程序以外的事项，如处罚的主体和处罚种类的设定等，依然应当适用《行政处罚法》。《行政处罚法》第 3 条规定："行政处罚的设定和实施，适用本法。"这表明，《行政处罚法》既规制行政处罚的"设定"（立法），也规制行政处罚的"实施"（执法），《治安管理处罚法》（2012）第 3 条所排除的仅仅是治安处罚的"程序"。

二、《行政处罚法》的"例外"规定

《行政处罚法》的"例外"条款，更多的是来自自身的规定。《行政处罚法》并未对自身的法律调整范围作出"例外"规定而作一定的"排除"，但为不少事项设定的"例外"规定，多达 10 个条文。现归结如下。

《行政处罚法》的例外规定

编号	条文号	原文	例外	说明
1	第 22 条	行政处罚由违法行为发生地的行政机关管辖。法律、行政法规、部门规章另有规定的，从其规定。	法律、行政法规和部门规章	属地管辖原则的例外。

---

① 袁雪石：《中华人民共和国行政处罚法释义》，中国法制出版社 2021 年版，第 10 页。

续表

编号	条文号	原文	例外	说明
2	第23条	行政处罚由县级以上地方人民政府具有行政处罚权的行政机关管辖。法律、行政法规另有规定的，从其规定。	法律和行政法规	级别管辖原则的例外。
3	第28条第2款	当事人有违法所得，除依法应当退赔的外，应当予以没收。违法所得是指实施违法行为所取得的款项。法律、行政法规、部门规章对违法所得的计算另有规定的，从其规定。	法律、行政法规和部门规章	违法所得计算标准的例外。
4	第33条第2款	当事人有证据足以证明没有主观过错的，不予行政处罚。法律、行政法规另有规定的，从其规定。	法律和行政法规	"推定过错"原则的例外。
5	第36条第1款	违法行为在二年内未被发现的，不再给予行政处罚；涉及公民生命健康安全、金融安全且有危害后果的，上述期限延长至五年。法律另有规定的除外。	法律	违法行为追责期限的例外。
6	第42条第1款	行政处罚应当由具有行政执法资格的执法人员实施。执法人员不得少于两人，法律另有规定的除外。	法律	"两人执法"原则的例外。
7	第51条	违法事实确凿并有法定依据，对公民处以二百元以下、对法人或者其他组织处以三千元以下罚款或者警告的行政处罚的，可以当场作出行政处罚决定。法律另有规定的，从其规定。	法律	当场处罚条件的例外。
8	第60条	行政机关应当自行政处罚案件立案之日起九十日内作出行政处罚决定。法律、法规、规章另有规定的，从其规定。	法律、法规和规章	作出处罚决定期限的例外。

续表

编号	条文号	原文	例外	说明
9	第 73 条 第 1 款	当事人对行政处罚决定不服，申请行政复议或者提起行政诉讼的，行政处罚不停止执行，法律另有规定的除外。	法律	"复议、诉讼不停止处罚决定的执行"原则的例外。
10	第 84 条	外国人、无国籍人、外国组织在中华人民共和国领域内有违法行为，应当给予行政处罚的，适用本法，法律另有规定的除外。	法律	对外国人、无国籍人、外国组织违法行为之处罚的例外。

三、"例外"规定的法律位阶

从以上表格可以发现，《行政处罚法》对于"例外"的设定权规定得比较严格，原则上控制在中央一级（法律、行政法规和部门规章），除了第 60 条，地方立法(地方性法规和地方政府规章) 无权作出"例外"规定，目的在于保证法律规范在全国适用的统一性。

凡允许有"例外"规定，并且已存在"例外"规定的条件下，应当优先适用"例外"规定，《行政处罚法》的优先适用性受到一定的抑制。对于作为基础法律的《行政处罚法》，我们既要坚持它的优先适用性，又要把握一些"例外"规定，这是正确适用《行政处罚法》所必须掌握的基本知识和基本技能。

§14.6 《行政处罚法》与专门法律的结合适用

一、《行政处罚法》与其他专门法律立法任务不同

行政执法机关在实施行政处罚中，对于作为基础性法律的《行政处罚法》与其他专门性法律（如《道路交通安全法》《广告法》《食品安全法》等）必须结合使用。因为，《行政处罚法》旨在确立行政处罚的目的和指导思想、基本原则与基本程序，并侧重于程序法；其他专门性法律旨在规定具体的违法情形和处罚标准，它侧重的是实体法。两者互为

补充，相互配合。所以，只适用基础性法律不适用专门法律无疑会导致法律适用上的"拐脚"。

正因为作为基础性法律的《行政处罚法》与其他专门法律的立法任务不同，一般而言两种法律之间不会冲突。我们在实施行政处罚时，要学会对二者的结合使用，把握它们之间的契合点。在具体操作上，要学会分四步走。

二、《行政处罚法》与其他专门法律结合使用应当分"四步走"

第一步，对照单行法律，判定是否存在违法情形。行政处罚以当事人存在违法行为为前提。行政处罚是对违法行为的处罚。但是否存在违法情形，这须根据专门法律而不是《行政处罚法》进行对照判断。

第二步，对照《行政处罚法》，判定是否存在"不罚"情形。没有违法行为的存在，不得实施行政处罚；但存在违法行为，也未必予以处罚。《行政处罚法》规定了五种"不罚"制度：1.轻微不罚。根据第33条第1款规定，违法行为轻微并及时改正，没有造成危害后果的，不予行政处罚。2.无错不罚。根据第33条第2款规定，当事人没有主观过错的，不予行政处罚。3.初违不罚。根据第33条第1款规定，初次违法且危害后果轻微并及时改正的，可以不予行政处罚。4.过时不罚。根据第36条规定，违法行为超越追责期限的，不予处罚。5.无责任能力不罚。根据第30—31条规定，无责任年龄者或精神病人、智力残疾人在不能辨认或者不能控制自己行为时有违法行为的，不予处罚。虽有违法行为但不应当处罚的，就不予处罚；虽有违法行为但可以不罚的，也可不予处罚。

第三步，根据单行法律的处罚标准，决定处罚内容。如果决定对当事人不予处罚的，就到第二步程序就终结了。如果应当给予处罚的，那就进入到第三步，又要回到适用单行法律了。因为具体的处罚标准往往是由单行的专门法律，而不是《行政处罚法》规定的。

第四步，对照《行政处罚法》，考虑当事人是否存在从轻、减轻和从重的情节。行政执法机关在根据单行法律的处罚标准，决定处罚内容时，一定要结合《行政处罚法》规定的从轻、减轻和从重的情节进行综合考虑。对当事人处罚的从轻、减轻和从重的情节已由《行政处罚法》作出了明确规定。① 其他法律、法规、规章规定其他应当从轻或者减轻行政处罚的，也应当同时适用。

三、对 2016 年杭州方林富炒货店广告处罚案的重新剖析

下面，我们就以 2016 年杭州方林富炒货店广告处罚案为例，以上述的"四步走"程式进行法律适用上的分析。

第一步，当事人方林富夫妇确实存在违反《广告法》的行为。当事人方林富夫妇在自家店门口在旧纸牌上手写了"中国最好吃最香甜方林富栗子上市了……"确实违反了当时的《广告法》（2015）第 9 条② 规定。

第二步，但根据《行政处罚法》轻微不罚、初违可以不罚的规定，不应当对方林富夫妇进行处罚。因为当事人并没有制作正式的广告牌，他们只是在旧纸板上自己用毛笔书写了"最好吃最香甜"几个字，这对社会没有多大的危害性。正确的做法应当是，执法人员应当向当事人宣讲《广告法》并劝其拿走这块旧纸板。下次再犯，才作处罚。这才于情于理于法都讲得通。

---

① 《行政处罚法》第 32 条规定："当事人有下列情形之一，应当从轻或者减轻行政处罚：（一）主动消除或者减轻违法行为危害后果的；（二）受他人胁迫或者诱骗实施违法行为的；（三）主动供述行政机关尚未掌握的违法行为的；（四）配合行政机关查处违法行为有立功表现的；（五）法律、法规、规章规定其他应当从轻或者减轻行政处罚的。"第 49 条规定："发生重大传染病疫情等突发事件，为了控制、减轻和消除突发事件引起的社会危害，行政机关对违反突发事件应对措施的行为，依法快速、从重处罚。"

② 《广告法》（2015）第 9 条规定："广告不得有下列情形……（三）使用'国家级'、'最高级'、'最佳'等用语……"。《广告法》（2021）第 9 条内容不变。

第三步，如果当事人的行为真该处罚，那必须依法处罚。《广告法》(2015) 第 57 条规定对这类违法的罚款幅度是 20—100 万。① 执法机关也只能在这一幅度范围内决定处罚的内容。

第四步，如果第三步是成立的，那么执法机关应当同时考虑当事人是否存在从轻、减轻和从重的情节。

本案是一件违法但不该处罚之事件。所以在程序上应当到第二步终结。它是一个该不该处罚，而不是该当作多重处罚的问题。在这一法律适用过程中，应当充分发挥《行政处罚法》作为基础性法律的作用。

小　结

"基础性法律"是我国近几年，特别是《民法典》制定之后所形成的一个基本概念。它是指由全国人大及其常委会制定的用于综合调整某一类社会关系或规制某一类行为的综合性法律。它的法律性、全面性、综合性、基础性和优先适用性无法为原有的"基本法律""法典"所全部涵盖。在中国特色社会主义法律体系中，确立这一概念十分必要。随着"基础性法律"这一新概念的确立，一项新的法律适用规则，即"基础性法律优于一般性法律"，也随之确立。

在《行政处罚法》修订后的第三年，明确肯定《行政处罚法》作为行政处罚领域中的基础性法律非常必要，它既可保障将所有行政处罚的"设定"和"实施"都纳入《行政处罚法》的轨道，更可在法律适用上协调好《行政处罚法》与其他法律、法规和规章之间的关系，以保障《行政处罚法》的正确适用。

---

① 2021 年修改的《广告法》未调整这一内容。

【延伸思考】

1. 基础性法律与基本法律是否是同一回事？确立基础性法律这一概念有什么意义？

2. 如何理解《行政处罚法》是基础性法律？基础性法律的"基础性"在法律适用上表现在哪些方面？

3. 在实施行政处罚中如何达到《行政处罚法》与其他专门法律的结合使用？如何遵循程序上的"四步走"？

4. 应当对 2016 年杭州方林富炒货店广告处罚案如何评价？

【规范链接】

▶《中华人民共和国行政处罚法》（2021）第 22—23、28、30—31、33、36、42、51、60、73、84 条

▶《中华人民共和国立法法》（2023）第 10、98—100、103 条

▶《中华人民共和国民法典》（2020）第 11 条

▶《中华人民共和国行政强制法》（2011）第 3 条

▶《中华人民共和国行政许可法》（2019）第 52、58 条

▶《中华人民共和国治安管理处罚法》（2012）第 3 条

▶《中华人民共和国广告法》（2021）第 9、57 条

第 15 章 "行政处罚"概念的法律定位

　　"行政处罚"概念被视作为一个行政法学中的 ABC 问题 40 多年来未曾引起学界的兴趣和研讨。确实,中国的行政法学教科书无不涉及"行政处罚"这一最基本的概念,并且"在诸多行政法领域中,学者们对行政处罚理论的观点分歧最小"[①],因而并未引起研讨和争论的浓厚兴趣。尽管如此,在实践中关于针对交通违法的"罚岗""扣分",特别领域的"强制参加学习班",越来越多领域普遍推广的"黑名单",还有"违法行为的曝光"等做法,是否属于"行政处罚"的"追问"却越加猛烈,这表明"什么是行政处罚"这一"老掉牙"的问题其实尚未真正解决。2021 年《行政处罚法》的修订,特别是该法首次从法律上界定"行政处罚"的概念,才唤起人们对"行政处罚"概念,特别是法律定位的关注和研讨热情。《行政处罚法》关于"行政处罚"的定义一方面推进了行政处罚理论的成熟,另一方面存有几点不足。笔者在这一立法背景下,在全面梳理中外关于"行政处罚"的概念和法律特征的基础上,重构了"行政处罚"的概念,提示了它以"制裁性"为核心的诸多法律特征,并划清行政处罚这一行为和概念的外部边界。对于全面把握行政处罚概念的定位,正确辨别行政处罚与非行政处罚,对于指导有关机关正

_____

[①]　余凌云:《行政法讲义》,清华大学出版社 2019 年版,第 330 页。

确设定行政处罚和正确实施行政处罚，会有一定的理论和实践意义。

§15.1 全球视野下的"行政处罚"

基于世界上各国行政法学理论体系的不同，寻找其和"行政处罚"相对应的概念是一件困难的事。

一、英美国家的"行政处罚"

在英美法系国家，由于没有单独的行政处罚立法，很难在行政法理上找到一个和我国行政法中的"行政处罚"相对应的概念。英国行政法被定位于以司法审查为核心，旨在控制政府权力的法。它的行政法重在研究和阐释司法机关对政府权力进行控制的程序和手段，几乎不研究，也无必要研究政府的管理行为。所以，"在英国行政法中找不到行政处罚的概念"[1]。美国和英国稍有不同，它毕竟有一个《联邦行政程序法》，里面有一个和"行政处罚"接近的概念，即"制裁"(sanction)。该法第551条[2]第（十）项规定："'制裁'包括下列行政机关行为的全部或一部分：1.禁止、强制、限制或者其他影响个人自由的措施；2.不予救济；3.给予处罚或罚金；4.销毁、禁用、没收或者扣押财产；5.确定应给付的损害赔偿、归还、恢复原状、补偿、成本费、收费或酬金的数额；6.许可证的吊销、停止或附加条件；7.采取其他强制性或限制性措施。"[3]其实，在英美法系国家，和我们行政处罚制度接近的是：当事

---

① 皮纯协主编：《行政程序法比较研究》，中国人民公安大学出版社2000年版，第350页。

② 这是按美国法典的统一编号。

③ 原文是："sanction" includes the whole or a part of an agency---(A)prohibition, requirement, limitation or other condition affecting the freedom of a person; (B)withholding of relief; (C)imposition of penalty or fine; (D)destruction, taking, seizure, or withholding of property; (E)assessment of damages, reimbursement, restitution, compensation, costs, charges, or fees; (F)requirement, revocation, or suspension of a license; or(G)taking other compulsory or restrictive action".

人因违反行政上的义务，有关国家机关对当事人依法采取法律制裁的措施。法律制裁可由行政机关作出，但大多由司法机关作出。它们把一切对当事人不利的措施都称作为"制裁"。因而在我们看来，它们的"行政处罚"显然是行政责任与司法责任不分，行政处罚与行政强制措施不分。这就是英美国家行政制裁制度的法律特点。

二、大陆法系的"行政处罚"

大陆法系国家则不同，不仅大多数国家以单独立法为基础，而且还在理论上具有一个对应概念——"行政罚"。奥地利早在 1925 年就制定了《行政罚法》。几经修改后，现行法律由奥地利联邦公报第 172 号于 1950 年 5 月 23 日颁布。由该法所确立的"行政罚"，是指行政官署对违反行政义务行为人（行政犯）所实施的法律制裁。其制裁手段包括：警告、自由罚、没入、罚锾、易科罚。① 德国的行政处罚法律制度和理论源于奥地利又不同于奥地利，它将行政处罚的范围限定于秩序罚，即行政官署对当事人违反管理秩序而给予的制裁，相当于中国的治理管理处罚。它没有像奥地利那样制定一个完整的《行政罚法》，而是通过《违反秩序罚法》设定了该制度。德国违反秩序罚是一种独特的制度，它既不是刑事法律制度②，也因不适用《行政程序法》③而不属于行政程序制度。其处罚手段也比较简单，以罚锾为主罚，没入为从罚。

法国虽属大陆法系，但它关于"行政处罚"的制度更接近判例法。其行政机关对违法当事人实施行政处罚的依据，没有统一的处罚法，只是散见于各种具体法规之中。但它理论上同样把"行政处罚"定性为"行政罚"。其行政罚是指对违反行政上义务的人，由行政机关科以刑罚以外的处罚。这种处罚的特点是它由行政机关决定，不由法院判决，处罚的种

---

① 参见城仲模：《奥国行政罚制度析论》，载《行政法之基础理论》，三民书局 1994 年版。

② 德国行政官署的行政处罚权是"非犯罪化"（Decriminalization）和"非刑罚化"（Depenalization）潮流的产物。

③ 即德国 1976 年联邦行政程序法（Verwaltungsverfahrensgesetz VwVfG）。

类是刑罚以外的制裁，包括申诫、罚款、扣留、没收、停止营业、停止发行、取消职业证件、取消开车执照、丧失某种利益、取消某种资格等。①

日本是一个深受德国、奥地利和美国法影响的国家。它的"行政罚"有广狭两种含义。广义上的"行政罚"是指，对行政法上的义务违反，基于一般统治权，作为制裁所给予的行政刑罚和秩序罚。前者是刑罚制度，适用有关刑事罪名给予制裁；后者是适用各种管理性法规及《非诉案件程序法》给予处罚，手段包括：1.罚款；2.停止或撤销授益行为；3.赋课加算税、征收金；4.公布违反义务行为等。② 狭义上的"行政罚"，即"秩序罚"，更接近中国的"行政处罚"。但在日本，无论行政刑罚还是秩序罚，都由法院科处。③

三、俄罗斯等国的"行政处罚"

俄罗斯的行政处罚制度是一个世界上最为庞大的体系。④2001 年颁布的《俄罗斯联邦行政违法法典》把自然人和法人各种违反行政管理的行为定性为"行政违法"⑤，并详细规定了对行政违法当事人的处罚方式和程序。这部世界上条文最多、字数最长的行政处罚法典，几乎集实体与程序、决定程序与执行程序、行政程序与司法程序于一身。⑥ 这种大而全的行政处罚制度，使处罚主体包括了"被授权审查行政违法案件

---

① 参见王名扬：《法国行政法》，中国政法大学出版社 1989 年版，第 168 页。

② 参见[日]田中二郎：《简明行政法》(新版)，弘文堂 1983 年版，第 490 页；[日]南博方：《日本行政法》，杨建顺、周作彩译，中国人民大学出版社 1988 年版，第 85—88 页；[日]市桥克哉等：《日本现行行政法》，田林等译，法律出版社 2017 年版，第 211 页。

③ 参见杨建顺：《日本行政法通论》，中国法制出版社 1998 年版，第 490—491 页。

④ 参见刘春萍：《俄罗斯联邦行政法理论基础的变迁》，法律出版社 2006 年版，第 161—167 页。

⑤ 《俄罗斯联邦行政违法法典》第二条之一（行政违法行为）规定："1.自然人或法人违反法律的、有过错的并被本法典或俄罗斯联邦主体行政违法法规定了行政责任的行为（不作为），被视为行政违法行为……。"

⑥ 现行《俄罗斯联邦行政违法法典》有五篇三十二章和 603 条。当然，它的条文编号非常特殊，把每章编为同一条，各条以"之一""之二""之三"等表示实际条文。

的法官、机关、公职人员";处罚方式也非常多样化,包括(1)训诫;(2)行政罚款;(3)有偿收缴实施行政违法行为的工具或行政违法对象;(4)没收实施行政违法行为的工具或行政违法对象;(5)剥夺赋予自然人的专门权利;(6)行政拘留;(7)将外国公民或无国籍人行政驱逐出俄罗斯联邦国境;(8)取消资格。①

越南的行政处罚制度值得一提。越南学习俄罗斯立法经验,制定了《越南社会主义共和国行政违法处罚法》,该法将"行政违法处罚"(行政处罚)定义为:"行政违法处罚是对有故意或过失违反国家管理规定的行为,但未达到追究其刑事责任程度的公民、组织给予的行政处罚。"② 而且其处罚的方式非常广泛,包括:1.警告;2.罚款;3.剥夺许可证使用权;4.没收用于行政违法的赃物、工具;5.强制其将行政违法造成的变更恢复到原来的状况或强制其拆除违法建筑工程;6.强制行政违法的公民、组织采取措施克服因行政违法行为引起的生活环境污染和疾病传播造成的后果;7.强制赔偿因行政违法行为造成的损失;8.销毁危害人体健康的物品和文化毒品。此外还有:1.在乡、坊、镇进行教育;2.送入教养学校;3.送入教育机构;4.送入医疗机构;5.行政管制。③

境外"行政处罚"的概念和定位对我们有一定的启迪和借鉴,但它毕竟和我们不处同一法系,话语体系上会有一定差距。所以,我们还得将目光转向中国自身。

§15.2 "行政处罚"概念的中国追溯

一、1983年至20世纪末

我国自从1983年第一本行政法方面的国家统编教材问世以来,大

---

① 参见刘春萍:《转型期的俄罗斯联邦行政法》,法律出版社2005年版,第六章俄罗斯联邦的行政处罚制度。

② 徐中起主编:《越南法研究》,云南大学出版社1997年版,第63页。

③ 徐中起主编:《越南法研究》,云南大学出版社1997年版,第66—67页。

多行政法学教材都对"行政处罚"下了定义。这本教材对行政处罚的定义表述得非常简单:"行政处罚是国家行政机关对违反行政管理法规的人所作的处罚。"[①]

1988年应松年主编的《行政法学教材》对行政处罚的定义表述为:"行政处罚是指特定国家行政机关对违反法律法规尚未构成犯罪的行政管理相对人所给予的特定的法律制裁。"这一定义对所反映的内容有所推进,揭示了它的非刑事性。[②]

1989年,由罗豪才主编的《行政法学》,对行政处罚的定义表述为:"行政处罚是国家特定行政机关依法惩戒违反行政法规规范的个人、组织的一种行政行为,属行政裁制范畴。"首次表明,行政处罚是一种制裁性的行政行为。[③]同年,张焕光、胡建淼著的《行政法学原理》指出:"行政处罚是指由法律所特定的行政主体,基本于行政管辖职权,对犯有一般违法行为,尚未构成犯罪的相对人依法所作的一种制裁。"[④]2000年前,陆续还有罗豪才、应松年、王连昌等主编的教材对行政处罚定义作过相近的表述。[⑤]

二、21世纪以来

进入到21世纪之后,不少重要的行政法教材或著作,在较大程度地推进中国行政法基础理论的基础上,对"行政处罚"的定义,趋向雷

[①] 王珉灿主编:《行政法概要》,法律出版社1983年版,第127页。

[②] 参见应松年主编:《行政法学教材》,中国政法大学出版社1988年版,第293页。

[③] 参见罗豪才主编:《行政法学》,中国政法大学出版社1989年版,第155页。

[④] 张焕光、胡建淼:《行政法学原理》,劳动人事出版社1989年版,第282页。

[⑤] 如:罗豪才主编的《行政法学》(北京大学出版社1996年版,第201页)认为:"行政处罚是指行政机关或其他行政主体依照法定权限和程序对违反行政法规尚未构成犯罪的相对方给予行政制裁的具体行政行为。"应松年主编的《行政行为法》(人民出版社1993年版,第460页)一书认为:"行政处罚是行政机关及法定组织对违反行政法律、法规、规章尚不构成犯罪的公民法人或者其他组织实施的制裁行为。"还有王连昌主编的《行政法学》(中国政法大学出版社1994年版,第205页)指出:"行政处罚是指行政主体对违反了法定义务者依法所采取的一种制裁。"

同化。例如：2004 年杨海坤、章志远著的《中国行政法基础理论研究》认为："行政处罚是行政主体对违反行政法律规范的行政相对人所给予的制裁。"①2005 年应松年主编的《当代中国行政法》指出："行政处罚是指国家行政机关依法对违反行政管理秩序而尚未构成犯罪的公民、法人或者其他组织所实施的一种惩戒行为。它属于行政制裁范畴。"②2014 年章剑生著的《现代行政法基本理论》认为："行政处罚是行政机关依法对行政相对人违反行政法上义务行为所给予的一种法律制裁。"③ 还有，江必新、梁凤云著的《行政诉讼法理论与实务》认为："行政处罚是指行政机关对于违反国家法律、法规但是未构成犯罪的行政相对人给予制裁的行政行为。"④

2011 年，曹康泰主编的《行政处罚法教程》，第一次从《行政处罚法》的视角对行政处罚下定义。它指出："根据《行政处罚法》的规定，在我国，行政处罚是指行政机关对公民、法人或者其他组织违反行政管理秩序行为，依法给予刑罚以外的制裁。"⑤

到了 2019 年，姜明安主编的《行政法与行政诉讼法》教材，可能属于迄今为止对行政处罚定义最长的一次表述。它指出："行政处罚，是指行政主体为达到对违法者予以惩戒，促使其以后不再犯，有效实施行政管理，维护公共利益和社会秩序，保护公民、法人或者其他组织的合法权益的目的，依法对行政相对人违反行政法律规范但尚未构成犯罪的行为（违反行政管理秩序的行为），给予其人身的、财产的、名誉的

---

① 杨海坤、章志远：《中国行政法基础理论研究》，北京大学出版社 2004 年版，第 262 页。

② 应松年主编：《当代中国行政法》，中国方正出版社 2005 年版，第 840 页。

③ 章剑生：《现代行政法基本理论》，法律出版社 2014 年版，第 355 页。

④ 江必新、梁凤云：《行政诉讼法理论与实务》（上卷），北京大学出版社 2016 年版，第 213 页。

⑤ 曹康泰主编：《行政处罚法教程》，中国法制出版社 2011 年版，第 2 页。

及其他形式的法律制裁的行政行为。"① 同年，余凌云教授在其《行政法讲义》第三版中认为，行政处罚是指"对违反行政法义务的相对人的一种行政裁制，目的既有对违法的惩戒，又有预防和抑制未来违法的效果，也可以作为威吓手段，迫使义务人尽快消除轻微的违法状态"②。

综合以上行政处罚定义种种，确实觉得人们对行政处罚概念分歧不大，主要是表述上的差异。正如有学者所述，"学者对行政处罚概念的看法基本一致，没有实质区别，只是行文表述上有些差异"。③ 也正因为这样，学者们没有再进一步着力推进"行政处罚"概念的完善，直到2021年新修订的《行政处罚法》为"行政处罚"增加了一个定义。

§15.3 《行政处罚法》的新定义

一、《行政处罚法》增设"行政处罚"定义

行政处罚是我国行政执法的一种重要方式，集中创设行政处罚制度、规制行政处罚行为的法就是《行政处罚法》。在我国有关行政行为的三大基本法中，即《行政处罚法》（1996制定）、《行政许可法》（2003年制定）和《行政强制法》（2011年制定），唯有这个制定时间最早并作为行政处罚领域的基本法的《行政处罚法》，未曾对"行政处罚"下过法律上的定义。④2021年对《行政处罚法》修订的一个"亮点"就是增设了"行政处罚"的定义。新修订的《行政处罚法》第2条规定："行政处罚是指行政机关依法对违反行政管理秩序的公民、法人或者其他组织，以减损权益或者增加义务的方式予以惩戒的行为。"这一定义反映

---

① 姜明安主编：《行政法与行政诉讼法》，北京大学出版社、高等教育出版社2019年版，第263页。
② 余凌云：《行政法讲义》，清华大学出版社2019年版，第330页。
③ 余凌云：《行政法讲义》，清华大学出版社2019年版，第330页。
④ 而《行政许可法》和《行政强制法》都在法律中分别对"行政许可"和"行政强制"（还包括行政强制措施和行政强制执行）下了定义。

了"新行政处罚法"对"行政处罚"这一行政行为的定性、定位，它会影响我国行政处罚的制度、理论和实践，于是引起广泛关注和研讨。

新修订的《行政处罚法》增设了"行政处罚"的定义，从而使我国的"行政处罚"有了一个法律概念，由此告别了25年来忽视和回避行政处罚法律定义的行政处罚立法史，实现了在立法模式上和《行政许可法》《行政强制法》的看齐。"行政处罚"法律概念"从无到有"的出现，有助于我国的行政执法走向以实质而不是形式标准甄别行政处罚行为，不再仅仅将警告、罚款、拘留等符合处罚形式的行为看成是行政处罚，不再将大量随意"创设发明"的带有惩罚意义的各种措施，诸如"罚岗""限制子女上学""强制参加学习班""上黑名单"等，游离于《行政处罚法》之外而不受行政处罚基本法的约束。"行政处罚"定义的增设，不只是增加一个条文而已，它给立法、执法和理论带来的积极意义不能低估。

二、"行政处罚"的四个内容元素

另就《行政处罚法》修订新增加的"行政处罚"概念本身构造而言，这一法律概念是一个基本科学合理，同时也略可改进的理论范畴。"行政处罚"法律概念设置了四个内容元素：处罚主体、处罚对象、被处罚行为和处罚内容。

处罚主体是国家行政机关，还包括得到法律法规授权的其他组织。从理论上说是行政主体。行政处罚就是由具有行政处罚权的行政主体实施的行政行为。处罚对象是违反行政管理秩序的公民、法人或者其他组织，即从事违法行为的当事人。被处罚行为是指行政处罚所针对的违法行为，即违反行政管理秩序的行为。处罚内容是对当事人的"惩戒"，即减损当事人的权益或者增加当事人的义务。这四大概念元素，内容完整、结构科学。特别是"以减损权益或者增加义务的方式予以惩戒"这一"制裁"特性的表述，为中国40年来的理论成果、数百本行政法学教科书所没有。这些都是值得肯定的地方。但是另一方面，这一法律概念还存在可商榷的地方。

三、对现行概念的商榷

一是，应当以"权利义务"为本位还是以"管理秩序"为本位？《行政处罚法》关于"行政处罚"的定义，将"可处罚行为"表述为"违反行政管理秩序"的行为。这种表述源自1957年《治安管理处罚条例》关于"违反治安管理行为"的定性，并一直延续至今。在世界上，无论是普通法系还是大陆法系，大多把"可行政处罚行为"表述为"违反行政法上义务"的行为。即便是非常强调"管理中心主义"俄罗斯，它在《俄罗斯联邦行政违法法典》中，也没有将"可处罚行为"表述为"违反管理行为"，而是表述为由自然人或法人作出的，违反法律并有过错，依法规定必须追究行政责任的行为。① 中国的学者们在对"行政处罚"下定义时，一般把"可处罚行为"表述为"违反行政法律规范的行为""违反行政法上义务的行为""违反行政管理秩序的行为"②。作者以为，把"可处罚行为"表述为"违反行政管理秩序"的行为或作类似的表达，它突出的是国家的"管理"，反映了以"管理"为本位的理念，在强调"以人民为中心"的当下已不再合适。况且，它没有反映出"管理秩序"的合法性。违反"行政管理秩序"的不一定是"违法"行为，只有违反"行政法律秩序"的才是"违法"行为。表述为"违反行政法上义务的行为"当然比前一类表达进步，体现了以当事人的权利义务为核心，但在中国的法理语境中，这一表达过于狭窄。为此，我们建议，还是将"可处罚行为"表述为"违反行政法律规范的行为"为宜。

二是，"减损权益或者增加义务"能否涵盖"申诫罚"？减损权益或者增加义务的提法源自《立法法》（2023）第91条第2款和第93条第6款规定，即规章在无法律法规依据的条件下，不得"减损公民、法人

---

① 参见《俄罗斯联邦行政违法法典》第二条之一。
② 后期由于受《行政处罚法》的影响，才这样表达。

和其他组织权利或者增加其义务"。①"减损"当事人的权益或者"增加"当事人的义务，显然是让当事人承受一种不利结果，把它作为一种标志性结果来凸显行政处罚的"制裁性"不能不说是一种进步。但有一点小小的顾虑是：在习惯性理解上，"减损权益或者增加义务"往往会被局限在有形性权利与义务上，还比不上"承担不利后果"的表述更为广泛。

§15.4 梳理行政处罚的法律特征

一、是特征决定概念而不是相反

中国的法学方法和逻辑总是先讲"概念"再讲"特征"，以至于不少行政法教科书上的标题总是"行政处罚的概念和特征"，而不会是"行政处罚的特征和概念"，以为是"概念"决定了"特征"而不是相反。"概念"固然反映和应当反映"特征"，但事实恰恰是"特征"决定"概念"，而不是"概念"决定"特征"。是行政处罚的法律特征决定了行政处罚的概念，而不是行政处罚的概念决定了行政处罚的法律特征。行政处罚的概念应当反映行政处罚的特征，但也不用并且无法反映行政处罚的所有特征。再说，我们无法只通过理解一个行政处罚的概念就能运用自如地辨别此行为是行政处罚、彼行为不是行政处罚，一定还需要全面了解和把握行政处罚的各种法律特征。因此，我们在这里还不急于匆匆地对行政处罚下一个完美的定义，而是应当率先探讨行政处罚的法律特征到底有哪些，围绕着这些特征再考虑如何下一个更能反映其特征的法律概念。界定行政处罚不应当从概念出发，相反应从行政处罚这类行政行为

---

① 《立法法》（2023）第91条第2款规定："部门规章规定的事项应当属于执行法律或者国务院的行政法规、决定、命令的事项。没有法律或者国务院的行政法规、决定、命令的依据，部门规章不得设定减损公民、法人和其他组织权利或者增加其义务的规范，不得增加本部门的权力或者减少本部门的法定职责。"第93条第6款也规定："没有法律、行政法规、地方性法规的依据，地方政府规章不得设定减损公民、法人和其他组织权利或者增加其义务的规范。"

本身所具有的法律特征出发。一种行为的法律特征是由该行为的法律属性所决定的，而对这些共有特征进行浓缩和抽象的结果才形成概念。

二、行政处罚法律特征种种

所谓行政处罚的法律特征，是指行政处罚这一行为在法律意义上有别于其他非行政处罚行为的特有表征。在我国行政法学界，行政处罚的法律特征一直伴随着行政处罚的概念而存在。新中国自脱胎于"苏维埃国家法"之后的第一部国家统编行政法学教材，即 1983 年王珉灿主编的《行政法概要》①，它第一次以"要件"的名义提示了行政处罚的三个法律特征：1.行政处罚以违反行政管理法规所规定义务为前提；2.行政处罚一般由国家行政主管机关根据行政管理法规来裁决；3.行政处罚的对象是违反行政管理法规所规定的义务的当事人。包括公民和法人。②1988 年应松年主编的政府法制干部培训教材《行政法学教材》，揭示了行政处罚的四个法律特征：1.行政处罚是行政机关的行为；2.行政处罚是对行政管理相对人的处罚；3.行政处罚是一种科以惩戒性义务的行政处理决定；4.行政处罚是对相对人违法行为的处罚。③1989 年罗豪才主编的《行政法学》对行政处罚特征作了另一种方式的表达：1.行政处罚是特定行政机关的行为；2.行政处罚是对个人、组织的处罚；3.行政处罚是对个人组织违反行政法律规范行为的处罚；4.行政处罚是一种法律制裁。④ 到了 1996 年，由于《行政处罚法》的出台，我国学者对行政处罚法律特征的看法开始定型。如当时的一本高等教育法学教材《行政法学》，将行政处罚的法律特征概括为：1.行政处罚的主体是行政机关或法律、法规授权的其他行政主体；2.行政处罚的对象是作为相对方的公民、法人或者其他组织；3.行政处罚的前提是相对方实施了违反行政

---

① 参见王珉灿主编：《行政法概要》，法律出版社 1983 年版。

② 参见王珉灿主编：《行政法概要》，法律出版社 1983 年版，第 127—128 页。

③ 参见应松年主编：《行政法学教材》，中国政法大学出版社 1988 年版，第 293—294 页。

④ 参见罗豪才主编：《行政法学》，中国政法大学出版社 1989 年版，第 156 页。

法律规范的行为；4.行政处罚的性质是一种以惩戒违法为目的具有制裁性的具体行政行为。① 到了 2000 年以后，我国的行政处罚理论更加成熟，关于行政处罚法律特征的探讨也有了进一步的深化，从原有的主体、对象、行为扩展至目的和效果，以及与刑罚的区别。2005 年应松年主编的《当代中国行政法》认为，行政处罚的特征有以下四点：1.行政处罚的主体是特定国家行政机关；2.行政处罚的对象是行政相对人；3.行政处罚针对的是行政违法而不是犯罪行为；4.行政处罚是一种法律制裁，通过对违法人的惩戒，使其以后不再重犯。② 此外，2011 年原国务院法制办组织编写的行政执法培训教材《行政处罚法教程》，把行政处罚的特征归纳为五个"性"，即目的的惩戒性，实施主体的行政性，法律关系的外部性，违法行为的确定性，结果的损益性。③2012 年的另一本《行政处罚法教程》把行政处罚的法律特征概括为这样五项：1.行政处罚的主体是享有行政处罚权的行政机关；2.受处罚人是作为相对方的公民、法人或其他组织；3.行政处罚的前提是相对方实施了违反行政法律规范的行为；4.享有行政处罚权的行政主体必须依法给予相对方行政处罚；5.行政处罚的性质是一种以惩戒违法为目的的、具有制裁性的行政行为。④

　　作者以为，学者们有关行政处罚法律特征的种种论述⑤，均无大错。问题只在于：一是，不少定义在理论上没有很好地区别行政处罚的构成要素与行政处罚的法律特征。行政处罚的构成要素是指行政处罚之所以成为行政处罚的必备元素，一般包括主体、对象、行为、内容等；而行政处罚的法律特征是指行政处罚这一行政行为之所以不同于其他（行政）行为的特点。行政处罚的构成要素与行政处罚的法律特征，它们之间有

---

① 参见罗豪才主编：《行政法学》，北京大学出版社 1996 年版，第 202 页。
② 参见应松年主编：《当代中国行政法》，中国方正出版社 2005 年版，第 840 页。
③ 参见曹康泰主编：《行政处罚法教程》，中国法制出版社 2011 年版，第 3—4 页。
④ 参见应松年主编：《行政处罚法教程》，法律出版社 2012 年版，第 5—7 页。
⑤ 还有不少行政法教材，只述行政处罚概念，不涉及行政处罚的法律特征。

联系，但也有区别。① 二是，由于这些特征大多以行政处罚的构成要件为基础，从而将法律特征局限于主体、客体、对象和行为范围等构成元素内考察，它虽能将行政处罚与司法行为、民事行为区分开来，但因没有深入行政处罚这种行政行为本身的个性，当阐述行政处罚与其他行政行为的关系时，就显得发力不足。

三、行政处罚法律特征之再造

为此，作者试图在行政处罚行为原有构成要素基础上，同时补充行政处罚之所以成为行政处罚的个性，一并作为行政处罚的法律特征进行阐述，以有效地界定行政处罚与非行政处罚之间的界限。基于这样的考虑，行政处罚的法律特征从抽象到具体、从宏观到微观、从外部到内部，可以确定和阐述如下：

第一，行政性。实施行政处罚是行政主体适用《行政处罚法》等行政法律规范依法作出的行政行为，它不是国家的立法行为、司法行为，也不是民事行为。对当事人实施行政处罚，属于对当事人追究行政责任，而非刑事责任、民事责任或纪律责任。所以，司法机关对违反行政法义务的当事人追究刑事责任就不属于行政处罚。

第二，具体性。按传统的说法，行政处罚是一种具体行政行为，不是抽象行政行为。② 作为一种具体行政行为，又可派生出另外两个特点：

---

① 比如，机动车是由动力装置驱动或牵引、在道路上行驶的轮式车辆。这是机动车的概念或定义。它由方向控制器、动力装置、轮子、可载人载物的空间等组成。这是指机动车的构成元素。机动车区别于飞机、火车和轮船的特点，就是机动车特征。机动车的最关键的特征就是只能在道路上行驶。

② 当下的行政立法和行政法理已趋向于否定"具体行政行为与抽象行政行为"的提法，而代之以"行政决定与行政规定"。其中一个重要的原因是，原来的提法不科学：世界上只有抽象的规则，但不可能有抽象的行为；任何行为都是具体的。为此，2014年《行政诉讼法》的修改已将"具体行政行为"一律改为"行政行为"。这里暂时借用一下"具体行政行为"这一概念，只是为了将行政处罚对象上的"特定性"和适用上的"一次性"合并为一个"特征"（具体性）来阐述而已。

1.对象上的特定性。它是针对特定的公民、法人或者其他组织作出的，而不是针对普遍的不特定的对象作出的行为。2.效力适用上的一次性。一个处罚决定只能适用一次，不能反复适用同一人、同一事。这显然与可以反复适用的处罚规则不同。因此，具有制裁性的抽象规则不属于行政处罚。

第三，外部性。行政处罚是行政主体代表国家对社会上的公民、法人或者其他组织所作出的行政制裁行为，是一种外部行政行为，不是内部行政行为。它体现的是国家对社会的监督和管理关系，而不是国家自身、政府自身或单位自身的内部管理或劳动关系。因此，上级行政机关对下级行政机关、行政机关对其工作人员的通报批评及其他制裁性的处理，都不属《行政处罚法》意义上的行政处罚。

第四，主动性。行政行为可分为依职权行为与依申请行为。行政处罚系由行政主体依法针对公民、法人或者其他组织违反行政法律规范行为依职权主动作出的行政行为。它既不是"不告不理"的司法裁判行为，也不是依申请的行政行为（如行政复议）。

第五，单方性。依行为的成立是否须以双方（或多方）的意思一致为标准，行政行为有单方行为与双方行为之分。行政处罚属于单方行政行为，由处罚机关的单方意志所决定，它不以违法当事人的同意为前提。所以，行政协议行为以及追究合同责任不属于行政处罚。

第六，决意性。行政行为还有意思行为与物理行为之分。① 行政处罚是一个基础性的行政决定，是一种意思的表达。对生效行政处罚决定的强制执行属于物理行为，不能作为行政处罚而只能作为行政强制执行对待。为此需要强调两点：一是不能把对生效行政处罚决定的强制执行视作

---

① 以前行政法学术界由于受民法学的影响，把意思行为称作法律行为，把物理行为称作事实行为。当下的行政法学理论已经淡化这一划分，都把它称为行政行为。

为行政处罚①；二是不能将一个行政处罚决定与对处罚决定的强制执行笼统地合称为行政处罚行为②。行政处罚决定与对行政处罚决定的强制执行属于两个不同的行政行为而分别受《行政处罚法》和《行政强制法》的调整。

第七，封闭性。行政行为是一个过程，它多少都会经历程序启动（立案等）、有关措施、调查取证、研究讨论，到最终形成一个处理决定。为此在行政法学上形成了过程行为与结果行为这一理论范畴。过程行为也称中间行为，它仅构成对某一事项处理过程中的一个环节，并未对该事项作出最终处理，不具有封闭性。它是为结果行为服务的一种临时性的行为，如查封、扣押便是一例。结果行为系指对某事的最终处理完毕，有了最终的处理结论，程序上达到了封闭。所以，结果行为也可称为最终行为或封闭行为。行政处罚是一种结果行为，具有封闭性。这正是行政处罚与行政强制措施的区别之一。③

---

① 如《行政处罚法》第72条第1款第（一）项规定，行政机关可以对当事人"到期不缴纳罚款的，每日按罚款数额的百分之三加处罚款"。在这里，前一个"罚款"属于行政处罚行为，后一个"罚款"就属于行政强制执行（执行罚）行为。

② 如《治安管理处罚法》（2012）第10条第2款规定："对违反治安管理的外国人，可以附加适用限期出境或者驱逐出境。"现公安机关对违反治安管理的外国人"驱逐出境"，但我们不能笼统地说这是行政处罚或是行政强制执行。其实作出对违反治安管理的外国人"驱逐出境"的决定，属于"行政处罚决定"，而有关机关对到期不离境的外国人实施强制"驱逐出境"，这就不属于行政处罚，而属于行政强制执行了。

③ 假如：执法机关在道路上执法，一辆载货大车徐徐开来，形迹可疑，执法人员上前一拦，要求停车，这时出现了第一个行为，即"行政命令"；车子停下后，执法人员爬上车辆检查货物，这时出现第二个行为，即"行政检查"；检查后发现货物有走私嫌疑，便扣留车辆和货物，要求当事人等候调查处理，这时出现了第三个行为，即"行政扣留"（属于行政强制措施）；经过两个月的调查，最终认定当事人走私，便作出决定，没收货物、罚款5万元，这就出现了第四个行为，即"行政处罚"。只有等第四个行为作出，才意味着这件事处理完毕了，整个行政程序实现了封闭。在这里，前面的行政命令、行政检查、行政扣留都属于过程行为，是行政程序中的一个环节，而最后作出的"没收货物、罚款5万元"的决定才是结果行为，它具有封闭性，意味着整个处理程序的完毕。当然，并不是所有的结果行为都是行政处罚，但行政处罚一定属于结果行为；中间行为就不可能是处罚行为。

第八，不利性。行政行为还有不利行为与有利行为之分。前者也称侵益行为，系指该行政行为的后果是让当事人权利减损；后者称授益行为，系指该行政行为的后果是让当事人获得或增加权益。行政处罚在本质上是强制当事人承担一种不利的后果，作为其因违法行为而不得不付出的"代价"。不利性可以表现为对当事人某种合法权益的剥夺（如罚款）或限制（如扣证六个月），也可表现为对其科以或增加义务，还包括让当事人承担声誉上的不利后果（如警告和公开违法事实等）。行政处罚肯定是强制当事人承受一种不利后果。当然，并不是所有的不利行为都属于行政处罚，所以还需要结合下一个特征来界定。

第九，制裁性。行政处罚是行政主体针对违反行政管理秩序的行为人所实施的法律制裁，具有很强的惩罚性和制裁性。制裁性是行政处罚所有法律特征中最为核心和关键的特征，是行政处罚之所以称之为行政处罚的核心要义。

四、行政处罚"制裁性"的深度理解

制裁性是行政处罚所有特征中最为本质的东西，对它需要作全面而深度的把握。

一是，它以当事人违法为前提。行政处罚是一种行政制裁，而制裁是针对当事人违法行为作出的。制裁的起因和目的都是针对当事人的违法行为。所以，如果不以当事人的违法并以制裁当事人的违法为目的就不是行政处罚。比如，当事人殴打他人，违反治安管理，公安机关对他拘留14天，限制他14天的人身自由，这是行政处罚；但是，如果当事人有携带传染性病毒嫌疑，政府防疫部门对他强制隔离14天，这14天他的人身自由同样在一定程度上受到限制，但这不是行政处罚，而是行政防疫措施。因为强制隔离的目的不是为了惩罚他，而是为了预防新冠肺炎的传播。

二是，它强制当事人承受一种不利后果。制裁的内容是强制当事人承受一种不利后果。由于处罚的种类包括人身罚、财产罚、行为罚、资格罚和申诫罚，其不利的后果所涉载体具有广泛性，包括权利与义务，有形的与无形的。

三是，不利后果与当事人违法之间是"对价"而不"等价"。当事人承受不利后果是为其违法行为付出的一种"代价"；违法行为越严重，承受的不利后果也就越大。这就是说，不利后果与当事人的违法行为是一种"对价"关系。而且，行政处罚作为一种制裁，必须让当事人承担"额外"的付出。如果是违法行为的"等价"付出，仅仅是一种利益上的"垫平"，那就谈不上制裁。这就是为什么纠正违法不属于处罚的道理。假如，当事人毁坏一株棵苗，政府责令他补种一株棵苗，这不是行政处罚，这是"等价"的修复，不具有惩罚性；但现在政府责令他补种十倍甚至百倍的棵苗，这就具有惩罚性，当事人承受了"额外"的付出。① 又如当事人开车违章撞坏了公路隔离栏，如果仅仅责令当事人修复被他撞坏了公路隔离栏，这属于"等价赔偿"，不属处罚。如果除了修复，还要对他罚款 1000 元，这就是处罚了。因为修复公路隔离栏，是等价赔偿的一种方式，不是一种额外的付出。在修复之外，还要罚款，这就是额外的付出了。

---

① 如我国《森林法》（2019）第 74 条规定："违反本法规定，进行开垦、采石、采砂、采土或者其他活动，造成林木毁坏的，由县级以上人民政府林业主管部门责令停止违法行为，限期在原地或者异地补种毁坏株数一倍以上三倍以下的树木，可以处毁坏林木价值五倍以下的罚款；造成林地毁坏的，由县级以上人民政府林业主管部门责令停止违法行为，限期恢复植被和林业生产条件，可以处恢复植被和林业生产条件所需费用三倍以下的罚款。违反本法规定，在幼林地砍柴、毁苗、放牧造成林木毁坏的，由县级以上人民政府林业主管部门责令停止违法行为，限期在原地或者异地补种毁坏株数一倍以上三倍以下的树木。向林地排放重金属或者其他有毒有害物质含量超标的污水、污泥，以及可能造成林地污染的清淤底泥、尾矿、矿渣等的，依照《中华人民共和国土壤污染防治法》的有关规定处罚。"

§15.5 为"行政处罚"重新定位

概念是任何学科的基点,理论和立法都离不开概念。行政处罚的概念应当是行政处罚法律属性和法律特征的反映。为此,我们需要结合上述法律特征,为"行政处罚"概念重新定位。

所谓行政处罚,系指行政机关在行政法律关系中,对违反行政法律规范而尚不需追究刑事责任的公民、法人或者其他组织,作出惩罚性的不利决定。理解这一定义,需要关注以下几个要点:

一是,行政处罚是一个基础决定。严格地说,把"行政处罚"称为"行政处罚行为"过于笼统,它更是一种"决定",是行政机关针对当事人作出的一个"行政处罚决定"。而且这种决定属于"基础决定"(基础行为),即对事件作出最早处理的一个决定,也有人将它称为"第一次行政行为",它与事后对这一决定的纠正、修复、救济和执行等不同。这样,行政处罚作为一种基础性的决意行为,就和行政强制措施和行政强制执行等行为区别开来了。

二是,行政处罚是一个不利的基础决定。行政处罚决定对当事人来说,是一种不利行为,它强制当事人并由当事人承受一种不利后果,包括剥夺、限制、减少当事人的权益,或科以、增加当事人的义务,还包括对当事人声誉等不利影响。本定义之所以不用《行政处罚法》中的"减损权益或者增加义务"的表述方式,是因为让当事人承担"不利后果"远比"减损权益或者增加义务"广泛。"减损权益或者增加义务"仅仅是让当事人承担"不利后果"的一种方式而已。这一特点,可以将作为不利行为的行政处罚与中性行为、授益行为区别开来。

三是,行政处罚是一个惩罚性的不利决定。不利决定具有一定的广泛性,它包括各种行政强制措施决定、行政强制执行决定、行政征收征用决定、责令当事人纠正违法的决定等,但只有具有"惩罚性"的不利决定才属于行政处罚。这一"惩罚性"主要表现在:一是以当事人的违法为前提；二是以惩罚当事人为目的；三是让当事人因违法而承受"额外"的"付出"。这就可以让行政处罚与其他的不利决定区别开来。

四是，行政处罚是针对违反行政法律规范而尚不需追究刑事责任行为一种法律反应。这里对当事人作出的"可处罚的行为"表述为"违反行政法律规范的行为"，而不是"违反行政管理秩序的行为"或"违反行政法义务的行为"。一是考虑：它比"违反行政管理秩序的行为"更凸显"法"性，"行政管理秩序"并非一定是"合法秩序"，从而"违反行政管理秩序的行为"不一定是"违法行为"；二是考虑："违反行政法义务"行为的表述无法涵盖所有可处罚的行为。关于行政处罚作为一种行政责任与刑事责任的关系，这里的表述一反传统"尚未构成犯罪"的表述，而代之以"尚不需追究刑事责任行为"，这样表述更为完整，因为可行政处罚的行为不仅包括尚未构成犯罪的违法行为，还包括构成犯罪但不需追究刑事责任或免于追究刑事责任的行为。

五是，行政处罚发生在行政法律关系之中。行政处罚当然是行政机关对当事人的一种法律制裁，但这种制裁必须发生于"行政法律关系"之中。如果发生在民事法律关系中，行政机关作为一个民事主体，对违反合同的另一方当事人追究合同责任，那就不属于行政处罚。这一点可以将行政处罚与民事合同责任区别开来。

§15.6 行政处罚的外部边界

在行政执法实践中最容易混淆的是这几种关系：行政处罚与行政强制措施；行政处罚与行政强制执行；行政处罚与纠正违法；行政处罚与作为处罚前提的确认行为。厘清这几个关系，有助于准确把握住行政处罚的外部边界。

一、行政处罚与行政强制措施

根据《行政强制法》（2011）第 2 条第 2 款规定，行政强制措施是指行政机关在行政管理过程中，为制止违法行为、防止证据损毁、避免危害发生、控制危险扩大等情形，依法对公民的人身自由实施暂时性限制，或者对公民、法人或者其他组织的财物实施暂时性控制的行为。行政强制措施的手段主要有查封、扣押、冻结和限制公民人身自由等措施。这类行为和行政处罚一样，是强制当事人承受一种不利后果，故很易造成混淆。特别是有些强制措施手段和行政处罚手段在形式上相同，如暂扣驾驶证。

尽管有时行政处罚与行政强制措施较难区分，但对比它们之间的法律特征，划清它们之间界限并非难事。行政处罚与行政强制措施的主要区别在于：1.前提不同。行政处罚是以当事人的违法为前提，行政强制措施不一定以当事人的违法为前提。2.目的不同。行政处罚的直接目的是制裁当事人，而行政强制措施不以制裁为目的，而是以保证行政程序的继续，或者为了预防和制止社会危害事件的发生和继续。3.行为性质不同。行政处罚是结果行为，具有封闭性，而行政强制措施是过程行为，具有中间性和临时性。

举例来说，关于公安交警部门对当事人扣证（驾照）的行为是否属于行政处罚，就有两种可能：一种情况，扣证是保障措施，那就不是处罚。如交警依据《道路交通安全法》（2021）第110条第1款规定，认为应当对道路交通违法行为人给予暂扣或者吊销机动车驾驶证处罚的，可以先予扣留机动车驾驶证，并在24小时内将案件移交公安机关交通管理部门处理。这里的"先予扣留机动车驾驶证"，不属于行政处罚，而属于行政强制措施。因为它是过程行为而不是结果行为，并且直接目的不是为了制裁，而是为了保证事后处罚程序的畅通。另一种情况，扣证是处罚措施，那就属于处罚。如当事人饮酒后驾驶机动车的，公安机关交通管理部门依据《道路交通安全法》（2021）第91条第1款规定，对当事人作出"暂扣六个月机动车驾驶证"的决定。这一决定属于行政处罚。因为它具有封闭性和制裁性。

二、行政处罚与行政强制执行

根据《行政强制法》（2011）第2条第3款规定，行政强制执行是指行政机关或者行政机关申请人民法院，对不履行行政决定的公民、法人或者其他组织，依法强制履行义务的行为。在行政强制执行中，尤其是行政机关所实施的强制执行行为，有时和行政处罚较难区分。行政机关实施强制执行的手段包括加处罚款或者滞纳金，划拨存款或汇款，拍卖或者依法处理查封、扣押的场所、设施或者财物，排除妨碍、恢复原状，代履行等。这些执行手段和处罚一样会给当事人带来不利结果，尤其是"加处罚款或者滞纳金"，本身就具有"罚"的性质。

从法律特征上考察，行政处罚与行政强制执行都属于不利行为，其结果都会给当事人带来不利，而且它们又都属于结果行为，都具有行政程序上的封闭性。但它们之间的区别也是明显的，那就是：1. 基础行为与执行行为。行政处罚是一个基础行为，行政强制执行是一种执行行为，它只有在当事人不履行行政处罚决定时才会发生。2. 意思行为与物理行为。行政处罚实际上是一个行政处罚"决定"，这是一种"意思行为"，行政强制执行是对这种"处罚决定"的"执行措施"。所以，前者是"意思行为"，后者是"物理行为"，它具有物理性的"动作"。

如《行政处罚法》第72条第1款第（一）项规定，当事人逾期不缴纳罚款的，行政机关可以对他每日按罚款数额的3%加处罚款。这里出现了两个"罚款"。如何定性？第一个"罚款"属于行政处罚，第二个"罚款"则属于行政强制执行（执行罚）。再如对外国人驱逐出境，如何定性？对外国人驱逐出境，既可作为一种刑罚（附加刑）[①]，也可作为一种行政处罚[②]。仅就行政处罚而言，公安机关对外国人作出一个"驱

---

① 《刑法》（2023）第35条规定："对于犯罪的外国人，可以独立适用或者附加适用驱逐出境。"
② 《治安管理处罚法》（2012）第10条规定："治安管理处罚的种类分为：（一）警告；（二）罚款；（三）行政拘留；（四）吊销公安机关发放的许可证。对违反治安管理的外国人，可以附加适用限期出境或者驱逐出境。"

逐出境”的决定，属于“行政处罚决定”；然后到期后，由警察强制押送当事人登上出境飞机，或押送到边界把当事人逐出国门，这属于对“驱逐出境处罚决定”的强制执行。

三、行政处罚与纠正违法

纠正违法包括行政机关直接纠正当事人的违法或者责令当事人自我纠正违法，而且，纠正行为包括作为与不作为。行政处罚与纠正违法，这两种行为确实不易区别，因为它们都以当事人违法为前提，并且都是不利行为和结果行为。而且，以前有一种观点是把“责令拆除违法建筑”等责令纠错行为视作为行政处罚①，这更增添了界限的模糊性。

行政处罚和纠正违法，都是针对当事人的违法行为而发动，但这两者是有区别的：一是，行政处罚属于“处分”行为，它是对当事人权利和利益的一种处分（包括取消和限制），而责令当事人纠正违法是一种“命令”行为，如果行政机关直接纠正当事人的违法，则是一种行政强制执行；二是，行政处罚，如前所述，是让当事人承受一种“额外”的付出，而纠正违法仅仅是恢复原状，让违法状态恢复到原始的合法状态。它只是一种“垫平”式的纠正，而不是一种“额外付出”的惩罚。②

---

① 这次《行政处罚法》的修订过程中，曾经有一稿将“责令拆除违法建筑”列入“行政处罚种类”之中。后因受到大量批评而最终取消。

② 当然，也有国家把责令纠正违法视作为行政处罚的。《越南社会主义共和国行政违法处罚法》所规定的处罚的方式非常广泛，包括：1.警告；2.罚款；3.剥夺许可证使用权；4.没收用于行政违法的赃物、工具；5.强制其将行政违法造成的变更恢复到原来的状况或强制其拆除违法建筑工程；6.强制行政违法的公民、组织采取措施克服因行政违法行为引起的生活环境污染和疾病传播造成的后果；7.强制赔偿因行政违法行为造成的损失；8.销毁危害人体健康的物品和文化毒品。此外还有：1.在乡、坊、镇进行教育；2.送入教养学校；3.送入教育机构；4.送入医疗机构；5.行政管制。参见徐中起主编：《越南法研究》，云南大学出版社1997年版，第66—67页。

例如：当事人申报并获得了国家科技进步奖，事后被发现获奖者剽窃、侵占他人的发现、发明或者其他科学技术成果，以其他不正当手段骗取国家科学技术奖。政府主管部门就依据《国家科学技术奖励条例》（2024）第 30 条 ① 规定，撤销奖励，追回奖章、证书和奖金，同时依据第 33 条 ② 规定，将当事人记入科研诚信严重失信行为数据库，并共享至全国信用信息共享平台，按照国家有关规定实施联合惩戒。在这里，"撤销奖励，追回奖章、证书和奖金"不是处罚，而是纠正违法；"将当事人记入科研诚信严重失信行为数据库，并共享至全国信用信息共享平台，按照国家有关规定实施联合惩戒"，这属于处罚，准确地说，是"其他罚"。又如：当事人以欺诈、贿赂等不正当手段取得律师执业证书的，司法行政部门依据《律师法》（2017）第 9 条 ③ 规定"撤销准予执业的决定，并注销被准予执业人员的律师执业证书"。如果当事人取得律师执业证书是正当的，但事后在办案中去贿赂法官，司法行政部门依据《律师法》（2017）

---

① 《国家科学技术奖励条例》（2024）第 30 条规定："获奖者剽窃、侵占他人的发现、发明或者其他科学技术成果的，或者以其他不正当手段骗取国家科学技术奖的，由国务院科学技术行政部门报党中央、国务院批准后撤销奖励，追回奖章、证书和奖金，并由所在单位或者有关部门依法给予处分。"

② 《国家科学技术奖励条例》（2024）第 33 条规定："对违反本条例规定，有科研诚信严重失信行为的个人、组织，记入科研诚信严重失信行为数据库，并共享至全国信用信息共享平台，按照国家有关规定实施联合惩戒。"

③ 《律师法》（2017）第 9 条规定："有下列情形之一的，由省、自治区、直辖市人民政府司法行政部门撤销准予执业的决定，并注销被准予执业人员的律师执业证书：（一）申请人以欺诈、贿赂等不正当手段取得律师执业证书的；（二）对不符合本法规定条件的申请人准予执业的。"

第 49 条 ① 规定,"吊销其律师执业证书"。在这里,"撤销准予执业的决定,并注销被准予执业人员的律师执业证书",属于纠正违法,而"吊销其律师执业证书",属于行政处罚。

所以,行政处罚与纠正违法是两种不可相互替代的行为。根据《行政处罚法》的规定,就当事人而言,违法当事人不仅要接受行政处罚,同时还必须纠正违法;就行政机关而言,在对当事人实施行政处罚的同时,一定要同时责令当事人纠正违法,不得以处罚代替纠正违法。为此,《行政处罚法》第 28 条第 1 款规定:"行政机关实施行政处罚时,应当责令当事人改正或者限期改正违法行为。"

四、行政处罚与作为处罚前提的确认行为

这个问题曾被引起关注和讨论,驾车中违章,有的情形只被罚款不扣分;有的情形下,既被罚款,又被扣分。罚款当然属于行政处罚,但是对于"扣分",它是否也属于行政处罚?这就引出了一个行为和概念:作为处罚前提的确认行为。

根据《道路交通安全法》(2021)和《道路交通安全法实施条例》

---

① 《律师法》(2017)第 49 条规定:"律师有下列行为之一的,由设区的市级或者直辖市的区人民政府司法行政部门给予停止执业六个月以上一年以下的处罚,可以处五万元以下的罚款;有违法所得的,没收违法所得;情节严重的,由省、自治区、直辖市人民政府司法行政部门吊销其律师执业证书;构成犯罪的,依法追究刑事责任:(一)违反规定会见法官、检察官、仲裁员以及其他有关工作人员,或者以其他不正当方式影响依法办理案件的;(二)向法官、检察官、仲裁员以及其他有关工作人员行贿,介绍贿赂或者指使、诱导当事人行贿的;(三)向司法行政部门提供虚假材料或者有其他弄虚作假行为的;(四)故意提供虚假证据或者威胁、利诱他人提供虚假证据,妨碍对方当事人合法取得证据的;(五)接受对方当事人财物或者其他利益,与对方当事人或者第三人恶意串通,侵害委托人权益的;(六)扰乱法庭、仲裁庭秩序,干扰诉讼、仲裁活动的正常进行的;(七)煽动、教唆当事人采取扰乱公共秩序、危害公共安全等非法手段解决争议的;(八)发表危害国家安全、恶意诽谤他人、严重扰乱法庭秩序的言论的;(九)泄露国家秘密的。律师因故意犯罪受到刑事处罚的,由省、自治区、直辖市人民政府司法行政部门吊销律师执业证书。"

（2017）的有关规定，机动车驾驶人违反道路交通安全法律、法规关于
道路通行规定的，会受到警告、罚款、暂扣或者吊销机动车驾驶证、拘
留等行政处罚。同时，《道路交通安全法》（2021）第 24 条①、《道路交
通安全法实施条例》（2017）第 23 条② 都确立了"道路交通安全违法行
为累积记分制度"。公安部的《机动车驾驶证申领和使用规定》（2021）③
对"记分"制度作出了细化并确立了分值。依据道路交通安全违法行为
的严重程度，将一次记分的分值分为 12 分、6 分、3 分、2 分、1 分五种，
并明确了适用规则，如规定对于"饮酒后驾驶机动车的"一次记 12 分：
对于"驾驶机动车违反道路交通信号灯通行的"一次记 6 分；对于"驾
驶机动车在高速公路上行驶低于规定最低时速的"一次记 3 分，等等。
公安机关交通管理部门对累积记分达到规定分值的机动车驾驶人，扣留
机动车驾驶证，对其进行道路交通安全法律、法规教育，重新考试；考
试合格的，发还其机动车驾驶证。在实践中，这一记分制度往往被称作

---

① 《道路交通安全法》（2021）第 24 条规定："公安机关交通管理部门对机动车驾驶人
违反道路交通安全法律、法规的行为，除依法给予行政处罚外，实行累积记分制
度。公安机关交通管理部门对累积记分达到规定分值的机动车驾驶人，扣留机动车
驾驶证，对其进行道路交通安全法律、法规教育，重新考试；考试合格的，发还其
机动车驾驶证。对遵守道路交通安全法律、法规，在一年内无累积记分的机动车驾
驶人，可以延长机动车驾驶证的审验期。具体办法由国务院公安部门规定。"

② 《道路交通安全法实施条例》（2017）第 23 条规定："公安机关交通管理部门对机动
车驾驶人的道路交通安全违法行为除给予行政处罚外，实行道路交通安全违法行为
累积记分（以下简称记分）制度，记分周期为 12 个月。对在一个记分周期内记分
达到 12 分的，由公安机关交通管理部门扣留其机动车驾驶证，该机动车驾驶人应
当按照规定参加道路交通安全法律、法规的学习并接受考试。考试合格的，记分
予以清除，发还机动车驾驶证；考试不合格的，继续参加学习和考试。应当给予记
分的道路交通安全违法行为及其分值，由国务院公安部门根据道路交通安全违法行
为的危害程度规定。公安机关交通管理部门应当提供记分查询方式供机动车驾驶人
查询。"

③ 修订后的《机动车驾驶证申领和使用规定》已经 2024 年 12 月 21 日公安部令第 172
号公布，自 2025 年 1 月 1 日起施行。

"扣分"制度。

从严格的行为特征上分析，公安交通部门对机动车驾驶人实施"扣分"不属于行政处罚，而是行政确认。因为，每次"扣分"（2分、3分或者6分）时，本身没有直接处分相对人的权利，只是确认了相对人违法分值，不具有直接的制裁性。即便"扣分"达到了12分，也不是"扣分"直接停止了相对人驾车的资格，而是公安交通部门依据"扣分"已达12分这一情况而另行作出一个"扣留机动车驾驶证"的处理决定。"扣分"是为公安交通部门最终作出处理决定服务的，是后者的事实依据。从这一点上说，"扣分"这一行政确认行为具有证据意义。公安交通部门依据"扣分"已达12分这一情况所作出的"扣留机动车驾驶证"的处理决定属于行政处罚。因为这一处理决定的效果是剥夺和暂停了机动车驾驶人的驾驶资格，属于《行政处罚法》第9条第（三）项"暂扣许可证件、吊销许可证件"之处罚种类。

但是，这里的"扣分"乃是一种作为处罚前提的确认行为，它是对违法行为的质和量的确认。当后续的行政处罚尚未作出时，它是一种独立的确认行为，但当行政处罚作出之后，这种确认行为便会被后续的行政处罚行为所"吸收"，扣分就失去了独立存在的意义。当这种作为处罚前提的确认行为被行政处罚所"吸收"时，这一确认行为就没有必要作为独立的确认行为，而应当作为行政处罚的组成部分对待了。这就是行政行为相互"吸收"的结果。

类似的情况还发生在对上"黑名单"行为的定性上。近十年来，我国一些部门和地方大力创设和推行"失信人名单"制度，即把上至"犯罪"，下至"不文明"，还包括各种"违法违纪"的行为人统称为"失信人"而记入"黑名单"，然而对其采取"限贷、限购、限行，还要限制子女上学"等一系列制裁措施。有一种观点认为：上"黑名单"本身仅仅是一种确认行为，不是制裁行为，因而不属于处罚；只有被上了"黑名单"之后，有关部门据此对上了"黑名单"的单位或个人实施限权措施才属于处罚。

我们认为，如果当事人因违法而被行政机关列入"黑名单"，并且这一名单是公开的，那么这本身就是行政处罚，属于申诫罚（声誉罚）；如果是不公开的，那就是一种确认行为；但是紧接着，有关部门由于当事人被列入"黑名单"而对当事人实施限权措施，这不仅是行政处罚，而且这时的行政处罚已经"吸收"了作为处罚前提的"确认行为"。

小　结

可见，在现实中确实存在一种作为处罚前提的"确认行为"。这种确认行为从理论上说不属于行政处罚，但当后续的行政处罚作出以后，因这时的确认行为已被行政处罚所吸收，它便可以被作为行政处罚的组成部分对待。

【延伸思考】

1.《行政处罚法》2021年修订增加"行政处罚"定义有何意义？

2.《行政处罚法》关于"行政处罚"定义有何优点和缺点？

3. 对于"行政处罚"定义到底应当怎样理解和把握？

4."行政处罚"的外部"边界"应当怎样把握？

【规范链接】

▶《中华人民共和国行政处罚法》（2021）第2、28、72条

▶《中华人民共和国立法法》（2023）第91、93条

▶《中华人民共和国刑法》（2023）第35条

▶《中华人民共和国行政强制法》（2011）第2条

▶《中华人民共和国治安管理处罚法》（2012）第10条

▸▸《中华人民共和国森林法》（2019）第 74 条

▸▸《中华人民共和国道路交通安全法》（2021）第 24、91、110 条

▸▸《中华人民共和国道路交通安全法实施条例》（2017）第 23 条

▸▸《中华人民共和国律师法》（2017）第 9、49 条

▸▸《国家科学技术奖励条例》（2024）第 30 条

第16章　行政处罚手段及法治逻辑

　　警告、罚款、没收、行政拘留等行政处罚手段乃是行政处罚制度的核心要素。行政处罚手段简繁和数目多少代表了一国行政处罚制度的特色和走向。2021年《行政处罚法》的修订为规范行政处罚的设定和实施，整治行政处罚中的乱象创造了契机、提供了法律依据。行政处罚中的乱象主要表现为：一是随意扩张"其他行政处罚"类别中的处罚手段；二是大量发明各种"变相行政处罚"的手段以代替"真正行政处罚"，试图规避《行政处罚法》的约束。而这些乱象主要都落脚在行政处罚的"手段"上。笔者在考察和分析全球行政处罚手段设定制度和设计理论的基础上，回顾中国行政处罚手段的演变，围绕《行政处罚法》的制定和修订，寻求行政处罚背后的法治逻辑，为抑制现实对"其他行政处罚"的扩张和"变相行政处罚"的弥漫，提出了进一步完善和优化中国行政处罚制度的对策和建议。

§16.1　行政处罚手段的全球观察和思考

　　行政处罚手段是行政处罚制度的核心内容。它是指具有行政处罚权的机关对违法当事人进行行政裁制的行为形式，如警告、罚款、没收、吊销许可证、行政拘留等。按手段的功能对处罚进行分类的结果便构成行政处罚的种类，如申诫罚、行为罚、财产罚、资格罚和人身罚等。在"处罚法定"原则的支配下，行政处罚的手段必须依法设定。但是各国法律所设定的处罚手段差异较大，种类不一。

世界各国不论是否制定了专门的"行政处罚法"，也不论以什么样的法律形式规制行政处罚，行政处罚制度一定存在。因为针对违反行政法义务的行为，除了必须给予刑事处罚者外，一定存在够不上刑事处罚而需要给予行政制裁的空间。一国行政处罚制度又是一国"行政处罚"概念及理论定位的外部反映。各国对"行政处罚"概念的界定有宽有窄，有的立足于广义的"行政罚"（德文为 Verwaltungsstrafe），有的将它限定为狭义的"秩序罚"（德文为 Ordnungsstrafe），英文大多表述为"Administrative Sanction"或"Administrative Penalty"，这都会直接影响行政处罚手段的取舍。

一、奥地利

奥地利是行政处罚制度形成最早的国家。它早在 1925 年就开创了行政法规法典化的先例，制定了《行政罚法》。根据现行《行政罚法》，奥地利行政处罚的手段和种类由主罚和从罚构成，另有一种补充罚。主罚包括自由罚、金钱罚和警告。自由罚包括拘留和住宅禁足。在拘留时，被拘留人应自备衣服膳食。其与外界口头接谈及书面通讯应受官方的监视。被处住宅禁足者，应宣誓保证勿离其住宅，违反誓言时应就其禁足期间执行拘留。拘留和住宅禁足最低都不得少于 6 小时。金钱罚即罚锾，是财产罚的一种形式。罚锾的数额以不影响违法者最低限度之生活，法律上赡养义务之履行，及对被害人损害之赔偿为限。警告适用于最轻微的违法，从性质上讲属于名誉罚。当处以最轻之自由罚或罚锾仍嫌过重时可处以警告。没入即没收违法的标的物，是处分财产权的从罚。没入违法行为标的物，一般以行政犯本人所有和所使用的为限。标的物被没入后，如无必要销毁，得善为利用。主罚与从罚的关系是：主罚可以独立存在和实施，而从罚必须依附于主罚方能存在和实施。此外，奥地利还设置了一种补充罚，即易科。易科其实是对金钱罚的补充，当被处以罚锾者无力交纳金钱时，可改为拘留。所以，补充罚其实也是一种自由罚。综上可见，奥地利行政罚只有三类：一是自由罚，包括拘留、住宅禁足和易科拘留；二是财产罚，包括罚锾和没入；三是声誉罚，只有一种形式，即警告。①

二、德国

德国的行政处罚制度源自奥地利，但又发展形成了自己的特色。德国是大家公认的行政处罚制度最为成熟的国家（之一），这既表现为其立法上的成文化，又表现为其具有厚实的理论体系。但它的行政处罚制度主要以《违反秩序罚法》为依据。根据其 1992 年的《违反秩序罚法》，和奥地利一样将行政处罚的种类分为两类，即主罚和从罚。主罚就是罚锾（罚款），没入为从罚。罚锾标准，最低为五马克，最高为一千马克，法律另有规定除外。罚锾得超过行为人因违反秩序罚所获之经济利益。如法定最高金额仍不足以符合上述规定时，罚锾就可突破罚锾标准的最高限制。没入包括对标的物没入和价值没入。价值没入是指没收和标的物相当金额。没入作为从罚是主罚的辅助罚，不得单独行使。德国秩序罚的手段和种类都比较简洁，只有作为主罚的罚锾和作为从罚的没入，在种类上都属于财产罚，没有申诫罚和自由罚等其他罚种，使我们很难理解。

三、法国

法国和奥地利、德国一样属于大陆法系，但它的行政法恰恰是以判例法为主。法国没有专门的"行政罚法"，但也存在行政处罚制度，这种制度散见在其他制定法②或行政法院的判例之中。法国的行政罚是指

---

① 参见胡建森：《比较行政法—20 国行政法评述》，法律出版社 1998 年版，"第十章"。

② 如：根据《保险法典》第 310—18 条，由保险监督委员会采取的处罚措施；《居住和建筑法典》第 313—13 条规定的居住部分采取的处罚措施；《邮政和通讯法典》第 36—11 条规定的通讯主管机构采取的处罚措施；《社会保险法典》第 951—10 条规定的退休保障机构监督委员会采取的处罚措施；1986 年 9 月 30 日第 86—1067 号法律第 42—8 条规定的视听高级委员会采取的处罚措施；1996 年 7 月 2 日第 96—597 号法律第 71 条规定的证券交易委员会采取的处罚措施；1988 年 12 月 23 日第 88—1201 号法律第 33—3 条规定的财政管理纪律委员会采取的处罚措施；1999 年 3 月 23 日第 99—223 号法律第 26 条规定的预防和抵制兴奋剂委员会作出的处罚措施；2000 年 2 月 10 日第 2000—108 号法律第 40 条规定的电力管理委员会作出的处罚措施。依据法国 2001 年《行政诉讼法》第 311—4 条。

行政机关对违反行政法义务的当事人，科以刑罚以外的处罚。这种处罚的特点是由行政机关决定，而不是由法院判决，处罚的种类是刑罚以外的制裁，包括申诫、罚款、扣留、没收、停止营业、停止发行、取消职业证件、取消开车执照、丧失某种利益、取消某种资格等。[①] 法国也未将自由罚列入行政处罚的手段，显示了对人权的特别尊重。

四、美国

美国作为一个普通法系国家，没有为行政处罚制度单独立法。但在制度和理论上都将行政机关对违法当事人的"制裁"（Sanction）视作为行政处罚，并隐藏在行政程序法之中。美国 1946 年的《联邦行政程序法》第 551 条第（十）项规定："'制裁'包括下列行政机关行为的全部或一部分：1. 禁止、强制、限制，或者其他影响个人自由的措施；2. 不予救济；3. 给予处罚或罚金；4. 销毁、禁用、没收或者扣押财产；5. 确定应给付的损害赔偿、归还、恢复原状、补偿、成本费、收费或酬金的数额；6. 许可证的吊销、停止或附加条件；7. 采取其他强制性或限制性措施。"不难发现，美国关于行政处罚的手段比较泛溢，几乎把承担不利后果的所有手段全部视作处罚。按照我国行政法的理论，美国没有区分行政处罚与行政强制措施、行政处罚与纠正违法的界限，不恰当地将"扣押财产"等行政强制措施，损害赔偿和归还、恢复原状等纠正违法行为纳入了"行政处罚"的范围。

五、英国

行政处罚在普通法系的创始国英国很少有存在的空间。[②] 我们在该国既找不到一个"行政程序法"，更找不到一个"行政罚法"，而且在理论上也不存在和我们对应的行政处罚概念。因为英国只有"罪"与"非罪"

---

① 参见王名扬：《法国行政法》，中国政法大学出版社 1989 年版，第 168 页。

② See J.A.G.Griffith and H.Street, *Principles of Administrative Law*, London: Sir Isaac Pitman & Sons, Ltd., 1952; Louis L.Jaffe, *Judicial Control of Administrative Action*, Boston: Little, Brown & Co., 1965.

的区分，而不存在"刑罚"与"行政罚"的区别。① 这和他们的法律制裁制度的特点有关。在各具体行政管理领域，英国会制定不少单行的行政管理方面的法律。这些法律并不直接赋予行政当局对公民实施行政处罚的权力，只是为公民设定各类法定义务和刑事责任的条款。当公民违反法定义务时，行政当局不是实施行政处罚，而只是向当事人发出一个警告性的通告，相当于我们的责令履行义务或纠正违法。如果当事人拒不履行这一通告时，行政机关便可向法院起诉，要求追究当事人的刑事责任（如蔑视法庭类的犯罪）。如果法院支持行政当局的意见，就会裁判当事人承担刑事责任，而且罚款是他们最常用的刑事责任之一。如果法院不支持行政当局的意见，法院就会判决当事人无罪。可见，英国的行政处罚大多已被刑事处罚所包含和吸收，很难找到行政处罚意义上的处罚手段。②

六、日本

日本原本属于大陆法系，二战以后由于众所周知的原因，它吸收了许多美国法的元素，这在其行政处罚制度中得到具体反映。行政处罚在日本称为行政罚，系指国家机关对违反行政法义务的当事人所给予的法律制裁。但行政罚包括行政刑罚和秩序罚。行政刑罚是指以刑罚手段制裁违法者，包括刑法中规定的死刑、徒刑、监禁、拘留及轻微罚款等；秩序处罚是对义务违反者的其他处罚，与刑事处罚的刑名无关。秩序罚包括：1.罚款；2.停止或撤销授益行为（如停止或撤销许认可、给付的停止等）;3.赋课加算税、征收金等给予经济负担;4.公布违反义务行为等。③

---

① 参见张越：《英国行政法》，中国政法大学出版社 2004 年版，第 477 页。
② 参见应松年主编：《英美法德日五国行政法》，中国政法大学出版社 2015 年版，"英国行政法"部分。
③ 参见［日］南博方：《日本行政法》，杨建顺、周作彩译，中国人民大学出版社 1988 年版，第 85—88 页；［日］市桥克哉等：《日本现行行政法》，田林等译，法律出版社 2017 年版，第 211 页。

行政刑罚由法院适用刑事诉讼法处理；而秩序罚则按照《非诉案件程序法》，由法院科处。[①] 与我国行政处罚意义和范围接近的，其实是日本的秩序罚。但和我国不同的是：日本无论是哪一类行政罚（行政刑罚抑或秩序罚）都由法院而不是行政机关决定。日本的秩序罚只包括申诫罚（公布违反义务行为等）、财产罚（罚款、赋课加算税、征收金等）、能力罚（撤销许认可等），但就是没有人身罚，人身罚全部进入行政刑罚之中，这不能不说是日本行政处罚制度中的一个特点。

七、俄罗斯

俄罗斯既不属于大陆法系，也不属于普通法系。其行政处罚制度以苏联的同类制度为基础，是一个实体法与程序法高度合一的体系。俄罗斯的行政处罚是指有关机关和公职人员针对当事人在各管理领域的行政违法行为[②] 所实施的制裁。这个庞大的制度体系，以《俄罗斯联邦行政违法法典》为基础。根据该法典规定，行政处罚由治安法官、未成年人事务和保护未成年人权利委员会、有关行政机关和公职人员实施。处罚手段也非常广泛，包括：1. 训诫[③]；2. 行政罚款；3. 有偿收缴实施行政违法行为的工具或行政违法对象；4. 没收实施行政违法行为的工具或行政违法对象；5. 剥夺赋予自然人的专门权利；6. 行政拘留；7. 将外国公

[①] 参见杨建顺：《日本行政法通论》，中国法制出版社 1998 年版，第 490—491 页。

[②] 包括：侵犯公民权利的行政违法行为；危害居民健康、卫生防疫安全和社会公德的行政违法行为；财产保护领域的行政违法行为；自然环境保护和自然利用领域的行政违法行为；工业领域的行政违法行为；农业、家畜疾病防治和农用土地土壤改良领域的行政违法行为；交通运输领域的行政违法行为；道路交通领域的行政违法行为；电信领域的行政违法行为；企业家活动领域的行政违法行为；金融、税收和收费、有价证券市场领域的行政违法行为；海关事务领域（违反海关规则）的行政违法行为；侵犯国家权力制度的行政违法行为；俄罗斯联邦国界保护领域、俄罗斯联邦境内外国公民或无国籍人逗留制度保障领域的行政违法行为；违反管理秩序的行政违法行为；危害社会秩序和公共安全的行政违法行为；兵役登记领域的行政违法行为等。

[③] 俄文是"предупреждение"。也可译为"警告"。

民或无国籍人行政驱逐出俄罗斯联邦国境；8. 取消资格。① 但是自 2011 年 7 月 1 日开始，"有偿收缴实施行政违法行为的工具或行政违法对象"这一种形式的行政处罚手段被废止。② 同时，《俄罗斯联邦行政违法法典》第 3 条之二第 1 款又先后增加了三种行政处罚的手段，即"行政暂停活动""义务性劳动"③"从官方体育竞赛举行之日起行政禁止参观比赛场所"④。俄罗斯将行政处罚分为主要罚和附加罚：训诫、行政罚款、剥夺赋予自然人的专门权利、行政拘留和取消资格，属于主要罚种；有偿收缴实施行政违法行为的工具或行政违法对象、没收实施行政违法行为的工具或行政违法对象以及将外国公民或无国籍人行政驱逐出俄罗斯联邦国境，既可以作为主要的行政处罚，也可以作为附加的行政处罚设定和适用。⑤ 如此众多的处罚手段已覆盖了所有处罚种类：人身罚、财产罚、行为罚、资格罚和申诫罚。⑥

八、越南

越南的行政处罚制度受苏联和俄罗斯影响较深，其作为行政处罚法典的《越南社会主义共和国行政违法处罚法》是模仿《俄罗斯联邦行政违法法典》制定。依据这一法律，行政处罚是指国家对行政违法行为的制裁，是有关国家机关对有故意或过失违反国家管理规定的行为，但未达到追究其刑事责任程度的公民、组织给予的行政处罚。⑦ 行政处罚由具有处罚权的国家机关或个人实施，组织包括：各级人民政府；警察机关、边防部队、海关、森林管理机关、税务机关、市场管理部门、经济

---

① 参见《俄罗斯联邦行政违法法典》（2001）第三条之二：行政处罚的种类。

② 参见熊樟林编：《中外行政处罚法汇编》，北京大学出版社 2021 年版，第 177 页。

③ 根据 2012 年 6 月 8 日第 65 号联邦法律补充。

④ 根据 2013 年 7 月 23 日第 192 号联邦法律补充。

⑤ 参见《俄罗斯联邦行政违法法典》（2001）第三条之三：主要的行政处罚和附加的行政处罚。

⑥ 参见刘春萍：《转型期的俄罗斯联邦行政法》，法律出版社 2005 年版第 161 页。

⑦ 参见徐中起主编：《越南法研究》，云南大学出版社 1997 年版，第 63 页。

仲裁机关及国家专职监察机关；各级人民法院。有处罚权的个人包括：人民警察、边防部队干部、战士，海关、森林管理、税务人员和正行使国家专职警察职能的监察人员。① 在行政处罚手段的设置上，越南在俄罗斯行政处罚制度基础上有较大的改进：首先是把主要罚种与补充罚种区别开来；接着是把行政处罚与相关保障措施区别了开来。根据《越南社会主义共和国行政违法处罚法》第11条规定，主要罚种只有两项：（1）警告；（2）罚款。补充罚种也只有两项：（1）没收许可证；（2）没收赃物、违法工具。处罚机关对当事人实施主要罚时，可以同时给予补充罚，但补充罚不得单独使用。此外，为了保障处罚程序的顺利进行，越南又设置了不少配套措施，如：（1）责令恢复因违法行为而致改变的原状或责令拆除非法建筑物；（2）责令赔偿由违法行为直接造成的达100,000越盾的损失；（3）责令销毁各类颓废文化物品，对人体健康有害的物品；（4）停止造成污染生活环境，疾病蔓延，因噪音而令人无法安静的各种活动，并要求采取克服措施。② 特别是，他们将行政拘留不是作为行政处罚手段，而是作为和搜查、扣押、扣留一样的保障措施对待。越南行政处罚的种类，有申诫罚、财产罚、资格罚，但是没有人身罚。越南行政处罚制度的优点是将行政处罚措施与行政处罚的保障措施区别了开来，但缺点是，将吊销许可证和执照、行政拘留等③典型的行政处罚手段踢出了行政处罚的范围。

九、五个关注点

通过对世界上行政处罚手段的考察，有几点可以引起我们的关注和研究：

一是，将处罚手段划分为主罚和附加罚具有一定的普遍性。奥地利将行政处罚的手段分为主罚和从罚。主罚包括自由罚、金钱罚和警

---

① 参见《越南社会主义共和国行政违法处罚法》（1989）第17条。

② 参见《越南社会主义共和国行政违法处罚法》（1989）第12条。

③ 参见《越南社会主义共和国行政违法处罚法》（1989）第15条、第23条。

告，从罚就是没入违法行为标的物。德国对行政处罚的手段设计得特别简单，但也分为主罚和从罚。主罚就是罚锾（罚款），从罚就是没入（没收）。俄罗斯将行政处罚分为主要罚和附加罚：训诫、行政罚款、剥夺赋予自然人的专门权利、行政拘留和取消资格，属于主要罚种；有偿收缴实施行政违法行为的工具或行政违法对象、没收实施行政违法行为的工具或行政违法对象以及将外国公民或无国籍人行政驱逐出俄罗斯联邦国境，既可以作为主要的行政处罚，也可以作为附加罚使用。越南模仿俄罗斯，把处罚手段分为主要罚和补充罚。前者包括警告和罚款；后者包括没收许可证，以及没收赃物、违法工具。将处罚手段设置为主罚和从罚（附加罚）到底意义何在？我国是否也有必要作这样的设置？

二是，将自由罚踢出行政处罚的范围有一定的道理。自由罚也称人身罚，它是在一定期限内对人身自由权的限制和剥夺，大多数国家采取拘留方式，也有国家（如奥地利）同时设置了"住宅禁足"。但是德国、法国、日本都没有将限制人身自由的拘留作为行政处罚的手段。在越南，行政拘留是作为一种行政处罚的配套措施而不作为行政处罚本身的手段对待。或许在他们看来，人身自由权是公民的最高权利，在民主国家无不将它视为宪法权利。公民没有人身自由，其他所有权利就无从谈起。行政处罚只是针对犯罪以下的违法行为，应当行政处罚的违法行为其对社会的危害性远小于犯罪行为，因而不宜将专属于刑罚的自由罚应用于行政处罚领域。这一点所关联的法治逻辑值得关注和研究。

三是，自由罚不应当只限于拘留。在设定自由罚的国家，无不将自由罚定格为行政拘留。行政拘留的特点是，将被处罚人关押在政府的拘留所里限制他的人身自由。这一处罚手段，限制被处罚人的人身自由执行力比较强，但政府不得不为建造拘留所、管理拘留所花费较大管理成本。奥地利在拘留手段之外，创设了一种"住宅禁足"，即将当事人限制在住宅而不是在拘留所，这无疑是降低政府管理成本的一种发明。自由罚是否就应当限定为行政拘留？这一问题同样是应当研究的。

四是，为建立易科制度留下空间。考察世界行政处罚制度，处罚手段上的易科，是指当事人没有能力承受一种处罚时，允许依法转换成另一种处罚。易科一般发生在针对财产罚的转换。如在奥地利，易科是一种针对金钱罚的补充罚，当被处以罚锾者无力交纳金钱时，可改为拘留。之所以允许财产罚易科为自由罚，是因为并不是人人拥有财产，但人人拥有自由。易科制度的设立，可以有效阻却出现财产罚的执行不能。随着行政处罚制度的成熟，易科制度也会随之确立和成熟起来。我国是否也可设置处罚易科制度？这为我们留下了巨大的理论研究空间和制度创新空间。

五是，公布违法行为本来就属于声誉罚。当中国《行政处罚法》2021 年修订时首次写入第 48 条第 1 款①时，关于"向社会公开行政处罚决定"是否属于"行政处罚"引起了很大争议。其实，向社会公开当事人的违法行为，既是一种社会教育措施，但对当事人来说，更是一种惩罚。如果把一种本属行政处罚的手段不定性为"行政处罚"，不免会导致创设"变相行政处罚"而不受《行政处罚法》规制的后果。

§16.2　中国《行政处罚法》所设定的处罚手段

一、处罚手段的演进

中国关于行政处罚的手段，在 1996 年《行政处罚法》制定之前，分散在各个实体法之中，大体有罚款、没收和取消资格等。在治安处罚方面，自 1957 年《治安管理处罚条例》②以来，一直确立为警告、罚款

---

① 《行政处罚法》第 48 条第 1 款规定："具有一定社会影响的行政处罚决定应当依法公开。"
② 1986 年《治安管理处罚条例》废止了 1957 年的《治安管理处罚条例》。1986 年《治安管理处罚条例》后经 1994 年修正。2005 年上升为《治安管理处罚法》，后经 2012 年修正。

和拘留三种。

1996 年我国制定了第一部《行政处罚法》。该法第 8 条规定："行政处罚的种类：（一）警告；（二）罚款；（三）没收违法所得、没收非法财物；（四）责令停产停业；（五）暂扣或者吊销许可证、暂扣或者吊销执照；（六）行政拘留；（七）法律、行政法规规定的其他行政处罚。"除了可由法律和行政法规设定的其他行政处罚之外，该法其实直接设定了 8 种处罚手段：1. 警告；2. 罚款；3. 没收违法所得；4. 没收非法财物；5. 责令停产停业；6. 暂扣证照；7. 吊销证照；8. 行政拘留。

1996 年《行政处罚法》制定之后，虽然经历了 2009 年和 2017 的修正，但在处罚手段和种类上均未增减，而 2021 年的修订使行政处罚的手段和种类发生了较大的变化。2021 年修订的《行政处罚法》第 9 条规定："行政处罚的种类：（一）警告、通报批评；（二）罚款、没收违法所得、没收非法财物；（三）暂扣许可证件、降低资质等级、吊销许可证件；（四）限制开展生产经营活动、责令停产停业、责令关闭、限制从业；（五）行政拘留；（六）法律、行政法规规定的其他行政处罚。"和旧法第 8 条规定比较，处罚手段从原来的 8 项增加到 13 项，新增加了通报批评、低资质等级、限制开展生产经营活动、责令关闭和限制从业等 5 项处罚手段。

新《行政处罚法》增加上述 5 项处罚手段，仅仅是法律表述的增加而已，而不是对实际处罚手段的增加。因为这些增加的处罚手段，存在于《行政处罚法》以外的法律、法规，从而在行政执法中已经实际存在。将实际已经存在的处罚手段写进《行政处罚法》，有助于对它们进行有效规范，防止行政机关和执法人员滥用这些处罚权。

二、基本处罚手段

这样一来，由新《行政处罚法》直接设定的行政处罚手段总共变成了 13 项：

1. 警告。是指行政主体对违法当事人实施的一种书面形式的谴责，指出其违法行为，告诫其吸取教训，以防再犯。这是一种既有教育性又有惩罚性的处罚手段，属于精神上的申诫罚。

2.通报批评。是指行政主体在一定范围内，通过一定的形式，对违法当事人公布其违法行为，教育其本人和他人引以为戒的一种处罚手段。它和警告一样属于申诫罚。所不同的是，警告是"一对一"的关系，只有处罚机关和被处罚人知道，而通报批评是"一对多"的关系，当事人一人违法，但可能整个单位，甚至整个社会都知晓。

3.罚款。是指行政主体强制违法当事人用自己的合法财产交纳一定数量货币的处罚。它是实践中相对比较常用的一种处罚手段，属于典型的财产罚。

4.没收违法所得。是指行政主体把违法当事人的违法所得予以收缴的处罚手段。① 它也是财产罚的一种形式。

5.没收非法财物。是指行政主体把违法当事人从事违法行为过程中的违禁物品、违法财物强制无偿收归国有的处罚手段。它也属于财产罚的一种形式。

6.暂扣许可证件。是指行政主体对违法当事人通过暂扣其许可证件，以实现在一定期限内暂时剥夺当事人从事某项资格性活动为目的处罚手段。它是资格罚的一种形式。

7.吊销许可证件。是指行政主体对违法当事人通过吊销其许可证件，使其永远失去从事某项资格性活动资格和权利的处罚手段。它是资格罚的一种形式。

8.降低资质等级。是指行政主体对违法当事人通过降低其资质等级而限制其生产、经营和其他活动的处罚手段。资质是指企业事业单位，特别是建设单位、设计单位、施工单位、工程监理单位等，从事

---

① 关于违法所得的计算，依据《行政处罚法》(2021) 第28条第2款规定，不扣除成本。但是法律、行政法规、部门规章对违法所得的计算另有规定的，从其规定。

某种工作或活动所具备的条件、资格、能力等综合评价。资质被分为一定的等级。从事某种工作或活动往往会有一定的资质等级要求。降低资质等级无疑是对企业事业单位从事经营和其他活动的一种限制。

9.限制开展生产经营活动。是指行政主体对违法生产经营当事人限制其生产经营权的处罚手段。限制开展生产经营活动的方法很多，上面所列的暂扣和吊销生产经营许可证、降低生产经营方面的资质等，都属于限制其开展生产经营活动。但是，有的生产经营者不存在许可证和资质问题，所以需要设置这一兜底式的处罚形式。①

10.责令停产停业。是指行政主体对违法生产经营当事人通过剥夺其生产经营权而实施的处罚手段。责令停产停业与限制开展生产经营活动不同，责令停产停业是剥夺当事人的生产经营权，而限制开展生产经营活动仅仅是限制当事人的生产经营权。

11.责令关闭。是指行政主体对违法设立的组织，或者合法的组织进行违法的活动，责令其停止活动的处罚手段。它包括对非法组织的取缔，或者对依法设立的组织责令其停止非法活动的处罚方式。②关闭对象包括企业、场所、职业中介机构、图书馆、建设项目、网站等。

12.限制从业。是指行政主体对违法从业的当事人通过限制其从业以示惩罚的处罚手段。限制从业包括限制从业范围、限制从业时间、限

---

① 如依据《证券法》（2019）202 条第 2 款规定，证券公司违反证券法规定提供证券融资融券服务的，情节严重的，"禁止其在一定期限内从事证券融资融券业务"，便属于这类处罚。

② 如国务院《社会团体登记管理条例》（2016）第 32 条规定，筹备期间开展筹备以外的活动，或者未经登记，擅自以社会团体名义进行活动，以及被撤销登记的社会团体继续以社会团体名义进行活动的，由登记管理机关予以取缔。这一"取缔"就属于这类处罚。

制从业地域等。①

13. 行政拘留。系指特定行政机关在一定期限内剥夺违法当事人人身自由的行政处罚。它是一种最为严厉的行政处罚。因此，《行政处罚法》第 10 条第 2 款规定："限制人身自由的行政处罚，只能由法律设定。"

§16.3　重塑行政处罚手段和种类的法治逻辑

一、处罚手段与种类的对应关系

对于各种各样的行政处罚手段，如果按其功能进行划分，便会形成行政处罚的种类。1996 年的《行政处罚法》第 8 条直接设定 8 种处罚手段时，当时在理论上就已经将它们分成四个种类：人身罚、财产罚、行为罚和申诫罚。②

2021 年《行政处罚法》的修订，旧法第 8 条关于行政处罚手段和种类的规定发生了较大变化。新法第 9 条规定："行政处罚的种类：（一）

---

① 如《证券法》（2019）第 221 条规定："违反法律、行政法规或者国务院证券监督管理机构的有关规定，情节严重的，国务院证券监督管理机构可以对有关责任人员采取证券市场禁入的措施。前款所称证券市场禁入，是指在一定期限内直至终身不得从事证券业务、证券服务业务，不得担任证券发行人的董事、监事、高级管理人员，或者一定期限内不得在证券交易所、国务院批准的其他全国性证券交易场所交易证券的制度。"《保险法》（2018）第 89 条规定："社会保险经办机构及其工作人员有下列行为之一的，由社会保险行政部门责令改正；给社会保险基金、用人单位或者个人造成损失的，依法承担赔偿责任；对直接负责的主管人员和其他直接责任人员依法给予处分：（一）未履行社会保险法定职责的；（二）未将社会保险基金存入财政专户的；（三）克扣或者拒不按时支付社会保险待遇的；（四）丢失或者篡改缴费记录、享受社会保险待遇记录等社会保险数据、个人权益记录的；（五）有违反社会保险法律、法规的其他行为的。"
② 曹志于 1996 年 3 月 12 日在第八届全国人民代表大会第四次会议上作《关于〈中华人民共和国行政处罚法〉（草案）的说明》时就指出："行政处罚的种类较多，按其性质划分，大体可分为四类：一是，行政拘留等涉及人身权利的人身自由罚；二是，吊销许可证或执照、责令停产停业等行为罚；三是，罚款、没收非法财产等财产罚；四是，警告等申诫罚。这些行政处罚，对当事人权益的影响程度是不同的。"

警告、通报批评；（二）罚款、没收违法所得、没收非法财物；（三）暂扣许可证件、降低资质等级、吊销许可证件；（四）限制开展生产经营活动、责令停产停业、责令关闭、限制从业；（五）行政拘留；（六）法律、行政法规规定的其他行政处罚。"和旧法第8条规定比较，新法第9条规定不仅增加和补齐了行政处罚的手段，而且将各种处罚手段进行了归类，做到了对处罚手段的分类列举。旧《行政处罚法》未区别行为罚与资格罚，新《行政处罚法》在区别行为罚和资格罚的基础上，将行政处罚的种类从原来的"四分法"（申诫罚、财产罚、行为罚和人身罚）改变为现在的"五分法"（申诫罚、财产罚、资格罚、行为罚和人身罚）。新法第9条的第（一）项规定的是"申诫罚"，第（二）项是"财产罚"，第（三）项是"资格罚"，第（四）项是"行为罚"，以及第（五）项是"人身罚"。这一制度和理论上的改变，使行政处罚制度更加精细。

第一类是申诫罚。亦称声誉罚、名誉罚和精神罚，系指行政机关向违法当事人发出警戒，申明其有违法行为，通过对其名誉、荣誉、信誉等施加影响，引起其精神上的警惕，使其不再违法的处罚手段。警告和通报批评都是申诫罚的主要形式。

第二类是财产罚。系指行政机关剥夺违法当事人的财产或通过违法所获得的经济利益的经济制裁。罚款和没收违法所得、非法财物等便属财产罚。

第三类是资格罚。是指行政机关剥夺或限制违法当事人某些特定行为能力和资格的处罚。暂扣许可证照、吊销许可证照、降低资质等便属于这类处罚。

第四类是行为罚。系指行政机关直接要求当事人进行一定的作或不作为，由此承受不利后果的处罚。限制开展生产经营活动、责令停产停业、责令关闭、限制从业等就属于此类。

第五类是人身罚。亦称自由罚，系指行政机关在一定期限内剥夺违法当事人人身自由的行政处罚。行政拘留是一种最典型的人身罚。

行政处罚种类及手段

处罚种类	处罚手段
申诫罚	1. 警告； 2. 通报批评。
财产罚	1. 罚款； 2. 没收违法所得； 3. 没收非法财物。
资格罚	1. 暂扣许可证照； 2. 降低资质； 3. 吊销许可证照。
行为罚	1. 限制开展生产经营活动； 2. 责令停产停业； 3. 责令关闭； 4. 限制从业。
人身罚	行政拘留

二、资格罚与行为罚

在以上五类处罚中，最难区别的就是资格罚与行为罚。因为"行为"与"资格"很难分割。行为以资格为前提，任何资格的剥夺或限制均意味着其基于资格所从事的行为被禁止。吊销经营许可证，其实就是限制经营活动；收回土地使用权证，其实就直接禁止当事人使用该土地的行为；吊销驾照，当事人就不能从事驾车行为；吊销律师证，就意味着禁止当事人的律师从业活动；取消了教师资格证，也是一样道理。正因为如此，有的国家的行政处罚立法和理论不对"资格罚"与"行为罚"加以区分，而是把"资格罚"与"行为罚"合称为"行为罚"，这不是说没有道理。

但我们认为，把"资格罚"与"行为罚"区分开来，是一种精细化的操作，并且在理论上是可以区分并且应该区分的。公民、法人或者其他组织取得某种资格才能从事对应的行为，这就是行政许可制度。我国的《行政许可法》并没有对公民、法人或者其他组织的所有行为实施许可制度。这样，当事人的行为就分为两类：一类是基于行政许可所从事的行为，当事人没有取得许可证就不得从事该行为；另一类是不要求实施行政许可的行为，当事人无须取得许可证就可实施该行为。行政处罚要禁止前一类行为的，就适用资格罚；行政处罚要禁止后一类行为的，那就适用行为罚。换句话说，直接禁止或限制当事人行为的，适用行为罚；通过取消或限制其许可证照来达到禁止或限制当事人行为的目的，适用资格罚。

三、处罚种类的排列关系

解决了处罚手段与处罚种类的对应关系之后，接着需要讨论第二个问题，不同的行政处罚种类之间是否存在一种轻重的排列关系？这种排列关系，自然会影响到法律对行政处罚手段和种类的设定。从法理逻辑上说，对于重型罚，应当由法律位阶高的法规来设定；对于轻型罚，可以由法律位阶低的法规来设定；不能重轻颠倒。

我们认为，对于上述五类处罚，从重到轻应当这样排列：人身罚—资格罚—行为罚—财产罚—申诫罚。

人身罚是最高罚，申诫罚是最轻罚，这两端的定位是没有问题的。因为，人身罚是自由罚，而人身自由乃是宪法规定的公民基本权利之一。当一个人的人身自由被剥夺和限制时，其一切行为也随之被剥夺或限制，一切资格、财产都失去意义。申诫罚并没有剥夺和限制当事人有形的东西，没有直接影响当事人的人身权、财产权和行为权，所以属于最轻微的处罚。关键是中间的三类如何排列，可能会有分歧。

中间三类的排列，即"资格罚—行为罚—财产罚"也是没有问题的，因为限制"资格"必然同时限制了对应的"行为"，但限制"行为"未必就限制了资格。另外，财产是经营等行为的结果。

其实《行政处罚法》在规定"对行政处罚的设定"中，已暗示或确认了这一排列：人身罚—资格罚—行为罚—财产罚—申诫罚。如规定：人身罚只能由法律设定；行政法规不得设定限制人身自由的处罚；地方性法规不得设定限制人身自由、吊销营业执照的处罚；规章可以设定警告、通报批评和一定数额的罚款。

当然，上述排列仅仅是一种理论上的排序，不具有绝对性。拘留一天与罚款 20 个亿，孰轻孰重，固然不好说。罚款 1000 元与通报批评，你愿意选择哪个，可能也因人而异。尽管如此，上述的排序在理论上还是正确的。

§16.4 "其他行政处罚"的扩张和限制

一、"其他罚"的设置

我们稍加留意就会发现，原《行政处罚法》第 8 条第（七）项和新《行政处罚法》第 9 条第（六）项都在设定行政处罚的基本种类之后，保留了一种"法律、行政法规规定的其他行政处罚"，即"其他行政处罚"（其他罚）种类。

从行政处罚种类而言，其他罚是一种和申诫罚、财产罚、资格罚、行为罚、人身罚相并列的第六种处罚种类，它所包含的处罚手段应当是未被《行政处罚法》第 9 条第（一）至（五）项所规定的手段所包含的；但从具体行政处罚手段而言，任何一种处罚手段都不可能是申诫罚、财产罚、资格罚、行为罚、人身罚之外的一种处罚手段，因为行政处罚的五种类别已经穷尽了所有的处罚种类。

这一"其他罚"的设置，体现了"原则性与灵活性相结合"。一是，我国的行政处罚手段，原则上只限于五类十三项。这些常规性处罚手段已经够用了。不要在五种十三项以外擅自搞"创造发明"。二是，当真需要有其他处罚手段时，可以经法律和行政法规的设定而获得这种手段。

二、"其他罚"的扩张

但在行政执法实践中，自从这一"其他罚"设定以来，这一类别中的处罚手段正在不断扩张，如训诫、禁闭、责令具结悔过，取消资格或除名，停止或取消抚恤和优待，规定期限内不得申领有关执照和证书，暂停其原产地证签发权，终身不予注册，不得从事药品生产、经营活动，几年内不得再次参加资格考试，一段时间内禁止坐高铁和飞机，取消批准文件，撤销学位、取消学籍，撤销登记，关闭营业场所，停止招生或办园，责令搬迁、停业、关闭，责令补种盗伐株数 10 倍的树木，征收（超标）排污费，缴纳土地闲置费和收回土地使用权，收回海域使用权，征收滞报金、罚息，停止出售、销毁、撤销出版社登记，加收费用、停止供电，禁止或限制进入市场，限期出境（离境）、驱逐出境、遣送出境，六个月以内不受理其出境、入境申请，缩短其停留期限，等等，大量的法律和行政法规规定了大量的"其他行政处罚"。① 地方性法规、规章，甚至规章以下的其他规范性文件，都在设定行政处罚。"其他行政处罚"的数量自然远大于"本行政处罚"的"存量"。"其他行政处罚"手段的不当扩大，势必侵害公民、法人或者其他组织的合法权益，影响社会正常秩序和营商环境。

三、"其他罚"的抑制

针对"其他行政处罚"手段的不断扩张，加强依法限制是必要的。为此，重点必须坚持三条：

第一，设定"其他行政处罚"要符合《行政处罚法》的立法目的。《行政处罚法》是我国行政处罚领域的基本法。在处罚法定原则的支配下，不仅行政处罚的实施，而且行政处罚的设定，都必须受到《行政处罚法》的规制。虽然法律和行政法规可以设定其他行政处罚，但在设定时依然应当考虑《行政处罚法》的立法目的，必须平衡保障和监督行政机关有

---

① 我国在 1996 年制定《行政处罚法》时，就有人士作过统计，认为现行法律和行政法规规定的行政处罚手段就有 120 种之多（参见全国人大常委会法制工作委员会国家法、行政法室编著：《〈中华人民共和国行政处罚法〉讲话》，法律出版社 1996 年版，第 33 页）。从 1996 年《行政处罚法》的制定和实施，到 2021 年《行政处罚法》的修订，属于"其他罚"的处罚手段，只会增加而不会减少。

效实施行政管理，维护公共利益和社会秩序，保护公民、法人或者其他组织的合法权益，防止立法任性。①

第二，牢牢把握住"其他行政处罚"的"设定法"范围。根据《行政处罚法》（2021）第 9 条规定，"其他行政处罚"必须由法律和行政法规设定。法律和行政法规才是"其他行政处罚"的"设定法"。这一"设定法"的范围不得突破。当下应当坚决、及时、全面地清除由地方性法规、规章和其他规范性文件所设定的"其他行政处罚"。

第三，牢牢把握住"其他行政处罚"本身的范围。根据《行政处罚法》（2021）第 9 条规定，只要属于第（一）至（五）项以外的处罚手段一概属于"其他行政处罚"。因为被第 9 条第（一）至（五）项直接设定的 13 个处罚手段，没有一个手段标有"等"字，都属于直接而具体的"一对一"的设定。另一种表述可能更加清楚：除了前述的 13 项②处罚手段外，所有其他处罚手段都属于其他"其他行政处罚"。只要是"其他行政处罚"，就必须由法律和行政法规直接设定，否则无效。

§16.5 "变相行政处罚"的弥漫和规制

一、"变相行政处罚"的弥漫

如果说在我国行政处罚的设定和实施中存在一定的乱象，那么，这种乱象除了上一题所述的随意扩张"其他行政处罚"类别中的处罚手段外，就是大量发明各种"变相行政处罚"的手段。所谓"变相行政处罚"，

---

① 俄罗斯 2001 年《联邦行政违法法典》第三条之一（行政处罚的目的）规定："1. 行政处罚是国家针对行政违法行为规定的责任措施，其适用的目的是预防违法者本人和其他人实施新的违法行为。2. 行政处罚的目的不应当是降低实施行政违法行为的自然人的人格或者造成其肉体上的痛苦，也不应当是给法人的业务声誉造成损害。"对行政处罚手段的设定，也应当符合这样的立法目的。

② 即：1. 警告；2. 通报批评；3. 罚款；4. 没收违法所得；5. 没收非法财物；6. 暂扣许可证件；7. 降低资质等级；8. 吊销许可证件；9. 限制开展生产经营活动；10. 责令停产停业；11. 责令关闭；12. 限制从业；13. 行政拘留。

是指形式上被冠之于"教育措施""执法体验""学习班""进入信用系统""向社会曝光"等非行政处罚名义，而实质具有行政处罚功能的行为。"变相行政处罚"显然是以"非行政处罚"之名，行"行政处罚"之实，并以此来规避《行政处罚法》的约束。

中国在历史上出现过两种大家记忆犹新的"变相行政处罚"，即劳动教养和收容教育。[①] 在全面依法治国的背景下，这两种名为"教育"和"治疗"实为"处罚"的措施已成为历史。[②] 当下要重点关注的是以下几种典型情况：

一是，以所谓的"教育措施"等代替行政处罚。

当下有个别地方，行政机关及执法者强迫违法者罚岗、体验执法、强制学习、强制参加所谓的学习班等做法，依然存在。这些强制措施一是以当事人的违法为前提；二是作为当事人为其违法行为所不得不付出的"代价"；三是具有强制性，这实质上就是一种行政处罚。它使当事人承受的"不利后果"远大于几百元乃至几千元的罚款，而且这种措施往往伴随着当事人的自由权在一定期限内被限制和剥夺。我们不能从形式上，而要从实质功能上认定这种所谓"教育措施""体验措施""学习措施"的真正性质，将它们纳入《行政处罚法》的规制范围之内。

二是，以"上黑名单"代替行政处罚。

近几年，我们在建设信用体系的背景下，将一些"不文明行为人"或者"违法者"记入"失信名单"，不仅要公布其名单，而且要连锁性

---

① 劳动教养和收容教育，当时在个别地方的实际操作中，不仅是"变相行政处罚"，甚至在一定程度上是"变相刑罚"。

② 参见《全国人民代表大会常务委员会关于废止有关劳动教养法律规定的决定》（2013年12月28日第十二届全国人民代表大会常务委员会第六次会议通过）和《全国人民代表大会常务委员会关于废止有关收容教育法律规定和制度的决定》（2019年12月28日第十三届全国人民代表大会常务委员会第十五次会议通过）。

地限制或剥夺失信人的一系列权利。这被称作为"上黑名单"的制度是否属于行政处罚，当然不能一概而论。有的属于司法执行措施，有的属于企业内部的评估行为，还有的属于其他监管措施，但针对公民、法人或者其他组织的违法行为，将违法者都记入"上黑名单"进行公布，接着对其有关权利进行限制和剥夺，让其承受一系列的不利后果，这其实是一种行政处罚。现在存在着不将这类处罚纳入《行政处罚法》的调整范围，而作为另外一种制度单独存在的倾向。①

三是，以"公布违法行为"代替行政处罚。

近十几年来，社会上出现和存在着对"违法行为"通过媒体和数字平台进行公开"曝光"等做法。如某地方交警部门对不走斑马线的行人，通过人脸识别自动获取违法人信息，在路口竖立的显示屏循环播放人脸，进行实名曝光；某地人社厅发布《重大劳动保障违法行为社会公布办法》，有关部门据此可对具有7种重大劳动保障违法行为的企业曝光；某市制定《价格违法行为工作规定》，对价格违法行为及违法企业进行不定期曝光……。这类公布违法行为的做法，有的属于政府信息公开行为，受《政府信息公开条例》规制，有的属于政府对社会危害事件的预警，以《突发事件应对法》为依据，但是也有一部分属于行政处罚。如果当事人违法，执法机关以公开曝光其违法行为及违法人信息，以影响其声誉的方法，达到惩戒的目的。这其实是一种比警告、通报批评严厉得多的声誉罚。日本明确将"公布违反义务行为"作为一种行政处罚的手段。②

---

① 有关人员解释说：失信惩戒措施未纳入行政处罚种类，从更有利于规范失信惩戒制度的角度，不将失信惩戒列举为处罚种类是谨慎而适当的，并提出了四点理由。参见张晓莹：《经贸法律评论》2021年第3期。

② 参见［日］南博方：《日本行政法》，杨建顺、周作彩译，中国人民大学出版社1988年版，第88页；杨建顺：《日本行政法通论》，中国法制出版社1998年版，第493页。

二、"变相行政处罚"的规制

要把变相的行政处罚拽回到《行政处罚法》之内，绝不允许任何一种名为"教育"或者冠之于其他"美名"，实为"处罚"的行政处罚行为，游离于《行政处罚法》的规制之外。《行政处罚法》是我国所有行政处罚规范中的"基本法"。《行政处罚法》（2021）第 3 条明文规定："行政处罚的设定和实施，适用本法。"这就意味着，中国一切行政处罚的设定和实施，都必须适用《行政处罚法》，除非法律保留了例外条款。而要做到这一点的前提是：要从实质而不是形式和名称认定行政处罚行为。为此，《行政处罚法》第 2 条专门为"行政处罚"下了一个定义："行政处罚是指行政机关依法对违反行政管理秩序的公民、法人或者其他组织，以减损权益或者增加义务的方式予以惩戒的行为。"只要符合这些特征的行为，不论它是否被称作为"行政处罚"，就一律按"行政处罚行为"对待，必须受到《行政处罚法》及有关法律法规的制约。

§16.6　中国行政处罚制度的完善和优化

我国从 1996 年制定第一部《行政处罚法》到 2021 年全面修订《行政处罚法》，标志着我国行政处罚制度从成熟走向更加成熟，它对于推进依法行政、建设法治政府具有非常重要的作用。法治政府的建设关键是政府部门能否做到依法行政，依法行政的关键又是行政机关及执法者能否做到依法执法，而依法执法的关键无疑是坚持依法处罚。行政处罚是行政执法的重要手段、常用手段和关键手段。

尽管如此，我国行政处罚制度依然存在进一步改革和完善的空间。我们要本着"不忘本来、吸收外来、面向未来"的态度，继续提升行政处罚制度的质量。为此，要关注以下几个问题的研究和制度改革。

一、将行政处罚种类设置为主罚与从罚

在世界上将处罚手段设置主罚和从罚（附加罚）具有一定的普遍

性。奥地利、德国、俄罗斯和越南就是典型。在设置主罚和从罚的国家里，其主罚是指行政处罚的主要罚种，它可以独立存在并独立使用，主要是警告、罚款和拘留等；从罚是一种附加性处罚，因而也称附加罚，大多包括没收财物和工具，还有对外国人的驱逐出境等。主罚可以单独使用，附加罚是根据主罚的需要可以和主罚一并使用，原则上不独立使用。

我们认为，将处罚手段设置为主罚和从罚（附加罚），和刑罚中的主刑与附加刑的划分在逻辑上是一致的，无疑是一种设置科学化的推进。这种设置的意义在于：有助于针对不同情况而区别采取单独实施主罚或同时处以附加罚；此外，还为"一事不二罚"原则的贯彻提供了一个理论基础，因为主罚和从罚的并用不构成一事二罚的问题。况且在我国治安管理处罚制度中已经设置了主罚和附加罚。主罚是警告、罚款、行政拘留和吊销公安机关发放的许可证；对违反治安管理的外国人，可以附加适用限期出境或者驱逐出境。①

在我国现行行政处罚制度下，建议将这几种处罚手段列为主罚：1.警告；2.罚款；3.吊销证照和资格；4.降低证照和资格级别；5.行政拘留。把这些处罚手段列为附加罚：1.通报批评；2.公开违法信息；3.没收违法所得、非法财物和违法工具；4.暂扣许可证照；5.一定期限内禁止从业或其他活动；6.对外国人驱逐出境。

二、减少自由罚，增加财产罚

自由罚也称人身罚，它是在一定期限内对人身自由权的限制和剥夺，大多数国家采取拘留方式，也有国家（如奥地利）同时设置了"住宅禁足"。但在世界上，德国、法国、日本都没有将限制人身自由的

---

① 《治安管理处罚法》（2012）第 10 条规定："治安管理处罚的种类分为：（一）警告；（二）罚款；（三）行政拘留；（四）吊销公安机关发放的许可证。对违反治安管理的外国人，可以附加适用限期出境或驱逐出境。"

拘留作为行政处罚的手段。① 在越南，行政拘留是作为一种行政处罚的配套措施而不作为行政处罚本身的手段对待。这样设置的制度，是基于考虑人身自由权是公民的最高权利，在民主国家无不将它视为宪法权利。有句格言是："自由优于一切"（Libertas omnibus rebus favorabilior est）。② 还有一种观点是，自由罚只能作为刑罚，不能成为行政罚。

我们并不主张将自由罚完全踢出行政处罚。在现阶段，把行政拘留作为一种行政处罚手段是可以接受的。但笔者主张：减少自由罚，增加财产罚。实施自由罚，国家必须设置大量的看守所，安排大量的看守人员，付出巨大的管理成本；特别是当事人被关押之后，他们不得不停止生产、经营和科研工作，减少了对国家的经济贡献。但罚款不同，它并不影响当事人的经济活动，没有限制和剥夺当事人为国家和社会创造财富，罚款的结果也没有使国民财富减少或灭失，它只是将一定的财富从某人所有转变为国家（全民）所有而已。

三、建立双向易科制度

行政处罚中的"易科"制度，是指当事人没有能力和条件承受一种处罚时，可以转换接受另外一种处罚。如当事人被处罚款，但他是一位民工，无财力履行罚款义务，就改为"罚役"，用接受一种无偿劳动来替代。世界上有的国家设置了"易科"制度，如在奥地利，易科是一种针对金钱罚的补充罚，当被处以罚锾者无力交纳金钱时，可改为拘留。易科制度的设立，目的在于为被处罚人在履行处罚责任中根据他们的履行能力和条件增加一定的弹性，体现执法文明和人性化，还可有效阻却行政处罚中的执行不能。

---

① 中华人民共和国澳门特别行政区《行政上之违法行为之一般制度及程序》明文禁止人身罚。其第六条第 1 款规定："在任何情况下，均不得对行政上之违法行为规定任何剥夺或限制人身自由之处分。"

② 张明楷：《刑法格言的展开》，北京大学出版社 2013 年版，第 480 页。

我们国家目前没有易科制度，笔者认为，从行政处罚制度的成熟性而言，设立易科制度是必要的。笔者不仅建议设立易科制度，而且建议设立双向易科。易科仅限于自由罚与财产罚之间的转换。双向性表现在既可以由财产罚易科为自由罚，也可以由自由罚易科为财产罚，但都必须设定条件。财产罚易科为自由罚，一般应当限于被处罚人无经济基础承担罚款义务时，由罚款转换为行政拘留。相反，如果被处罚人不宜执行拘留的，就应当转换为罚款，如被处罚人为：（1）已满 14 周岁不满 16 周岁的；（2）已满 16 周岁不满 18 周岁，初次违反治安管理的；（3）70 周岁以上的；（4）怀孕或者哺乳自己不满一周岁婴儿的；（5）其他不适宜拘留的（生活不能自理的残疾人等）。①

四、要将"没收"与"收缴"相分离

世界上大多数国家都把"没收"（没入）确立为一种行政处罚手段。奥地利把"没入违法行为标的物"设定为一种"从罚"。在德国，"没入"同样作为一种"从罚"存在，而且包括对标的物没入和价值没入。法国把"没收"作为一种正常的财产罚而应用。美国《联邦行政程序法》第 551 条第（十）所规定的"行政制裁"，其中就包括"没收财产"（seizure of property）。在俄罗斯，"收缴"和"没收"都被列入了处罚手段，而且既可作为主罚也可作为从罚存在。在越南，没收赃物、违法工具作为一种附加罚而存在。

我国 1996 年抑或是 2021 年修订后的《行政处罚法》，都把"没收"作为一种财产罚加以设定，但它们都没有很好地解决"没收"的定位以及与"收缴"的关系问题。

---

① 这方面我国已有一些立法基础。如《治安管理处罚法》（2012）第 21 条规定："违反治安管理行为人有下列情形之一，依照本法应当给予行政拘留处罚的，不执行行政拘留处罚：（一）已满十四周岁不满十六周岁的；（二）已满十六周岁不满十八周岁，初次违反治安管理的；（三）七十周岁以上的；（四）怀孕或者哺乳自己不满一周岁婴儿的。"

一是，"没收"的定位错误。《行政处罚法》（2021）将"没收违法所得、没收非法财物"确立为一种处罚手段，这是违反法理逻辑的。从法理上说，"没收"只针对合法所有的财产，对于"违法所得"和"非法财产"，它们不存在合法的所有权，因而不存在"没收"，只是"收缴"的问题。我国的刑法制度对此规定得特别清楚，对犯罪分子的违法所得必须"收缴"（追缴），但对于他的个人财产可以作出附加刑判处"没收"。[①] 在行政处罚中应当同理，对于违法当事人的"违法所得"或"非法财物"不应当是"没收"，而应当是"收缴"。而"收缴"不是一种处罚手段，它只是一种如同责令当事人纠正违法一样的配套措施。可见，"没收违法所得、没收非法财物"本身就是逻辑上的悖论。

二是，遗漏"收缴"措施。在实施行政处罚的同时，执法机关应当同时采取一些配套措施，如责令当事人纠正违法、收缴当事人的违法所得和违法工具等。《行政处罚法》（2021）第 28 条是对配套措施的统一规定。这里没有对"收缴"作出规定。这和《治安管理处罚法》的立法方式比较，不能不说是个缺遗。《治安管理处罚法》（2012）第 10 条[②] 规定处罚种类（手段）之后，接着就在第 11 条[③] 规定了收缴措施，实现了处罚和处置的衔接。

为此，笔者建议：一是保留"没收"处罚手段，但调整标的。"没收"是指没收当事人的"有关财物"，而不是"违法所得"和"非法财物"。

---

① 参见《刑法》（2023）第 34 条、第 59 条和第 64 条。

② 《治安管理处罚法》（2012）第 10 条规定："治安管理处罚的种类分为：（一）警告；（二）罚款；（三）行政拘留；（四）吊销公安机关发放的许可证。对违反治安管理的外国人，可以附加适用限期出境或者驱逐出境。"

③ 《治安管理处罚法》（2012）第 11 条规定："办理治安案件所查获的毒品、淫秽物品等违禁品，赌具、赌资，吸食、注射毒品的用具以及直接用于实施违反治安管理行为的本人所有的工具，应当收缴，按照规定处理。违反治安管理所得的财物，追缴退还被侵害人；没有被侵害人的，登记造册，公开拍卖或者按照国家有关规定处理，所得款项上缴国库。"

应当将《行政处罚法》(2021)第9条第(二)修改为："罚款、没收财物"。二是配制"收缴"措施，应当在适当地方规定："行政机关在对当事人进行处罚时，同时应当对下列财产、物品和工具进行收缴：(一)当事人有违法所得，除依法应当退赔的外，应当予以收缴；(二)处罚中所查获的违禁品，依照法律和行政法规予以收缴；(三)直接用于实施违法行为本人所有的工具，依照法律和行政法规予以收缴。"

小　结

行政处罚是我国行政执法的重要方式。我国1996年《行政处罚法》的制定，为中国行政处罚制度打下了厚实的基础，2021年《行政处罚法》的修订使我国行政处罚制度从成熟走向更加成熟。

行政处罚手段是行政处罚制度的核心要素。考察全球所设置的各式各样行政处罚手段，会带给我们许多思考和启示，有助于通过制度改革和理论创新，进一步完善和优化我国行政处罚制度。我们的法律和法规可以设定各种处罚手段，但它们必须符合法治逻辑。行政处罚手段的设定，必须符合《行政处罚法》的立法目的，平衡社会秩序与社会活力的关系，平衡公共利益和公民、法人或者其他组织的合法权益之间的关系，促进社会经济的发展，有利于全面建设社会主义现代化。

【延伸思考】

1. 行政处罚的手段与种类有何不同？它们具有什么样的对应关系？

2. 对于"其他行政处罚"应当如何把握？

3. 行政处罚手段和种类的设置背后存在什么法治逻辑？

4. 我国行政处罚手段应当作怎样的改革？

【规范链接】

▸▸《中华人民共和国行政处罚法》（2021）第 2、9、10、28、48 条

▸▸《中华人民共和国刑法》（2023）第 34、59、64 条

▸▸《中华人民共和国治安管理处罚法》（2012）第 10、11 条

▸▸《中华人民共和国证券法》（2019）第 202、221 条

▸▸《中华人民共和国保险法》（2018）第 89 条

▸ 国务院《社会团体登记管理条例》（2016）第 32 条

▸▸《全国人民代表大会常务委员会关于废止有关劳动教养法律规定的决定》（2013 年 12 月 28 日第十二届全国人民代表大会常务委员会第六次会议通过）

▸▸《全国人民代表大会常务委员会关于废止有关收容教育法律规定和制度的决定》（2019 年 12 月 28 日第十三届全国人民代表大会常务委员会第十五次会议通过）

第17章 "一事不二罚"原则及对"一事""二罚"的认定

　　行政处罚领域中的"一事不二罚"原则，是由我国《行政处罚法》所确立的行政处罚适用原则。经 1996 年制定的《行政处罚法》第 24 条确立和 2021 年修订的《行政处罚法》第 29 条补充，这一原则已变得如此固定、普及而使得几乎所有行政法学者和执法人员耳熟能详。但是，只要稍作深入探究，这一原本清晰的原则顿时就变得模糊起来，特别是在"一事不二罚"原则中对何为"一事"、何为"二罚"的问题尚未形成理论上的成熟答案和制度上的统一标准。笔者在探源"一事不二罚"原则的基础上，紧紧围绕"一事"和"二罚"这两个"标的"，从法律规范到实际形态，作了一次全面系统深入的探微。本章在区分自然行为与法律拟制行为，静态行为与动态行为，单一行为与竞合行为，一次性行为、连续性行为和持续性行为的基础上，提出了"一事"和"二罚"的认定标准，同时为该原则如何从"一事不二罚款"上升为"一事不二处罚"进行了理论和制度上的构建。

§17.1　行政处罚"一事不二罚"原则渊源及意义

一、"一事不二罚"原则的历史渊源

　　《行政处罚法》中的"一事不二罚"（也称"一事不再罚"）虽不是"行

政处罚法"的基本原则①，但作为一项行政处罚的适用原则，源自罗马法上的"一事不再理"（ne bis in idem）和德国的"禁止双重处罚原则"（der Prinzip des Doppelbestrafungsverbot）理念，还有源自英语古老格言"一罪不得两治"（Never hang a man twice for one offence）的美国"一行为不二罚"（double jeopardy）原则。最早的"一事不二罚"主要适用于刑事领域，后经民事领域、诉讼领域扩展至行政处罚领域。②

　　"一事不二罚"作为适用公权诸多领域的普遍原则，被写进了联合国文件。1966 年通过、1976 年 3 月 23 日生效的联合国《公民及政治权利国际公约》③ 第 14 条第 7 款规定："任何人已依一国的法律及刑事程序被最后定罪或宣告无罪者，不得就同一罪名再予审判或惩罚。"这一原则同时被写进了许多国家的宪法。美国联邦宪法第五条修正案④ 规定："任何人不得因同一罪行为而两次遭受生命或身体的危害"⑤。事后此条款又透过美国宪法第十四条修正案所阐释的正当法律

---

①　它作为《行政处罚法》第 29 条并没有出现在该法作为"总则"的第一章，而是出现在作为"行政处罚的管辖和适用"的第四章。有学者解释，它之所以没有被列为"行政处罚法"的总原则，而只是作为一项处罚适用原则，"主要理由是它没有足够的法理厚度和适用广度"。参见章剑生：《行政罚款适用规则的体系性解释——基于《行政处罚法》第 29 条展开的分析》，《政法论坛》2022 年第 4 期。

②　参见田勇军：《一事不再罚原则》，载胡建淼主编：《法律原则研究》，中国社会科学出版社 2021 年版，第 675—689 页。

③　International Covenant on Civil and Political Rights，联合国大会 1966 年 12 月 16 日第 2200A（XII）号决议通过并开放给各国签字、批准和加入生效。按照第 49 条的规定，于 1976 年 3 月 23 日生效。

④　美国联邦宪法第一至十条修正案于 1789 年 9 月 25 日提出，1791 年 12 月 15 日批准，被称为"权利法案"。

⑤　"nor shall any person be subject for the same offense to be twice put in jeopardy of life or limb"。

程序原则，被适用于地方各州。① 在德国，其等同于宪法的《基本法》②
对于"一事不再罚"原则亦有体现，其第 103 条第 3 款规定："任何人
不得因同一行为，而依一般刑法多次受罚。"日本《宪法》③ 第 39 条规
定："任何人在其实行的当时为合法的行为或已经被判无罪的行为，均
不得追究刑事上的责任。同时，对同一种犯罪不得重复追究刑事上的
责任。"宪法所确立的一事不二罚原则最先落实于刑法规定④，不久就
转化为行政处罚原则。德国于 1987 年公布的《违反秩序罚法》第 19
条规定："1.如果同一行为违反数个法律，根据这些法律该行为均可作
为违反秩序行为处罚，或者数次违反一项可将该行为作为违反秩序行
为处罚的，则只科处一项罚款。2.如果违反数个法律，则依照罚款数
额最高的法律科处罚款。可以处以其他法律中规定的附加措施。"俄
罗斯《联邦行政违法法典》规定得更加直白，其第四条之一（科处行
政处罚的一般原则）第 5 款规定："任何人都不应当因同一行政违法行
为承担行政责任两次以上。"越南《行政违法处罚法》（1989）作了同
样规定，其第 6 条第 2 款第 1 项规定："一次行政违法行为只能处罚
一次。"⑤

二、"一事不二罚"原则在中国

我国关于"一事不二罚"原则根植于宪法、刑法和其他法律，但落

---

① 美国联邦宪法第十四条修正案（1866 年 6 月 13 日提出，1868 年 7 月 9 日批准）第
1 款规定："……不经正当法律程序，不得剥夺任何人的生命、自由或财产……"。
② 1949 年 5 月 23 日由国会颁布并生效。
③ 1946 年 10 月 7 日帝国议会通过，10 月 29 日经天皇裁可，11 月 3 日天皇正式公布，
1947 年 5 月 3 日实施。
④ 在古雅典，"一个人不能因同一犯罪遭受两次审判"，早已成为惯例。1808 年的拿破
仑《刑事诉讼法典》第 360 条明确规定："任何被依法判决无罪的人，均不得因同
一行为再次被拘禁或再次被起诉。"参见宋世杰：《外国刑事诉讼法比较研究》，中
国法制出版社 2006 年版，第 54 页。
⑤ 徐中起主编：《越南法研究》，云南大学出版社 1997 年版，第 64 页。

实得最为出色的是在行政处罚领域。早在 1996 年制定的《行政处罚法》第 24 条就规定："对当事人的同一个违法行为，不得给予两次以上罚款的行政处罚。"2021 年修订的《行政处罚法》第 29 条更进一步规定："对当事人的同一个违法行为，不得给予两次以上罚款的行政处罚。同一个违法行为违反多个法律规范应当给予罚款处罚的，按照罚款数额高的规定处罚。"这说明，行政处罚"一事不二罚"原则自 1996 年确立以来，几十年未曾有过动摇，而且走向坚定和精细。这不仅体现在从《行政处罚法》（1996）第 24 条到《行政处罚法》（2021）第 29 条表达的完善，还体现为这一原则被转化为其他法律、法规和规章中的具体规定。例如作为国务院行政法规的《海关行政处罚实施条例》（2022）第 51 条规定："同一当事人实施了走私和违反海关监管规定的行为且二者之间有因果关系的，依照本实施条例对走私行为的规定从重处罚，对其违反海关监管规定的行为不再另行处罚。同一当事人就同一批货物、物品分别实施了 2 个以上违反海关监管规定的行为且二者之间有因果关系的，依照本实施条例分别规定的处罚幅度，择其重者处罚。"作为国务院部门规章，由国家版权局制定的《著作权行政处罚实施办法》(2009)① 第 32 条规定，"对当事人的同一违法行为，其他行政机关已经予以罚款的，著作权行政管理部门不得再予罚款，但仍可以视具体情况予以本办法第四条所规定的其他种类的行政处罚。"

"一事不二罚"原则，仅就我国《行政处罚法》而言，系指行政执法机关针对当事人的同一个违反行政管理秩序的行为，不得给予二次及以上的行政处罚（罚款）。如果同一个违法行为违反多个法律规范应当给予二个以上罚款处罚的，也只能按照罚款数额高的规定处罚一次。

---

① 2009 年 4 月 21 日国家版权局第 1 次局务会议通过，自 2009 年 6 月 15 日起施行。中华人民共和国国家版权局令 2009 年第 6 号。

三、"一事不二罚"原则的理论基础和意义

"一事不二罚"原则的创立，无论在刑罚领域抑或是在行政处罚领域，它们具有共同的理论基础。人权原则、法治原则、比例原则和过罚相当原则等，是这一原则的共同理论渊源。确立"一事不二罚"原则的直接目的，在于"保护当事人的信赖权益，维护法律的安定性"[1]，"在于防止重复处罚，体现过罚相当的法律原则，以保护当事人的合法权益"[2]，是为了防止和制止行政执法中的重复处罚、多重处罚、交叉处罚、多头处罚，引导和塑造社会坚持以教育、引导为主，过罚相当，在法治轨道上全面建设社会主义现代化国家。

§17.2 何谓"一事不二罚"原则中的"一事"

"一事不二罚"原则本身就意味着，针对"一事"不得"二罚"；"一事"只得"一罚"，"二事"方可"二罚"，"多事"才可"多罚"。如何认定"一事"乃是全面而准确贯彻"一事不二罚"原则的前提和基础。

一、"一事"就是指"同一个违法行为"

行政处罚"一事不二罚"原则中的"一事"，就是指当事人的"同一个违法行为"。如何认定"一事"，就是如何认定"同一个违法行为"。"同一个违法行为"当然不是指"二个"或"多个"违法行为。"同一个违法行为"是指同一个当事人的一个违法行为，而不是指不同当事人的不同行为或者同一当事人的多个行为。"同一个违法行为"的语言表述是如此清晰和轻松，但在实际甄别中却是困难重重。

如何判断"一个违法行为"还是"二个违法行为"，学者们没有停止过探究。早在1996年制定《行政处罚法》时就有人提出，"认定同一个违法行为要综合考虑法律规范的具体规定、违法行为的当事人是否为

---

[1] 王汉斌：《社会主义民主法制文集》，中国民主法制出版社2012年版，第508页。

[2] 乔晓阳、张春生主编：《〈中华人民共和国行政处罚法〉释义》，法律出版社1996年版，第67页。

同一个人、行为是否为独立的一个违法行为等多种因素"[1]。《行政处罚法》2021年修订后，有人提出，"一事不再罚"中的"一事"是指当事人实施了一个违反行政规范的行为或是违反行政管理秩序的行为[2]……凡此种种，如何认定"一个违法行为"，归纳起来主要有"行为意思说""行政法义务说""法律规范说""行为构成要件说""同一事实同一理由说"。

1."行为意思说"

该学说认为，任何行为都是行为人在主观意志的支配下所进行的行为。行为的过程、状态和结果都与行为意志相一致并由行为意志所决定。任何行为都是行为人主观意思的外化形式。这里的"行为意思"主要表现为行为人的目的与动机，由一个目的动机支配的行为就是一个行为，由多个目的动机支配的行为就是多个行为。因此，"行为意思说"也被称为"目的动机说"。但是，人的目的和动机既有单一性，也有多重性和复合性，再加之内心的意思在大多情况下是看不见、摸不着的东西。单纯以行为人的行为意思"件数"来划分违法行为的"个数"实在困难。

2."行政法义务说"

该学说认为，所谓行为人违反行政管理秩序的行为，实际上就是违反行政法义务的行为。德国、奥地利、日本等都将当事人可行政处罚的行为定性和表达为"违反行政法义务的行为"。[3] 因此，行政法为当事

---

① 许安标主编：《中华人民共和国行政处罚法释义》，中国民主法制出版社2021年版，第102—103页。

② 参见王丽英：《论海关行政处罚"一事不再罚"的原则》，《海关与经贸研究》2022年第4期。

③ 参见奥地利《行政罚法》(Verwaltungsstrafgesetz-VStG)；王名扬：《法国行政法》，中国政法大学出版社1989年版，第168页；[日] 田中二郎：《简明行政法》，弘文堂1983年版，第490页；[日] 南博方：《日本行政法》，杨建顺、周作彩译，中国人民大学出版社1988年版，第85—88页；[日] 市桥克哉等：《日本现行行政法》，田林等译，法律出版社2017年版，第211页。

人所设定义务的数量就成为区别当事人"一个"违法行为与"多个"违法行为的标准。违反"一个行政法义务"的行为就是"一个违法行为"，违反"二个行政法义务"的行为就是"二个违法行为"，以此类推。所谓"数个行为"，是指同一行为人多次违反同一行政法上义务规定，或违反数个不同行政法上义务规定，而其行为不构成自然一行为与法律上一行为。①"行为义务说"在理论上非常符合逻辑，但讨论什么是"一个行政法义务"与"一个违法行为"其实是同一个问题，当事人在禁止停车地点违法停车了一周，这到底违反了几个行政法义务与到底属于几个违法行为，它们之间无法相互说明。前者无法说明后者，后者也无法说明前者。它们所面临的问题是共同的。

3."法律规范说"

该学说认为，违法行为一个还是数个，主要看该行为违反法律规范的"件数"。违反一个法律规范的行为就是一个违法行为，违反两个或多个法律规范的行为就是两个或多个违法行为。如有学者认为："一事"是指一个行政违法行为，即一个或数个相对人一次性或连续性实施的触犯一种法律规范的行为。② 还有学者指出："同一个违法行为"是指当事人实施了一个违反行政法规范的行为或者说一个违反行政管理秩序的行为，当事人在客观上仅有一个独立完整的违法事实，违法行为的实施主体是同一违法行为人。③ 由于"行政法义务"就是由"行政法律规范"设定的，因而，违反几个"行政法义务"与违反几个"行政法律规范"其实是一码事，只是表达不同而已。还有一个问题是：它们会将一个行为同时违反多个"行政法义务"或"行政法律规范"的竞合违法视作为

---

① 参见袁雪石：《中华人民共和国行政处罚法释义》，中国法制出版社 2021 年版，第 201 页。

② 参见姜明安：《行政违法行为与行政处罚》，《中国法学》1992 年第 6 期。

③ 参见陈文：《同一违法行为不得给予两次以上罚款的行政处罚》，《山东法官培训学院学报（山东审判）》2014 年第 1 期。

多个违法行为而主张作多个处罚，这显然会导致对"一事不二罚"原则的背离。

4."行为构成要件说"

该学说是借鉴刑法犯罪构成要件而提出的观点。犯罪行为有四个构成要件构成：主体、主观方面、客体和客观方面。不具备这四个要件的便不构成一个完整的犯罪行为。行政法上的违法行为也是如此，应当具备完整的行为构成要件。有关部门解释道：在行政处罚法中，一事不再罚的"一事"指"同一违法行为"，即"构成要件上只符合一个违法行为的特征"[1]。还有专家指出："对于当事人实施的违法行为是一个违法行为还是数个违法行为，《行政处罚法》并未规定具体的判断标准，需要行政机关以违法行为的构成要件为基础，综合考虑违法行为人的主观意图、行为的外在形态和所在的时空状态、受侵害的法益属性及多个法益之间的关系等因素，并在遵循有关拟制行为个数的法律规定的前提下加以认定。"[2]"行为构成要件说"认为只要完成一个构成要件的行为就是一个违法行为。至于构成要件，又可分为"两件说"、"三件说"和"四件说"。认定"一个"或"数个"违法行为，与违法行为的构成要件不无关系。但如果用刑法学上的犯罪构成要件来套用行政处罚中的违法行为，似乎有点隔靴搔痒。因为行为构成要件与其说是用于解决一个行为还是多个行为的标准，不如说是用于解决一个违法（犯罪）行为是否成立的标准。

5."同一事实同一理由说"

其实，在上述几种如何认定"一个"违法行为的学说中，"同一事实同一理由说"（"双同"）是最具优势的，无论在旧《行政处罚法》（1996）

---

[1] 全国人大常委会法制工作委员会国家法行政法室编著：《〈中华人民共和国行政处罚法〉释义》，法律出版社 1996 年版，第 67 页。

[2] 江必新主编：《行政处罚法条文精释与实例精解》，人民法院出版社 2021 年版，第 165—166 页。

时期还是在新《行政处罚法》(2021) 时期。① 早在 1996 年第一次制定《行政处罚法》时,有关部门就解释道:"一事不再罚原则是指违法行为人的同一违法行为不得以同一事实和同一依据,给予两次以上的处罚。"②在 1996 年《行政处罚法》的起草过程中,"试拟稿"第 14 条和"征求意见稿"第 10 条关于"一事不二罚"的表述曾经是"对违法行为人的同一个违法行为,不得以同一事实和理由,给予两次以上的处罚",只是在后来最终"通过稿"(第 24 条)将"同一事实和理由"进行了删除。③尽管如此,有关部门依然坚持"双同"的解释。④ 最高人民法院的有关判决也支持了这一观点。⑤ 即便《行政处罚法》2021 年修订之后,尽管法条(第 29 条)依然没有恢复"同一事实和理由"("双同")的表述,但依然有不少专家学者支持"双同"说的观点。⑥"双同"说的原意是:"一事不二罚"是指针对"同一事实同一理由"只能处罚一次。这本身就意味着针对"同一事实",如果适用"多个法律理由",是可以进行多个处罚的。它所折射出的"一个违法行为"的认定标准,就是指针对"同一行为事实"适用"一个法律理由"(法律依据)的行为。笔者不敢苟同这一观点:一是它将自然行为与法律拟制行为混为一谈了。"同一事实"

① 为此,有人将它称为"主流观点"。参见江必新主编:《行政处罚法条文精释与实例精解》,人民法院出版社 2021 年版,第 164 页。

② 全国人大常委会法制工作委员会国家法行政法室编著:《〈中华人民共和国行政处罚法〉释义》,法律出版社 1996 年版,第 67 页。

③ 参见胡锦光:《行政处罚研究》,法律出版社 1998 年版,第 130 页;章剑生:《行政罚款适用规则的体系性解释——基于《行政处罚法》第 29 条展开的分析》,《政法论坛》2022 年第 4 期。

④ 参见全国人大常委会法制工作委员会国家法行政法室编著:《〈中华人民共和国行政处罚法〉释义》,法律出版社 1996 年版,第 67 页。

⑤ 参见刘超询诉海南省文昌市工商行政管理局等处罚及行政复议决定案(〔2017〕最高法行申 6517 号)。

⑥ 参见江必新主编:《行政处罚法条文精释与实例精解》,人民法院出版社 2021 年版,第 164—165 页;杨伟东主编:《中华人民共和国行政处罚法理解与适用》,中国法制出版社 2021 年版,第 104 页;等等。

是自然行为的范畴;"同一理由"（同一法律依据）是法律拟制行为的范畴。二是它为多头处罚、重复处罚留下了"后门"。我们很难将"同一事实"变成"多个事实"，但人们很容易对"同一事实"寻找或编造"多种理由"，从而可以轻易地进行多重处罚。三是当年《行政处罚法》制定时之所以删除"同一事实和理由"的表述，就是考虑到"同一理由"不好把握。四是这观点与现行《行政处罚法》（2021）第 29 条第二句精神相冲突，背离了"一事不二罚"原则。现行的"一事不二罚"原则不仅适用单一的违法行为，同时也适用竞合的违法行为。"双同"说势必将竞合违法行为踢出"一事不二罚"原则的适用范围。

二、"自然行为"与"法律拟制行为"

探究"一个违法"与"多个违法"的认定标准与一对范畴有关:自然行为与法律拟制行为。不厘清它们之间的关系就无法有效地确立认定"一个违法"与"多个违法"的标准。

"自然行为"系指在社会中自然存在的行为过程和状态。社会每时每刻都在发生无数个行为，也每时每刻都在结束无数个行为。就自然行为而言，只要特定的主体在特定的时间和空间内作出某一动作，就是一个行为。"法律拟制行为"是指人们出于法律适用需要而对自然行为所进行的评价，并进行法律上的切割或组合，拟制成一个或多个与法律规范相对应的行为。

自然行为是行为的原始状态，法律拟制行为是行为的法律评价状态。社会上的各类各种行为，只要将它脱离开法律关系，它们就都是一种自然行为。在自然事件中，不存在好与坏、合法与违法之分。因为自然事件不含有人们的价值判断，而法律拟制行为乃是法律判断的结果。例如，某人"驾车"是一个自然行为，但我们说某人驾车"超速"，这便是一种法律拟制行为，因为它是法律衡量的结果。自然行为不存在是否合法问题，违法行为是指自然行为违反了法律规范，这就成了法律拟制问题。就自然行为而言，同一行为人进行一个动作，从开始到停止，就是一个行为。某人花了两天时间亲自驾车从杭州开到呼市，作为自然行为它就是"一件事""一个行为"，但如果他在这驾车期间，闯过一次红灯、超速一段路程，还有在高速路上作了一次违章停车，那就可以拟制为三个违法行为，进行三次处罚。有学者指出：所谓"一行为"包括"自然一行为"与"法律一行为"。自然一行为是指由客观第三人以自然观察方式可认为是单一行为，法律上一行为是指多个自然行为基于法律上的原因而结合成为一行为。① 可见，一个自然行为与一个法律拟制行为的认定标准并不相同，它们属于两个不同的概念范畴，有各自的认定标准，前者是出于第三人的观察眼光，后者是出于法律的眼光。

自然行为是一种实实在在的存在，一个就是一个，不会变成多个。只有在出于法律制裁需要时，人们才有可能将一个自然行为分割成多个②，或多个自然行为又被视作为一个③，以便更人性、科学地体现"过罚相当"。关于"竞合违法"也是如此，它不是自然行为的"竞合"，而是自然行为适用法律时（转换成"法律拟制行为"时）才发生"竞合"。这是说，讨论"一个"违法行为还是"多个"违法行为，其实并不是对自然行为的鉴定和分辨，而是对法律拟制行为的创设。它要解决的不是"真与假"的问题，而是"好与坏"的问题。对自然行为如何作法律上的分割，以及违法行为的竞合如何处理，这些都不是自然行为的问题，而是法律如何拟制行为的问题。所以，我们在"一事不二罚"原则背景下讨论什么是"一个违法行为"，其实不是讨论该当事人的自然

---

① 参见袁雪石：《中华人民共和国行政处罚法释义》，中国法制出版社 2021 年版，第200—201 页。

② 如行为人在一个地方违法停车持续一年，从不间断，这是一个自然行为。但如果作为一个违法行为进行处罚，显然会让违法者因违法而获益。所以法律上必须将它分割为多个违法行为进行处罚。

③ 任何连续行为都由多个自然行为组成，但如果对连续行为中的每一个自然行为作为一个违法行为进行处罚，又会显失公正，违反"过罚相当"，所以法律上对连续行为不完全按照自然行为"件数"进行分割。

行为，而是讨论其法律拟制行为。作为自然行为，讨论一个行为还是多个行为是没有直接的意义，但作为法律拟制行为，讨论一个行为还是多个行为直接关乎法律上的适用。研讨"一个"违法行为还是"多个"违法行为如此之难，很大的原因是因为没有厘清自然行为与法律拟制行为之间的关系，将自然行为的认定标准与法律拟制行为的认定标准混淆使用所致。由此对我们的提醒是：研讨"一个"行为还是"多个"行为，不能只停留在"自然行为"的视角。

三、"静态行为"与"动态行为"

自然行为首先可以分为静态行为与动态行为。静态与动态是自然行为的两种形式，由此称为静态行为与动态行为。静态行为是指空间上不发生移动的行为；动态行为是指空间上发生移动的行为。这两类自然行为就决定了法律上的两类违法行为，即静态违法与动态违法，前者如违法停车、非法占地，后者如驾车一路超速等。

在这里，静态行为是自然行为，静态违法是法律拟制行为；动态行为是自然行为，动态违法则是法律拟制行为。这两类违法又与下一题讨论的一次违法、连续违法和继续违法有一定的关联性。一次违法和继续违法一定以静态行为为基础，而连续违法则以动态行为为基础。所以，从法律拟制的角度划分"一个违法"与"多个违法"时，应当综合考虑"违法行为"的"静态性"或者"动态性"。

四、"一次违法"、"连续违法"和"继续违法"

接着，自然行为还可分为一次性行为、连续性行为和继续性行为，由此决定了法律上的一次违法、连续违法和继续违法。

所谓一次违法，系指某一特定行为主体，在特定的时间和空间内作出某个违反法律秩序的意思表示或者作出某一动作。一次行为是指一个具有单一性并一次性完成的行为。如张三在1月5日上午10时在某商场殴打了李四；张三在某路口闯了一次红灯。一次行为的特征是，行为人在特定时间内已经完成了一个动作，它没有与第二次行为或其他行为发生牵连。一次违法应当被拟制为"一个违法行为"，它们具有"一对一"的对应性。所以，根据"一事不二罚"原则，对一个"一次违法"显然不能给予二次处罚。现在复杂的恰恰是在于针对连续违法和继续违法行为如何拟制的问题。

所谓连续违法，是指行为人在一段时间内数次实施了同一性质的违法行为。例如，行为人驾驶机动车每天违反家门口的交通标志。"从违法行为开始到结束的发生过程看，连续性违法行为包含了多个同类违法行为，前一违法行为和后一违法行为之间存在中断或停顿，而非处于一直持续的状态。"① 早在 2005 年，国务院法制办公室《对湖北省人民政府法制办公室〈关于如何确认违法行为连续或继续状态的请示〉的复函》（国法函〔2005〕442 号，以下简称"《复函》"）指出："《中华人民共和国行政处罚法》第二十九条中规定的违法行为的连续状态，是指当事人基于同一个违法故意，连续实施数个独立的行政违法行为，并触犯同一个行政处罚规定的情形。"该《复函》至今依然有效。连续违法行为的特点是：（1）当事人做出了两次以上的违法行为。一次行为无法构成连续违法。（2）两次以上的违法行为由同一个当事人作出。不同当事人作出的违法行为不构成连续行为。（3）两次以上的违法行为发生在同一地点。静态违法必须限于同一地点，动态违法必须限于同一行政管辖区。比如违法停车，第一次停在中山桥上，第二次则停在南山桥上，这就不属于连续违法，而属于两个独立的违法行为了。（4）违法行为违反的是同一个法律关系和同一个法律事由。如果行为人驾车先是闯红灯，接着是超速，后来又违法停车，这哪怕是在一个小时之内同一辖区内发生的，也属于三个不同的违法行为。

所谓继续违法，是指行为人实施了一个违法行为，但违法状态一直

---

① 江必新主编：《行政处罚法条文精释与实例精解》，人民法院出版社 2021 年版，第 166 页。

持续着，从未间断。① 继续违法是一个违法行为的持续状态，所以，继续违法也称持续违法。例如，机动车在同一地方违规停车一个月，从停车到驶离前，违法行为即处于继续状态；当事人违法占用集体农用土地，案发时依然占用着。② 继续违法与前述的连续违法不同，其最大区别在于：连续违法是当事人多次作出同一性质的违法，是多次违法的组合；继续违法是当事人作出的一次违法行为处于持续状态。行政处罚法上的连续违法与继续违法完全与刑罚中的"连续犯"和"继续犯"相对应，背后的理论标准相通。

连续违法与继续违法都不属于一次违法。③ 一次违法被"一对一"地拟制为"一个违法"是顺理成章的，但作为多次违法的连续违法和作为一个违法行为持续状态下的继续违法，都无法被机械地拟制为"一个违法行为"或"多个违法行为"。就是说，"连续违法"是数个同一性质的违法，但不能一律作为多个行为处罚；同样，"继续违法"是一个违

---

① 有专家解释道，继续性违法是"行为人实施的单一违法行为在时间上处于延续状态的，称为继续性违法行为。"参见江必新主编：《行政处罚法条文精释与实例精解》，人民法院出版社 2021 年版，第 166 页。

② 关于违法行为的继续状态，参见全国人大法工委和最高人民法院有关具体解释。全国人大法工委《对关于违反规划许可、工程建设强制性标准建设、设计违法行为追诉时效有关问题的意见》（法工办发〔2012〕20 号）指出，违反规划许可、工程建设强制性标准进行建设、设计、施工，因其带来的建设工程质量安全隐患和违反城乡规划的事实始终存在，应当认定其行为有继续状态。最高人民法院行政审判庭《关于如何计算土地违法行为追诉时效的答复》（〔1997〕法行字第 26 号）指出，对非法占用土地的违法行为，在未恢复原状之前，应视为具有继续状态……破坏耕地的违法行为是否具有连续或继续状态，应根据案件的具体情况区别对待。

③ 但在刑法理论和制度中，继续性违法行为都被视作一个违法行为。"对于继续犯，不论持续时间的长短，均应以一罪论处。因为，持续性的行为仅针对同一对象、侵犯同一法益；规定继续犯的犯罪构成，也预定了该罪行为会持续一定时间，故行为的持续性包含在犯罪构成所预定的范围内。"张明楷：《刑法学》，法律出版社 2011 年版，第 417 页。

法行为的继续状态，也不能一律作为一个行为处罚。[1] 德国法院曾就个案认为：持续一分钟以内超速行为、因转弯或减速而持续超速行为、高速公路上十二公里的路段内违反数个不同限速标准行为，因具有"时空紧密相连性"可被视为"一行为"。[2]

对于连续违法和继续违法应当作为一个违法行为还是多个违法行为对待，这需要立者通过立法或者执法者通过执法对它进行分割，将一个自然状态的连续行为或继续行为转换成一个或多个法律拟制行为。在国家法律没有设定统一的分割标准之前，现实中存在着多种分割方法：

——管辖区域分割法。对于跨越行政管辖区的连续违法，在一个管辖区内只作为"一个违法行为"只作一次处罚。[3]

——违法时间分割法。对于继续违法，有的地方采取"时间分割法"，即违法行为的持续状态按一定的时间长度分割为一个违法行为，超过该时间长度的作为另一个违法行为对待。

——电子拍摄分割法。对于当事人的连续性违法，以电子拍摄记录"次数"作为当事人违法行为的"个数"。[4]

---

[1] "继续性违法行为通常属于一个违法行为，但有时法律规范对其从时间或空间上进行切割，从而可能被拟制成多个违法行为。"江必新主编：《行政处罚法条文精释与实例精解》，人民法院出版社 2021 年版，第 166 页。

[2] 参见田永军：《一事不再罚原则》，载胡建淼主编：《法律原则研究》，中国社会科学出版社 2021 年版，第 701 页。

[3] 如公安部交通管理局《关于规范查处机动车违反限速规定交通违法行为的指导意见》（公交管〔2013〕455 号）规定："同一辆机动车在同一道路的同一行驶方向，违反限速规定交通违法行为处于持续状态，被同一县（市、区）公安交通管理部门或者高速公路交警大队辖区的测速取证设备记录多次的，选择一次最为严重的违反限速规定行为实施处罚。"

[4] 如公安部《关于对交通技术监控记录的违法行为如何进行处罚的请示的批复》（公法〔2005〕66 号）指出："交通技术监控记录的违法行为人在一段时间内多次实施的同种违法行为，但仍属于数个相互独立的违法行为，公安机关受案查处时，不宜作为'同一个违法行为'从重处罚一次，而应当依照道路交通管理法律、法规和规章的规定分别作出裁决处罚。"

——执法查处分割法。这是实践中的一种通用做法，对于连续违法或者继续违法，对于查处以后的违法都作为一个新的违法对待。①

五、对连续违法和继续违法"分割"的法律规制

那么，到底对连续违法和继续违法应当采取什么分割方法才是正当的呢？这里其实要解决两个问题：一是谁作"分割"，由法律直接分割还是由执法者的执法行为分割？二是如何分割，应当采取什么样的分割标准？前者是分割的主体问题，后者是分割的标准问题。

第一，关于分割主体问题。

对于连续违法和继续违法行为"个数"的分割，应当由法律、法规和规章进行分割，而不是由执法者的执法行为进行分割。这是由"处罚法定"原则和执法者的法律地位决定的。

"处罚法定"系指行政处罚必须依法设定和依法实施，它是行政处罚法的基本原则之一。② 根据该原则，行政处罚的种类必须依法设定，而不是由行政执法机关自我确定。对可行政处罚的连续违法和继续违法如何在法律上分割成一个违法行为还是多个违法行为，本身就属于对行政处罚"设定"的范围，至少是对行政处罚"设定权"的延伸，所以它必须与行政处罚的设定规则相一致。根据《行政处罚法》（2021）第二章（行政处罚的种类和设定）的规定，一是行政处罚必须由法律、法规和规章设定，规章以下的其他规范性文件不得设定行政处罚，这表达了"设定法"的范围；二是特定的行政处罚手段由特定的法律规范进行

---

① 如原环境保护部于 2009 年制定的《环境行政处罚办法》（环境保护部令 2018 年第 8 号）第 11 条就规定："环境保护主管部门实施行政处罚时，应当及时作出责令当事人改正或者限期改正违法行为的行政命令。责令改正期限届满，当事人未按要求改正，违法行为仍处于继续或者连续状态的，可以认定为新的环境违法行为。"

② 《行政处罚法》第 3 条规定："行政处罚的设定和实施，适用本法。"第 4 条又规定："公民、法人或者其他组织违反行政管理秩序的行为，应当给予行政处罚的，依照本法由法律、法规、规章规定，并由行政机关依照本法规定的程序实施。"这是"处罚法定"原则的直接法律依据。

设定①，这表达了"法与罚"之间的设定对应关系。由此就推论出：1.对于连续违法和继续违法行为的法律分割必须由法律、法规和规章进行，规章以下的其他规范性文件不宜设定分割；2.既然限制人身自由的行政处罚限由法律设定，那么，对可以处限制人身自由行政处罚的违法行为也应当由法律进行分割；既然吊销营业执照的行政处罚由法律或行政法规设定，那么同样，对可处吊销营业执照行政处罚的违法行为也只能由法律或行政法规进行分割；以此类推。

行政处罚虽由行政机关的执法人员具体实施，但对于连续违法和继续违法行为"个数"的分割，不该由执法人员的执法行为来决定，否则可能会出现执法人员在罚款利益的驱动下随意分割连续违法和继续违法的现象。② 如何分割连续违法和继续违法行为，应当由法律法规和规章作出规定，执法者只是执行这一规定而已。执法者就是执法者，而不是立法者。所以，不宜将对于连续违法和继续违法行为"个数"的分割权交给执法者。

第二，关于分割标准问题。

无论由立法者还是执法者对于连续违法和继续违法行为进行"个数"（件数）分割，都会涉及分割标准问题。笔者认为，针对连续违法和继续违法行为，以及它们中的不同类型违法，应当设置不同的标准。如果用一种分割标准去适用所有违法行为，这是不科学的。应当由法律、法规和规章以确立裁量基准的方式对连续违法和继续违法行为进行分类分割。这种分割可以采取两种分割方法。

1.空间分割法。一般而言，连续行为会发生在不同地点，继续行为会发生在同一地点。所以，不同地点发生的连续行为或继续行为应当作为不同的违法行为；同一地点发生的连续行为或继续行为应当作为同一

---

① 如限制人身自由的行政处罚，只能由法律设定；吊销营业执照的行政处罚只能由法律或者行政法规设定，等等。

② 如有的地方对一辆违章停的车在短短的半小时内贴了五张罚单。

行为。比如，今天在东山路上违法停车一次，明天在西山路上违法停车一次，后天又在中山路上违法停车一次，这属于连续违法，但应当作为三个违法对待；当事人驾车持续超速，从一个行政区域到另一个行政区域，这两个区域应当作为两个违法对待。

2.时间分割法。如果同一地点的继续违法持续时间过长的，应当采取时间分割法。如果当事人在同一地点违法停车了一年，中间无间隔，这是继续行为。如果这种同一地点的继续违法作为一个违法行为对待，显然违背法治的初衷，无疑会助长违法现象。对此，法律、法规和规章必须规定一定的时间段为一个违法行为。

在法律、法规和规章对连续违法和继续违法如何分割没有作出规定的前提下，作为一个过渡性办法，可由执法机关通过"查处分割法"进行分割。所谓"查处分割法"，系指对于当事人的连续违法或继续违法行为，只要执法机关对其进行了"查处"（包括提示违法①、批评教育、立案、作出处罚等）并让当事人受领，之后出现的行为都可作为第二个行为对待，以此类推。假如当事人家门口的小巷出口处有禁止左转交通标志，当事人每天上班开车违反该标志，左转抄近途去单位上班，构成交通违法（违反《道路交通安全法》第44条）。假如当执法机关对当事人进行查处时，当事人已违法了56次。在上述情形中，如果执法机关在当事人第56次违法时才对其进行查处，只能算作一个违法行为，处罚一次，至于56次违法只作为一种法定的从重情节考虑；如果执法机关对这56次违法总共查处了10次，那就作为10个违法行为对待，可以处罚10次。

执法机关的"查处分割法"并不是一种优先规则，它是在法律、法规和规章对违法行为如何分割未作规定情况下的一种补充方法。这种补充方法具有一定的合理性：一是为了公共利益与个人利益的平衡。连

---

① 提示违法应当包括执法者当场提示，也包括短信、微信等媒体提示。

续违法是多个同性质违法的组合，它侵害的是同一个法律关系，如果完全按照"一次一罚"显然过于严苛；继续行为其实是一次违法的持续状态，如果不论其持续时间多长，只按一个行为对待只罚一次，显然会鼓励当事人因违法而获益。采取"查处分割法"正好是避免两个极端的折中做法。二是有利于督促执法机关"及时查处"违法。造成连续违法或继续违法无疑与行政执法机关不及时履行查处职责有一事实上关联，执法机关对此负有一定的责任。实施"查处分割法"有助于督促执法机关对违法行为履行及时查处之职。三是有助于澄清和昭示对违法行为的认定标准和态度。按照交警现场指挥优于交通标志的原则，执法机关长期对当事人的连续违法或继续违法行为不查处的，可能会以默示方式误导当事人将违法行为当成合法行为。执法机关应当对这一默示方式承担后果。

但是，对连续违法或继续违法行为的分割，无论是通过法律、法规和规章分割，还是通过执法行为分割，我们都不得任性、恣意，都必须符合和遵循下列原则。

一是教育与处罚相结合原则。教育是影响人的身心发展的社会实践活动。《行政处罚法》始终贯彻处罚和教育相结合原则，而且坚持以教育为重，不是以处罚为重。因为处罚的最终目的也是教育人民群众自觉守法。《行政处罚法》第 6 条规定："实施行政处罚，纠正违法行为，应当坚持处罚与教育相结合，教育公民、法人或者其他组织自觉守法。"这就很好地表达了这一原则。对连续违法和继续违法"件数"的分割，一定要体现以教育为重，而不是以处罚为目的。不得对当事人违法行为的"件数"作过度分割、过细分割、过小分割，以造成不正当的"多罚"、"重罚"和"滥罚"。

二是过罚相当原则。过罚相当是比例原则的体现，也是《行政处罚法》的基本原则之一。《行政处罚法》第 5 条第 2 款规定："设定和实施行政处罚必须以事实为依据，与违法行为的事实、性质、情节以及社会危害程度相当。"这是对过罚相当原则的法律表达。过罚相当原则，仅从法律适用上讲，包含着以下意思和要求：1.当事人的违法行为明显轻微的，不予处罚。2.当事人的违法行为应当处罚的，处罚的轻重必须和当事人违法行为的事实、性质、情节以及社会危害程度相当。既不能轻过重罚，也不能重过轻罚。对连续违法或继续违法行为的分割，应当体现过罚相当原则。如果对于非主道上的违法停车（继续状态），每隔5分钟就分割为一个违法行为，或者某司机在一个行政区域内连闯12个红灯（连续状态）只被分割为一个违法行为，这都是有违过罚相当原则的。

三是有利于当事人纠正违法原则。行政处罚不是为处罚而处罚，行政处罚的目的重在预防违法和纠正违法，而且尽量让当事人自我纠正。《行政处罚法》第28条、第32条和第33条等都体现了有利于当事人纠正违法的原则。我们在对当事人连续违法或继续违法行为分割时，一定要为当事人纠正自己的违法留出合理的时间。比如说，当事人违反限号规定将车驶入城市道路被交警处罚后，就应当允许其将车开回家里去，在这过程中就不应当将纠错过程再行分割成新的违法行为。

四是不让当事人因违法而获益原则。"任何人均不得因其不法行为而获益"（Nemo potest ex suo delicto consequi emolumentum），这是古老的法律格言。法治本身就是为了惩治违法，而当事人可因违法而获利的话，本身就会走向法治的反面。这一原则在我国宪法、民法和刑法中均有体现。《行政处罚法》第28条直接体现了这一原则。我们在对当事人连续违法或继续违法行为分割时，一定要体现这一原则。比如，当事人在同一地点违法停车长达一年，如果对这种继续状态的违法按一个行为处罚一次（罚款200元），那等于怂恿当事人用200元罚款抵销上万元的停车费。

最后还要指出的是，对连续违法和继续违法行为的法定分割，还必须和行政处罚裁量基准制度相衔接。①

六、"一个违法行为"的综合界定

根据以上的综合分析，可以对当事人的一个违法行为界定如下：当事人的"一个违法行为"，系指一个当事人在特定的时间、地点作出的，违反一个法律规范或同时违反多个法律规范，依法可行政处罚并适用"一事不二罚"原则的违反行政管理秩序的行为。它包括一性违法行为和经过法定分割的连续违法或继续违法行为以及竞合违法行为。该定义反映了以下的法律特征。

第一，当事人的"一个违法行为"系由当事人作出的违反行政管理秩序而依法可处罚的行为。当事人的"一个违法行为"当属违反行政管理秩序的行为，必须依法予以处罚（包括不予处罚、免予处罚、从重从轻处罚等）。可见，当事人的"一个违法行为"具有"违法性"和"可处罚性"。

第二，当事人的"一个违法行为"系由一个当事人作出的一个违法行为。如果多个当事人作出的同一个违法行为，则属于一个"共同违法行为"而不是"一个违法行为"。对于"共同违法行为"应当依各当事人在违法中的作用分别给予行政处罚。当事人的"一个违法行为"是指"一对一"的违法行为，显然具有"单一性"。

第三，当事人的"一个违法行为"系由当事人在特定的时间、地点作出的一个行为。如果当事人在不同时间不同地点作出的行为，哪怕是同一性质的行为，也属于多个违法行为而应当分别处罚。当事人的"一个违法行为"显然具有时间地点上的"同一性"。

第四，当事人的"一个违法行为"系指一个自然行为违反一个法律规范或多个法律规范的行为。当事人的"一个违法行为"一般只违反一

---

① 参见国务院办公厅《关于进一步规范行政裁量权基准制定和管理工作的意见》（国办发〔2022〕27号）。

个法律规范，但也有可能同时违反多个法律规范。后一种情况就是违法竞合（竞合违法）。竞合违法是一个违法的特殊形式。它是一个违法而不是多个违法，只是一个违法行为违反了多个法律规范而已。所以，违反一个法律规范还是多个法律规范并不是区别一个违法行为还是多个违法行为的标准。

第五，当事人的"一个违法行为"系指适用"一事不二罚"原则的行为。我们之所以要分辨当事人的违法行为是"一个行为"还是"二个行为"（或"多个行为"），目的就是为了全面、准确、有效地贯彻"一事不二罚"原则。如果不存在"一事不二罚"原则，区别当事人的"一个违法行为"还是"二个违法行为"（或"多个违法行为"）就会失去意义。根据"一事不二罚"原则，对于当事人的"一个违法行为"，就不得给予"二次"及以上的处罚；对于竞合违法，应当适用"择重择一"原则，即选择一个最重的处罚作一次处罚而不是二次处罚。

七、"一个违法"情形的概念考察

为了贯彻和体现当事人"一个违法行为"的定义和特征，全面准确甄别"一个违法行为"还是"二个违法行为"（或"多个违法行为"），有必要对以下具体情形和概念进行分辨。

1.一个违法行为与一次违法行为。如上所述，从自然行为视角考察，违法行为无非有三种状态：一次性、连续性与继续性，因而被简称为一次性违法、连续性违法与继续性违法。但从法律拟制上看，一次性违法肯定被作为一个违法行为对待，但一个违法行为并不只限于一次性违法，连续性违法与继续性违法经法定的分割之后，也可能成为一个违法或多个违法。所以说，一次违法是一个自然行为的概念，一个违法是一个如何适用"一事不二罚"原则的法律拟制行为概念；一次违法等于一个违法，但一个违法并不只限于一次违法。

2.一个违法行为与一类违法行为。一类违法行为系指违反同一法律关系的行为，它可以是一个违法行为，也可以是多个违法行为。一个违法行为肯定属于一类违法行为，但一类违法行为由多个同类违法行为所组成。所以，在理论上和操作上都不得将一个违法行为等同于一类违法行为。①

3. 一个违法行为与再次违法行为。如前所述，一次性违法或经法定分割为一个违法行为的连续违法或者继续违法，都是一个违法行为，第二次违法行为或经法定分割为一个违法行为的连续违法或者继续违法后续发生的连续违法或者继续违法，都属于再次违法行为。一个违法行为适用"一事不二罚"原则，但对于再次违法行为则可进行再次处罚。

4. 一人违法行为与多人共同违法行为。一人违法行为是指由一个当事人作出的一个违法行为；多人共同违法行为系指由多个当事人作出的同一个违法行为。这里的违法当事人可以是个人，也可以是组织。一人违法行为与多人共同违法行为，都可作为一个违法行为对待，都适用"一事不二罚"原则。略有区别的是，执法机关对于多人共同违法行为中的多个当事人要根据他们在共同违法中的不同作用，分别予以处罚，但对同一个当事人同样不得因这一违法而受到两次以上的处罚。

5. 个人违法行为与单位违法行为。从本质意义上说，当事人的违法行为就是指当事人违反行政法义务的行为。法律有时将行政法义务设定给个人，有时将行政法义务设定给单位，有时同时设定给两者。当法律将行政法义务既设定给个人又设定给单位时，并且两者都构成违法并必须分别接受处罚时，这种情况下的个人违法行为与其所属单位违法行为不得视作为一个违法行为对待，应作为两个不同的违法行为对待。

6. 组合违法行为与批量违法行为。组合违法行为是指由两个以上的违法行为，基于它们的关联性而以联合体形式出现，但执法机关应

---

① 有学者指出："所谓同一违法行为是指一个独立的违法行为而非一类违法行为，是一个违法事实而非一次违法事件。"王丽英：《论海关行政处罚"一事不再罚"的原则》，《海关与经贸研究》2022 年第 4 期。

当给予分别处罚的情形。如两个以上的当事人所实施的共同违法，以及单位与个人相关联的违法行为等。而批量违法行为系指一个当事人所实施的一次违法，违法标的物具有"批量性"，如当事人一次性走私了50辆车辆。批量违法行为应当作为一个违法行为还是多个违法行为对待，情况比较复杂，执法机关正在寻觅统一的认定标准。目前存在两个方法：一是程序分割法，如当事人进口50辆车辆时，分别每辆车单独报关，那就按50个行为对待，如果当事人合一报关，那就作为一个行为对待；二是标的区分法，将违法标的分为"同一物"与"不同物"。前者指同一类相互之间无法区别也无意义区别的物品，如当事人销售了500瓶同一牌子的假酒；后者是指不同种类物品或者虽属同一种类，但它们之间已有固定特征加以区别物品，如上了牌照的车辆之间。如果一次批量违法中的物品属于"同一物"，就可作为一个违法行为对待，如果属于"不同物"，那就应当作为不同违法对待。所以，如果一个运输公司中的五辆车同时超载运输，就应当作为五个违法行为处罚。当程序分割法与标的区分法冲突时，优先按照当程序分割法处理。

7.结果行为与过程行为。一般而言，一个结果行为违法，往往属于一个违法行为，但如果过程行为违法，应当认定为多个违法行为还是一个违法行为，不能一概而论。假如一件商品出口，同一当事人经历了"原料采购—加工—广告宣传—出口"等环节，而且每一环节都违反了对应的法律规定。那就应当分析这些过程行为各个环节之间的关联度。如果它们之间是可以分离的（如加工后可以做广告宣传，也可以不做广告宣传），可作为多个违法行为对待；相反，应当视作为一个违法行为（违法竞合）。

§17.3 何谓"一事不二罚"原则中的"二罚"

如果说认定"一事"是正确适用"一事不二罚"原则的前提，那么，认定"二罚"乃是正确适用"一事不二罚"原则的关键和结果。"一事"只能"一罚"，"二事"才能"二罚"。"一事"不能错，不得将"一事"当成"二事"，同样也不得将"二事"当成"一事"；"二罚"也不能错，特别不能将分别处罚、再次处罚、重新处罚、执行罚等误作为"二罚"。

一、"二罚"的法定含义

"一事不二罚"原则中的"二罚"，系指对于当事人的一个违法行为不得给予二次及以上的行政处罚。"二罚"的基本含义是：

第一，"二罚"所针对的标的是"一个违法行为"，不是"二个"或"多个"违法行为。对于是"二个"或"多个"违法行为，固然可以实施"二次"或"多次"行政处罚。

第二，"二罚"并不仅仅是指"二次"处罚，而是指"二次及以上"的处罚。针对"一个违法行为"，作"二次处罚"不行，作"多次处罚"更不行。

第三，"二罚"是指二个以上的"处罚结果"，而不是指二次以上的"处罚程序"。如果经过多次程序（这在现实中常常出现，如举行了两次听证会等），但处罚结果只有一个，那也只能算一次处罚而不是二次处罚。①

第四，不得"二罚"不仅适用单一的违法行为，而且也适用竞合的违法行为。对于单一的一个违法行为不得进行"二罚"，对于一个竞合的违法行为同样不得进行"二罚"，只能是"择重一罚"。

第五，不得"二罚"不仅适用行政处罚之间的关系，而且也适用行政处罚与刑事处罚之间的关系。如果当事人的违法行为已构成犯罪并被

---

① 有学者认为，"一次行政处罚"是指一个处罚结果，而不是一次处罚程序。也就是说，即使经过多次处罚程序但当事人只受到一次处罚结果，仍然属于"一罚"。参见章剑生：《行政罚款适用规则的体系性解释——基于〈行政处罚法〉第29条展开的分析》，《政法论坛》2022年第4期。

追究刑事责任的，不得再作行政处罚，除非法律另有规定①。这一精神和原则已由《行政处罚法》（2021）第 8 条、第 27 条、第 57 条等规定，以及国务院《行政执法机关移送涉嫌犯罪案件的规定》②（2020）第 3 条、第 5 条、第 8 条和第 11 条规定所表达。最高人民法院行政审判庭的有关案例也申述了这一点。③

二、不属于"二罚"的若干情形

1. 对同一当事人的多个违法行为进行多次处罚不属于"二罚"

不得"二罚"是针对"一个违法行为"。如果同一当事人做出了多个独立违法行为，执法机关可能分别处罚。这种分别处罚不属于"二罚"。国外多有此类法例，如《德国违反秩序罚法》第 20 条规定："数行为违反秩序者，应各科处罚锾。"《奥地利行政罚法》第 22 条第 1 款规定："行政被告以各种独立之行为违反不同之行政义务时，或一行为而牵涉数罪名，而应各别处罚时应予各别处罚。"我国原环境保护部《规范环境行政处罚自由裁量权若干意见》（环发〔2009〕24 号）第 18 项规定了"多个行为分别处罚"："一个单位的多个环境违法行为，虽然彼此存在一定联系，但各自构成独立违法行为的，应当对每个违法行为同

---

① 这种情况非常少，但也有法律作此规定，如《道路交通安全法》（2021）第 91 条第5 款。

② 2001 年 7 月 4 日国务院第 42 次常务会议通过，2001 年 7 月 9 日中华人民共和国国务院令第 310 号公布，自公布之日起施行。

③ 在最高人民法院行政审判庭公布的指导案例"枣庄永邦橡胶有限公司诉山东省枣庄市国家税务局税务行政处罚案"（第 014 号案例）中，其裁判要旨指出：根据《行政执法机关移送涉嫌犯罪案件的规定》第三条、第五条、第八条、第十一条的规定，行政执法机关在依法查处违法行为过程中，发现违法事实涉嫌构成犯罪，依法需要追究刑事责任的，必须依照规定向公安机关移送；税务机关在发现涉嫌犯罪并移送公安机关进行刑事侦查后，不再针对同一违法行为作出行为罚和申诫罚以外的行政处罚；行政执法机关将案件移送公安机关立案侦查后，又以当事人涉嫌偷税立案，并作出罚款的行政处罚决定，属行政程序违法，缺乏法律依据，依法应予撤销。参见中华人民共和国最高人民法院行政审判庭编：《中国行政审判指导案例》（第 1 卷），中国法制出版社 2010 年版。

时、分别依法给予相应处罚。"①

2．对同一当事人的多个违法行为分别作出处罚决定合并执行不是"二罚"

当同一个当事人实施了多个违法行为，行政机关分别作出多个处罚决定并合并执行的，这也不属于"二罚"。如《治安管理处罚法》（2012）第16条规定："有两种以上违反治安管理行为的，分别决定，合并执行。行政拘留处罚合并执行的，最长不超过二十日。"

3．对多个当事人的分别处罚不属于"二罚"

在多个当事人实施同一违法行为时，对多个当事人应当分别处罚。如《海关行政处罚实施条例》（2022）第52条规定："对2个以上当事人共同实施的违法行为，应当区别情节及责任，分别给予处罚。"这类分别处罚不属于"二罚"。禁止"二罚"是指针对同一个当事人的同一个违法行为不得给予二次以上的处罚，针对不同当事人的不同处罚自然不属于"二罚"。当然，对于多个当事人所实施的同一个违法，执法机关在对不同当事人作出处罚时必须考虑每一当事人在同一违法行为中的不同作用。

4．对当事人的新违法再次处罚不属于"二罚"

对同一当事人的违法行为实施行政处罚后，当事人又实施了新的同性质的违法，执法机关再次给予行政处罚，这类再次处罚不属于"二罚"。这里特别要注意的是当事人的连续违法和继续违法，对于这两种

---

① 原环境保护部《规范环境行政处罚自由裁量权若干意见》（环发〔2009〕24号）第18项对此进一步解释道：如一个建设项目同时违反环评和"三同时"规定，属于两个虽有联系但完全独立的违法行为，应当对建设单位同时、分别、相应予以处罚。即应对其违反"三同时"的行为，依据相关单项环保法律"责令停止生产或者使用"并依法处以罚款，还应同时依据《环境影响评价法》第31条"责令限期补办手续"。需要说明的是，"限期补办手续"是指建设单位应当在限期内提交环评文件；环保部门则应严格依据产业政策、环境功能区划和总量控制指标等因素，作出是否批准的决定，不应受建设项目是否建成等因素的影响。

违法状态，只要执法机关已作查处的，查处之后的连续违法和继续违法应作为新的违法对待，便可以再次处罚。

5.查明当事人还存在遗漏处罚的违法事实而追加的处罚不属于"二罚"

在现实中常有这种情况，行政处罚作出之后，发现还存在当事人未被处罚的违法事实，这时行政执法机关有两种做法：一是撤回原行政处罚决定，重新作出一个完整的行政决定，但必须重新经历行政处罚的法定程序；二是补充作出一个追加处罚的行政决定，这一决定同样必须经过法定程序。这两种情况都不属于"二罚"。

6.对当事人依法作出的按日连续罚款不属于"二罚"

作为"行政处罚"行为的"按日连续罚款"，系指因当事人存在违法，并且这种违法处于持续状态（继续状态），行政机关对其进行处罚并责令其纠正违法，但当事人拒不纠正其违法的，行政机关依法自责令改正的次日起，按照原罚款数额按日连续罚款的法律制度。这其实是法律对持续（继续）违法行为的一个特别分割。在我国现行国家法律体系中首次引入"按日连续罚"是环境保护立法。2014年修订的《环境保护法》第59条规定："企业事业单位和其他生产经营者违法排放污染物，受到罚款处罚，被责令改正，拒不改正的，依法作出处罚决定的行政机关可以自责令改正之日的次日起，按照原处罚数额按日连续处罚。"[①]这类"按日连续罚款"不属于"二罚"。

7.对当事人依法作出的行政执行罚不属于"二罚"

"按日连续罚款"分属两种性质：一种属于行政处罚（见上一种情况），另一种属于行政执行罚。作为行政执行罚的"按日连续罚款"，系

---

① 此外，《固体废物污染环境防治法》（2020）第119条、《水污染防治法》（2017）第95条等都准用该规定；其他如《大气污染防治法》（2018）第123条、《安全生产法》（2021）第112条和《海洋环境保护法》（2023）第113条等，都对这类处罚作出了规定。

指被处以罚款的当事人逾期拒不履行已经生效的行政罚款决定，原行政处罚机关依法对他按日处予原罚款额 3% 的罚款，但加处的罚款不得超过原罚款本数的法律制度。这种制度的法律依据是《行政处罚法》（2021）第 72 条第 1 款。该款规定："当事人逾期不履行行政处罚决定的，作出行政处罚决定的行政机关可以采取下列措施：（一）到期不缴纳罚款的，每日按罚款数额的百分之三加处罚款，加处罚款的数额不得超出罚款的数额……。"行政执行罚不属于行政处罚，而属于行政强制执行中的间接执行手段。作为行政执行罚的"按日连续罚款"也不属于"二罚"。

8. 原行政处罚撤回、撤销之后重新作出的行政处罚不属于"二罚"

根据行政行为的既定力和信赖利益保护原则，行政主体一经作出行政决定之后，原则上不得变更和取消该行政决定。只有在法律（全国人大及其常委会制定）有明文规定，经过法定程序，并对当事人进行依法赔偿或补偿的条件下，才可变更或消灭已作出的行政决定。如果在法律允许条件下，行政主体撤回原行政处罚并作出一个新的行政处罚，或者行政复议机关、人民法院在行政复议、行政诉讼中依法撤销行政主体的行政处罚并责令其重新作出行政处罚，由此重新作出的行政处罚，不属于"二罚"。

9. 对同一当事人依法同时给予两项行政处罚不属于"二罚"

"一事不二罚"原则是禁止针对同一个违法行为给予"二次"（及以上）的行政处罚，但它不禁止同时给予"二项"（及以上）的行政处罚。如《治安管理处罚法》（2012）第 26 条规定："有下列行为之一的，处五日以上十日以下拘留，可以并处五百元以下罚款；情节较重的，处十日以上十五日以下拘留，可以并处一千元以下罚款：（一）结伙斗殴的；（二）追逐、拦截他人的；（三）强拿硬要或者任意损毁、占用公私财物的；（四）其他寻衅滋事行为。"在这里，拘留和罚款属于"两项"处罚。如果公安机关对当事人并处拘留和罚款，这属于给予"两项"处罚，而不是"两次"处罚，因而不属于"二罚"。

10.专属管辖中的行政处罚不属于"二罚"

对于一个当事人的同一个违法行为由一个行政机关给予一项处罚，再由另一行政机关给予另一项专属行政处罚的，不属于"二罚"。如吊销企业执照专属于工商部门，行政拘留专属于公安部门。对当事人的同一个违法行为在有关部门罚款后，再由公安机关依法给予行政拘留的，这不算是"二罚"。

11.对单位和个人进行"双罚"不属于"二罚"

对于单位违法的，有时法律规定，既可对单位作出处罚，同时也可以或应当对单位内的有关成员进行处罚，这类单位与个人的"双罚"不属于"二罚"。如《水污染防治法》（2017）第94条规定，企业事业单位造成水污染事故的，由环保部门对该单位处以罚款；对直接负责的主管人员和其他直接责任人员可以处上一年度从本单位取得的收入50%以下的罚款。① 这类"双罚"制度不属于"二罚"。

12.行政处罚的转处不属于"二罚"

所谓行政处罚的转处，是指当事人无法履行某种行政处罚时，依

---

① 这类单位与个人的"双罚"规定，还存在于《固体废物污染环境防治法》（2020）第114条第1款规定：无许可证从事收集、贮存、利用、处置危险废物经营活动的，由生态环境主管部门责令改正，处一百万元以上五百万元以下的罚款，并报经有批准权的人民政府批准，责令停业或者关闭；对法定代表人、主要负责人、直接负责的主管人员和其他责任人员，处十万元以上一百万元以下的罚款。即对无许可证从事收集、贮存、利用、处置危险废物经营活动的，既要对违法单位进行罚款，又要对其法定代表人、主要负责人、直接负责的主管人员和其他责任人员予罚款。原环境保护部《规范环境行政处罚自由裁量权若干意见》（环发〔2009〕24号）第15项（单位个人"双罚"制）也规定："企业事业单位实施环境违法行为的，除对该单位依法处罚外，环保部门还应当对直接责任人员，依法给予罚款等行政处罚；对其中由国家机关任命的人员，环保部门应当移送任免机关或者监察机关依法给予处分。"

法转换为另一种行政处罚种类的制度。① 如《外国人入境出境管理法实施细则》(2010) 第 48 条第 2 款规定:"外国人无力缴纳罚款的,可以改处拘留"。这类对当事人转换另一行政处罚形式的,不属于"二罚"。

13. 作为对刑罚补充的行政罚不属于"二罚"

作为刑事责任的配套性行政处罚不属于"二罚"。如《道路交通安全法》(2021) 第 91 条第 5 款规定,饮酒后或者醉酒驾驶机动车发生重大交通事故,构成犯罪的,依法追究刑事责任,并由公安机关交通管理部门吊销机动车驾驶证,终生不得重新取得机动车驾驶证。我国总的要求是,如果当事人的违法行为已构成犯罪并被追究刑事责任的,不得再作行政处罚。但当刑事责任的功能无法代替行政处罚功能,并且法律直接为某项刑事责任配置行政处罚责任时,这时司法机关追究当事人的刑事责任,行政机关同时追究当事人的行政责任,这不属于"二罚"。因为这时的行政处罚,从本质上说是一种刑事处罚的配套措施。

14. 接受行政处罚的同时承担民事责任不属于"二罚"

行政处罚责任与刑事处罚责任在功能上具有替代性,因而,如果对一种行为追究了刑事责任,不得再行追究行政处罚责任,除非法律有例外规定。但民事责任与行政处罚责任在功能上不具有替代性,因而,当事人被行政处罚后不影响其同时承担民事责任。所以,《行政处罚法》(2021) 第 8 条第 1 款规定:"公民、法人或者其他组织因违法

---

① 这类转处处罚在有的国家称为"易科"。如《奥地利行政罚法》(Verwaltungsstraf-gesetz-VStG) 第 16 条规定:"(1) 科处罚锾时,在主文上须注明如无力缴纳罚锾时,得易科拘留。(2) 如无其他自由罚或特别规定时,易科拘留之时间,不得超过两星期,其他场合补充罚按照一般量罚之规定。(3) 受裁决人仍得缴纳罚锾,代替易科拘留之执行。"

行为受到行政处罚，其违法行为对他人造成损害的，应当依法承担民事责任。"当事人接受行政处罚之后又承担民事责任的，这也不属于"二罚"。

§17.4　竞合违法对"一事不二罚"原则的适用

一、单一违法行为与竞合违法行为

一个违法行为，无论是一次性行为还是被依法分割为一个行为的连续行为和持续行为，从它们所涉法律关系考察，都可以区分为两大类：一是单一违法；二是竞合违法。单一违法是指一个违法行为只涉及一个法律关系，只违反一种法律规范；竞合违法是指一个违法行为同时涉及多个法律关系，违反多种法律规范。

单一违法行为与竞合违法行为都属于一个违法行为而不是多个违法行为。它们的区别不是一个违法还是多个违法问题，只是违反法律的单一性还是多重性、只违反一个法律规范还是同时违反多个法律规范的问题。

二、竞合违法行为是一个行为涉及多种法律规范

竞合违法是一个行为违反了两个以上的法律规范，而不是指两个以上行为违反多个法律规范，或者是两个以上行为违反了同一个法律规范。可见，竞合违法不是行为的竞合，而是法律的竞合。[①] 自然行为不会出现"竞合"，只有当它适用法律时才会出现"竞合"。竞合违法不是行为发生时的一种特殊情形，而是法律适用上的一种特殊情形。竞合违法与其说取决于当事人如何行为，不如说取决于立法者如何立法。

[①] 有学者认为，法条竞合包括独立竞合、包容竞合、交叉竞合和偏一竞合。参见张明楷：《刑法学》，法律出版社 2011 年版，第 419 页。

竞合行为并不是一次行为、连续行为和继续行为以外的一种特别行为，也不是指组合性行为，而是指一个行为与多个法律规范的关系。竞合行为并不是多个自然行为的竞合，而是一个自然行为所涉及法律关系的竞合。一次行为、连续行为和继续行为都有可能构成竞合违法，这并不取决于"行为"如何进行，而是"法律"如何规定。所以，竞合违法不是"行为"的范畴，而是"法律适用"的范畴。正因为违法竞合不是行为竞合而是法律适用上的竞合，所以，对它不存在像连续行为与继续行为一样如何分割的问题，只是讨论不同的法律对同一个行为如何适用的问题。

三、竞合违法行为情形

竞合违法，或者说违法竞合，是指当事人的一个违法行为同时违反了多个法律规范。它所面对的不是多个违法行为，而是一个违法行为的多种法律关系。所以，不得将竞合违法行为视作为多个违法行为。原环境保护部《规范环境行政处罚自由裁量权若干意见》（环发〔2009〕24 号）、原国家环境保护总局《关于污泥排入城市下水道法律适用问题的复函》（环函〔2005〕259 号）都表明：竞合行为属于"一个行为"。[1]

一个完整的行为，应当包括主体与客体、内容与形式、目的与手段、实体与程序、过程与结果等。竞合违法是指一种行为的客体违反了一种法律，程序违反了另一种法律；手段违反了一种法律，结果违反了另一种法律；内容违反了一种法律，形式违反了另一种法律……但是这些行为要素和环节之间具有高度关联性，不可分割。

如网吧经营者未禁止未成年人进入网吧，这种违法同时违反了

---

[1] 参见许安标主编：《中华人民共和国行政处罚法释义》，中国民主法制出版社 2021 年版，第 103 页。

《未成年人保护法》①和《互联网上网服务营业场所管理条例》②。又如，当事人将产生的污泥直接用水冲稀排入城市下水道的行为，这一个行为同时违反了《水污染防治法》和《固体废物污染环境防治法》。③还有，当事人在耕地上非法采砂并毁坏种植条件行为，既存在擅自在耕地上挖砂并毁坏种植条件行为，也存在未取得采矿许可证擅自采矿行为，同时触犯了《土地管理法》《矿产资源法》两个法律规范。④当事人的违法建设，也常常既违反《城乡规划法》又违反《消防法》。

可见，一个竞合行为就是"一事"，属于"一个违法行为"而不是

---

① 《未成年人保护法》（2024）第58条规定："学校、幼儿园周边不得设置营业性娱乐场所、酒吧、互联网上网服务营业场所等不适宜未成年人活动的场所。营业性歌舞娱乐场所、酒吧、互联网上网服务营业场所等不适宜未成年人活动场所的经营者，不得允许未成年人进入；游艺娱乐场所设置的电子游戏设备，除国家法定节假日外，不得向未成年人提供。经营者应当在显著位置设置未成年人禁入、限入标志；对难以判明是否是未成年人的，应当要求其出示身份证件。"第123条又规定："相关经营者违反本法第五十八条、第五十九条第一款、第六十条规定的，由文化和旅游、市场监督管理、烟草专卖、公安等部门按照职责分工责令限期改正，给予警告，没收违法所得，可以并处五万元以下罚款；拒不改正或者情节严重的，责令停业整顿或者吊销营业执照、吊销相关许可证，可以并处五万元以上五十万元以下罚款。"
② 《互联网上网服务营业场所管理条例》（2022）第21条规定："互联网上网服务营业场所经营单位不得接纳未成年人进入营业场所。互联网上网服务营业场所经营单位应当在营业场所入口处的显著位置悬挂未成年人禁入标志。"第31条又规定："互联网上网服务营业场所经营单位违反本条例的规定，有下列行为之一的，由文化行政部门给予警告，可以并处15000元以下的罚款；情节严重的，责令停业整顿，直至吊销《网络文化经营许可证》：（一）在规定的营业时间以外营业的；（二）接纳未成年人进入营业场所的；（三）经营非网络游戏的；（四）擅自停止实施经营管理技术措施的；（五）未悬挂《网络文化经营许可证》或者未成年人禁入标志的。"
③ 参见原国家环境保护总局《关于污泥排入城市下水道法律适用问题的复函》（环函〔2005〕259号）。
④ 参见许光辉：《"一事不再罚"中的"一事"如何认定？》，《中国自然资源报》2019年8月14日。

"多个违法行为"。但它由于违反了多种法律关系，所以在法律适用上应当不同于单一性违法行为。

四、竞合违法行为与法律适用

一种违法行为在法律上的竞合，既表现为刑事法律与行政法律的竞合、民事法律与行政法律的竞合，也表现为行政法律与行政法律之间的竞合。

刑事法律与行政法律的竞合，就是指一种违法行为既属于违反行政管理秩序的行为，同时属于犯罪行为，这时的法律适用，只要追究刑事责任的，就不得同时追究行政处罚责任，除非法律有特别规定。①

民事法律与行政法律的竞合，与刑事法律与行政法律的竞合不同，相互之间不具有功能上的替代性，这种性质的竞合违法，应当分别适用民事法律与行政法律。当两者无法同时适用时（如当事人因经济能力的限制无法同时接受罚款决定和对他人的民事赔偿），我国法律在一定程度上坚持"民事优先"。②

但是，行政法律与行政法律之间的竞合，法律上的适用就有所不同，特别在行政处罚上，它就适用"择重择一"处罚原则。

五、"一事不二罚"原则对竞合违法的适用

如果对同一个违法行为适用不同法律同时给予多种处罚，显然是有失"过罚相当"原则的。所以，无论是刑罚还是行政处罚，都采取"择重择一"原则，即在多种可处罚的种类中，选择一最重的予以一次处罚，不作二次处罚。德国1987年修正的《违反秩序罚法》第19条就表达了

① 《德国违反秩序罚法》明确规定了这一适用规则。其第21条（犯罪行为与违反秩序行为之竞合）规定："(1) 同一行为构成犯罪行为与违反秩序者，仅适用刑法。但在其他法律规定之从罚仍得宣告之。(2) 前项情形之行为未受刑之宣告者，仍得以违反秩序，处罚之。"
② 参见《民法典》(2020) 第187条规定："民事主体因同一行为应当承担民事责任、行政责任和刑事责任的，承担行政责任或者刑事责任不影响承担民事责任；民事主体的财产不足以支付的，优先用于承担民事责任。"

这一意思。①

我国《行政处罚法》于 1996 年首次制定时，其第 24 条规定："对当事人的同一个违法行为，不得给予两次以上罚款的行政处罚。"2021年《行政处罚法》修订时，将原第 24 条变更为第 29 条并规定："对当事人的同一个违法行为，不得给予两次以上罚款的行政处罚。同一个违法行为违反多个法律规范应当给予罚款处罚的，按照罚款数额高的规定处罚。"新条文的第一句是确立"一事不二罚"原则对"一个违法行为"的适用；第二句则是"一事不二罚"原则对"竞合违法行为"的适用。"一事不二罚"原则对"竞合违法行为"的适用就转变为"择一择重"原则。这一原则的基本含义和适用规则是：

第一，同一行为。"择一择重"原则的适用对象仅仅是针对同一个违法行为，不适用多个违法行为。

第二，多个法律。"择一择重"原则的适用条件是该行为同时违反了多个法律规范。如果一个违法行为只违反一个法律规范，那也就不适用"择一择重"原则。

第三，择一罚款。对于同一个违法行为同时违反多个法律规范时，只得作一次罚款，不得作二次以上的罚款。这里的选择范围只限于"罚款"，不涉及罚款以外的处罚种类。

第四，择重罚款。当两个以上的法律规范同时规定罚款时，只能选择罚款数额高的规定处罚。而所谓"罚款数额高的规定"，不是指行政机关实际处予罚款数额的高低②，而是指法律、法规、规章规定可处予

---

① 德国《违反秩序罚法》（1987）第 19 条〔行为的同一性〕规定："①如果同一行为违反数个法律，根据这些法律该行为均作为违反秩序行为处罚，或者数次违反一项可将该行为作为违反秩序行为处罚的法律，则只科处一项罚款。②如果违反数个法律，则依照罚款数额最高的法律科处罚款。可以处以其他法律中规定的附加措施。"

② 有学者持这一观点，认为将"罚款数额高"理解为行政机关"实际罚款数额高"更符合立法目的。参见袁雪石：《中华人民共和国行政处罚法释义》，中国法制出版社2021 年版，第 201 页。

罚款数额的高低。① 公安部《关于公安机关适用行政处罚若干问题的指导意见》（公通字〔2024〕5 号）第 9 条规定的适用方法，具有普遍的参考意义。②

第五，择高择重。如果"择重择一"原则与法律适用规则（高法优于低法、后法优于前法、特别法优于一般法等）相冲突，那么，应当优先适用法律适用规则。③"择一择重"原则的适用以法律规范之间并无冲突为前提。如果法律规范之间发生冲突，首先应当适用规范冲突选择规则解决。所以，有关部门将"择一择重"原则调整为"择高择重"原则是有一定道理的。④

对竞合违法行为适用"择重择一"原则，在《行政处罚法》的统率下，已在其他法律和有关法规和规章中得到体现。如《海关行政处罚实施条例》（2022）第 51 条规定："同一当事人实施了走私和违反海关监管规定的行为且二者之间有因果关系的，依照本实施条例对走私行为的规

---

① 有关部门解释道：所谓罚款数额高的规定是指法律规定的罚款数额，而非行政机关实际处予的罚款数额。对于固定数额的罚款，直接适用罚款数额高的规定给予罚款处罚……对于按照罚款数额下限、上限模式设定的罚款处罚，适用罚款数额上限高的规定给予罚款处罚……参见许安标主编：《中华人民共和国行政处罚法释义》，中国民主法制出版社 2021 年版，第 104 页。

② 公安部《关于公安机关适用行政处罚若干问题的指导意见》（公通字〔2024〕5 号）第 9 条规定：违法行为人的同一个违法行为同时违反多个公安法律规范，应当给予罚款处罚的，公安机关应当适用效力高的法律规范；相关法律规范效力相同的，应当适用罚款数额高的规定。"罚款数额"，是指法律规范规定的罚款数额，而非实际作出的罚款处罚数额。法律规范规定罚款幅度的，适用上限数额高的规定；上限数额相同的，适用下限数额高的规定。

③ 有学者指出，如果遇到"特别法优于一般法""高法优于低法"时，优先适用法律适用规则，不适用"择一择重"原则。参见袁雪石：《中华人民共和国行政处罚法释义》，中国法制出版社 2021 年版，第 204—205 页。

④ 如《环境行政处罚办法》（环境保护部令 2010 年第 8 号）第 9 条规定："当事人的一个违法行为同时违反两个以上环境法律、法规或者规章条款，应当适用效力等级较高的法律、法规或者规章；效力等级相同的，可以适用处罚较重的条款。"

定从重处罚,对其违反海关监管规定的行为不再另行处罚。同一当事人就同一批货物、物品分别实施了 2 个以上违反海关监管规定的行为且二者之间有因果关系的,依照本实施条例分别规定的处罚幅度,择其重者处罚。"原环境保护部《规范环境行政处罚自由裁量权若干意见》(环发〔2009〕24 号)规定了"从一重处罚":"同一环境违法行为,同时违反具有包容关系的多个法条的,应当从一重处罚。"① 此外,早在 1996 年,原地质矿产部《关于"山东省实施〈中华人民共和国河道管理条例〉办法"几点意见的函》(地函〔1996〕280 号),函告山东省人民政府:对于乱采滥挖、无证采挖包括河道砂石、砂金等在内的矿产资源的违法行为,矿产资源法及其有关的配套法规已规定了行政处罚,而《山东省实施〈中华人民共和国河道管理条例〉办法》对于同一违法行为又设立了罚款的处罚,这与《行政处罚法》第 24 条规定的"一事不再罚"原则不符。

§17.5 从"一事不二罚款"到"一事不二处罚"

一、"一事不二罚款"原则的确立及其局限

严格地说,我国《行政处罚法》,无论是 1996 年制定的旧法还是 2021 年修订的新法,所确立的"一事不二罚"原则仅仅是指对于"一事"不得进行两次以上"罚款"而已。换句话说,我国《行政处罚法》并没有确立"一事不二罚"原则,它只是确立了"一事不二罚款"原则。这

---

① 该《意见》还进一步解释道:如在人口集中地区焚烧医疗废物的行为,既违反《大气污染防治法》第 41 条"禁止在人口集中区焚烧产生有毒有害烟尘和恶臭气体的物质"的规定,同时又违反《固体废物污染环境防治法》第 17 条"处置固体废物的单位,必须采取防治污染环境的措施"的规定。由于"焚烧"医疗垃圾属于"处置"危险废物的具体方式之一,因此,违反《大气污染防治法》第 41 条禁止在人口集中区焚烧医疗废物的行为,必然同时违反《固体废物污染环境防治法》第 17 条必须依法处置危险废物的规定。这两个相关法条之间存在包容关系。对于此类违法行为触犯的多个相关法条,环保部门应当选择其中处罚较重的一个法条,定性并量罚。

一原则的基本含义是：

第一，它既"包括同一个行政机关不得给予两次以上罚款的处罚，也包括不同行政机关不得给予两次以上罚款的处罚"[1]。

第二，它既适用单一性违法，也适用竞合性违法。根据《行政处罚法》（2021）第29条规定，对于一个单一性违法，"不得给予两次以上罚款的行政处罚"；对于一个竞合违法，"按照罚款数额高的规定处罚"。

第三，它只约束"罚款"这类处罚，不涉及诸如警告、通报批评、没收、吊扣许可证、降低资质、限制生产经营活动、责令停产停业、责令关闭、限制从业、行政拘留等其他处罚手段。[2]

由于受《行政处罚法》的影响，我国其他法律、法规和规章也不乏有相同规定，如国家版权局《著作权行政处罚实施办法》（2009）第32条规定："对当事人的同一违法行为，其他行政机关已经予以罚款的，著作权行政管理部门不得再予罚款，但仍可以视具体情况予以本办法第四条所规定的其他种类的行政处罚。"

"一事不二罚款"原则与"一事不二罚"原则并非处于同一层次和同一范围，前者无法覆盖所有行政处罚的手段，是一项"不彻底的革命"。与"一事不二处罚"原则比较，"一事不二罚款"原则显现出很大的局限性。它的字面表达不可避免地会导致一种背离立法初衷的解释：我国的"一事不二罚"原则仅仅适用于"罚款"手段，不适用其他的处罚手段。它只要求对于当事人的同一个违法行为不得给予二次以上"罚款"，但不排除可以给予二次以上"警告""没收""吊扣证照""行政拘留"等。《行政处罚法》的原意是：对于一个违法行为，不得给予二次以上"罚

---

[1] 许安标主编：《中华人民共和国行政处罚法释义》，中国民主法制出版社2021年版，第103页。

[2] 有学者解释道，"一事不二罚"……是指同一个违法，不能给予两次以上的罚款，其他行政处罚类型不在此限。参见袁雪石：《中华人民共和国行政处罚法释义》，中国法制出版社2021年版，第200页。

款"，同样也不得给予二次以上"警告"、二次以上"没收"、二次以上"吊扣证照"、二次以上"行政拘留"等。总之，对于一个违法行为就是不得给予二次以上"行政处罚"。早在 1996 年《行政处罚法》第一次制定时，有关部门已对这一原则作了解释：对当事人的同一个违法行为，不得给予两次以上罚款的行政处罚，"不能因为《行政处罚法》仅规定了涉及罚款的一事不再罚，就认为一事不再罚仅限于重复罚款的禁止。"[1] 至今人们依然认为，"对同一个违法行为，既不能给予同一行为人两次以上罚款的行政处罚，也不应给予同一行为人两次以上其他的同种类行政处罚。例如，对同一违法行为应不给予同一行为人两次以上行政拘留，也不能给予两次以上吊销许可证的处罚。"[2] 除了背离立法初衷，"一事不二罚款"原则还背离了"过罚相当"原则。如果对"一事"可以进行"二次"以上除罚款以外的行政处罚，那就势必导致对"一事"的多重处罚，为滥罚留下方便之门。

二、表达"一事不二罚款"的原因

2021 年《行政处罚法》修订时，包括笔者在内的几位学者就对这一规定提出过异议，并建议将"对当事人的同一个违法行为，不得给予两次以上罚款的行政处罚"，修改为"对当事人的同一个违法行为，不得给予两次以上的行政处罚"，但最终未被采纳。[3]

至于新旧《行政处罚法》为什么作出和坚持这样的狭隘表达，追问

---

[1] 国务院法制办公室组织编写，曹康泰主编：《行政处罚法教程》，中国法制出版社 2011 年版，第 121 页。

[2] 江必新主编：《行政处罚法条文精释与实例精解》，人民法院出版社 2021 年版，第 168 页。

[3] 有专家指出："《行政处罚法》颁布实施以来，理论界存在将一事不再罚原则全面引入行政处罚法而不仅仅局限于一事不再罚款的主张。不过，新修订的《行政处罚法》沿用了原有对同一违法行为不得给予两次以上罚款的规定，并未拓展到罚款以外的其他行政处罚。"江必新主编：《行政处罚法条文精释与实例精解》，人民法院出版社 2021 年版，第 165 页。

原因，发现有两种"理由"：

一是，因为罚款是行政处罚的主要形式，所以把"一事不二罚"原则局限于"罚款"是有积极意义的。世界上也有国家将"一事不二罚"限定于"一事不二罚款"。① 原国务院法制办组织编写的《行政处罚法教程》（曹康泰主编）解释道："我国《行政处罚法》第二十四条规定：'对当事人的同一个违法行为，不得给予两次以上罚款的行政处罚。'这一规定，与理论上的一事不再罚原则不完全相同，它是一事不再罚原则的主要内容和组成部分。它既肯定了一事不再罚的精神，又考虑到了行政执法职权范围内的实际情况，把一事不再罚的'罚'仅仅局限在'罚款'。这是因为罚款是行政处罚的主要形式，几乎所有的行政处罚实施机关都具有这项权力，而且它与当事人的利害关系最为密切，在罚款领域规定一事不再罚，具有积极的现实意义。"②

既然《行政处罚法》中关于"一事不二罚款"的规定，并不只限于禁止重复"罚款"，对其他行政处罚也同样适用，那么，将"对当事人的同一个违法行为，不得给予两次以上罚款的行政处罚"，修正为"对当事人的同一个违法行为，不得给予两次以上的行政处罚"，仅仅是删除"罚款"两字而已，举手之劳为何不做呢？

二是，有关人员解释说，在现实中，对当事人的一个违法行为，既给予罚款又给予其他处罚（如吊销许可证或行政拘留）非常常见，而且法律也是允许的。所以，《行政处罚法》只能禁止重复罚款，但不宜禁止同时给予两种以上的处罚。

---

① 如德国《违反秩序罚法》（1987）第 19 条〔行为的同一性〕规定："①如果同一行为违反数个法律，根据这些法律该行为均作为违反秩序行为处罚，或者数次违反一项可将该行为作为违反秩序行为处罚的法律，则只科处一项罚款。②如果违反数个法律，则依照罚款数额最高的法律科处罚款。可以处以其他法律中规定的附加措施。"
② 国务院法制办公室组织编写，曹康泰主编：《行政处罚法教程》，中国法制出版社 2011 年版，第 86 页。

这一考虑是应当的。但是，这里搞混了两个概念，即"二次"处罚与"二项"处罚。就行政处罚制度而言，对于"一事"是不得给予"二次"以上处罚的，二次罚款不行，二次没收、二次拘留也不行。对于任何违法，都不得给予"二次"以上处罚。但是，对于"一事"给予"二项"以上的处罚是可以的。如对某种违法行为，既罚款又拘留，既罚款又没收，或者既罚款又吊销许可证等，《治安管理处罚法》等不少法律就有此规定。我们的结论是：对于"一事"不得给予"二次"处罚，但可以依法给予"二项"处罚。但现行《行政处罚法》第29条规定的"一事不二罚款"原则恰恰是基于对"二次"处罚与"二项"处罚的混淆。

三、从"一事不二罚款"到"一事不二处罚"

现行《行政处罚法》第29条将"一事不二罚"原则限缩为"一事不二罚款"原则，这是一种法治上的遗憾。它不仅偏离了《行政处罚法》立法的本意，而且也与世界上多数国家的做法相背。[1] 应当将"一事不二罚款"提升至"一事不二处罚"原则，并将第29条修正为：

"对当事人的同一个违法行为，不得给予两次以上的行政处罚，但可以依法给予两项以上不同类型的行政处罚。同一个违法行为违反多个法律规范应当给予处罚的，按照处罚重的规定处罚。"

这样的表述，已将"一事不二罚款"原则提升到"一事不二处罚"原则。这一原则的基本含义是：

第一，对于同一违法行为不得给予二次以上行政处罚，但可依法给予两项以上不同类型的行政处罚。

第二，同一个违法行为违反多个法律规范应当给予处罚的，对于同一类型处罚按照处罚重的规定择一处罚。

---

[1] 有学者指出：有的国家规定"一事不二罚"的适用范围不限于罚款，德国、美国、日本宪法有"一事不二次给予刑事处罚"的规定，后来通过解释扩张到行政处罚领域。参见袁雪石：《中华人民共和国行政处罚法释义》，中国法制出版社2021年版，第200页。

第三，"一事不二罚"原则既适用单一违法，也适用竞合违法，既适用一个行政机关的处罚，也适用多个行政机关的处罚。①

小　结

"一事不二罚"原则是由我国 1996 年《行政处罚法》第 24 条和 2021 年《行政处罚法》第 29 条所确立的行政处罚适用原则。但是新旧法律的表述都将"一事不二罚"限定为"一事不二罚款"，这不仅背离了《行政处罚法》的立法初衷，而且会远离"过罚相当"的要求。应当通过立法修改将"一事不二罚款"原则提升为"一事不二处罚"原则，以实现法治的提升。"一事不二处罚"原则的基本含义是：对于同一违法行为不得给予二次以上行政处罚；同一个违法行为违反多个法律规范应当给予处罚的，对于同一类型处罚按照处罚重的规定择一处罚。

贯彻"一事不二罚"原则的基础在于如何认定"一事不二罚"原则中的"一事"与"二罚"。笔者认为，"一事"就是指"同一个违法行为"。而"同一个违法行为"是一个"法律拟制行为"的概念而不是"自然行为"的概念。自然行为分为三种形态：一次性行为、连续行为和继续行为（持续行为）。一次性行为的违法自然属于"同一个违法行为"，但连续行为和继续行为属于一个违法行为还是多个违法行为，须通过法律、法规和规章进行正当分割；法律、法规、规章未作分割的，先按"行政查处法"分割。将一个自然状态的连续行为或继续行为转换成一个或多个法律拟制行为，这就是对自然行为的"法律改造"，它既包括将一个

---

① 也有学者认为："一事不再罚"原则"一般理解有四方面含义：一是同一行政机关对行为人同一违法行为不得给予两次及以上处罚；二是不同机关依据不同法律规范对行为人同一违法行为不得给予两次及以上同种类的行政处罚；三是出于一个违法目的，而违法方式或结果又牵连构成其他违法，对牵连行为也宜界定为'一事'作出处罚；四是违法行为已受到刑罚后，法院已给予罚金处罚的，不再给予罚款的行政处罚。"许光辉：《"一事不再罚"中的"一事"如何认定?》，《中国自然资源报》2019 年 8 月 14 日。

自然行为分割成几个法律拟制行为，也包括将几个自然行为归集为一个法律拟制行为。这就是说，"分割"既包括"一变二"，也包括"二变一"。

一个违法行为

一次性行为————连续性行为————持续性行为
　　　　　　　（经分割）　　　（经分割）

"一事不二罚"原则既适用单一违法行为，同时也适用竞合违法行为。竞合违法是一个违法行为同时违反多个法律规范。所以，原则上也应当按照一个违法行为对待，应当"择重择一"处罚。

一个违法行为

单一违法————竞合违法

"一事"只能"一罚"，不能"二罚"。"二罚"仅仅是指对"同一个违法行为"作"二次"以上的处罚，而不是指作"二项"以上的处罚。依法对"同一个违法行为"作"二项"以上不同类型的处罚，或者多个行政机关依法对"同一个违法行为"作不同类型的处罚，都不属于"二罚"的情形。

【延伸思考】

1."一事不二罚"原则与"一事不二罚款"原则有何区别？一次处罚与一项处罚又有什么区别？

2.什么是自然行为与法律拟制行为？区别它们的意义何在？

3.一个违法与多个违法、一罚与二罚有什么区别？它们之间的区别标准是什么？

4.违法竞合怎样认定？违法竞合如何适用"一事不二罚"原则？

【规范链接】

▸《中华人民共和国行政处罚法》（2021）第3—5、8、28—29、32—33、72条

▸《中华人民共和国治安管理处罚法》（2012）第16、26条

▸《中华人民共和国水污染防治法》（2017）第94、95条

▸《中华人民共和国未成年人保护法》（2024）第58条

▸《中华人民共和国固体废物污染环境防治法》（2020）第114、119条

▸《中华人民共和国大气污染防治法》（2018）第123条

▸《中华人民共和国安全生产法》（2021）第112条

▸《中华人民共和国海洋环境保护法》（2017）第73条

▸《中华人民共和国海关行政处罚实施条例》（2022）第51、52条

▸《中华人民共和国外国人入境出境管理法实施细则》（2010）第48条

▸ 国务院《互联网上网服务营业场所管理条例》（2022）第21条

▸ 国务院办公厅《关于进一步规范行政裁量权基准制定和管理工作的意见》（国办发〔2022〕27号）

▸ 公安部《关于公安机关适用行政处罚若干问题的指导意见》（公通字〔2024〕5号）

▸ 公安部《关于对交通技术监控记录的违法行为如何进行处罚的请示的批复》（公法〔2005〕66号）

▸ 原环境保护部《环境行政处罚办法》（环境保护部令2010年第8号）第9、11条

▸ 原环境保护部《规范环境行政处罚自由裁量权若干意见》（环发〔2009〕24号）

▸ 原国家环境保护总局《关于污泥排入城市下水道法律适用问题

445

的复函》（环函〔2005〕259号）

▶ 国家版权局《著作权行政处罚实施办法》（2009）第32条

▶ 原地质矿产部《关于"山东省实施〈中华人民共和国河道管理条例〉办法"几点意见的函》（地函〔1996〕280号）

第18章 行政处罚"没收违法所得"的若干问题

行政法上的"没收违法所得"是《行政处罚法》设定的13种处罚手段之一，与罚款、没收非法财物一起构成了财产罚的类型。但它到底属于"行政处罚"还是"行政收缴"一直存在争议，而且《治安管理处罚法》一直将它定性为"收缴"措施。笔者认为，行政处罚是指行政主体依法对违反行政管理秩序的行为人进行行政制裁的行政行为。"制裁"的本质特征乃是让违法行为人对自己的违法行为额外地付出代价，而不是仅仅对违法状态进行修复。《行政处罚法》与《治安管理处罚法》必须并轨，统一将"没收违法所得"定性为"收缴"行为，并作为行政处罚的配套措施。本章还对"违法所得"的计算标准展开了全面论述，在坚持以违法所得"全部收入"为原则的前提下，提出和研讨了各种可能"例外"的情形。此外，本章还对"没收违法所得"与"没收非法财物"作了比较，特别对"违法所得"的收缴权与处罚权，以及收缴权与退赔优先权和税收优先权之间的关系作了较好的处理和阐述。

§18.1 "没收违法所得"行为的定性：行政处罚抑或行政收缴

一、"没收违法所得"制度及行为性质之争

"没收违法所得"，是指行政机关依法将当事人因从事违法行为而获

得的财产权益强制无偿收归国有的一种行政处罚，属于财产罚的一种形式。这一"罚种"早在 1996 年的《行政处罚法》中已由第 8 条第（三）项直接设定。2021 年《行政处罚法》的修订，第 9 条第（二）项再次保留这一处罚形式。

作为一种正式的行政法律制度，"没收违法所得"最早起始于 1957 年的《治安管理处罚条例》。当年的《治安管理处罚条例》第 4 条规定："……由于违反治安管理行为所得的财物，应当没收……"这样的规定一直保留到 2005 年制定《治安管理处罚法》之前。接着在其他的法律法规中也有零星的规定，如我国第一部《土地管理法》（1986）第 47 条规定："买卖、出租或者以其他形式非法转让土地的，没收非法所得，限期拆除或者没收在买卖、出租或者以其他形式非法转让的土地上新建的建筑物和其他设施，并可以对当事人处以罚款……"直到 1996 年《行政处罚法》的制定，"没收违法所得"才成为行政处罚中的一个基本"罚种"。

自《行政处罚法》制定实施二十多年来，"没收违法所得"作为一种处罚形式，行政法学者耳熟能详，行政执法人员也运用得得心应手。但其实，一种质疑始终存在："没收违法所得"是否属于"行政处罚"？质疑者认为，没收违法所得是我国《行政处罚法》所规定的处罚种类之一，其功能在于剥夺非法收益。但从行政处罚的功能是"惩戒"这一角度出发，没收违法所得不是一种"新的不利负担"，不具有惩戒功能，所以就不应认定为行政处罚。[1] 当然，传统观点的支持者也不乏其人。他们认为："违法所得也是'所得'，这种财产利益，在未被没收之前，实际处于违法当事人的控制和支配之下，没收这种利益，即使它是违法取得的，也同样会对当事人产生惩戒的心理和精神效果。因此，没收违法所得以及没收非法财物等在性质上属于行政处

---

[1]　参见王青斌：《行政法中的没收违法所得》，《法学评论》2019 年第 6 期。

罚无疑。"[1]还有观点认为，无论是剥夺合法利益或违法利益都是一种制裁，因为利益具有中性价值取向。[2]

在 2021 年《行政处罚法》的修订过程中，关于"没收违法所得"是否属于"行政处罚"的争论重新显现。有的学者认为没收违法所得剥夺的不是当事人合法财产，不符合"新的不利负担"这一行政处罚的重要内涵，其功能属于恢复原状并不是制裁，我国刑事法律制度中没收违法所得也并不是财产罚，因此不属于行政处罚。[3]但立法机关考虑到中国现行的立法规定、执法实践和传统习惯，依然保留了"行政处罚"的定性。[4]

二、"没入"作为一种"从罚"的全球考察

从全球视角考察，"没收"违法所得[5]被称为"没入"（英语为 sei-zure；德语为 Einziehung），大多将它作为行政处罚中的一种与"主罚"相配套的"从罚"而存在，也有一些国家未将它列入"行政处罚"（行政罚）的范围，只是将它作为一种收缴措施。

---

① 冯军：《行政处罚法新论》，中国检察出版社 2003 年版，第 120 页。

② 参见熊樟林：《立法上如何安排行政没收?》，《政法论坛》2022 年第 4 期。

③ 参见许安标主编：《中华人民共和国行政处罚法释义》，中国民主法制出版社 2021 年版，第 50 页。

④ 有关人士解释道：这次修订之所以依然将"没收违法所得"定性为"行政处罚"主要是考虑到：1.可以将"新的不利负担"解释大多数行政处罚的特征，但不是所有行政处罚的特征。2.没收违法所得涉及当事人较大的财产利益，惩戒作用较为显著，是法律据以更好保护公共利益和社会秩序而作的专门规定。3.除本法外，目前还有很多单行法律也将没收违法所得作为行政处罚，没收违法所得作为行政处罚的观念已经形成，并在行政执法实践中普遍实施。如作调整，大量法律、法规、规章需要予以修改，行政执法中观念认识需要改变，显性和隐性社会成本较高。4.为解决长期困扰基层执法工作的实际问题，本次修改对没收违法所得作了界定，是指实施违法行为所取得的款项，原则上不扣除成本，因此违法所得中也包括了当事人的投入，对当事人来讲也是一种"新的不利负担"；等等。参见许安标主编：《中华人民共和国行政处罚法释义》，中国民主法制出版社 2021 年版，第 50 页。

⑤ 在有的国家还包括非法财产。

行政处罚法论
——基于《中华人民共和国行政处罚法》

奥地利是行政处罚制度形成最早的国家。它早在 1925 年就开创了行政法规法典化的先例，制定了《行政罚法》。根据现行《行政罚法》，奥地利行政处罚的手段和种类由"主罚"和"从罚"构成。主罚包括自由罚、金钱罚和警告。"没入"即没收违法的标的物，是处分财产权的"从罚"。没入违法行为标的物，一般以行政犯本人所有和所使用的为限。主罚与从罚的关系是：主罚可以独立存在和实施，而从罚必须依附于主罚方能存在和实施。

德国是大家公认的行政处罚制度最为成熟的国家之一，其行政处罚制度主要以《违反秩序罚法》为依据。根据其 1992 年的《违反秩序罚法》，和奥地利一样将行政处罚的种类分为两类，即主罚和从罚。主罚只有罚锾（罚款）一种，"没入"被定性为行政处罚的"附随法律后果"[①]，充其量是一种"从罚"。"没入"包括对标的物没入和价值没入。价值没入是指没收和标的物相当的金额。没入作为从罚是主罚的辅助罚，不得单独行使。

法国和奥地利、德国一样属于大陆法系，但它的行政法恰恰以判例法为主。法国没有专门的"行政罚法"，但也存在行政处罚制度，这种制度散见在其他制定法[②]或行政法院的判例之中。法国的行政罚是指行政机关对违反行政法义务的当事人，科以刑罚以外的处罚。这种处罚的

---

① 参见德国 1992 年《违反秩序罚法》第 22 条。

② 如：根据《保险法典》第 310—18 条，由保险监督委员会采取的处罚措施；《居住和建筑法典》第 313—13 条规定的居住部分采取的处罚措施；《邮政和通讯法典》第 36—11 条规定的通讯主管机构采取的处罚措施；《社会保险法典》第 951—10 条规定的退休保障机构监督委员会采取的处罚措施；1986 年 9 月 30 日第 86—1067 号法律第 42—8 条规定的视听高级委员会采取的处罚措施；1996 年 7 月 2 日第 96—597 号法律第 71 条规定的证券交易委员会采取的处罚措施；1988 年 12 月 23 日第 88—1201 号法律第 33—3 条规定的财政管理纪律委员会采取的处罚措施；1999 年 3 月 23 日第 99—223 号法律第 26 条规定的预防和抵制兴奋剂委员会作出的处罚措施；2000 年 2 月 10 日第 2000—108 号法律第 40 条规定的电力管理委员会作出的处罚措施。依据法国 2001 年《行政诉讼法》第 311—4 条。

特点是由行政机关决定，而不是由法院判决，处罚的种类是刑罚以外的制裁，包括申诫、罚款、扣留、没入、停止营业、停止发行、取消职业证件、取消开车执照、丧失某种利益、取消某种资格等。① 可见，在法国"没入"并没有作为一种普遍性的处罚形式，它系由单一法作个别规定的处罚手段。

美国作为一个普通法系国家，没有为行政处罚制度单独立法。但在制度和理论上都将行政机关对违法当事人的"制裁"（Sanction）视作为行政处罚，并规定在行政程序法之中。美国 1946 年的《联邦行政程序法》第 551 条第（十）规定："'制裁'包括下列行政机关行为的全部或一部分：1.禁止、强制、限制或者其他影响个人自由的措施；2.不予救济；3.给予处罚或罚金；4.销毁、禁用、没收或者扣押财产；5.确定应给付的损害赔偿、归还、恢复原状、补偿、成本费、收费或酬金的数额；6.许可证的吊销、停止或附加条件；7.采取其他强制性或限制性措施。"不难发现，美国关于行政处罚的手段比较泛溢，几乎把承担不利后果的所有手段全部视作处罚。在那里，"没收财产"显然是"行政制裁"的一种形式，而且具有独立的地位。

行政处罚在普通法系的创始国英国很少存在的空间。② 我们在该国既找不到一个"行政程序法"，更找不到一个"行政罚法"，而且在理论上也不存在和我们对应的行政处罚概念。因为英国只有"罪"与"非罪"的区分，而不存在"刑罚"与"行政罚"的区别。③ 在各具体行政管理领域，英国会制定不少单行的行政管理方面的法律。这些法律并不直接赋予行政当局对公民实施行政处罚的权力，只是为公民设

---

① 参见王名扬：《法国行政法》，中国政法大学出版社 1989 年版，第 168 页。

② See J.A.G.Griffith and H.Street, *Principles of Administrative Law*, London: Sir Issac Pitman & Sons, Ltd., 1952; Louis L.Jaffe, *Judicial Control of Administrative Action,* Boston: Little, Brown & Co., 1965.

③ 参见张越：《英国行政法》，中国政法大学出版社 2004 年版，第 477 页。

定各类法定义务和刑事责任的条款。当公民违反法定义务时，行政当局不是实施行政处罚，而只是向当事人发出一个警告性的通告，相当于我们的责令履行义务或纠正违法。如果当事人拒不履行这一通告时，行政机关便可向法院起诉，要求追究当事人的刑事责任（如蔑视法庭类的犯罪）。如果法院支持行政当局的意见，就会裁判当事人承担刑事责任，而且罚款是他们最常用的刑事责任之一。可见，英国的行政处罚大多已被刑事处罚所包含和吸收，很难找到行政处罚意义上的处罚手段。① 在这种制度背景下，在英国显然找不到作为行政处罚的"没收"手段。

日本原本属于大陆法系，第二次世界大战以后由于众所周知的原因，它吸收了许多美国法的元素，它总体上受到德国法和美国法影响较深。行政处罚在日本称为行政罚，系指国家机关对违反行政法义务的当事人所给予的法律制裁，具体是指秩序罚。它包括：1.罚款；2.停止或撤销授益行为（如停止或撤销许认可、给付的停止等）；3.赋课加算税、征收金等给予经济负担；4.公布违反义务行为等。② 日本的行政罚由法院而不是行政机关决定。日本的秩序罚只包括申诚罚（公布违反义务行为等）、财产罚（罚款、赋课加算税、征收金等）、能力罚（撤销许认可等），但就是没有人身罚，人身罚全部进入行政刑罚之中，这不能不说是日本行政处罚制度中的一个特点。在日本找不到"没入"之罚。与此较为接近的是"课征金"。

俄罗斯的行政处罚是指有关机关和公职人员针对当事人在各管理领

---

① 参见应松年主编：《英美法德日五国行政法》，中国政法大学出版社2015年版，"英国行政法部分"。

② 参见［日］南博方：《日本行政法》，杨建顺、周作彩译，中国人民大学出版社1988年版，第85—88页；［日］市桥克哉等：《日本现行行政法》，田林等译，法律出版社2017年版，第211页。

域的行政违法行为①所实施的制裁。这个庞大的制度体系，以《俄罗斯联邦行政违法法典》为基础。该法典设置了广泛的处罚手段：1.训诫；2.行政罚款；3.有偿收缴实施行政违法行为的工具或行政违法对象；4.没收实施行政违法行为的工具或行政违法对象；5.剥夺赋予自然人的专门权利；6.行政拘留；7.将外国公民或无国籍人行政驱逐出俄罗斯联邦国境；8.取消资格。② 俄罗斯将行政处罚分为主要罚和附加罚：训诫、行政罚款、剥夺赋予自然人的专门权利、行政拘留和取消资格，属于主要罚种；有偿收缴实施行政违法行为的工具或行政违法对象、没收实施行政违法行为的工具或行政违法对象以及将外国公民或无国籍人行政驱逐出俄罗斯联邦国境，既可以作为"主罚"，也可以作为"附加罚"设定和适用。③ 如此众多的处罚手段已覆盖了所有处罚种类：人身罚、财产罚、行为罚、资格罚和申诫罚。④ 并且在俄罗斯，"没收"既可以作为主罚也可作为从罚而适用。

越南的行政处罚制度受苏联和俄罗斯影响较深，其作为行政处罚法典的《越南社会主义共和国行政违法处罚法》是模仿《俄罗斯联邦行政违法法典》制定。依据这一法律，行政处罚是指国家对行政违法行为的

---

① 包括：侵犯公民权利的行政违法行为；危害居民健康、卫生防疫安全和社会公德的行政违法行为；财产保护领域的行政违法行为；自然环境保护和自然利用领域的行政违法行为；工业领域的行政违法行为；农业、家畜疾病防治和农用土地土壤改良领域的行政违法行为；交通运输领域的行政违法行为；道路交通领域的行政违法行为；电信领域的行政违法行为；企业家活动领域的行政违法行为；金融、税收和收费、有价证券市场领域的行政违法行为；海关事务领域（违反海关规则）的行政违法行为；侵犯国家权力制度的行政违法行为；俄罗斯联邦国界保护领域、俄罗斯联邦境内外国公民或无国籍人逗留制度保障领域的行政违法行为；违反管理秩序的行政违法行为；危害社会秩序和公共安全的行政违法行为；兵役登记领域的行政违法行为等。

② 参见《俄罗斯联邦行政违法法典》（2001）第三条之二：行政处罚的种类。

③ 参见《俄罗斯联邦行政违法法典》（2001）第三条之三：主要的行政处罚和附加的行政处罚。

④ 参见刘春萍：《转型期的俄罗斯联邦行政法》，法律出版社2005年版，第161页。

制裁，是有关国家机关对有故意或过失违反国家管理规定的行为，但未达到追究其刑事责任程度的公民、组织给予的行政处罚。[①] 在行政处罚手段的设置上，越南在俄罗斯行政处罚制度基础上有较大的改进：首先是把主要罚种与补充罚种区别开来；接着是把行政处罚与相关保障措施区别开来。根据《越南社会主义共和国行政违法处罚法》第 11 条规定，主要罚种只有两项：（1）警告；（2）罚款。补充罚种也只有两项：（1）没收许可证；（2）没收赃物、违法工具。处罚机关对当事人实施主要罚时，可以同时给予补充罚，但补充罚不得单独使用。可见，在越南"没收"是作为一种"补充罚"而存在的。

三、"没收违法所得"的定性选择：行政收缴

从以上考察不难发现，"没收违法所得"在个别国家和地区作为一种独立的"行政裁制"手段而存在（如美国），而在有的国家不作为"行政处罚"手段（如日本），但在大多数国家里（如奥地利、德国、俄罗斯、越南等），"没收违法所得"以"没入"作为一种"从罚"（或"补充罚"）而不是"主罚"而存在，而"从罚"与其说是"罚"，不如说是一种行政处罚（主罚）的配套措施。法律制度上之所以将这种配套措施称之为"罚"，是因为这种措施常常在"行政处罚法"中一并规定。"从罚"的定性正是为兼顾"行政处罚"与"配套措施"而折中的结果。

无论 2021 年《行政处罚法》的修订增加了"行政处罚"的定义还是此前并无法律定义，行政处罚始终被理论界定性为是对违法当事人的一种制裁。制裁不是对一种利益的"填平"，而是以当事人合法的权益作为额外的违法成本，是当事人作为违法的"对价"而不得不额外付出的一种"代价"。"违法所得"不是当事人的合法权益。"没收违法所得"只不过是让当事人将不该得到的东西"吐"出来而已，当事人并没有额

---

① 参见徐中起主编：《越南法研究》，云南大学出版社 1997 年版，第 63 页。

外地承受不利后果。这已成为大多数国家，特别是中国理论界的共识。在这种理论的支配下，不应当将不具有"惩罚性"而具有"填平"功能的"没收违法所得"定性为"行政处罚"。如果继续将"没收违法所得"错误地定性为"行政处罚"，这既会造成理论与法律在逻辑上的混乱，还会造成执法操作上的困境。

将"没收违法所得"定性为"行政处罚"势必违背反映客观规律的理论"共识"。立法必须与反映社会客观规律的基本理论保持一致，而不是相反。正如马克思所说，我们"不是在创造法律，不是在发明法律，而仅仅是在表述法律"①。"法律只是事实的公认"②，而不是相反。"科学立法、民主立法、依法立法"是我国立法的基本要求。而"科学立法"恰恰是我国立法的质量目标，"民主立法"和"依法立法"是实现"科学立法"的正确途径。科学的立法就必须反映科学理论与社会实际。凡与科学理论和社会实际相背离的立法就必须修改。

坚持将"没收违法所得"定性为"行政处罚"，还会给我们带来一个执法实践上的困境。根据《行政处罚法》第 30 条和第 31 条规定，不满十四周岁的未成年人有违法行为的，精神病人、智力残疾人在不能辨认或者不能控制自己行为时有违法行为的，不予行政处罚。这里的"不予行政处罚"在逻辑上当然包括"不予没收违法所得"。但从《行政处罚法》的立法精神上看，对有违法行为而依法不予处罚的，如果其有违法所得的，对违法所得依然必须依法处理（退赔或者没收），并且在实践中，特别是在治安处罚中，也是这么操作的。而现行的法律规定和执法实践恰恰让我们陷于在"不予行政处罚"中"给予行政处罚"的矛盾。只有将"没收违法所得"定性为与"行政处罚"相配套的"收缴"措施，这一"矛盾"自然得到化解。

---

① 《马克思恩格斯全集》第 1 卷，人民出版社 1995 年版，第 347 页。
② 《马克思恩格斯全集》第 4 卷，人民出版社 1958 年版，第 124 页。

　　"没收违法所得"并不符合"行政处罚"的特征，但它符合"行政收缴"的特征。"行政收缴"系指行政主体依法强制收取并处置当事人从事违法行为的财物或违法所得的行政行为。"没收违法所得"不是行政处罚，而是一种与行政处罚相配套的"收缴"措施。行政收缴以当事人违法为前提，它是对当事人的违法所得或非法财物的强制处置（收归国有或者销毁等）。

　　"行政收缴"作为一种行政行为和法律制度在我国早已存在，特别是在治安处罚领域。我国1957年、1986年和1994年的《治安管理处罚条例》虽有"没收"违法所得财物或违法用具和违禁品等规定[①]，但没有将它定性为行政处罚[②]。2005年和2012年的《治安管理处罚法》不仅继续将"没收"排除在"行政处罚种类"的范围之外[③]，而且将"没收"限定为针对"保证金"[④]，特别是不仅将"没收"范围扩大至"违法所得财物"、"毒品、淫秽物品等违禁品"以及"赌具、赌资，吸食、

---

① 如1957年《治安管理处罚条例》第4条规定："实行违反治安管理行为的用具，必须没收的，应当没收。由于违反治安管理行为所得的财物，应当没收。上述用具和财物，除违禁物品外，另有原主的，退还原主。"1986年和1994年的《治安管理处罚条例》基本保留了同样规定。

② 因为在"行政处罚种类"条款中未将"没收"列入其中。如1957年《治安管理处罚条例》第3条规定："违反治安管理的处罚分为下列三种：一、警告。二、罚款：五角以上，二十元以下；加重处罚不得超过三十元。罚款在裁决后五日内交纳；过期不交纳的，改处拘留。三、拘留：半日以上，十日以下；加重处罚不得超过十五日。在拘留期间，被拘留人的伙食费由自己负担；不能交纳伙食费的，用劳动代替。"1986年和1994年的《治安管理处罚条例》第6条保留了同样的处理。

③ 《治安管理处罚法》（2005）第10条规定："治安管理处罚的种类分为：（一）警告；（二）罚款；（三）行政拘留；（四）吊销公安机关发放的许可证。对违反治安管理的外国人，可以附加适用限期出境或者驱逐出境。"《治安管理处罚法》（2012）第10条保留了同一规定。

④ 《治安管理处罚法》（2005）第110条和《治安管理处罚法》（2012）第110条都规定："被决定给予行政拘留处罚的人交纳保证金，暂缓行政拘留后，逃避行政拘留处罚的执行的，保证金予以没收并上缴国库，已经作出的行政拘留决定仍应执行。"

注射毒品的用具以及直接用于实施违反治安管理行为的本人所有的工具",而且将它们定性为"收缴"行为。① 除了在治安管理处罚领域,行政收缴在其他领域同样存在。如《道路交通安全法》(2021)第96条和第97条规定,对伪造、变造或者使用伪造、变造的机动车登记证书、号牌、行驶证、驾驶证,检验合格标志、保险标志,以及对非法安装的警报器、标志灯具,由公安部门予以收缴。《枪支管理法》(2015)第27条、第28条规定,公安机关对于违法使用的枪支、不符合持枪条件的枪支和应当报废的枪支连同持枪证件,应当予以收缴。《海关行政处罚实施条例》(2022)第62条和第63条规定,海关对于违反海关法的有关货物、物品、违法所得、运输工具、特制设备等,有权予以收缴。

"行政收缴"(包括行政追缴),不是行政处罚行为,而是行政处罚行为以外的负担性行政行为。它既可以是一种独立的行政行为,也可以是一种与其他行政行为(特别是行政处罚)相配套的从属性行政行为。这种行政行为,因不具有"惩罚性"而不是行政处罚,也因不具有"临时性"而不是行政强制措施,同时也因不具有"外加性"和"服务性"而不是行政征费和行政收费。"没收违法所得",与"没收非法财物"一样,是一种"行政收缴"行为,而不是"行政处罚"行为。

§18.2　"违法所得"的范围和计算标准

无论将"没收违法所得"定性为"行政处罚"还是"行政收缴",

---

① 《治安管理处罚法》(2005)第11条和《治安管理处罚法》(2012)第11条都规定:"办理治安案件所查获的毒品、淫秽物品等违禁品,赌具、赌资,吸食、注射毒品的用具以及直接用于实施违反治安管理行为的本人所有的工具,应当收缴,按照规定处理。违反治安管理所得的财物,追缴退还被侵害人;没有被侵害人的,登记造册,公开拍卖或者按照国家有关规定处理,所得款项上缴国库。"

"违法所得"的范围如何界定、标准如何计算，依然是一个充满争议的难题。

一、《行政处罚法》修订前："违法所得"多种标准并存

关于"违法所得"的范围和计算标准，早在《行政处罚法》2021年修订前，在国家法律层面未有统一规定。根据有关部门的个案答复以及有关部门规章的规定，"违法所得"的范围确定和计算存在多种情况，但最主要的可以归结为三种：违法所得收入论、违法所得收益论和违法所得折中论。

"违法所得收入论"，将当事人实施违法行为所取得的一切收入都认定为"违法所得"，包括违法行为人实施违法行为所投入的合理成本和因违法行为所获得的利润。在所得的形式上，包括销售收入、服务收入、报酬、经营额等。如原国家安全生产监督管理总局《安全生产违法行为行政处罚办法》① 第58条规定，违法所得包括销售收入、服务收入、报酬等。又如原卫生部法监司《关于如何计算化妆品生产经营行为的违法所得请示的复函》② 明确指出，"《化妆品卫生监督条例》所称的违法所得，是指违反《化妆品卫生监督条例》，从事化妆品生产经营活动所取得的全部营业收入（包括成本和利润）。"③"违法所得收入论"主张违法所得不扣除成本，所以，它所确定的"违法所

---

① 2007年11月30日国家安全生产监督管理总局令第15号公布，根据2015年4月2日国家安全生产监督管理总局令第77号修正。
② 卫法监食发〔2000〕第16号，2000年2月23日。
③ 此外，主张"违法所得收入论"的规定还包括：原国家质量监督检验检疫总局《关于实施〈中华人民共和国产品质量法〉若干问题的意见》（国质检法〔2011〕43号）以及《关于加油站计量作弊案违法所得认定和计算问题的答复意见的函》（质检法函〔2010〕34号）；原卫生部《关于对如何认定食品生产经营违法所得的批复》（卫监督发〔2004〕370号）；原农业部办公厅《关于认定违法所得问题意见的函》（农办政函〔2005〕12号）；原农业部办公厅《关于〈中华人民共和国动物防疫法〉违法所得问题的函》（农办政函〔2010〕9号）；等等。

得"范围最大。①

"违法所得收益论",主张"违法所得"是指当事人实施违法行为所取得的收入,扣除成本以后的收益。就是说,违法所得只包括违法行为人所获取的利润部分,而不包括违法行为人投入的合理成本。我国有关主张"收益论"的规定更是不少。如原国家工商行政管理总局《工商行政管理机关行政处罚案件违法所得认定办法》(国家工商管理总局令〔2008〕第 37 号)第 2 条将"以当事人违法生产、销售商品或者提供服务所获得的全部收入扣除当事人直接用于经营活动的适当的合理支出,为违法所得",作为"工商行政管理机关认定违法所得的基本原则"。原环境保护部《环境行政处罚办法》(环境保护部令 2010 年第 8 号)第 77 条也规定:"当事人违法所获得的全部收入扣除当事人直接用于经营活动的合理支出,为违法所得。"②"违法所得收益论"主张违法所得应当扣除合理的成本,所以,它所确定的"违法所得"范围显然要小于"违法所得收入论"。

"违法所得折中论",主张对当事人的违法所得,不宜一概采取不扣

---

① 美国、日本、德国、英国、比利时及瑞士都奉行这一立场:对违法所得不扣除成本。在美国,绝大多数法院认为"违法所得"是指"总收入"(See United States v.Genova,333F.3d,750,761(2003).)在德国,新近立法也已从先前扣除成本的"纯益主义",变换到了目前不扣除成本的"总体主义"(Bruttoprinzip)。行政机关之所以更加愿意选择不扣除成本,主要是基于如下考虑:(1)扣除成本不方便计算,"涉及企业内部的会计事项",既会产生执法风险,也会妨碍行政效率。(2)没收违法所得是一种惩罚措施,目的是对违法行为人施加报复和打击,而非使违法行为人恢复到原利益状态。将成本合并没收,本身就是为了达到制裁目的,与行政处罚的规制初衷并不违背。(3)对于可能出现的"过量没收"问题,可经由"比例原则"加以限制,这也是比较法上的常见做法。参见熊樟林:《立法上如何安排行政没收?》,《政法论坛》2022 年第 4 期。
② 有一些刑事政策上的规定也规定了"违法所得"仅指"所获利的数额"。参见最高人民法院《关于依法惩处生产销售伪劣产品刑事案件如何认定"违法所得数额"的批复》(法复〔1995〕3 号);最高人民法院《关于审理非法出版物刑事案件具体应用法律若干问题的解释》(法释〔1998〕30 号)。

除成本的"收入论"，同样也不宜一概采取扣除成本的"收益论"，而是应该具体情况具体分析，综合考虑行为人的违法目的、主观意图、损害后果等情节。例如，如果行为人明知自己的行为违反了相关的行政法律法规，则应当将其通过违法行为持续期间取得的全部收入认定为违法所得；如果行为人在过失条件下实施违法行为，则仅仅应将其违法行为持续期间取得的利润认定为违法所得。为此，原国家食品药品监督管理局《关于〈药品管理法〉、〈药品管理法实施条例〉"违法所得"问题的批复》（国食药监法〔2007〕74 号）指出：一般情况下，《药品管理法》、《药品管理法实施条例》中的"违法所得"，是指"实施违法行为的全部经营收入"；《药品管理法》第 82 条、第 87 条规定的"违法所得"是指"实施违法行为中收取的费用"；《药品管理法实施条例》第 81 条规定的"违法所得"是指"售出价格与购入价格的差价"；在具体执法过程中应结合案件认定的事实与证据，按照行政处罚的基本原则依法处理。这种观点所主张的"违法所得"范围正好介于"违法所得收入论"与"违法所得收益论"之间，所以被称为"违法所得折中论"。

二、《行政处罚法》修订后：以违法所得"全部收入"为原则

关于"违法所得"范围，尽管部分行政机关通过制定规章或者规范性文件对违法所得的认定标准和计算方式作出规定，但在法律层面缺乏统一规定，导致不同领域、不同地方的执法尺度、计算方法不尽一致，既给行政执法人员带来困扰，也可能影响行政处罚的实施。[1]

2021 年《行政处罚法》的修订，终于迎来了契机并最终解决了这一问题。《行政处罚法》（2021）第 28 条第 2 款规定："当事人有违法所得，除依法应当退赔的外，应当予以没收。违法所得是指实施违法行为所取得的款项。法律、行政法规、部门规章对违法所得的计算另有规定的，

---

[1] 参见江必新主编：《行政处罚法条文精释与实例精解》，人民法院出版社 2021 年版，第 158 页。

从其规定。"这里确立了一项认定和计算"违法所得"的基本原则和一般标准：违法所得是指实施违法行为所取得的款项，不扣除成本。① 这一原则体现的是"违法所得收入论"。

《行政处罚法》之所以坚持以"违法所得收入论"，而不是"违法所得收益论"为原则，得到了多种理由的支撑：一是从收入中扣除成本操作上比较困难；二是对于一些严重的违法扣除成本反而背离了"过罚相当"原则；等等。② 此外，最为重要的是，它遵循和体现了"不让违法者获益"的法律原则。③"不让违法者获益原则"（The principle of not benefiting the offender）源于古罗马流传至今的法谚——"任何人不得从其不法行为中获得利益"（Nemo potest ex suo delicto consequi emolumentum），其意思是利益的取得都要通过合法的方式，违法行为不能获利，要促使人们遵守法律，不去实施违法行为，就不得不剥夺违法行为人违法所得的利益。④ 国家法治的目的在于保障社会秩序，维护社会公平，禁止实施法律禁止的作为或不作为的行为。违法有悖于法律的基本宗旨，凡实施违法行为无论基于任何理由，都会背离立法目的的实现，"不让违法者获益原则坚守的是法的本质底线"⑤。正如有学者指出："如果行为人能够从自己的违法行为中获得利益且不被事后没收，违法的成本小于违法获取的利益，那么实质上是在变相地纵容违法行为，损害法

① 参见许安标主编：《中华人民共和国行政处罚法释义》，中国民主法制出版社 2021 年版，第 101—102 页。
② 参见许安标主编：《中华人民共和国行政处罚法释义》，中国民主法制出版社 2021 年版，第 102 页；江必新主编：《行政处罚法条文精释与实例精解》，人民法院出版社 2021 年版，第 160 页；等等。
③ 参见黄锴：《论没收违法所得设定权的分配与收回——基于行政处罚法相关条文的展开》，《法治现代化研究》2022 年第 1 期。
④ 参见［美］德沃金：《认真对待权利》，信春鹰、吴玉章译，中国大百科全书出版社 1998 年版，第 45 页。
⑤ 刘素华、刘欣：《不让违法者获益原则》，载胡建淼主编：《法律原则研究》，中国社会科学出版社 2021 年版，第 1261—1285 页。

律的权威性。"①"不让违法者获益原则"可以引申出两点要求和规则：一是只要有违法所得就必须没收；二是违法所得原则上不扣除成本。放弃"没收违法所得"就是放纵当事人"违法"。

三、违法所得"全部收入论"的例外

但是，我们同时必须注意到，《行政处罚法》第28条第2款在规定"违法所得是指实施违法行为所取得的款项"，即确立"违法所得全部收入论"这一基本原则的同时，保留了"例外规定"，即"法律、行政法规、部门规章对违法所得的计算另有规定的，从其规定"。这就是说，原则上违法所得不应当扣除成本，但如果法律、行政法规和部门规章对违法所得的计算另有规定的，优先适用其他规定，包括扣除成本等。这里必须提醒的是，有权进行"例外规定"的只限于法律、行政法规和部门规章，地方性法规、地方政府规章和行政规范性文件无权对违法所得作"例外规定"。

《行政处罚法》对于违法所得的计算之所以确立"原则＋例外"的模式，这正体现和反映了"原则性与灵活性相结合"的宗旨。一方面，为了阻却违法，不让违法者获益，应当坚持将当事人从事违法行为的一切所得都作为违法所得对待，不扣除成本；另一方面，考虑到行政执法领域的广泛性、差异性、复杂性，保留法律、行政法规和部门规章对违法所得的一些合理的计算方法②，"授权不同类型的行政监管机关通过部门规章进行差异性立法，这也符合现代行政国家的监管现实需求"③。

《行政处罚法》2021年修订之后，其他法律、行政法规和部门规章

---

① 李洪雷主编：《中华人民共和国行政处罚法评注》，中国法制出版社2021年版，第212—213页。

② "考虑到执法实践的复杂情形，不能排除有其他更为合理的计算方式，因而本条授权法律、行政法规、部门规章有权对违法所得的计算作出规定。"参见杨伟东主编：《中华人民共和国行政处罚法理解与适用》，中国法制出版社2021年版，第102页。

③ 李洪雷主编：《中华人民共和国行政处罚法评注》，中国法制出版社2021年版，第216页。

对违法所得的计算标准，其原规定与新《行政处罚法》不一致的，应当进行修改，必须符合新的《行政处罚法》之新要求，即"违法所得是指实施违法行为所取得的款项"。若真需作例外规定的，也必须在符合《行政处罚法》的立法精神、基本原则和基本要求的前提下予以谨慎规定。我们认为，法律、行政法规和部门规章对违法所得作"例外规定"时，可以也应当正视以下几个因素和情形。

一是，依法应当退赔和已经退赔的必须从违法所得中扣除。这一扣除是有《行政处罚法》的直接依据的。《行政处罚法》第28条第2款第一句规定："当事人有违法所得，除依法应当退赔的外，应当予以没收。"

二是，已交的税款，可以考虑扣除。税款是指国家为了维持其运转以及为社会提供公共服务，对个人和法人强制和无偿征收实物或货币的总称。它具有强制性、无偿性和合法性。按理说，对违法所得不存在征税问题，只是没收问题。但如果违法当事人已为他的违法所得纳了税，再从税务机关退回，又由其他处罚机关实施没收，这既不易操作又操作成本较高，所以直接从违法所得额中扣除是一种简便的方法。我国已有一些规定明确了这一点。如原国家工商行政管理总局《工商行政管理机关行政处罚案件违法所得认定办法》（国家工商管理总局令〔2008〕第37号）第9条规定："在违法所得认定时，对当事人在工商行政管理机关作出行政处罚前依据法律、法规和省级以上人民政府的规定已经支出的税费，应予扣除。"此外，原国家工商行政管理总局《关于对中介服务机构通过行贿手段获得交易的违法所得计算问题的答复》（工商公字〔2008〕198号）、中国证券监督管理委员会《证券市场内幕交易行为认定指引（试行）》（证监稽查字〔2007〕1号）等都有同类规定。①

三是，对一些违法情节不重，成本过大并清晰而收益不大者，可以

---

① 但也有学者主张违法所得不得扣除已交税款。参见陈祺：《违法所得认定标准探究》，《中国金融》2020年第13期。

酌情考虑扣除合理的成本。这样的考虑是符合比例原则和过罚相当原则的。我国已有一些规定作出了这样的考虑。如原国家工商行政管理总局《工商行政管理机关行政处罚案件违法所得认定办法》（国家工商行政管理总局令〔2008〕第37号）第2条将"以当事人违法生产、销售商品或者提供服务所获得的全部收入扣除当事人直接用于经营活动的适当的合理支出，为违法所得"；原环境保护部《环境行政处罚办法》（环境保护部令2010年第8号）第77条也规定，"当事人违法所获得的全部收入扣除当事人直接用于经营活动的合理支出，为违法所得。"我们主张，对违法所得可扣除合理成本者，必须采取限缩原则，严格框定于以下条件：1.违法情节不重。重大的违法不适用本项。2.成本清晰，可以与违法所得相分离。如果成本很难计算清楚者可以不适用本项。3.其他应当考虑扣除成本的情形。

四、"违法所得"范围的拓展和限制

"违法所得"在范围上除了是否扣除成本以及如何扣除成本之外，其本身的范围尚有许多问题值得研究。对于"违法所得"范围之本身，既不可限制过度，造成违法行为人变相获益，也不宜开放过度，造成侵害善意第三人的合法权利和影响社会的正常经济秩序。我们既要对"违法所得"范围作适当的拓展，也要对该范围作适当的限制。

首先，我们要对"违法所得"范围作适度的拓展。

1."违法所得"不仅指当事人从事违法行为的金钱收入，还应当包括物质和利益上的收获。现有的主流观点主张将"违法所得"限定为当事人从事违法行为的"金钱收入"[1]。我们认为，"违法所得"确实是

---

[1]　如："没收违法所得是指行政机关依法将当事人因从事违法行为而获得的金钱收入强制无偿收归国有的一种行政处罚。"许安标主编：《中华人民共和国行政处罚法释义》，中国民主法制出版社2021年版，第50页；"没收违法所得是指行政机关依法将当事人因从事违法行为而获得金钱收入强制无偿收归国有的一种行政处罚。"李洪雷主编：《中华人民共和国行政处罚法评注》，中国法制出版社2021年版，第77页。

一种"收入"，因违法行为而获得的收入，但是，"收入"不应当只限于"金钱"形式。只要因违法行为获得的"收入"，无论是金钱货币、股权、证券①或实物②等，都应当属于"违法所得"。为此，有学者主张将"违法所得"定义为"因从事违法行为而获得的金钱收入或者其他财产性收入"③，或者是指"违法者通过违法手段获取的不正当利益"④，这不失为一种更好的表达。这些解释可以突破"违法所得"的狭窄形式。

2."违法所得"不仅指当事人从事违法行为的金钱收入，还应当包括由该收入所转化的财物。如当事人因违法经营获得违法收入 2000 万元，当事人又用该款购买了一套别墅，那么，该别墅属于"违法所得"所转化的财物，它依然属于应当没收的"违法所得"范围。但是，这类"违法所得"只以违法行为当事人本人范围内的财产转化为限，如果发生在他与第三人之间，那要视第三人是否知情而定。如违法当事人将违法收入借款给第三人，第三人用此款购买别墅，如果第三人不知情，那么他所购别墅不属于应当没收的"违法所得"，但他的还款应当属于违法行为当事人的违法所得。我国的刑事政策也已表明了这

---

① 中国证券监督管理委员会《证券市场内幕交易行为认定指引（试行）》（证监稽查字〔2007〕1 号）第 21 条规定："本指引所称内幕交易的违法所得，是指行为人实施内幕交易行为获取的不正当利益，即行为人买卖证券获得的收益或规避的损失。其不正当利益，既可以表现为持有的现金，也可以表现为持有的证券。前款所称持有的证券，是指行为人实际控制的账户所持有的证券。"

② 在现实中，实物作为"违法所得"也是常有的事。如双方赌博，一方以钱为赌资，另一方以家里的名犬为赌资。另一方输了，对方这样就获得了名犬。这名犬就应当作为"违法所得"。赌名车和房子也是同理。

③ 江必新、梁凤云：《行政诉讼法理论与实务》（上卷），北京大学出版社 2009 年版，第 152 页。

④ 江必新主编：《行政处罚法条文精释与实例精解》，人民法院出版社 2021 年版，第 50 页；杨伟东主编：《中华人民共和国行政处罚法理解与适用》，中国法制出版社 2021 年版，第 38 页。

一点。①

3."违法所得"不仅指当事人从事违法行为的直接所得，还应当包括一定条件下的间接所得。如当事人因违法经营获得违法收入2000万元，当事人又用该款购买股票获得收益1000万元。这种情况下，不仅作为直接违法所得的2000万元是应当没收的违法所得，作为间接违法所得的1000万元同样应当没收。但是，没收间接的违法所得必须有严格的限制：1.间接违法所得系由直接违法所得投入所得，具有直接的因果关系；2.合法所得与违法所得界限清晰，能够分割。

4."违法所得"不仅指当事人从事违法行为的已得收入，还应当包括可得收入。"可得收入"是指违法当事人从事违法行为后，可以取得而尚未取得的收入。比如，当事人违法经营与另一当事人签约可获得200万元款项，但案发时只拿到100万元，另100万元尚未取得。这里当事人已拿到的100万元属于"已得收入"，另100万元则属于"可得收入"。这里的200万元都应当视作为"违法所得"。我国在刑事政策上已经明确了这一点。②

5."违法所得"不仅指当事人从事违法行为的财产收入，还应当包括因从事违法行为而为自己或特定利害关系人避免的损失。"财产收入"可分为积极收入与消极收入。前者指获得的收益，后者是指避免的损

---

① 最高人民法院、最高人民检察院《关于适用犯罪嫌疑人、被告人逃匿、死亡案件违法所得没收程序若干问题的规定》（法释〔2017〕1号）第6条规定：通过实施犯罪直接或者间接产生、获得的任何财产，应当认定为刑事诉讼法第二百八十条第一款规定的"违法所得"。违法所得已经部分或者全部转变、转化为其他财产的，转变、转化后的财产应当视为前款规定的"违法所得"。来自违法所得转变、转化后的财产收益，或者来自已经与违法所得相混合财产中违法所得相应部分的收益，应当视为第一款规定的"违法所得"。

② 最高人民法院、最高人民检察院《关于办理环境污染刑事案件适用法律若干问题的解释》（法释〔2023〕7号）第19条第3款规定："本解释所称'违法所得'，是指实施刑法第二百二十九条、第三百三十八条、第三百三十九条规定的行为所得和可得的全部违法收入。"

失。"违法所得"应当既包括收益（积极收入），也应当包括避免的损失（消极收入）。我国的刑事政策同样明确了这一点。①

其次，我们要对"违法所得"范围作两点限制。

一是，违法行为的载体与质介不属于违法所得。不得将违法行为的载体与质介记入违法所得。例如，当事人进行非法买卖或非法转让土地，土地仅仅是违法行为的载体和质介，不得计入"违法所得"。全国人大常委会法制工作委员会《关于"没收非法所得"是否包含没收土地问题的答复》（1990 年 8 月 2 日）指出：土地管理法第四十七条的规定，即"买卖或者以其他形式非法转让土地的，没收非法所得，限期拆除或者没收在买卖或者以其他形式非法转让的土地上新建的建筑物和其他设施，并可以对当事人处以罚款。"这条规定的"没收非法所得"不能解释为包含没收土地。全国人大常委会法制工作委员会《关于违法转让土地"非法所得"计算问题的答复》（1992）再次表明此意。

二是，违法行为的结果不全属于违法所得。违法行为的收益属于违法所得，但违法行为的结果未必是违法所得。因为，有的违法行为会产生收益，有的违法行为并不会产生收益。如违法建筑，只是一种违法行为的结果，属于"非法财物"的范畴，而不属于"违法所得"。所以，对于违法建筑原则上是"拆除"的问题，而不能作为违法所得予以"没收"。只有在法律有明文规定的前提下，它可以被作为"非法财物"予以"没收"。②

---

① 最高人民法院、最高人民检察院《关于办理内幕交易、泄露内幕信息刑事案件具体应用法律若干问题的解释》（法释〔2012〕6 号）第 10 条第 1 款规定：刑法第一百八十条第一款规定的"违法所得"，是指通过内幕交易行为所获利益或者避免的损失。

② 如《城乡规划法》（2019）第 64 条规定："未取得建设工程规划许可证或者未按照建设工程规划许可证的规定进行建设的，由县级以上地方人民政府城乡规划主管部门责令停止建设；尚可采取改正措施消除对规划实施的影响的，限期改正，处建设工程造价百分之五以上百分之十以下的罚款；无法采取改正措施消除影响的，限期拆除，不能拆除的，没收实物或者违法收入，可以并处建设工程造价百分之十以下的罚款。"

§18.3 "违法所得"与"非法财物"

虽然"没收违法所得"与"没收非法财物"都属于财产罚，并且同属于"没收"的范畴，但《行政处罚法》将它们作出分别设定，特别是在第28条第2款将"没收违法所得"作出直接授权，而未对"没收非法财物"作出直接授权。这就使得区别"违法所得"与"非法财物"显得十分重要。它直接关系到《行政处罚法》的正确适用。通过"违法所得"与"非法财物"的比较，有助于我们加深和拓宽对"违法所得"的认知。

"没收违法所得"与"没收非法财物"的区别应当从"前提—载体—时间"切入和展开。

一、前提："违法"与"非法"

《行政处罚法》第9条第（二）项所设定的两种"没收"手段，即"没收违法所得"与"没收非法财物"，两种"没收"的标的性质是不同的，即"违法"的"所得"与"非法"的"财物"。"所得"的前提是"违法"，"财物"的前提是"非法"。由此，人们很自然会得出结论："违法所得"与"非法财物"的区别正在于前提不同，前者是"违法"，后者是"非法"。

按理说，"违法"与"非法"是有区别的。依《全国人大常委会法制工作委员会立法技术规范》[①] 的解释，"非法"与"违法"都是指行为不合法。"非法"强调行为缺乏法律依据；"违法"在法律中使用更为广泛，表示行为违反法律的强制性规范。笔者理解，"违法"主要指违反禁止性法律规范的行为；"非法"主要是指应当有法律规范依据而无依据的行为。"违法"的"违法性"自然比"非法"的"违法性"要严重得多。但在行政处罚的理论、制度和执行实践中，"非法"通常也是指"违法"，

[①] 全国人大常委会法制工作委员会办公室：《全国人大常委会法制工作委员会立法技术规范》，中国民主法制出版社2024年版，第86页。

它们两者常常互为通用。所以，以"违法"还是"非法"区别"违法所得"与"非法财物"并无实际意义。

二、载体："钱"与"物"

从《行政处罚法》第9条第（二）项规定的文字表达看，"没收违法所得"与"没收非法财物"的区别还在于"载体"不同。"违法所得"是指金钱收入，载体是"钱"；而"非法财物"是指当事人从事违法行为过程中的违禁物品、违法财物和违法工具等。[①] 有的认为还应当包括涉案原材料、制品等。[②] 总之是一种"物"。这样，不少人以为，"没收违法所得"与"没收非法财物"的区别主要在于：前者没收的是"钱"，后者没收的是"物"。

这样的认知是不周全的。如上所述，"没收违法所得"中的"所得"主要是指"金钱收入"，但不只限于"钱"，还包括非金钱形式，如股权、股票和有关物品等；"没收非法财物"中的"财物"也不只是限于"物"，"钱"（如赌资）也可成为"非法财物"的载体。所以，"钱"与"物"这两类载体不能作为区别"没收违法所得"与"没收非法财物"的绝对标准。

三、时间："违法之后"与"违法之中"

"违法所得"是因从事违法行为而获得收益，"非法财物"是从事违法行为过程中的违禁物品、违法财物和违法工具等。因此，"违法所得"发生于违法行为"之后"，非法财物发生于违法行为"之中"。这几乎成为一种共识。

这种"共识"界限清晰明了、便于掌握。但仔细斟酌就不难发现，

---

① 参见许安标主编：《中华人民共和国行政处罚法释义》，中国民主法制出版社2021年版，第50页；江必新主编：《行政处罚法条文精释与实例精解》，人民法院出版社2021年版，第50页；李洪雷主编：《中华人民共和国行政处罚法评注》，中国法制出版社2021年版，第79页。

② 参见袁雪石：《中华人民共和国行政处罚法释义》，中国法制出版社2021年版，第73页。

以行为发生时间上的"之后"与"之中"区别"违法所得"与"非法财物"过于机械，不具有高度的盖然性。因为，虽然"违法所得"一般发生于违法行为"之后"，但"非法财物"可以发生于违法行为"之前""之中""之后"。如，作为"非法财物"的"违法建筑"，它是一种违法行为的结果体，但发生于违法行为之后。其实，"违法所得"与"非法财物"的真正区别不是时间上的"先后"，而是行为与结果的"因果关系"：因违法而获得财产上的收益属于"违法所得"，用之于违法或由违法所造成的结果，乃是"非法财物"。

四、"违法所得"与"非法财物"之间

"没收违法所得"不同于"没收非法财物"，区别就在于"违法所得"不同于"非法财物"。"违法所得"与"非法财物"的区别主要不在于前提（"违法"与"非法"）上，也不在于载体（"钱"与"物"）上，更不在于行为的时间（违法行为"之后"与"之中"）上，而在于逻辑上，因违法而获得财产上的收益属于"违法所得"，用之于违法或由违法所造成的结果，乃是"非法财物"。

§18.4 "没收违法所得"权力及与其他权力的关系

就行政执法机关而言，"没收违法所得"既是一种行政行为，也是一种行政权力。行政行为是行政权力的外在形态，是行政权力外化的结果。本题旨在探讨行政执法机关如何获得这种权力，以及这种权力与其他行政权力（如没收非法财物权、罚款权、征税权等）是什么关系。

一、"没收违法所得"的授权性质：普遍授权与直接授权

由于"职权法定""法无授权不可为"，行政执法机关没收违法所得之权力，不是先天固有的，也不是自我赋予的，而是来自法律的授权。

在《行政处罚法》2021年修订前，没收违法所得之权力，取决于单行立法对行政执法机关的个别授权，《行政处罚法》并未作普遍而直接的授权。《行政处罚法》2021年修订后，该法第28条第2款规定："当

事人有违法所得，除依法应当退赔的外，应当予以没收。"这是作为基础性法律的《行政处罚法》首次将没收违法所得之权力普遍而直接地授给行政执法机关。这就意味着，任何行政处罚机关在处理当事人的违法行为时，都有权没收当事人的违法所得，无须依赖其他单行立法的单独授权。无论有关单行立法是否规定执法机关是否可以没收当事人的违法所得，行政执法机关都直接依据《行政处罚法》而拥有了此权力，因为《行政处罚法》第28条第2款属于一种普遍而直接的授权条款，它将没收违法所得之权力普遍而直接地授给了行政执法机关。

二、"没收违法所得"与"没收非法财物"两种权力的比较

《行政处罚法》第9条第(二)项虽然设定了两种"没收"权力，即"没收违法所得"与"没收非法财物"，但该法第28条第2款只对"没收违法所得"作了普遍而直接的授权，可未对"没收非法财物"作出任何授权。这就意味着，行政执法机关已普遍而当然地拥有了"没收违法所得"之权力，但并不普遍而当然地拥有"没收非法财物"之权力。行政执法机关在实施处罚的同时，是否可以没收当事人的"非法财物"，仍须依据有关单行立法（法律和法规）的具体规定而定。法律明文规定可以"没收非法财物"的，才可以"没收非法财物"[①]；法律无规定的，就不可以。

《行政处罚法》之所以对"没收违法所得"与"没收非法财物"的授权采取不同的态度，乃是因为，"没收违法所得"是无条件的，只要是"违法所得"就必须"没收"，这是贯彻"不让违法者获益原则"的结果；而"没收非法财物"是有条件的，因为"非法财物"非常复杂：有违禁品、违法工具和违法结果等；有自己的财物，也有他人的财物；他人有知情者也有非知情者，等等。对于"非法财物"，应不应当没收以及如何没

---

① 如根据《青藏高原生态保护法》（2023）第56条规定，有关执法部门可以没收"直接用于违法开采的设备、工具"。

收，在《行政处罚法》未作统一规定的条件下，便取决于单行立法的具体规定。

三、"没收违法所得"与罚款等其他行政处罚的关系

在《行政处罚法》第9条所设定的13种处罚手段中，"没收违法所得"与其他处罚手段之间不具有排斥性：执法机关没收了当事人的违法所得，并不影响执法机关同时给予当事人依法罚款或者拘留等；执法机关已对当事人作出罚款等处罚决定的，也并不影响同时没收当事人的违法所得。因为，其他处罚手段取决于单行立法的具体授权，而"没收违法所得"乃是《行政处罚法》普遍而直接的授权。

必须指出，对当事人既没收违法所得，又给予罚款等其他处罚，不属于"一事二罚"情形，并不违反"一事不二罚"原则。

四、"没收违法所得"与"依法退赔"的关系

《行政处罚法》第28条第2款规定："当事人有违法所得，除依法应当退赔的外，应当予以没收。"这里其实表达了"没收"与"退赔"之间的关系，确立了"退赔优先"原则：对于当事人的违法所得，能够依法退赔的，应当依法退赔；无法依法退赔或者退赔之后剩下部分，才应当没收。[①] 有关部门解释道："依法应当退赔"规定遵循了民事赔偿优先的原则，并进一步明确在没收违法所得环节先行依法退赔，目的是适当降低当事人维权成本，解决事后退赔难的问题。[②]

这一"民事赔偿优先"原则，在《行政处罚法》2021年修订前没有统一的规定，但在单行立法中已有零星规定。《民办教育促进法》

[①] 德国法认为，对于违法所得中包含了受害人的合法财产的情况，就应当赋予受害人返还请求权优先于没收的效力。See Heger in：Lackner/Kühl, Strafgesetzbuch Kommentar, 29.Aufl., C.H.Beck, München, 2018, vor § 73 R n.4. 参见王思涵：《行政法中的没收违法所得研究》，昆明理工大学2022年硕士学位论文。

[②] 参见许安标主编：《中华人民共和国行政处罚法释义》，中国民主法制出版社2021年版，第101页。

（2018）第 62 条规定："民办学校有下列行为之一的，由县级以上人民政府教育行政部门、人力资源社会保障行政部门或者其他有关部门责令限期改正，并予以警告；有违法所得的，退还所收费用后没收违法所得；情节严重的，责令停止招生、吊销办学许可证；构成犯罪的，依法追究刑事责任……"。《证券法》（2019）第 220 条规定："违反本法规定，应当承担民事赔偿责任和缴纳罚款、罚金、违法所得，违法行为人的财产不足以支付的，优先用于承担民事赔偿责任。"国务院《价格违法行为行政处罚规定》（2010）第 16 条也规定："本规定第四条至第十三条规定中的违法所得，属于价格法第四十一条规定的消费者或者其他经营者多付价款的，责令经营者限期退还。难以查找多付价款的消费者或者其他经营者的，责令公告查找。经营者拒不按照前款规定退还消费者或者其他经营者多付的价款，以及期限届满没有退还消费者或者其他经营者多付的价款，由政府价格主管部门予以没收，消费者或者其他经营者要求退还时，由经营者依法承担民事责任。"2020 年我国《民法典》出台，其第 187 条规定："民事主体因同一行为应当承担民事责任、行政责任和刑事责任的，承担行政责任或者刑事责任不影响承担民事责任；民事主体的财产不足以支付的，优先用于承担民事责任。"①

五、"没收违法所得"与"税收优先"原则

《税收征收管理法》（2015）第 45 条第 2 款规定："纳税人欠缴税款，

---

① 此外，我国刑事政策也体现了这一精神。如《刑法》（2020）第 36 条规定："由于犯罪行为而使被害人遭受经济损失的，对犯罪分子除依法给予刑事处罚外，并应根据情况判处赔偿经济损失。承担民事赔偿责任的犯罪分子，同时被判处罚金，其财产不足以全部支付的，或者被判处没收财产的，应当先承担对被害人的民事赔偿责任。"《最高人民法院关于审理食品药品纠纷案件适用法律若干问题的规定》（2021）第 14 条规定："生产、销售的食品、药品存在质量问题，生产者与销售者需同时承担民事责任、行政责任和刑事责任，其财产不足以支付，当事人依照民法典等有关法律规定，请求食品、药品的生产者、销售者首先承担民事责任的，人民法院应予支持。"

同时又被行政机关决定处以罚款、没收违法所得的，税收优先于罚款、没收违法所得。"这一规定体现了"税收"优于"违法所得"原则，体现了当"没收违法所得"处罚权与"征税权"冲突时，应当坚持"征税权"优先。

《税收征收管理法》（2015）第 45 条第 2 款关于征税权优于没收权的规定，与《行政处罚法》（2021）第 28 条第 2 款关于没收违法所得的规定并不冲突。前者是规定征税权优于没收权，后者是规定退赔权优于没收权。

还有，关于在计算违法所得是否应当扣除已缴纳税款的问题，与税收优先原则同样没有矛盾。因为前者是解决计算方法、确定违法所得范围问题，而后者乃是解决如果两款不足时，应当先行满足哪一款的问题。

小　结

"没收违法所得"这一行为的性质，在我国一直处于"双轨"体制之中：在《行政处罚法》中作为一种"处罚"手段存在，而在《治安管理处罚法》中则一直作为"收缴"措施对待。在国外，将"没收违法所得"（没入）作为行政处罚的一种"主罚"手段可谓是少之又少。行政处罚是指行政主体依法对违反行政管理秩序的行为人进行行政制裁的行政行为。"制裁"的本质特征乃是让违法行为人对自己的违法行为额外地付出代价，而不是仅仅对违法状态的修复。"违法所得"不是行为人的合法收入，不具有法律保护的利益，理应"吐出"和"没收"，以体现和贯彻"不让违法者获益"之原则。《行政处罚法》与《治安管理处罚法》必须并轨，统一将"没收违法所得"定性为"收缴"行为，并作为行政处罚的配套措施。

将"没收违法所得"统一定性为"收缴"而不是"处罚"行为，依然不影响将"没收违法所得"与"没收非法财物"相区别。这一区别的意义来自法律对它们的授权不同：《行政处罚法》对"没收违法所得"作了普遍而直接的授权，由单行立法对"没收非法财物"作个别性授权。这一授权模式还是应当保留。"没收违法所得"与"没收非法财物"的区别就在于"违法所得"与"非法财物"的区别。它们之间的区别主要不在于前提、载体和行为时间上，而在于逻辑上，因违法而获得财产上的收益属于"违法所得"，用之于违法或由违法所造成的结果，乃是"非法财物"。

关于"违法所得"范围的计算标准，依然应当坚持以违法所得"全部收入"为原则，扣除成本为例外，但应当细化计算方法。关于对违法所得"收缴权"与"退赔权"、"处罚权"和"征税权"之间的关系，遵循现有原则不变。

【延伸思考】

1. 没收"违法所得"与"非法财物"有何区别？《行政处罚法》对它们是如何授权的？

2. 没收"违法所得"与"依法退赔"是什么关系？

3. "违法所得"如何计算？是否应当扣除成本？

4. "没收违法所得"应当如何定性？它是行政处罚还是行政收缴行为？

【规范链接】

▶《中华人民共和国行政处罚法》（2021）第 2、9、28、30—31 条

▶《中华人民共和国民法典》（2020）第 187 条

▶《中华人民共和国治安管理处罚法》（2012）第 10、11 条

▶《中华人民共和国道路交通安全法》（2021）第 96—97 条

▸《中华人民共和国税收征收管理法》(2015) 第 45 条

▸《中华人民共和国枪支管理法》(2015) 第 27—28 条

▸《中华人民共和国城乡规划法》(2019) 第 64 条

▸《中华人民共和国青藏高原生态保护法》(2023) 第 56 条

▸《中华人民共和国民办教育促进法》(2018) 第 62 条

▸《中华人民共和国证券法》(2019) 第 220 条

▸《中华人民共和国海关行政处罚实施条例》(2022) 第 62、63 条

▸ 国务院《价格违法行为行政处罚规定》(2010) 第 16 条

▸ 最高人民法院《关于依法惩处生产销售伪劣产品刑事案件如何认定"违法所得数额"的批复》(法复〔1995〕3 号)

▸ 最高人民法院《关于审理非法出版物刑事案件具体应用法律若干问题的解释》(法释〔1998〕30 号)

▸ 最高人民法院、最高人民检察院《关于适用犯罪嫌疑人、被告人逃匿、死亡案件违法所得没收程序若干问题的规定》(法释〔2017〕1号) 第 6 条

▸ 最高人民法院、最高人民检察院《关于办理环境污染刑事案件适用法律若干问题的解释》(法释〔2023〕7 号) 第 19 条

▸ 最高人民法院、最高人民检察院《关于办理内幕交易、泄露内幕信息刑事案件具体应用法律若干问题的解释》(法释〔2012〕6 号)第 10 条

▸ 全国人大常委会法制工作委员会《关于"没收非法所得"是否包含没收土地问题的答复》(1990 年 8 月 2 日)

▸ 中国证券监督管理委员会《证券市场内幕交易行为认定指引(试行)》(证监稽查字〔2007〕1 号) 第 21 条

▸ 原国家安全生产监督管理总局《安全生产违法行为行政处罚办法》(2015) 第 58 条

▸ 原国家质量监督检验检疫总局《关于实施〈中华人民共和国产

品质量法〉若干问题的意见》（国质检法〔2011〕43号）

    ▶ 原国家质量监督检验检疫总局《关于加油站计量作弊案违法所得认定和计算问题的答复意见的函》（质检法函〔2010〕34号）

    ▶ 原卫生部《关于对如何认定食品生产经营违法所得的批复》（卫监督发〔2004〕370号）

    ▶ 原农业部办公厅《关于认定违法所得问题意见的函》（农办政函〔2005〕12号）

    ▶ 原农业部办公厅《关于〈中华人民共和国动物防疫法〉违法所得问题的函》（农办政函〔2010〕9号）

    ▶ 原国家工商行政管理总局《工商行政管理机关行政处罚案件违法所得认定办法》（国家工商管理总局令〔2008〕第37号）第2、9条

    ▶ 原环境保护部《环境行政处罚办法》（环境保护部令2010年第8号）第77条

    ▶ 原国家食品药品监督管理局《关于〈药品管理法〉、〈药品管理法实施条例〉"违法所得"问题的批复》（国食药监法〔2007〕74号）

第19章　行政处罚追责期限及计算方法

行政处罚追责期限（原称行政处罚追诉时效）系指超过一定期限行政执法机关对当事人的违法行为不再处罚的法律制度。这一制度虽然来自 1996 年《行政处罚法》第 29 条和 2021 年《行政处罚法》第 36 条的基本相同规定，但一直为行政法学理论和司法实践留下了广阔的讨论空间，特别是关于追责期限的计算方法。作为"小刑法"的《行政处罚法》基本可以套用刑法上的犯罪追诉时效理论，但依然存在差异性。特别是"违法行为纠正论"的出现和强化，几乎颠覆了传统的时效理论。本章立足《行政处罚法》，兼评"违法行为纠正论"，全面研讨我国行政处罚追责期限制度，特别是重塑追责期限的计算方法，试图为我国行政处罚追责期限及计算方法提供一个行政法理基础。

2012 年 2 月 13 日，为答复住房和城乡建设部办公厅《关于违反规划许可、工程建设强制性标准建设、设计违法行为追诉时效有关问题的请示》（建法函〔2011〕316 号），全国人大常委会法制工作委员会作出了一个复函，即《对关于违反规划许可、工程建设强制性标准建设、设计违法行为追诉时效有关问题的意见》（法工办发〔2012〕20 号，以下简称《意见》），肯定了对于违法建设建筑行为的追诉时效从违法行为"纠正"之日起计算。这是一种与传统刑事追诉时效理论和行政处罚追诉时效理论全不相同的"独创"，它以"违法行为纠正论"代替了"违法行为结束论",将行政处罚的追诉时效计算起点从违法行为的"发生"(针对"即成违法")或"结束"(针对"连续违法状态"与"继续违法状态")推迟到违法行为的"纠正"。2021 年《行政处罚法》的修订及之后的几年实践,结合新法第 36 条规定,无论理论界还是执法实践部门,都对这一已经贯彻了十几年的《意见》引起了极大的关注和反思。《意见》作为在特殊时期因地方政府的惰政导致大量违法建筑长期存在背景下的权宜之计是可以理解的,但将它作为一种行政处罚追诉时效的基本理论和制度,特别是普遍理论和普遍做法时,我们有理由担心这必然会导致行政处罚追诉时效在很大程度和范围内失去意义,更担忧我们的法律解释成为一种走向"功利主义"的工具。笔者基于新修订的《行政处罚法》及其实施几年来的实践,立足对行政处罚追诉时效理论、制度和实践的全面透视和分析,细化、完善和丰富我国行政处罚制度和理论,同时对"违法行为纠正论"的时效计算标准进行重新评价,寻找它与行政处罚追诉时效理论和实践之间的契合点。

§19.1 对行政处罚追责期限的理论认知

行政处罚追诉时效,是行政时效的重要组成部分,也是行政处罚制度的重要组成部分,为世界上大多数国家法律和理论所确立。我国行政处罚追责期限,以前长期被称为"追诉时效",肇始于 1996 年的《行政处罚法》第 29 条规定。2021 年《行政处罚法》的修订,其第 36 条规定使这一制度得到细化。尽管如此,不论从理论还是制度上看,我国行政处罚追责期限还"存在着时效种类单一、时效的期限起算不甚合理"等诸多缺陷①,深入研讨空间颇大。推进这方面的研究,首先要从深化行政处罚追责期限的理论认知着手。

---

① 参见石佑启、黄新波:《论我国行政处罚时效制度的完善——一个比较法的视角》,《法治论丛》2004 年第 1 期。

行政处罚法论
——基于《中华人民共和国行政处罚法》

一、确立行政处罚追责期限的意义

行政处罚追责期限制度的普遍存在并被普遍遵循，乃取决于它本身的目的和意义。

第一，行政处罚追责期限发挥着提升行政处罚效率的功能。根据《行政处罚法》第 36 条规定，超过行政处罚的追责期限，行政机关就不得再行追究违法行为人的行政处罚责任。出现超过追责期限的事实，在很大程度上是行政机关及其执法人员未能及时履行行政处罚职责所致，他们从而就会面临被问责的风险。这一机制就倒逼行政机关及其执法人员尽职尽责，及时发现和处理当事人的违法行为。还有，如果行政处罚可以不受期限约束，那么，"年陈日久以后再算老账，必然客观上增加查处案件的难度，有可能出现真伪不辨、是非难断而无法处罚的状况"①。综上，无论从哪一方面考量，行政处罚追责期限对于提升行政处罚效率的作用都是直接而明显的。

第二，行政处罚追责期限加强了行政处罚的功能。行政处罚追责期限制度使得我们无法对超过追责期限的违法行为人进行处罚，这在表面上看似乎放任了违法，不利于制裁违法行为，其实恰恰相反。因为在无追责期限的背景下，行政机关及其执法人员长期怠于执法而不存在被问责的风险，才会导致更多的违法行为被放任处罚或者最终因无法收集证据而无法处罚，这恰恰会导致更多的违法行为未被处罚的结果。② 行政处罚追责期限制度从表面上看不利于打击违法行为，但从长远看恰恰是有利于并加强了对违法行为的追究。

第三，行政处罚追责期限有利于违法当事人纠正违法并自觉守法。

---

① 杨解君：《秩序・权力与法律控制——行政处罚法研究》（增补本），四川大学出版社 1995 年版，第 284 页。

② 有学者认为，如果没有追诉时效制度，就"会导致执法中事实上不可能履行法定职责的两难境地。"参见余洋：《论行政诉讼中的"拖延履行法定职责"》，《苏州大学学报（法学版）》2019 年第 1 期。

我国行政处罚的目的不是为处罚而处罚，而是通过教育和引导，促进广大公民、法人或者其他组织自觉守法。违法行为人超过处罚时效而不再违法，本身就说明违法当事人已纠正了违法，或者已具备强烈的守法意识，这就没有必要再作处罚。处罚追责期限制度正体现了"教育与处罚相结合""以教育为主"的原则和理念。

第四，行政处罚追责期限发挥着维护法的安定性原则之功能。[1] 法的安定性原则[2]缘起于对社会秩序的深层需求，是以自然法为基础的法治原则。[3] 它要求以正义、明确、稳定的法律规则调整社会关系，固定社会秩序，让人们处于可预期的社会状态之中。违法行为超过一定的时间，势必形成和影响其他相关社会关系，这些关系牵涉到社会公共利益和第三人的利益。如果对超过时效的违法行为进行处罚，势必否定和推翻业已建立的各种社会关系，从而否定包括无辜当事人在内的公民、法人或者其他组织的既有权利，必然造成社会秩序的动荡和人们权利的不确定性，国家为此付出巨大的管理成本。

二、行政处罚追责期限的概念与特征

我国 1996 年制定的《行政处罚法》和 2021 年修订的《行政处罚法》虽然都对行政处罚追责期限作出了规定，但都未作定义。如何定义"行政处罚追责期限"概念，学者们作了不少努力。李洪雷认为，行政处罚的追诉时效是指"行政处罚机关和其他有处罚权的组织对违法行为人依法给予行政处罚的有效期限，如果超出这一期限，则不能再行追究"[4]。胡梦瑶认为："行政处罚时效是限制行政处罚权力的时间规则，具有控

---

[1] 参见胡梦瑶：《权力期间视角下行政处罚时效的适用》，《华东政法大学学报》2023年第 1 期。

[2] 英文为 The stability principle of law；德文为 Rechtssicherheit。

[3] 参见戴建华：《法安定性原则》，载胡建淼主编：《法律原则研究》，中国社会科学出版社 2021 年版，第 266 页。

[4] 李洪雷主编：《中华人民共和国行政处罚法评注》，中国法制出版社 2021 年版，第 252 页。

制行政权力、提升行政效率、维护法的安定性和保护处罚相对人权益的制度功能。理论上来说，广义上的处罚时效包括追究时效、裁决期限和执行时效，但目前《行政处罚法》第 36 条规定的处罚时效主要是指狭义上的追究时效。"[1] 全国人大法工委的有关专家将"行政处罚追诉时效"称作为"行政处罚追责时效（或期限）"，并认为它是指"对违反行政管理秩序的当事人，予以行政处罚的最长期限。超过该追责期限，不再给予行政处罚"[2]。

参考上述论述，我们认为，行政处罚的追诉时效，即行政处罚的追责期限，系指由法律所设定的，行政处罚主体针对违反行政管理秩序的当事人追究其行政处罚责任的有效期限，超过这一期限，不得实施行政处罚及行政处罚所带来的不利后果的法律制度。行政处罚的追责期限由三大要素构成：法定期限、法律事实和法律后果。[3] 对应这三大要素，形成了三个法律特征。

第一，行政处罚的追责期限是一种法定期限。这一期限系由法律直接设定，行政法规、地方性法规和规章无权规定这一期限。行政处罚的追责期限属于行政时效的重要内容，是我国行政程序法和实体法的组成部分，它是对包括限制和剥夺公民人身自由权在内的行政处罚权的一种抑制，因而必须实施法律保留[4]，仅由法律直接设定。

---

[1] 胡梦瑶：《权力期间视角下行政处罚时效的适用》，《华东政法大学学报》2023 年第 1 期。

[2] 参见全国人大常委会法制工作委员会国家法室、行政法室编著：《〈中华人民共和国行政处罚法〉释义》，法律出版社 1996 年版，第 80 页；许安标主编：《中华人民共和国行政处罚法释义》，中国民主法制出版社 2021 年版，第 115 页。

[3] 不少学者指出了这一点。参见石佑启、黄新波：《论我国行政处罚时效制度的完善——一个比较法的视角》，《法治论丛》2004 年第 1 期；康健：《行政时效制度研究》，吉林大学 2020 年博士学位论文。

[4] 《立法法》（2023）第 11 条规定："下列事项只能制定法律：……（五）对公民政治权利的剥夺、限制人身自由的强制措施和处罚……"。

第二，在法定期限内行政处罚主体没有实施行政处罚。这是行政处罚追责期限中的一种法律事实，只有当行政处罚主体没有在法定期限内处罚违法行为当事人这一法律事实发生时，才会引起行政处罚追责期限的法律后果。

第三，超过法定期限不得再行对违法行为当事人实施行政处罚。这是行政追责期限的法律后果，是行政追责期限法律效力的体现。行政追责期限意味着，如果超过了行政处罚的追责期限，对行政处罚主体而言，便失去了对违法当事人实施行政处罚的权力；对被处罚的当事人而言，就引起了对其有利的法律效果。

上述三者之间，法律期限是追责期限发生的前提，法律事实是追责期限适用的条件，法律后果是追责期限的法律效力。

三、行政处罚追责期限与裁决时效、执行时效

行政处罚的追责期限有广义与狭义之分。就广义而言，整个行政处罚行为过程可以分为三个重要环节：一是立案，启动调查；二是裁决，作出处罚决定；三是执行，对处罚决定的强制执行（当事人拒不履行时）。处罚追责期限也就依此分为立案期限、裁决期限和执行期限。从违法行为发生到立案的时点是立案时效；从立案起到作出处罚决定的时点是裁决时效；从裁决生效起到启动强制执行的时点是执行时效。广义的追诉时效包括立案时效、裁决时效和执行时效。

就狭义而言，行政处罚的追责期限仅仅是指立案时效，不包括裁决时效和执行时效。因为不能立案就不能裁决，不能裁决就不能执行。况且我国事实上也只有立案时效[①]，无裁决时效[②]和严格意义上的执行

---

① 《行政处罚法》第36条规定的其实就是立案时效。

② 《行政处罚法》第60条规定了作出行政处罚决定的期限，但这一期限不属于时效。因为超过这一期限并不会导致行政处罚决定权的消失。

时效①。

§19.2 对行政处罚追责期限的制度解读

我国行政处罚追责期限，源自 1996 年的《行政处罚法》。该法第 29 条规定："违法行为在二年内未被发现的，不再给予行政处罚。法律另有规定的除外。前款规定的期限，从违法行为发生之日起计算；违法行为有连续或者继续状态的，从行为终了之日起计算。"2021 年《行政处罚法》的修订，使这一制度得到进一步细化。《行政处罚法》(2021)第 36 条规定："违法行为在二年内未被发现的，不再给予行政处罚；涉及公民生命健康安全、金融安全且有危害后果的，上述期限延长至五年。法律另有规定的除外。前款规定的期限，从违法行为发生之日起计算；违法行为有连续或者继续状态的，从行为终了之日起计算。"这是《行政处罚法》关于行政处罚追诉时效的基本规定。这一基本规定，包含了以下内容要素：

一、法定期限

行政处罚的追责期限表现为一个时间段和期限。这一法定期限分为一般期限与特别期限。一般期限是二年，特别期限是五年或法律规定的其他期限。原则上，违法行为二年内未发现的，不再处罚。这"二年"是一个普遍期限。但在两种情况下适用特别期限：

一是，涉及公民生命健康安全、金融安全且有危害后果的，追责期限是五年。这种违法行为有两个构成要件：1. 违法行为涉及公民生命健

---

① 我国的行政强制执行分两类：一是由行政机关实施强制执行；另一种是由行政机关申请人民法院强制执行。法律赋予行政机关强制执行权的，由行政机关自己实施强制执行；法律没有赋予行政机关强制执行权的，由行政机关申请人民法院强制执行。我国《行政强制法》(2011)对行政机关实施强制执行没有规定期限，该法第 53 条对行政机关申请人民法院强制执行规定了期限，这一期限属于除斥期限，不属于时效，因为它不会绝对地导致人民法院无权受理强制执行的申请。

康安全、金融安全。这里只限于这两个领域，没有"等"字，不得作扩大解释。2.有危害后果。这种违法不仅涉及公民生命健康安全、金融安全，而且还具有或者造成了危害后果。没有危害后果的，不适用该五年期限。

二是，法律规定的其他期限。这里的其他期限是指"二年"以外的其他期限，不是指"五年"以外的其他期限。所以，其他期限可以是1年、3年，或4年、5年，等等，违法行为所涉领域也不限于涉及公民生命健康安全和金融安全。还有，其他期限应当由《行政处罚法》以外的其他法律作出规定，法规、规章和行政规范性文件无权对此规定。[1]就目前的立法状况看有两个典型的法例规定了其他期限，即《治安管理处罚法》[2]和《税收征收管理法》[3]。

特别期限是一种优先期限和除外期限。这是说，有特别期限规定的优先适用特别期限，特别期限以外的各种期限都适用作为一般期限的二年期限。

对于行政处罚追责期限的确定，不宜过长或过短。"时效太长则有违法律秩序之和平，而抵触法律秩序的安定性"。[4]期限过短，则会放

---

[1] 目前我国还有一些法规和规章规定了其他期限，但有的与《行政处罚法》（2021）第36条规定相一致，如《海关办理行政处罚案件程序规定》（2021）第60条、《违反〈铁路安全管理条例〉行政处罚实施办法》（2021）第10条、《医疗保障行政处罚程序暂行规定》（2021）第6条，但也存在着一些与《行政处罚法》（2021）第36条规定相抵触的规定，如国家体育总局《体育运动中兴奋剂管制通则》（体规字〔2018〕4号）第83条。后者需要及时修改。

[2] 《治安管理处罚法》（2012）第22条规定："违反治安管理行为在六个月内没有被公安机关发现的，不再处罚。前款规定的期限，从违反治安管理行为发生之日起计算；违反治安管理行为有连续或者继续状态的，从行为终了之日起计算。"

[3] 《税收征收管理法》（2015）第86条规定："违反税收法律、行政法规应当给予行政处罚的行为，在五年内未被发现的，不再给予行政处罚。"

[4] Weller, Karlsruher Kommentar zum OwiG, 3.Auflage 2006, Rn.1f. 转引自陈清秀：《行政罚法》，新学林出版股份有限公司2014年版，第341页。

任违法。目前我国法律所确定的行政处罚追责期限，在保留二年或五年的基础上，保留法律所规定的其他期限，这是符合我国实际的一种原则性与灵活性相结合的方法。

二、法律设定

《行政处罚法》第36条还表明，行政处罚的追责期限，无论是一般期限还是特别期限，都必须由法律直接设定。这里的法律仅指由全国人大及其常委会制定的法律，行政法规、地方性法规和规章无权设定行政处罚的追责期限。这里的法律既指《行政处罚法》本身，也指《行政处罚法》以外的其他法律。对于二年的一般期限和针对涉及公民生命健康安全、金融安全且有危害后果的违法行为的五年追诉期限，已由《行政处罚法》本身作出了规定，它已无须依赖其他法律再作规定了。在它们之外需要创设其他期限的，才须有其他法律作出特别规定。

三、计算方法

作为行政处罚的追责期限，无论是二年还是五年或者其他期限，都必须确定它们的计算起点和终点。根据《行政处罚法》第36条规定，期限的起点从违法行为"发生"之日起计算，违法行为有连续或者继续状态的，从行为"终了"之日起计算；期限的终点是，违法行为被"发现"之日。

四、期限性质

按理说，行政处罚的追诉时效既然是时效，就应当是可变期限，即适用期间的中止、中断、延长。但现行的各种法律并不存在有关其期间的中止、中断、延长之规定。因此，目前应当将行政处罚追责期限视作为不变期限，除非将来的法律作出补充规定。

五、法律后果

超过行政处罚追责期限的，行政处罚主体不得针对该违法行为当事人实施行政处罚，无论是超过一般期限还是特别期限。这是无条件的，不存在例外或特批。这就意味着，超过行政处罚的追责期限，行政处罚主体由此失去了行政处罚权，违法当事人就获得了不再会被行政处罚的有利结果。①

§19.3　行政处罚追责期限制度的全球考察

一、行政处罚与行政追诉时效

世界各国和地区不论是否制定了专门的"行政处罚法"，以及对"行政处罚"作何定性，行政处罚制度以特定的性质和形式存在着。奥地利将行政处罚定性为"行政罚"（德文为 Verwaltungsstrafe），与我们《行政处罚法》中的"行政处罚"完全对应。德国将行政处罚定性为"行政秩序罚"（德文为 Ordnungsstrafe），也与我国"行政处罚"靠近。日本的行政处罚也称"行政罚"，但范围最广，系指国家机关对违反行政法义务的当事人所给予的法律制裁，包括行政刑罚和秩序罚。② 作为大陆法系的法国，其行政法恰恰以判例法为主。法国没有专门的"行政罚法"，但也存在行政处罚制度，这种制度散见在其他制定法或行政法院的判例之中。法国的行政罚是指行政机关对违反行政法义务的当事人，科以刑罚以外的处罚，与我国行政处罚概念相同。美国将行政处罚定性为"制裁"（Sanction）并纳入其《联邦行政程序法》第 551 条第（十）款予以规定。英国在概念上有"行政制裁"（英文：Administrative Sanction）一说，但在法律体系中是纳入刑罚统筹处置的。荷兰没有单一的行政处罚法，其行政处罚的总则部分系作为《行政法通则》③ 第五章（行政执法）的第五节（行政处罚）而存在。俄罗斯既不属于大陆法系，也

---

① 有学者指出：行政处罚时效是限制行政处罚权力的时间规则，具有控制行政权力、提升行政效率、维护法的安定性和保护处罚相对人权益的制度功能。参见胡梦瑶：《权力期间视角下行政处罚时效的适用》，《华东政法大学学报》2023 年第 1 期。

② 日本于 1948 年制定了《轻犯罪法》，它是针对秩序罚的。行政刑罚则分解于刑法之中。

③ 荷兰语为 "Algemene wet bestuursrecht—Awb"。英语为 "General Administrative Law Act of Netherlands—GALA"。本法自荷兰国王敕令规定生效之日，1994 年起生效。

不属于普通法系。其行政处罚制度以苏联的同类制度为基础，是一个实体法与程序法高度合一的体系。俄罗斯的行政处罚是指有关机关和公职人员针对当事人在各管理领域的行政违法行为[①]所实施的制裁。这个庞大的制度体系，以《俄罗斯联邦行政违法法典》为基础。越南的行政处罚制度受苏联和俄罗斯影响较深，其作为行政处罚法典的《越南社会主义共和国行政违法处罚法》是模仿《俄罗斯联邦行政违法法典》制定。依据这一法律，行政处罚是指国家对行政违法行为的制裁，是有关国家机关对有故意或过失违反国家管理规定的行为，但未达到追究其刑事责任程度的公民、组织给予的行政处罚。[②]

　　行政处罚的追诉时效乃是行政处罚的重要制度，在没有"行政处罚法"的国家，这一制度融化在刑罚或判例所规定和展示的法律责任追诉制度之中。一些国家的"行政处罚法"，对行政处罚的追诉时效作出了专门的规定。这些规定对于认知和完善我国的行政处罚追诉时效制度可能会有一定的参考价值。

　　二、奥地利行政处罚追诉时效制度

　　奥地利《行政罚法》第 31 条规定："1. 如对当事人行政违法行为于官署所规定之时效期间内未采取追究行为（第 32 条第 2 款），则不得对其进行追究。该期限自可罚行为完成或停止之时点起算；若可罚

[①]　包括：侵犯公民权利的行政违法行为；危害居民健康、卫生防疫安全和社会公德的行政违法行为；财产保护领域的行政违法行为；自然环境保护和自然利用领域的行政违法行为；工业领域的行政违法行为；农业、家畜疾病防治和农用土地土壤改良领域的行政违法行为；交通运输领域的行政违法行为；道路交通领域的行政违法行为；电信领域的行政违法行为；企业家活动领域的行政违法行为；金融、税收和收费、有价证券市场领域的行政违法行为；海关事务领域（违反海关规则）的行政违法行为；侵犯国家权力制度的行政违法行为；俄罗斯联邦国界保护领域、俄罗斯联邦境内外国公民或无国籍人逗留制度保障领域的行政违法行为；违反管理秩序的行政违法行为；危害社会秩序和公共安全的行政违法行为；兵役登记领域的行政违法行为等。

[②]　参见徐中起主编：《越南法研究》，云南大学出版社 1997 年版，第 63 页。

行为之结果后来产生，则自该时点起算。2.行政违法行为之可罚性经由时效完成而消灭。时效期间为三年，自本条第 1 款所定之时点开始。不计入该时效期间的包括：（1）根据法律规定追究不能开始或继续之期间；（2）由于行为人之行为由检察院、法院或其他行政机关对其实施刑事程序之期间；（3）程序在作出终局决定之前因涉及先决问题而被中止之期间；（4）最高行政法院、宪法法院或欧盟法院所进行程序之期间。3.行政违法行为经过三年时效的，不得再为裁决；已裁决处罚的，不得再为执行。不计入该时效期间的包括：（1）最高行政法院、宪法法院或欧盟法院所进行程序之期间；（2）处罚执行不被允许、中止、推迟或中断之期间；（3）被处罚人在国外居留期间。"①这里的一个条文 3 个款项的规定表达了奥地利行政处罚追诉时效制度的下列内容和特点。

1.奥地利行政处罚追诉时效基于广义，包括立案时效、裁决时效和执行时效。

2.奥地利行政处罚追诉时效的期限统一为三年，非常单一，而且也无例外规定。

3.奥地利行政处罚追诉时效的期限属于可变期间，不是不可变的除斥期间，它规定了多种不计入期间的情形。

4.奥地利对行政处罚追诉时效的计算方法，只规定了"起点"，没有规定"终点"。"起点"从可罚行为完成或停止之时点起算，若可罚行为之结果不是即时而是后来产生的，则自结果产生之时起算。但是，它们没有表达和区别违法行为的连续状态与继续状态。

三、德国行政处罚追诉时效制度

德国在《违反秩序罚法》中有多个条文（第 31 条至第 34 条）规定了其行政处罚的追诉时效，内容比奥地利丰富得多。

---

① 熊樟林编：《中外行政处罚法汇编》，北京大学出版社 2021 年版，第 240 页。

1.行政处罚追诉时效的期限

德国《违反秩序罚法》对行政处罚规定了 6 个月至 3 年不同的追诉时效。而且时效的不同，不是根据违法行为的领域，或违法行为后果的严重性，而是以"罚锾"①数额的多少而定。根据该法第 31 条规定②，可处予 15000 欧元以上罚款的，追诉时效为三年；可处予 2500 欧元以上至 15000 欧元罚款的，追诉时效为二年；可处予 1000 欧元以上至 2500 欧元罚款的，追诉时效为一年；可处予 1000 欧元及以下的罚款，追诉时效为六个月。可以发现，德国对行政处罚追诉时效时限的设定，罚款数额越高，追诉时效就越长。这是符合"过罚相当"原则的。但是，上述期限不是绝对期限，如果法律另有规定的，那就从其规定。这说明，德国行政处罚的追诉时效也由一般时效与特别时效所组合。

德国对行政处罚追诉时效期限的设定，不考虑违法行为所涉领域或违法行为的危害性，只考虑行政处罚中的罚款数额，乃是与其行政处罚种类和手段的单一性有关。德国行政处罚的主罚只有罚款一种类别和手段。

2.行政处罚追诉时效的计算

关于行政处罚追诉时效期限的计算方法，德国《违反秩序罚法》只规定了计算的"起点"，对"终点"未作规定。根据该法第 31 条第 3 款规定，追诉时效自违法行为终了时起算；如果行为结果作为违法行为的构成要件，并且违法行为的结果是嗣后发生的，追诉时效就应当从结果发生时起算。

3.行政处罚追诉时效的停止

行政处罚追诉时效的停止，就是指追诉时效的中止，即因出现某些法定情形而停止计算时效期限，情形消除后，继续计算时效期限。根据

---

① Zwangsgeld，即我们所说的"罚款"。

② 参见熊樟林编：《中外行政处罚法汇编》，北京大学出版社 2021 年版，第 112—113 页。

德国《违反秩序罚法》第32条规定，下列情形适用追诉时效的停止：(1)依法律规定，追诉不能开始或不能继续进行的，时效停止计算；(2)追诉时效期限届满之前，第一审法院作出了判决或裁定，由此开始的诉讼程序时间（直到最终司法裁判完成），停止计算处罚追诉时效。

4.行政处罚追诉时效的中断

行政处罚追诉时效的中断，就是指因出现某些法定情形而重新计算时效期限。中止是指法定情形消失后继续计算期限，而中断是指法定情形消失后重新计算期限。德国《违反秩序罚法》第33条规定，行政处罚追诉时效的中断适用调查的启动、鉴定的进行、案件的移送等情形。

5.行政处罚强制执行的时效

德国行政处罚追诉时效同样基于广义，包括立案时效、裁决时效和执行时效。只是德国行政处罚中的执行时效不适用立案时效和裁决时效。德国《违反秩序罚法》第31条至第33条对立案时效和裁决时效合并作出了规定，第34条对执行时效单独作出规定。根据该条规定[①]，对于1000欧元以上的罚款决定的执行，不得超过五年；对于1000欧元以下的罚款决定的执行，不得超过三年。强制执行时效期限的起算点是从处罚决定经裁判确定效力时起算。

执行时效在下列情形下停止计算：(1)根据法律规定，执行不能开始或不能继续进行；(2)执行中止；(3)准许减轻罚款缴纳。

四、法国行政处罚追诉时效制度

如前所述，法国的行政法是在行政法院的支配下所形成的判例法体系。以至于有人说，法国是大陆法系，但其行政法恰恰是普通法。[②]这就决定了其在行政法制定法的滞后。就行政处罚制度而言，法国至今既

---

① 参见熊樟林编：《中外行政处罚法汇编》，北京大学出版社2021年版，第114—115页。

② 参见王名扬：《法国行政法》，中国政法大学出版社1989年版，第19—21页。

没有可以包括"行政处罚"的"行政基本法""行政程序法",更没有专门的"行政处罚法"。

法国的行政处罚制度分散在各专门领域的管理法之中,行政处罚追诉时效制度也是一样。根据法国《道路交通法典》第 R323—13—2 条、《知识产权法典》第 R311—12 条、《消费者保护法典》第 L522—3 条、《农村与渔业法典》第 L719—10—1 条、《劳动法典》第 L8115—5 条、《教育法典》第 L124—17 条和《环境保护法典》第 L171—8 条等,法国行政处罚追诉时效的期限主要有三类:1 年、2 年或 3 年。在道路交通安全、知识产权保护、消费者保护等领域的违法行为之处罚时效为 1 年,在农村与渔业、劳资关系、教育行政等领域的处罚时效为 2 年,在环境保护等领域的处罚时效则为 3 年。[①]

五、荷兰、瑞士行政处罚追诉时效制度

荷兰《行政法通则》第五章第五节共有 5 个条文对行政处罚作出原则性规定,其中规定了对行政处罚的追诉时效。但是,荷兰行政处罚的追诉时效,只限于对行政处罚的执行时效。其立案与裁决的时效都未被规定。

根据荷兰《行政法通则》第 34—35 条规定,其行政处罚的执行时效期限是 1 年。被处罚人 1 年内未履行行政处罚决定所规定的义务,行政机关不作执行的,被处罚当事人可以请求行政机关取消处罚。可以执行的状态超过 6 个月而行政机关未执行的,行政机关就不得对当事人累加执行的义务。

瑞士《联邦行政罚法》[②] 第一项及第四项分别针对行政罚之轻重,对行政罚的裁处权规定为两年或五年。[③]

---

① 参见胡梦瑶:《权力期间视角下行政处罚时效的适用》,《华东政法大学学报》2023 年第 1 期。

② Bundesgesetz über das Verwaltungsstrafrecht。

③ 参见廖义男主编:《行政罚法》,元照出版有限公司 2020 年版,第 256 页。

六、俄罗斯行政处罚追诉时效制度

俄罗斯国家杜马于 2001 年通过的《俄罗斯联邦行政违法法典》是一部集实体法与程序法，包揽所有行政处罚领域的行政处罚法典。它对行政处罚追诉时效的规定也非常详细。[①]

1. 行政处罚追诉时效包括裁决时效与执行时效

俄罗斯行政处罚追诉时效包括裁决时效与执行时效，但立案时效与裁决时效不加区别。可见，其行政处罚的追诉时效也算是广义。

2. 行政处罚裁决时效为 2 个月或 1 年

俄罗斯行政处罚裁决时效也分一般时效与特别时效。根据《俄罗斯联邦行政违法法典》第四条之五第 1 款规定，一般时效是为 2 个月；特别时效是 1 年。特别时效只适用于违反俄罗斯联邦内海、领海、大陆架立法的行为，违反俄罗斯联邦专属经济区立法、俄罗斯联邦海关立法、反垄断立法、外汇立法的行为，违反自然环境保护立法、核能利用立法、税收和收费立法、维护消费者权益立法、广告立法的行为。超过追诉时效后，处罚机关不得对违法行为作出处罚裁决。

裁决时效的起算时点，对于即成行为，自违法行为实施之日起算；对于持续违法行为，从该行为被发现之日起算。

3. 行政处罚执行时效为 1 年

俄罗斯行政处罚的执行时效一律为 1 年，从处罚决定发生效力之日起算。超过 1 年的，不得再予执行。但是执行时效适用暂缓执行或中止执行。在分期执行行政处罚决定的情况下，时效期间可以延长到分期执行的期限。

七、越南行政处罚追诉时效制度

越南的行政处罚制度受俄罗斯影响很深，其《越南社会主义共和国

[①]　参见熊樟林编：《中外行政处罚法汇编》，北京大学出版社 2021 年版，第 193—194 页。

行政违法处罚法》几乎抄袭了《俄罗斯联邦行政违法法典》，包括行政处罚的追诉时效。

和俄罗斯一样，越南的行政处罚追诉时效也是基于广义，包括裁决时效与执行时效，而且时效的基本期限都是1年。超过时效之后，不再处罚也不再执行处罚裁决。

关于裁决时效，越南在1年的普通时效之外还是保留了一个特殊时效，即如果当事人进入到刑事诉讼而又决定不予追究刑事责任的，行政处罚就应当从作出最终司法决定之日起3个月内给予行政处罚。

关于裁决时效的计算，从当事人实施违法行为之日起算。如果在裁决时效期限内，当事人又实施了新的违法，或者故意逃避、妨碍处罚的，时效则从其新的违法行为发生之日起重新计算。

根据《越南社会主义共和国行政违法处罚法》第34条规定，执行时效是1年并从行政处罚决定作出之日起计算。如果当事人对行政处罚决定进行申诉的，时效应当除掉当事人进行申请所需时间。当事人故意逃避、迟延被执行的，不适用1年的时效。

§19.4 我国刑法制度的借用

重塑我国行政处罚追诉时效的理论与制度，不仅可以借鉴境外的同类制度和理论，更可借鉴我国的刑法制度，因为有"小刑法"之称的"行政处罚法"与"刑法"所保护的"法益"是相同的，只是程度不同而已。在很大范围和程度上，犯罪只是行政违法的升级。[1]

对犯罪行为的追诉时效，主要集中在我国《刑法》（2023）第87—89条的规定之中。这些规定，自1979年的第一部《刑法》作出规定[2]

---

[1] 有学者指出："违反行政法上义务而以刑罚为制裁手段者，该违法行为性质上即为犯罪行为。"廖义男主编：《行政罚法》，元照出版有限公司2020年版，第2页。

[2] 参见《刑法》（1979）第76—78条。

以来，一直没有改变过。① 这说明我国关于犯罪行为的追诉时效制度是成熟而稳定的。

一、刑事追诉时效的期限

刑事追诉时效，也称犯罪追诉时效，系指由"刑法规定的、对犯罪人追究刑事责任的有效期限"②。超过追诉时效，意味着不能行使求刑权、量刑权与行刑权，也不能适用非刑罚的法律后果，因而导致法律后果消灭。③ 根据《刑法》(2023) 第87条规定，刑事追诉时效的期限分为四档：

1.法定最高刑为不满五年有期徒刑的，经过五年；

2.法定最高刑为五年以上不满十年有期徒刑的，经过十年；

3.法定最高刑为十年以上有期徒刑的，经过十五年；

4.法定最高刑为无期徒刑、死刑的，经过二十年。如果二十年以后认为必须追诉的，须报请最高人民检察院核准。

这说明，以上第1—3项期限是绝对期限，没有任何例外，但第4项期限则是相对期限，《刑法》为它设定了"例外"。

二、刑事追诉时效期限的计算

刑事追诉时效的计算重点是解决计算的起点与终点问题。

关于起点，根据《刑法》(2023) 第89条规定，对于一般犯罪行为（不具有连续或继续状态的），从"犯罪之日"起计算；对于连续或继续

---

① 我国《刑法》1979年制定以来，经历了1997年修订、1998年修正、1999年修正案、2001年修正案（二）、2001年第二次修正案（三）、2002年修正案（四）、2005年修正案（五）、2006年修正案（六）、2009年修正案（七）、2011年修正案（八）、2015年修正案（九）、2017年修正案（十）、2020年修正案（十一）、2023年修正案（十二）。1997年修订时开始增加了"被害人在追诉期限内提出控告，人民法院、人民检察院、公安机关应当立案而不予立案的，不受追诉期限的限制"内容，其他内容一直未有变化。

② 高铭暄、马克昌主编：《刑法学》，北京大学出版社、高等教育出版社2022年版，第305页。

③ 参见张明楷：《刑法学》，法律出版社2021年版，第830页。

状态的犯罪行为，从犯罪行为"终了之日"起计算。

问题在于"犯罪之日"，理论上有多种理解：犯罪行为实施之日；犯罪行为发生之日；犯罪行为完成之日；犯罪行为停止之日；等等。但作为一种主流并已达成共识的观点是，犯罪之日就是指犯罪成立之日。[①]具体而言，对于行为犯，从犯罪行为实施之日起计算；对于危险犯，从实施危害行为形成危险状态之日起计算；对于结果犯，则应当从犯罪结果产生之日起计算；对于预备犯、未遂犯、中止犯，从犯罪预备、犯罪未遂、犯罪中止之日起算。[②]

至于对连续或继续状态的犯罪行为如何确定犯罪行为"终了之日"，这里是指犯罪"行为"的结束，而不是指犯罪"结果"的结束。连续犯罪，指最后一个独立的犯罪行为完成之日；继续犯罪，指处于持续状态的一个犯罪行为的结束之日。[③]

关于终点，《刑法》本身未作具体明确。理论界存在一定分歧：一种观点主张以"审判之日"为计算终点[④]，但主流观点主张以"进入刑事诉讼程序"为计算终点[⑤]。

三、刑事追诉时效期限的延长和中断

根据《刑法》（2023）第 88 条规定，在人民检察院、公安机关、国家安全机关立案侦查或者在人民法院受理案件以后，犯罪当事人逃避侦

---

① 参见高铭暄、马克昌主编：《刑法学》，北京大学出版社、高等教育出版社 2022 年版，第 307 页；张明楷：《刑法学》，法律出版社 2021 年版，第 833 页；刘宪权主编：《刑法学》，上海人民出版社 2022 年版，第 351 页。

② 参见刘宪权主编：《刑法学》，上海人民出版社 2022 年版，第 351 页。

③ 参见高铭暄、马克昌主编：《刑法学》，北京大学出版社、高等教育出版社 2022 年版，第 307 页。

④ 参见张明楷：《刑法学》，法律出版社 2021 年版，第 833 页；刘宪权主编：《刑法学》，上海人民出版社 2022 年版，第 351 页。

⑤ 参见高铭暄、马克昌主编：《刑法学》，北京大学出版社、高等教育出版社 2022 年版，第 307 页。

查或者审判的，不受追诉期限的限制。还有，被害人在追诉期限内提出控告，人民法院、人民检察院、公安机关应当立案而不予立案的，不受追诉期限的限制。

根据《刑法》（2023）第 89 条第 2 款规定，在追诉期限以内又犯罪的，前罪追诉的期限从犯后罪之日起计算。

四、行政处罚追诉时效对刑事追诉时效借用的可能性

由于接受行政处罚的违法行为与接受刑罚的犯罪行为，它们所侵害的社会关系和法益基本相同，作为"小刑法"的《行政处罚法》借用和吸收《刑法》所规定的追诉时效，不仅是可能的而且是应当的，特别是在确立追诉时效的原则、追诉时间的延长和中断、追诉期限的起点确定，尤其是对连续犯罪与继续犯罪状态下的起点计算，应当保持一致性。它们具有共同的法治逻辑。

但是，对于时效的类型、时效期限的长短，特别是对时效终点的计算规则，是不可能也不应当相同的。有关部门解释道："行政违法行为与刑事犯罪情况不同，行政违法行为是违反行政管理秩序，触犯法律、法规尚不构成犯罪的行为，总的来说，这类违法行为是比较轻微的违法行为，对社会所造成的危害相对来说是较小的。""因此，从这个角度说，行政处罚法关于追诉时效的规定，不宜规定过长，也不必过细。同时，由于行政处罚的种类包括申诫罚、财产罚、人身罚、行为罚几大类，不同于刑罚，因而也不好以不同的处罚种类规定不同的追诉期限。"[1]

§19.5　表达与性质：追诉时效还是追责期限

一、"追责期限"表述上的多样性

对于《行政处罚法》第 36 条所规定的"期限"之定性，它到底属

---

[1]　全国人大常委会法制工作委员会国家法室、行政法室编：《〈中华人民共和国行政处罚法〉讲话》，法律出版社 1996 年版，第 108 页。

于追诉时效还是追责期限，还存在较大的模糊性。性质上的模糊性影响了表述上的多样性，也可能是表述上的多样性影响了对"期限"的定性。

1996年制定的《行政处罚法》第29条和2021年修订的《行政处罚法》第36条对行政处罚追诉时效均以"期限"表述。但在2021年《行政处罚法》修订之前，有关部门的法律文件对这种"期限"的表述以称"追诉时效"为多。① 全国人大法工委有关部门在"行政处罚法释义"中的解释，在《行政处罚法》2021年修订之前称"行政处罚时效"②，之后就称"追责期限"③了。在学术界存在更多的提法，"追诉时效"有之④，"追责时效"

---

① 如原国家土地管理局《关于如何计算土地违法行为追诉时效的请示》（〔1997〕国土法字第135号）、国家林业和草原局《关于非法占用林地行为追诉时效的复函》（林办发〔2018〕99号）、司法部《关于提请明确对行政处罚追诉时效"二年未被发现"认定问题的函》（司发函〔2004〕212号）、司法部办公厅《关于对违法违纪律师行政处罚追诉时效有效问题的通知》（司发电〔2005〕1号）、最高人民法院行政审判庭《关于如何计算土地违法行为追诉时效的答复》（〔1997〕法行字第26号）、最高人民法院行政审判庭《关于如何计算土地违法行为追诉时效的答复》（〔1997〕法行字第6号）、全国人大常委会法制工作委员会《关于提请明确对行政处罚追诉时效"二年未被发现"认定问题的函的研究意见》（法工委复字〔2004〕27号）、住房和城乡建设部办公厅《关于违反规划许可、工程建设强制性标准建设、设计违法行为追诉时效有关问题的请示》（建法函〔2011〕316号）、全国人大常委会法制工作委员会《对关于违反规划许可、工程建设强制性标准建设、设计违法行为追诉时效有关问题的意见》（法工办发〔2012〕20号），等等。
② 全国人大常委会法制工作委员会国家法室、行政法室编著：《〈中华人民共和国行政处罚法〉释义》，法律出版社1996年版，第80页。
③ 许安标主编：《中华人民共和国行政处罚法释义》，中国民主法制出版社2021年版，第115页；袁杰、赵振华主编：《中华人民共和国行政处罚法问答》，中国民主法制出版社2021年版，第62页。在此背景下，一些法律文件也开始改称"追责期限"，如国家医疗保障局《医疗保障行政处罚程序暂行规定》（2021）第6条。
④ 如江必新主编：《行政处罚法条文精释与实例精解》，人民法院出版社2021年版，第217页；李洪雷主编：《中华人民共和国行政处罚法评注》，中国法制出版社2021年版，第252页。

有之①，"处罚时效"也有之②，还有"追罚时效"的提法③。

我们认为，上述表述差异不便过度计较：一是"时效"与"期限"本身就可以打通使用，我国《刑法》（2023）第87条④和第88条⑤规定便是如此。任何时效都是指一种"期限"。二是当我们提"行政处罚的追诉时效"时，谁也不会误解这是指"行政处罚的追责期限"。所以，表述"追诉时效"还是"追责期限"，本来就不是性质上的区别，而只是提法上的区别。追责时效或期限、追罚时效或期限，也是如此。

二、以"追责期限"代替"追诉时效"

尽管如此，关注提法和表达的准确性还是非常重要的。"追责期限"无疑会比"追诉时效"更加准确，建议以后尽量使用"追责期限"的提法。

一是因为"追责"比"追诉"更精确。"追诉"侧重或包含了诉讼

---

① 如袁雪石：《中华人民共和国行政处罚法释义》，中国法制出版社2021年版，第233页。

② 如李岳德主编：《中华人民共和国行政处罚法释义》，中国法制出版社1996年版，第109—113页；莫于川、哈书菊主编：《新〈行政处罚法〉适用办案手册》，中国法制出版社2022年版，第105页；石佑启、黄新波：《论我国行政处罚时效制度的完善——一个比较法的视角》，《法治论丛》2004年第1期；胡梦瑶：《权力期间视角下行政处罚时效的适用》，《华东政法大学学报》2023年第1期等。

③ 如杨伟东主编：《中华人民共和国行政处罚法理解与适用》，中国法制出版社2021年版，第118页。

④ 《刑法》（2023）第87条【追诉时效期限】：犯罪经过下列期限不再追诉：（一）法定最高刑为不满五年有期徒刑的，经过五年；（二）法定最高刑为五年以上不满十年有期徒刑的，经过十年；（三）法定最高刑为十年以上有期徒刑的，经过十五年；（四）法定最高刑为无期徒刑、死刑的，经过二十年。如果二十年以后认为必须追诉的，须报请最高人民检察院核准。

⑤ 《刑法》（2023）第88条【追诉期限的延长】：在人民检察院、公安机关、国家安全机关立案侦查或者在人民法院受理案件以后，逃避侦查或者审判的，不受追诉期限的限制。被害人在追诉期限内提出控告，人民法院、人民检察院、公安机关应当立案而不予立案的，不受追诉期限的限制。

权利的期限，而"追责"在这里仅指追究行政处罚责任的期限。

二是"期限"比"时效"更精确。时效是指一定的事实状态持续存在一定的时间后，即发生一定法律后果的法律制度，它分为诉讼时效和非诉讼时效。非诉讼时效又分为取得时效与消灭时效两种。而行政处罚中的"追责期限"，"是指对违反行政管理秩序的当事人，予以行政处罚的最长期限。超过该追责期限，不再给予行政处罚"①。还有，这里的"期限"是不变期限，而"时效"是可变期限。

行政处罚的"追责期限"更能反映对《行政处罚法》第36条所规定"期限"的定性。行政处罚的"追责期限"，是指行政执法机关对于违反行政管理秩序的当事人实施行政处罚的最长期限。超过该追责期限，既不得给予行政处罚，也不得作出以行政处罚为前提的其他不利决定。

三、"追责期限"的法律特性

行政处罚的"追责期限"包含了下列法律特性：

第一，行政处罚追责期限具有法定性，由法律直接设定。这里的"法律"是指由全国人大及其常委会制定的"法律"。我国的现行制度正是如此。行政处罚的一般追责期限是由《行政处罚法》直接设定的；行政处罚的特殊追责期限，根据《行政处罚法》第36条第1款第2句规定，也须由"法律"规定。行政法规、地方性法规、规章和其他规范性文件均不得设定行政处罚的追责期限。

第二，行政处罚追责期限是一种"时效"以外的"期限"，不是"时效"中的"期限"，所以，它是一种不变期限，不适用期间的中止和中断，②

---

① 许安标主编：《中华人民共和国行政处罚法释义》，中国民主法制出版社2021年版，第115页。
② 有学者认为："处罚时效在制度属性上并非真正的'时效'，也不是除斥期间，而是一种权力期间。处罚时效的期间长度是与违法行为对象的危害性相适应的，而在期间经过后会发生行政处罚权消灭，处罚相对人获得抗辩机会的法律效果。"胡梦瑶：《权力期间视角下行政处罚时效的适用》，《华东政法大学学报》2023年第1期。

除非法律有特别规定。

第三，行政处罚追责期限是一种权力期限，而不是权利期限。"行政处罚时效是限制行政处罚权力的时间规则，具有控制行政权力、提升行政效率、维护法的安定性和保护处罚相对人权益的制度功能。""《行政处罚法》第36条规定的处罚时效主要是指狭义上的追究时效。"①

第四，从法律后果上说，超过行政处罚追责期限后，行政执法机关不得再对违法当事人实施行政处罚，也不得作出以行政处罚为前提的其他不利决定，如加处罚款或征收滞纳金等。就违法当事人而言，它可以不再接受行政处罚及其相应的不利后果。

§19.6　计算方法：追责期限的起点与终点

行政处罚追责期限的计算乃是正确适用《行政处罚法》第36条的关键。而这一关键问题中的关键乃是如何确定追责期限的起点与终点问题。

一、行政处罚追责期限的起点

关于行政处罚追责期限的计算起点，世界上主要有两种法例：一种是从违法行为实施之日起算②；另一种是从违法行为成立之日起算③。而行政违法的成立又分两种情况：一是只要实施了法定的禁止性行为就构成违法；二是除了要求实施某种行为外，还要求有某种危害结果发生才能构成违法。前者的追责期限从行为完成时起算，后者则从危害结果发生之日起算。④

---

① 胡梦瑶：《权力期间视角下行政处罚时效的适用》，《华东政法大学学报》2023年第1期。
② 如西班牙等。
③ 如德国等。
④ 德国法律规定："时效自行为终了之日起计算。如果属于事实构成的结果此后才出现则时效自该时刻起算"。奥地利法律规定："时效以行为完成时计算或者以处罚之犯法性状停止时，如属于构成要件之结果，后者则从危害结果发生之日起计算"。

我国关于行政处罚追责期限如何计算问题，《行政处罚法》第36条第2款似乎已有清晰规定："……从违法行为发生之日起计算；违法行为有连续或者继续状态的，从行为终了之日起计算。"但是，一旦进入具体的适用，马上发现只规定到这一程度是远远不够的。这一规定还需通过法律解释或学理解释进行细化。

细化行政处罚追责期限计算起点的基础乃是细化违法行为的种类和结构。借鉴犯罪行为理论，作为行政处罚对象的违法行为结构图谱如下：

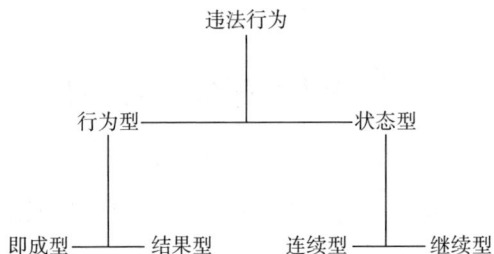

作为行政处罚对象的违法行为首先可以分为行为型与状态型。行为型的特点是违法行为一发生便完成。如驾车闯红灯。行为型违法行为的追责期限从违法行为发生之日起算，而"违法行为发生之日是指行为完成或停止之日。"[1]但从违法构成要件上说，它又可分为即成型与结果型。前者是行为一发生便具备违法构成要件，便完成了该违法行为，前面所述的驾车闯红灯便是；后者是指违法行为发生后还需等待结果的出现，如殴打他人致轻微伤。[2] 对于这两者追责期限的计算起点，略有不

---

① 全国人大及其常委会在其官方网站"中国人大网"上进行法律适用答疑时曾明确解释，"违法行为发生之日是指行为完成或停止之日"。中国人大网：《违法行为两年内未被发现，是否就不再给予行政处罚？》，http://www.npc.gov.cn/npc/c2383/200204/dce69221d5b9484ea346db3c904da074.shtml，2022年3月30日访问。

② 再如医疗等专业性极强的违法行为，应当从检定确定之日起计算，如心脏起搏器质量方面的违法。

同：即成型违法的追责期限从违法行为发生之日起计算，而结果型违法的追责期限应当从违法结果发生或者对后果的鉴定确立后计算。

作为状态型的违法行为，系指违法行为的发生是以连续或继续（持续）的方式存在。无论是连续违法或继续违法，都应当从作为一个①完整的违法行为终了后起算。这里的"终了"包括"完成""结束""纠正"等。如当事人违法建设别墅花了5年时间，这属于继续（持续）违法，其追责期限就应当从5年后别墅建成之日起算。如果存在多个违法行为，其追责期限应当分别计算，不能作综合计算。

到此，可以将违法行为与追责期限的对应关系归结如下：

违法行为与追责期限的对应关系

违法行为		追责期限起点
行为型	即成型	从违法行为发生之日起算
	结果型	从违法结果发生或对结果鉴定确立之日起算
状态型	连续型	从违法行为终了之日起算
	继续型	从违法行为终了之日起算

二、行政处罚追责期限起点的制度解释

上述理论规则是清晰的，但是一旦应用于具体实践又显得复杂起来，尤其是对连续违法、继续违法状态的认定及追责期限起点的计算，为此有关部门作出了各种解释。例如：全国人大常委会法制工作委员会《对建筑施工企业母公司承接工程后交由子公司实施是否属于转包以及行政处罚两年追溯期认定法律适用问题的意见》（法工办发〔2017〕223号）、全国人大常委会法制工作委员会《对关于违反规划许可、工程建设强制性标准建设、设计违法行为追诉时效有关问题的意见》（法工办

---

① 至于连续违法或继续违法作为一个违法行为还是多个违法行为，那是一个法律拟制（通过行政处罚裁量基准）的结果。参见本人拙作《论行政处罚"一事不二罚"原则及其"一事"与"二罚"的认定标准》，《法学评论》2023年第5期。

发〔2012〕20 号)、原国务院法制办《对国家工商总局关于公司登记管理条例适用有关问题的复函》(国法函〔2006〕273 号)、最高人民法院行政审判庭《关于如何计算土地违法行为追诉时效的答复》(〔1997〕法行字第 26 号)、国家版权局版权管理司《关于行政处罚时效的答复》(权司〔1999〕76 号)、国家林业和草原局《关于非法占用林地行为追诉时效的复函》(林办发〔2018〕99 号)、原环境保护部《关于建设项目"未批先建"违法行为法律适用问题的意见》(环政法函〔2018〕31 号)、原国家工商行政管理局《对公司登记违法行为行政处罚追责时效问题的答复》(工商企字〔2000〕第 176 号),等等。

上述各种解释,基本集中在违法继续状态问题上,大多是符合《行政处罚法》关于追责期限之本意,但也存在偏离之处。关于继续违法追责期限起点的计算,主要有"违法行为结束论"与"违法行为纠正论"两种不同观点。前者认为对违法行为追责期限起点的计算应当从该违法行为完成或结束之日开始,后者认为对违法行为追责期限起点的计算应当从该违法行为纠正之日开始。笔者认为,"违法行为结束论"比较符合《行政处罚法》(2021)第 36 条第 2 款关于"行为终了"之原意,至于"违法行为纠正论",这就比较复杂了,我们将它置于下一个问题进行专门研讨。

三、行政处罚追责期限的终点

法律期间或期限总是由它们的起点与终点两端所决定。对行政处罚追责期限的"终点"如何确定,和"起点"一样是一个十分关键的问题。"终点"的远近决定了行政处罚追责期限的长短。

《行政处罚法》第 36 条第 1 款规定:"违法行为在二年内未被发现的,不再给予行政处罚……"这就表明,对行政处罚追责期限的"终点"应当是违法行为被"发现"。可是,如何理解"发现",依然是一个十分复杂的难题。准确理解"发现"本身应当解决三个基础问题:1. 发现主体;2. 发现标准;3. 发现时点。但是这方面的有权解释十分稀少。

全国人大常委会法制工作委员会《关于提请明确对行政处罚追诉时效"二年未被发现"认定问题的函的研究意见》(法工委复字〔2004〕27 号)指出:《行政处罚法》规定的发现违法违纪行为的主体是处罚机关或有权处罚的机关,公安、检察、法院、纪检监察部门和司法行政机关都是行使社会公权力的机关,对律师违法违纪行为的发现都应该具有《行政处罚法》规定的法律效力。因此上述任何一个机关对律师违法违纪行为只要启动调查、取证和立案程序,均可视为"发现";群众举报后被认定属实的,发现时效以举报时间为准。司法部办公厅《关于对违法违纪律师行政处罚追诉时效有效问题的通知》(司发电〔2005〕1 号)重申了这一精神。

上述精神和规则虽然仅仅是针对律师违法违纪行为,无法覆盖所有行政处罚领域,但它已从一个侧面回答了准确理解"发现"本身的三个基础问题。1.关于发现主体。任何处罚机关或有权处罚机关的"发现"都属于行政处罚追责期限中的"发现",它包括公安、检察、法院、纪检监察部门和司法行政机关等。2.关于发现标准。只要启动调查、取证和立案程序,均可视为"发现"。3.发现时点从启动调查、取证和立案时计算。群众举报后被认定属实的,以群众举报时间为发现时点。

但是,这种解释"是否可以作为通行标准值得反思"[①]。我们也并不认为上述解释属于适用所有行政处罚案件追责期限终点的通用计算规则,但至少可以以此为基础对"发现"违法行为的三个基础问题进行重新研讨并确立通用规则。

一是关于发现主体。这是解决"谁"发现了当事人的违法行为才算"发现"的问题。

这里只需澄清两点:第一,"发现"与"查处权"相关联,所以,

---

① 胡梦瑶:《权力期间视角下行政处罚时效的适用》,《华东政法大学学报》2023 年第 1 期。

群众发现不算"发现"，只有有权处理的机关或组织的发现才算是"发现"；第二，"发现"并不只限于行政处罚机关，一切国家机关和其他组织，包括行政机关、公安、检察、法院、纪检监察部门和得到法律法规授权的社会组织在立案查处有关案件中，只要发现这一违法行为的，都可以成为发现主体。如法院在审理有关案件中，发现了当事人应当被处罚的违反行政管理秩序行为，也算是对这一违法行为的发现。

二是关于发现标准。这是解决什么行为才算是"发现"的问题。

这里的"发现"不是一个行为的"物理概念"，而是一个"法律概念"，它与有权机关的查处权及查处程序有关，因而，执法人员在物理上的"看到"或者"听到"违法行为，不符合法律上"发现"标准。有权机关对违法行为的"发现"，应当从对该违法行为的"立案"起算，无论是立案调查还是立案处罚。有关专家在讨论治安案件中的追责时效时指出，"对于已经立案的，应当认定为公安机关已经发现；对于没有立案的，不能认定为公安机关已经发现，即公安机关'没有发现'"[1]。此外，关于"调查"是否可以作为"发现"的问题，调查存在立案前的调查与立案后的调查之分，立案前及立案后的调查当然都属于"发现"的范畴，但是立案前的调查，如果不是通过单位的程序启动，就不算是正式的调查，不应当算作法律上的"发现"，但是单位通过程序正式启动了调查，这应当算作立案调查，自然算作"发现"。

三是发现时点。这是解决"发现"的具体时点如何确定的问题。

我们应当建立几项规则：1.具有行政处罚权的机关对该违法行为进行立案调查或立案处罚的，都以"立案"作为"发现"的时点；2.如果行政处罚机关发现"违法行为"在前，发现"违法行为人"在后，就应

---

① 梁凤云：《最高人民法院行政诉讼批复答复解释与应用（法律适用卷）》，中国法制出版社 2011 年版，第 10 页。

当以发现"违法行为"为时点①；3.由无管辖权的其他机关或组织对其他案件的处理中发现当事人应当作行政处罚的违法行为的，其他机关或组织通知或移交该案件的，以正式的"通知"或"移交"作为发现时点；4.如果群众发现违法行为后向有关机关举报，由于群众不是发现主体，因而"举报"本身不算发现，只有当有权机关立案调查时才算"发现"。

上述规则恐有偏护违法者之嫌，可能会受到执法机关的普遍诟病。但笔者主张和构建上述规则的理由是：其一，任何法律规则都必须具有确定性，让国家机关与当事人具有可预期。如果不以有权机关的"立案"作为"发现"标准，使得一切期限处于不确定和不可预期之中，"容易滋生腐败滥权"②。其二，法律设置行政处罚追责期限的目的本身就是为了要求执法机关及时执法。只要执法机关及时执法，一般不会超过行政处罚的追责期限。

§19.7 计算方法：对"违法行为纠正论"的评述

一、"违法行为纠正论"的形成和反映

"违法行为纠正论"是与"违法行为结束论"相对应的一种行政处罚追责期限起点的计算方法。"违法行为结束论"要求从违法行为结束之日起计算追责期限，而"违法行为纠正论"则要从当事人不仅结束违法行为而且还要纠正违法的结果状态之后方能计算追责期限。这种理论在"有利于制裁违法和纠正违法"的指引下，更容易被接受。我国有权机关的部分解释正在两个领域将它转化为一种法律制度。

---

① 在大多情况下，当发现"违法行为"时，肯定也同时发现了"违法行为人"。但在个别情况下，当有权机关发现"违法行为"时，并不知道"违法行为人"是谁，需经立案调查一段时间后才知悉（如发现违法建筑，但不知何人所建）。由于《行政处罚法》（2021）第36条规定以"违法行为"，而不是"违法行为人"为"发现对象"，所以，"发现"应当以发现"违法行为"为时点。

② 胡梦瑶：《权力期间视角下行政处罚时效的适用》，《华东政法大学学报》2023年第1期。

　　一是关于公司违法登记。原国务院法制办《对国家工商总局关于公司登记管理条例适用有关问题的复函》（国法函〔2006〕273号）指出：对虚报注册资本、提交虚假材料、虚假出资、抽逃出资等行为，在工商行政管理机关查处前未纠正的，视为违法行为的继续状态。原国家工商行政管理局《对公司登记违法行为行政处罚追责时效问题的答复》（工商企字〔2000〕第176号）指出：对于公司登记违法行为①，如违法的公司自行纠正其违法行为，并达到了《公司法》规定的条件，且自该纠正行为之日起超过两年的，则不应再追究其违法行为。这里的两个解释都是同一个意思：当事人违反公司登记规定或者登记后抽逃出资的行为，行政处罚的追责期限不应当从该违法行为结束，而应当从当事人自我纠正该违法行为结果后起算。

　　二是关于违法建设。违法建设一般是指未获批准的建设行为（包括未批先建、不批就建以及其他不符合法律规定的建设）。违法建设的结果一般又会形成违法建筑。对于违法建设行为的追责期限，习惯上都以违法建设行为结束之日起算②，但全国人大常委会法制工作委员会《对关于违反规划许可、工程建设强制性标准建设、设计违法行为追诉时效有关问题的意见》（法工办发〔2012〕20号）③指出：违反规划许可、工程建设强制性标准进行建设、设计、施工，因其带来的建设工程质量安全隐患和违反城乡规划的事实始终存在，应当认定其行为有继续状态，

---

① 指当事人虚报注册资本、提交虚假材料或者采取其他欺诈手段隐瞒重要事实取得公司登记。

② 原环境保护部《关于建设项目"未批先建"违法行为法律适用问题的意见》（环政法函〔2018〕31号）指出："未批先建"违法行为的行政处罚追溯期限应当自建设行为终了之日计算。因此，"未批先建"违法行为自建设行为终了之日起二年内未被发现的，环保部门应当遵守《行政处罚法》第29条的规定，不予行政处罚。这种观点具有一定的代表性。

③ 系属于为答复住房和城乡建设部办公厅《关于违反规划许可、工程建设强制性标准建设、设计违法行为追诉时效有关问题的请示》（建法函〔2011〕316号）所作的复函。

根据《行政处罚法》第二十九条规定，行政处罚追诉时效应当自行为终了之日起计算。这一解释的言下之意是：1. 违法的继续状态不仅是指违法建设行为本身的继续状态，而且包括违法结果存在的继续状态；2. 对违法建设行为的追责期限不是从违法建设行为完成起算，而是从违法建筑被当事人自我拆除（纠正）之后起算。①

二、"违法行为纠正论"的错误

尽管"违法行为纠正论"的"初心"无可指责，但它既不科学，又违背法理，特别在很大程度上会导致行政处罚追责期限制度的变相取消。

"违法行为纠正论"的错误根源来自对"违法行为继续状态"与"违法结果继续状态"的混淆。违法行为的继续状态是指违法行为本身从开始到结束的整个过程状态。它在刑法中称"继续犯"，如非法拘禁他人10 年；在行政处罚中称为"继续违法"，如非法占用土地 10 年。而违法结果继续状态，是指违法（犯罪）行为结束后，该行为所造成的不法状态的继续存在，如刑法上的拐卖妇女儿童犯罪和行政处罚中的抽逃注册资金等。继续违法（继续犯）应当是指违法（犯罪）行为本身的继续，而不是指违法（犯罪）行为所造成不法结果的继续。② 这是刑法与行政法的通理。1991 年 8 月 21 日最高人民法院行政审判庭《关于出售淫秽

---

① 不少法院的判决也是按此规则作出，如卢某华诉南昌市西湖区城市管理局违法拆除案（参见南昌铁路运输中级法院（2020）赣 71 行终 548 号行政判决书；吉林省高级人民法院（2021）吉行申 90 号行政裁定书等）。

② 刑法中的继续犯"就是犯罪人的犯罪行为在一定时间处于持续状态"，"如非法拘禁他人，在被害人脱离拘禁以前，该犯罪就一直处于继续状态"。而不是指犯罪结果的持续状态，如拐卖儿童。参见郎胜主编：《中华人民共和国刑法释义》，法律出版社 2015 年版，第 101 页。行政违法中的"继续性违法行为应当限定为违法行为本身的继续性。换言之，继续性违法行为主要是指行为上的继续性，即行为本身无时间间隔地继续"。胡梦瑶：《权力期间视角下行政处罚时效的适用》，《华东政法大学学报》2023 年第 1 期。

物品如何计算追溯期限问题的电话答复》完全符合这一原理。①

　　"违法行为纠正论"不仅将"违法行为继续状态"与"违法结果继续状态"混为一谈，而且将"继续犯"与"状态犯"混为一谈了。在刑法上，"继续犯"仅仅是行为犯的一种状态，而"状态犯"则是指犯罪行为结果所造成的一种不法继续状态。在行政法上也一样，继续违法是指当事人违法行为本身的继续状态，而状态违法是指违法行为结果所造成的不法状态。刑法上的追诉时效或行政处罚上的追责期限所指行为"终了之日"起算都是对继续违法（继续犯）而不是对状态违法（状态犯）的适用。

　　"违法行为纠正论"不仅有悖于刑法制度与理论，同样也有悖于行政处罚制度与理论。对于行政违法的当事人，如果当事人的违法行为在被有权机关"发现"之前业已自己纠正了违法结果，大多情况下往往不予处罚；如果"发现"时当事人还未纠正违法结果，一是可能属于无法纠正的情况（如当事人驾车闯红灯），二是可能已被处理机关纠正（通过强制执行等）。"如果以不法行为的后果作为判断行政处罚的追诉时效，势必导致各种不法行为的追诉时效一直无法起算，这既不利于提高行政机关的执法效率，也不利于人民法院查明案件事实。"②有专家担忧，如果"单纯以有违法后果（影响）持续，行政主体未发现作为追究时效的判断点，会导致原本应该侧重于违法行为的继续（连续）性的追诉时效流于形式，极有可能出现行政相对人违法后，行政机关怠于履职应当发

---

① 最高人民法院行政审判庭《关于出售淫秽物品如何计算追溯期限问题的电话答复》（1991年8月21日）指出：行为人"将淫秽物品出售他人后"，应当视为其违法行为已经终了。"致使淫秽物品接连不断地在社会上转卖、复制、传播"，只能作为其违法行为的情节（即所造成的后果）来考虑，而不能视为连续或继续状态。参见梁凤云：《最高人民法院行政诉讼批复答复释解与应用（法律适用卷）》，中国法制出版社2011年版，第13页。

② 朱书龙、武楠：《何时起算连续性不作为违法行为的行政处罚追诉时效》，《人民司法》2012年16期。

现而未发现，或者发现有关线索而怠于履职调查的情况"①。

最重要的是，如果坚持"违法行为纠正论"，并且主张"纠正"是对"行为结果"的纠正，这种逻辑势必导致刑法上的追诉时效和行政法上的追责期限在很大程度和范围内丧失存在的基础。因为这意味着，刑法上的盗窃罪只有在盗窃人将所盗窃的财物送还给被盗人方能发生追诉时效，杀人犯只有让死者复活才能发生追诉时效。行政法也是同理，违法建设只有在违法建筑被拆除之后②、抽逃出资行为只有在还回资金之后才发生处罚追责期限效果，那么，大多情况就会处于无时效无期限之中。这就违背了"一切违法犯罪行为都有追诉时效"的原则和要求。

三、对"违法行为纠正论"解释的重新评论

原国务院法制办《对国家工商总局关于公司登记管理条例适用有关问题的复函》（国法函〔2006〕273号）和原国家工商行政管理局《对公司登记违法行为行政处罚追责时效问题的答复》（工商企字〔2000〕第176号）所涉的公司登记违法行为，如虚报注册资本、提交虚假材料或者采取其他欺诈手段隐瞒重要事实取得公司登记这些违法行为，只要登记行为结束，就意味着违法行为结束，行政追责期限应当由此起算，不应当从这些违法行为的结果得到纠正时起算。这些违法行为结果的不法状态之继续存在，乃是状态违法的反映，刑法上将它作为"状态犯"早有定论。

全国人大法工委为答复住房和城乡建设部办公厅《关于违反规划许可、工程建设强制性标准建设、设计违法行为追诉时效有关问题的请示》（建法函〔2011〕316号）所作的《对关于违反规划许可、工程建

---

① 江必新主编：《行政处罚法条文精释与实例精解》，人民法院出版社2021年版，第220页。

② 有专家指出："如果认为违法建筑存在属于违法行为的持续状态"，必然"与时效制度理论存在悖论"。参见江必新主编：《〈中华人民共和国行政强制法〉条文理解与适用》，人民法院出版社2011年版，第233页。

设强制性标准建设、设计违法行为追诉时效有关问题的意见》（法工办发〔2012〕20号）在行政法学界引起了更大的关注和争议。它一反其他解释长期所持的逻辑和法理①，不是以"违法行为"的"终了"之日，而是以违法结果的"纠正之日"作为追责期限的起算点。

违反规划许可、工程建设强制性标准建设的行为，包括不批而建、未批先建和其他违反法律、法规规定而建，都属于"违法建设行为"。这种违法行为本身的不法性和违法行为结果的不法性都可以为继续状态。如违法建造别墅持续花了5年时间，这5年时间属于违法行为本身的继续状态时间；违法建设的别墅完成后，作为违法建筑的别墅过了15年才被拆除，这15年就属于违法结果所造成不法状态的继续，是一种结果状态。行政处罚中的违法继续状态系指违法行为本身的持续状态，而不是指违法行为所造成结果的不法状态。有学者在解释"状态犯"时早就解释了这一事例："例如违建一旦完成，违法状态虽持续存在，即违法状态因违法行为终了所造成，故与前揭继续违法行为概念有所不同，故行政罚裁处时效应自违建行为完成起算。"②"如果认为违法建筑存在属于违法行为的持续状态"，显然"与时效制度理论存在悖论"。③

不是以违法建设行为结束而是以违法结果的纠正作为行政处罚追责期限的计算起点，这一解释虽然为强制拆除久存不理的违法建筑提供了依据和工具，但它无疑以推翻刑法上的追诉时效为代价。有专家指出："目前普遍以违法建筑存在就是建筑违法行为持续，以此延续对

---

① 如原环境保护部《关于建设项目"未批先建"违法行为法律适用问题的意见》（环政法函〔2018〕31号）指出："未批先建"违法行为的行政处罚追溯期限应当自建设行为终了之日起计算。因此，"未批先建"违法行为自建设行为终了之日起二年内未被发现的，环保部门应当遵守《行政处罚法》第29条的规定，不予行政处罚。

② 廖义男主编：《行政罚法》，元照出版有限公司2020年版，第258页。

③ 江必新主编：《〈中华人民共和国行政强制法〉条文理解与适用》，人民法院出版社2011年版，第233页。

违法建筑行为的追诉时效，是对时效制度的否定。"① 我们与其通过这种"权宜之计"来保证可以轻易拆除超过时效的违法建筑，不如通过立法修改对违法建设的追责期限。因为不符合法理和逻辑的制度是没有生命力的。

如果我们能将"违法行为纠正论"理解为对违法行为本身而不是对违法结果的纠正，那倒确实适用一定范围的情形。因为确有不少继续违法行为的"终了"包括了对违法行为本身的"纠正"（违法行为的停止或改正）。如违法占用土地，它本身就是一种继续状态的违法，这种违法的"终了"只有通过"纠正"（退还被占用土地）而实现。② 再如当事人在某处违法停车了 3 个月，从未间断，这就属于一种继续违法。这种违法的"终了"也只有通过"纠正"（当事人自我挪车或被交警部门强制拖走）而实现。可见，"违法行为纠正论"并非绝对完全错误，它只是错在：1.简单地将违法行为的连续或继续状态等同于"终了"。其实违法行为的"终了"范围远大于"纠正"，"纠正"只是"终了"的一种方式而已。2."违法行为纠正论"混淆了违法行为与违法结果之间的关系，并错将违法结果状态的纠正作为起算追责期限的起点。"违法行为纠正论"只能适用对违法行为本身的纠正而不是对违法结果的纠正。

"违法行为纠正论"只是一种如何计算违法追责期限起点的计算方法，而不是对违法行为是否应当纠正的态度。就态度而言，对于任何违法行为或违法结果的不法状态都必须予以纠正。所以，反对"违法行为纠正论"断然不是反对纠正任何违法行为或违法结果，我们只是反对将违法行为结果的不法状态之纠正作为追责期限的计算起点而已。

---

① 江必新主编：《〈中华人民共和国行政强制法〉条文理解与适用》，人民法院出版社2011 年版，第 234 页。
② 最高人民法院行政审判庭《关于如何计算土地违法行为追诉时效的答复》（〔1997〕法行字第 26 号）、国家林业和草原局《关于非法占用林地行为追诉时效的复函》（林办发〔2018〕99 号）等解释与此完全契合。

§19.8 计算方法：对"不作为违法"的特别考察

以上的讨论视野似乎停留在"作为"形式的违法行为上。那么，对于"不作为"的违法行为追责期限的计算方法是否具有特殊性呢？特别是，"不作为违法"是否可以适用"违法行为纠正论"？①

法律行为具有"作为"与"不作为"之分，作为行政处罚对象的违法行为同样具有"作为违法"与"不作为违法"之分。"不作为违法"系指公民、法人或者其他组织未履行法定"作为义务"的行为，如酒店办理旅客住宿未依《旅馆业治安管理办法》规定登记旅客身份信息，企业违反《社会保险法》不为职工缴纳社会保险费，证券发行人及其他信息披露义务人违反《证券法》规定未披露有关信息，等等。这里的"不作为违法"是指纯粹的"不作为"，是违法行为本身的不作为，不是指"前置条件"的不作为。②

"不作为违法"与"作为违法"的"共性"是在于，作为处罚对象的违法行为，它们在本质上都以违反法定义务为主要特征。只是法定义务有作为义务与不作为义务之分。违反作为义务中的违法是"作为违法"，而违反不作为义务中的违法则是"不作为违法"，主要表现为不履行法定职责。后一点才算得上两者相互区别的"个性"。但是，这一"个性"还不足以抵抗和推翻前述"共性"支配下的共有制度和概念，即成违法、连续违法和继续违法，违法行为状态与违法结果状态，行为违法与状态违法等，不仅在"作为违法"中存在，在"不作为违法"中同样

---

① 有学者认为："不作为违法是继续违法的特殊形态"。黄理文：《行政处罚追诉时效的解释规则建构》，东南大学 2022 年硕士学位论文。

② 如驾车须以有驾照为前提条件，当事人未申领驾照而驾车，这属于无证驾驶。无证驾驶属于"作为"的违法，不是"不作为"违法。再如全国人大常委会法制工作委员会《对关于违反规划许可、工程建设强制性标准建设、设计违法行为追诉时效有关问题的意见》（法工办发〔2012〕20 号）中所指的"违反规划许可、工程建设强制性标准建设、设计违法行为"，也是属于"作为违法"，而不是"不作为违法"。

存在。为此，在行政处罚追责期限及计算方法上对"不作为违法"作特别考察时，不得不澄清和阻却以下四点误解。

一是，以为在"不作为违法"中没有即成违法，只有连续违法和继续违法。这观点是错误的。"不作为违法"以消极不作为作为其行为特征，因而以连续违法和继续违法状态为多，但绝对不是不存在即成违法。在现实中，作为即成行为的"不作为违法"并不鲜见，如酒店办理旅客住宿未依《旅馆业治安管理办法》规定登记旅客身份信息就交其钥匙让其入住。这一行为一完成，即成违法也即完成。

二是，以为在"不作为违法"中只有继续违法，不存在连续违法。这观点同样错误。"不作为违法"确实以继续违法为多，如证券发行人及其他信息披露义务人连续 5 年没有披露应当披露的有关信息，但连续违法也大量存在，如酒店在一年中有 5 次没有为入住旅客办理身份信息登记，这就属于连续违法而不是继续违法。

三是，以为在"不作为违法"中违法的继续状态只存在于违法行为本身，不存在于违法行为的结果中。这观点不甚全面。在"不作为违法"中，既存在违法行为本身的不法持续状态，如企业持续 10 年未为职工交纳社会保险，也存在违法结果的不法状态之持续，如旅客长租酒店 3 年，酒店一直未办理登记。这里，第一天酒店未作登记就让旅客入住，就属于"不作为违法"行为的完成，接着的 3 年，属于酒店"不作为违法"行为结果所造成的不法状态的继续。

四是，以为"不作为违法"行为的结束和终了以当事人的违法行为被纠正为标志。这显然属于以点概面。应当承认，确实有不少"不作为违法"的结束和终了是以"作为"代替"不作为"为标志，这固然属于对违法行为的"纠正"，如证券发行人及其他信息披露义务人连续 5 年没有披露应当披露的有关信息，但在第 6 年开始披露并补充披露有关信息了，这意味着当事人开始纠正自己以前的违法行为了。但问题在于，并不是所有的"不作为违法"行为的结束和终了都以"纠正违法"为标志。如前述的企业持续 10 年未为职工交纳社会保险，但第 11 年该职工已与企业解除了劳动关系，企业就不再具有为该职工交纳社会保险的义务了。可见，违法行为的纠正并不是违法行为结束和终了的唯一标志。①

看来，"不作为违法"的特殊性，并不发生在行政处罚追责期限及其计算方法上，只发生在如何区分一个违法还是多个违法的问题上。②《行政处罚法》第 36 条所针对的"违法行为"不仅适用"作为违法"，同样适用"不作为违法"。对"不作为违法"的追责期限同样适用二年、五年或法律规定的其他期限；追责期限的起算同样从"不作为违法"的"发生"之日或"终了"之日起算；对"不作为违法"行为的"发现"也适用相同的标准和规则。

不过需要引起关注的是，由于"不作为违法"以不履行"作为义务"为特征，而"作为义务"的履行期限则有明确与不明确、有期限与无期限之分，只有在当事人超过了明确的履行期限后才能算作"不作为违法"之发生。有学者指出："行政处罚法并未明确规定不作为违法行为行政处罚追诉时效的起算，但按照该法第二十九条的规定，不作为违法行为的行政处罚追诉时效从法律规定的义务履行期限届满之次日起算更为合理。而对于连续性不作为违法行为，追诉时效从最后一次法定应作为期限届满的次日起算，更符合行政处罚法第二十九条第二款的立法本意。"③

---

① 还有学者认为，对于"不作为违法"，"如果以纠正为起点，那就永远无起点。"参见朱书龙、武楠：《何时起算连续性不作为违法行为的行政处罚追诉时效》，《人民司法》2012 年 16 期。

② 这一问题的讨论并不是笔者写作的任务。笔者在《论行政处罚"一事不二罚"原则及其"一事"与"二罚"的认定标准》（《法学评论》2023 年第 5 期）中已有所论及。

③ 朱书龙、武楠：《何时起算连续性不作为违法行为的行政处罚追诉时效》，《人民司法》2012 年 16 期。

小　结

行政处罚追责期限系指超过一定期限行政执法机关对当事人的违法行为不再处罚的法律制度。它属于一种不同于诉讼时效的不变期限和除斥期限。这一制度的建立旨在寻求对违法者的制裁和社会关系稳定之间的平衡，旨在迫使行政执法机关及其执法人员及时依法履职。我国行政处罚追责期限具有自己的特色，它以二年和五年作为普遍追责期限，又以法律特别规定的期限作为补充。行政处罚追责期限制度中的难点恰恰在于期限的计算方法，即如何确定追责期限的起点和终点上。行政处罚追责期限的起点应当从违法行为的"发生"或"终了"起算，终点应当以有关机关对违法行为的"发现"为准。这种"发现"不应当模糊不清、让人无法预期和确定，所以应当以有权处理机关的立案调查或立案处理为标志，或者以其他机关的正式通知和移交为准。我国行政处罚追责期限不仅适用"作为违法"，同样也适用"不作为违法"。"违法行为纠正论"主张处罚追责期限的起点应当从违法行为的违法状态（包括违法行为本身的违法状态和违法结果的不法状态）被"纠正"起算，这一理论的出发点无可非议，但它只适用部分"不作为违法"的个别情形之中，无法成为行政处罚追责期限制度中的普遍规则。

【延伸思考】

1. 以行政处罚的"追责期限"代替"追诉时效"具有法律意义吗？

2. 确立行政处罚"追责期限"（追诉时效）具有什么法律意义？

3. 如何确定"追责期限"的起点与终点？

4. 对于连续违法、继续违法和不作为违法其"追责期限"如何计算？

【规范链接】

▸▸《中华人民共和国行政处罚法》（2021）第 29、36、60 条

▸▸《中华人民共和国立法法》（2023）第 11 条

▸▸《中华人民共和国刑法》（2023）第 87—89 条

▸▸《中华人民共和国治安管理处罚法》（2012）第 22 条

▸▸《中华人民共和国税收征收管理法》（2015）第 86 条

▸ 全国人大常委会法制工作委员会《对关于违反规划许可、工程建设强制性标准建设、设计违法行为追诉时效有关问题的意见》（法工办发〔2012〕20 号）

▸ 全国人大常委会法制工作委员会《对建筑施工企业母公司承接工程后交由子公司实施是否属于转包以及行政处罚两年追溯期认定法律适用问题的意见》（法工办发〔2017〕223 号）

▸ 全国人大常委会法制工作委员会《关于提请明确对行政处罚追诉时效"二年未被发现"认定问题的函的研究意见》（法工委复字〔2004〕27 号）

▸ 最高人民法院行政审判庭《关于如何计算土地违法行为追诉时效的答复》（〔1997〕法行字第 26 号）

▸ 最高人民法院行政审判庭《关于出售淫秽物品如何计算追溯期限问题的电话答复》（1991 年 8 月 21 日）

▸ 司法部《关于提请明确对行政处罚追诉时效"二年未被发现"认定问题的函》（司发函〔2004〕212 号）

▸ 司法部办公厅《关于对违法违纪律师行政处罚追诉时效有效问题的通知》（司发电〔2005〕1 号）

▸ 原国务院法制办《对国家工商总局关于公司登记管理条例适用有关问题的复函》（国法函〔2006〕273 号）

▸ 原国家工商行政管理局《对公司登记违法行为行政处罚追责时

效问题的答复》（工商企字〔2000〕第 176 号）

▸ 原环境保护部《关于建设项目"未批先建"违法行为法律适用问题的意见》（环政法函〔2018〕31 号）

▸ 海关总署《中华人民共和国海关办理行政处罚案件程序规定》（2021）第 60 条

▸ 交通运输部《违反〈铁路安全管理条例〉行政处罚实施办法》（2021）第 10 条

▸ 国家医疗保障局《医疗保障行政处罚程序暂行规定》（2021）第 6 条

▸ 国家体育总局《体育运动中兴奋剂管制通则》（体规字〔2018〕4 号）第 83 条

▸ 国家林业和草原局《关于非法占用林地行为追诉时效的复函》(林办发〔2018〕99 号）

▸ 国家版权局版权管理司《关于行政处罚时效的答复》（权司〔1999〕76 号）

▸ 原国家土地管理局《关于如何计算土地违法行为追诉时效的请示》（〔1997〕国土法字第 135 号）

第 三 篇

《行政处罚法》疑难问题解答

1. 在实施行政处罚中《行政处罚法》处于什么地位？

《中华人民共和国行政处罚法》于 1996 年 3 月 17 日由第八届全国人民代表大会第四次会议通过，后根据 2009 年 8 月 27 日第十一届全国人民代表大会常务委员会第十次会议《关于修改部分法律的决定》和 2017 年 9 月 1 日第十二届全国人民代表大会常务委员会第二十九次会议《关于修改〈中华人民共和国法官法〉等八部法律的决定》作了二次修正。2021 年 1 月 22 日第十三届全国人民代表大会常务委员会第二十五次会议对该法进行了修订。修订后的《行政处罚法》由国家主席令第七十号公布，自 2021 年 7 月 15 日起施行。

《行政处罚法》既是我国的基本法律，也是行政处罚制度中的基础性法律。作为基础性法律，《行政处罚法》在行政处罚规范体系中具有统率地位，即具有法律性、全面性、综合性、基础性和优先适用性。

法律性是指《行政处罚法》作为基础性法律只以"法律"层次出现，不以法规、规章层次出现。法规和规章不得成为基础性法律。

全面性是指《行政处罚法》作为基础性法律适用所有行政处罚的对象和事项，覆盖所有行政处罚领域，除非《行政处罚法》另有"例外"规定。

综合性是指《行政处罚法》作为基础性法律在功能上具有多样性和交叉性，它既有实体性规范，也有程序性规范；既适用行政处罚的设定，更约束行政处罚的实施。

基础性是指《行政处罚法》作为基础性法律乃是我国行政处罚规范体系中的"基石"，《行政处罚法》以外单行法律中有关行政处罚的规定，都必须以《行政处罚法》为依据，不得和《行政处罚法》相冲突，除非法律另有"例外"规定。

优先性是指《行政处罚法》作为基础性法律具有优先适用力。当其他单行法律与《行政处罚法》冲突时，必须优先适用《行政处罚法》，除非法律另有"例外"规定。

2.《行政处罚法》与单行法律冲突时如何适用？

《行政处罚法》是基础性法律，《食品安全法》《广告法》《土地管理法》等属于单行法律。行政执法机关实施行政处罚，对这两者要结合使用，不得只适用《行政处罚法》而不适用单行法律，也不能相反为之。

一般而言，这两类法律之间不会冲突，因为它们的立法任务、规定范围不同。《行政处罚法》作为基础性法律旨在确立行政处罚的目的和指导思想、基本原则与基本程序，并侧重于程序法；其他专门性法律旨在规定具体的违法情形和处罚标准，它侧重的是实体法。两者互为补充，相互配合。

但是，如果两者之间发生了冲突，规定内容上发生不一致，那就必须优先适用《行政处罚法》（除非法律另有特别规定）。它们之间不能简单地适用"特别法优先一般法""新法优于旧法"规则，否则，作为基础性法律的《行政处罚法》就会被架空。

3. 在实施行政处罚时如何坚持《行政处罚法》与单行法律的结合使用？

行政执法机关实施行政处罚，既必须适用《行政处罚法》，又必须适用其他单行法律。那么，两者如何结合使用呢？建议分为"四步走"。

第一步，对照单行法律，判定是否存在违法情形。行政处罚以当事人存在违法行为为前提。行政处罚是对违法行为的处罚。但是否存在违法情形，这须根据专门法律而不是《行政处罚法》进行对照判断。

第二步，对照《行政处罚法》，判定是否存在"不罚"情形。没有违法行为的存在，不得实施行政处罚；但存在违法行为，也未必予以处罚。《行政处罚法》规定了五种"不罚"制度：1.轻微不罚（第33条第1款）；2.无错不罚（第33条第2款）；3.初违不罚（第33条第1款）；4.过时不罚（第36条）；5.无责任能力不罚（第30—31条）。

第三步，根据单行法律的处罚标准，决定处罚内容。如果决定对当事人不予处罚的，就到第二步程序就终结了。如果应当给予处罚的，那就进入到第三步，又要回到适用单行法律了。因为具体的处罚标准往往是由单行的专门法律，而不是《行政处罚法》规定的。

第四步，对照《行政处罚法》，考虑当事人是否存在从轻、减轻和从重的情节。行政执法机关在根据单行法律的处罚标准，决定处罚内容时，一定要结合《行政处罚法》规定的从轻、减轻和从重的情节进行综合考虑。对当事人处罚的从轻、减轻和从重的情节已由《行政处罚法》作出了明确规定（第32条和第49条）。其他法律、法规、规章规定其他应当从轻或者减轻行政处罚的，也应当同时适用。

4.违法行为时的法律与行政机关处理时的法律不一致，应当适用哪时的法律？

行政处罚是行政执法机关对当事人的违法行为进行制裁性处理的行政行为。大多情况是，当事人的违法行为发生在前，执法机关的处罚行为发生在后，违法时间与处理时间是两个时间而不是同一个时间，它们之间是一个衔接关系而不是覆盖重合关系。一般情况下，这两个时间里的法律是同一个法律，法律适用不会发生问题。但有时遇到法律修改，可能会出现违法行为时间与处理时间是两个不同的法律，并且规定不一致，这时，行政处罚应当如何适用法律？应当适用违法行为发生时的法律，还是对违法行为进行处理时的法律？

《行政处罚法》第 37 条已回答了这一问题。该条规定："实施行政处罚，适用违法行为发生时的法律、法规、规章的规定。但是，作出行政处罚决定时，法律、法规、规章已被修改或者废止，且新的规定处罚较轻或者不认为是违法的，适用新的规定。"这就是说：

一是，坚持"实体从旧"原则，应当适用违法行为发生时的法律（包括法规和规章，下同）。因为某一行为是否违法，不根据事前或事后的法律，而是根据行为发生时的法律进行判断的。

二是，如果新的法律的规定对当事人更有利的，如新的规定处罚较轻或者不认为是违法的，那就应当适用新的法律。这是"从旧兼从轻"原则的要求和体现。

但还必须补充一点：以上规则只适用于同一法律位阶的法律之间，不适用不同法律位阶之间，即法律之间、行政法规之间、地方性法规之间、规章之间发生冲突的才适用以上规则，如果是法律、行政法规、地方性法规、规章之间相互抵触的，则按上位法优于下位法规则处理。

5. 法律、法规、规章都能成为行政处罚的依据吗?

行政处罚法定原则要求实施行政处罚必须有法律依据。《行政处罚法》第 4 条明文规定："公民、法人或者其他组织违反行政管理秩序的行为，应当给予行政处罚的，依照本法由法律、法规、规章规定，并由行政机关依照本法规定的程序实施。"

从上述规定看，法律、法规、规章当然都能成为行政处罚的依据，因为它们都属于《立法法》所调整的"法"的范围。但如果我们由此理解为，任何法规、规章都能成为任何行政处罚的依据，那就错了。因为，我们说"法律、法规、规章都能成为行政处罚的依据"那是从总体上说的，但在具体的法律适用上，还需要作进一步的解释。

法律、法规、规章是否可以成为行政处罚的依据，必须结合行政处罚的设定权与规定权作对应考虑。行政处罚依据的有效性必须与行政处罚的设定权、规定权相一致。

根据《行政处罚法》第 10—14 条规定，法律可以设定任何行政处罚，限制人身自由的行政处罚，只能由法律设定；行政法规可以设定除限制人身自由以外的行政处罚；地方性法规可以设定除限制人身自由、吊销营业执照以外的行政处罚；规章可以设定警告、通报批评或者一定数额罚款的行政处罚。另外，法规和规章可以在上位法（法律、行政法规和地方性法规）规定的给予行政处罚的行为、种类和幅度的范围内作出具体规定（规定权）。

对照上述行政处罚的设定权与规定权，就意味着，行政执法机关实施行政处罚的依据必须遵循以下规则，否则会导致"没有依据"或者"适用依据错误"。

一是，法律可以成为任何行政处罚的依据。实施限制人身自由以外的行政处罚只能以法律为依据。

二是，行政法规可以成为限制人身自由以外的行政处罚依据。实施限制人身自由的行政处罚不得以行政法规为依据。

三是，地方性法规可以成为除限制人身自由、吊销营业执照以外行政处罚的依据。实施限制人身自由、吊销营业执照的行政处罚不得以地方性法规为依据。

四是，规章，包括国务院部门规章和地方政府规章，只可以成为警告、通报批评或者一定数额罚款的依据。实施警告、通报批评以外的处罚，以及超过规定数额的罚款，都不得以规章为依据。

6. 行政规范性文件也能成为行政处罚的依据吗？

行政规范性文件，以前称"其他规范性文件"，在行政法理上又称"行政规定"（与"行政决定"相对应）。根据国务院办公厅《关于加强行政规范性文件制定和监督管理工作的通知》（国办发〔2018〕37 号）

规定，"行政规范性文件"是指除国务院的行政法规、决定、命令以及部门规章和地方政府规章外，由行政机关或者经法律、法规授权的具有管理公共事务职能的组织依照法定权限、程序制定并公开发布，涉及公民、法人和其他组织权利义务，具有普遍约束力，在一定期限内反复适用的公文。

行政规范性文件对行政处罚不具有设定权和规定权。《行政处罚法》第 16 条规定："除法律、法规、规章外，其他规范性文件不得设定行政处罚。"这就是说，行政规范性文件不得作为行政处罚的依据。

但是，在已具有法律、法规和规章依据的前提下，行政规范性文件在法律、法规和规章规定的范围内对行政处罚的裁量基准作出规定，这些规定可以成为行政处罚具体裁量的依据。

根据国务院办公厅《关于进一步规范行政裁量权基准制定和管理工作的意见》（国办发〔2022〕27 号），国务院有关部门可以依照法律、行政法规等制定本部门本系统的行政裁量权基准；省、自治区、直辖市和设区的市、自治州人民政府及其部门可以依照法律、法规、规章以及上级行政机关制定的行政裁量权基准，制定本行政区域内的行政裁量权基准；县级人民政府及其部门对上级行政机关制定的行政裁量权基准适用的标准、条件、种类、幅度、方式、时限，可以在法定范围内予以合理细化量化。这就是说，行政裁量权基准制定和管理的主体责任主要是省一级的政府有关部门、设区的市和自治州的政府及其部门；实行垂直管理部门的制定和管理责任主要在国务院有关部门。这些主体依据制定的行政处罚裁量基准可以成为行政处罚的补充依据。

7. 如何理解行政处罚"一事不二罚"原则？

"一事不二罚"系指对于当事人的一个违法行为不得给予二次以上的行政处罚。这是行政处罚中的一项法治原则，它由《行政处罚法》第 29 条所明文确立。该条规定："对当事人的同一个违法行为，不得给予两次以上罚款的行政处罚。同一个违法行为违反多个法律规范应当给予罚款处罚的，按照罚款数额高的规定处罚。"

仔细对照法律，我们就会发现，行政处罚中的"一事不二罚"原则在《行政处罚法》第 29 条之中已被转换表达为"一事不二罚款"原则。从字面上说，"一事不二罚"原则与"一事不二罚款"原则是有区别的。罚款仅仅是行政处罚中的一个手段而已，此外，行政处罚还有警告、通报批评、没收违法所得、没收非法财物、暂扣许可证件、降低资质等级、吊销许可证件、限制开展生产经营活动、责令停产停业、责令关闭、限制从业和行政拘留等手段。

"一事不二罚款"仅仅是禁止对一个违法行为作两次以上的"罚款"处罚，但并没有限制作两次以上的其他行政处罚手段。所以，这种表达是有缺陷的。它可能会让人误解：对于一个违法行为不能作二次以上罚款，但可作二次以上的其他行政处罚。

根据立法精神，我们应当将"一事不二罚款"原则理解为"一事不二罚"原则，即对于当事人的一个违法行为，所有的处罚都只能作一次，而不能作二次以上。对一个违法行为自然不能作二次以上的罚款，同样也不得作二次以上的警告、通报批评、行政拘留等。对于一个违法行为作两次以上的处罚，或许是不可能的（如吊销许可证件，已吊销的许可证件无法再吊销一次），更在于法律上是不允许的。

8."二次处罚"与"二项处罚"有何区别？为什么应当加以区别？

有些资料解释说，《行政处罚法》之所以将"一事不二罚"原则表达为"一事不二罚款"原则，绝对不是立法技术上的疏忽，而是基于考虑，对同一违法行为作二次以上罚款是不允许的，但既作罚款又作拘留，或者既作罚款又吊销许可证件是允许的，法律常常有这样的规定。

这样的解释只说对了一半。法律对同一违法行为既罚款又拘留（如

《治安管理处罚法》），或者既罚款又吊销许可证件（如《食品安全法》）确有规定。当行政执法机关这样处罚时，不能说是"二次"处罚，只是"二项"处罚。

显然，"二次处罚"与"二项处罚"有区别的。"二次处罚"是指行政机关对于当事人的一个违法行为，经历两次处罚程序并作出了两个处罚决定；而"二项处罚"是指行政机关对于当事人的一个违法行为，只经历一次处罚程序并作出一个处罚决定，除非决定中同时包含了两个处罚内容（如罚款与吊销许可证件等）。正确区别"二次处罚"与"二项处罚"，显然有助于正确理解和贯彻"一事不二罚"原则。

根据我国的立法精神和有关法律规定，我们对同一违法行为不得给予"二次"以上的行政处罚，但在法律有明文规定的条件下，可以依法同时给予"二项"以上的行政处罚。换句话说，对于同一个违法行为不得给予"二次"以上的行政处罚，但可以依法给予"两项"以上的行政处罚。

9. 如何分辨一个违法与多个违法?

"一事不二罚"原则是《行政处罚法》中的基本原则。但是，对于这一原则中的"一事"，即"一个违法"行为如何认定，好像现在还缺乏统一的理论标准，而它恰恰是正确理解和贯彻这一原则的前提。在"一事不二罚"的原则中，"不二罚"是以"一事"为前提的：对"一事"不得"二罚"，但"二事"当然可以"二罚"，"多事"当然可以"多罚"……但是，恰恰就是这个"一事"，目前行政法学理论界观点、行政执法实践和各地的行政审判标准都尚未达到高度统一。

这里所指"一事"就是指"一个违法行为"（公民、法人或者其他组织违反行政管理秩序的行为）。什么是"一个"违法行为，什么是"多个"违法行为，这看似简单，其实十分复杂。

为了解决这一问题，我们首先应当区分自然行为与法律拟制行为。

"自然行为"系指在社会中自然存在的行为过程和状态。社会每时每刻都在发生无数个行为，也每时每刻都在结束无数个行为。就自然行为而言，只要特定的主体在特定的时间和空间内作出某一动作（作为或不作为），就是一个行为。"法律拟制行为"是指人们出于法律适用需要而对自然行为进行法律上的切割或组合，拟制成一个或多个与法律规范相对应的行为。自然行为是行为的原始状态，法律拟制行为是行为的法律状态。我们说某行为是"合法"还是"违法"，是"一个"行为还是"多个"行为等，这都是指法律拟制行为。如果没有法律标准，自然行为就不存在合法与违法的区分；如果不是出于法律责任追究的需要，讨论一个行为或多个行为的意义就会降低许多。所以说，我们讨论相对人的违法行为是一个行为还是多个行为，其实不是讨论该当事人的自然行为，而是讨论其法律拟制行为。作为自然行为，讨论一个行为还是多个行为是没有直接意义的，但作为法律拟制行为，讨论一个行为还是多个行为直接关乎法律上的适用。其实我们界定"一个"行为还是"多个"行为所遇到的"困境"，恰恰是因为我们以"自然行为"的标准去讨论"法律拟制行为"。由此对我们的提醒是：研讨"一个"行为还是"多个"行为不能停留在"自然行为"的视角。

就自然行为状态而言，自然行为无非是三种：一次性行为、持续性行为和继续性行为。法律应当如何"拟制"这三类行为？

对于一次性行为，在法律拟制上也作为"一个违法行为"对待，这在理论上或实践中均无问题。关键是，对于持续性行为和继续性行为如何进行法律上的分割或组合。现实中已出现了几种方法：

——管辖区域分割法。对于跨越行政管辖区的连续违法，在一个管辖区内只作为"一个违法行为"只作一次处罚。

——违法时间分割法。对于继续违法，有的地方采取"时间分割法"，即违法行为的持续状态按一定的时间长度分割为一个违法行为，超过该时间长度的作为另一个违法行为对待。

——电子拍摄分割法。对于当事人的连续性违法，以电子拍摄记录"次数"作为当事人违法行为的"个数"。

——执法查处分割法。这是实践中的一种通用做法，对于连续违法或者继续违法，对于查处以后的违法都作为一个新的违法对待。

现实世界中应当受到行政处罚的违法行为千姿百态，我们无法确立统一的标准。现在唯一可行的方法是在与法律、法规、规章不抵触的前提下，由各部门和各地方的行政机关通过行政裁量基准解决这一问题，等标准成熟后再上升为法律、法规和规章。行政机关在制定行政裁量基准时，必须遵循下列原则：1.教育与处罚相结合原则；2.过罚相当原则；3.有利于当事人纠正违法原则；4.不让当事人因违法而获益原则。

10. 哪些处理不属于"二罚"?

在《行政处罚法》"一事不二罚"原则中，不仅"一事"很难界定，"二罚"同样很难界定。

从理论上说，所谓"二罚"，系指对于同一个违法行为，处理机关经历两次处理程序并作出两个处理决定。在具体的情形上，我们可以反过来把握，下列情形不属于"二罚"，剩下的就可能是真正的"二罚"：

1.对同一当事人的多个违法行为进行多次处罚不属于"二罚"；

2.对同一当事人的多个违法行为分别作出处罚决定合并执行不是"二罚"；

3.对多个当事人的分别处罚不属于"二罚"；

4.对当事人的新违法再次处罚不属于"二罚"；

5.查明当事人还存在遗漏处罚的违法事实而追加的处罚不属于"二罚"；

6.对当事人依法作出的按日连续罚款不属于"二罚"；

7.对当事人依法作出的行政执行罚不属于"二罚"；

8.原行政处罚撤回、撤销之后重新作出的行政处罚不属于"二罚"；

9.对同一当事人依法同时给予两项行政处罚不属于"二罚";

10.专属管辖中的行政处罚不属于"二罚";

11.对单位和个人进行"双罚"不属于"二罚";

12.行政处罚的转处不属于"二罚";

13.作为对刑罚补充的行政罚不属于"二罚";

14.接受行政处罚的同时承担民事责任不属于"二罚"。

11. 如何理解"按照罚款数额高的规定处罚"?

《行政处罚法》第 29 条第二句规定:"同一个违法行为违反多个法律规范应当给予罚款处罚的,按照罚款数额高的规定处罚。"这是针对违法竞合状态的处罚适用问题。同一个违法行为违反多个法律规范,这是违法竞合。违法竞合属于违法中的一种特殊状态。对于这种违法,根据《行政处罚法》第 29 条规定,同样不得给予两次或两个以上的罚款。对于罚款只能"择一择重",即选择一个罚款数额高的规定进行处罚。但是,法律对罚款数额的规定方式多种多样,如何理解和掌握"罚款数额高"的规定,确实并不简单。我们认为,理解和掌握"罚款数额高"的规定应当注意以下几点:

第一,是按法律规定比较,而不是按实际处罚比较。A 法与 B 法都对同一行为作出罚款规定,哪个法律规定罚款数额高的,就适用哪个法律。不能按照实际处罚决定中的罚款数额比较。

第二,当法律规定罚款幅度时,按法律规定的罚款幅度中的上限比较,而不能按下限比较。如 A 法规定的罚款是"1—15 万",而 B 法规定的罚款则是"3—10 万",那就应当适用 A 法而不是 B 法。如果法律采取分档规定罚款幅度的,那就按照最高档的最高限比较。

第三,如果法律规定罚款幅度时,两个法律规定的罚款幅度中的上限相同,但下限不同的,则按照下限的高低确定。如 A 法规定罚款 3—10 万元,B 法规定罚款 1—10 万元,则适用 A 法。

第四，当一个法律规定固定罚款额，另一法律规定一种罚款计算标准时，按照该案适用两法结果进行比较。假如 A 法规定对该行为罚款 30—100 万，B 法规定按违法所得的 5 倍处罚。如果当事人违法所得是 10 万。那么，依据 A 法最高可罚 100 万，依据 B 法最高可罚 50 万，那就应当适用 A 法。

第五，以上四点只适用同一法律位阶规定之间的比较，不适用不同法律位阶规定之间的比较。如果对同一违法行为，法律、法规和规章之间对罚款数额规定不同的，就一律按照"高法优于低法"原则处理，即适用法律位阶高的规定。

12. 对于违法竞合，如何实施"择一择重"处罚？

竞合违法是一个行为违反了两个以上的法律规范，如网吧经营者未禁止未成年人进入网吧，这种违法同时违反了《未成年人保护法》和《互联网上网服务营业场所管理条例》。又如，当事人将产生的污泥直接用水冲稀释排入城市下水道的行为，这是一个行为同时违反了《水污染防治法》和《固体废物污染环境防治法》的规定。还有，当事人在耕地上非法采砂并毁坏种植条件行为，既存在擅自在耕地上挖砂并毁坏种植条件行为，也存在未取得采矿许可证擅自采矿行为，同时触犯了《土地管理法》《矿产资源法》两个法律规范。

对于违法竞合应当如何处罚，《行政处罚法》第 29 条第二句规定："同一个违法行为违反多个法律规范应当给予罚款处罚的，按照罚款数额高的规定处罚。"这一规定确立了"择一择重"处罚原则。但在理解"择一择重"处罚原则时，还必须注意这几点：

一是，如果多个法律规定罚款的，只作一次罚款，不得作二次及以上罚款。一次罚款按照罚款数额高的规定处罚。

二是，如果多个法律规定中，既有规定罚款的，又规定其他处罚的，可以一并处罚。如 A 法规定罚款，B 法又规定吊销许可证的，这两类处罚都可执行。

三是，如果多个法律规定了多种处罚手段的，不同的处罚手段可以一并实施，但是同一种处罚手段，都只能实施一种。比如，A、B、C三个法律都规定对同一违法行为进行警告或没收处罚，警告或没收也只能实施一次，不得实施两次以上警告或没收。

13. 如何理解"陈述申辩不加重处罚"原则?

《行政处罚法》第45条规定："当事人有权进行陈述和申辩。行政机关必须充分听取当事人的意见，对当事人提出的事实、理由和证据，应当进行复核；当事人提出的事实、理由或者证据成立的，行政机关应当采纳。行政机关不得因当事人陈述、申辩而给予更重的处罚。"这里直接确立了"陈述申辩不加重处罚"原则。

当事人对于行政处罚享有陈述权、申辩权，是《行政处罚法》赋予给当事人的正当权利。当事人"陈述申辩不加重处罚"原则乃是"保障当事人陈述申辩权"原则的具体体现。"陈述"是指当事人为澄清事实真相而对自己的行为进行客观描述和说明；"申辩"是指当事人为主张自己行为不该处罚或应当轻罚申述理由和辩解。关于当事人的陈述权、申辩权，《行政处罚法》共有六个条文（第7、41、44、45、62、64条）作出了规定，覆盖了行政处罚程序中的主要环节。鉴于陈述权、申辩权处于行政处罚程序的前端，又是当事人享有其他权利的基础，因而《行政处罚法》第45条第2款特别规定："行政机关不得因当事人陈述、申辩而给予更重的处罚。"这被简称为"申辩不加罚"原则。

这一原则源自原《行政处罚法》（1996）第32条第2款的规定："行政机关不得因当事人申辩而加重处罚。"2021年新修订的《行政处罚法》第45条第2款则规定："行政机关不得因当事人陈述、申辩而给予更重的处罚。"新法与旧法的规定比较，表述上有很大的改进：一是"原因"从"申辩"扩大到"陈述、申辩"。行政机关既不得因当事人的"申辩"

而加重处罚，同样也不得因当事人的"陈述"而加重处罚；二是"结果"从"加重处罚"改为"给予更重的处罚"。因为"给予更重的处罚"远比"加重处罚"表达准确、范围更广。"加重处罚"容易被理解为"从轻处罚—减轻处罚—从重处罚—加重处罚"中的一种形态，而"给予更重的处罚"并不仅限于这四种形态中的"加重处罚"一种形态。

在现实执法中，确实存在着因当事人的陈述和申辩而被行政机关给予了更重处罚的现象。当行政机关给予更重处罚时，到底是因为当事人的陈述和申辩，还是因为违法事实和法律适用问题，确实很难证明和判定。因为，行政机关哪怕真是"因为"当事人的陈述和申辩原因而给予更重的处罚，它也不会承认这一点。所以，如何理解和判定行政机关因当事人的陈述和申辩而给予了更重的处罚，就显得非常重要。正确理解"行政机关不得因当事人陈述、申辩而给予更重的处罚"，必须掌握以下几点：

一是，给予"更重的处罚"是基于两个行为（决定）之间的比较。如果没有发生两个行为，就不可能出现"更重的处罚"。比如，行政机关未经事先告知，未让当事人陈述和申辩，一次性作出了一个很重的处罚，这里不存在"更重的处罚"问题，只存在法律适用上处罚是否过重还是过轻的问题，另外还有程序违法的问题。发生给予"更重的处罚"，往往是前一个"拟处罚决定"与最后正式作出的"处罚决定"，或者在二次告知中，第一个告知中的处罚结果与第二个告知中的处罚结果之间的比较，只要后一个决定的结果比前一个决定的结果对当事人的处罚更重了，这就是"给予更重的处罚"。根据《行政处罚法》（2021）第44条规定，"行政机关在作出行政处罚决定之前，应当告知当事人拟作出的行政处罚内容及事实、理由、依据，并告知当事人依法享有的陈述、申辩、要求听证等权利"，这一阶段行政机关对当事人所告知的是"拟处罚决定书"，内容包括拟处的结果、所认定的违法事实、处罚的理由和法律依据等。当事人收到事先告知书后，可以进行陈述和申辩。行政机关应当根据《行政处罚法》第45条的规定，对当事人的意见进行复核，最终作出"行政处罚决定"。最终处罚决定中的处罚结果应当比拟处罚决定书中的处罚结果更轻或者一样。原则上，最终处罚决定中的处罚结果不得重于拟处罚决定书中的处罚结果（除非发现了新的违法事实和证据，并经过第二次告知），否则会为"因当事人陈述、申辩而给予更重的处罚"留下空间。在二次告知中，第一次告知的处罚结果与第二次告知的处罚结果之间的关系，也是同理。

　　二是，给予"更重的处罚"并不限于"从重处罚"和"加重处罚"，也并不一定就是"从重处罚"和"加重处罚"。"从重处罚"是指在处罚幅度的上限给予顶格处罚或者靠近顶格处罚；"加重处罚"是指在处罚幅度的上限以上给予处罚。所谓给予"更重的处罚"，它是指后一决定结果比前一决定结果处罚得更重了，它是一种比较性的结果。具体包括：1.处罚数量更重。如前一决定是罚款50万，后一决定是罚款100万。2.处罚种类更重。如前一决定是警告处罚，后一决定变成了罚款处罚。3.处罚项目增加。如前一决定只有罚款处罚，后一决定除了罚款，另加吊销许可证的处罚。一句话，只要在客观上，后一决定比前一决定对当事人更加不利了，就属于"更重的处罚"。在"从轻处罚—减轻处罚—从重处罚—加重处罚"四种形态中，不能抽象地说，从轻处罚和减轻处罚是"更轻的处罚"，从重处罚和加重处罚就是"更重的处罚"，因为这里没有体现"比较性"。只有后一决定与前一决定比较，下列变化才属于"更重的处罚"：1.从"减轻处罚"变成"从轻处罚"；2.从"从重处罚"变成了"加重处罚"；3.从"减轻处罚""从轻处罚"变成了"从重处罚"和"加重处罚"。

　　三是，前后两个决定的比较必须限于当事人"同一违法事实"的比较。所谓给予当事人"更重的处罚"，是指基于对当事人同一违法行为事实认定的基础上的处罚结果的比较。如果因新的证据而认定当事人的违法行为发生了变化，处罚结果当然也可依法变化。比如，原先认定当事人违法所得 100 万，现在由于新的证据的出现，可以认定当事人违法所得 1000 万，新的处罚决定的处罚结果自然应当依法调整，这就出现了比前一个决定更重的处罚。这种情况是允许的。因为此时所比较的违法事实已经不是同一事实。《行政处罚法》（2021）第 45 条第 2 款所规定的"行政机关不得因当事人陈述、申辩而给予更重的处罚"，是以当事人的同一违法行为事实作为比较基准的。

四是，"不得因当事人陈述、申辩而给予更重的处罚"不受当事人是否放弃陈述、申辩权的影响。在作出正式的行政处罚决定之前，行政机关必须告知并保证当事人享有陈述和申辩的权利，这是行政机关的法定职责。行政机关违反了这一法定职责，属于程序违法，行政处罚决定会面临被行政复议机关和人民法院确认违法、撤销，甚至被确认无效的风险。但对当事人来说，陈述和申辩是他的权利而不是义务，他是可以放弃的。那么在当事人放弃陈述权和申辩权的情况下，行政机关是否可以给予"更重的处罚"？回答也是否定的。《行政处罚法》确立事先告知制度，赋予当事人陈述和申辩权利，特别是规定"行政机关不得因当事人陈述、申辩而给予更重的处罚"等，其立法目的非常明显，旨在要求行政机关把对当事人的最终处罚结果、理由和依据都必须事先告知给当事人，以便让当事人陈述和申辩，从而保证行政处罚的合法性和适当性。当事人可以放弃陈述和申辩的权利，但行政机关不得放弃事先告知的义务。如果行政机关给予当事人更重的处罚，不论当事人是否放弃陈述和申辩权利，都意味着实际上行政机关没有把真正的处罚结果事先告知给当事人，这是严重而明显的程序违法。

在行政处罚实施过程中，如果行政机关发现了新的事实和证据，根据法律规定应当给予更重处罚的，或者认为其构成犯罪而应当移交给司法机关的，这就发生了"实事求是原则"与"申辩不加罚原则"之间的碰撞，在程序上如何衔接，还有待理论上的研讨和法律上的具体规定。

14. 如何把握《行政处罚法》中的"重大公共利益"？

《行政处罚法》第 58 条第 1 款规定："有下列情形之一，在行政机关负责人作出行政处罚的决定之前，应当由从事行政处罚决定法制审核的人员进行法制审核；未经法制审核或者审核未通过的，不得作出决定：（一）涉及重大公共利益的……"第 57 条第 2 款规定："对情节复杂或者重大违法行为给予行政处罚，行政机关负责人应当集体讨论决定。"国务院办公厅《关于全面推行行政执法公示制度执法全过程记录制度重大执法决定法制审核制度的指导意见》（国办发〔2018〕118 号）第（十二）项规定："凡涉及重大公共利益，可能造成重大社会影响或引发社会风险，直接关系行政相对人或第三人重大权益，经过听证程序作出行政执法决定，以及案件情况疑难复杂、涉及多个法律关系的，都要进行法制审核。"可以认为，《行政处罚法》第 57 条第 2 款规定的"重大违法行为"应当包括"侵害重大公共利益的违法行为"。

这样，就行政处罚制度而言，"重大公共利益"既关系到行政处罚的法制审核范围，也关系到行政机关负责人应当集体讨论决定的行政处罚范围。如何定义"重大公共利益"，特别是如何界定"重大公共利益"的范围，自然成为全面正确贯彻《行政处罚法》的重要课题。《行政处罚法》本身没有，也不可能为"重大公共利益"下一定义，目前只能靠单行法律和行政法理来解决。

在我国，已有不少法律和文件对"公共利益"作出了例举式规定。如：

——国家的核心利益属于公共利益。《中国的和平发展》白皮书 ①指出："中国坚决维护国家核心利益。中国的核心利益包括：国家主权，国家安全，领土完整，国家统一，中国宪法确立的国家政治制度和社会

---

① 国务院新闻办公室 2011 年 9 月 6 日发表。

大局稳定，经济社会可持续发展的基本保障。"

——《民法典》（2020）第399条第（三）项规定："下列财产不得抵押……（三）学校、幼儿园、医疗机构等为公益目的成立的非营利法人的教育设施、医疗卫生设施和其他公益设施……"这说明，为公益目的成立的非营利法人的教育设施、医疗卫生设施和其他公益设施等也属于公共利益。

——《土地管理法》（2019）第45条所规定征收农民集体所有的土地的公共利益范围，包括：1.军事和外交需要用地的；2.由政府组织实施的能源、交通、水利、通信、邮政等基础设施建设需要用地的；3.由政府组织实施的科技、教育、文化、卫生、体育、生态环境和资源保护、防灾减灾、文物保护、社区综合服务、社会福利、市政公用、优抚安置、英烈保护等公共事业需要用地的；4.由政府组织实施的扶贫搬迁、保障性安居工程建设需要用地的；5.在土地利用总体规划确定的城镇建设用地范围内，经省级以上人民政府批准，由县级以上地方人民政府组织实施的成片开发建设需要用地的；6.法律规定为公共利益需要可以征收农民集体所有的土地的其他情形。上述建设活动应当符合国民经济和社会发展规划、土地利用总体规划、城乡规划和专项规划；其中第4—5项建设活动，还应当纳入国民经济和社会发展年度计划；第5项规定的成片开发应当符合国务院自然资源主管部门规定的标准。

——《国有土地上房屋征收与补偿条例》（2011）第8条规定了六类公共利益的事项：1.国防和外交的需要；2.由政府组织实施的能源、交通、水利等基础设施建设的需要；3.由政府组织实施的科技、教育、文化、卫生、体育、环境和资源保护、防灾减灾、文物保护、社会福利、市政公用等公共事业的需要；4.由政府组织实施的保障性安居工程建设的需要；5.由政府依照城乡规划法有关规定组织实施的对危房集中、基础设施落后等地段进行旧城区改建的需要；6.法律、行政法规规定的其他公共利益的需要。

——《信托法》（2001）第 60 条规定了七类公共利益事项：1. 救济贫困；2. 救助灾民；3. 扶助残疾人；4. 发展教育、科技、文化、艺术、体育事业；5. 发展医疗卫生事业；6. 发展环境保护事业，维护生态环境；7. 发展其他社会公益事业。

——《测绘法》（2017）第 15 条第 1 款表明："基础测绘是公益性事业。国家对基础测绘实行分级管理。"

——《民办教育促进法》（2018）第 3 条规定："民办教育事业属于公益性事业，是社会主义教育事业的组成部分。国家对民办教育实行积极鼓励、大力支持、正确引导、依法管理的方针。各级人民政府应当将民办教育事业纳入国民经济和社会发展规划。"这说明，民办教育事业也属于公共利益。

根据以上规定可以发现，公共利益是与个人利益相对应，包括国家利益、社会公共利益和不特定的社会成员所享有的利益的总称。公共利益首先应当包括国家利益和社会公共利益。① 国家利益最重要的是国家的核心利益，即国家主权，国家安全，领土完整，国家统一，我国宪法确立的国家政治制度和社会大局稳定，是经济社会可持续发展的基本保障。社会公共利益应当是指受益面较大的不特定的社会成员受益的公共设施和事业政策等，具有公众性和抽象性。公众性是指为大多数人服务而不是为少数人、个别人服务的；抽象性是指让不特定的公众受益，而不是只让特定的少数人群受益。譬如，建造某个医院，如果这个医院只限于为单位内部职工看病的，就不属于公共利益；相反，为社会公众服务的，那就是公共利益。综合上述法律规定及法理，公共利益应当包括：第一类，国家的核心利益属，即有关国家主权与安全的事业，如国防、外交、军事等；第二类，有关国家重点建设的项目及公共设施建

---

① 参见最高人民法院《关于适用〈中华人民共和国民事诉讼法〉审判监督程序若干问题的解释》（法释〔2008〕14 号）；最高人民法院印发《关于处理涉及汶川地震相关案件适用法律问题的意见（二）》的通知（法发〔2009〕17 号）。

设，如三峡工程；第三类，有关抢险、救灾等工作；第四类，使社会公众受益的事业，如教育、卫生、医疗、社会保障等。

至于上述公共利益中，哪些属于"重大"公共利益？我们认为，以上第一至第三类一概属于"重大公共利益"，至于第四类，要根据所涉项目数量、质量、范围和程度等具体判断确定。

15. 如何分辨行政处罚与其他行政行为?

行政处罚是一种行政行为，但它不同于其他行政行为。分辨行政处罚行为与其他行政行为的意义在于保障法律的正确适用。因为行为与法律具有对应关系：行政许可行为则适用《行政许可法》，行政强制措施和行政强制执行就适用《行政强制法》，行政处罚行为才适用《行政处罚法》。分辨行政处罚与其他行政行为的最好方法就是把握住行政处罚行为的概念和特征。

《行政处罚法》第2条规定："行政处罚是指行政机关依法对违反行政管理秩序的公民、法人或者其他组织，以减损权益或者增加义务的方式予以惩戒的行为。"行政处罚具有行政性、具体性、外部性、主动性、单方性、决意性、封闭性、基础性、不利性等特性，但是最本质的乃是制裁性。行政处罚是行政主体针对违反行政管理秩序的行为人所实施的法律制裁，具有很强的惩罚性和制裁性。制裁性是行政处罚所有法律特征中最为核心和关键的特征，是行政处罚之所以称之为行政处罚的核心要义。行政处罚的制裁性具体表现在：

一是它以当事人违法为前提。行政处罚是一种行政制裁，而制裁是针对当事人的违法行为作出的。制裁的起因和目的都是针对当事人的违法行为。所以，如果不是因当事人违法并以制裁当事人的违法为目的就不是行政处罚。比如，当事人殴打他人，违反治安管理，公安机关对他拘留14天，限制他14天的人身自由，这是行政处罚；但是，如果当事人有携带新冠病毒嫌疑，政府防疫部门对他强制隔离14天，这14天他的人身自由同样在一定程度上受到限制，但这不是行政处罚，而是行政防疫措施。因为强制隔离的目的不是为了惩罚他，而是为了预防新冠病毒传播。

二是它强制当事人承受一种不利后果。制裁的内容是强制当事人承受一种不利后果。由于处罚的种类包括人身罚、财产罚、行为罚、资格罚和申诫罚，其不利的后果所涉载体具有广泛性，包括权利与义务、有形的权利与无形的权利。

三是不利后果与当事人违法之间是"对价"而不是"等价"。当事人承受不利后果是为其违法行为付出的一种"代价"；违法行为越严重，承受的不利后果也就越大。这就是说，不利后果与当事人的违法行为是一种"对价"关系。而且，行政处罚作为一种制裁，必须让当事人承担"额外"的付出。如果是违法行为的"等价"付出，仅仅是一种利益上的"垫平"，那就谈不上制裁。这就是为什么纠正违法不属于处罚的道理。假如，当事人毁坏一株树苗，政府责令他补种一株树苗，这不是行政处罚，这是"等价"的修复，不具有惩罚性；但现在政府责令他补种十倍甚至百倍的树苗，这就具有惩罚性，当事人承受了"额外"的付出。① 又如，当事人开车违章撞坏了公路隔离栏，如果仅仅责令当事人修复被他撞坏了的公路隔离栏，属于"等价赔偿"，不属于处罚。如果

---

① 如我国《森林法》（2019）第74条规定："违反本法规定，进行开垦、采石、采砂、采土或者其他活动，造成林木毁坏的，由县级以上人民政府林业主管部门责令停止违法行为，限期在原地或者异地补种毁坏株数一倍以上三倍以下的树木，可以处毁坏林木价值五倍以下的罚款；造成林地毁坏的，由县级以上人民政府林业主管部门责令停止违法行为，限期恢复植被和林业生产条件，可以处恢复植被和林业生产条件所需费用三倍以下的罚款。违反本法规定，在幼林地砍柴、毁苗、放牧造成林木毁坏的，由县级以上人民政府林业主管部门责令停止违法行为，限期在原地或者异地补种毁坏株数一倍以上三倍以下的树木。向林地排放重金属或者其他有毒有害物质含量超标的污水、污泥，以及可能造成林地污染的清淤底泥、尾矿、矿渣等的，依照《中华人民共和国土壤污染防治法》的有关规定处罚。"

除了修复，还要对他罚款 1000 元，这就是处罚了。因为修复公路隔离栏，是等价赔偿的一种方式，而不是一种额外的付出。在修复之外，还要罚款，这就是额外的付出了。

16. 如何分辨行政处罚与行政行为强制措施?

分辨行政处罚与行政行为强制措施既重要又困难。重要性在于它关系到法律的正确适用，如果某一行为属于行政处罚，就适用《行政处罚法》；如果是行政强制措施，就适用《行政强制法》了。但是，分辨行政处罚与行政行为强制措施又是比较困难的，因为行政强制措施的手段主要有查封、扣押、冻结和限制公民人身自由等。这类行为和行政处罚一样，是强制当事人承受一种不利后果，故很容易造成混淆。特别是有些行政强制措施手段和行政处罚手段在形式上相同，如暂扣驾驶证，它既是行政处罚的一种手段[1]，也可以是一种行政强制措施[2]。

尽管如此，这一问题也不是不能解决。首先从概念上看，行政处罚是指"行政机关依法对违反行政管理秩序的公民、法人或者其他组织，以减损权益或者增加义务的方式予以惩戒的行为"[3]。而行政强制措施是指"行政机关在行政管理过程中，为制止违法行为、防止证据损毁、避免危害发生、控制危险扩大等情形，依法对公民的人身自由实施暂时性限制，或者对公民、法人或者其他组织的财物实施暂时性控制的行为"[4]。

其次从法律特征上比较，行政处罚与行政强制措施的主要区别在于：1. 前提不同。行政处罚是以当事人违法为前提，行政强制措施不一定以当事人违法为前提。2. 目的不同。行政处罚的直接目的是制裁当事

---

① 参见《行政处罚法》第 9 条第（三）项。

② 参见《道路交通安全法》（2021）第 110 条。

③ 《行政处罚法》第 2 条。

④ 《行政强制法》（2011）第 2 条第 2 款。

人，而行政强制措施不以制裁为目的，而是以保证行政程序的继续，或者预防社会危害事件的发生和继续为目的。3.行为性质不同。行政处罚是结果行为，具有封闭性，而行政强制措施是过程行为，具有中间性和临时性。

就以公安交警部门对当事人扣证（驾照）的行为是否属于行政处罚为例，就有两种可能：一种情况，扣证是保障措施，那就不是处罚。如交警依据《道路交通安全法》（2021）第110条第1款规定，认为应当对道路交通违法行为人给予暂扣或者吊销机动车驾驶证处罚的，可以先予扣留机动车驾驶证，并在24小时内将案件移交公安机关交通管理部门处理。这里的"先予扣留机动车驾驶证"，不属于行政处罚，而属于行政强制措施。因为它是过程行为而不是结果行为，并且直接目的不是为了制裁，而是为了保证事后处罚程序的畅通。另一种情况，扣证是处罚手段，那就属于处罚。如当事人饮酒后驾驶机动车的，公安机关交通管理部门依据《道路交通安全法》（2021）第91条第1款规定，对当事人作出"暂扣六个月机动车驾驶证"的决定。这一决定属于行政处罚，因为它具有封闭性和制裁性。

17.《行政处罚法》未规定"上黑名单"，"上黑名单"属于行政处罚吗？

对所谓的"不文明行为人"或者"违法者"上"黑名单"，是否属于行政处罚？这一问题近几年一直有争议。否定者认为，上"黑名单"不属于行政处罚。理由主要有两条：一是，行政处罚是针对违法行为作出的，而上"黑名单"是针对"不文明"行为或者"失信"行为作出的；二是，在《行政处罚法》中没有上"黑名单"这种处罚形式。所以，"黑名单"制度不是"行政处罚"制度，上"黑名单"应当不受《行政处罚法》约束。肯定者认为，上"黑名单"都以当事人有违法行为（大量被标注"不文明行为"或"失信行为"的，实际上也是"违法"行为）为前提，上了"黑名单",当事人的一系列权利被连锁剥夺或限制。这种后果实为对当事人的一种惩罚。上"黑名单"不仅是行政处罚,而且是比一般行政处罚更为严厉的行政处罚。试想一下:你愿意被罚款2000元,还是愿意被上"黑名单"?

《行政处罚法》2021年的修订,在行政处罚种类(第9条)中没有规定上"黑名单"这种处罚手段,因而它是否属于行政处罚,这一问题再次被提起。在现实中,上"黑名单"这种情况很复杂,性质也各不相同,需要作具体分析而确定。

一是司法执行配套措施。如人民法院将执行"老赖"列入失信"黑名单",然后限制其高消费。其法律依据是《民事诉讼法》(2023)第266条。该条规定:"被执行人不履行法律文书确定的义务的,人民法院可以对其采取或者通知有关单位协助采取限制出境,在征信系统记录、通过媒体公布不履行义务信息以及法律规定的其他措施。"这种行为不是行政行为,不适用行政诉讼。人民法院将执行"老赖"列入失信"黑名单",然后限制其高消费,属司法执行措施,当事人不服的,适用《民事诉讼法》(2023)第236条和《最高人民法院关于公布失信被执行人名单信息的若干规定》(法释〔2017〕7号)第12条规定,可以依法提出异议和复议。

二是民事商业行为。企业将某些交易人列入失信"黑名单",从而调整和限制自己与其合作和交易的做法。例如银行将某些失信的企业和个人列入"黑名单",然后控制对它的贷款。这同样不是行政行为,不适用行政诉讼。它是一种民事商业行为,被列入"黑名单"的企业或个人,如果认为制作"黑名单"一方的当事人的行为属于侵权或者违约的,有权提起民事诉讼。

三是行政处罚行为。政府部门或者具有公共管理职能的其他组织(如行业协会、公立学校、航空公司、铁路公司、电力公司、燃气公司等),将违反行政管理秩序当事人列入"黑名单",从而连锁地限制其一系列权利，这实质上属于一种行政处罚。被列入"黑名单"的公民、法人或者其他组织对列入"黑名单"行为不服的，有权依法提起行政诉讼。在现实中，这类"黑名单"的比重是最高的。

作为行政处罚性质的"黑名单"，对相对人的不利程度远远高于通常性的处罚手段，因为列入"黑名单"是一种"综合性""连锁性"的处罚，当事人的几十项权益由此会被或将被限制或剥夺。依照《行政处罚法》第9条第1款第（六）项规定，将当事人列入"黑名单"的行政处罚属于"其他行政处罚"，它必须由法律和行政法规设定。

18. 公安交通部门对驾车者违章"扣分"，是否属于行政处罚？

根据《道路交通安全法》（2021）和《道路交通安全法实施条例》（2017）的有关规定，机动车驾驶人违反道路交通安全法律、法规关于道路通行规定的，会受到警告、罚款、暂扣或者吊销机动车驾驶证、拘留等行政处罚。同时，《道路交通安全法》（2021）第24条①、《道路交通安全法实施条例》（2017）第23条②规定都确立了"道路交通安全

---

① 《道路交通安全法》（2021）第24条规定："公安机关交通管理部门对机动车驾驶人违反道路交通安全法律、法规的行为，除依法给予行政处罚外，实行累积记分制度。公安机关交通管理部门对累积记分达到规定分值的机动车驾驶人，扣留机动车驾驶证，对其进行道路交通安全法律、法规教育，重新考试；考试合格的，发还其机动车驾驶证。对遵守道路交通安全法律、法规，在一年内无累积记分的机动车驾驶人，可以延长机动车驾驶证的审验期。具体办法由国务院公安部门规定。"

② 《道路交通安全法实施条例》（2017）第23条规定："公安机关交通管理部门对机动车驾驶人的道路交通安全违法行为除给予行政处罚外，实行道路交通安全违法行为累积记分（以下简称记分）制度，记分周期为12个月。对在一个记分周期内记分达到12分的，由公安机关交通管理部门扣留其机动车驾驶证，该机动车驾驶人应当按照规定参加道路交通安全法律、法规的学习并接受考试。考试合格的，记分予以清除，发还机动车驾驶证；考试不合格的，继续参加学习和考试。应当给予记分的道路交通安全违法行为及其分值，由国务院公安部门根据道路交通安全违法行为的危害程度规定。公安机关交通管理部门应当提供记分查询方式供机动车驾驶人查询。"

违法行为累积记分制度"。公安部的《机动车驾驶证申领和使用规定》(2012) ① 对"记分"制度作出了细化并确立了分值。依据道路交通安全违法行为的严重程度,将一次记分的分值分为12分、6分、3分、2分、1分五种,并明确了适用规则,如规定对于"饮酒后驾驶机动车的"一次记12分;对于"驾驶机动车违反道路交通信号灯通行的"一次记6分;对于"驾驶机动车在高速公路上行驶低于规定最低时速的"一次记3分;等等。公安机关交通管理部门对累积记分达到规定分值的机动车驾驶人,扣留机动车驾驶证,对其进行道路交通安全法律、法规教育,重新考试;考试合格的,发还其机动车驾驶证。在实践中,这一记分制度往往被称作"扣分"制度。

我们在这里需要讨论的是,公安交通部门对机动车驾驶人实施"扣分"是否属于行政处罚?这一问题也引起了部分学者的兴趣,有学者主张是"行政处罚",有学者主张是"证据行为"。作者均不认同。

第一,"扣分"本身不是行政处罚,而是行政确认。因为,每次"扣分"(2分、3分或者6分)时,本身没有直接处分相对人的权利,只是确认了相对人违章分值,不具有直接的制裁性。即便"扣分"达到了12分,也不是"扣分"直接停止了相对人驾车的资格,而是公安交通部门依据"扣分"已达12分这一情况而另行作出一个"扣留机动车驾驶证"的处理决定。"扣分"是为公安交通部门最终作出处理决定服务的,是后者的事实依据。从这一点上说,"扣分"这一行政确认行为确实具有证据意义。

第二,公安交通部门依据"扣分"已达12分这一情况所作出的"扣留机动车驾驶证"的处理决定属于行政处罚。因为这一处理决定的效果是剥夺和暂停了机动车驾驶人的驾驶资格,属于《行政处罚法》第9条

---

① 2012年8月21日公安部部长办公会议通过,2012年9月12日中华人民共和国公安部令第123号发布,自2013年1月1日起施行,第五章第四节自发布之日起施行。

第1款第（三）项"暂扣许可证件、降低资质等级、吊销许可证件"之处罚种类。

第三，公安交通部门作出的"扣分"和最终的处理决定都是可诉的。当事人对"扣分"不服，可以直接以不服行政确认行为为由而申请行政复议或者提起行政诉讼；对于记分达12分时公安交通部门最终作出的"扣留机动车驾驶证"处理决定不服，更可以直接以不服行政处罚行为为由而申请行政复议或者提起行政诉讼。但在操作上，如果公安交通部门已经在"扣分"的基础上作出了最终的处罚决定，相对人就没有必要以两个不同行政行为提起两个行政诉讼，一般按照行政行为的吸收原理（即行政处罚行为已经吸收到扣分行为），只对行政处罚提起诉讼就可，扣分行为法院会作为证据行为进行审查。

19. 对违法行为"曝光"是否属于行政处罚？

近十几年来，社会上确实出现和存在着对"违法行为"通过媒体和数字平台进行公开"曝光"等做法。这种做法虽不能说具有普遍性，但确实已不是个别现象。如某省交警部门对不走斑马线的行人，通过人脸识别自动获取违法人信息，在路口竖立的显示屏进行循环播放人脸，进行实名曝光；某省人社厅发布《重大劳动保障违法行为社会公布办法》，有关部门据此可对具有7种重大劳动保障违法行为的企业曝光；某市制定《价格违法行为工作规定》，对价格违法行为及违法企业进行不定期曝光……凡此种种，举不胜举。

对于这种管理措施，反对者有之，赞成更多。反对者认为，对"违法行为"应当依法处罚，而不是公开曝光，否则会侵害行为人的隐私权。而赞成者认为，违法者不怕"罚"（法律规定的处罚力度不足），但怕"晒"。对违法行为及行为人进行曝光，不存在侵犯隐私权问题。

对违法行为及行为人进行曝光，这一管理措施之所以被有关执法部门追捧。可能有两个原因：一是"管用"。这一方法确实可以挡住某种违法行为，在一定程度上也维护了社会秩序和公民、法人或者其他组织的合法权益。如对不走斑马线行人在公开的显示屏进行循环播放人脸和实名曝光，确实通过对当事人声誉的压力而减少了行人违法；对拖欠职工工资的企业老板，通过曝光，不仅影响其声誉，而且影响其招工和经营，有助于职工的追薪；对价格违法行为及行为人进行曝光，有利于打击价格违法行为。社会上确有一些违法者，不怕"罚"，但怕"晒"。二是"方便"。对违法者进行行政处罚或强制措施，受到《行政处罚法》和《行政强制法》约束，处罚或强制都必须依法设定并依法实施，但对"违法行为曝光"，似乎无须有法律依据，各机关都可自行规定和自行实施。

对于上述两个催生"违法行为曝光"的原因，第一个原因反映了执法机关认识上的片面性，只看到此做法"利"的一面，忽视了"弊"的一面；只看到"积极"的一面，忽视了"消极"的一面。第二个原因，是执法机关的错觉和误解。对"违法行为曝光"并非全不是处罚，并非不受法律规制，可以任意实施。

以法治思维考量一种社会治理手段，必须学会"两分法"，不能陷于"单一思维"。我们不能只以是否"管用"作为唯一标准。除了"管用"，还应当考虑目的与手段、目标与成本、权利与义务之间的平衡。如果我们可以任意放大对"违法行为曝光"的手段，势必会造成对隐私权的侵害和社会怨气的增加。在法治轨道上推进国家治理现代化是习近平法治思想的基本要求之一。

至于对"违法行为曝光"是否属于行政处罚不能一概而论，需要具体情况具体分析。一般而言，"违法行为曝光"有下列几种情形和性质：

一是行政处罚行为。如果当事人违法，执法机关以公开曝光其违法行为及违法人信息，影响其声誉的方法，达到制裁的目的。这种性质的行为，实质上就是行政处罚。《行政处罚法》第2条规定："行政处罚是指行政机关依法对违反行政管理秩序的公民、法人或者其他组织，以减损权益或者增加义务的方式予以惩戒的行为。"这就是说，不论行为的名称被冠以什么，只要行政执法机关针对当事人的违法行为，以减损权益或者增加义务的方式予以惩戒的，就是行政处罚。换句话说，只要强制当事人承受一种不利后果，作为其为违法行为所付出的代价，就是行政处罚。又对照《行政处罚法》第9条规定，"对违法行为曝光"不属于（一）至（五）类常规处罚，而属于"（六）法律、行政法规规定的其他行政处罚"。这就是说，要将"对违法行为曝光"列为"行政处罚"的一种手段是可以的，但必须由法律和行政法规直接设定。说得通俗点，执法机关要实施"对违法行为曝光"这类处罚手段，必须有法律和行政法规的依据。

二是政府信息公开行为。如果行政机关依据《政府信息公开条例》公开一种政府信息，里面包括了当事人违法的信息，这不属于行政处罚，而属于政府信息公开行为。《行政处罚法》第48条第1款规定："具有一定社会影响的行政处罚决定应当依法公开。"行政执法机关据此公开了"行政处罚决定"，这一决定又必然包含了当事人的违法信息，这正是属于政府信息公开行为。对于这类信息，如何公开，应当遵循《政府信息公开条例》的有关规定。根据《政府信息公开条例》规定，对于依法确定为国家秘密的政府信息，法律、行政法规禁止公开的政府信息，以及公开后可能危及国家安全、公共安全、经济安全、社会稳定的政府信息，不予公开；对于涉及商业秘密、个人隐私等公开会对第三方合法权益造成损害的政府信息，不得公开。但是，第三方同意公开或者行政机关认为不公开会对公共利益造成重大影响的，予以公开。

三是政府对社会危害事件的预警。《突发事件应对法》（2024）第64条规定："可以预警的自然灾害、事故灾难或者公共卫生事件即将发生或者发生的可能性增大时，县级以上地方人民政府应当根据有关法律、行政法规和国务院规定的权限和程序，发布相应级别的警报，决定并宣布有关地区进入预警期，同时向上一级人民政府报告，必要时可以越级上报；具备条件的，应当进行网络直报或者自动速报；同时向当地驻军和可能受到危害的毗邻或者相关地区的人民政府通报。发布警报应当明确预警类别、级别、起始时间、可能影响的范围、警示事项、应当采取的措施、发布单位和发布时间等。"《政府信息公开条例》（2019）第 15 条规定，行政机关对于虽然涉及商业秘密、个人隐私等公开会对第三方合法权益造成损害的政府信息，但不公开会对公共利益造成重大影响的，应当予以公开。这里都规定了政府机关对社会危害事件发布预警的权力和责任。当自然灾害、事故灾难或者公共卫生事件即将发生或者发生的可能性增大时，政府必须依法及时向社会发出预警。假如一地突然发生多起食物中毒事件，初步查明是某企业生产的食品所致，但它销售范围较广，为防止危害的扩大，政府紧急公布这一信息（包含了当事企业的违法信息），这就是发布预警的行为，而不属于对当事人违法行为进行曝光的处罚。至于政府如何发布预警，必须严格遵循《突发事件应对法》及其他有关法律的规定。

20. 对当事人进行"行政约谈"是否属于行政处罚？

"约谈"是指监督组织对有关被监督组织或者个人，通过信息交流，进行了解情况、提示违法违纪风险以及批评教育，达到预防和干预违法违纪的监督方式。它存在于政纪检查监督，国家、政府和社会自身管理以及政府对社会的行政管理之中。其中，政府机关基于行政管理关系，对公民、法人或者其他组织进行约谈的行为，就是行政约谈。

完整地说，行政约谈是指国家行政机关基于行政管理关系，对具有违法嫌疑或违法风险，或者虽有违法行为但不予处罚的公民、法人或者其他组织，进行了解情况、核对事实、提示风险或批评教育等信息沟通行为。这是一种特殊的监管方式。

行政约谈是一种面对社会的迅速发展，在传统的命令、处罚、强制等对抗性执法手段已显单一、机械的背景下，应运而生的一种软性执法方式。它作为一种新型的监管方式，涉足十分广泛，包括食品安全、环境保护、产品安全、税务、证券、信访等领域，相关法律、法规、规章已有几百部。行政约谈具有下列法律特征：

一是，行政约谈的主体是具有行政监管权的行政主体，主要是国家行政机关，也包括法律法规授权的组织。

二是，行政约谈的对象是公民、法人或者其他组织。当事人为法人或者其他组织的，就约谈法定代表人或负责人，也可包括直接的责任人。

三是，行政约谈的方式是信息交流。目的有三种：1.核实和了解有关情况；2.提示违法风险；3.对已出现的违法现象进行批评教育等。主要是为了预防和干预违法行为的发生。

四是，行政约谈的法律效果，仅仅是引起当事人的警示，并不直接影响当事人的权利和义务。

所以，行政约谈是一种非处分性、非惩罚性、非强制性的行政事实行为和行政指导行为。它是一种行政活动，但不属于行政行为，更不是行政处罚。

行政约谈是不可诉的，因为它不会对当事人的权利与义务发生影响。但是，如果行政机关以行政约谈的形式强制当事人履行某种义务，或剥夺和限制当事人的某种权利，如以"行政约谈"名义限制当事人的人身自由，以"行政约谈"方式宣布行政处罚决定等，那么就应以该行为的实际性质确定。这种情况下的"行政约谈"，是名为"行政约谈"实为其他"行政行为"。对它是否可诉，应当按照该行为的实质性质确定。

21. 政府部门向当事人收回国有土地使用权是否属于行政处罚？

我国土地有国家所有和集体所有两种所有制形式，不存在私有。《宪法》（2018）第10条第1—2款规定："城市的土地属于国家所有。农村和城市郊区的土地，除由法律规定属于国家所有的以外，属于集体所有；宅基地和自留地、自留山，也属于集体所有。"尽管土地一律属于国有或集体所有，不存在也不允许私有，但是国家土地的使用权是可以"依照法律的规定转让"。并且，公民、法人或者其他组织可以通过法定的出让或者转让程序获得国有土地使用权。

当事人依法获得土地使用权之后，如果政府部门又依法收回当事人的国有土地使用权，这是否属于行政处罚呢？这要具体分析。主要有三种情况：

第一种情况，原给予当事人土地使用权不合法（当事人骗取批准或者行政机关违反法律规定出让），"收回土地使用权"属于纠错行为，它属于行政行为的"撤回"范畴，不属于行政处罚；

第二种情况，原给予当事人土地使用权合法，现为了公共利益的需要而提前收回，并依法给予补偿。这时，"收回土地使用权"其实是"行政征收"行为，也不属于行政处罚行为；

第三种情况，是根据《土地管理法》（2019）第 38 条①、《城市房地产管理法》（2019）第 26 条② 和《城镇国有土地使用权出让和转让暂行

---

① 《土地管理法》（2019）第 38 条规定："禁止任何单位和个人闲置、荒芜耕地。已经办理审批手续的非农业建设占用耕地，一年内不用而又可以耕种并收获的，应当由原耕种该幅耕地的集体或者个人恢复耕种，也可以由用地单位组织耕种；一年以上未动工建设的，应当按照省、自治区、直辖市的规定缴纳闲置费；连续二年未使用的，经原批准机关批准，由县级以上人民政府无偿收回用地单位的土地使用权；该幅土地原为农民集体所有的，应当交由原农村集体经济组织恢复耕种。在城市规划区范围内，以出让方式取得土地使用权进行房地产开发的闲置土地，依照《中华人民共和国城市房地产管理法》的有关规定办理。"

② 《城市房地产管理法》（2019）第 26 条规定："以出让方式取得土地使用权进行房地产开发的，必须按照土地使用权出让合同约定的土地用途、动工开发期限开发土地。超过出让合同约定的动工开发日期满一年未动工开发的，可以征收相当于土地使用权出让金百分之二十以下的土地闲置费；满二年未动工开发的，可以无偿收回土地使用权；但是，因不可抗力或者政府、政府有关部门的行为或者动工开发必需的前期工作造成动工开发迟延的除外。"

条例》（2020）第17条 ① 规定，当事人受让国有土地使用权后，"未经原批准机关同意，连续二年未使用的"，土地管理部门有权收回土地使用权。这种情况属于行政处罚。理由如下：

1. 它以当事人的行为违法（未经原批准机关同意，连续2年未使用）为前提，土地主管部门"收回土地使用权"是对当事人违法行为的一种惩罚，具有制裁性；

2. 法规和有关部门已经解释了这种行为的性质。《城镇国有土地使用权出让和转让暂行条例》（2020）第17条和1994年国家土地管理局《对辽宁省土地管理局关于对执行〈土地管理法〉第十九条规定的请示的批复》中已经表明：这种情况下的"收回土地使用权"属于行政处罚。

22. 注销登记或注销许可证是否属于行政处罚？是否可诉？

关于行政处罚的种类，《行政处罚法》第9条只设定了"吊销许可证件"。但在现实中出现了"注销登记"或"注销许可证"等行为，这些行为是否属于行政处罚？

"注销许可证"和"吊销许可证件"，无论在字面表达上还是行为属性上确实都是不同的。"吊销许可证件"肯定是行政处罚，但"注销许可证"不一定是行政处罚。

在我国的法律制度和法律语境中，"注销登记"或"注销许可证"之类的行为属于"簿记行为"。我国对不动产权属和许可资格等实现法定登记制度。这样，国家机关对有关权属（如不动产）和许可资格的决定必须同时登记在法定的"簿本"中。国家机关在"簿本"中的登记行为就是"簿记行为"，包括设立登记、变更登记、注销登记。"注销许可

---

① 《城镇国有土地使用权出让和转让暂行条例》（2020）第17条规定："土地使用者应当按照土地使用权出让合同的规定和城市规划的要求，开发、利用、经营土地。未按合同规定的期限和条件开发、利用土地的，市、县人民政府土地管理部门应当予以纠正，并根据情节可以给予警告、罚款直至无偿收回土地使用权的处罚。"

证"就属于"簿记行为"中的"注销登记"。

"簿记行为"不是一个独立的行为，它是某个"行政决定"（一般是行政确认决定或行政许可决定）的配套行为和从属行为。公民购买了一套商品房，申请不动产登记。行政登记机关审查后认为买卖关系合法有效，申请人已获得产权，同意给予登记，这实际上作出了一个"确认决定"；接着在"簿本"上记录并发给不动产证，就是落实和体现前一个"确认决定"的"簿记行为"。这个"簿记行为"不能独立存在，它是依附于"确认决定"而存在。行政许可也是如此，行政机关作出一个行政许可决定之后，才会在"簿本"上登记并发给许可证。许可证被撤销，许可证登记也应当随之注销。

"簿记行为"是一个事实行为，不是法律行为。"簿记"是以国家公信力宣示权利和证明权利的一种方式。它本身并不直接处理当事人的权利与义务。直接处分当事人权利义务的不是"簿记行为"，而是它所从属和配合的"行政决定"。如行政机关作出吊销当事人许可证的"处罚决定"，依据这一决定，登记机关才在"簿本"上作出注销记录。剥夺当事人许可资格的是"处罚决定"，而不是"注销登记"。

只有当作为一个"主行为"的行政决定属于"行政处罚决定"时，为落实和体现这个处罚决定而作出的"簿记行为"（注销登记），才可被看成是行政处罚行为的一部分（因为它被行政处罚行为所吸收）；如果作为一个"主行为"的行政决定不属于"行政处罚"，而属于一个其他行政决定时，那么，这个"注销登记"和行政处罚无涉。

如《行政许可法》（2019）第70条规定："有下列情形之一的，行政机关应当依法办理有关行政许可的注销手续：（一）行政许可有效期届满未延续的；（二）赋予公民特定资格的行政许可，该公民死亡或者丧失行为能力的；（三）法人或者其他组织依法终止的；（四）行政许可依法被撤销、撤回，或者行政许可证件依法被吊销的；（五）因不可抗力导致行政许可事项无法实施的；（六）法律、法规规定的应当注销行

政许可的其他情形。"在这里的"注销许可证",其所依附的"主行为"起码有这几种情况:

一是行政处罚。如第（四）项中规定的撤销、吊销许可证;

二是纠正违法。如第（四）项所包含的许可证发错,或当事人骗取许可证的,发证机关依法撤回许可证;

三是许可证废止。如第（一）、（二）、（三）、（五）项所规定原因。

至于当事人对"簿记行为"不服是否可诉的问题,应当区分几种情况:

一是,当"簿记行为"与它所从属的"行政决定"完全一致时,可以将它作为"行政决定"的一部分来对待,没有必要作为一个独立的行为来适用权利救济。当行政机关对当事人作出一个"吊销许可证"的行政处罚决定,然后注销了当事人的许可证。当事人不服,只要对"吊销许可证"这一处罚决定起诉便可,无须另行单独起诉"注销许可证"的行为。因为,如果"吊销许可证"的行政处罚决定被依法撤销,当事人的许可证登记自然会得到恢复。

二是,如果"簿记行为"与它所从属的"行政决定"内容不一致时,当事人认为"簿记行为"侵犯了其合法权益的,可以单独针对"簿记行为"提出诉讼。

三是,如果行政机关没有作出一个前置性的行政决定,而是直接以"簿记行为"代替"行政决定"时,那就可以将"簿记行为"作为它所代表的"行政决定"来起诉。

当"簿记行为"单独被提起行政诉讼时,其行为种类可归入"其他行政行为"对待。

23. 撤销许可证和一定期限内不受理当事人许可申请是否属于行政处罚?

由工业和信息化部制定发布的《民用爆炸物品安全生产许可实施办

法》（2015）第23条规定："以欺骗、贿赂等不正当手段取得《民用爆炸物品安全生产许可证》的，省级民爆行业主管部门撤销其《民用爆炸物品安全生产许可证》，3年内不再受理其该项许可申请。"这里的"撤销其《民用爆炸物品安全生产许可证》"和"3年内不再受理其该项许可申请"是否都属于行政处罚？

这里的"撤销其《民用爆炸物品安全生产许可证》"行为不属于行政处罚，而属于行政机关的纠错行为。因为这里原先发放给当事人的《民用爆炸物品安全生产许可证》，是当事人"以欺骗、贿赂等不正当手段取得"的，行政机关属于"上当受骗"。这种情况本身就表明当事人是不具备取得许可证的条件。行政机关发给当事人许可证，本身就是违法的（当然，这是由当事人的违法行为造成的），这种违法状态必须纠正。行政机关"撤销"该许可证，性质上属于"收回"许可证，是对违法状态的修复。因而不是处罚，而是纠错。

任何违法状态必须纠正，这是法治原则的要求。纠错是通过当事人的行为或处理机关的行为将一种违法状态回归到原始的合法状态，本质上属于"恢复原状"。纠正违法有两种方式：一是责令当事人自我纠正违法，如责令当事人自行拆除违法建筑；二是处理机关直接纠正当事人的违法状态，表现为行政机关直接将违法状态恢复至原先的合法状态，如直接拆除当事人的违法建筑，或者收回、改变已作出的行政决定（包括许可决定）。但无论是行政机关责令当事人纠正违法，或者行政机关直接纠正当事人的违法状态，都属于可诉的行政行为。

行政机关"3年内不再受理其该项许可申请"的行为，尽管这种表达方式有点特殊，但实质上是剥夺当事人在一定期限内申请许可的资格，这属于行政处罚，而且属于"资格罚"。但由于《行政处罚法》第9条第（三）项"暂扣许可证件、降低资质等级、吊销许可证件"所规定的"资格罚"并没有直接包括这一行为，因而可以将这一行为推定为

《行政处罚法》第9条第（六）项所规定的"其他行政处罚"（法律、行政法规规定的其他行政处罚）。

但是，"其他行政处罚"必须由法律和行政法规予以设定，而规章只能设定警告、通报批评或者一定数额罚款。所以，作为部门规章的《民用爆炸物品安全生产许可实施办法》要对"3年内不再受理其（当事人）该项许可申请"这种资格罚作出规定，应当查阅一下是否具有作为上位法的法律和行政法规的依据。

24. 城市管理部门对道路停车收费是什么行为？对停车过时交费者实施罚款是否合法？

某市综合行政执法部门依据一个规章规定，对驶离道路停车泊位后7天内未予缴费的，处以罚款。这里，对停车收费是什么行为？对停车过时交费者实施罚款是否合法？

车辆行驶人到单位或个人停车场停车，停车场收取停车费，这是民事关系，属于民事上的保管合同。而政府为了缓解停车难的问题，在公共道路上划出停车位，允许公众停车，但要收取停车费，这是行政关系。因为这里使用的是国家的公共资源，为了平衡公共资源的公平使用，对停车者收取一定费用是应当的。城市管理部门依据有关规定对停车者收取停车费，这是一种行政收费行为。

当事人没有及时交费，是否可以对他进行罚款，那就应当看是否具有规章以上的规范依据。因为根据《行政处罚法》的规定，对罚款的设定权属于法律、法规和规章。规章以下的其他规范性文件不得设定罚款。至于对没有及时交费的当事人进行罚款为好，还是征收滞纳金为好，这是一个可以讨论的问题。

既然城市管理部门对停车者收取停车费是行政收费行为，那么就意味着，如果当事人对收费行为不服，是可以申请行政复议或者提起行政诉讼的。

25. 行政机关对当事人加处罚款是否属于行政处罚？

罚款，这是由《行政处罚法》第 9 条第（二）项所设定的一种行政处罚手段，是指行政主体强制违法当事人用自己的合法财产缴纳一定数量货币的处罚。它是实践中相对比较常用的一种处罚手段，属于典型的财产罚。

按理说，行政主体作出"罚款决定"之后，当事人必须在规定期限内（自收到行政处罚决定书之日起 15 日内）履行罚款决定。当事人逾期不缴纳罚款的，作出行政处罚决定的行政机关可以每日按罚款数额的百分之三加处罚款。这一"加处罚款"的手段来自《行政处罚法》第 72 条第 1 款第（一）项①和《行政强制法》（2011）第 45 条的规定②。

这样一来，前面的"罚款"与后面的"加处罚款"就不易区别。它们形式上都是一种"罚款"，似乎都属于"行政处罚"。其实不然。

前面的"罚款"是一个基础行为，是由《行政处罚法》第 9 条第（二）项所设定的一种行政处罚手段，而后面的"加处罚款"是一个执行行为，是由《行政强制法》（2011）第 12 条③所设定的一种执行方式，目的在于迫使当事人自觉履行行政决定所确定的义务。从下面的行政强制执行结构图看出，第一个"罚款决定"离后面的"加处罚款决定"存在多大

---

① 《行政处罚法》第 72 条第 1 款第（一）项规定："当事人逾期不履行行政处罚决定的，作出行政处罚决定的行政机关可以采取下列措施：（一）到期不缴纳罚款的，每日按罚款数额的百分之三加处罚款，加处罚款的数额不得超出罚款的数额……"。

② 《行政强制法》（2011）第 45 条规定："行政机关依法作出金钱给付义务的行政决定，当事人逾期不履行的，行政机关可以依法加处罚款或者滞纳金。加处罚款或者滞纳金的标准应当告知当事人。加处罚款或者滞纳金的数额不得超出金钱给付义务的数额。"

③ 《行政强制法》（2011）第 12 条规定："行政强制执行的方式：（一）加处罚款或者滞纳金；（二）划拨存款、汇款；（三）拍卖或者依法处理查封、扣押的场所、设施或者财物；（四）排除妨碍、恢复原状；（五）代履行；（六）其他强制执行方式。"

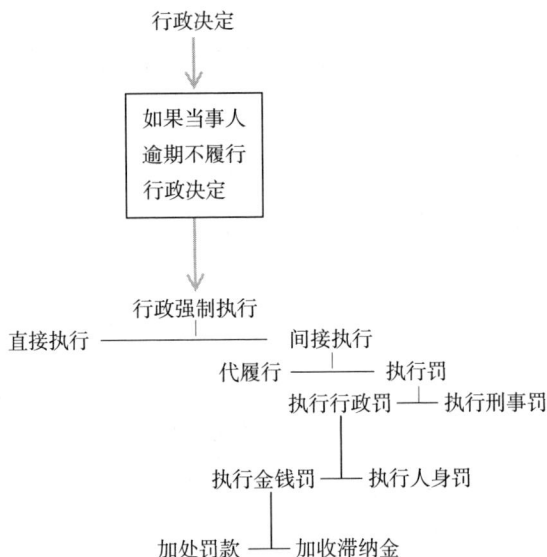

的距离。

　　"罚款决定"属于一个基础性的"行政决定"，它处于上图中的第一个环节（起点）。如果当事人履行了行政决定，就不会发生强制执行问题；如果当事人逾期不履行行政决定（罚款决定），那就进入行政强制执行程序。而"加处罚款"属于间接强制执行中的"执行罚"，属于一种间接强制执行手段。可见，第一个"罚款决定"是"行政处罚决定"，属于"行政处罚行为"，受《行政处罚法》规制；而后续的"加处罚款决定"是一个"强制执行决定"，属于"行政强制行为"，受《行政强制法》规制。

26. 责令当事人"停业整顿"属于行政处罚吗?

　　"责令停产停业"属于行政处罚，但在现实中，有的行政执法机关常常要求当事人"停业整顿"一段时间，这属于行政处罚还是监管措施?

　　"责令停产停业"，是指行政执法机关对违法生产经营当事人限制其在一定期限内停止全部或部分生产经营活动的处罚手段，是《行政处罚法》第9条所设定的一种行政处罚形式。

但如果行政执法机关对当事人仅仅发出"限期整改"的通知或命令，这属于要求当事人纠正违法、改善条件的监管措施，属于责令当事人"纠正违法"的范畴，在行政行为的分类中属于"行政命令"。

《行政处罚法》第 28 条第 1 款规定："行政机关实施行政处罚时，应当责令当事人改正或者限期改正违法行为。"这说明，当事人进行了违法行为，行政执法机关不仅应当依法对当事人进行处罚，同时还必须责令当事人纠正违法，不得"以罚代管"或"以管代罚"。《行政处罚法》充分体现了"处罚和纠正违法相结合"精神。在这种背景下，有的行政机关将"处罚决定"与"责令纠正违法"命令合为一体作出一个综合决定，出现了诸如"停业整顿三个月""停业整改"等决定，是完全可以理解的。它们应当是两个行政行为的结合，前半个是行政处罚行为，后半个是行政命令行为。它们应当适用不同的法律规范。在行政诉讼中作为两个行政行为对待，当事人对两个行政行为都不服而一并起诉的，人民法院可以一并审理。这属于诉的合并。

总之，如果行政机关单独作出"责令停产停业"，这是行政处罚；单独作出"限期整改"，这是纠错性质的行政命令；如果作出"停业整改"，那是行政处罚与行政命令的结合。

为了提高"行政决定"规范化水平，我们建议尽量避免使用"停业整顿三个月"、"停业整改"等综合性的表述，以分开表述为宜。可以在一个《行政处理决定书》分列两条表达：如"一、责令当事人停产停业三个月；二、责令当事人按要求进行整改。"

27. 限制当事人担任企业负责人属于行政处罚吗?

2021 年修正的《安全生产法》第 113 条规定："生产经营单位存在下列情形之一的，负有安全生产监督管理职责的部门应当提请地方人民政府予以关闭，有关部门应当依法吊销其有关证照。生产经营单位主要负责人五年内不得担任任何生产经营单位的主要负责人；情节严重的，终身不得担任本行业生产经营单位的主要负责人：（一）存在重大事故隐患，一百八十日内三次或者一年内四次受到本法规定的行政处罚的；（二）经停产停业整顿，仍不具备法律、行政法规和国家标准或者行业标准规定的安全生产条件的；（三）不具备法律、行政法规和国家标准或者行业标准规定的安全生产条件，导致发生重大、特别重大生产安全事故的；（四）拒不执行负有安全生产监督管理职责的部门作出的停产停业整顿决定的。"

这里，行政机关禁止当事人五年内不得担任任何生产经营单位的主要负责人或者终身不得担任本行业生产经营单位的主要负责人，是否属于行政处罚？是行政处罚的话，又属于哪类行政处罚？

行政机关禁止当事人五年内不得担任任何生产经营单位的主要负责人或者终身不得担任本行业生产经营单位的主要负责人，当然属于行政处罚。因为它符合行政处罚的法律特征：以当事人违法为前提；依法让当事人承担不利后果。

这类处罚，在人身罚、财产罚、行为罚和申诫罚的分类中，它更接近于"资格罚"。但在《行政处罚法》第9条所列六项处罚中，有专家将它解释为第（四）项的"限制从业"。而第（四）项恰恰属于"行为罚"。不过，就当下的行政处罚制度而言，无论是将它定性为"资格罚"或"行为罚"，在法律设定和处罚程序上都无区别的意义。

28."按日连续罚款"属于行政处罚还是行政执行罚？

我国《环境保护法》（2014）第59条第1款规定："企业事业单位和其他生产经营者违法排放污染物，受到罚款处罚，被责令改正，拒不改正的，依法作出处罚决定的行政机关可以自责令改正之日的次日起，按照原处罚数额按日连续处罚。"这一"按日连续罚款"行为到底属于"行政处罚"还是"行政强制执行"？

"按日连续罚款"，到底属于"行政处罚"还是属于"行政强制执行"的"行政执行罚"？一是因为它们两者的法律特征存在接近和模糊的地方。二是因为对它们的甄别事关法律的正确适用。行政处罚主要适用《行政处罚法》等法律规范，包括行政执行罚在内的行政强制执行应当适用《行政强制法》等法律规范。

就目前的法律制度而言，"按日连续罚款"存在于两种行为和两种制度之中，即行政处罚行为（制度）和行政强制执行（制度）。

作为"行政处罚"行为的"按日连续罚款"，系指因当事人存在违法，并且这种违法处于持续状态（继续状态），行政机关对其进行处罚并责令其纠正违法，但当事人拒不纠正其违法的，行政机关依法自责令改正的次日起，依照原罚款数额按日连续罚款的法律制度。这种行为的法律特性是：

第一，它是一种特殊的行政处罚行为，主要适用《行政处罚法》和相关法律规范。

第二，它适用持续违法的当事人并且当事人被首次处罚后仍拒不纠正违法。它并不适用包括一次性违法在内的其他违法及状态。

第三，它以首次罚款数额为标准，每日处予同额罚款，直到当事人纠正违法。

第四，这种处罚主要针对危害自然环境等严重的持续违法，并且严厉的处罚结果会导致企业的停产或破产，因而在行政处罚的种类划分中应当作为"其他行政处罚"① 对待，所以，它必须由法律和行政法规设定，地方性法规和规章不得设定该处罚，除非法律另有授权②。

这类行政处罚，以《环境保护法》（2014）第 59 条第 1 款的规定最为典型。《固体废物污染环境防治法》（2020）第 119 条、《水污染防治法》（2017）第 95 条等都准用该规定；其他如《大气污染防治法》（2018）

---

① 《行政处罚法》第 9 条第（六）项："法律、行政法规规定的其他行政处罚。"

② 如《环境保护法》（2014）第 59 条第 3 款规定："地方性法规可以根据环境保护的实际需要，增加第一款规定的按日连续处罚的违法行为的种类。"

第 123 条、《安全生产法》(2021) 第 112 条和《海洋环境保护法》(2017)
第 73 条等，都作出了同性质的规定。

作为"行政执行罚"性质的"按日连续罚款"，系指因当事人拒不
缴纳行政处罚决定所规定的罚款，行政机关依法每日按罚款数额的百分
之三加处罚款，加处罚款的数额不得超出罚款的数额的法律制度。这种
行为的法律特性是：

第一，行政执行罚不属于行政处罚，而属于行政强制执行中的间接
强制手段，属于行政强制的范畴，主要适用《行政强制法》和相关法律
规范。

第二，它适用所有拒不缴纳罚款的当事人。

第三，它以当事人逾期缴纳罚款之日起每日处予 3% 的罚款，但是
加处的罚款不得超过原罚款的数额。

第四，根据《行政强制法》(2011) 第 13 条 ① 规定，行政强制执行
由法律设定，行政法规、地方性法规和规章无权设定。所以，作为行政
执行罚的"按日连续罚款"也只能由法律设定。

我国《行政处罚法》第 72 条第 1 款第（一）项规定："当事人逾期
不履行行政处罚决定的，作出行政处罚决定的行政机关可以采取下列
措施：（一）到期不缴纳罚款的，每日按罚款数额的百分之三加处罚款，
加处罚款的数额不得超出罚款的数额……"这一规定已对这种行政执行
罚（加处罚款）作了普遍而直接的授权，任何行政处罚机关都已拥有这
种加处罚款的权力，不再需要其他法律的单独授权。

作为"行政处罚"的"按日连续罚款"与作为"行政执行罚"的"按
日连续罚款"，确有许多共同点，导致人们区分上的困惑：

一是实施主体相同。无论是作为"行政处罚"的"按日连续罚款"

---

① 《行政强制法》(2011) 第 13 条规定："行政强制执行由法律设定。法律没有规定行
政机关强制执行的，作出行政决定的行政机关应当申请人民法院强制执行。"

还是作为"行政执行罚"的"按日连续罚款",都是由原行政处罚机关实施,无须另换实施主体。

二是行为总体性质相同。在我国的行政法理和行政法制度中,无论行政处罚还是行政执行罚,总体上都属于行政行为。

三是行为形式相同。无论是作为"行政处罚"的"按日连续罚款"还是作为"行政执行罚"的"按日连续罚款",都表现为"连续性"(按日)和"财产性"(罚款)。

四是权利救济途径相同。在我国,行政行为原则上是可诉的,但也存在一些不可诉的行政行为①。而"按日连续罚款"无论作为"行政处罚"还是"行政执行罚",都具有可诉性。当事人对其不服的,都有权依法申请行政复议或者提起行政诉讼。

但是,它们之间的区别也是清晰的:

第一,行为归类和法律适用不同。它们虽然在总体上都属于行政行为,但具体的归类是不同的,前者属于行政处罚行为,后者行政执行罚,属于行政强制执行行为。与此相适应,前者主要适用《行政处罚法》及相关法律规范,后者主要适用《行政强制法》及相关法律规范。

第二,权力依据不同。虽然两者的实施主体都是原行政处罚机关,但两者所拥有的"按日连续罚款"权力有所不同。在现行法律制度下,作为"行政处罚权"的"按日连续罚款",法律并没有对所有行政处罚机关作普遍而直接的授权,所以,行政机关要实施该权力必须有具体的法律和行政法规依据;但作为"行政执行权"的"按日连续罚款",《行政处罚法》第72条已对所有的行政处罚机关作了普遍而直接的授权,任何行政处罚机关都已拥有这种加处罚款的权力,不再需要其他法律的单独授权了。

---

① 《行政诉讼法》(2017)第13条第(四)项规定,法律规定由行政机关最终裁决的行政行为不可诉。

第三，针对范围不同。作为"行政处罚"的"按日连续罚款"主要是针对危害自然环境等严重的违法行为并处于违法的继续状态，而作为"行政执行罚"的"按日连续罚款"可以针对当事人的任何违法行为和任何违法状态。

第四，罚款的标准和限制不同。作为"行政处罚"的"按日连续罚款"，它是以基础罚款数额为标准，并不作高额限制；但作为"行政执行罚"的"按日连续罚款"，它是以基础罚款数额为基数，按3%的标准罚款，并且规定加处的罚款数不得超过基础罚款的本数。

第五，功能定位不同。虽然两者都兼有"惩戒"和"执行"的功能，但就直接的功能而言，作为"行政处罚"的"按日连续罚款"主要是为了惩罚当事人的持续违法；作为"行政执行罚"的"按日连续罚款"，它的直接目的是迫使当事人履行一个已经生效的罚款决定（基础决定）。

目前行政法学界对于《行政处罚法》第72条所规定的，作为"行政执行罚"的"按日连续罚款"的定性没有异议，但对于《环境保护法》（2014）第59条及其他法律类似规定的"按日连续罚款"是否属于"行政处罚"存在分歧。笔者认为，虽然《环境保护法》及其他法律所规定的这类"按日连续罚款"也具有一定的"执行"功能，但鉴于法律表达都置于"法律责任"一章，我们应当尊重立法的原意，将它们归类于"行政处罚"为好。

29. 关于行政管理中的"终身罚"如何定性？

"终身罚"系指以终生剥夺当事人的某项权利作为惩罚的制裁制度。在古代，无论中外，"终身罚"皆有过"热潮"，如我国汉朝时期兴盛一时的"禁锢"罚便是典型。随着近现代法治文明浪潮袭卷全球，"终身罚"因当事人其"生有涯而罚无尽"这一过于严苛的特点，在近现代法治建设勃兴中"遇冷"，其适用范围被不断严格限缩乃至废弃，现主要集中保留于多国刑事司法领域。在我国，"终身罚"也主要被限缩在刑罚领域，如"无期徒刑"和"剥夺政治权利终身"。

如今，"终身罚"更多地被应用于行政执法领域。"终身禁考""终生禁驾""终身禁赛""终身禁入""终身不得担任某职务""终身不授予""终身限制申报""终身不得参与""终身剥夺博导资格"等。从立法层面看，现有立法对"终身罚"的规定大多出现在 2000 年之后，2018 年开始暴增，并呈现一定普遍性。① 例如"法律"层面的《道路交通安全法》(2021) 第 91 条第 5 款规定："饮酒后或者醉酒驾驶机动车发生重大交通事故，构成犯罪的，依法追究刑事责任，并由公安机关交通管理部门吊销机动车驾驶证，终生不得重新取得机动车驾驶证。"作为"行政法规"的《娱乐场所管理条例》(2020) 第 53 条规定："因擅自从事娱乐场所经营活动被依法取缔的，其投资人员和负责人终身不得投资开办娱乐场所或者担任娱乐场所的法定代表人、负责人。""部门规章"也有不少直接设定了"终身罚"。如《反兴奋剂管理办法》(2021) 对"终身取消参加体育系统各类评优评先、荣誉称号、职称、科研项目的申报和评比资格"进行了规定。"地方性法规"规定"终身罚"的数量远远超过法律、行政法规和部门规章的数量。在这样的立法背景下，执法层面的"终身罚"案件也随之剧增。②

这些存在于行政执法领域的"终身罚"，为区别于其他领域中的"终身罚"，可以简称为"行政终身罚"。"行政终身罚"是指在当事人因违反法律或行政法规的禁止性规定，其犯罪或违法行为已被有权机关（司

---

① 通过对北大法宝、小包公等法律检索平台的初步检索的不完全统计，截至 2022 年 8 月上旬，涉及行政执法领域"终身罚"的现行有效规范性文件共有法律 23 部、行政法规 18 件、部门规章 54 件、地方性法规 76 件、团体规定 3 件、行业规定 23 件、其他规范性文件若干。

② 在北大法宝平台根据对公开的行政处罚决定书的检索统计，2017 年全国范围内公开的行政"终身罚"案件为 131 件，2021 年已猛增至 645 件，形式也不断翻新。

法机关和行政机关）依法追究法律责任的前提下，行政执法机关另行作出一个相关的、终身剥夺当事人获得某类权利决定的行为和制度。就理论维度而言，"行政终身罚"具有下列法律特性：

第一，行政终身罚具有惩罚性。行政执法机关对当事人处以"终身罚"的前提是当事人实施了违法或犯罪行为，其法律效果是永远剥夺当事人某类权利资格。"终身罚"是当事人为自己的违法或犯罪行为所付出的对价性的"代价"，具有明显的"惩罚性"。而且，"终身罚"远比一般的行政处罚严厉。

第二，行政终身罚具有终身性。"终身罚"不是对当事人已有权利的剥夺（这属于"本罚"），而是对其将来权利资格的剥夺，并且是永远地被剥夺。对已有权利的剥夺（如吊销许可证），并未禁止当事人在自身条件具备时重新申请权利（重新申请许可证），而"终身罚"意味着，当事人从此往后"永远""终身"地丧失了申请权利的资格。

第三，行政终身罚具有附加性。"终身罚"不是"本罚"，而是"附加罚"。这正是"终身罚"不同于其他处罚的最大区别。"终身罚"是让当事人在承担刑事责任（针对犯罪）和行政处罚责任（针对违法）的"本罚"之外，再行承担一种额外的"不利后果"。根据《安全生产法》（2021）第 92 条规定，承担安全评价、认证、检测、检验职责的机构租借资质、挂靠、出具虚假报告的，对机构及其直接责任人员除给予罚款、没收违法所得和吊销其相应资质、资格的处罚外，情节严重的，还可"实行终身行业和职业禁入"。

第四，行政终身罚具有行政性。虽然"终身罚"的"起因"是当事人的"违法"或者"犯罪"，但"终身罚"本身则是一种行政行为。一是因为实施"终身罚"的主体是行政执法机关。对当事人实施"本罚"可以追究刑事责任或行政处罚责任，追究刑事责任的主体自然是司法机关。但"终身罚"属于"附加罚"，这一附加罚只能由行政执法机关（行政主体）实施。二是因为"终身罚"的内容是剥夺当事人行政法上的权利资格，大多与行政确认和行政许可等有关。可以说，"终身罚"本身表现为行政机关通过一个"行政行为"永远剥夺当事人的某项行政法上的权利资格，或者通过一个"行政行为"永远阻挡当事人对获取权利的申请。这些行为的"行政性"显而易见。

行政终身罚属于行政行为，而且属于行政行为中的"行政处罚"行为。根据《行政处罚法》第9条规定，我国现行行政处罚的种类包括：1.申诫罚（警告、通报批评）；2.财产罚（罚款、没收违法所得、没收非法财物）；3.资格罚（暂扣许可证件、降低资质等级、吊销许可证件）；4.行为罚（限制开展生产经营活动、责令停产停业、责令关闭、限制从业）；5.人身罚（行政拘留）；6.其他罚（法律、行政法规规定的"其他行政处罚"）。在上述行政处罚种类中，"终身罚"又属于"其他行政处罚"，这是对它的最终定位。

作为一种新型社会治理和行政执法手段，"行政终身罚"在维护社会公共秩序和公共利益，遏制严重违法行为，降低行政成本，提升行政效能等方面，确有积极意义。在立法层面对某些主体的某类行为设置"行政终身罚"亦具备正当性，有利于完善当前我国行政处罚体系，弥合刑罚与行政处罚之间的沟壑。但基于"行政终身罚"本身的严苛程度，一旦被滥用就会严重侵害公民基本权益，更有悖于我国《行政处罚法》确立的过罚相当原则，不利于国家整体发展。因此，不能让"行政终身罚"游离于《行政处罚法》之外，它应当作为一种"其他行政处罚"受《行政处罚法》的约束。[1]

30. 如何区分行政处罚中的资格罚与行为罚？

《行政处罚法》第9条将13种处罚手段归并为六个种类，即申诫罚、

---

[1]　参见胡建淼、刘馨蔓：《行政执法中的"终身罚"》，《学习时报》2022年9月28日。

财产罚、资格罚、行为罚、人身罚和其他罚，并且对应关系如下：

申诫罚包括：警告、通报批评；

财产罚包括：罚款、没收违法所得、没收非法财物；

资格罚包括：暂扣许可证件、降低资质等级、吊销许可证件；

行为罚包括：责令关闭、责令停产停业、限制开展生产经营活动、限制从业；

人身罚包括：行政拘留。

上述 13 种处罚以外的处罚手段就叫"其他罚"。它必须由法律、行政法规直接设定。

在上述分类及分类所形成的种类中，最难区分的是"资格罚"与"行为罚"的关系。因为"行为"与"资格"是不可分的。行为以资格为前提，任何资格的剥夺或限制均意味着其基于资格所从事的行为被禁止。吊销经营许可证，就不得经营；收回土地使用权证，就禁止了使用该土地的行为；吊销驾照，就不能从事驾车行为；吊销律师证，就意味着禁止了律师从业；取消了教师资格证，就无法做教师……正因为如此，有的国家的行政处罚立法和理论不对"资格罚"与"行为罚"加以区分，而是把"资格罚"与"行为罚"合称为"行为罚"，这不是说没有道理。

但把"资格罚"与"行为罚"区分开来，是一种精细化的操作，并且在理论上是可以区分和应该区分的。

公民、法人或者其他组织取得某种资格才能从事对应的行为，这就是行政许可制度。我国的《行政许可法》并没有对公民、法人或者其他组织的"所有行为"实施许可证制度。这样，当事人的行为就分为两类：一类是基于行政许可所从事的行为，当事人没有取得许可证就不得从事该行为；另一类是不实施行政许可的行为，当事人无须取得许可证就可实施该行为。行政处罚要禁止前一类行为的，就适用资格罚；行政处罚要禁止后一类行为的，就适用行为罚。

31. 当事人的违法是否须以存在主观过错为前提？主观过错的举证责任归属谁？

《行政处罚法》第 33 条第 2 款规定："当事人有证据足以证明没有主观过错的，不予行政处罚。法律、行政法规另有规定的，从其规定。"这是《行政处罚法》2021 年修订新增加的内容，它是对当事人无主观过错不罚规则的确定。

主观过错包括故意和过失。原《行政处罚法》未对行政处罚是否须以当事人具有主观过错为前提作出规定，在理论上和实践中两种观点和两种做法都是存在的。一种是"否定说"。认为当事人有违法行为，不论他主观上是否存在过错，都可以处罚。只要当事人的行为，在客观上违反了法律规定，不用考虑他是否有过错，都可以处罚，这其实是奉行了"违法原则"。另一种是"肯定说"。认为不考虑当事人主观上是否有过错，就认定其违法并予处罚，这是极不公正的。如果当事人因被劫持而被迫超速，事后还要处罚被劫持的当事人，那是不能接受的。

新修订的《行政处罚法》采纳了"肯定说"，明文规定当事人无主观过错的不予处罚（法律、行政法规另有规定的除外）。但由于当事人存在主观上的过错，由处罚机关来举证，那是十分困难的。处罚机关可不是当事人的"蛔虫"，无法直接知道当事人的主观想法。所以，2021 年新修订的《行政处罚法》不是确立"过错原则"，而是确立了"推定过错原则"。

过错原则与推定过错原则的区别在于举证责任分配的不同。在"过错原则"中，必须由执法机关来承担举证责任，只有在证明当事人存在主观过错的前提下，执法机关才可对当事人进行处罚；而在"推定过错原则"中，执法机关对当事人违法是否存在主观过错不负举证责任。当事人违法行为发生了，可以推定为存在主观过错，执法机关都可依法处罚，但如果当事人能够证明自己没有过错的，执法机关才不予处罚。

32. 对外国人驱逐出境是行政强制措施还是行政处罚？

外国人在中国违法的，我们可以依法对他们驱逐出境，这是行政强制措施还是行政处罚？

外国人（包括具有外国国籍与无国籍的人）在中国违法或者犯罪的，我们可以依法对他们驱逐出境。对外国人驱逐出境，可以成为刑事责任的形式，也可以成为行政责任的形式。

外国人在中国犯罪的，应当承担刑事责任。我国《刑法》（2023）第35条规定："对于犯罪的外国人，可以独立适用或者附加适用驱逐出境。"对于构成犯罪的外国人，司法机关通过司法程序判决对他驱逐出境的，属于一种独立的刑罚或者附加刑，这显然既不是行政强制措施，也不是行政处罚。

如果外国人违反治安管理的，应当承担接受行政处罚的责任。我国《治安管理处罚法》（2012）第10条规定："治安管理处罚的种类分为：（一）警告；（二）罚款；（三）行政拘留；（四）吊销公安机关发放的许可证。对违反治安管理的外国人，可以附加适用限期出境或者驱逐出境。"对于违反治安管理的外国人，公安机关要对他限期出境或者驱逐出境的，应当先依法作出一个"限期出境或者驱逐出境"的"行政处罚决定"；当事人到期不出境的，公安机关采取强制措施实施这一行政处罚决定，是一个"行政强制执行"行为。所以，这里所涉及的是"行政处罚与行政强制执行"之间的关系，而不是"行政强制措施与行政处罚"之间的关系。对外国人作出一个"限期出境或者驱逐出境"的行政决定是一种行政处罚，而对外国人到期不出境而采取强制措施强制他出境的行为属于行政强制执行行为，它是对前一个行政处罚决定的执行。行政处罚适用《行政处罚法》，行政强制执行适用《行政强制法》。

33. 设区市的地方性法规是否也具有行政处罚的补充设定权？

《行政处罚法》第 12 条第 1 款规定："地方性法规可以设定除限制人身自由、吊销营业执照以外的行政处罚。"第 3 款规定："法律、行政法规对违法行为未作出行政处罚规定，地方性法规为实施法律、行政法规，可以补充设定行政处罚……"

这里，第 1 款规定了地方性法规对行政处罚具有设定权，可以设定除限制人身自由、吊销营业执照以外的行政处罚。第 3 款规定的是地方性法规对行政处罚具有补充设定权。所谓补充设定权，是指法律、行政法规对违法行为未作出行政处罚规定，地方性法规为实施法律、行政法规，可以补充设定行政处罚。对行政处罚的设定权和补充设定权，都属于地方性法规对行政处罚的设定权。

但是，地方性法规分为两类：一类是省级人大及其常委会制定的地方性法规；二类是设区的市的人大及其常委会制定的地方性法规。这里，省级人大及其常委会制定的地方性法规具有行政处罚的补充设定权是毋庸置疑的，问题是：设区市的地方性法规是否也具有行政处罚的补充设定权呢？理论界和实践中存在一定的疑虑。

我们认为，《行政处罚法》中所述地方性法规，不仅包括省级人大及其常委会制定的地方性法规，也包括设区的市的人大及其常委会制定的地方性法规。因此，设区的市的人大及其常委会制定的地方性法规同样具有行政处罚的补充设定权。只不过，设区的市的地方性法规必须在已经有上位法律、行政法规、省级地方性法规的情况下，且上位法律、行政法规、省级地方性法规对违法行为未作行政处罚时，才可以补充设定行政处罚。

34. 自治条例、单行条例是否也可设定行政处罚？

《行政处罚法》第 12 条规定了地方性法规可以设定一定的行政处罚，

但它没有规定自治条例和单行条例对行政处罚的设定权。自治条例和单行条例是否可以设定行政处罚?

在我国法律体系中,虽然自治条例、单行条例与地方性法规处于同一法律位阶中,但自治条例、单行条例绝对不能等同于地方性法规。

自治条例是指民族自治地方的人民代表大会,即自治区、自治州、自治县的人民代表大会,依照当地民族的政治、经济和文化的特点,经法律程序制定的,用以全面调整本自治地方事务的综合性规范性文件。单行条例是指民族自治地方的人民代表大会,即自治区、自治州、自治县的人民代表大会,依照当地民族的政治、经济和文化的特点,经法律程序制定的,用以全面调整本自治地方某个方面事务的单项规范性文件。自治区的自治条例和单行条例,报全国人民代表大会常务委员会批准后生效。自治州、自治县的自治条例和单行条例,报省或者自治区的人民代表大会常务委员会批准后生效,并报全国人民代表大会常务委员会备案。

《行政处罚法》虽然没有明文规定自治条例和单行条例对行政处罚的设定权,但从法规类别和法律位阶上说,自治条例和单行条例属于地方性法规的范畴,它对行政处罚的设定权应当跟随地方性法规的规则进行。依据有关部门和人员的解释,自治条例和单行条例是否也可设定行政处罚,应当和地方性法规的制定权相一致。省级人大及其常委会、设区的市人大及其常委会制定自治条例和单行条例时,可以设定行政处罚;县级人大及其常委会制定单行条例时不得设定行政处罚。①

35. 地方性法规不得设定"吊销营业执照"的行政处罚,这里是否包括个体户等"营业执照"?

《行政处罚法》规定,地方性法规不得设定"吊销营业执照"的行

---

① 参见国务院法制办公室编:《中华人民共和国行政处罚法注解与配套》,中国法制出版社 2017 年版,第 8 页;许安标主编:《中华人民共和国行政处罚法释义》,中国民主法制出版社 2021 年版,第 63 页。

政处罚。这里的"营业执照"是否只指企业的营业执照？是否包括个体户、农业专业合作社的营业执照？

《行政处罚法》第 12 条第 1 款规定："地方性法规可以设定除限制人身自由、吊销营业执照以外的行政处罚。"这说明，地方性法规不得设定：（1）限制人身自由的行政处罚；（2）吊销营业执照的行政处罚。

关于吊销营业执照的行政处罚，原《行政处罚法》的表述是"吊销企业营业执照"，把营业执照的"主体"限定为"企业"。2021 年《行政处罚法》的修订，已将"企业"两字删除，从而将把营业执照的主体扩大至所有的市场主体，当然应当包括个体户和农业专业合作社等。

营业执照是许可证中最为重要的一种证件，是经营者取得市场主体资格的合法凭证。吊销营业执照是吊销许可证的一种形式，而且是直接导致被处罚人失去市场主体资格，从而彻底丧失生产经营权的处罚方式。所以，对于这种处罚的设定权，应当限于法律和行政法规。

36. 谁有权制定行政处罚裁量基准？

《行政处罚法》第 34 条规定："行政机关可以依法制定行政处罚裁量基准，规范行使行政处罚裁量权。行政处罚裁量基准应当向社会公布。"那么，《行政处罚法》第 34 条"行政机关可以依法制定行政处罚裁量基准"这一规定，是否是一项直接而普遍的授权呢？是还意味着所有行政机关都有权制定行政处罚裁量基准呢？

我以为，理解和执行这一条款必须关注和把握两点：

一是"可以"。《行政处罚法》规定行政机关"可以"制定行政处罚裁量基准。这确实是一个普遍性的授权条款，即行政机关都有权制定行政处罚裁量基准。要注意的是，这是一个"授权条款"而不是"责任条款"，因此不能理解为它要求每一个行政执行机关都"必须"制定一个自己的处罚裁量基准。如何把握"可以"与"不可以"，完全根据"必要性"。如某一领域的行政处罚裁量幅度较大，有关部门尚未制定处罚裁量基准，那么你就有必要制定一个处罚裁量基准；如果有关部门已经制定了详细的处罚裁量基准，执行该标准就行，那就意味着已"没有必要"另行制定处罚裁量基准。

二是"依法"。《行政处罚法》虽然规定行政机关"可以"制定行政处罚裁量基准，但必须"依法"制定。在我国的立法表达中，虽然"依法"的含义是多种多样的，但这里仅是意味它是一种"间接授权"，而不是"直接授权"。就是说，到底哪个行政机关可以制定，怎样制定，还必须依照法律、法规和规章的有关规定。

就目前而论，关于如何制定行政处罚裁量基准问题，我国尚未形成一个统一的法律、法规或规章。《国务院关于加强市县政府依法行政的决定》（国发〔2008〕17 号公布）规定："要抓紧组织行政执法机关对法律、法规、规章规定的有裁量幅度的行政处罚、行政许可条款进行梳理，根据当地经济社会发展实际，对行政裁量权予以细化，能够量化的予以量化，并将细化、量化的行政裁量标准予以公布、执行。"这就意味着制定行政处罚裁量基准的权力可以放到市县一级。最近公布的《国务院关于进一步贯彻实施〈中华人民共和国行政处罚法〉的通知》（国发〔2021〕26 号）规定："各地区、各部门要全面推行行政裁量基准制度，规范行政处罚裁量权，确保过罚相当，防止畸轻畸重。"这里的"各地区、各部门"仅仅是抽象的泛指。

根据国务院办公厅《关于进一步规范行政裁量权基准制定和管理工作的意见》（国办发〔2022〕27 号），行政裁量权基准应当由有制定权的行政机关制定。具体而言，国务院有关部门可以依照法律、行政法规等制定本部门本系统的行政裁量权基准；省、自治区、直辖市和设区的市、自治州人民政府及其部门可以依照法律、法规、规章以及上级行政机关制定的行政裁量权基准，制定本行政区域内的行政裁量权基准；县级人民政府及其部门对上级行政机关制定的行政裁量权基准适用的标准、条件、种类、幅度、方式、时限，可以在法定范围内予以合理细化量化。这就是说，行政裁量权基准制定和管理的主体责任主要是省一级的政府有关部门、设区的市和自治州的政府及其部门；实行垂直管理部门的制定和管理责任主要在国务院有关部门。上述规定应当适用行政处罚的裁量基准。

37. 下位法可以调整上位法规定的行政处罚幅度吗？

在制定地方性法规中，对于法律、行政法规规定的行政处罚幅度，可否进行调整缩小。例如：法律、行政法规规定对某类违法行为处予1—30万罚款，地方性法规可否调整为1—20万或10—30万罚款？这是否合法？

我国法律处于不同法律位阶，决定了其法律效力等级上的不同。我国法律位阶"从高到低"是这样排列的：宪法—法律—行政法规—地方性法规—规章。法与法之间，处于法律位阶高的称"高位法"（或"上位法"），处于法律位阶低的叫"低位法"（或"下位法"）。宪法与任何其他法之间，宪法是上位法，其他法是下位法；法律与行政法规之间，法律是上位法，行政法规是下位法；行政法规与地方性法规之间，行政法规是上位法，地方性法规是下位法，以此类推。

下位法不得与上位法相抵触，否则下位法无效。这是我国"法制统一原则"的要求和体现。"抵触"的情形很多，其中包括下位法扩大上位法规定的权利、义务范围，或者缩小上位法规定的权利、义务范围。至于下位法改变上位法规定的"幅度"，这正属于"抵触"的情形，原则上是不允许的。但在以下几种情况下，下位法可以与上位法规定不同，并且不按"抵触"对待：

一是上位法有"例外"规定。比如，上位法禁止了某类行为，但同时规定："法律．法规另有规定的除外"，或"法律、法规另有规定的从其规定"等。这时，作为下位法的法规作出与上位法（法律）不同的规定，是可以的，不属于"抵触"。

二是下位法依法对上位法的"变通"。我国下位法对上位法的变通有两种情况：①自治条例和单行条例可以依法对法律、行政法规、地方性法规作变通规定；②经济特区法规可以依法对法律、行政法规、地方性法规作变通规定。这种"变通"不属于"抵触"，而且在本地方还可优先适用。因为这类"变通"具有宪法和立法法的明文依据，并且经过严格的批准备案程序。

三是法律赋予下位法对上位法具有"规定权"。"职权法定"原则要求任何公权力都来自法律的授权（法无授权不可为）。法律对行政职权的授权方式以前比较单一，由法律直接规定便可。自从1996年制定第一部《行政处罚法》（现行《行政处罚法》继续保留）开始，法律创设了"设定"（权）与"规定"（权）这两个概念后，授权就出现了两种方式：一是"设定"；二是"规定"。上位法第一次规定"行政职权"，使行政主体"从无到有"获得了某项行政职权，这称"设定"；下位法在上位法已经设定行政职权的前提下，在上位法规定的范围内，再对行政职权的行使作细化规定，这称"规定"。"设定"是"从无到有"，"规定"是"从粗到细"。下位法在上位法的范围内作出比上位法更细化的规定，不属于与上位法"抵触"，而是行使"规定权"的体现。

无论"上位法"还是"下位法"，无论是对行政职权的"设定"还是"规定"，都必须依照法律法规进行，不得作"创造性突破"。

现在所讨论的正是关于行政处罚的"规定权"问题，即地方性法规是否可以缩小法律、行政法规所设定的罚款幅度？

我国《行政处罚法》对于行政处罚的"规定权"作出了全面详细的规定。第11条第2款规定："法律对违法行为已经作出行政处罚规定，行政法规需要作出具体规定的，必须在法律规定的给予行政处罚的行为、种类和幅度的范围内规定。"第12条第2款规定："法律、行政法规对违法行为已经作出行政处罚规定，地方性法规需要作出具体规定的，必须在法律、行政法规规定的给予行政处罚的行为、种类和幅度的范围内规定。"第 13 条第 1 款规定:"国务院部门规章可以在法律、行政法规规定的给予行政处罚的行为、种类和幅度的范围内作出具体规定。"第 14 条第 1 款又规定:"地方政府规章可以在法律、法规规定的给予行政处罚的行为、种类和幅度的范围内作出具体规定。"上述规定表明,行政法规、地方性法规和规章对上位法都具有"规定权",但必须在上位法所设定的"给予行政处罚的行为、种类和幅度的范围内"进行,不得超越这些"范围"。

粗粗一看,在上位法已设定罚款幅度是 1—30 万元前提下,地方性法规将罚款幅度规定为 1—20 万元或 10—30 万元,这正好在上位法规定的罚款幅度内,好像符合"规定权"的特征,不属于下位法与上位法抵触。

但这恰恰属于下位法与上位法"抵触",是不允许的。因为,行政处罚的"规定"是指下位法对上位法的"细化"。地方性法规应当在上位法规定的幅度(1—30 万元)内,具体提供裁量基准,规定什么情况下处予 1—10 万元罚款,什么情况下处予 11—20 万元罚款,什么情况下又处予 21—30 万元罚款。现在的做法事实上是调整了上位法的幅度,上位法规定"1—30 万元",下位法规定"1—20 万元",出现了两种不同的罚款幅度。这显然属于下位法与上位法抵触。因为在这种情况下,根据上位法,对当事人罚款 25 万是"合法"的,但根据下位法,恰恰变成"违法"了。这是两种不同的方向。所以,地方性法规只能在 1—30 万元的幅度内具体细化处罚基准,而不是将上位法设定的 1—30 万元罚款幅度调整为 1—20 万元。

38. 行政处罚机关自己是否具有对违法行为的认定权?

在城管部门查处违法建设过程中,对违法建设是否应经规划部门认定?抑或是城管部门有权直接认定违法建设?

这是有关"行政认定"的问题,与行政执法及行政复议、行政诉讼均有关系。

行政认定是行政确认的一种方式，是行政决定的一种行为形态，系指行政主体对既存的法律事实和法律关系进行审查，确定其性质或状态的行政行为。它包括对人身关系、权属关系、交通事故责任、火灾事故责任的认定，也包括对工伤、行为状态等认定。当然，对当事人违法行为的认定也在其中。作出行政认定的行为就是行政行为，可以作出行政认定的权能和资格就是行政认定权，它是行政权的一部分。

行政认定不同于行政鉴定。前者解决法律属性问题（如产权的归属），后者解决自然属性问题（如对血型的鉴定）；前者属于行政主管部门的权力，后者属于技术组织的业务。

行政认定具有"前提性"和"被吸收性"之特点。它往往是诸如行政许可、行政给付、行政处罚等行政行为的前提，同时被这些后续行政行为所吸收。

行政认定可以单独作出，也可以附带作出。当行政认定被单独作出时，它就是一个独立的行政行为，当事人对其不服可以单独申请行政复议或者提起行政诉讼。当行政认定被附带作出时，它往往被后续行政行为（如行政许可、行政给付、行政处罚等）所吸收。这时，当事人只要对后续行政行为复议和诉讼，自然就已包含了对行政认定行为的救济。因为这时的行政复议或行政诉讼，必然包含着对作为证据的行政认定结果的审查。

任何行政处罚必然以认定被处罚行为的违法性为前提。根据《行政处罚法》第40条、第44条和第59条规定，查明当事人的违法事实乃是行政处罚机关的法定职责，而"查明"自然包括"发现和认定"当事人的违法行为。这就意味着，任何行政处罚机关当然地具有对当事人违法行为的认定权，无须依据单行法律的特别授权。但是，如果其他法律、法规和规章有特别程序规定的，从其规定，如对交通事故责任、火灾事故责任和工伤等认定。

就本问题而言，城管部门具有查处违法建设的职权，自然就包括着对违法建设的认定权。再说，对违法建设的认定也不复杂，对照法律和事实就可判断。如果城管部门对违法建设进行处罚前能有一个规划部门的认定书，当然更好，属于补强证据。但不等于说，没有规划部门的认定书，就无权认定，从而无权处罚。

39. 如何理解和把握《行政处罚法》第 24 条对行政处罚权的下放？

《行政处罚法》第 24 条规定，省、自治区、直辖市可以决定将县级人民政府部门的行政处罚权交由乡镇人民政府、街道办事处行使。这是一项新制度，我们应当如何理解和把握？

《行政处罚法》2021 年的修订对行政处罚实施主体的制度设计中有一个非常重要的"亮点"，就是行政处罚实施权向基层延伸，推动了执法重心的下移。《行政处罚法》第 24 条规定："省、自治区、直辖市根据当地实际情况，可以决定将基层管理迫切需要的县级人民政府部门的行政处罚权交由能够有效承接的乡镇人民政府、街道办事处行使，并定期组织评估。决定应当公布。承接行政处罚权的乡镇人民政府、街道办事处应当加强执法能力建设，按照规定范围、依照法定程序实施行政处罚。有关地方人民政府及其部门应当加强组织协调、业务指导、执法监督，建立健全行政处罚协调配合机制，完善评议、考核制度。"

我国原《行政处罚法》第 20 条规定，行政处罚由县级以上地方人民政府具有行政处罚权的行政机关管辖。这就把处罚权限制在"县级"以上。据此，乡镇人民政府和街道办事处不享有行政处罚的实施权。原先之所以将行政处罚的实施权只授予县级以上地方人民政府及主管部门行使，而不授予乡镇人民政府和街道办事处行使，主要是因为县级以上人民政府及主管部门具有专业人员、专门知识和专业技能，也具有较完善的执法设备和技术条件。但在实践中发现，乡人民政府、镇人民政府和街道办事处是最基层的政府组织，往往是最早、最直接发现违法行为的机关。它们一概没有处罚权，会造成"看得见的管不着"和"管得着的看不见"的现状。2021年修订《行政处罚法》时，将行政处罚权适度地延伸至乡镇和街道基层人民政府，旨在解决这一矛盾。

当然，《行政处罚法》并没有直接授权乡镇人民政府、街道办事处行使行政处罚权，而是授权省、自治区、直辖市人民政府可以决定将某些行政处罚权下放到基层。所以，不能认为到2021年7月15日之后，乡镇人民政府和街道办事处就理所当然地具有行政处罚权了。乡镇人民政府和街道办事处最终是否具有行政处罚权，还须依照《行政处罚法》第24条规定，考虑乡镇人民政府和街道办事处的具体条件，由省、自治区、直辖市人民政府酌情另行决定。

具体言之，2021年《行政处罚法》生效之后，我们要全面，准确理解和谨慎把握这一新制度：

第一，下放之权限于县级人民政府部门的行政处罚。县人民政府的处罚权，县级以上各行政机关的处罚权，不在下放之列。

第二，下放之权必须是基层管理迫切需要的，并且基层政府能够承接得住的。并不是基层管理迫切需要的，或者，虽然需要，但是基层政府承接不住的，承接条件不具备的，一律不放。

第三，处罚权从县级人民政府部门下放至乡镇人民政府和街道办事处不是一个自然过程，它必须由省、自治区、直辖市根据当地实际情况具体决定，全国不搞"一刀切"。

40. 省、自治区、直辖市由什么部门，通过什么方式来决定下放有关行政处罚权？

根据《行政处罚法》第24条规定，省、自治区、直辖市可以根据当地实际情况，决定将基层管理迫切需要的县级人民政府部门的行政处罚权交由能够有效承接的乡镇人民政府、街道办事处行使。但是该条规定没有指明具体由什么部门并通过什么方式来决定下放该处罚权。

《行政处罚法》第24条规定对这一制度的推行是很谨慎的,我们必须把握其几个要点:

第一,可以下放的处罚权是县级人民政府部门的行政处罚。县人民政府的处罚权,县级以上各行政机关的处罚权,不在下放之列。

第二,可以下放的处罚权必须是基层管理迫切需要,并且是基层政府能够承接得住的。并不是基层管理迫切需要的,或者,虽然需要,但是基层政府无能力、无条件承受的,一律不下放。

第三,处罚权从县级人民政府部门下放至乡镇人民政府和街道办事处不是一个自然过程,它必须由省、自治区、直辖市根据当地实际情况具体决定,全国不搞“一刀切”。

至于“省、自治区、直辖市”根据当地实际情况决定下放处罚权的,应当由“省、自治区、直辖市”的什么部门并通过什么方式来决定的问题,我们的理解是:

一是关于决定机关,可以由“省、自治区、直辖市”的人民代表大会及其常委会或者“省、自治区、直辖市”人民政府决定。“省、自治区、直辖市”的政府工作部门和县级人民政府都无权决定。

二是关于决定方式,可以通过地方性法规或政府规章,也可以通过特定的授权决定或委托方式实施。

41.《行政处罚法》第24条规定可将处罚权下放给基层政府,这属于授权还是委托?

《行政处罚法》第24条规定:“省、自治区、直辖市根据当地实际情况,可以决定将基层管理迫切需要的县级人民政府部门的行政处罚权交由能够有效承接的乡镇人民政府、街道办事处行使,并定期组织评估。决定应当公布。承接行政处罚权的乡镇人民政府、街道办事处应当加强执法能力建设,按照规定范围、依照法定程序实施行政处罚。有关地方人民政府及其部门应当加强组织协调、业务指导、执法监督，建立健全行政处罚协调配合机制，完善评议、考核制度。"那么，这一权力下放过程，到底属于"授权"还是"委托"？

这可能要从三个概念谈起。

在我国的行政法制度和行政法理论中，有关行政职权的产生和转移已形成了三种形态和三个概念：行政职权的设定、行政职权的授予和行政职权的委托，简称为"设定—授权—委托"。

行政职权的设定，简称"设定"，是指宪法、法律、法规和规章把某一行政职权首次直接赋予给国家行政机关。对职权进行设定的"法"称为"设定法"。设定法因职权的不同而不同，有的行政职权由宪法直接设定（如国务院的职权），有的必须由法律（如对限制人身自由的处罚和强制措施的设定），特别是组织法设定，还有的职权可以由法规和规章设定（如规章对警告和一定数额罚款权具有设定权）。行政职权的设定行为其实是一种立法过程。设定方是国家立法机关，被设定方是国家行政机关。职权设定的法律效果是使被设定方成为独立的行政主体，它可以以自己的名义实施职权并对行为后果承担责任，在行政诉讼中成为独立的诉讼当事人（被告）。

行政职权的授予，简称"授权"，是指已依法被设定给行政机关的行政职权，由于条件限制需要调配给行政机关以外的具有管理公共事务职能的组织（企业事业单位和社会组织），便通过一定的法律形式，把这一行政职权赋予给具有管理公共事务职能的组织。对具有管理公共事务职能的组织进行授权的法称为"授权法"。"授权法"包括法律、法规和规章。由于大多"授权"通过法律法规进行，因而"授权"常被称为"法律法规的授权"。其实"授权法"到底应当是"法律""法规"，还是"规章"，那是因职权而异的。如《行政处罚法》就把行政处罚中的授权限于"法律、法规"的授权（第19条）。由于我国行政法不承认法律、法规、规章以外的授权（并将法律、法规、规章以外的授权视作委托），这样就使得授权行为也变成了一种立法行为。在授权关系中，授权方其实就是制定"授权法"的机关，被授权方是行政机关以外的具有管理公共事务职能的组织。授权的法律效果是使被授权方成为独立的行政主体，它可以以自己的名义实施职权并对行为后果承担责任，在行政诉讼中成为独立的诉讼当事人（被告）。

授权和设定都是一种立法活动，效果也相同，被授权方、被设定方都是独立的行政主体，都可以以自己的名义实施职权并对行为后果承担责任。但它们的区别主要在于：设定是经第一手产生职权，授权是经第二手转移职权。如果说职权的设定是一级市场，那么，职权的授予（授权）就是二级市场；还有，职权设定的对象是行政机关，而授权对象不是行政机关，而是行政机关以外的具有管理公共事务职能的组织。

行政职权的委托，简称"委托"，是指经法律、法规和规章设定获得行政职权的行政机关，由于条件限制，在法律、法规和规章允许的前提下，把自己职权中的行为权能（而不是行政权能），转让给有关组织或者个人的法律制度。《行政处罚法》中的委托限于符合条件的，具有管理公共事务职能的组织（第20条）。在委托法律关系中，委托方是拥有行政职权的行政机关；被委托方是具有管理公共事务职能的组织。委托关系不是经法律、法规、规章的设定或授权而成立，而是在具有法律依据的条件下，经过签订委托协议而成立。委托的法律效果是使被委托方获得一种行为权能而不是行政权能，因而以行为主体而不是行政主体的身份实施处罚权。它必须以委托方的名义实施处罚权并将行为效果归属于委托行政机关。由此也决定了在行政诉讼中，由委托方行政机关作为被告，被委托的具有管理公共事务职能的组织不作为被告。

职权的委托与职权的设定和职权的授予（授权）最大的不同是：行政委托是一种行政协议行为，属于内部行政行为，而设定和授权都是立法行为；委托的结果是形成一个行为主体，而设定和授权的结果是形成一个行政主体。

从总体上还可以这样说：设定是权力的产生方式；授权和委托是权力的转移方式，无非是通过法律法规转移的是授权，通过委托协议转移的是委托。

现在，省、自治区、直辖市依据《行政处罚法》第24条规定，将县级人民政府部门的行政处罚权交由乡镇人民政府、街道办事处行使，这是行政处罚权的设定、授权还是委托？

我认为，这首先不是设定。因为这里不是原始职权的产生方式，而是把一个主体的职权（县级人民政府部门的行政处罚权）转移给另一主体（乡镇人民政府和街道办事处）过程。其次也不是委托，因为接受权力的被委托方，即乡镇人民政府和街道办事处，它们处罚权的获得不是经过作为委托方的县级人民政府部门的委托行为发生，而是由省、自治区、直辖市依法决定。这一制度应当属于授权，而且是一种间接授权。这是由《行政处罚法》以设定授权条件和授权途径方式，间接地、附条件地把县级人民政府部门所拥有的处罚权授权给了基层人民政府。唯一的问题在于：《行政处罚法》第19条规定的授权把授权对象限定于具有管理公共事务职能的组织，而不是行政机关，而第24条规定的授权对象恰恰是作为行政机关的基层人民政府。一种可以接受的解释是：《行政处罚法》第19条，是对行政处罚授权的"一般规定"，而第24条属于对行政处罚授权的"特别规定"，按照"特别规定优于一般规定"的法律适用规则，问题就迎刃而解了。

42. 行政机关对行政处罚是否具有普遍的委托权？

在行政执法中，执法单位常常由于编制紧张、人手缺乏，很想把某些行政处罚事务委托给其他组织，以减轻执法事务繁重的压力。《行政处罚法》第20条第1款规定："行政机关依照法律、法规、规章的规定，可以在其法定权限内书面委托符合本法第二十一条规定条件的组织实施行政处罚。行政机关不得委托其他组织或者个人实施行政处罚。"这是否意味着，我们只要有行政处罚权，并能找到一家符合《行政处罚法》第 21 条规定条件的社会组织，便可以对它进行行政处罚方面的行政委托吗？

不是的。《行政处罚法》第 20 条第 1 款确实规定："行政机关依照法律、法规、规章的规定，可以在其法定权限内书面委托符合本法第二十一条规定条件的组织实施行政处罚。行政机关不得委托其他组织或者个人实施行政处罚。"并且第 21 条又规定："受委托组织必须符合以下条件：（一）依法成立并具有管理公共事务职能；（二）有熟悉有关法律、法规、规章和业务并取得行政执法资格的工作人员；（三）需要进行技术检查或者技术鉴定的，应当有条件组织进行相应的技术检查或者技术鉴定。"

这确实容易给人以误读，以为行政处罚机关具有普遍性的委托权：一个行政执法机关只要有行政处罚权，并能找到一家符合《行政处罚法》第 21 条规定条件的社会组织，便可以通过一定的方式把行政处罚权委托予该社会组织。

在"职权法定"原则的支配下，行政执法权作为一种"公权力"，奉行"法无授权不可为"的行为规则。行政执法权必须"依法设定"（法律授权）、"依法转让"（行政授权）、"依法代行"（行政委托）和"依法合作"（行政协助）。现就行政委托而言，应当在法律许可的前提下，行政机关方可实施一定范围内的行政委托。而法律允许行政机关委托的规定，也是一种广义上的"授权"。这种"授权法"，根据《行政处罚法》第 20 条第 1 款的规定，包括"法律、法规、规章"。就是说，只有法律（广义）授权行政机关可以委托职权行使的，行政机关方可实施行政委托。

那么，《行政处罚法》第 20 条第 1 款是否正好作了这种"授权"，行政处罚机关由此就可以实施行政处罚方面的行政委托了吗？不是的。因为《行政处罚法》第 20 条第 1 款是一种"间接授权"，不是一种"直接授权"。

"法治咖啡屋—胡建淼法治微咨询"第089期《如何辨别法律规定中的"直接授权"与"间接授权"规范?》一文已经讲解了"直接授权"与"间接授权"的区别。

从本质上讲,行政机关都是"依据法律(广义)授权"而执法的。所以才说,"法无授权不可为"。而法律授权可分为"直接授权"与"间接授权"。如果是直接授权,行政机关可以直接依据该规定进行执法。例如,《治安管理处罚法》(2012)第48条规定:"冒领、隐匿、毁弃、私自开拆或者非法检查他人邮件的,处五日以下拘留或者五百元以下罚款。"这类规定就是"直接授权",公安机关直接可以依据该条款对当事人实施治安处罚。如果是间接授权,那么,行政机关还不能直接依据该规定进行执法,它必须同时依据其他相关法律才可以执法。

《行政处罚法》第20条第1款正属于"间接授权"。它只是表明,如果其他法律、法规、规章规定对某项行政处罚权可以委托的情况下,行政处罚机关才可以在其法定权限内书面委托符合《行政处罚法》第21条规定条件的组织实施行政处罚。行政处罚机关要实施行政委托,不得直接依据《行政处罚法》第20条第1款进行委托,应当在此基础上,找到其他"直接授权"的法律依据时,才可以实施委托。

43. 在行政处罚中,如何确定被处罚人?

在行政处罚法律关系中,被处罚人如何确定? 这一问题似乎最简单不过:谁做出了违反行政管理秩序的行为,谁就是被处罚人。但其实这一问题没有这么简单。

被处罚人,是因为他违反了行政管理秩序。而所谓违反行政管理秩序,本质上乃是指他违反了行政法上的义务。行政法上的义务,是指由法律、法规和规章所设定的公民、法人或者其他组织在行政管理中必须履行(作为义务)或遵守(不作为义务)的义务。

处罚法定乃是《行政处罚法》的基本原则，它不仅要求行政机关的处罚权是法定的，也要求公民所违反的义务及接受处罚的义务是法定的。法律（广义）将行政法上的义务设定给谁，这位当事人违反了该义务，他就是被处罚人。这是确定被处罚人的基本规则。

然而，上述规则对于单一当事人的单一违法确实非常简单，谁是违反义务的行为人，行政机关就依法处罚谁。可在实践中会出现许多复合、交叉、关联的法律关系，如何认定被处罚人就显得比较困难了。例如，承租人在承租房里从事违法行为，应当处罚承租人还是出租人？当事人借用别人车辆进行违法，应当处罚使用人还是所有权人？当事人运输物品是单位行为，运输行为违法（如超载），应当处罚司机还是处罚单位……

这些情况下如何确定被处罚人，确实比较复杂，但是认定规则还是没有变，依然是按照"谁是违反义务的行为人，就处罚谁"的规则处理。具体可以区分以下几种情况：

一是使用人与出借人。如果当事人借用别人的工具从事或发生了违法。借用人是实际违法行为人，当然必须依法处罚作为行为人的借用人，违反什么法律，就按什么法律处罚。而出借人应当区别不同情况分别对待：1.明知借用人借用工具从事违法的，按共同违法处理；2.违反法律规定出借工具的，如出借枪支、不合格的车辆等，那不是按使用人的违法行为处罚，而是按违反出借方面的法定义务处罚；3.没有上述情况的，不承担责任。

二是承租人与出租人。如果承租人在承租房内从事违法活动，承租人理应受到处罚，因为他是行为人。但出租人是否该处罚，适用上一情景中的适用规则：1.明知承租人租用房子从事违法的，按共同违法处理；2.违反租赁法律规定而出租房屋的，按违反房屋租赁法定义务处罚；3.没有上述情况的，不承担责任。

三是名义行为人与实际控制人。在公司治理中，常有这种情况：某人被登记为法定代表人，但不是实际控制人；某组织被登记为股东，但它不是真正的股东……当法律将法定义务设定给名义行为人时，由名义行为人作为被处罚人；当法律为实际控制人设定义务时，实际控制人也可作为被处罚人；当法律为名义行为人与实际控制人共同设定义务时，它们可以共同成为被处罚人。

四是行为人与直接主管人员。有的法律不仅为行为人，而且同时为直接主管人员设定了法定义务，这时，除了行为人本人，直接主管人员也应当成为被处罚人。如运输单位的车辆有超载或违规载货，经处罚不改的，可以对直接负责的主管人员进行处罚。

五是单位成员、单位机构和单位。单位是指依法登记成立的法人组织或非法人组织；单位内部的组织就是单位的内部机构；单位的工作人员就是单位成员。法律设定义务一般是直接设定给个人或单位，不设定给单位机构，因为它不具有法律上的主体资格。如果一个培训学校（单位）里的培训部（机构）的一位老师（成员）将培训楼里的消防安全门给锁上了，可以将该老师和单位列为被处罚人，但不能以培训部为被处罚人，但将培训部领导确定为直接主管人员是可以的。

六是推定被处罚人。当行为人无法确定，而法律明文规定由所有权人或管理人承担责任时，可由所有权人或管理人作为被处罚人。如公安机关交通管理部门根据交通技术监管记录资料无法确定驾驶人的，可以对违法的机动车所有人或者管理人依法予以处罚。

必须记住，无论上述哪种情况，无论对谁进行处罚，都得有法律、法规和规章的明文依据。这是处罚法定原则的要求。

44. 没收违法所得属于行政处罚吗?

《行政处罚法》第9条规定将"没收违法所得"列为行政处罚中财产罚的一种手段。第28条第2款对"没收"的规定，只是表明其他行政处罚手段与没收违法所得、依法退赔与没收之间的关系，以及如何计算违法所得的方法，没有改变"没收违法所得"作为行政处罚的定性。

我国以前采取的是"双轨制"：《行政处罚法》将"没收"定性为行政处罚，而《治安管理处罚法》没有将"没收"定性为治安处罚，而是作为一种与处罚相配套的收缴措施。从全球视角考察，"没收"被称为"没入"（英：seizure；德：Einziehung），大多将它作为行政处罚中的一种与"主罚"相配套的"从罚"而存在，也有一些国家未将它列入"行政处罚"（行政罚）的范围，只是将它作为一种收缴措施。

中国行政法学界目前对"没收"是否属于"行政处罚"仍有争议。

从理论上讲，没收（无论是没收违法所得还是没收非法财物）不应当被定性为行政处罚，它应当被定性为与行政处罚相配套的一种收缴措施。因为处罚的主要特征是让违法当事人有"额外付出"（罚款便是），以此体现"制裁性"，而没收只是将本来就不属于当事人的财物"还回去"，只是"垫平"而已，当事人并没有损失。处罚体现的原则是"制裁违法"（违法必究），而没收体现的原则是"不让违法者获益"。但鉴于现行《行政处罚法》将没收定性为行政处罚，为坚持"依法行政"，我们在执法实践中就应当将没收作为处罚对待。

45. 单行立法没有规定"没收违法所得"，可以直接依据《行政处罚法》实施"没收"吗？

对于当事人的违法行为，我国单行立法，有的既规定罚款又规定没收违法所得，但有的只规定罚款，没有规定没收违法所得。在后一种情况下，我们是否可以依据《行政处罚法》，对当事人作出罚款的同时，再作出没收违法所得的决定？

我认为不仅可以，而且应当。

行政执法机关在实施行政处罚时，必须同时适用《行政处罚法》和对应领域的单行立法。如对土地违法行为的处罚，既要适用《行政处罚法》，同时要适用《土地管理法》等法律法规；对规划违法行为的处罚，既要适用《行政处罚法》，同时要适用《城乡规划法》等法律法规；对违反食品安全行为的处罚，既要适用《行政处罚法》，同时要适用《食品安全法》等法律法规；以此类推。而且，必须先适用《行政处罚法》，然后才适用对应的单行立法，因为《行政处罚法》属于行政处罚领域的"基础性法律"，其他法律法规规章对行政处罚的规定不得与它相抵触，必须保持与它相一致，除非《行政处罚法》本身设置了"除外条款"。如果依据《行政处罚法》（2021）第33条规定不予处罚的，执法机关就不得再依据单行立法实施处罚。只有依据《行政处罚法》规定必须处罚的，执法机关才可依据对应的单行立法进行具体"量罚"。

在我国的单行立法中，确实存在两种情况：有的法条只规定对违法当事人的罚款，未规定没收违法所得，如《土地管理法》（2019）第81条；而有的法条不仅规定了罚款，同时还规定了没收违法所得，如《食品安全法》（2021）第122条、第123条。

必须清楚，不论单行立法是否规定了没收违法所得，执法机关在处理当事人违法行为时，只要当事人的违法行为产生了违法所得，就必须依法没收。这既是行政执法机关的法定职权，也是执法机关的法定职责，不得放弃。《行政处罚法》第28条第2款规定："当事人有违法所得，除依法应当退赔的外，应当予以没收……"这一条款是《行政处罚法》对所有具有行政处罚权的执法机关的直接而普遍的授权，它意味着：

1. 主体的同一性：具有行政处罚权的执法机关同时具有没收当事人违法所得的权力；

2. 职权与职责的统一性：没收当事人的违法所得既是权力也是责任，执法机关不得放弃此权力；

3. 没收违法所得的当然性：只要当事人的违法行为有违法所得的，就必须没收，这是"不让违法者获益"原则的要求；

4. 授权的直接性和普遍性：任何具有行政处罚权的执法机关直接依据《行政处罚法》第28条第2款就拥有了该"没收权"，无须其他法律法规的再次授权。

还有，对违法当事人的"罚款"与"没收违法所得"，是两种独立的财产罚，它们之间不具有替代性。对当事人既罚款又没收违法所得并不违反"一事不二罚"原则。

46."没收违法所得"是否应当扣除成本？

《行政处罚法》规定，违法行为人有违法所得的，执法机关应当没收其违法所得。但在计算违法所得时，是否应当扣除合理的成本？

"没收违法所得"是《行政处罚法》所设定的财产罚的一种手段。关于行政处罚中的"违法所得"的计算标准，原《行政处罚法》（1996）未作规定，在实践中各部门的规定也不甚统一。2021年《行政处罚法》的修订，对此作出了统一规定。该法第28条第2款规定："当事人有违法所得，除依法应当退赔的外，应当予以没收。违法所得是指实施违法行为所取得的款项。法律、行政法规、部门规章对违法所得的计算另有规定的，从其规定。"这里的意思是：

1.违法所得是指因违法行为所获得的作为收入的款项。款项主要表现为金钱性收入。

2.违法所得包括已收到的款项与尚未收到而可以收到的款项。

3.违法所得不扣除成本。这属于统一规定和原则规定。

4.法律、行政法规、部门规章可以对违法所得的计算作例外规定，如在某些领域扣除合理成本等。但是，地方性法规、地方政府规章和行政规范性文件不得作出例外规定。

47."没收违法所得"与"没收非法财物"有何区别？

《行政处罚法》第9条第（二）项规定了三种财产罚手段，即罚款、没收违法所得和没收非法财物。其中，没收违法所得与没收非法财物不易区分。实践中如何区分二者？

没收违法所得，是指行政机关依法将当事人因从事违法行为而获得的财物和收益强制无偿收归国有的一种行政处罚；没收非法财物，是指行政机关依法将当事人从事违法行为过程中的违禁物品、违法财物和违法工具强制无偿收归国有的一种行政处罚。它们是财产罚的两种形式。

虽然没收违法所得与没收非法财物都属于财产罚，而且都属于与"罚款"不同的"没收"范畴。但是，它们之间存在区别并且应当加以区别：

第一，没收的对象不同。没收违法所得中的"违法所得"，是指当事人因从事违法行为而获得的财产收入；而没收非法财物中的"非法财物"，是指当事人从事违法行为过程中的违禁物品、违法财物和违法工具。

第二，《行政处罚法》的授权不同。关于没收违法所得，《行政处罚法》（第 28 条第 2 款）已作了直接而普遍的授权，任何具有行政处罚权的行政机关都依据该规定而直接拥有了没收违法所得的权力，无须其他法律的授权；而关于没收非法财物，《行政处罚法》并没有将它直接而普遍地授权给具有行政处罚权的机关，行政处罚机关是否可以没收当事人的非法财物，还有赖于其他法律的具体规定。其他单行立法明文规定应当没收非法财物的，行政机关才可没收当事人的非法财物。

48. "违法建筑"是否属于"违法所得"，也应当"没收"？

根据《行政处罚法》的有关规定，违法行为人的"违法所得"应当"没收"。那么，"违法建筑"是否也属于"违法所得"？是否也应当"没收"？

根据《行政处罚法》第 28 条第 2 款规定，"当事人有违法所得，除依法应当退赔的外，应当予以没收。"这样的规定，旨在体现"不让违法者获益"的原则。

但是，"违法所得"是指当事人因从事违法行为而获得的金钱收入。

"违法建筑"是一种违法行为的"物化结果",而不是违法行为的"金钱收入",因而不属于"违法所得"。"违法建筑"不属于"违法所得",但属于"非法财物"。虽然依据《行政处罚法》第9条,"没收"既可针对"违法所得",也可以针对"非法财物"。但是,这两种"没收"是有区别的:

一是,是否"没收"的态度不同。当事人有"违法所得"的,就必须"没收";而对于"非法财物"未必都须"没收"。对于后者,是否没收和如何没收,取决于具体单行法律的具体规定。

二是,《行政处罚法》的授权不同。《行政处罚法》第28条第2款对"没收违法所得"作了直接而普遍的授权,《行政处罚法》没有对"没收非法财物"作出这种授权。这就意味着:任何行政处罚机关,不论是否具有单行立法的依据,都可直接依据《行政处罚法》对"违法所得"行使"没收权",但行政处罚机关是否可以"没收非法财物",这要视具体的单行立法规定而定。

我们最后的结论是:"违法建筑"不属于"违法所得",充其量是一种"非法财物",原则上是适用"拆除"而不是"没收";对"违法建筑"真要"没收"的,须有单行立法的具体规定,《城乡规划法》(2019)第64条便是一例。①

49. 对当事人的违法所得,如何理解"依法退赔"及其与"没收"的关系?

《行政处罚法》第28条第2款第一句规定:"当事人有违法所得,

---

① 《城乡规划法》(2019)第64条规定:"未取得建设工程规划许可证或者未按照建设工程规划许可证的规定进行建设的,由县级以上地方人民政府城乡规划主管部门责令停止建设;尚可采取改正措施消除对规划实施的影响的,限期改正,处建设工程造价百分之五以上百分之十以下的罚款;无法采取改正措施消除影响的,限期拆除,不能拆除的,没收实物或者违法收入,可以并处建设工程造价百分之十以下的罚款。"

除依法应当退赔的外，应当予以没收。"这是否意味着，对当事人的违法所得必须先"退赔"后"没收"？还有，"依法退赔"是否意味着须有单行法律依据才"退赔"，否则可以不退赔？

这需讨论对《行政处罚法》（2021）第28条第2款第一句规定如何理解的问题。这句规定："当事人有违法所得，除依法应当退赔的外，应当予以没收。"这里主要涉及两个问题：一是对"先后"的确定。即对当事人的违法所得必须先"退赔"、后"没收"，还是先"没收"、后"退赔"？二是对"依法"的理解。"依法退赔"是否意味着须有单行法律依据才"退赔"，否则可以不退赔？我的观点和理由如下：

> 对当事人违法所得的处理，一律实行"先退赔、后没收"，而不是相反。

《行政处罚法》第28条第2款第一句规定已确立了"先退赔、后没收"原则，而且没有设立"例外"条款。这就是说，对所有违法所得，都应当"先退赔、后没收"，而不是"先没收、后退赔"。这样规定的依据是《民法典》（2020）第187条。该条规定："民事主体因同一行为应当承担民事责任、行政责任和刑事责任的，承担行政责任或者刑事责任不影响承担民事责任；民事主体的财产不足以支付的，优先用于承担民事责任。"《行政处罚法》的规定正遵循了民事赔偿优先的原则，其目的是适当降低当事人维权成本，解决事后退赔难的问题。但必须注意的是，"先退赔、后没收"只发生于以下两种条件之下：

一是，"退赔"与"没收"两大关系并存时。如果当事人的"违法所得"中不存在必须"退赔"之款（如赌博所得就不存在"退赔"），那就只有"没收"一说了，不存在"先后"之说。

二是，退赔款和没收款无法同时清偿时。如果违法所得既能清偿"退赔"之债，又能交纳"没收"之款，那两者同时履行便可，也不存在"退赔"与"没收"的"先后"之说。

"依法退赔"不是指"有单行法律规定才退赔，否则就不退赔"。

有人理解，"依法退赔"是指"有单行法律、法规、部门规章规定退赔的才退赔，否则就不退赔"。这是一种误解。"必须退赔"而且必须"先退赔、后没收"，这本身已由《行政处罚法》第28条第2款第一句作出了直接回答。这里所说的"依法退赔"，仅仅是解决退赔的方式和计算方法问题。它意味着：

1. 依法应当退赔的才退赔。如上所述，赌博所得就不存在"退赔"问题。

2. 依法能够退赔的才退赔。如果退赔款能够在行政执法程序中确定的，应当责令违法行为人退赔；如果退赔需要经过司法程序才能确定的，那就应当等待司法程序完成后再行实施退赔。

3. 其他法律、法规和部门规章对退赔方式有具体规定的，按其规定办理。如国务院《价格违法行为行政处罚规定》（2010）第16条规定："本规定第四条至第十三条规定中的违法所得，属于价格法第四十一条规定的消费者或者其他经营者多付价款的，责令经营者限期退还。难以查找多付价款的消费者或者其他经营者的，责令公告查找。经营者拒不按照前款规定退还消费者或者其他经营者多付的价款，以及期限届满没有退还消费者或者其他经营者多付的价款，由政府价格主管部门予以没收，消费者或者其他经营者要求退还时，由经营者依法承担民事责任。"价格违法案件中的退赔方式就必须按此办理。

50. 当事人实施违法行为所使用的工具和设备是否应当没收？

在行政执法中，常常发现有的当事人实施违法行为使用有关工具和设备。这些工具和设备是否必须没收？

没收当事人从事违法行为所使用的工具和设备，属于"没收非法财物"的范畴，而不属于"没收违法所得"的范畴。因为，当事人从事违法行为所使用的"工具"和"设备"不是当事人的"违法所得"。

597

虽然《行政处罚法》第9条第（二）项一并设定了"没收违法所得"与"没收非法财物"两种处罚手段，但是这两种"没收"手段的适用条件是不同的。《行政处罚法》通过第28条第2款将"没收违法所得"普遍而直接地授权给了所有行政执法机关，所有行政执法机关在实施行政处罚时，有权也应当没收当事人的"违法所得"；但是《行政处罚法》并没有将"没收非法财物"作出普遍而直接的授权。这就意味着，行政执法机关"没收"当事人的"违法所得"，无须依据单行立法的特别规定，直接依据《行政处罚法》第28条第2款便可；而行政执法机关要"没收"当事人的"非法财物"，包括当事人实施违法行为所使用的工具和设备，都必须有单行立法的特别授权。

《行政处罚法》之所以对"没收违法所得"与"没收非法财物"采取不同的授权态度，乃是因为：对于当事人的"违法所得"就必须一律没收，这是无条件的，是"不让违法者获益"原则的体现和贯彻；而对于当事人的包括工具和设备在内的"非法财物"，情况非常复杂，不宜一律没收，需要区别对待。因为这些"非法财物"，特别是工具和设备，有的属于当事人所有，有的属于第三人所有；有的第三人是知情的，有的则不知情；有的"工具"本身是合法的（如合法购买的车辆），有的"工具"本身就是不合法的，如自己违法打造的车辆；有的"工具"价值很高，有的则很低等。所以，我国法律无法对"非法财物"（工具、设备等）作出统一的"没收"规定。只有单行立法明确规定可以没收的，才可予以"没收"。如《青藏高原生态保护法》（2023）第56条规定，有关执法部门可以没收违法行为人"直接用于违法开采的设备、工具"。《渔业法》（2013）第41条规定，对于未依法取得捕捞许可证擅自进行捕捞的情节严重的，可以没收渔具和渔船。《食品安全法》（2021）第123条规定，执行机关可以没收违法当事人用于违法生产经营的工具、设备、原料等物品。

我们最后的结论是：对于当事人实施违法行为所使用的工具和设备

等是否应当没收，这要视单行立法的具体规定而定。单行立法规定可以没收的，就可以没收；否则，就不得没收。

51. 对"没收违法所得"能否适用"加处罚款"?

行政机关作出"没收违法所得"决定后，如果当事人拒不交出"违法所得"，是否可以适用"加处罚款"?

不可以。

"没收违法所得"，是《行政处罚法》第9条所设定的一种行政处罚手段和形式。而"加处罚款"乃是对行政处罚决定进行强制执行的一种方式，属于行政强制执行行为而不是行政处罚行为。

《行政处罚法》第72条第1款第（一）项规定："到期不缴纳罚款的，每日按罚款数额的百分之三加处罚款，加处罚款的数额不得超出罚款的数额"。这说明："加处罚款"只适用针对"罚款"决定的执行，而不适用包括"没收违法所得"在内的其他行政处罚决定。

至于当事人对于拒不履行"没收违法所得"的处罚决定，处罚机关该怎么办? 应当适用行政强制执行。关于如何适用行政强制执行，《行政处罚法》第72条第1款的（二）至（四）项已作了回答。其规定："当事人逾期不履行行政处罚决定的，作出行政处罚决定的行政机关可以采取下列措施：……（二）根据法律规定，将查封、扣押的财物拍卖、依法处理或者将冻结的存款、汇款划拨抵缴罚款；（三）根据法律规定，采取其他行政强制执行方式；（四）依照《中华人民共和国行政强制法》的规定申请人民法院强制执行。"这就是说，这里需要区分两类情况：一类是行政机关具有强制执行权的；另一类是行政机关没有强制执行权的。法律规定行政机关具有强制执行权的，行政机关就具有强制执行权；法律没有规定的，推定为行政机关没有强制执行权。

在行政机关具有强制执行权的情况下，行政机关对"没收"决定的执行，有两个执行方法：一是依据第（二）项规定，在有其他法律作明确规定的前提下，将查封、扣押的财物拍卖、依法处理或者将冻结的存款、汇款划拨抵缴交纳款项义务；二是第（三）项规定，根据法律规定，采取其他行政强制执行方式，包括其他的直接执行或间接执行，如追缴恶意第三人的款项等。实施以上强制执行，在程序上适用《行政强制法》第四章的有关规定。

在行政机关不具有强制执行权的情况下，行政机关对"没收"决定的执行，可以申请人民法院强制执行。申请程序适用《行政强制法》第五章的有关规定。

52. 责令当事人纠正违法属于行政处罚吗?

行政机关责令当事人纠正违法，是行政机关要求当事人在一定期限内停止违法行为或者修复违法行为的意思表示。责令当事人纠正违法，既可责令当事人立即纠正，也可责令当事人限期纠正；既可针对当事人的"作为"违法，也可针对当事人的"不作为"违法，前者如责令限期拆除违法建筑，后者如责令停止违法行为。

《行政处罚法》第28条第1款规定："行政机关实施行政处罚时，应当责令当事人改正或者限期改正违法行为。"除了《行政处罚法》，其他有不少法律、法规也规定这种手段，如责令改正，责令公开更正，责令限期治理，责令该学校招收，责令消除安全隐患，责令行为人排除妨碍，责令停止违法行为，责令停止开采，责令停止生产、销售，责令停止使用，责令停止发布广告，责令停业整顿，责令停止招生，责令停止接受新业务和责令限期拆除，等等。

行政机关责令当事人纠正违法，是否属于行政处罚，曾经存在争议。我们认为，虽然责令当事人纠正违法行为，非常复杂、形式多样，行为定性不能一概而论，但仅就《行政处罚法》意义上的"责令改正违法"而言，它绝对不是行政处罚，而是行政命令，因为"命令除去违法状态或停止违法行为之不利处分不具有裁罚性"①。

这种定性符合《行政处罚法》的立法本意。《行政处罚法》第6条规定："实施行政处罚，纠正违法行为，应当坚持处罚与教育相结合，教育公民、法人或者其他组织自觉守法。"第28条第1款规定："行政机关实施行政处罚时，应当责令当事人改正或者限期改正违法行为。"这里都已直接表明，"纠正违法行为"是"行政处罚"之外的且和行政处罚相配套的一个行政行为；行政机关对违法当事人作出"行政处罚"和"责令纠正违法"是实施了两项行政职权（同时也是行政职责）。但在行为属性上，"责令纠正违法"属于"行政命令"行为，作出"行政处罚"决定属于"行政处罚"行为。

行政处罚与纠正违法，这两种行为确实不易区别，因为它们都以当事人违法为前提，并且都是不利行为和结果行为。而且，以前有一种观点是把"责令拆除违法建筑"等责令纠错行为视为行政处罚②，这更增添了这条"界限"的模糊性。最高人民法院《关于行政案件案由的暂行规定》（法发〔2020〕44号）将"责令限期拆除"列入行政处罚的案由是不妥当的。但它发生在《行政处罚法》2021年修订之前，这就可以理解。其实，"责令拆除违法建筑"仅仅是责令当事人纠正违法的一种情形而已。

行政处罚和纠正违法，都是针对当事人的违法行为而发动，但这两者是有区别的：一是行政处罚属于"处分"行为，它是对当事人权利和利益的一种处分（包括取消和限制权利），而责令当事人纠正违法是一种"命令"行为，表现为行政机关要求当事人进行一定的作为或不作为。

①　廖义男主编：《行政罚法》，元照出版有限公司2020年版，第30页。
②　最高人民法院曾有法官主张"责令改正行为属于行政处罚"。（参见刘德权主编：《最高人民法院司法观点集成（4）：行政、国家赔偿卷》，人民法院出版社2014年版，第52页）这次《行政处罚法》的修订过程中，曾经有一稿将"责令拆除违法建筑"列入"行政处罚种类"之中。后因受到大量批评而最终取消。

二是如前所述,行政处罚是让当事人承受一种"额外"的付出,而纠正违法仅仅是恢复原状,让违法状态恢复到原始的合法状态。[①] 它只是一种"垫平"式的纠正,而不是一种"额外付出"的惩罚。责令改正违法是一种修复行为,具有对价性。它的本质是恢复原状(从违法状态恢复到原始的合法状态),行政处罚则不同。当事人破坏 1 棵树苗,责令其补种 1 棵树苗,此乃改正违法(相当于对损坏东西的修复);如果当事人破坏 1 棵树苗,责令他补种 100 棵树苗,那显然是一种具有制裁性而不是修复性的行政处罚。

所以,行政处罚与纠正违法是两种不可相互替代的行为。根据《行政处罚法》的规定,就当事人而言,违法当事人不仅要接受行政处罚,同时还必须纠正违法;就行政机关而言,在对当事人实施行政处罚的同时,一定要责令当事人纠正违法,不得以处罚代替纠正违法。为此,《行政处罚法》第 28 条第 1 款规定:"行政机关实施行政处罚时,应当责令当事人改正或者限期改正违法行为。"

既然责令当事人纠正违法不属于行政处罚,而属于行政命令,是行政处罚的一种配套措施,那么在技术操作上,责令当事人纠正违法一般

[①] 例如:当事人申报并获得了国家科技进步奖,事后被发现获奖者剽窃、侵占他人的发现、发明或者其他科学技术成果,以其他不正当手段骗取国家科学技术奖。政府主管部门就依据《国家科学技术奖励条例》(2024)第 30 条规定,撤销奖励,追回奖章、证书和奖金,同时依据第 33 条规定,将当事人记入科研诚信严重失信行为数据库,并共享至全国信用信息共享平台,按照国家有关规定实施联合惩戒。在这里,"撤销奖励,追回奖章、证书和奖金"不是处罚,而是纠正违法;将当事人"记入科研诚信严重失信行为数据库,并共享至全国信用信息共享平台,按照国家有关规定实施联合惩戒",这属于处罚,准确地说,是"其他罚"。又如:当事人以欺诈、贿赂等不正当手段取得律师执业证书的,司法行政部门依据《律师法》(2017)第 9 条规定"撤销准予执业的决定,并注销被准予执业人员的律师执业证书"。如果当事人取得律师执业证书是正当的,但事后在办案中去贿赂法官,司法行政部门依据《律师法》(2017)第 49 条规定,"吊销其律师执业证书"。在这里,"撤销准予执业的决定,并注销被准予执业人员的律师执业证书",属于纠正违法,而"吊销其律师执业证书",属于行政处罚。

随行政处罚决定书一并作出，也可另行单独作出。当事人对责令纠正违法这一行政命令不服的，有权单独对责令纠正违法命令依法申请行政复议或提起行政诉讼，也可针对行政处罚决定和责令纠正违法命令一并依法申请行政复议或提起行政诉讼。

53. 责令当事人纠正违法是否属于行政强制措施？

责令当事人纠正违法不是行政处罚，那么它是行政强制措施吗？因为《土地管理法》（2019）第68条规定："县级以上人民政府自然资源主管部门履行监督检查职责时，有权采取下列措施：（一）要求被检查的单位或者个人提供有关土地权利的文件和资料，进行查阅或者予以复制；（二）要求被检查的单位或者个人就有关土地权利的问题作出说明；（三）进入被检查单位或者个人非法占用的土地现场进行勘测；（四）责令非法占用土地的单位或者个人停止违反土地管理法律、法规的行为。"现执法机关依据该条第（四）项规定向当事人发出了《责令停止违法行为通知书》。这个通知书是不是属于行政强制措施？

必须说明的是，《土地管理法》（2019）第68条所表达的"措施"是一种泛指，并不是特指《行政强制法》中的"行政强制措施"。执法机关依据《土地管理法》向当事人发出《责令停止违法行为通知书》，这在性质上依然是一种行政命令，既不是行政处罚，也不是行政强制措施。

54.《土地管理法》中的"责令限期拆除"属于行政处罚吗？

有一种观点认为，虽然其他领域中的责令当事人纠正违法属于行政命令而不是行政处罚，但是《土地管理法》中的"责令限期拆除"属于行政处罚，因为《土地管理法》（2019）第83条将它定性为行政处罚。

《土地管理法》（2019）第83条规定："……建设单位或者个人对责

令限期拆除的行政处罚决定不服的，可以在接到责令限期拆除决定之日起十五日内，向人民法院起诉……"这里确实将"责令限期拆除"定性为"行政处罚"。这应当如何对待?

我们认为，责令当事人"限期拆除"属于"责令当事人纠正违法"行为中的一种情形，原国务院法制办公室早已对此作出解释。《关于"责令限期拆除"是否属于行政处罚行为的答复》（国法秘函〔2000〕134号）指出：根据《行政处罚法》第二十三条关于"行政机关实施行政处罚时，应当责令改正或者限期改正违法行为"的规定，《城市规划法》第四十条规定的"责令限期拆除"，不应当理解为行政处罚行为。《关于"责令限期拆除"是否属于行政处罚行为的请示的复函》（国法秘研函〔2012〕665号）也指出：根据《中华人民共和国行政处罚法》第二十三条关于"行政机关实施行政处罚时，应当责令改正或限期改正违法行为"的规定，责令改正或限期改正违法行为与行政处罚是不同的行政行为。因此，《中华人民共和国城乡规划法》第六十四条规定的"限期拆除"、第六十八条规定的"责令限期拆除"不应当理解为行政处罚行为。《行政处罚法》2021年修订时，对这一问题更明确，对"责令当事人纠正违法"再次作了统一的定性，它不是行政处罚。①

这些解释具有全然的覆盖性，"责令限期拆除"当然不能例外。严格说来，《土地管理法》（2019）第83条将"责令限期拆除"定性为行政处罚是错误的，这是一种表述上的错误。可能的原因是《土地管理法》最近一次修改（2019年）发生在《行政处罚法》最近一次修改（2021年）之前，我相信并期待着《土地管理法》在下一次修改时作出纠正。目前，根据新法优于旧法、基础性法律优于单行法律的规则，应当服从《行政处罚法》的规定。

---

① 参见许安标主编：《中华人民共和国行政处罚法释义》，中国民主法制出版社2021年版，第100—101页。

55.如何理解"责令当事人纠正违法"?

《行政处罚法》第 28 条规定,行政机关实施行政处罚时,应当责令当事人改正或者限期改正违法行为。还有一些具体法律规定,当事人拒不改正的才实施处罚。但在现实中,如何看待"纠正违法"不好把握。例如在电力设施保护的行政执法中,发现当事人违法挖断电缆线时,他已停止了违法(继续挖掘),这时如何责令纠正违法呢?

我们认为,行政机关查处当事人违法时,如果当事人已纠正了违法,那就不存在责令纠正违法问题了,只存在是否依法处罚的问题。

责令当事人纠正违法只适用行政机关查处当事人违法行为时,当事人的违法状态还存在着。如违法停车,交警应当责令当事人把车开走或停入规定的地方;对于违法建筑,行政机关应当责令当事人限期拆除。

但是,纠正违法的方式是多种多样的,要视不同的违法状态而有针对性地采取:对于正在进行的(作为)违法行为(如双方斗殴),责令当事人停止违法行为(停止斗殴),就是纠正违法;对于正在继续的(不作为)违法状态(如不依法纳税),责令当事人进行一定的作为以纠正违法(责令纳税),就是纠正违法;当事人违法行为已完成,责令他消除违法结果,就属于纠正违法,如命令当事人拆除违法建筑;对于违法结果当事人无力消除的,责令当事人赔偿也是责令当事人纠正违法的方式。

至于在电力设施保护的行政执法中,执法机关查处当事人违法时,如果他还在挖掘,责令他停止挖掘就是责令纠正违法;如果他已停止,但电缆线已经挖断,他无力修复,就应当责令其赔偿。

56.行政处罚须以责令当事人纠正违法为前提吗?

《行政处罚法》第 28 条第 1 款规定:"行政机关实施行政处罚时,应当责令当事人改正或者限期改正违法行为。"这是否意味着,行政处罚须以责令当事人纠正违法为前提？

不一定。

《行政处罚法》关于责令当事人纠正违法，有两处规定。一处是第6条规定："实施行政处罚，纠正违法行为，应当坚持处罚与教育相结合，教育公民、法人或者其他组织自觉守法。"另一处是第28条第1款规定："行政机关实施行政处罚时，应当责令当事人改正或者限期改正违法行为。"

关于第6条，是对"处罚与教育相结合原则"的表达，与行政处罚的程序没有关系。而第28条第1款的规定，虽然与行政处罚程序相关，但它并没有规定行政处罚须以责令当事人纠正违法为前提。它只是规定了两个意思：一是，任何具有行政处罚权的机关，它就自然同时具有责令当事人纠正违法的权力，后一权力无须由法律另行特别设定。因为在处罚程序中责令当事人纠正违法的权力是行政处罚权的派生权和隐含权，它依附于行政处罚权而存在。二是，责令当事人纠正违法是行政机关的法定职责，行政机关在实施行政处罚时，应当责令当事人改正或者限期改正违法行为。

那么，对实施行政处罚时，应当责令当事人纠正违法，到底应当如何理解和操作呢？

第一，责令当事人纠正违法与实施行政处罚并不是"前提"关系。以为行政处罚须以责令当事人纠正违法为前提，这样的理解不符合法律本意。在现实中，当事人的违法情况很复杂，有的情况是，当行政机关对当事人实施行政处罚时，当事人已恢复到合法状态，不存在纠正违法问题，但这不影响行政处罚。如当事人在高速上超速行驶了一个小时，事后通过监视录像发现并给予处罚。而有的情况是，实施行政处罚时，当事人的违法状态没有恢复到合法状态，如出现违法建筑，那就必须责令当事人纠正违法。所以，是否应当责令当事人纠正违法要视具体情况而定。

第二，行政机关实施行政处罚时，应当责令当事人纠正违法，这是"并步"关系，不是"同时"关系。它是要求，当行政机关实施行政处罚的时候，如果当事人的违法状态尚未复原，那么就应当同时责令当事人纠正违法。在具体操作上，先责令当事人纠正违法（在调查阶段），然后实施行政处罚，或者在同一个"行政处理决定"中既表达行政处罚，又表达责令当事人纠正违法，都是可以的。

第三，如果具体的法律法规有特别规定的，服从特别规定。如有的法律规定，对于某些违法，行政机关应当批评教育并责令当事人纠正违法，当事人拒不改正的，才实施处罚。这就意味着，法律设定了处罚的前提：只有当事人拒绝改正的才实施处罚。

57. 关于责令纠正与行政处罚关系的几个问题。

责令纠正违法，特别是责令纠正违法与行政处罚的关系作一总体性的梳理。

（一）权力来源——哪些行政机关具有"责令纠正"权？

责令当事人纠正违法，乃是行政机关基于行政监管权所拥有的一项行政职权——行政命令权，即命令当事人以作为或不作为方式纠正当事人违法状态的权力。但基于"职权法定"的原则，要求"法无授权不可为"，具体的行政机关是否具有"责令当事人纠正违法"的权力，依然须经法律授权。所有的行政处罚机关都具有责令当事人纠正违法的权力，这已由《行政处罚法》第28条第1款规定作了直接而普遍性的授权。这就是说，哪个行政机关对当事人的违法行为具有行政处罚权，它就同时具有责令该当事人纠正违法的权力。现在的问题在于，行政处罚机关以外的行政机关是否就当然地具有"责令纠正"权呢？我个人认为，依然须有法律、法规的依据。因为"责令纠正"权最后会落实在一个具有行政命令性质的"行政决定"上，而该"行政决定"在很大程度上会与行政强制执行相衔接。所以，如果什么行政机关都具有"责令纠正"权，那就会导致可以被强制执行的"基础决定"的泛化，不利于保护行政相对人的合法权益。为此，我的结论是：

1. 所有具有行政处罚权的行政机关都具有责令纠正权；

2. 不具有行政处罚权的行政机关只有在具有法律、法规明文授权的前提下才具有责令纠正权。

当然，在现实中还存在一些执法人员及人民群众对违法当事人的劝导性行为，这些不作为法律上的责令当事人纠正违法的"行政决定"情形对待，只作为认定当事人违法行为的一种情节考量而已。

（二）权力与行为的性质——"责令纠正"是什么行为？

行政机关责令当事人纠正违法，不是行政处罚行为，而是一项"行政命令"行为，是行政命令权的体现。责令当事人纠正违法的行政命令权，是行政处罚权的附属权和配套权，它将随行政处罚权的转移而转移。

"行政决定"是行政行为的核心内容和主要形式。可以说，任何行政行为都是行政决定的一种形态。如：行政许可行为最后落实为行政许可决定，行政处罚行为最后落实为行政处罚决定，行政裁决行为最后会落实为行政裁决决定……同样，责令当事人纠正违法行为会落实为一个"行政命令"，这一命令就是强制要求当事人进行一定作为或不作为的"行政决定"。

所以，行政机关责令当事人纠正违法，是一种行政行为，是一个行政命令，最后是一个行政决定。也正因为如此，作出"责令纠正"的行为，也必须符合行政程序，当事人对其不服，同样有权申请行政复议或提起行政诉讼。

（三）责令纠正与行政处罚的关系——行政处罚须以责令纠正为前提吗？

行政处罚并不全以责令纠正为前提。责令纠正与行政处罚的关系，并不是执法人员的选择关系，而是由法律、法规所设定的固定关系。从现行法律法规规定看，它们之间的关系主要有两种类型：

一是"前置关系"。执法机关发现当事人违法的，应当及时责令当事人纠正违法。当事人拒不纠正的，才给予行政处罚。当事人按要求纠正违法的，行政机关就不再给予当事人行政处罚。这是为了体现教育与处罚相结合的原则。如：《黑土地保护法》（2022）第 34 条规定："拒绝、阻碍对黑土地保护情况依法进行监督检查的，由县级以上地方人民政府有关部门责令改正；拒不改正的，处二千元以上二万元以下罚款。"

二是"并行关系"。执法机关发现当事人违法的，既应当责令其纠正违法，也应当给予行政处罚。不能用责令纠正去代替行政处罚（以管代罚），也不得以行政处罚代替责令纠正（以罚代管）。当事人纠正违法的义务与接受处罚的义务相互不得替代。如《噪声污染防治法》（2021）第 71 条规定："违反本法规定，拒绝、阻挠监督检查，或者在接受监督检查时弄虚作假的，由生态环境主管部门或者其他负有噪声污染防治监督管理职责的部门责令改正，处二万元以上二十万元以下的罚款。"

当事人纠正自己的违法行为是每一当事人的天然义务，它源自《宪法》（2018）第 33 条第 4 款的规定。该款规定："任何公民享有宪法和法律规定的权利，同时必须履行宪法和法律规定的义务。"所以，当事人不论是否被处罚，或是否应当被处罚，都不能免除其自我纠正的义务。必须强调的是，即使在上述的"前置关系"中，当事人接受了行政处罚，依然不能免除其纠正违法的义务，除非违法状态已经消除（如驾车闯了红灯）。

（四）责令纠正与行政强制执行的关系——对当事人不纠正违法的可以强制执行吗？

行政强制执行，根据《行政强制法》（2011）第 2 条第 3 款的规定，是指"行政机关或者行政机关申请人民法院，对不履行行政决定的公民、法人或者其他组织，依法强制履行义务的行为。"具体说，当事人拒不履行已经生效的行政决定所确定的义务，有权机关就可实施行政强制执行。法律赋予行政机关具有强制执行权的，由行政机关自己直接实施强制执行；法律没有赋予行政机关强制执行权的，由行政机关申请人民法院强制执行。

行政强制执行是对"行政决定"的执行。而这"行政决定"并不只限于"行政处罚决定"，此外还包括"责令纠正违法"在内的所有"行政决定"，只要具有可执行内容并且当事人拒不履行义务的，行政机关或者人民法院都可依据《行政强制法》实施强制执行。所以说，当事人拒不履行行政机关作出的"责令纠正违法决定"（责令纠正违法通知等），行政机关可以依照《行政强制法》的规定，自己实施强制执行或者申请人民法院强制执行。

（五）责令纠正与行政处罚的分合关系——对于它们应当合并作出还是分别作出？

行政机关责令当事人纠正违法属于"行政命令"行为；行政机关对当事人作出警告、通报批评、罚款、没收、吊扣证照、限制开展生产经营活动、行政拘留等决定属于"行政处罚"行为。这是两个不同性质的行政行为。

行政机关对当事人的违法要作出这两个行为时，在操作上既可以分别作出，也可以合并作出。一般而言，在上述的"前置关系"中，适合于分别前后作出；在"并行关系"中，适合于合并作出。

如果分别先后作出，显然是作为两个行政行为对待，应当分别取名为"责令纠正违法通知"和"行政处罚决定"。每一行为都要遵循法定程序。当事人对此不服，可以分别申请行政复议或分别提起行政诉讼。

如果合并作出，应当取名为"行政处理决定"，文中分别表明两项内容：责令纠正违法和行政处罚。这属于两个行政行为的合并，可以并入一个法定程序，但须对应地适用不同的法律。当事人对这一处理决定不服的，可以作为一个案件申请行政复议或者提起行政诉讼。复议机关和人民法院在行政复议或行政诉讼中作为两个诉的合并处理。

58. 对证据的"先行登记保存"与"查封、扣押"有什么区别?

在行政执法中,常常发现,违法当事人从事违法行为的设备和工具,如电脑、车辆等,往往同时也是"证据"。这样,执法机关就可以依据《行政处罚法》第56条规定,实施"证据先行登记保存"。具体的登记保存方法有两种:一是在当事人的场所进行登记封存,责令当事人妥为保管,不得动用、转移、损毁或者隐匿;二是将证据拉回到行政机关,由行政机关监管保存或者委托第三方监管保存。而这两种方法,从《行政强制法》的规定看,前者就是"查封"措施,后者就是"扣押"措施。那么,《行政处罚法》所规定的"证据先行登记保存"与《行政强制法》规定的"查封""扣押"行政强制措施是同一类行为吗?还有,《行政处罚法》第56条规定"证据先行登记保存"的期限是7日之内,而《行政强制法》第25条规定的"查封""扣押"期限都是30日,另可批准延长30日。我们应当适用《行政处罚法》还是《行政强制法》呢?

对证据的"先行登记保存",是指行政执法机关在对违反行政管理秩序的当事人进行查处过程中,在证据可能灭失或者以后难以取得的情况下,对需要保全的证据当场登记造册,暂时先予封存固定,责令当事人妥为保管,不得动用、转移、损毁或者隐匿,等待行政机关进一步调查和处理的证据保全措施。它是《行政处罚法》授予行政处罚机关在对违反行政管理秩序的当事人进行查处过程中的一项调查取证措施。《行政处罚法》第56条规定:"行政机关在收集证据时,可以采取抽样取证的方法;在证据可能灭失或者以后难以取得的情况下,经行政机关负责人批准,可以先行登记保存,并应当在七日内及时作出处理决定,在此期间,当事人或者有关人员不得销毁或者转移证据。"这项证据保全措施由《行政处罚法》第56条直接设定并直接而普遍地授权给了所有的行政执法机关。任何行政执法机关在行政执法中都可直接依据《行政处罚法》第56条规定实施证据保全,无须等待其他法律的具体规定。

"查封"和"扣押"是《行政强制法》所设置的两种行政强制手段。"查封"是指行政机关为了预防和制止违法，保证行政决定的有效作出和执行，通过"就地封存"的方法，在短时间内禁止对场所使用和限制对财物的使用、毁损、转移和处分的行政强制措施。"扣押"是指行政机关为了预防和制止违法，保证行政决定的有效作出和执行，将涉嫌违法的财物移动至有关地点进行直接控制，在短时间内禁止当事人对扣押财物的使用、毁损、转移和处分的行政强制措施。"查封"与"扣押"在主体、对象、标的物和法律效果上都是相同的。它们的主要区别就在于"地点"上：现场控制物品就是"查封"，异地控制物品就是"扣押"。当然，对不动产只能"查封"而无法"扣押"。

对照《行政强制法》（2011）第 2 条第 2 款关于"行政强制措施"的定义不难发现，对证据的"先行登记保存"，本身就是一种行政强制措施，而且与《行政强制法》所规定的"查封"或"扣押"，从行为方式上看几乎并无二致，特别是当证据表现为设备、工具等物证时。比如，将当事人从事违法行为的电脑作为证据，扣留在现场，不让当事人动用的，就是"查封"；将电脑搬运到行政机关或委托第三方监管，这就是"扣押"。"查封"是当场的"扣押"；"扣押"是异地的"查封"。从理论上说，"查封"和"扣押"可以出于其他目的，也可以出于保全证据的目的。这样，"证据先行登记保存"应当是"特殊的"查封、扣押措施，是查封、扣押措施中的一种特别类型。这就导致有的行政机关将"证据先行登记保存"与"查封""扣押"等同起来。

但是我们必须澄清的是，从《行政强制法》《行政处罚法》的立法原意和立法背景来看，行政执法机关的"证据先行登记保存"是"查封""扣押"以外的"其他行政强制措施"，而不属于"查封""扣押"的一种类型和方式。《行政强制法》（2011）第 9 条规定："行政强制措施的种类：（一）限制公民人身自由；（二）查封场所、设施或者财物；（三）扣押财物；（四）冻结存款、汇款；（五）其他行政强制措施。"行政机关的"证据先行登记保存"属于本条中的第（五）项，而不是第（二）、（三）项。

这是因为，尽管"证据先行登记保存"与"查封""扣押"都属于"行政强制措施"，两者在行为特征上具有许多共同点，但它们应当也可以加以区别的。对它们不加区别，会导致法律适用上的错误。它们两者的区别在于：

第一，目的和条件不同。"证据先行登记保存"的目的就是在当证据"可能灭失或者以后难以取得的情况下"保全证据，不能出于其他目的。而"查封""扣押"的目的是多方面的，如为了制止违法，避免危害发生、控制危险扩大，或为了后续的"收缴"等。这里的"查封""扣押"手段并不为"保全证据"所设置。

第二，地点不同。"证据先行登记保存"只能在当事人的场所实施，不得将证据拿回到行政机关保存，否则就变成了扣押。而"扣押"是指将当事人的物品转移到当事人不能控制的场所由行政机关或者委托第三方监管，不发生在当事人的场所。"查封"虽然发生在当事人的场所，但目的是保全证据，而不是其他。

第三，期限不同。"证据先行登记保存"的期限，根据《行政处罚法》第56条，被严格限制在"7日内"；而"查封""扣押"的期限，根据《行政强制法》（2011）第25条规定，要宽得多，原则上不超过30日，特殊情况可延长30日，即最长可达60日。

第四，授权不同。行政机关的"证据先行登记保存"权是由《行政处罚法》第56条授予的，行政机关的"查封权""扣押权"是由《行政强制法》（2011）第22条①规定的。但是，《行政处罚法》第56条属于直接授权，任何行政执法机关都据此拥有"证据先行登记保存"的权力，

---

① 《行政强制法》（2011）第22条规定："查封、扣押应当由法律、法规规定的行政机关实施，其他任何行政机关或者组织不得实施。"

无须等待其他法律的专门规定；而《行政强制法》（2011）第22条属于间接授权条款，行政执法机关并不直接依据该条就获得了查封权和扣押权。哪些行政执法机关具有查封权和扣押权，还须另有法律、法规的具体规定。

第五，法律适用不同。"证据先行登记保存"作为一种《行政强制法》（2011）第9条所规定的"其他行政强制措施"，当然应当适用《行政强制法》；同时，它作为由《行政处罚法》所设定的一项行政职权和强制措施，又必须适用《行政处罚法》。而且，在关于对"证据先行登记保存"的规定上，《行政处罚法》对它的规定属于特别法，《行政强制法》对它的规定属于一般法。按照特别法优于一般法的适用规则，应当优先适用《行政处罚法》第56条；此外，同时适用《行政强制法》的有关规定。

根据上述理论和制度规定，我们行政机关在执法中要实施"证据先行登记保存"的，必须关注和遵循以下几点：

一是，严格条件。必须"在证据可能灭失或者以后难以取得的情况下"，方可适用"证据先行登记保存"。没有达到这一条件，或者可以采取其他方法获得证据（如摄像、拍照、现场笔录等）时，不得采取"证据先行登记保存"。

二是，就地保存。"证据先行登记保存"是将证据物"就地""当场"登记造册，暂时先予封存固定，责令当事人妥为保管，不得动用、转移、损毁或者隐匿，等待行政机关进一步调查和处理。如果将证据物拉回到行政机关进行监管，这是名为"证据保存"实为"扣押"，必须予以纠正。

三是，期限限制。"证据先行登记保存"应当适用《行政处罚法》（2021）第56条，在7日内及时作出处理决定，不适用《行政强制法》第25条所规定的30日。

四是，法定程序。实施"证据先行登记保存"要遵循法定程序，不仅要根据《行政处罚法》（2021）第56条规定，经行政机关负责人批准，而且还要服从《行政强制法》的有关程序规定，特别是第三章"行政强制措施实施程序"第一节"一般规定"。

当然，以上是基于《行政处罚法》第56条将"证据先行登记保存"行为定性为"现场封存"基础上的答复。但我们也发现，将"证据先行登记保存"的地点一律限制在当事人的场所是不现实的，因为在现实中不少违法行为恰恰发生在当事人场所以外的第三处（如砍伐森林和交通违法），这时要将证据送回到当事人单位进行封存，而不是拉回行政机关保存恰恰是不现实的。建议有权机关对《行政处罚法》第56条所规定的"证据先行登记保存"作一扩大性解释，将"证据先行登记保存"视作为特殊的"查封"或"扣押"。这样，行政机关既可以在当事人现场封存证据（这是特殊的"查封"），也可以将证据拉回行政机关保存（这是特殊的"扣押"），但在法律适用上，按照特别法优于一般法原则，在期限上只适用7日，而不是30日的规定。

59. 对"证据保存"可以单独起诉还是并入"行政处罚"起诉？

"证据先行登记保存"与"行政处罚行为"是一个行为还是两个行为？"先行登记保存"作为一种特殊的行政强制措施，《行政强制法》赋予了行政相对人救济权。在一些行政复议或行政诉讼案件中，申请人不但要求撤销行政处罚决定还要求确认"先行登记保存"行为违法。对此，是否应当区分为两个行为，分别立案进行合法性评价，还是将"先行登记保存"作为"过程性行为"纳入行政处罚中视为一个行为评价？

从行政法理与法律适用关系上说，"证据先行登记保存"与"行政处罚"是两种不同的行政行为。前者属于特别的"行政强制措施"，主要受《行政强制法》规制，后者"行政处罚"主要受《行政处罚法》规制，它们须遵循不同的法律程序。"证据先行登记保存"的程序主要依据《行政处罚法》第56条和《行政强制法》第三章第一节和第二节规定；"行政处罚"的程序主要依据《行政处罚法》第五章规定。但是，作为特殊行政强制措施的"证据先行登记保存"与"行政处罚"都是"可诉的行政行为",当事人不服都有权申请行政复议或提起行政诉讼。

当然从技术上说,当事人对这两种行政行为可以先后分别提起行政诉讼(复议同理),也可合并一起起诉,法院合并审查。一般情况是,如果行政机关作出了"证据先行登记保存"(假设将当事人的电脑作为证据当场封存或扣押搬走),但不作行政处罚,或者在作出行政处罚决定之前,当事人可以单独就"证据先行登记保存"提起诉讼;如果行政机关已经作出行政处罚,当事人可以将这两个行政行为(证据保存与行政处罚)一并提起诉讼。这是诉的合并。

"证据先行登记保存"不属于"过程性行政行为"。行政行为中的"过程行为"是与"结果行为"相对应的一个概念,系指行政机关在作出某个行政行为过程中所作出的一个程序性行为,这一程序性行为没有独立存在的意义,不会直接影响当事人的权利与义务,并往往被事后的结果行为所吸收。例如,行政机关在作出行政处罚决定(结果行为)之前,须为当事人提供听证(过程行为)。如果当事人认为听证程序违法,单独对听证行为提起诉讼是不可以的,他应当最后对"行政处罚决定"起诉时,增加一个"诉由"(行政处罚程序违法)。因为"听证"本身并不会直接剥夺和限制当事人权利,最终处分当事人权利的恰恰是行政处罚决定(结果行为)。但"证据先行登记保存"行为不同,它可以独立存在(如行政机关只作证据保存但不作处罚),而且可以直接对当事人的权利义务发生直接影响(限制当事人的财产使用权)。所以,它可以作为独立存在的行政行为对待。

60. 对行政处罚通报批评的范围如何掌握?

"通报批评"是《行政处罚法》2021年修订中在第9条为行政处罚新增的一种处罚手段和种类。它和警告一样属于申诫罚(声誉罚、精神罚)。

"通报批评"这一形式和警告不同的是，它需在一定的范围内公开。但是，这一范围如何把握？应当向全社会、全行业，还是限于被处罚人所在的单位？现在尚未有统一的规定。实践当中的做法多种多样，最常见的，是处罚机关在自己的网站上公开。

我个人认为，"通报批评"的范围有待有权机关作出统一规定，至少应当采取法规、规章或者裁量基准的形式。在确定范围时还要考虑这几个因素：

一是，它不同于警告，它具有一定的公开性。

二是，它又和警告一样属于申诫罚。和人身罚、财产罚、行为罚、资格罚比较，申诫罚属于最轻的处罚，一般适用较轻的违法行为。所以，要防止该处罚给当事人实际带来的不利后果，接近甚至大于人身罚、财产罚、行为罚和资格罚。

三是，通报批评要和预警有一定的关联度。如对于食品安全方面违法行为的通报批评，有助于人们预防食品安全危害的发生。

61. 关于限制从业的行政处罚是否适用个人？

《行政处罚法》第9条新增了限制开展生产经营活动、限制从业的行政处罚种类。这两类处罚是否只能对单位作出，还是亦可对个人作出？如两者均可对个人作出，有何区别？

《行政处罚法》第9条规定："行政处罚的种类：……（四）限制开展生产经营活动、责令停产停业、责令关闭、限制从业……。"其中"限制开展生产经营活动"和"限制从业"属于《行政处罚法》2021年修订时增加的内容。

从字面上看，"限制开展生产经营活动"侧重于生产经营组织，"限制从业"侧重于个人，但其实具有一定的交叉性。我认为，更大的侧重点在于：前者限制的是"活动"，后者限制的是"资格"。例如，由于企业有一定的污染性，要求企业每周只工作3天，这属于"限制开展生产经营活动"；规定教培机构只能培训艺术，不得培训语数，就属于后者。

62. 已被立案调查但尚未处罚的公司已注销还可对其实施行政处罚吗？

从法理上说，一个公司处于被立案或诉讼过程中，是不宜注销的，除非法律另有特别规定，否则会导致权利无法取得、义务无法承担，影响社会经济秩序。

如果公司已经注销，作为行政处罚的对象已经灭失，如同被处罚人死亡一样，行政处罚行为自然就从程序上终结。行政行为的终结是行政行为"成立—变更—消灭"过程中的"消灭"范畴，它起因于：1.行政相对人的消亡（如公司的注销和自然人的死亡等）；2.行政行为标的的灭失（如收缴某件文物，但文物已被大火焚毁）；3.法律依据的改变（如原来法律禁止该行为，现在已取消禁止等）；4.行政追溯已过期限；5.行政行为履行完毕；6.其他法定情形。

63. 作为行政强制措施的"限制人身自由"与作为行政处罚的"行政拘留"有重叠吗？

《行政强制法》中作为行政强制措施的"限制人身自由"，与《行政处罚法》中作为行政处罚的"行政拘留"有重叠吗？即《行政强制法》中的限制人身自由是否包含行政拘留？

《行政强制法》第2条、第9条和第20条所规定的"限制公民人身自由"是一种"行政强制措施"；《行政处罚法》第9条、第35条所规定的"行政拘留"是一种"行政处罚"。行政实体法对"行政拘留"的规定大量出现在《治安管理处罚法》中。"限制公民人身自由"与"行政拘留"两者法律属性不同，所受调整的法律也不同。前者受《行政强制法》调整，后者则受《行政处罚法》调整。

虽然作为"行政强制措施"的"限制公民人身自由"与作为"行政处罚"

的"行政拘留"都得由法律设定，法规和规章都无权设定，并且都表现为在短时间内限制公民的人身自由，都是一种可诉的行政行为。但它们之间的区别也是明显的，其中最突出的是两条：

一是目的不同。作为"行政强制措施"的"限制公民人身自由"是出于维护社会秩序的需要，其目的是制止违法行为、防止证据损毁、避免危害发生、控制危险扩大等。如有人扬言要杀人并且存在这一风险，警察对他采取预防控制措施；醉酒的人在醉酒状态中，对本人有危险或者对他人的人身、财产或者公共安全有威胁的，警察对其采取保护性措施约束至酒醒。而作为"行政处罚"的"行政拘留"是对违法者违法行为的一种裁制。如张三殴打他人致轻微伤，公安机关依据《治安管理处罚法》对其作出"行政拘留"七日的决定。归纳起来说，行政强制措施是一种预防、制止违法的措施；行政处罚是一种惩罚违法的措施。

二是期限与执行不同。行政拘留的期限是 1 日以上 15 日以下，合并处罚不超过 20 日。但作为"行政强制措施"的"限制公民人身自由"没有统一的期限规定，完全视目的实现的需要而定，可以是几小时，也可以是几天……还有，行政拘留一律送拘留所执行，而作为"行政强制措施"的"限制公民人身自由"没场所要求，也视情况而定，可以在现场，也可以安排至特定地方。

所以，作为"行政强制措施"的"限制公民人身自由"与作为"行政处罚"的"行政拘留"无论在法律上还是操作上都不可能出现重合或部分重合。

64. 哪些违法行为不予处罚或可以不予处罚？

现行《行政处罚法》注重体现"处罚与教育相结合"原则，集中表现在"不予处罚"和"可以不罚"等制度上。

"不予处罚"是指依法不得处罚的法律制度。根据《行政处罚法》

的有关规定，虽然当事人实施了违法行为，但有下列情形之一的，行政机关不得对当事人实施行政处罚：

一是，"轻微不罚"，即当事人违法行为轻微的，不应当处罚。《行政处罚法》第 33 条第 1 款第一句规定："违法行为轻微并及时改正，没有造成危害后果的，不予行政处罚。"据此规定，"轻微不罚"必须同时符合几个条件：1.违法行为轻微的。即当事人的主观恶性程度低、手段情节比较普通。2.当事人已及时纠正违法的。这里包括当事人自我纠正，或者经执法人员指出后及时纠正的。3.没有造成危害后果。即对社会或第三人没有造成危害后果。

二是，"无错不罚"，即当事人虽然做出了违法行为，但当事人主观上没有过错的，不应当处罚。《行政处罚法》第 33 条第 2 款规定："当事人有证据足以证明没有主观过错的，不予行政处罚。法律、行政法规另有规定的，从其规定。"这里包含了几层意思：1.对违法当事人的处罚须以当事人主观过错为前提。这是"过错原则"的体现。主观过错包括故意和过失。如司机驾车超速是因车辆系统故障导致的，便不予处罚。2.行政处罚中的"过错原则"属于"推定"原则，即只要当事人有违法行为，原则上应当推定为当事人有过错，除非当事人提出反证。行政执法机关实施处罚时无须提供当事人是否过错的证据。3.法律、行政法规另有规定的，从其规定。这是说，如果法律和行政法规明文规定某种处罚无须以当事人主观过错为前提，或者对过错认定另有要求的，那就优先服从法律和行政法规的规定。

三是，"过时不罚"，即当事人的违法行为超过了"追诉时效"（追责期限）后才被发现的，不予处罚。《行政处罚法》第 36 条规定："违法行为在二年内未被发现的，不再给予行政处罚；涉及公民生命健康安全、金融安全且有危害后果的，上述期限延长至五年。法律另有规定的除外。前款规定的期限，从违法行为发生之日起计算；违法行为有连续或者继续状态的，从行为终了之日起计算。"这里的追诉时效期限应当这么理解：1.原则上，所有的违法行为的追诉时效是二年；2.但是，涉及公民生命健康安全、金融安全且有危害后果的，上述期限延长至五年；3.如果其他法律对追诉时效另有特别规定的，从其规定。如《治安处罚法》（2012）第22条规定的追责期限为六个月，那治安处罚的追诉时效就按六个月办理。还必须注意的是，追诉时效的"起点"是从违法行为"发生之日"起计算。违法行为有连续或者继续状态的，从"行为终了之日"起计算。追诉期限的"终点"是到违法行为"被发现"，而不是违法行为"被处罚"为止。有权处理的机关启动调查、取证和立案程序，均可视为"发现"；群众举报后被认定属实的，发现时效以举报时间为准。

四是，"无行为能力者不罚"。行为能力是指能以自己的行为依法行使权利和承担义务，从而使法律关系形成、变更或消灭的资格。决定行为能力的因素，一是年龄，二是智力。《行政处罚法》第30条第一句规定："不满十四周岁的未成年人有违法行为的，不予行政处罚，责令监护人加以管教"。第31条第一句规定："精神病人、智力残疾人在不能辨认或者不能控制自己行为时有违法行为的，不予行政处罚，但应当责令其监护人严加看管和治疗。"这是对无行为能力者不罚制度的规定。

"可以不罚"是指依法酌情可以决定不处罚的法律制度，主要是指"初次不罚"。《行政处罚法》第33条第1款第二句规定："初次违法且危害后果轻微并及时改正的，可以不予行政处罚。""初次不罚"的适用条件是：1.是初次违法，不是二次以后的违法。从理论上讲，"初次违法"是指在一定期限内同一领域或者同一领域中的同一种类违法行为范围内，当事人第一次有该违法行为。但具体标准和认定方法还有待有关部门和地方应当根据实际情况，合理地确定。2.危害后果轻微，是指对社会危害性不大的违法。3.及时改正。这三条缺一不可。

"不予处罚"与"可以不罚"都属于"慎罚"制度，但两者还是有一定区别："不予处罚"是指"绝对不罚"。在"不予处罚"情形下，行政机关对当事人实施处罚的，属于行政违法；"可以不罚"是指"相对不罚"。在"可以不罚"的情形下，行政机关具有一定的裁量权。如果已有裁量基准的，就必须遵循裁量基准。

65. 对哪些违法当事人可以从轻或减轻处罚？

《行政处罚法》规定对某些违法当事人可以从轻处罚或者减轻处罚。请问："从轻"与"减轻"有何区别？还有，对哪些违法当事人可以从轻或减轻处罚？

"从轻处罚"，是指存在法定"从轻处罚"情形的前提下，行政处罚机关，对违法当事人在法定处罚幅度内按低线或靠近低线进行处罚的法律制度。"减轻处罚"，是指存在法定"减轻处罚"情形的前提下，行政处罚机关，对违法当事人在法定处罚幅度低线以下进行处罚的法律制度。例如，法律规定的处罚幅度是罚款5—50万。现给予5万罚款，属于"从轻处罚"；如果给予4万罚款，则属于"减轻处罚"。"从轻处罚"与"减轻处罚"的区别在于是否超逾法定处罚幅度的"低线"。

"从轻处罚""减轻处罚"与"不予处罚"制度又不同："从轻处罚""减轻处罚"都属于"给予处罚"的制度，不论是轻是重，前提是必须处罚；而"不予处罚"是"不给予处罚"的制度，即不得处罚。只要处罚了，就属于行政行为违法。

另外，"从轻处罚""减轻处罚"还有"应当"与"可以"之别。"应当"从轻或减轻处罚的，系属行政执法机关的法定义务，没有选择余地，不得不这样做。"可以"从轻或减轻处罚的，表明行政执法机关在处罚时有一定的裁量余地。

根据《行政处罚法》第30条和第32条规定，有下列情形之一的，"应当"从轻或减轻处罚：

1. 已满14周岁不满18周岁的未成年人有违法行为的；

2. 当事人主动消除或者减轻违法行为危害后果的；

3.当事人受他人胁迫或者诱骗实施违法行为的；

4.当事人主动供述行政机关尚未掌握的违法行为的；

5.当事人配合行政机关查处违法行为有立功表现的；

6.法律、法规、规章规定其他应当从轻或者减轻行政处罚的。

根据《行政处罚法》第31条规定，有下列情形的，"可以"从轻或减轻处罚：尚未完全丧失辨认或者控制自己行为能力的精神病人、智力残疾人有违法行为的。

66.当事人收到事先告知单后应当在多长期限内提出陈述、申辩和听证要求？

《行政处罚法》规定，行政机关在对当事人进行行政处罚之前，必须事先告知当事人，以便让当事人陈述、申辩和提出听证的要求。一般的做法是给当事人送达一份《拟行政处罚告知单》。那么，当事人收到该《告知单》后，应当在多长期限内进行陈述、申辩和提出听证要求呢？

事先告知制度，是《行政处罚法》所确立的一项程序制度。事先告知是指行政机关在作出行政处罚决定之前，应当告知当事人拟作出的行政处罚内容及事实、理由、依据，并告知当事人依法享有的陈述、申辩、要求听证等权利的法律制度。它是落实和保障当事人陈述权、申辩权、听证权的前提和途径。

确立行政处罚事先告知制度的法律依据是《行政处罚法》第7条和第44条。第7条规定："公民、法人或者其他组织对行政机关所给予的行政处罚，享有陈述权、申辩权；对行政处罚不服的，有权依法申请行政复议或者提起行政诉讼。公民、法人或者其他组织因行政机关违法给予行政处罚受到损害的，有权依法提出赔偿要求。"第44条又规定："行政机关在作出行政处罚决定之前，应当告知当事人拟作出的行政处罚内容及事实、理由、依据，并告知当事人依法享有的陈述、申辩、要求听证等权利。"

行政机关对当事人履行事先告知义务，一般是通过送达一份《拟行政处罚告知单》。那么，当事人收到《告知单》之后，应当在多长期限内提出陈述、申辩和听证要求呢？

《行政处罚法》都只对提出听证要求的时间作出规定，但未对当事人提出陈述、申辩的时间作出规定。关于当事人提出听证要求的时间，《行政处罚法》第64条规定听证要求的时间为五日之内。但是，《行政处罚法》都未对当事人提出陈述、申辩的时间作出规定。那么，在实际中应当如何把握当事人提出陈述、申辩的时间？建议作以下处理：

1.其他法律、法规、规章和其他规范性文件有规定的，按其规定办。

2.无上述规定的，由执法机关酌情决定当事人提出陈述、申辩的时间。该时间以7天或15天为宜。即当事人应当在7天之内或15天之内提出陈述和申辩。

67. 对于不予行政处罚的决定，也须履行事先告知的义务吗？

《行政处罚法》第44条规定："行政机关在作出行政处罚决定之前，应当告知当事人拟作出的行政处罚内容及事实、理由、依据，并告知当事人依法享有的陈述、申辩、要求听证等权利。"那么，如行政执法机关经调查认为当事人违法行为轻微，拟作出不予行政处罚决定，在作出不予行政处罚决定前，是否需要履行告知义务？

也需要。

《行政处罚法》第44条规定的"行政处罚决定"，既包括拟作出的"给予行政处罚的决定"，也包括"不予行政处罚的决定"。这就是说，行政机关对当事人的事先告知义务，不仅适用"给予行政处罚的决定"，同样适用"不予行政处罚的决定"。至于为什么对于后者还须履行事先告知义务，因为后一决定虽然是"不予处罚"，对当事人是有利的，但可能所认定的（违法）事实和理由当事人依然不能接受，还有，也不排除当事人对执法主体资格有异议。

但是，对于"不予处罚决定"无须告知具有听证权，因为根据《行政处罚法》第63条规定，这类案件够不上听证条件。

68. 当事人放弃陈述、申辩权和听证权的，行政机关可以提前作出处罚决定吗？

《行政处罚法》规定当事人可以放弃陈述权和申辩权，但没有规定也可以放弃听证权，请问听证权也可以放弃吗？另，当事人放弃陈述权、申辩权和听证权的，行政机关可以提前作出行政处罚决定吗？这种情况下，行政机关一天内就作出行政处罚决定，是否可以？

在行政机关作出行政处罚决定之前，当事人享有陈述、申辩和听证的权利，这是《行政处罚法》（2021）明文授予给当事人的程序权利（第7条、第41条、第44条、第45条和第63条）。其中陈述权和申辩权是无条件的，即无论在什么样的行政处罚案件中当事人都一概享有，行政机关必须无条件地提供机会；但听证权是有条件的，只有在部分案件中，即第63条所规定的情形中，当事人方可申请听证。陈述、申辩和听证既然是当事人的程序权利，而不是程序义务，因而都是可以放弃的。至于《行政处罚法》明文规定当事人可以放弃陈述、申辩权，但未规定可以放弃听证权，这仅仅是立法技术问题，是鉴于考虑陈述、申辩权是当事人的当然权利，听证权是当事人的申请权利，并非意味着当事人只可放弃前者而不可放弃后者。

至于当事人放弃了陈述权、申辩权和听证权之后，行政处罚机关是否可以提前作出行政处罚决定，这一问题不够明确。它应当相对什么"时点"而言。

《行政处罚法》第60条规定："行政机关应当自行政处罚案件立案之日起九十日内作出行政处罚决定。法律、法规、规章另有规定的，从

625

其规定。"所以，行政机关只要在 90 日内（自行政处罚案件立案之日起至作出行政处罚决定止）作出行政处罚决定都是可以的，不论当事人是否放弃程序权利。

至于在一天内是否可以作出处罚决定，这在简易处罚程序中是完全可以并可行的；在普通处罚程序中，在法律上是不禁止的，但在技术上是较难做到的，因为规定的程序环节必须完成，如调查、取证、核实、事先告知、讨论决定等，否则构成程序违法。

69. 作为行政处罚的责令停产停业与作为责令纠正违法的责令停产停业如何区别？

《道路运输条例》第 63 条规定，未取得道路运输经营许可，擅自从事道路普通货物运输经营、道路客运经营、道路危险货物运输经营的，由县级以上地方人民政府交通运输主管部门责令停止经营，并处罚款。违反本条例的规定，有下列情形之一的，由县级以上地方人民政府交通运输主管部门责令停止经营，并处罚款；构成犯罪的，依法追究刑事责任。这里的"责令停止经营"是一种行政命令，还是《行政处罚法》中规定的行政处罚种类（责令停产停业）？

《道路运输条例》（2023）第 63 条确实规定："违反本条例的规定，有下列情形之一的，由县级以上地方人民政府交通运输主管部门责令停止经营，并处罚款；构成犯罪的，依法追究刑事责任：（一）未取得道路运输经营许可，擅自从事道路普通货物运输经营，违法所得超过 1 万元的，没收违法所得，处违法所得 1 倍以上 5 倍以下的罚款；没有违法所得或者违法所得不足 1 万元的，处 3000 元以上 1 万元以下的罚款，情节严重的，处 1 万元以上 5 万元以下的罚款；（二）未取得道路运输经营许可，擅自从事道路客运经营，违法所得超过 2 万元的，没收违法所得，处违法所得 2 倍以上 10 倍以下的罚款；没有违法所得或者违法所得不足 2 万元的，处 1 万元以上 10 万元以下的罚款；（三）未取得道路运输经营许可，擅自从事道路危险货物运输经营，违法所得超过 2 万元的，没收违法所得，处违法所得 2 倍以上 10 倍以下的罚款；没有违法所得或者违法所得不足 2 万元的，处 3 万元以上 10 万元以下的罚款。"

这里出现了三个行政行为：责令停止经营；没收违法所得；罚款。按照现行《行政处罚法》的规定，没收违法所得和罚款都属于行政处罚，这是没有问题的。但是，责令停止经营到底属于责令当事人纠正违法的行政命令，还是属于具有制裁性质的行政处罚，这确实存在模糊之处。

《行政处罚法》第 9 条第（四）项将"责令停产停业"设定为行政处罚的一种手段，同时第 28 条第 1 款又规定："行政机关实施行政处罚时，应当责令当事人改正或者限期改正违法行为。"在这里，第 9 条第（四）项所规定的"责令停产停业"属于行政处罚；第 28 条第 1 款规定的"责令当事人纠正违法"则属于与行政处罚相配套的行政命令，它本身不属于行政处罚。

但问题在于，"责令当事人纠正违法"可以覆盖"责令停产停业"。这样，"责令停产停业"既可以作为行政命令的一种方式，也可以作为行政处罚的一种方式。并且从表面上看，它们都具有责令当事人将违法状态修复为合法状态的法律特征，这样就增加了我们分辨作为行政处罚的"责令停产停业"与作为行政命令的"责令停产停业"的困难。

从行政法理上说，作为行政命令的"责令停产停业"的目的是让当事人纠正自己的违法行为，将违法状态修复为合法状态，而作为行政处罚的"责令停产停业"则是为了对当事人的违法行为进行制裁。前者是"纠错"与"垫平"；后者是"制裁"与"额外付出"。作为行政命令的"责令停产停业"是针对当事人的违法行为本身，即当事人本身就进行了违法生产和违法经营；而作为行政处罚的"责令停产停业"，前提是当事人有资格进行生产和经营，只是生产经营中有了其他违法行为，"责令停产停业"是作为当事人为违法行为所付出的额外代价。例如，没有律师执业证的人员开业从事律师业务，行政机关责令他停止业务，这属于纠正违法的行政命令；如果该当事人拥有律师执业证，并依法登记开业，但他在办案过程中向法官行贿，司法行政机关责令其停业，这就属于行政处罚。可见，虽然无论作为行政命令的"责令停产停业"，还是作为行政处罚的"责令停产停业"，都是行政执法机关在实施行政处罚过程中所作出的两种行政执法行为，前提都是当事人存在违法行为，但是，作为行政命令的"责令停产停业"直接所针对的是当事人的违法行为本身，而作为行政处罚的"责令停产停业"直接所针对的是当事人的其他相关的合法权益，它是将对一种合法权益的剥夺作为对相关违法行为制裁的额外代价。

就本案而言，从行政法理上分析，《道路运输条例》（2023）第63条所适用的三种违法情形，都属于当事人无证经营，所以，这里的"责令停止经营"应当属于行政命令性质的责令当事人"纠错"行为，而不是行政处罚。

但如果立法的规定与学理发生冲突，在立法被修正之前，我们的执法和司法只能先行适用法律。如果法律违背学理将作为行政命令的"责令停产停业"表达为行政处罚，或者相反，将作为行政处罚的"责令停产停业"表达为行政命令，那么，我们应当一边执行法律，一边向立法机关提出建议。所以，如果我们执法机关对《道路运输条例》（2023）第63条所规定的"责令停止经营"的法律属性有争议，觉得立法意图不清晰，可以依照规定程序向《道路运输条例》的制定机关申请法律解释。

70. 行政机关负责人应当在何时集体讨论重大的处罚决定？

《行政处罚法》第57条第2款规定："对情节复杂或者重大违法行为给予行政处罚，行政机关负责人应当集体讨论决定。"但集体讨论应当把握在什么时间比较合适？

规定"对情节复杂或者重大违法行为给予行政处罚，行政机关负责人应当集体讨论决定"，这在我国已成为行政程序中的一项法定程序。它的依据除了《行政处罚法》（第 57 条第 2 款）之外，还有国务院颁布的《重大行政决策程序暂行条例》（2019 年国务院令第 713 号）。该《条例》第三章规定，行政机关的重大行政决策必须经集体讨论后决定。

至于对情节复杂或者重大违法行为给予行政处罚，行政机关负责人应当什么时间集体讨论决定，其实《行政处罚法》已有明文规定。该法第 57 条规定："调查终结，行政机关负责人应当对调查结果进行审查，根据不同情况，分别作出如下决定：（一）确有应受行政处罚的违法行为的，根据情节轻重及具体情况，作出行政处罚决定；（二）违法行为轻微，依法可以不予行政处罚的，不予行政处罚；（三）违法事实不能成立的，不予行政处罚；（四）违法行为涉嫌犯罪的，移送司法机关。对情节复杂或者重大违法行为给予行政处罚，行政机关负责人应当集体讨论决定。"

根据上述规定，作出集体讨论的时间段是十分明确的：集体讨论必须在调查终结之后，但在作出正式决定之前。

之所以规定集体讨论必须在调查终结之后，是因为只有等调查终结之后，当事人的违法行为才被调查清楚。行政机关作出处罚决定，必须"以事实为依据，以法律为准绳"。而这里的"事实"就是指当事人的违法行为事实。《行政处罚法》第 40 条特别规定："公民、法人或者其他组织违反行政管理秩序的行为，依法应当给予行政处罚的，行政机关必须查明事实；违法事实不清、证据不足的，不得给予行政处罚。"查清事实是作出正确决定的前提和基础。所以，在事实尚未查清之前，不能启动作出决定的程序。

之所以又规定集体讨论必须在作出正式决定之前，是因为这类处罚决定是针对情节复杂或者重大违法行为的处罚决定，它必须由行政机关负责人集体讨论决定，体现集体的意志，便于严格把关。如果在正式处罚决定作出之后才作集体讨论，那么集体讨论无法影响处罚决定的内容，从而违背设置该法律制度的初衷。

但现在的问题是，这类处罚在两个"时间点"之间（从调查终结到作出正式决定）还有多个程序环节：1.形成一个初步决定（"拟处罚决定"）；2.向当事人送达《事先告知书》（包括"拟处罚决定"的内容、事实、理由、依据以及当事人陈述、申辩、要求听证等权利）；3.当事人陈述、申辩并提出听证要求(5日内)；4.行政机关安排听证会；5.行政机关分析、研究、取舍当事人提出的听证意见；6.（大部分）法制审核；7.作出正式处罚决定。在七个程序环节中，行政机关负责人应当在什么时间举行集体讨论会呢？主要有两种做法：

第一种做法是，将行政机关负责人的集体讨论会放在向当事人送达《事先告知书》之前。因为向当事人送达《事先告知书》，必须包括"拟处罚决定"。如果这个"拟处罚决定"一旦告知当事人之后，根据《行政处罚法》第45条第2款规定，经过当事人陈述、申辩和听证后，是不得加重处罚的。也就是说，"正式处罚决定"作出时可以变得比"拟处罚决定"轻，但不得变重。所以，如果"拟处罚决定"不是通过负责人集体讨论决定，一旦最终作出正式决定时，负责人认为原作出的"拟处罚决定"过轻，就没有机会纠正了。但是这样做，事实上是把"拟处罚决定"与"正式处罚决定"等同起来了。而且作出"拟处罚决定"之前集体讨论，这时还听不到当事人陈述、申辩和听证会上的意见，这又违反了《行政处罚法》第62条规定。该条规定："行政机关及其执法人员在作出行政处罚决定之前，未依照本法第四十四条、第四十五条的规定向当事人告知拟作出的行政处罚内容及事实、理由、依据，或者拒绝听取当事人的陈述、申辩，不得作出行政处罚决定；当事人明确放弃陈述或者申辩权利的除外。"于是就有了第二种做法。

第二种做法是，将行政机关负责人的集体讨论会放在听证会和法制审核之后，作出"正式处罚决定"之前。准确地说，是在这次集体讨论会上作出正式处罚决定。因为在这一时候举行集体讨论并作出最终决定，决定者已充分掌握当事人的违法事实，当事人的陈述、申辩和听证意见，以及法制审核意见，作出决定具备了厚实而完整的基础。这时举行行政机关负责人的集体讨论会，方能使最终处罚决定体现集体讨论会的意志。

我们认为，行政机关负责人的集体讨论会必须放在调查终结、听取当事人意见之后、作出正式决定之前。这是程序上的法律要求，违反这一点，构成违反法定程序。至于集体讨论会是否可以举行两次或多次，那是一个技术问题。我们从技术层面建议，行政机关负责人的集体讨论会一般以举行两次为宜，第一次针对作出"拟处罚决定"，第二次针对"正式处罚决定"。

71. 对当事人不予行政处罚还须没收其违法所得吗？

根据《行政处罚法》规定，不少场景是，当事人确有违法行为，但行政机关依法不予处罚。这种情况下，如果当事人的违法行为存在违法所得，是否还须没收呢？

《行政处罚法》确实规定了许多当事人违法但依法不予处罚或可以不予处罚的情况：

1. 轻微不罚。《行政处罚法》第 33 条第 1 款第一句规定："违法行为轻微并及时改正，没有造成危害后果的，不予行政处罚。"

2. 无错不罚。《行政处罚法》第 33 条第 2 款规定："当事人有证据足以证明没有主观过错的，不予行政处罚。法律、行政法规另有规定的，从其规定。"

3. 无责任年龄人不罚。《行政处罚法》第 30 条第一句规定："不满十四周岁的未成年人有违法行为的，不予行政处罚，责令监护人加以管教……"

4. 无行为能力者不罚。《行政处罚法》第 31 条第一句规定："精神病人、智力残疾人在不能辨认或者不能控制自己行为时有违法行为的，不予行政处罚，但应当责令其监护人严加看管和治疗。"

5.过时不罚。《行政处罚法》第36条第1款规定："违法行为在二年内未被发现的，不再给予行政处罚；涉及公民生命健康安全、金融安全且有危害后果的，上述期限延长至五年。法律另有规定的除外。"

6.初违可以不罚。《行政处罚法》第33条第1款第二句规定："初次违法且危害后果轻微并及时改正的，可以不予行政处罚。"

那么，在上述不予处罚或可以不罚的情况下行政机关对当事人不予处罚，如果当事人的违法行为产生了违法所得，是否还必须没收违法所得？按理说，没收作为一种与行政处罚相配套的收缴措施，本质上属于"纠正违法"的范畴，它不受是否被行政处罚的影响，这如同"责令纠正违法"与"行政处罚"之间的关系一样。但由于《行政处罚法》将"没收"定性为行政处罚的一种手段，那么从逻辑上讲，"不予处罚"当然包括了"不予没收"。所以，我的观点是：

一是，行政机关对当事人不予处罚的，就应当包含不予没收，法律、行政法规、部门规章另有规定的除外（参照《行政处罚法》第28条第2款第三句）。

二是，不予处罚的原则上应当限于没有违法所得的情形，超过追责期限、无责任能力者除外。

三是，对当事人违法所得不予没收的，不影响当事人对被害人的退赔义务。因为，当事人对被害人的退赔义务，属于民事责任而不是行政责任。

72.《行政处罚法》第54条规定的"检查"是对行政机关的普遍授权吗?

回答这一问题首先要从"行政调查"与"行政检查"两个概念入手。

行政调查，是指行政执法机关及其执法人员，获取特定相对人有关信息的行政行为。它有广义与狭义之分。广义的行政调查包括行政了解与行政检查（如《行政处罚法》第57条）。狭义的行政调查与行政检查相并列，特指通过向当事人本人或其他人打听、询问等方式获取当事人的有关信息（如《行政处罚法》第55条）。调查一般不具有强制性，当法律、法规为被调查人设定配合义务时，才具有强制性。

行政检查，是指行政执法机关通过执法人员，针对特定的公民、法人或者其他组织，基于行政主体的检查职权和相对人的配合义务，针对当事人的人体、财物、场所，通过查看、勘察、检验、搜查等手段，强制获取相对人有关信息的行政行为。

由于获取相对人的有关信息，是行政机关执法的前提，因而从行政法理上说，行政机关是具有执法权的，自然也就具有调查权（含检查权）。可以说，行政调查权是行政处罚权和行政强制权等执法权的隐含权。

但是，行政调查中的行政检查具有强制性，往往表现为执法行为与特定相对人（当事人）的人体、财物、空间（办公室和住宅等）发生直接的接触和碰撞，会导致对相对人人身权、财产权、住宅权等基本权利的限制和侵害，因而需要法律的特别授权。所以，行政执法机关要对当事人进行行政检查的，必须有法律、法规的依据。如果涉及公民基本权利的，还必须限于法律依据。

《行政处罚法》第54条第1款规定："除本法第五十一条规定的可以当场作出的行政处罚外，行政机关发现公民、法人或者其他组织有依法应当给予行政处罚的行为的，必须全面、客观、公正地调查，收集有关证据；必要时，依照法律、法规的规定，可以进行检查。"这里关于"检查"规定，虽是对行政执法机关的普遍授权，但不是直接授权。"依照法律、法规的规定"就表明了这一授权的"间接性"。它意味着：《行政处罚法》并没有直接赋予（授权）行政执法机关具有行政检查权；其是否具有行政检查权以及如何行使行政检查权，还必须依据其他法律和法规的具体规定。如《治安管理处罚法》（2012）第87条第1款规定："公安机关对与违反治安管理行为有关的场所、物品、人身可以进行检查。"

第87条第2款又规定:"检查妇女的身体,应当由女性工作人员进行。"根据《海关法》(2021)第6条第(四)项规定,海关有权"检查走私嫌疑人的身体"。又如《噪声污染防治法》(2021)第29条规定:"生态环境主管部门和其他负有噪声污染防治监督管理职责的部门,有权对排放噪声的单位或者场所进行现场检查。被检查者应当如实反映情况,提供必要的资料,不得拒绝或者阻挠……"这些都属于直接授权以及对如何行使检查权的具体规定,执法机关必须严格遵循。

73. 行政处罚决定经过法院判决之后应当如何强制执行?

行政机关作出"行政处罚决定"之后,当事人不服提起行政诉讼,人民法院判决驳回原告的诉讼请求。判决生效以后,当事人(原告)依然不执行,这时,行政机关自己可以强制执行原行政处罚决定吗?如果自己不能实施强制执行,那么,行政机关应当适用"非诉执行"申请人民法院强制执行,还是应当适用"司法裁判执行"申请人民法院强制执行呢?

这是一个不易被关注但又十分重要的问题。

行政机关作出"行政处罚决定"并送达当事人之后,"行政处罚决定"即刻生效(除非法律另有特别规定),当事人便因此负有履行该"行政处罚决定"的义务,行政机关便具有依照法律程序实施强制执行或申请强制执行的权力。这正是行政行为的既定力和效力规则不同于司法裁判的地方。

当事人超过规定期限拒不履行"行政处罚决定",行政机关自己具有强制执行权的,可依据《行政强制法》(2011)第四章和《行政诉讼法》(2017)第97条规定实施强制执行;行政机关自己不具有强制执行权的,行政机关应当依据《行政强制法》(2011)第五章和《行政诉讼法》(2017)第97条规定申请人民法院强制执行,这称为"非诉执行"。

但是,无论行政机关自己是否具有强制执行权,以及是否已经实施了强制执行，公民、法人或者其他组织对该"行政处罚决定"不服，只要符合起诉条件的，都可以依法提起行政诉讼。当事人提起行政诉讼，人民法院作出司法裁判生效之后，如果被处罚人不履行司法判决的内容（在驳回原告诉讼请求的情况下，应当履行的司法判决内容就是"行政处罚决定"的内容），这时就适用"司法裁判执行"程序。对于行政诉讼中的"司法裁判执行"程序，依据《行政诉讼法》（2017）第 95 条规定（公民、法人或者其他组织拒绝履行判决、裁定、调解书的，行政机关或者第三人可以向第一审人民法院申请强制执行，或者由行政机关依法强制执行），应当区分两种情况：一是行政机关无强制执行权的，由行政机关或第三人申请人民法院强制执行。但这里行政机关申请法院强制执行不属于"非诉执行"，而属于"司法裁判执行"，适用最高人民法院《关于适用〈中华人民共和国行政诉讼法〉的解释》（法释〔2018〕1 号）十二项"执行"规定和《民事诉讼法》（2023）第三编（执行程序）中的有关规定。二是行政机关具有强制执行权的，那么，行政机关就可适用《行政强制法》（2011）第四章规定，启动"行政机关实施强制执行"的程序。

以上的规定和程序并不仅仅适用"行政处罚决定"，它适用一切具有执行内容的"行政决定"。

74. 当事人既不缴纳罚款又不缴纳加处的罚款由谁实施强制执行？

《行政处罚法》第 72 条直接赋予作出行政处罚决定的行政机关对于到期不缴纳罚款的当事人，可以实施执行罚，即每日按罚款数额的 3% 加处罚款。但如果当事人对第一个罚款决定和第二个加处罚款决定都不执行的话，到底由谁实施强制执行并且如何实施强制执行呢？

这是一个在理论上不易被关注而在执法实践中必然会遇到的问题。

《行政处罚法》第 72 条第 1 款规定："当事人逾期不履行行政处罚决定的，作出行政处罚决定的行政机关可以采取下列措施：（一）到期不缴纳罚款的，每日按罚款数额的百分之三加处罚款，加处罚款的数额不得超出罚款的数额……"这一条款确实直接授权行政处罚机关对于拒不缴纳罚款的当事人有每日按罚款数额的 3% 加处罚款的权力。但问题在于，如果当事人既不执行原罚款决定，也不执行加处罚款决定的——一般往往如此——如何实施强制执行呢？

对此，《行政强制法》（2011）第 46 条第 1 款和第 3 款规定："行政机关依照本法第四十五条规定实施加处罚款或者滞纳金超过三十日，经催告当事人仍不履行的，具有行政强制执行权的行政机关可以强制执行。……没有行政强制执行权的行政机关应当申请人民法院强制执行。但是，当事人在法定期限内不申请行政复议或者提起行政诉讼，经催告仍不履行的，在实施行政管理过程中已经采取查封、扣押措施的行政机关，可以将查封、扣押的财物依法拍卖抵缴罚款。"根据这些规定，我们来回答这几个问题：

一是，由谁来实施强制执行？

我国行政强制执行的主体有两类：一是行政机关；二是人民法院。根据《行政强制法》（2011）第 13 条和第 53 条规定，法律授权行政机关具有强制执行权的，由行政机关实施强制执行，法律没有授权行政机关具有强制执行权的，由行政机关申请人民法院强制执行。对加处罚款的执行权取决于对基础罚款决定的执行权。如果对于基础罚款的执行权属于行政机关的，那么，对于加处罚款的执行权同样属于行政机关；如果对于基础罚款的执行权属于人民法院的，那么，对于加处罚款的执行权同样属于人民法院，行政机关就应当申请人民法院强制执行了。但是，对于应当申请人民法院强制执行的案件，当事人在法定期限内不申请行政复议或者提起行政诉讼，经催告仍不履行的，在实施行政管理过程中行政机关已经采取查封、扣押措施的，行政机关就可以将查封、扣押的财物依法拍卖抵缴罚款。

二是，基础罚款决定与加处罚款决定应当分别执行还是一并执行？

如果当事人对基础罚款决定和加处罚款决定都没有履行的，无论行政机关实施强制执行，还是由人民法院实施强制执行，基础罚款决定和加处罚款决定都应当一并执行，而不是分别执行。如果当事人只履行了其中的一个决定（基础罚款决定或加处罚款决定），那么，只对未履行的行政决定实施强制执行。

三是，强制执行须遵循什么程序？

如果由行政机关实施强制执行的，行政机关应当在作出加处罚款决定超过 30 日，并经催告后当事人仍不履行的，便可实施强制执行。

如果由行政机关申请人民法院强制执行的，那就应当遵循《行政强制法》（2011）第 53 条、第 54 条规定的程序，即：当事人在法定期限内不申请行政复议或者提起行政诉讼，又不履行行政决定的，行政机关可以在自期限届满之日起 3 个月内，并在催告后的 10 日后，申请人民法院强制执行。

对于行政机关没有强制执行权，但行政机关在实施行政管理过程中已经采取查封、扣押措施的，行政机关就可以将查封、扣押的财物依法拍卖抵缴罚款。这类强制执行的程序，要求以当事人在法定期限内不申请行政复议或者提起行政诉讼，经催告仍不履行为条件。

四是，强制执行手段有哪些？

行政机关实施强制执行的手段，依据《行政强制法》（2011）第 46 条第 3 款、第 47 条、第 48 条规定，可以依法书面通知金融机构划拨当事人的存款、汇款，或者依法拍卖已经查封、扣押的财物抵缴罚款。

至于人民法院实施强制执行的手段，完全适用《民事诉讼法》的有关规定。

75. 被处罚人申请行政复议或者提起行政诉讼前的复议和起诉期限内，是否计算加处罚款？

《行政处罚法》第 73 条第 3 款规定："当事人申请行政复议或者提

起行政诉讼的,加处罚款的数额在行政复议或者行政诉讼期间不予计算。"问题是:在被处罚人提起行政复议或者提起行政诉讼前的申请复议和提起诉讼的法定期限内,是否计算加处罚款?比如:处罚决定书于2021年6月1日送达被处罚人,处罚决定确定被处罚人的履行罚款的期限为15天内。法定起诉期限为6个月。被处罚人于2021年12月1日提起诉讼。那么,从2021年6月16日至2021年11月30日期间(起诉前)是否计算加处罚款?

《行政处罚法》第72条第1款第(一)项规定:"当事人逾期不履行行政处罚决定的,作出行政处罚决定的行政机关可以采取下列措施:(一)到期不缴纳罚款的,每日按罚款数额的百分之三加处罚款……。"

这里每日按罚款数额的3%加处的"罚款",不属于行政处罚行为,而属于行政执法罚(行政强制执行行为)。设置这一执行罚制度是完全必要的,有利于提高行政处罚决定的执行力。但也要防止它的滥用,影响当事人的合法权益。为此,我国《行政处罚法》对它作出两项限制:

第一,确立加罚封顶原则。《行政处罚法》第72条第1款第(一)项同时规定:"加处罚款的数额不得超出罚款的数额"。这一规定是为了和《行政强制法》相衔接。《行政强制法》第45条第2款规定:"加处罚款或者滞纳金的数额不得超出金钱给付义务的数额。"那就是说,如果行政处罚的本罚是200元的话,加处的罚款就不得超过200元,本罚加上执行罚总数不得超过400元;如果行政处罚的本罚是5000元的话,加处的罚款就不得超过5000元,本罚加上执行罚总数不得超过10000元。这样做是为了防止当事人承受过重的负担。

第二,确立起诉不加罚原则。《行政处罚法》第73条第3款规定:"当事人申请行政复议或者提起行政诉讼的,加处罚款的数额在行政复议或者行政诉讼期间不予计算。"这就是说,只要当事人已经依法申请了行政复议或者提起了行政诉讼(以申请复议或提起诉讼的时间起算,而不是以复议机关和人民法院受理的时间起算),从这时开始就不得加处罚款了，加处罚款就必须停下来。这是《行政处罚法》2021 年修订时的新规定。最高人民法院行政审判庭《关于行政处罚的加处罚款在诉讼期间应否计算问题的答复》（〔2005〕行他字第 29 号）也明确了这一点。这样规定的目的在于体现起诉不加罚原则，有利于保障当事人合法地行使诉权。

现在的问题是，从当事人履行罚款期满之日起至提起行政诉讼前，是否应当加处罚款？换句话说，加处罚款是否覆盖当事人缴纳罚款逾期日起到起诉前的时间段？我认为是肯定的。比如：处罚决定书于 2021 年 6 月 1 日送达被处罚人，处罚决定确定被处罚人的履行罚款的期限为 15 天内。法定起诉期限为 6 个月。被处罚人于 2021 年 12 月 1 日提起诉讼。那么，从 2021 年 6 月 16 日至 2021 年 11 月 30 日期间（起诉前）是应当加处罚款的。起诉之后就不得加处罚款了。但是，加处的罚款不得超过本罚的罚款数。所以，有可能在这种情况下，在当事人起诉之前已经到达封顶而停止了加处罚款。行政复议按同理处理。

76. 行政机关向法院申请非诉执行后能否减免行政决定加处的罚款或滞纳金？

某环保局因某企业违反环境保护规定，对该企业作出限期改正及罚款 30 万元行政处罚。该企业未在法定期限内缴纳罚款。环保局申请法院强制执行本金（30 万）及滞纳金（40 万）共计 70 万元。该企业提出因经济困难及已拆除相应设备为由，请求环保局免除滞纳金 40 万元。鉴于该企业的特殊情况，执法机关倾向于免除其滞纳金 40 万元，是否可以？案情涉及三个问题。

一、行政机关在自身强制执行阶段是否可以免除当事人的滞纳金？

行政决定作出之后，当事人在规定的期限内不履行行政决定所规定义务时，行政决定就进入到强制执行程序。法律规定行政机关具有强制执行权的，行政机关可以依法强制执行，这称为"行政执行"；法律没有赋予行政机关强制执行权的，行政机关可以依法申请人民法院强制执行，这称为"非诉执行"。

行政机关自身实施强制执行的（行政执行），如果在执行过程中和当事人达成执行协议的，是可以减免滞纳金的。《行政强制法》（2011）第42条："实施行政强制执行，行政机关可以在不损害公共利益和他人合法权益的情况下，与当事人达成执行协议。执行协议可以约定分阶段履行；当事人采取补救措施的，可以减免加处的罚款或者滞纳金。执行协议应当履行。当事人不履行执行协议的，行政机关应当恢复强制执行。"这里表明：一是行政机关可以减免当事人的滞纳金；二是免除滞纳金不是无条件的，它必须以"不损害公共利益和他人合法权益"和"当事人已采取补救措施"为前提。

二、在非诉执行中，行政机关是否可以免除当事人的滞纳金？

如果行政机关因无强制执行权而申请人民法院强制执行，这就进入到"非诉执行"程序。这一程序其实是一种司法程序，它并不适用《行政强制法》（2011）第42条规定。因为第42条是处于《行政强制法》"第四章行政机关强制执行程序"，而不是在"第五章申请人民法院强制执行"，更不在"第一章总则"之中。但是《全国人大常委会法工委对行政处罚加处罚款能否进行减免问题的意见》（法工办发〔2019〕82号）规定："行政强制法第四十二条第一款规定：'实施行政强制执行，行政机关可以在不损害公共利益和他人合法权益的情况下，与当事人达成执行协议。执行协议可以约定分阶段履行；当事人采取补救措施的，可以减免加处的罚款或者滞纳金。'该规定中'实施行政强制执行'包括行政机关自行强制执行，也包括行政机关申请法院强制执行。人民法院受理行政强制执行申请后，行政机关不宜减免加处的罚款。"这是有权解释，工作中按此办理就行。

三、滞纳金是否可以高于罚款的数额？

我们注意到，此案罚款本金是 30 万，而滞纳金却有 40 万。《行政强制法》（2011）第 45 条规定："行政机关依法作出金钱给付义务的行政决定，当事人逾期不履行的，行政机关可以依法加处罚款或者滞纳金。加处罚款或者滞纳金的标准应当告知当事人。加处罚款或者滞纳金的数额不得超出金钱给付义务的数额。"

按此规定，在本案中，滞纳金不得超过罚款本金 30 万。

77. 行政机关同意当事人延期缴纳罚款情况下如何确定缴纳罚款日期和计算加处罚款？

比如行政机关 7 月 10 日给当事人下达行政处罚决定书，当事人 7 月 12 日申请延期缴纳罚款，行政机关 7 月 18 日送达同意延期缴纳罚款通知书，载明同意延期缴纳罚款至 11 月 10 日止。那我们从何时开始算加处 3% 的罚款？是否需要再给当事人 15 天缴纳罚款的期限？是从 11 月 11 日开始算加处罚款还是 11 月 26 日？

归纳起来有两个问题：一是问，行政机关同意当事人延期缴纳罚款后，缴纳罚款的日期怎么定？二是问，加处罚款应当从什么时间计算？

关于第一个问题。在正常情况下，行政机关作出罚款决定后，当事人应当于收到处罚决定书之日起 15 日内到指定的银行或者通过电子支付系统缴纳罚款。处罚决定书另有缴纳罚款期限规定的，从其规定。但是，处罚决定书规定的缴纳罚款期限不得少于《行政处罚法》第 67 条第 3 款规定的期限（15 天）。根据《行政处罚法》第 66 条第 2 款规定，当事人确有经济困难，需要延期或者分期缴纳罚款的，经当事人申请和行政机关批准，可以暂缓或者分期缴纳。行政机关同意当事人延期缴纳罚款的，就以延期缴纳罚款的最后一天为缴纳罚款日期，不应当再给 15 天的缴纳期限。

关于第二个问题。《行政处罚法》第 72 条第 1 款第（一）项的规定，当事人到期不缴纳罚款的，行政机关应当对当事人每日按罚款数额的 3% 加处罚款，加处罚款的数额不得超出罚款的数额。加处罚款的起算点是当事人到期（法定的 15 天或处罚决定书规定的期限）不缴纳罚款的第二天。当行政机关同意当事人延期缴纳罚款的，加处罚款的起算点应当是当事人延期缴纳罚款日的第二天。

所以，延期缴纳罚款日是 11 月 10 日，当事人缴纳罚款日就是 11 月 10 日，不应当另加 15 天；如果当事人在 11 月 10 日依然不予缴纳罚款，行政执法机关就应当从 11 月 11 日起，每日加处 3% 的罚款，但加处的总额不得超过原罚款数额。

78. 治安处罚的追诉时效应当适用《行政处罚法》还是《治安管理处罚法》？

在行政处罚中，关于对当事人违法行为的追诉时效，《行政处罚法》第 36 条规定是"二年"或"五年"，《治安管理处罚法》第 22 条规定的是"六个月"。而《治安管理处罚法》第 3 条规定："治安管理处罚的程序，适用本法的规定；本法没有规定的，适用《中华人民共和国行政处罚法》的有关规定。"这是否意味着，关于治安处罚的追诉时效应当适用《治安管理处罚法》第 22 条，是"六个月"？

笔者认为是肯定的。

对当事人违法行为的追诉时效，也称追责期限，系指当事人的违法行为在法定期限内未被发现的，行政机关不再给予处罚的法律制度。确立行政处罚的追诉时效，目的在于兼顾行政效率与社会秩序的稳定。

对当事人违法行为的追诉时效，《行政处罚法》与《治安管理处罚法》的规定确实不一致。《行政处罚法》第 36 条规定："违法行为在二年内未被发现的，不再给予行政处罚；涉及公民生命健康安全、金融安全且有危害后果的，上述期限延长至五年。法律另有规定的除外。前款规定的期限，从违法行为发生之日起计算；违法行为有连续或者继续状态的，从行为终了之日起计算。"而《治安管理处罚法》（2012）第22条规定："违反治安管理行为在六个月内没有被公安机关发现的，不再处罚。前款规定的期限，从违反治安管理行为发生之日起计算；违反治安管理行为有连续或者继续状态的，从行为终了之日起计算。"那么，治安处罚的追诉时效应当适用《行政处罚法》还是《治安管理处罚法》？

《行政处罚法》与《治安管理处罚法》是"基础性法律"与"一般性法律"之间的关系。所谓"基础性法律"，它是统率该领域的总则法，其他该领域的法律必须符合"基础性法律"所确立的基本原则和基本制度，除非它本身具有"例外"规定。

作为"基础性法律"的《行政处罚法》第36条虽然规定了对当事人违法行为的追诉时效，涉及公民生命健康安全、金融安全且有危害后果的是"五年"，其他为"二年"，但它同时规定"法律另有规定的除外"。《治安管理处罚法》第22条正属于"法律另有规定"，理应"除外"。再说，《治安管理处罚法》（2012）第3条还规定："治安管理处罚的程序，适用本法的规定；本法没有规定的，适用《中华人民共和国行政处罚法》的有关规定。"

鉴上，治安处罚的追诉时效应当适用《治安管理处罚法》是肯定的。

79. 公安机关对当事人违反治安管理行为立案三年未作处理，是否超过了处罚时效？

我的一位朋友被人举报具有违反治安管理行为，公安机关立案已有三年，但迟迟不作处理，是否超过了处罚时效？还可处罚吗？

这里涉及行政处罚的追诉时效（追责期限）问题。

行政处罚的追诉时效，是指当事人违反行政管理秩序的行为超过一定的期限不再给予处罚的法律制度。《行政处罚法》第36条规定："违法行为在二年内未被发现的，不再给予行政处罚；涉及公民生命健康安全、金融安全且有危害后果的，上述期限延长至五年。法律另有规定的除外。前款规定的期限，从违法行为发生之日起计算；违法行为有连续或者继续状态的，从行为终了之日起计算。"《治安管理处罚法》(2012)第22条规定："违反治安管理行为在六个月内没有被公安机关发现的，不再处罚。"

根据上述规定，对于违反治安管理行为的追诉时效是6个月。但是，这6个月的追诉时效是指当事人违反治安管理行为结束到被发现的期限，不是指当事人违反治安管理行为被立案到作出处理的期限。在本案中，只要当事人完成违反治安管理行为到公安机关对他的立案没有超过6个月，就表明没有超过治安处罚的追诉时效。至于公安机关立案三年既不撤案，又不处罚的，这不属于追诉时效的问题，而是公安机关的拖延行为或不作为是否违法的问题。

我国行政处罚法和治安管理处罚法对行政处罚案件从立案到作出决定的期限都有明确规定。《行政处罚法》第60条规定："行政机关应当自行政处罚案件立案之日起九十日内作出行政处罚决定。法律、法规、规章另有规定的，从其规定。"《治安管理处罚法》(2012)第99条规定："公安机关办理治安案件的期限，自受理之日起不得超过三十日；案情重大、复杂的，经上一级公安机关批准，可以延长三十日。为了查明案情进行鉴定的期间，不计入办理治安案件的期限。"可见，治安案件自立案到作出处罚决定的期限应当是30日，最长不超过60日。

对照上述规定，如果反映情况属实（立案三年不处理），那么，公安机关的行为属于"不履行法定职责"的违法行为。如果公安机关近日已作出处罚决定，那么属于"违反法定程序"的违法行为。

80. 当事人对行政处罚提起确认无效之诉是否不受起诉期限的限制?

《行政处罚法》第38条规定："行政处罚没有依据或者实施主体不具有行政主体资格的，行政处罚无效。违反法定程序构成重大且明显违法的,行政处罚无效。"这就是说,行政处罚没有依据、实施主体不具有行政主体资格,或者违反法定程序构成重大且明显违法的,行政处罚无效。无效的行政处罚属于重大且明显、自始没有效力的行政违法。

行政相对人认为行政行为违法而提起行政诉讼的,都受到起诉期限的限制。但由于无效的行政行为是一种极端的违法,其效力受到绝对的否定。无效行政行为绝对无效、当然无效、自始无效、永远无效,所以,根据最高人民法院《关于适用〈中华人民共和国行政诉讼法〉的解释》(法释〔2018〕1号)第162条和最高人民法院《对行政行为提起确认无效之诉是否要受到起诉期限限制答复——对十三届全国人大一次会议第2452号建议的答复》(2018年9月10日),如果当事人针对包括无效行政处罚在内的无效行政行为提起确认无效之诉,是不受起诉期限限制的。

81. 行政处罚责任与刑事责任是否具有排斥性?

行政处罚责任与刑事责任是否具有排斥性,系指对于同一个行为,当事人承担被追究行政处罚责任后,是否不应当再被追究刑事责任;相反,当事人承担了刑事责任以后,是否就不应当再被追究行政处罚责任?

实践中有两种不同的意见:一种认为,法律责任之间(如民事责任、行政责任和刑事责任)各行其道,当违法行为出现竞合时,当事人应当根据不同的法律承担不同的法律责任;另一种认为,同一个违法行为违反不同的法律,不得同时追究不同的法律责任,否则,既不合理,也不符合"一事不二罚"的原则。

笔者认为,当事人的同一个违法行为,民事责任与行政责任、民事责任与刑事责任之间是不排斥的。假如甲殴打乙致轻微伤,公安机关对甲处以治安拘留7天,这不排斥甲同时要向受害人乙承担民事赔偿责任;甲殴打乙致重伤,甲既被司法机关追究了刑事责任,同时又必须向受害人乙承担民事赔偿责任。民事责任之所以与行政责任、刑事责任不排斥，是因为它们都属于公法责任与私法责任之间的关系。这两类责任可以各行其道，同时使用。

但是，行政处罚责任与刑事责任都属于公法责任，而且在违法行为的责任上有递进性，它们之间便有排斥性，不得重复追究。这就是说，同一个违法行为，追究了行政处罚责任就不得追究刑事责任；反之亦然。

但是严格地说，刑事责任可以对抗行政处罚责任，但行政处罚责任不得对抗刑事责任。这具体表现在，如果当事人被追究了刑事责任，就不得再行追究行政处罚责任，除非因不构成刑事责任而将案件退入行政程序；如果当事人在被追究行政处罚责任时被发现构成了犯罪，那么，行政机关应当将案件移送司法机关而不得继续追究行政处罚责任，当行政机关追究行政处罚责任与司法机关追究刑事责任意见不一致时，应当行政服从司法。《行政处罚法》第35条①、国务院《行政执法机关移送涉嫌犯罪案件的规定》（2020）第3、5、8、11条规定都表明了这一原则。

但也有一种观点认为，对于当事人的同一个行为如果追究了刑事责任的，原则上不得再作行政处罚，但是行为罚、资格罚和申诫罚除外。《道路交通安全法》（2021）第91条第5款规定，饮酒后或者醉酒驾驶机动车发生重大交通事故，构成犯罪的，依法追究刑事责任，并由公安机关交通管理部门吊销机动车驾驶证，终生不得重新取得机动车驾驶证。在最高人民法院行政审判庭公布的指导案例"枣庄永邦橡胶有限公司诉山东省枣庄市国家税务局税务行政处罚案"（第014号案例）中，

---

① 《行政处罚法》第35条规定："违法行为构成犯罪，人民法院判处拘役或者有期徒刑时，行政机关已经给予当事人行政拘留的，应当依法折抵相应刑期。违法行为构成犯罪，人民法院判处罚金时，行政机关已经给予当事人罚款的，应当折抵相应罚金"。

其裁判要旨指出：根据《行政执法机关移送涉嫌犯罪案件的规定》第三条、第五条、第八条、第十一条的规定，行政执法机关在依法查处违法行为过程中，发现违法事实涉嫌构成犯罪，依法需要追究刑事责任的，必须依照规定向公安机关移送；税务机关在发现涉嫌犯罪并移送公安机关进行刑事侦查后，不再针对同一违法行为作出行为罚和申诫罚以外的行政处罚；行政执法机关将案件移送公安机关立案侦查后，又以当事人涉嫌偷税立案，并作出罚款的行政处罚决定，属行政程序违法，缺乏法律依据，依法应予撤销。①

我认为，当同一个行为已作刑事责任追究的，不得再作行政处罚，应当作为一个绝对原则加以确立，这才能体现"一事不二罚"原则。至于因这一犯罪行为而需通过行政处罚剥夺当事人资格的（如吊销机动车驾驶证），后一行为与程序不宜视作独立的行政处罚，而是一种刑事责任的延伸。这类行政处罚应当以当事人构成犯罪为前提，并以法律有明文规定为限。

82. 对相对不起诉的违法行为进行行政处罚可以适用二次减轻吗？

比如甲故意伤害乙，轻伤二级，有自首情节，检察院对当事人作出相对不起诉决定，并建议公安机关进行治安处罚。按照治安管理处罚法，殴打他人处罚的基本幅度是拘留5—10天，但在刑事案件中存在自首情节，在行政处罚阶段要不要引用该情节以再次减轻处罚？

相对不起诉与绝对不起诉相对应。绝对不起诉，是指人民检察院对依法不追究刑事责任的当事人不予起诉。相对不起诉，是指人民检察院对侦查机关侦查终结移送审查起诉的案件，经过审查后，认为犯罪嫌

---

① 参见中华人民共和国最高人民法院行政审判庭编：《中国行政审判指导案例》（第1卷），中国法制出版社2010年版。

人的犯罪行为情节轻微，依照《刑事诉讼法》（第16、177、182条）规定不需要判处刑罚或者免除刑罚时，依法作出不起诉的决定。最高人民检察院《关于推进行政执法与刑事司法衔接工作的规定》（高检发释字〔2021〕4号）第8条第1款规定："人民检察院决定不起诉的案件，应当同时审查是否需要对被不起诉人给予行政处罚。对被不起诉人需要给予行政处罚的，经检察长批准，人民检察院应当向同级有关主管机关提出检察意见，自不起诉决定作出之日起三日以内连同不起诉决定书一并送达。人民检察院应当将检察意见抄送同级司法行政机关，主管机关实行垂直管理的，应当将检察意见抄送其上级机关。"

检察院考虑到当事人有自首情节而对当事人作出相对不起诉决定，并建议公安机关进行治安处罚，公安机关是否可以依据《治安管理处罚法》（2012）第19条第（四）项规定作出"减轻处罚"？

这确实处于"两难"境地：如果可以，那么等于一个"自首情节"分别在刑事处理和行政处理中被适用了两次，属于"两次评价"；如果不可以，那么《治安管理处罚法》（2012）第19条第（四）项确实规定："违反治安管理有下列情形之一的，减轻处罚或者不予处罚：……（四）主动投案，向公安机关如实陈述自己的违法行为的；……"这会变成"有法不依"。

我认为，在刑事处理中相对不起诉的违法行为肯定比够不上刑事案件移送的违法行为严重得多，如果当事人的"自首"情节可以在刑事处理和行政处理中适用两次，这有违"过罚相当"原则；再者，《治安管理处罚法》（2012）第19条未必完全适用"相对不起诉"的行政处罚案件。现鉴于两高和公安部对这一问题尚无专门的明文规定，加之这类"两次评价"，特别是有利于当事人的"重复评价"，在司法实践中普遍存在，故建议按照允许"重复评价"政策处理，等待《治安管理处罚法》（2012）修改或有关司法机关作出司法解释后，再按法律和有关规定办理。

83. 在《行政处罚法》中有哪些条文属于"直接授权"规范？

"职权法定""公权力法无授权不可为"，执法机关的执法行为必须有直接的法律依据，准确地说，是指必须有"直接授权"的规范依据，而不是间接授权的规范依据。

"直接授权"规范，系指法律已对执法主体行使某种执法权作出了直接而明确的规定，执法机关可以直接依据该规范作出某种执法行为，无须通过其他法律转换。而间接授权规范则不同。它是指法律对某执法机关的执法行为的授权设置了需要通过其他法律加以明确的条件。在这种情况下，执法机关不得只依据本规定就直接执法，还必须同时依据相关规定才可实施执法行为。执法机关要注意区分法律中的直接授权规范与间接授权规范。千万不要直接依据间接授权规范，或者只是依据间接授权规范而直接作出执法行为，以避免造成"缺乏法律依据"之尴尬。

那么，在《行政处罚法》中，有哪些条款是"直接授权"规范呢？大体包括这些条款以及所授权力：

——国务院或者省、自治区、直辖市人民政府具有相对集中行政处罚权的决定权。《行政处罚法》第 18 条第 2 款规定："国务院或者省、自治区、直辖市人民政府可以决定一个行政机关行使有关行政机关的行政处罚权。"

——任何具有行政处罚权的行政机关对处罚案件具有属地管辖权。《行政处罚法》第 22 条规定："行政处罚由违法行为发生地的行政机关管辖。法律、行政法规、部门规章另有规定的，从其规定。"

——任何行政执法机关都具有责令当事人纠正违法的权力。《行政处罚法》第 28 条第 1 款规定："行政机关实施行政处罚时，应当责令当事人改正或者期限改正违法行为。"

——任何行政处罚机关具有没收当事人违法所得的权力。《行政处罚法》第 28 条第 2 款规定："当事人有违法所得，除依法应当退赔的外，应当予以没收。违法所得是指实施违法行为所取得的款项。法律、行政法规、部门规章对违法所得的计算另有规定的，从其规定。"

——行政执法人员的当场处罚权。《行政处罚法》第51条规定："违法事实确凿并有法定依据，对公民处以二百元以下、对法人或者其他组织处以三千元以下罚款或者警告的行政处罚的，可以当场作出行政处罚决定。法律另有规定的，从其规定。"

——任何行政处罚机关具有对证据先行登记保存的权力。《行政处罚法》第56条规定："行政机关在收集证据时，可以采取抽样取证的方法；在证据可能灭失或者以后难以取得的情况下，经行政机关负责人批准，可以先行登记保存，并应当在七日内及时作出处理决定，在此期间，当事人或者有关人员不得销毁或者转移证据。"

——行政执法人员在一定条件下具有当场收缴罚款的权力。《行政处罚法》第68条规定："依照本法第五十一条的规定当场作出行政处罚决定，有下列情形之一，执法人员可以当场收缴罚款：（一）依法给予一百元以下罚款的；（二）不当场收缴事后难以执行的。"

——行政处罚机关对不缴纳罚款的当事人具有加处罚款的权力。《行政处罚法》第72条第1款第（一）项规定："当事人逾期不履行行政处罚决定的，作出行政处罚决定的行政机关可以采取下列措施：（一）到期不缴纳罚款的，每日按罚款数额的百分之三加处罚款，加处罚款的数额不得超出罚款的数额"。

上述权力，《行政处罚法》已作了直接授权，行政执法机关可以直接依据上述规定而行使该权力，无须依赖其他的法律规定。

第 四 篇

《行政处罚法》名词解释

【**行政处罚**】行政主体在行政法律关系中，对违反行政法律规范而尚不需追究刑事责任的公民、法人或者其他组织，作出惩罚性的不利决定。是行政行为的一种类别。

【**行政处罚法**】广义指有关行政处罚各种法律规范的总称，法律形式包括《中华人民共和国行政处罚法》及其他具有行政处罚内容的法律、法规和规章。狭义特指《中华人民共和国行政处罚法》，它于 1996 年由第八届全国人民代表大会第四次会议通过，后经 2009 年和 2017 年修正，并于 2021 年由第十三届全国人民代表大会常务委员会第二十五次会议修订。

【**处罚法定原则**】行政处罚基本原则之一，指行政处罚必须依法设定和依法实施。《行政处罚法》第 3 条规定："行政处罚的设定和实施，适用本法。"第 4 条又规定："公民、法人或者其他组织违反行政管理秩序的行为，应当给予行政处罚的，依照本法由法律、法规、规章规定，并由行政机关依照本法规定的程序实施。"

【**过罚相当原则**】行政处罚基本原则之一，指对行政处罚的设定和实施，要与违法行为的事实、性质、情节以及社会危害程度相对应，不得"小过重罚"或"大过轻罚"。《行政处罚法》第 5 条第 2 款规定："设定和实施行政处罚必须以事实为依据，与违法行为的事实、性质、情节以及社会危害程度相当。"

【**申辩不加罚原则**】行政处罚原则之一，指行政处罚机关不得因当事人陈述、申辩而给予更重行政处罚的基本要求。《行政处罚法》第 45

条第 2 款则规定："行政机关不得因当事人陈述、申辩而给予更重的处罚。"该原则体现为对当事人陈述权、申辩权保护的延伸，是《行政处罚法》赋予当事人的正当权利。

【一事不二罚原则】行政处罚原则之一，指对当事人的一个违法行为不得给予两次以上处罚的基本要求。在违法竞合中，不得给予两次以上罚款的处罚，遵循"择一择重"原则。它是过罚相当原则的子原则，由《行政处罚法》第 29 条直接确立。该条规定："对当事人的同一个违法行为，不得给予两次以上罚款的行政处罚。同一个违法行为违反多个法律规范应当给予罚款处罚的，按照罚款数额高的规定处罚。"

【处罚手段】实施行政处罚的惩罚性措施。《行政处罚法》第 9 条设定了"13+1"种手段，即：1.警告；2.通报批评；3.罚款；4.没收违法所得；5.没收非法财物；6.暂扣许可证件；7.降低资质等级；8.吊销许可证件；9.限制开展生产经营活动；10.责令停产停业；11.责令关闭；12.限制从业；13.行政拘留。这 13 种处罚手段以外的处罚手段称为"其他处罚手段"，它们必须由法律和行政法规设定。

【处罚种类】对行政处罚手段按功能划分所形成的类型。根据《行政处罚法》第 9 条规定，我国行政处罚种类是"5+1"，即申诫罚、财产罚、资格罚、行为罚和人身罚。13 种处罚手段以外的处罚手段属于其他罚。人身罚属于最高罚，必须并只限于由法律设定；申诫罚属于最轻罚，规章便可设定。

【申诫罚】行政处罚种类之一，亦称声誉罚、名誉罚或精神罚，系指行政处罚主体向违法当事人发出警戒，申明其有违法行为，通过对其名誉、荣誉、信誉等施加影响，引起其精神上的警惕，使其不再违法的处罚手段。警告和通报批评都是申诫罚的主要形式。

【财产罚】行政处罚种类之一，指行政主体剥夺违法当事人的财产或通过违法所获得的经济利益的经济制裁。罚款和没收违法所得、没收非法财物等便属于财产罚。

【资格罚】行政处罚种类之一，指行政主体剥夺或限制违法当事人某些特定行为能力和资格的处罚。暂扣许可证照、吊销许可证照、降低资质等便属于资格罚。

【行为罚】行政处罚种类之一，指行政主体直接要求当事人进行一定的作为或不作为，由此承受不利后果的处罚。限制开展生产经营活动、责令停产停业、责令关闭、限制从业等属于行为罚。

【人身罚】行政处罚种类之一，亦称自由罚，指特定行政主体在一定期限内剥夺违法当事人人身自由的行政处罚。行政拘留是一种最典型的人身罚。

【其他罚】行政处罚种类之一，"其他行政处罚"的简称。《行政处罚法》第9条所规定的13种处罚手段以外的其他处罚手段，在种类上就属于其他罚。其他罚必须由法律和行政法规直接设定。

【警告】行政处罚中申诫罚的形式之一，是行政主体对违法当事人实施的一种书面形式的谴责，指出其违法行为，告诫其吸取教训，以防再犯的一种处罚手段。这是一种既有教育性又有惩罚性的处罚方法。

【通报批评】行政处罚中申诫罚的形式之一，是行政主体在一定范围内，通过一定的形式，对违法当事人公布其违法行为，教育其本人和他人引以为戒的一种处罚手段。这是一种既有教育性又有惩罚性的处罚方法。

【罚款】行政处罚手段之一，是行政主体强制违法当事人用自己的合法财产缴纳一定数量货币给国家的行政处罚方式。它是实践中相对比较常用的一种处罚形式，属于典型的财产罚。我国罚款的具体标准不是由《行政处罚法》作出规定，而是由对应的单行法作出规定；计算方式主要有三种：概括式、区间数值式和区间倍率式。

【没收违法所得】行政处罚手段之一，是行政主体依法将当事人因从事违法行为而获得的金钱或财产性收入强制无偿收归国有的一种行政处罚，属于财产罚的一种形式。它是《行政处罚法》直接授权给行政执法机关的一项普遍权力。关于违法所得的计算，依据《行政处罚法》第 28 条第 2 款规定，不扣除成本。但是法律、行政法规、部门规章对违法所得的计算另有规定的，从其规定。另，根据全国人大法工委《关于对违法建设进行行政处罚计算违法收入有关问题的函》（法工委发〔2011〕1 号），对于违法建设工程不能拆除的，应当没收实物或者违法收入。没收的违法收入应当与应依法没收的实物价值相当。

【没收非法财物】行政处罚手段之一，是行政主体把违法当事人从事违法行为过程中的违禁物品、违法财物和违法工具强制收缴处置（销毁或无偿收归国有）的处罚手段。它也属于财产罚的一种形式。虽然没收非法财物与没收违法所得都属于"没收"的范畴，但是由于《行政处罚法》对没收非法财物没有作直接授权，因此，行政主体没收非法财物须有《行政处罚法》以外的法律、法规的具体依据。

【暂扣许可证件】行政处罚手段之一，是行政主体对违法当事人通过暂扣其许可证件，以实现在一定期限内暂时剥夺当事人从事某项资格性活动之目的的处罚方式。它是资格罚的一种形式。这里的许可证件是广义的，包括许可证、执照以及具有许可意义的各类证件和文件。

【降低资质等级】行政处罚手段之一，是行政主体对违法当事人通过降低其资质等级而限制其生产、经营和其他活动的处罚方式。资质是指企业事业单位，特别是建设单位、设计单位、施工单位、工程监理单位等，从事某种工作或活动所具备的条件、资格、能力等综合评价。资质常常分为一定的等级。从事某种工作或活动往往会有一定的资质等级要求。降低资质等级无疑是对企业事业单位从事经营和其他活动的一种限制。

【吊销许可证件】行政处罚手段之一，是行政主体对违法当事人通过吊销其许可证件，使其永远失去从事某项资格性活动资格和权利的处罚手段。它是资格罚的一种形式。这里的许可证件，包括许可证、执照以及具有许可意义的各类证件和文件。

【**限制开展生产经营活动**】行政处罚手段之一，是行政主体对违法生产经营当事人限制其生产经营权的处罚方式。它是行为罚的一种形式。限制开展生产经营活动的方法很多，暂扣和吊销生产经营许可证、降低生产经营方面的资质等，都属于限制其开展生产经营活动。但是，有的生产经营者不存在许可证和资质问题，所以需要设置这一兜底式的处罚形式。

【**责令停产停业**】行政处罚手段之一，是行政主体对违法生产经营当事人责令其在一定期限内停止全部或部分生产经营活动的处罚方式。它是行为罚的一种形式。责令停产停业与限制开展生产经营活动不同，责令停产停业是剥夺当事人的生产经营权，而限制开展生产经营活动仅仅是限制当事人的生产经营权。

【**责令关闭**】行政处罚手段之一，是行政主体对违法设立的组织，或者对合法的组织因进行违法的活动，责令其停止活动的处罚方式。它包括对非法组织的取缔，或者对依法设立的组织责令其停止非法活动。关闭对象包括企业、场所、职业中介机构、图书馆、建设项目、网站等。它是行为罚的一种形式。

【**限制从业**】行政处罚手段之一，是行政主体对违法从业的当事人通过限制其从业以示惩罚的处罚方式。限制从业包括限制从业范围、限制从业时间、限制从业地域等。它是行为罚的一种形式。

【**行政拘留**】行政处罚手段之一，指特定行政机关在一定期限内剥夺违法当事人人身自由的行政处罚。是典型的人身罚方式。行政拘留只能由法律设定并由法律授权的行政机关实施。根据《治安管理处罚法》《国家安全法》《反间谍法》《海警法》有关规定，行政拘留权可以并只能由公安机关、国家安全机关和人民武装警察部队海警部队（海警机构）行使。关于行政拘留的期限同样须由法律直接规定。在治安处罚中，治安拘留的期限是 1 日以上 15 日以下，合并执行处罚不超过20 日。

【**行政处罚设定**】指上位法首次对行政处罚权（包括处罚主体、处罚行为对象、处罚种类和处罚幅度等）作出的规定。就行政处罚手段和种类而言，法律可以设定任何行政处罚手段和种类；行政法规可以设定除限制人身自由行政处罚以外的行政处罚；地方性法规可以设定除限制人身自由行政处罚、吊销企业营业执照以外的行政处罚；规章可以设定警告、通报批评或者一定数额的罚款。

【**行政处罚规定**】指下位法在上位法规定的给予行政处罚的行为、种类和幅度的范围内作出细化规定。行政法规、地方性法规和规章都具有对行政处罚的"规定权"，并且这些"规定权"存在于特定的"设定法—规定法"之间的对应关系之中：行政法规可以对法律所设定的处罚进行细化规定；地方性法规可以对法律和行政法规所设定的处罚进行细化规定；国务院部门规章可以对法律和行政法规所设定的处罚进行细化规定；地方政府规章可以对法律、行政法规和地方性法规所设定的处罚进行细化规定。

【**行政处罚补充设定**】指下位法在上位法只设定义务规范（包括命令规范和禁止规范）而未设定处罚规范的情况下，依法补充设定处罚规范的行为和权力。对行政处罚的补充设定只存在于两种关系之中：一是行政法规对法律的补充设定；二是地方性法规对法律、行政法规的补充设定。

【**行政处罚裁量基准**】即行政处罚裁量权基准，是有关行政机关结合本地区、本部门行政管理实际，按照裁量涉及的不同事实和情节，对法律、法规、规章中的原则性规定或者具有一定弹性的执法权限、裁量幅度等内容进行细化量化，以特定形式向社会公布并施行的具体执法尺度和标准。它在不与法律、法规、规章冲突的前提下可以成为行政处罚的执法依据。根据国务院办公厅《关于进一步规范行政裁量权基准制定和管理工作的意见》（国办发〔2022〕27号），国务院有关部门可以依照法律、行政法规等制定本部门、本系统的行政裁量权基准；省、自治区、直辖市和设区的市、自治州人民政府及其部门可以依照法律、法规、规章以及上级行政机关制定的行政裁量权基准，制定本行政区域内的行政裁量权基准；县级人民政府及其部门对上级行政机关制定的行政裁量权基准适用的标准、条件、种类、幅度、方式、时限，可以在法定范围内予以合理细化量化。

【行政规范性文件】也称其他规范性文件或者行政规定，是某些行政主体依照法定权限、程序制定并公开发布，涉及公民、法人和其他组织权利义务，具有普遍约束力，在一定期限内反复适用的规范性文件。它不包括国务院的行政法规、决定、命令以及部门规章和地方政府规章。它在不与法律、法规、规章冲突的前提下可以成为行政处罚的执法依据。

【行政处罚对象】给予行政处罚的行为和当事人。包括行政处罚的行为对象与主体对象。行政处罚对象错误属于事实错误或法律适用错误。

【处罚行为对象】依照行政处罚规定应当予以处罚或者免予处罚的行为，也称违反行政管理秩序的行为。行政处罚行为对象必须由法律、法规、规章设定，规章以下其他规范性文件不得设定可处罚行为。

【处罚主体对象】因其实施违法行为而依法必须给予行政处罚的公民、法人或者其他组织，包括一定条件下的外国组织和外国人、无国籍人。行政处罚主体对象必须由法律、法规、规章设定，规章以下其他规范性文件不得为处罚主体对象设定接受行政处罚的责任。

【违反行政管理秩序行为】即行政处罚的行为对象，系指公民、法人或者其他组织违反行政法律秩序而可能引起行政处罚的行为。

【即成违法】指公民、法人或者其他组织的违法行为一经作出即告完成的违法情形。它不具有违法行为的持续性。它与刑法上的即成犯相对应。对即成违法的追责期限从违法行为发生之日起计算。

【结果违法】指公民、法人或者其他组织的违法行为须以结果的形成为构成要件的违法情形。它与刑法上的结果犯相对应。对于这类行政违法的追责期限须以违法结果的形成并被确定之日起计算。

【状态违法】指公民、法人或者其他组织的违法行为结束后，其行为所造成的不法后果仍处于持续状态的情形。如违法建设完成后，违法建筑就会继续存在。它与刑法上的状态犯相对应。对于这类违法行为的追责期限须以违法行为本身的结束，而不是以违法结果状态的结束为计算起点。

【连续违法】指公民、法人或者其他组织基于同一个违法故意，前后实施数个同一种违法行为。它与刑法上的连续犯相对应。对于这类违法的追责期限须以该违法行为的终了之日起计算。

【继续违法】也称持续违法，指公民、法人或者其他组织在一段时间内持续、不间断地实施同一个违法行为，其违法行为与不法状态在一定时间内同时持续存在。它与刑法上的继续犯相对应。对于这类违法的追责期限须以该违法行为的终了之日起计算。

【持续违法】继续违法的别称。

【竞合违法】也称违法竞合，指一个违法行为同时涉及多个法律关系，违反多种法律规范。竞合违法是一个行为违反了两个以上的法律规范，而不是指两个以上行为违反多个法律规范，或者是两个以上违法违反了同一个法律规范。在法律适用上，对竞合违法采取"择一择重"原则，即同一个违法行为违反多个法律规范应当给予罚款处罚的，按照罚款数额高的规定处罚。

【一个违法】公民、法人或者其他组织所作自然行为经法律拟制为适用一次处罚的违法行为。正确区别一个违法还是多个违法乃是正确理解和贯彻"一事不二罚"原则的前提。

【多个违法】公民、法人或者其他组织所作自然行为经法律拟制为适用多次处罚的违法行为。正确区别一个违法还是多个违法乃是正确理解和贯彻"一事不二罚"原则的前提。

【单一违法】一个违法主体所实施的一个违法行为。一个公民、法人或者其他组织，只要实施了一个违法，就属于单一违法。它既包括违法主体的单一性，也包括违法行为的单一性。

【共同违法】两个以上的违法主体出于共同的故意实施同一个违法行为，如三个公民殴打一个被害人。这里的"共同性"不是表现在多个违法行为上，而是表现为多个违法主体上。在法律适用上，对于共同违法，则须对每一主体根据其在共同违法中的地位和作用，分别处罚，并分别送达。

【自然行为】行政处罚对象中的一个范畴，指特定公民、法人或者其他组织，在一定的时间和空间范围内，基于一个故意和目的所实施的行为。它是在社会中自然存在的行为过程和状态，由客观第三人以自然观察方式所看待的一件事。它作为法律关系之外的纯粹行为，没有合法与违法之分。就自然行为而言，只要特定的主体在特定的时间和空间内作出某一动作，就是一个行为。

【法律拟制行为】也称法律行为，行政处罚对象中的一个范畴，是人们出于法律适用需要而对自然行为所进行的评价，并进行法律上的切割或组合，拟制成一个或多个与法律规范相对应的行为。在实施"一事不二罚"原则中的一个违法行为还是多种违法行为，以及是合法行为还是违法行为，都是法律拟制的结果。

【主观过错】指行为人对待其行为的主观心理态度，是行政处罚责任的构成要件之一。行政处罚要以当事人主观上存在过错为前提。当事人不存在主观过错的不得处罚。主观过错包括故意和过失。

【故意】指行为人明知自己的行为必然或者可能发生危害社会的结果，并且希望危害结果的发生或者明知必然发生危害结果而放任结果发生的心理态度。

【过失】指行为人明知自己的行为可能发生危害社会的结果，并且对危害结果的发生持放任态度。

【不予处罚】指行政执法机关对于违反行政管理秩序的当事人，因法定事由，依法不予追究行政处罚责任的法律制度。不予处罚包括绝对不罚与相对不罚制度。

【绝对不罚】与相对不罚相对应。是不予行政处罚制度中的一种类型，指依法不得给予行政处罚的情形。根据《行政处罚法》第30、31、33、36条规定，以下情形不得给予行政处罚：1.违法行为轻微并及时改正，没有造成危害后果的；2.违法行为的发生当事人无主观过错的；3.行为人14周岁以下的；4.精神病人、智力残疾人在不能辨认或者不能控制自己行为时有违法行为的；5.违法行为的发现已超过追责期限的。

【相对不罚】与绝对不罚相对应。是不予行政处罚制度中的一种类型，指依法可以不予行政处罚的情形。根据《行政处罚法》第33条第1款第二句规定，初次违法且危害后果轻微并及时改正的，可以不予行政处罚。

【从轻处罚】在行政处罚幅度中，靠近低线给予处罚的制度。根据《行政处罚法》第30条和第32条规定，有下列情形之一的，应当从轻处罚：1.已满14周岁不满18周岁的未成年人有违法行为的；2.当事人主动消除或者减轻违法行为危害后果的；3.当事人受他人胁迫或者诱骗实施违法行为的；4.当事人主动供述行政机关尚未掌握的违法行为的；5.当事人配合行政机关查处违法行为有立功表现的；6.法律、法规、规章规定其他应当从轻行政处罚的情形。根据《行政处罚法》第31条规定，尚未完全丧失辨认或者控制自己行为能力的精神病人、智力残疾人有违法行为的，可以从轻处罚。

【减轻处罚】在行政处罚幅度中的低线以下给予处罚的制度。根据《行政处罚法》第30条和第32条规定，有下列情形之一的，应当减轻处罚：1.已满14周岁不满18周岁的未成年人有违法行为的；2.当事人主动消除或者减轻违法行为危害后果的；3.当事人受他人胁迫或者诱骗实施违法行为的；4.当事人主动供述行政机关尚未掌握的违法行为的；

5.当事人配合行政机关查处违法行为有立功表现的；6.法律、法规、规章规定其他应当减轻行政处罚的情形。根据《行政处罚法》第31条规定，尚未完全丧失辨认或者控制自己行为能力的精神病人、智力残疾人有违法行为的，可以减轻处罚。

【从重处罚】在行政处罚幅度中，靠近高线给予处罚的制度。《行政处罚法》第49条规定："发生重大传染病疫情等突发事件，为了控制、减轻和消除突发事件引起的社会危害，行政机关对违反突发事件应对措施的行为，依法快速、从重处罚。"这是对从重处罚制度的规定。

【加重处罚】超越行政处罚幅度，在处罚的高线以上给予处罚。我国《行政处罚法》没有设定加重处罚制度。

【择一择重】针对竞合违法实施行政处罚的法律适用规则，指同一个违法行为违反多个法律规范应当给予罚款处罚的，按照罚款数额高的规定处罚。择一择重是指如果多个法律规定罚款的，只作一次罚款，不得作二次及以上罚款。一次罚款按照罚款数额高的规定处罚。如果多个法律规定中，既有规定罚款的，又规定其他处罚的，可以一并处罚。

【简易程序】行政处罚中与普通程序相对应的一种特殊程序，是指对于违法事实清楚、依据明确、处罚轻微的案件当场进行处罚的程序。《行政处罚法》第51条规定："违法事实确凿并有法定依据，对公民处以二百元以下、对法人或者其他组织处以三千元以下罚款或者警告的行政处罚的，可以当场作出行政处罚决定。法律另有规定的，从其规定。"行政处罚简易程序是当场处罚程序，但不是放弃诉权程序。当事人对于经过简易程序作出的处罚决定不服的，依然可以依法申请行政复议或者提起行政诉讼。

【普通程序】行政处罚中与简易程序相对应的一种处罚程序。凡不适用简易程序的，就一律适用普通程序。立案—调查取证—拟制决定—事先告知—听取陈述申辩—听证（符合条件者）—集体讨论（符合条件者）—作出决定—送达决定，这是行政处罚普通程序中的基本程序环节。

【事先告知】行政处罚机关拟制的行政处罚决定作出以后，正式行政处罚决定作出之前，必须告知当事人行政处罚内容和救济权利的法律制度。根据《行政处罚法》第44条规定，告知的内容应当包括两个方面：一是处罚决定的有关信息，包括行政处罚决定的内容、事实、理由、依据等；二是当事人的程序权利，即告知其具有的陈述、申辩和要求听证的权利。事先告知是所有普通处罚程序的必经环节，目的是保障当事人的陈述、申辩权和听证的权利。事先告知的方式，是行政机关向当事人送达《事先告知单》。

【集体讨论】指行政处罚机关对于情节复杂或者重大违法行为给予行政处罚，必须经过行政机关负责人的集体讨论的程序制度。《行政处罚法》第57条第2款规定："对情节复杂或者重大违法行为给予行政处罚，行政机关负责人应当集体讨论决定。"集体讨论决定的时间，应当在调查终结之后，作出正式决定之前。

【法制审核】指对于重大行政处罚决定必须由法制审核人员事先进行法制审核的程序性制度。根据《行政处罚法》第58条第1款规定，有下列情形之一，在行政机关负责人作出行政处罚的决定之前，应当由从事行政处罚决定法制审核的人员进行法制审核：1.涉及重大公共利益的；2.直接关系当事人或者第三人重大权益，经过听证程序的；3.案件情况疑难复杂、涉及多个法律关系的；4.法律、法规规定应当进行法制审核的其他情形。未经法制审核或者审核未通过的，不得作出决定。

【陈述】指当事人为澄清事实真相而对自己的行为进行客观描述和说明。它是当事人在行政处罚中不可剥夺和限制的程序权利。

【申辩】指当事人为主张自己行为不该处罚或应当轻罚申述理由和辩解。它是当事人在行政处罚中不可剥夺和限制的程序权利。

【听证】也称听证会，系指行政处罚主体在作出行政处罚决定之前，在非本案调查人员的主持下，举行由该案的调查人员和拟被行政处罚的当事人参加的，供当事人陈述、申辩以及与调查人员辩论的活动。根据

《行政处罚法》第63条规定，听证只适用以下案件：1.较大数额罚款；2.没收较大数额违法所得、没收较大价值非法财物；3.降低资质等级、吊销许可证件；4.责令停产停业、责令关闭、限制从业；5.其他较重的行政处罚；6.法律、法规、规章规定的其他情形。

【证据先行登记保存】指行政处罚机关在证据可能灭失或者以后难以取得的情况下，经机关负责人批准，对需要保全的证据当场登记造册，暂时先予封存固定，责令当事人妥善保管，不得动用、转移、损毁或者隐匿，等待行政执法机关进一步调查和作出处理决定的法律制度。它是行政执法机关在收集和保存行政处罚证据过程中的一个特殊手段和行政证据保全措施，属于一种特殊的行政强制措施。

【行政处罚决定】行政处罚机关针对违法当事人作出的给予行政处罚的意思表示。行政处罚决定必须制作行政处罚决定书，并载明下列事项：1.当事人的姓名或者名称、地址；2.违反法律、法规、规章的事实和证据；3.行政处罚的种类和依据；4.行政处罚的履行方式和期限；5.申请行政复议、提起行政诉讼的途径和期限；6.作出行政处罚决定的行政机关名称和作出决定的日期。行政处罚决定书必须盖有作出行政处罚决定的行政机关的印章。从广义上说，行政处罚决定包括给予行政处罚与不予行政处罚的决定。

【责令纠正违法】行政处罚机关实施行政处罚的配套行为，表现为要求违法行为人在一定期限内停止违法行为或者修复违法结果的意思表示。责令当事人纠正违法，既可责令当事人立即纠正，也可责令当事人限期纠正；既可针对当事人的"作为"违法，也可针对当事人的"不作为"违法。责令违法行为人纠正违法，作为一种行政命令行为，是行政处罚机关的当然权力与责任。

【加处罚款】行政处罚机关对于逾期拒不履行缴纳罚款的当事人按日加处3%罚款的执行措施。加处罚款不是行政处罚，而是行政执行罚。加处罚款的数额不得超出罚款的数额。

【行政处罚时效】由法律所设定的，行政处罚主体实施行政处罚行为的法定期限，超越这一期限，行政处罚主体不得实施行政处罚行为的法律制度。行政处罚时效包括行政处罚的追诉时效、裁决时效和执行时效。

【行政处罚追诉时效】也称行政处罚追责期限，指由法律设定的，行政处罚主体对违法当事人给予行政处罚的有效期限；如果超出这一期限，则不能再作行政处罚的法律制度。我国行政处罚的一般时效是两年，特别时效是五年，法律另有规定的除外。

【行政处罚裁决时效】指由法律设定的，行政处罚主体自立案起到作出行政处罚决定的法定期限；如果超出这一期限，则不得再作行政处罚决定的法律制度。我国有作出行政处罚决定的期限，但尚未设定行政处罚决定的时效。

【行政处罚执行时效】指由法律设定的，自行政处罚决定生效起到实施强制执行的法定期限；如果超出这一期限，则不得对行政处罚决定实施强制执行的法律制度。我国有行政处罚追诉时效，但尚未设定行政处罚的执行时效。

附〈〉〉录

附录 1：《中华人民共和国行政处罚法》

中华人民共和国行政处罚法

（1996 年 3 月 17 日第八届全国人民代表大会第四次会议通过　根据 2009 年 8 月 27 日第十一届全国人民代表大会常务委员会第十次会议《关于修改部分法律的决定》第一次修正　根据 2017 年 9 月 1 日第十二届全国人民代表大会常务委员会第二十九次会议《关于修改〈中华人民共和国法官法〉等八部法律的决定》第二次修正　2021 年 1 月 22 日第十三届全国人民代表大会常务委员会第二十五次会议修订）

目　　录

第一章　总则

第二章　行政处罚的种类和设定

第三章　行政处罚的实施机关

第四章　行政处罚的管辖和适用

第五章　行政处罚的决定

　　第一节　一般规定

　　第二节　简易程序

　　第三节　普通程序

　　第四节　听证程序

第六章　行政处罚的执行

第七章　法律责任

第八章　附则

第一章 总 则

第一条 为了规范行政处罚的设定和实施，保障和监督行政机关有效实施行政管理，维护公共利益和社会秩序，保护公民、法人或者其他组织的合法权益，根据宪法，制定本法。

第二条 行政处罚是指行政机关依法对违反行政管理秩序的公民、法人或者其他组织，以减损权益或者增加义务的方式予以惩戒的行为。

第三条 行政处罚的设定和实施，适用本法。

第四条 公民、法人或者其他组织违反行政管理秩序的行为，应当给予行政处罚的，依照本法由法律、法规、规章规定，并由行政机关依照本法规定的程序实施。

第五条 行政处罚遵循公正、公开的原则。

设定和实施行政处罚必须以事实为依据，与违法行为的事实、性质、情节以及社会危害程度相当。

对违法行为给予行政处罚的规定必须公布；未经公布的，不得作为行政处罚的依据。

第六条 实施行政处罚，纠正违法行为，应当坚持处罚与教育相结合，教育公民、法人或者其他组织自觉守法。

第七条 公民、法人或者其他组织对行政机关所给予的行政处罚，享有陈述权、申辩权；对行政处罚不服的，有权依法申请行政复议或者提起行政诉讼。

公民、法人或者其他组织因行政机关违法给予行政处罚受到损害的，有权依法提出赔偿要求。

第八条 公民、法人或者其他组织因违法行为受到行政处罚，其违法行为对他人造成损害的，应当依法承担民事责任。

违法行为构成犯罪，应当依法追究刑事责任的，不得以行政处罚代替刑事处罚。

第二章　行政处罚的种类和设定

第九条　行政处罚的种类：

（一）警告、通报批评；

（二）罚款、没收违法所得、没收非法财物；

（三）暂扣许可证件、降低资质等级、吊销许可证件；

（四）限制开展生产经营活动、责令停产停业、责令关闭、限制从业；

（五）行政拘留；

（六）法律、行政法规规定的其他行政处罚。

第十条　法律可以设定各种行政处罚。

限制人身自由的行政处罚，只能由法律设定。

第十一条　行政法规可以设定除限制人身自由以外的行政处罚。

法律对违法行为已经作出行政处罚规定，行政法规需要作出具体规定的，必须在法律规定的给予行政处罚的行为、种类和幅度的范围内规定。

法律对违法行为未作出行政处罚规定，行政法规为实施法律，可以补充设定行政处罚。拟补充设定行政处罚的，应当通过听证会、论证会等形式广泛听取意见，并向制定机关作出书面说明。行政法规报送备案时，应当说明补充设定行政处罚的情况。

第十二条　地方性法规可以设定除限制人身自由、吊销营业执照以外的行政处罚。

法律、行政法规对违法行为已经作出行政处罚规定，地方性法规需要作出具体规定的，必须在法律、行政法规规定的给予行政处罚的行为、种类和幅度的范围内规定。

法律、行政法规对违法行为未作出行政处罚规定，地方性法规为实施法律、行政法规，可以补充设定行政处罚。拟补充设定行政处罚的，应当通过听证会、论证会等形式广泛听取意见，并向制定机关作出书面说明。地方性法规报送备案时，应当说明补充设定行政处罚的情况。

第十三条　国务院部门规章可以在法律、行政法规规定的给予行政处罚的行为、种类和幅度的范围内作出具体规定。

尚未制定法律、行政法规的，国务院部门规章对违反行政管理秩序的行为，可以设定警告、通报批评或者一定数额罚款的行政处罚。罚款的限额由国务院规定。

第十四条　地方政府规章可以在法律、法规规定的给予行政处罚的行为、种类和幅度的范围内作出具体规定。

尚未制定法律、法规的，地方政府规章对违反行政管理秩序的行为，可以设定警告、通报批评或者一定数额罚款的行政处罚。罚款的限额由省、自治区、直辖市人民代表大会常务委员会规定。

第十五条　国务院部门和省、自治区、直辖市人民政府及其有关部门应当定期组织评估行政处罚的实施情况和必要性，对不适当的行政处罚事项及种类、罚款数额等，应当提出修改或者废止的建议。

第十六条　除法律、法规、规章外，其他规范性文件不得设定行政处罚。

第三章　行政处罚的实施机关

第十七条　行政处罚由具有行政处罚权的行政机关在法定职权范围内实施。

第十八条　国家在城市管理、市场监管、生态环境、文化市场、交通运输、应急管理、农业等领域推行建立综合行政执法制度，相对集中行政处罚权。

国务院或者省、自治区、直辖市人民政府可以决定一个行政机关行使有关行政机关的行政处罚权。

限制人身自由的行政处罚权只能由公安机关和法律规定的其他机关

行使。

第十九条　法律、法规授权的具有管理公共事务职能的组织可以在法定授权范围内实施行政处罚。

第二十条　行政机关依照法律、法规、规章的规定，可以在其法定权限内书面委托符合本法第二十一条规定条件的组织实施行政处罚。行政机关不得委托其他组织或者个人实施行政处罚。

委托书应当载明委托的具体事项、权限、期限等内容。委托行政机关和受委托组织应当将委托书向社会公布。

委托行政机关对受委托组织实施行政处罚的行为应当负责监督，并对该行为的后果承担法律责任。

受委托组织在委托范围内，以委托行政机关名义实施行政处罚；不得再委托其他组织或者个人实施行政处罚。

第二十一条　受委托组织必须符合以下条件：

（一）依法成立并具有管理公共事务职能；

（二）有熟悉有关法律、法规、规章和业务并取得行政执法资格的工作人员；

（三）需要进行技术检查或者技术鉴定的，应当有条件组织进行相应的技术检查或者技术鉴定。

第四章　行政处罚的管辖和适用

第二十二条　行政处罚由违法行为发生地的行政机关管辖。法律、行政法规、部门规章另有规定的，从其规定。

第二十三条　行政处罚由县级以上地方人民政府具有行政处罚权的行政机关管辖。法律、行政法规另有规定的，从其规定。

第二十四条　省、自治区、直辖市根据当地实际情况，可以决定将基层管理迫切需要的县级人民政府部门的行政处罚权交由能够有效承接的乡镇人民政府、街道办事处行使，并定期组织评估。决定应当公布。

承接行政处罚权的乡镇人民政府、街道办事处应当加强执法能力建设，按照规定范围、依照法定程序实施行政处罚。

有关地方人民政府及其部门应当加强组织协调、业务指导、执法监督，建立健全行政处罚协调配合机制，完善评议、考核制度。

第二十五条　两个以上行政机关都有管辖权的，由最先立案的行政机关管辖。

对管辖发生争议的，应当协商解决，协商不成的，报请共同的上一级行政机关指定管辖；也可以直接由共同的上一级行政机关指定管辖。

第二十六条　行政机关因实施行政处罚的需要，可以向有关机关提出协助请求。协助事项属于被请求机关职权范围内的，应当依法予以协助。

第二十七条　违法行为涉嫌犯罪的，行政机关应当及时将案件移送司法机关，依法追究刑事责任。对依法不需要追究刑事责任或者免予刑事处罚，但应当给予行政处罚的，司法机关应当及时将案件移送有关行政机关。

行政处罚实施机关与司法机关之间应当加强协调配合，建立健全案件移送制度，加强证据材料移交、接收衔接，完善案件处理信息通报机制。

第二十八条　行政机关实施行政处罚时，应当责令当事人改正或者限期改正违法行为。

当事人有违法所得，除依法应当退赔的外，应当予以没收。违法所得是指实施违法行为所取得的款项。法律、行政法规、部门规章对违法所得的计算另有规定的，从其规定。

第二十九条　对当事人的同一个违法行为，不得给予两次以上罚款的行政处罚。同一个违法行为违反多个法律规范应当给予罚款处罚的，按照罚款数额高的规定处罚。

第三十条　不满十四周岁的未成年人有违法行为的，不予行政处罚，责令监护人加以管教；已满十四周岁不满十八周岁的未成年人有违法行为的，应当从轻或者减轻行政处罚。

第三十一条　精神病人、智力残疾人在不能辨认或者不能控制自己行为时有违法行为的，不予行政处罚，但应当责令其监护人严加看管和治疗。间歇性精神病人在精神正常时有违法行为的，应当给予行政处罚。尚未完全丧失辨认或者控制自己行为能力的精神病人、智力残疾人有违法行为的，可以从轻或者减轻行政处罚。

第三十二条　当事人有下列情形之一，应当从轻或者减轻行政处罚：

（一）主动消除或者减轻违法行为危害后果的；

（二）受他人胁迫或者诱骗实施违法行为的；

（三）主动供述行政机关尚未掌握的违法行为的；

（四）配合行政机关查处违法行为有立功表现的；

（五）法律、法规、规章规定其他应当从轻或者减轻行政处罚的。

第三十三条　违法行为轻微并及时改正，没有造成危害后果的，不予行政处罚。初次违法且危害后果轻微并及时改正的，可以不予行政处罚。

当事人有证据足以证明没有主观过错的，不予行政处罚。法律、行政法规另有规定的，从其规定。

对当事人的违法行为依法不予行政处罚的，行政机关应当对当事人进行教育。

第三十四条　行政机关可以依法制定行政处罚裁量基准，规范行使行政处罚裁量权。行政处罚裁量基准应当向社会公布。

第三十五条　违法行为构成犯罪，人民法院判处拘役或者有期徒刑时，行政机关已经给予当事人行政拘留的，应当依法折抵相应刑期。

违法行为构成犯罪，人民法院判处罚金时，行政机关已经给予当事人罚款的，应当折抵相应罚金；行政机关尚未给予当事人罚款的，不再给予罚款。

第三十六条　违法行为在二年内未被发现的，不再给予行政处罚；涉及公民生命健康安全、金融安全且有危害后果的，上述期限延长至五年。法律另有规定的除外。

前款规定的期限，从违法行为发生之日起计算；违法行为有连续或者继续状态的，从行为终了之日起计算。

第三十七条　实施行政处罚，适用违法行为发生时的法律、法规、规章的规定。但是，作出行政处罚决定时，法律、法规、规章已被修改或者废止，且新的规定处罚较轻或者不认为是违法的，适用新的规定。

第三十八条　行政处罚没有依据或者实施主体不具有行政主体资格的，行政处罚无效。

违反法定程序构成重大且明显违法的，行政处罚无效。

第五章　行政处罚的决定

第一节　一般规定

第三十九条　行政处罚的实施机关、立案依据、实施程序和救济渠道等信息应当公示。

第四十条　公民、法人或者其他组织违反行政管理秩序的行为，依法应当给予行政处罚的，行政机关必须查明事实；违法事实不清、证据不足的，不得给予行政处罚。

第四十一条　行政机关依照法律、行政法规规定利用电子技术监控设备收集、固定违法事实的，应当经过法制和技术审核，确保电子技术监控设备符合标准、设置合理、标志明显，设置地点应当向社会公布。

电子技术监控设备记录违法事实应当真实、清晰、完整、准确。行政机关应当审核记录内容是否符合要求；未经审核或者经审核不符合要求的，不得作为行政处罚的证据。

　　行政机关应当及时告知当事人违法事实，并采取信息化手段或者其他措施，为当事人查询、陈述和申辩提供便利。不得限制或者变相限制当事人享有的陈述权、申辩权。

　　第四十二条　行政处罚应当由具有行政执法资格的执法人员实施。执法人员不得少于两人，法律另有规定的除外。

　　执法人员应当文明执法，尊重和保护当事人合法权益。

　　第四十三条　执法人员与案件有直接利害关系或者有其他关系可能影响公正执法的，应当回避。

　　当事人认为执法人员与案件有直接利害关系或者有其他关系可能影响公正执法的，有权申请回避。

　　当事人提出回避申请的，行政机关应当依法审查，由行政机关负责人决定。决定作出之前，不停止调查。

　　第四十四条　行政机关在作出行政处罚决定之前，应当告知当事人拟作出的行政处罚内容及事实、理由、依据，并告知当事人依法享有的陈述、申辩、要求听证等权利。

　　第四十五条　当事人有权进行陈述和申辩。行政机关必须充分听取当事人的意见，对当事人提出的事实、理由和证据，应当进行复核；当事人提出的事实、理由或者证据成立的，行政机关应当采纳。

　　行政机关不得因当事人陈述、申辩而给予更重的处罚。

　　第四十六条　证据包括：

　　（一）书证；

　　（二）物证；

　　（三）视听资料；

　　（四）电子数据；

　　（五）证人证言；

　　（六）当事人的陈述；

　　（七）鉴定意见；

经法制审核或者审核未通过的，不得作出决定：

（一）涉及重大公共利益的；

（二）直接关系当事人或者第三人重大权益，经过听证程序的；

（三）案件情况疑难复杂、涉及多个法律关系的；

（四）法律、法规规定应当进行法制审核的其他情形。

行政机关中初次从事行政处罚决定法制审核的人员，应当通过国家统一法律职业资格考试取得法律职业资格。

第五十九条　行政机关依照本法第五十七条的规定给予行政处罚，应当制作行政处罚决定书。行政处罚决定书应当载明下列事项：

（一）当事人的姓名或者名称、地址；

（二）违反法律、法规、规章的事实和证据；

（三）行政处罚的种类和依据；

（四）行政处罚的履行方式和期限；

（五）申请行政复议、提起行政诉讼的途径和期限；

（六）作出行政处罚决定的行政机关名称和作出决定的日期。

行政处罚决定书必须盖有作出行政处罚决定的行政机关的印章。

第六十条　行政机关应当自行政处罚案件立案之日起九十日内作出行政处罚决定。法律、法规、规章另有规定的，从其规定。

第六十一条　行政处罚决定书应当在宣告后当场交付当事人；当事人不在场的，行政机关应当在七日内依照《中华人民共和国民事诉讼法》的有关规定，将行政处罚决定书送达当事人。

当事人同意并签订确认书的，行政机关可以采用传真、电子邮件等方式，将行政处罚决定书等送达当事人。

第六十二条　行政机关及其执法人员在作出行政处罚决定之前，未依照本法第四十四条、第四十五条的规定向当事人告知拟作出的行政处罚内容及事实、理由、依据，或者拒绝听取当事人的陈述、申辩，不得作出行政处罚决定；当事人明确放弃陈述或者申辩权利的除外。

第四节　听证程序

第六十三条　行政机关拟作出下列行政处罚决定，应当告知当事人有要求听证的权利，当事人要求听证的，行政机关应当组织听证：

（一）较大数额罚款；

（二）没收较大数额违法所得、没收较大价值非法财物；

（三）降低资质等级、吊销许可证件；

（四）责令停产停业、责令关闭、限制从业；

（五）其他较重的行政处罚；

（六）法律、法规、规章规定的其他情形。

当事人不承担行政机关组织听证的费用。

第六十四条　听证应当依照以下程序组织：

（一）当事人要求听证的，应当在行政机关告知后五日内提出；

（二）行政机关应当在举行听证的七日前，通知当事人及有关人员听证的时间、地点；

（三）除涉及国家秘密、商业秘密或者个人隐私依法予以保密外，听证公开举行；

（四）听证由行政机关指定的非本案调查人员主持；当事人认为主持人与本案有直接利害关系的，有权申请回避；

（五）当事人可以亲自参加听证，也可以委托一至二人代理；

（六）当事人及其代理人无正当理由拒不出席听证或者未经许可中途退出听证的，视为放弃听证权利，行政机关终止听证；

（七）举行听证时，调查人员提出当事人违法的事实、证据和行政处罚建议，当事人进行申辩和质证；

（八）听证应当制作笔录。笔录应当交当事人或者其代理人核对无误后签字或者盖章。当事人或者其代理人拒绝签字或者盖章的，由听证主持人在笔录中注明。

第六十五条　听证结束后，行政机关应当根据听证笔录，依照本法

第五十七条的规定，作出决定。

第六章　行政处罚的执行

第六十六条　行政处罚决定依法作出后，当事人应当在行政处罚决定书载明的期限内，予以履行。

当事人确有经济困难，需要延期或者分期缴纳罚款的，经当事人申请和行政机关批准，可以暂缓或者分期缴纳。

第六十七条　作出罚款决定的行政机关应当与收缴罚款的机构分离。

除依照本法第六十八条、第六十九条的规定当场收缴的罚款外，作出行政处罚决定的行政机关及其执法人员不得自行收缴罚款。

当事人应当自收到行政处罚决定书之日起十五日内，到指定的银行或者通过电子支付系统缴纳罚款。银行应当收受罚款，并将罚款直接上缴国库。

第六十八条　依照本法第五十一条的规定当场作出行政处罚决定，有下列情形之一，执法人员可以当场收缴罚款：

（一）依法给予一百元以下罚款的；

（二）不当场收缴事后难以执行的。

第六十九条　在边远、水上、交通不便地区，行政机关及其执法人员依照本法第五十一条、第五十七条的规定作出罚款决定后，当事人到指定的银行或者通过电子支付系统缴纳罚款确有困难，经当事人提出，行政机关及其执法人员可以当场收缴罚款。

第七十条　行政机关及其执法人员当场收缴罚款的，必须向当事人出具国务院财政部门或者省、自治区、直辖市人民政府财政部门统一制发的专用票据；不出具财政部门统一制发的专用票据的，当事人有权拒绝缴纳罚款。

第七十一条　执法人员当场收缴的罚款，应当自收缴罚款之日起二日内，交至行政机关；在水上当场收缴的罚款，应当自抵岸之日起二日内交至行政机关；行政机关应当在二日内将罚款缴付指定的银行。

第七十二条 当事人逾期不履行行政处罚决定的，作出行政处罚决定的行政机关可以采取下列措施：

（一）到期不缴纳罚款的，每日按罚款数额的百分之三加处罚款，加处罚款的数额不得超出罚款的数额；

（二）根据法律规定，将查封、扣押的财物拍卖、依法处理或者将冻结的存款、汇款划拨抵缴罚款；

（三）根据法律规定，采取其他行政强制执行方式；

（四）依照《中华人民共和国行政强制法》的规定申请人民法院强制执行。

行政机关批准延期、分期缴纳罚款的，申请人民法院强制执行的期限，自暂缓或者分期缴纳罚款期限结束之日起计算。

第七十三条 当事人对行政处罚决定不服，申请行政复议或者提起行政诉讼的，行政处罚不停止执行，法律另有规定的除外。

当事人对限制人身自由的行政处罚决定不服，申请行政复议或者提起行政诉讼的，可以向作出决定的机关提出暂缓执行申请。符合法律规定情形的，应当暂缓执行。

当事人申请行政复议或者提起行政诉讼的，加处罚款的数额在行政复议或者行政诉讼期间不予计算。

第七十四条 除依法应当予以销毁的物品外，依法没收的非法财物必须按照国家规定公开拍卖或者按照国家有关规定处理。

罚款、没收的违法所得或者没收非法财物拍卖的款项，必须全部上缴国库，任何行政机关或者个人不得以任何形式截留、私分或者变相私分。

罚款、没收的违法所得或者没收非法财物拍卖的款项，不得同作出行政处罚决定的行政机关及其工作人员的考核、考评直接或者变相挂钩。除依法应当退还、退赔的外，财政部门不得以任何形式向作出行政处罚决定的行政机关返还罚款、没收的违法所得或者没收非法财物拍卖的款项。

第七十五条　行政机关应当建立健全对行政处罚的监督制度。县级以上人民政府应当定期组织开展行政执法评议、考核，加强对行政处罚的监督检查，规范和保障行政处罚的实施。

行政机关实施行政处罚应当接受社会监督。公民、法人或者其他组织对行政机关实施行政处罚的行为，有权申诉或者检举；行政机关应当认真审查，发现有错误的，应当主动改正。

第七章　法律责任

第七十六条　行政机关实施行政处罚，有下列情形之一，由上级行政机关或者有关机关责令改正，对直接负责的主管人员和其他直接责任人员依法给予处分：

（一）没有法定的行政处罚依据的；

（二）擅自改变行政处罚种类、幅度的；

（三）违反法定的行政处罚程序的；

（四）违反本法第二十条关于委托处罚的规定的；

（五）执法人员未取得执法证件的。

行政机关对符合立案标准的案件不及时立案的，依照前款规定予以处理。

第七十七条　行政机关对当事人进行处罚不使用罚款、没收财物单据或者使用非法定部门制发的罚款、没收财物单据的，当事人有权拒绝，并有权予以检举，由上级行政机关或者有关机关对使用的非法单据予以收缴销毁，对直接负责的主管人员和其他直接责任人员依法给予处分。

第七十八条　行政机关违反本法第六十七条的规定自行收缴罚款的，财政部门违反本法第七十四条的规定向行政机关返还罚款、没收的违法所得或者拍卖款项的，由上级行政机关或者有关机关责令改正，对直接负责的主管人员和其他直接责任人员依法给予处分。

第七十九条　行政机关截留、私分或者变相私分罚款、没收的违法所得或者财物的，由财政部门或者有关机关予以追缴，对直接负责的主管人员和其他直接责任人员依法给予处分；情节严重构成犯罪的，依法追究刑事责任。

执法人员利用职务上的便利，索取或者收受他人财物、将收缴罚款据为己有，构成犯罪的，依法追究刑事责任；情节轻微不构成犯罪的，依法给予处分。

第八十条　行政机关使用或者损毁查封、扣押的财物，对当事人造成损失的，应当依法予以赔偿，对直接负责的主管人员和其他直接责任人员依法给予处分。

第八十一条　行政机关违法实施检查措施或者执行措施，给公民人身或者财产造成损害、给法人或者其他组织造成损失的，应当依法予以赔偿，对直接负责的主管人员和其他直接责任人员依法给予处分；情节严重构成犯罪的，依法追究刑事责任。

第八十二条　行政机关对应当依法移交司法机关追究刑事责任的案件不移交，以行政处罚代替刑事处罚，由上级行政机关或者有关机关责令改正，对直接负责的主管人员和其他直接责任人员依法给予处分；情节严重构成犯罪的，依法追究刑事责任。

第八十三条　行政机关对应当予以制止和处罚的违法行为不予制止、处罚，致使公民、法人或者其他组织的合法权益、公共利益和社会秩序遭受损害的，对直接负责的主管人员和其他直接责任人员依法给予处分；情节严重构成犯罪的，依法追究刑事责任。

第八章　附　则

第八十四条　外国人、无国籍人、外国组织在中华人民共和国领域内有违法行为，应当给予行政处罚的，适用本法，法律另有规定的除外。

第八十五条　本法中"二日""三日""五日""七日"的规定是指工作日，不含法定节假日。

第八十六条　本法自 2021 年 7 月 15 日起施行。

附录2：国务院关于进一步贯彻实施《中华人民共和国行政处罚法》的通知（国发〔2021〕26号）

国务院关于进一步贯彻实施
《中华人民共和国行政处罚法》的通知
国发〔2021〕26号

各省、自治区、直辖市人民政府，国务院各部委、各直属机构：

《中华人民共和国行政处罚法》（以下简称行政处罚法）已经十三届全国人大常委会第二十五次会议修订通过。为进一步贯彻实施行政处罚法，现就有关事项通知如下：

一、充分认识贯彻实施行政处罚法的重要意义

行政处罚法是规范政府行为的一部重要法律。贯彻实施好新修订的行政处罚法，对推进严格规范公正文明执法，保障和监督行政机关有效实施行政管理，优化法治化营商环境，保护公民、法人或者其他组织的合法权益，加快法治政府建设，推进国家治理体系和治理能力现代化，具有重要意义。新修订的行政处罚法体现和巩固了近年来行政执法领域取得的重大改革成果，回应了当前的执法实践需要，明确了行政处罚的定义，扩充了行政处罚种类，完善了行政处罚程序，强化了行政执法责任。各地区、各部门要从深入学习贯彻习近平法治思想，加快建设法治国家、法治政府、法治社会的高度，充分认识新修订的行政处罚法施行的重要意义，采取有效措施，作出具体部署，扎实做好贯彻实施工作。

二、加强学习、培训和宣传工作

（一）开展制度化规范化常态化培训。行政机关工作人员特别是领导干部要带头认真学习行政处罚法，深刻领会精神实质和内在要求，做到依法行政并自觉接受监督。各地区、各部门要将行政处罚法纳入行政

执法培训内容，作为行政执法人员的必修课，使行政执法人员全面理解和准确掌握行政处罚法的规定，依法全面正确履行行政处罚职能。各地区、各部门要于 2022 年 6 月前通过多种形式完成对现有行政执法人员的教育培训，并持续做好新上岗行政执法人员培训工作。

（二）加大宣传力度。各地区、各部门要将行政处罚法宣传纳入本地区、本部门的"八五"普法规划，面向社会广泛开展宣传，增强全民法治观念，提高全民守法意识，引导各方面监督行政处罚行为、维护自身合法权益。要按照"谁执法谁普法"普法责任制的要求，落实有关属地管理责任和部门主体责任，深入开展行政执法人员、行政复议人员等以案释法活动。

三、依法规范行政处罚的设定

（三）加强立法释法有关工作。起草法律、法规、规章草案时，对违反行政管理秩序的公民、法人或者其他组织，以减损权益或者增加义务的方式实施惩戒的，要依法设定行政处罚，不得以其他行政管理措施的名义变相设定，规避行政处罚设定的要求。对上位法设定的行政处罚作出具体规定的，不得通过增减违反行政管理秩序的行为和行政处罚种类、在法定幅度之外调整罚款上下限等方式层层加码或者"立法放水"。对现行法律、法规、规章中的行政管理措施是否属于行政处罚有争议的，要依法及时予以解释答复或者提请有权机关解释答复。

（四）依法合理设定罚款数额。根据行政处罚法规定，尚未制定法律、行政法规的，国务院部门规章对违反行政管理秩序的行为，可以按照国务院规定的限额设定一定数额的罚款。部门规章设定罚款，要坚持过罚相当，罚款数额要与违法行为的事实、性质、情节以及社会危害程度相当，该严的要严，该轻的要轻。法律、行政法规对违法行为已经作出罚款规定的，部门规章必须在法律、行政法规规定的给予行政处罚的行为、种类和幅度的范围内规定。尚未制定法律、行政法规，因行政管理迫切需要依法先以部门规章设定罚款的，设定的罚款数额最高不得超过 10 万元，且不得超过法律、行政法规对相似违法行为的罚款数额，涉及公民生命健康安全、金融安全且有危害后果的，设定的罚款数额最高不得超过 20 万元；超过上述限额的，要报国务院批准。上述情况下，部门规章实施一定时间后，需要继续实施其所设定的罚款且需要上升为法律、行政法规的，有关部门要及时报请国务院提请全国人大及其常委会制定法律，或者提请国务院制定行政法规。本通知印发后，修改部门规章时，要结合实际研究调整罚款数额的必要性，该降低的要降低，确需提高的要严格依照法定程序在限额范围内提高。地方政府规章设定罚款的限额，依法由省、自治区、直辖市人大常委会规定。

（五）强化定期评估和合法性审核。国务院部门和省、自治区、直辖市人民政府及其有关部门要认真落实行政处罚定期评估制度，结合立法计划规划每 5 年分类、分批组织一次评估。对评估发现有不符合上位法规定、不适应经济社会发展需要、明显过罚不当、缺乏针对性和实用性等情形的行政处罚规定，要及时按照立法权限和程序自行或者建议有权机关予以修改、废止。要加强行政规范性文件合法性审核，行政规范性文件不得设定行政处罚；违法规定行政处罚的，相关规定一律无效，不得作为行政处罚依据。

四、进一步规范行政处罚的实施

（六）依法全面正确履行行政处罚职能。行政机关要坚持执法为民，通过行政处罚预防、纠正和惩戒违反行政管理秩序的行为，维护公共利益和社会秩序，保护公民、法人或者其他组织的合法权益，不得违法实施行政处罚，不得为了处罚而处罚，坚决杜绝逐利执法，严禁下达罚没指标。财政部门要加强对罚缴分离、收支两条线等制度实施情况的监督，会同司法行政等部门按规定开展专项监督检查。要持续规范行政处罚行为，推进事中事后监管法治化、制度化、规范化，坚决避免运动式执法等执法乱象。

（七）细化管辖、立案、听证、执行等程序制度。各地区、各部门要严格遵守法定程序，结合实际制定、修改行政处罚配套制度，确保行政处罚法的有关程序要求落到实处。要进一步完善地域管辖、职能管辖等规定，建立健全管辖争议解决机制。两个以上行政机关属于同一主管部门，发生行政处罚管辖争议、协商不成的，由共同的上一级主管部门指定管辖；两个以上行政机关属于不同主管部门，发生行政处罚管辖争议、协商不成的，司法行政部门要会同有关单位进行协调，在本级人民政府领导下做好指定管辖工作。要建立健全立案制度、完善立案标准，对违反行政管理秩序的行为，按规定及时立案并严格遵守办案时限要求，确保案件得到及时有效查处。确需通过立法对办案期限作出特别规定的，要符合有利于及时查清案件事实、尽快纠正违法行为、迅速恢复正常行政管理秩序的要求。要建立健全行政处罚听证程序规则，细化听证范围和流程，严格落实根据听证笔录作出行政处罚决定的规定。要逐步提高送达地址确认书的利用率，细化电子送达工作流程，大力推进通过电子支付系统缴纳罚款，加强信息安全保障和技术支撑。

（八）规范电子技术监控设备的设置和使用。行政机关设置电子技术监控设备要确保符合标准、设置合理、标志明显，严禁违法要求当事人承担或者分摊设置电子技术监控设备的费用，严禁交由市场主体设置电子技术监控设备并由市场主体直接或者间接收取罚款。除有证据证明当事人存在破坏或者恶意干扰电子技术监控设备、伪造或者篡改数据等过错的，不得因设备不正常运行给予其行政处罚。要定期对利用电子技术监控设备取证的行政处罚决定进行数据分析；对同一区域内的高频违法行为，要综合分析研判原因，推动源头治理，需要改进行政管理行为的，及时采取相应措施，杜绝以罚代管。要严格限制电子技术监控设备收集信息的使用范围，不得泄露或者向他人非法提供。

（九）坚持行政处罚宽严相济。各地区、各部门要全面推行行政裁量基准制度，规范行政处罚裁量权，确保过罚相当，防止畸轻畸重。行政机关不得在未查明违法事实的情况下，对一定区域、领域的公民、法人或者其他组织"一刀切"实施责令停产停业、责令关闭等行政处罚。各地区、各部门要按照国务院关于复制推广自由贸易试验区改革试点经验的要求，全面落实"初次违法且危害后果轻微并及时改正的，可以不予行政处罚"的规定，根据实际制定发布多个领域的包容免罚清单；对当事人违法行为依法免予行政处罚的，采取签订承诺书等方式教育、引导、督促其自觉守法。要加大食品药品、公共卫生、自然资源、生态环境、安全生产、劳动保障等关系群众切身利益的重点领域执法力度。发生重大传染病疫情等突发事件，行政机关对违反突发事件应对措施的行为依法快速、从重处罚时，也要依法合理保护当事人的合法权益。

（十）健全法律责任衔接机制。各地区、各部门要细化责令退赔违法所得制度，依法合理保护利害关系人的合法权益；当事人主动退赔，消除或者减轻违法行为危害后果的，依法予以从轻或者减轻行政处罚。要全面贯彻落实《行政执法机关移送涉嫌犯罪案件的规定》，加强行政机关和司法机关协调配合，按规定畅通案件移送渠道，完善案件移送标准和证据认定保全、信息共享、工作协助等机制，统筹解决涉案物品归口处置和检验鉴定等问题。积极推进行政执法与刑事司法衔接信息平台建设。对有案不移等，情节严重构成犯罪的，依法追究刑事责任。

五、持续改革行政处罚体制机制

（十一）纵深推进综合行政执法体制改革。省、自治区、直辖市人民政府要统筹协调推进综合行政执法改革工作，建立健全配套制度，组织编制并公开本地区综合行政执法事项清单。有条件的地区可以在统筹考虑综合性、专业性以及防范风险的基础上，积极稳妥探索开展更大范围、更多领域集中行使行政处罚权以及与之相关的行政检查权、行政强制权。建立健全综合行政执法机关与业务主管部门、其他行政机关行政执法信息互联互通共享、协作配合工作机制。同时实施相对集中行政许可权和行政处罚权的，要建立健全相关制度机制，确保有序衔接，防止出现监管真空。

（十二）积极稳妥赋权乡镇街道实施行政处罚。省、自治区、直辖市根据当地实际情况，采取授权、委托、相对集中行政处罚权等方式向能够有效承接的乡镇人民政府、街道办事处赋权，要注重听取基层意见，关注基层需求，积极稳妥、科学合理下放行政处罚权，成熟一批、下放一批，确保放得下、接得住、管得好、有监督；要定期组织评估，需要调整的及时调整。有关市、县级人民政府及其部门要加强对乡镇人民政府、街道办事处行政处罚工作的组织协调、业务指导、执法监督，建立健全评议考核等配套制度，持续开展业务培训，研究解决实际问题。乡镇人民政府、街道办事处要不断加强执法能力建设，依法实施行政处罚。

（十三）规范委托行政处罚。委托行政处罚要有法律、法规、规章依据，严格依法采用书面委托形式，委托行政机关和受委托组织要将委托书向社会公布。对已经委托行政处罚，但是不符合行政处罚法要求的，要及时清理；不符合书面委托规定、确需继续实施的，要依法及时完善相关手续。委托行政机关要向本级人民政府或者实行垂直管理的上级行政机关备案委托书，司法行政等部门要加强指导、监督。

（十四）提升行政执法合力。逐步完善联合执法机制，复制推广"综合查一次"经验，探索推行多个行政机关同一时间、针对同一执法对象开展联合检查、调查，防止执法扰民。要健全行政处罚协助制度，明确协助的实施主体、时限要求、工作程序等内容。对其他行政机关请求协助、属于自身职权范围内的事项，要积极履行协助职责，不得无故拒绝、拖延；无正当理由拒绝、拖延的，由上级行政机关责令改正，对相关责任人员依法依规予以处理。要综合运用大数据、物联网、云计算、区块链、人工智能等技术，先行推进高频行政处罚事项协助，实现违法线索互联、监管标准互通、处理结果互认。有关地区可积极探索跨区域执法一体化合作的制度机制，建立健全行政处罚预警通报机制，完善管辖、调查、执行等方面的制度机制，为全国提供可复制推广的经验。

六、加强对实施行政处罚的监督

（十五）强化行政执法监督。要加快建设省市县乡四级全覆盖的行政执法协调监督工作体系，创新监督方式，强化全方位、全流程监督，提升行政执法质量。要完善执法人员资格管理、执法行为动态监测、行政处罚案卷评查、重大问题调查督办、责任追究等制度机制，更新行政处罚文书格式文本，完善办案信息系统，加大对行政处罚的层级监督力度，切实整治有案不立、有案不移、久查不结、过罚不当、怠于执行等顽瘴痼疾，发现问题及时整改；对行政处罚实施过程中出现的同类问题，及时研究规范。要完善评议考核、统计分析制度，不得以处罚数量、罚没数额等指标作为主要考核依据。要综合评估行政处罚对维护经济社会秩序，保护公民、法人或者其他组织合法权益，提高政府管理效能的作用，探索建立行政处罚绩效评估制度。各级人民政府要不断加强行政执法协调监督队伍建设，确保力量配备、工作条件、能力水平与工作任务相适应。

各地区、各部门要把贯彻实施好新修订的行政处罚法作为当前和今后一段时期加快建设法治政府的重要抓手，切实加强和改进相关行政立法，规范行政执法，强化行政执法监督，不断提高依法行政的能力和水平。要梳理总结贯彻实施行政处罚法的经验做法，及时将重要情况和问题报送司法部。司法部要加强统筹协调监督，指导各地区、各部门抓好贯彻实施工作，组织开展行政处罚法贯彻实施情况检查，重大情况及时报国务院。此前发布的国务院文件有关规定与本通知不一致的，以本通知为准。

国务院

2021 年 11 月 15 日

附录 3：国外"行政处罚法"法规目录

·德国《违反秩序罚法》

（1968 年 5 月 20 日公布，1975 年 1 月 2 日修正，又经 1992 年、1987 年修正）

·奥地利《行政罚法》

（奥地利联邦公报第 172 号，于 1950 年 5 月 23 日颁布）

·日本《轻犯罪法》

（国会制定，于 1948 年第 39 号法律公布）

·俄罗斯《联邦行政违法法典》

（国家杜马于 2001 年 12 月 20 日通过，联邦委员会于 2001 年 12 月 26 日赞成，俄罗斯联邦总统普京于 2001 年 12 月 30 日签署联邦法律第 196 号令批准）

·越南《社会主义共和国行政违法处罚法》

（1989 年 11 月 30 日越南社会主义共和国国务委员会主席武志功签署）

·荷兰《行政法通则》（General Administrative Law Act of Netherlands—GALA），（第五章行政执法，第四节行政处罚）

（本法自国王敕令规定生效之日起生效，1994 年）

附录 4：作者有关"行政处罚法"科研成果目录

·胡建淼：《论行政处罚追责期限及计算方法——兼评"违法行为纠正论"》，《政法论坛》2024 年第 5 期。

·胡建淼：《论行政处罚"一事不二罚"原则及其"一事"与"二罚"的认定标准》，《法学评论》2023 年第 5 期。人大复印资料《宪法学、行政法学》2024 年 1 期。

·胡建淼：《关于行政处罚"没收违法所得"的若干问题》，《中南大学学报（社会科学版）》2023 年第 5 期。

·胡建淼：《论"基础性法律"的地位及其适用——以〈行政处罚法〉为例》，《法律适用》2023 年第 9 期。

·胡建淼：《论行政处罚的手段及其法治逻辑》，《法治现代化研究》2022 年第 1 期。

·胡建淼：《论"行政处罚"概念的法律定位——兼评《行政处罚法》关于"行政处罚"的定义》，《中外法学》2021 年第 4 期。

·胡建淼：《行政处罚法修订的若干亮点》，《中国司法》2021 年第 5 期。

·胡建淼：《"无效行政行为"制度的追溯与认定标准的完善》，《中国法学》2022 年第 4 期。人大复印资料《宪法学·行政法学》2022 年 11 期。

·胡建淼：《行政裁量权基准的属性、制定和适用》，《中国司法》2022 年第 8 期。

·胡建淼：《如何理解"申辩"不加罚》，《学习时报》2023 年 1 月 4 日。

·胡建淼：《行政处罚法修订带来行政执法的新考验》，《学习时报》2021 年 3 月 3 日。

·胡建淼：《如何识别行政处罚行为》，《学习时报》2021 年 3 月

31 日。

· 胡建淼：《"行政处罚法"通识十讲》，法律出版社 2021 年版。

· 胡建淼：《试论行政责任》，《浙江法学》1984 年创刊号。

· 胡建淼、郑春燕：《论行政领导人行政责任的准确认定》，《浙江大学学报（人文社会科学版）》2004 年第 6 期。

· 胡建淼、吴玉恩：《行政主体责令承担民事责任的法律属性》，《中国法学》2009 年 1 期。

· 胡建淼、刘馨蔓：《行政执法中的"终身罚"》，《学习时报》2022 年 9 月 28 日。

责任编辑：张　立
装帧设计：姚　菲
责任校对：秦　婵

图书在版编目（CIP）数据

行政处罚法论：基于《中华人民共和国行政处罚法》 / 胡建淼著 .
北京 ： 人民出版社，2025. 4. -- ISBN 978 - 7 - 01 - 027150 - 7

Ⅰ. D922. 112. 4

中国国家版本馆 CIP 数据核字第 20250GM129 号

行政处罚法论
XINGZHENG CHUFA FA LUN
——基于《中华人民共和国行政处罚法》

胡建淼　著

人民出版社 出版发行
（100706　北京市东城区隆福寺街 99 号）

北京新华印刷有限公司印刷　新华书店经销

2025 年 4 月第 1 版　2025 年 4 月北京第 1 次印刷
开本：710 毫米 ×1000 毫米 1/16　印张：45.25
字数：625 千字

ISBN 978 - 7 - 01 - 027150 - 7　定价：198.00 元

邮购地址 100706　北京市东城区隆福寺街 99 号
人民东方图书销售中心　电话（010）65250042　65289539